国家"985工程"(二期)哲学社会科学创新基地重大成果
第三届中国出版政府奖图书奖　第三届三个一百原创图书出版工程奖

学术版

中国佛教通史

第六卷

赖永海　主编

江苏人民出版社

图书在版编目(CIP)数据

中国佛教通史. 第六卷/赖永海主编.
—南京：江苏人民出版社，2010.9(2021.10 重印)
ISBN 978-7-214-06479-0

Ⅰ.①中… Ⅱ.①赖… Ⅲ.①佛教史—中国
Ⅳ.①B949.2

中国版本图书馆 CIP 数据核字(2010)第 185007 号

书　　　名	中国佛教通史（第六卷）
主　　　编	赖永海
策 划 编 辑	府建明
责 任 编 辑	张　凉　朱晓莹
装 帧 设 计	吴赵铎　许文菲
责 任 监 制	王　娟
出 版 发 行	江苏人民出版社
地　　　址	南京市湖南路 1 号 A 楼，邮编：210009
照　　　排	江苏凤凰制版有限公司
印　　　刷	江苏凤凰新华印务集团有限公司
开　　　本	652 毫米×960 毫米　1/16
总 印 张	549.25　插页 62
总 字 数	7100 千字
版　　　次	2010 年 11 月第 1 版
印　　　次	2021 年 10 月第 2 次印刷
标 准 书 号	ISBN 978-7-214-06479-0
定　　　价	2280.00 元（全 15 卷）

（江苏人民出版社图书凡印装错误可向承印厂调换）

本卷主要撰稿人（以姓氏笔画为序）

李　勇

　　哲学博士。现为辽宁大学哲学与公共管理学院教授。主要著作有《三论宗佛学思想研究》。

　　撰写内容：第二章。

杨维中

　　哲学博士。现为南京大学哲学系（宗教学系）教授、博士生导师。主要著作有《心性与佛性》、《中国佛教心性论研究》、《中国唯识宗通史》等。

　　撰写内容：第三、四章。

陈　坚

　　哲学博士。现为山东大学哲学系（宗教学系）教授、博士生导师，山东大学佛教研究所所长。主要著作有《无明即法性——天台宗止观思想研究》、《心悟转法华——智顗"法华"诠释学研究》。

　　撰写内容：第一章。

目 录

第一章 天台宗 1

　第一节 天台宗的法脉传承与分布 1

　第二节 天台宗的本尊经——《法华经》 7
　　一、《法华经》的翻译与流传 7
　　二、《法华经》的基本思想 8

　第三节 天台宗的前史及其思想渊源 11
　　一、慧文及其禅学思想 11
　　二、慧思及其佛学思想 15

　第四节 智𫖮与天台宗的创立 59
　　一、智𫖮的生平 59
　　二、智𫖮出走金陵与天台宗的创立 61
　　三、智𫖮对《法华经》的"科判" 66
　　四、智𫖮独创的释经方法 70

　第五节 天台宗的基本教义 73
　　一、"教观并重" 73
　　二、"五时八教" 74
　　三、"三谛圆融" 79
　　四、"一念三千" 90
　　五、"性具善恶" 97
　　六、"一心三观" 103

七、"圆顿止观" 105

第六节　灌顶对"天台学"与"涅槃学"的融通 115

　　一、灌顶与天台宗 115

　　二、灌顶融"涅槃学"于"天台学" 117

　　三、灌顶疏解《大般涅槃经》的实践意义 126

第七节　"台宗中兴"与湛然对"天台学"的创新 130

　　一、灌顶之后的天台宗 130

　　二、湛然与天台宗的中兴 133

　　三、湛然对"天台学"的创新 138

第八节　中晚唐和五代的天台宗 172

　　一、湛然以后的台宗法脉 173

　　二、日本之天台宗和朝鲜半岛之天台学 176

第二章　三论宗 183

第一节　三论宗的兴起 183

　　一、从中观学到三论学 183

　　二、涅槃学的兴起与三论学的分化 184

　　三、摄岭相承与嘉祥吉藏 188

第二节　"三论"的基本内容 195

　　一、《中论》 195

　　二、《百论》 200

　　三、《十二门论》 203

第三节　三论宗的佛学思想 205

　　一、缘起性空与中道实相 205

　　二、默然说法与四重二谛 222

　　三、无修无证与二智相即 260

　　四、中道佛性与无得涅槃 277

　　五、经论平等与唯悟是宗 307

第三章　三阶教 328

第一节　三阶教的形成 328

　　一、信行与三阶教的成立 329

　　二、信行的弟子及法脉传承 342

　　三、三阶教的典籍 349

第二节　三阶教的基本教义及三阶僧的行持 354

　　一、"对根起行"与"普敬之法" 355

二、三阶教的经典观及其失误　361
三、"舍戒归俗"及"头陀行"　365
四、三阶教的"无尽藏"理论及其实践　369

第三节　三阶教的历史际遇　375
一、教内对于三阶佛法的议论　376
二、隋唐朝廷对三阶教的态度　383
三、三阶教绵延不绝　388

第四章　唯识宗　392

第一节　唯识宗的"宗经"、"宗论"及其主要内容　393
一、《解深密经》　393
二、《瑜伽师地论》　402
三、《成唯识论》　433

第二节　唯识宗的创立　439
一、玄奘与唯识宗的创立　440
二、玄奘的著述　445
三、窥基与唯识宗的创立　458

第三节　唯识宗的基本教义　486
一、五位百法　486
二、"八识"说与"唯识无境"　501
三、种子说　528
四、转依论　540
五、判教　572

第四节　唯识宗的兴盛及其传承　585
一、圆测与西明"别派"　586
二、三祖慧沼及其传承　596
三、四祖智周以及义忠对唯识宗的贡献　608
四、唐末五代的唯识师　615

人名索引　638

第一章 天台宗

天台宗,因其发端于浙江天台山,故名。天台宗在古代有时亦叫法华宗,因其以《法华经》为本尊经;有时亦叫止观宗,因其以止观为修行方法。天台宗的宗风可以用四个字来概括,那就是"教观并重"。天台宗自隋唐形成以来,虽然时兴时衰,命运多舛,但其法脉却不曾断绝,一直绵延至今,其影响也早已逸出了作为其诞生地的中国大陆、港台地区,以及日、韩和东南亚,是中国佛教中仍活跃在当代佛教舞台且较具世界意义的宗派之一。

第一节 天台宗的法脉传承与分布

天台宗是中国佛教史上最早出现的宗派,同时也是第一个中国化的佛教宗派,其创始人是陈、隋之际的智𫖮(538—597)。但是,就天台宗的法脉传承而言,智𫖮思接古印度的龙树(150—250)[①],因而在天台宗宗谱中,龙树被尊为天台宗的初祖。不过,龙树之被尊为天台宗初祖,只具有宗派思想上的意义,而不具有宗派师承上的意义。因为很显然,远在印度的龙树不可能与天台宗的创立有什么直接的人事师承上的关系。但

---

① 关于龙树的生卒年代,有各种不同的说法,这里援用慧岳法师在《天台教学史》中的考定。

龙树之于天台宗,也绝非只是宗派的象征,因为龙树的思想实实在在地影响了天台宗的思想。

龙树是印度佛教大乘中观派的创始人,空宗思想的集大成者,他的主要空宗著作,如《大智度论》、《中论》、《十二门论》等,经鸠摩罗什(344—413)翻译介绍到中国后,对中国佛教后来的发展起到了决定性甚至奠基性的影响,即中国佛教从此走上了以大乘空宗为主流的发展道路。综观中国佛教的八大宗派,除了属于大乘有宗体系的唯识宗和属于大乘密法体系的密宗,天台宗、三论宗、华严宗、禅宗、净土宗和律宗等六大宗派都属于龙树的大乘空宗体系,它们构成了中国佛教的主体。这六大宗派都不同程度地承认龙树对于本宗的重要性,有的甚至还给以祖师的地位,其中尤以天台宗和三论宗为甚,因为这两宗皆直言不讳地尊龙树为初祖。当然,天台宗和三论宗对于龙树思想之接受和态度是不同的,三论宗基本上沿袭了龙树的"真俗二谛"的中道论并加以发挥,而天台宗则从龙树的"真俗二谛"中道论中引申出了空、假、中"三谛圆融"的学说,并且还在龙树"三智(道种智、一切智和一切种智)一心次第得"思想的基础上提出了"三智一心一时得"的"一心三观"思想,这表明天台宗是在对龙树进行"扬弃"地继承,而不是像三论宗那样对龙树进行"拿来"地继承——这是天台宗比三论宗在思想上更为丰富多彩并最终能够超越后者而在中国佛教史上更具生命力的一个根本原因。

如果从具体的著作文本上来说,龙树的《大智度论》和《中论》乃是天台宗所最为重视的,尤其是《大智度论》,"虽是《般若经》的注释,然而包含《法华经》的积极思想"[1],这正迎合了天台宗以《法华经》为本尊经的宗门规矩。作为一个事实,天台宗是兼具"般若"和"法华"之双重性格的,其中"般若"以"自行","法华"以"化他",而这又正是《大智度论》的一个明显特色。可以说,在形式上,《大智度论》乃是具体而微的天台宗。正因如此,

---

[1] 慧岳法师:《天台教学史》(佛教内部资料),第3页,青岛湛山寺,1994。

在天台宗史上，天台宗人对于《大智度论》的重视一点都不亚于《法华经》，尽管《大智度论》并没有像《法华经》那样被奉为天台宗的本尊经。

总之，龙树之被尊为天台宗的初祖并非空穴来风，而是得其所哉！因为龙树的空宗思想是天台宗思想的源头。《摩诃止观》卷一在谈到这个问题时说：

> 智者师事南岳。南岳德行不可思议，十年专诵，七载方等，九旬常坐，一时圆证，大小法门朗然洞发。南岳事慧文禅师，当齐高之世，独步河淮，法门非世所知，履地戴天，莫知高厚。文师用心，一依《释论》。论是龙树所说，《付法藏》中第十三师。智者《观心论》云："归命龙树师"，验知龙树是高祖师也。

在这段引文中，"南岳"是指慧思(515—577)，慧思曾在南岳衡山驻锡行化，故世称"南岳慧思"；"智者"是指智𫖮，隋炀帝(569—618)曾给智𫖮赐号"智者大师"，而《释论》就是龙树的重要著作《大智度论》。龙树体现在《大智度论》中的空宗思想经由慧文(生卒不详)和慧思而传达于智𫖮，智𫖮再结合自己的修行实践，创立了独具特色的天台宗思想体系。就是在这样一条法脉传承的线路中，龙树作为释迦牟尼之后的印度佛教第十三代，不但被看成是天台宗的初祖或"高祖"，更被当做天台宗的精神寄托和信仰对象，其在天台宗中的地位甚至被神圣化，这完全可以从智𫖮在《观心论》中所说的"归命龙树师"一语中看出。所谓"归命"，就是"南无阿弥陀佛"中的"南无"。"南无"(Namo)是音译，"归命"是意译。智𫖮说"归命龙树师"，说明龙树在其心目中的地位堪与佛齐肩；相比之下，与智𫖮有着直接师承关系的慧文和慧思就没有，也不可能有这种地位了。但是，相对于龙树只是天台宗法脉传承中"虚"的思想源头，慧文和慧思却是天台宗法脉传承中"实"的师承源头。以下是天台宗法脉传承简表（括号内的阿拉伯数字表示天台宗主流派或正统派的法脉传承系代）①：

---

① 转引自朱封鳌《中国佛学天台宗发展史》，第218—219页，北京，汉语大词典出版社，1996。"灌顶"，原作"章安"（灌顶，世称"章安大师"）；"智𫖮"，原作"智者"，今按习惯改。

天台宗传承简表

龙树尊者[1]…[鸠摩罗什]…慧文（2）—慧思（3）—智顗（4）—

灌顶(5) ┬ 智威(6)—慧威(7)—玄朗(8)—湛然(9) ┬ 道邃(10)
         │   └ 行满
         └ 道素—弘景 ┬ 惠真 ┬ 一行
                      │   └ 承远—法照
                      └ 鉴真

— 广修(11)—物外(12)—元琇(13)—清竦(14)—义寂(15)—

义通(16) ┬ 知礼(17) ┬ 梵臻(18)—从谏(19)—择卿(20)
         │   ├ 尚贤—继忠—处元
         │   └ 本如—处威—元惠
         └ 遵式
谛观

可观(21)—宗印(22) ┬ 法照(23)—师训(24)—慧日(25)
                   ├ 觉先
                   └ 怀坦

（接处元）—道渊—道深—慧询 ┬ 善月
                            └ 宗晓

（接元惠）—了然 ┬ 本空
                 ├ 与咸
                 └ 智连

普智(26)—慧林(27)—明得(28)—真觉(29)—传灯(30)—

智旭(31)—受晟(32)—灵明(33)—岳洪(34)—心珠(35)—

宗乘(36)—一辅(37)—乘勋(38)—顿永(39)—观仪(40)—

印鉴(41)—定融(42)—谛闲(43) ┬ 宝静(44) ┬ 白光
                              │   └ 显明—觉光
                              ├ 倓虚(44)—慧峰
                              ├ 静权(44)—斌宗—慧岳
                              └ 定西(44)—慧僧

在这张简表中,慧文和慧思代表天台宗的前史,智顗和灌顶(561—632)代表天台宗的创立,而章安(灌顶)之后则代表天台宗的弘传。从智顗到义通(927—988)和谛观(生卒不详),就是隋唐五代时期天台宗法脉传承的谱系。天台宗这一段谱系在灌顶之后发生分裂,形成"国清寺系"和"玉泉寺系"两大派,其间的大致情形是这样的:智顗圆寂后,天台宗留有两大道场,一是浙江天台山的国清寺,二是湖北荆州的玉泉寺①,此两寺皆由灌顶亲自经营,负其全责,在弘扬天台宗的事业上也算相得益彰。然而,灌顶圆寂后,两寺即行分裂,形成国清寺系和玉泉寺系两大派别,其中国清寺系——智威(?—680)、慧威(生卒不详)一系——属于天台宗的主流派或正统派,法脉绵延至今;而玉泉寺系——道素(生卒不详)、弘景(634—712)一系——则与天台宗渐行渐远,先后归入了律宗和禅宗的法脉,并最终与天台宗脱离了关系。我们一般所说的天台宗,指的就是国清寺系的天台宗。

在隋唐一代,天台宗或弘扬天台宗的主要寺庙如下页表所示②:

需要附带提一下的是,唐代天台宗的法脉还延伸到了日本。日僧最澄(767—822)随日本"遣唐使"来华,到天台山从道邃(生卒不详)和行满(生卒不详)学习天台教观,回日本后创立了日本天台宗。相比之下,隋唐五代时期,朝鲜半岛虽然也有许多僧人(人数要比日本多得多)来华学习天台教观,但他们要么来而不回,即使是那些回去的也不急着创立天台宗,因此朝鲜半岛一直迟到北宋才有天台宗,而且朝鲜半岛的天台宗与中国的天台宗并没有直接和明确的师承关系。朝鲜半岛的天台宗是那里的僧人在充分接受和学习天台教观后自己酝酿而成的,这有点类似于中国僧人在充分接受和学习印度佛教后酝酿出自己的佛教宗派一样——这不是本于师承,而是独立创新。

---

① 国清寺是灌顶依智顗的遗愿督造的,而玉泉寺则是智顗功成名就后回故乡荆州时亲自督造的,造此两寺的经费皆由国库支付。
② 参见刘烘英《隋唐天台宗派特色之蠡测》,第43—44页,厦门大学硕士论文,2007。

寺名	始建年代	方志所载地名	今所属地名	参考资料	备注
天台国清寺	隋开皇十八年	台州府天台县北一十里	今浙江省台州市天台县城关镇北	《宋高僧传》卷六《湛然传》、卷一四《昙一传》、卷一九《封干传》、李邕《国清寺碑(并序)》《全唐文》卷二六二	大中年重建
荆州玉泉寺	隋开皇十二年	荆州当阳县	今湖北省中南部当阳县	《续高僧传》卷一七《智顗传》	其他派派高僧也曾在此居住
佛垄道场	陈	天台县二十九里智者塔院	天台县智者塔院	《宋高僧传》卷五《大义传》	智顗建
螺溪道场	唐	天台县东十里	天台县	《宋高僧传》卷七《义寂传》	义寂建
灵墟道场	陈太建七年	天台县北五十里	天台县	《宋高僧传》卷一七《明准传》	智顗建
苏州开元寺	吴赤乌初	苏州府城北	今江苏省苏州市	《宋高僧传》卷六《湛然传》、《元浩传》	开元寺额,后唐同光中徒盘门内,天宝年间,建中年间,元和年间
苏州报恩寺(支硎山寺)	晋	苏州府支硎山	今江苏省苏州市	《宋高僧传》卷二六《玄朗传》、卷二七《道遵传》	景龙间赐额报恩寺,天宝年间733年至兴元年间784年
法华院	晋义熙十二年	苏州府九都彩云里半塘	今江苏省苏州市	《吴都志》《全唐文》卷二七八	白居易有《苏州重玄寺法华院石壁经碑文》
湖州法华寺	梁大同元年	乌程县下山	今江苏省吴兴县	《宋高僧传》卷二四《大光传》	
越州法华寺	晋义熙十三年	山阴县法华山	今浙江省绍兴	《宋高僧传》卷一四《玄俨传》、卷一五《大义传》、卷二六《玄朗传》	
越州焦山大历寺	大唐大历年间	越州焦山	今浙江省绍兴	《宋高僧传》卷一七《神邕传》	释神邕建
越州石城寺	唐	越州剡县	今浙江省绍兴	《宋高僧传》卷四《神楷传》、卷六《智威传》	
处州法华寺	唐	处州	今浙江省丽水	《宋高僧传》卷六《智威传》	智威传法道场
常州建安止观院	唐	常州	今江苏省常州	《全唐文》卷五一九	释法隅建

第二节　天台宗的本尊经——《法华经》

一、《法华经》的翻译与流传

《法华经》也称《妙法莲华经》。据唐朝释智昇《开元释教录》卷一四所说,《法华经》"前后六译,三存三缺"。① 所谓的"六译"分别指:(1)吴支强良接译《法华三昧经》(六卷);(2)西晋竺法护译《萨芸芬陀利经》(六卷);(3)西晋竺法护译《(方等)正法华经》(十卷);(4)东晋支道根译《方等法华经》(五卷);(5)姚秦鸠摩罗什译《妙法莲华经》(七卷或八卷);(6)隋(阇那)崛多、(达摩)笈多合译《(添品)妙法莲华经》(七卷),其中(3)、(5)、(6)存,而(1)、(2)、(4)则已经散佚,这就是所谓的"三存三亡"②。不过,除了智昇所说的"三存",《大正藏》第9卷还收有一卷本的《萨昙分陀利经》,失译者名,这也是《法华经》的一个译本,很可能是智昇所说的"三缺"中西晋竺法护译《萨芸芬陀利经》的一部分。

鸠摩罗什所译《法华经》在中国汉地流传甚广,直到今天,佛寺或信徒所用的《法华经》都是这个译本。《高僧传》所举讲经、诵经者中,以讲、诵此经的人数最多;敦煌写经中也是此经比重最大;南北朝注释此经学者达70余家,如南朝宋竺道生《法华经疏》(二卷)、梁法云的《法华经义记》(八卷)都十分有名。陈、隋之际智𫖮就是依据鸠摩罗什所译的《妙法莲华经》创立了天台宗的思想体系。

总之,天台宗所崇奉的《法华经》乃是鸠摩罗什所译的《妙法莲华经》。天台宗人奉《法华经》为本尊经,他们在宗教修行中非常重视"受

---

① 《大正藏》第55卷,第629页上。
② 详见《大正藏》第55卷,第519页中、下,628页下—629页下。另据《宝唱经目》云,《法华经》凡有四译,两存两没,不知具体所指,今不从。

持"、"读"、"诵"、"解说"和"书写"《法华经》的一句一偈。历代天台宗高僧也往往依据《法华经》建立起一些修行法门。就理论方面而言,作为天台宗理论基础的智𫖮的"天台三大部"(《摩诃止观》、《法华玄义》和《法华文句》)中就有两部是直接通过解读《法华经》来阐发佛理的。总之,不管是在具体的修行实践中,还是在佛学的理论上,天台宗的许多思想都是受了《法华经》的影响。当然,天台宗除了宗本《法华经》,也非常重视《华严经》、《维摩诘经》、《金光明经》和《大智度论》等大乘佛教经论,像天台宗著名的"一念三千"思想就与《华严经》有很大的关联。

二、《法华经》的基本思想

《法华经》体现了大乘佛教后期的思想,主张大小乘融会贯通,其主题就是宣扬"会三归一"的"一佛乘"思想。所谓"会三归一"就是会"三乘"归于"一乘"。所谓"三乘"就是声闻乘、缘觉乘和菩萨乘。《法华经·方便品》中曰:

> 舍利弗,如来但以一佛乘故,为众生说法,无有余乘,若二、若三。舍利弗,一切十方诸佛,法亦如是。舍利弗,过去诸佛,以无量无数方便、种种因缘、譬喻言辞,而为众生演说诸法。是法,皆为一佛乘故。是诸众生,从诸佛闻法,究竟皆得一切种智。舍利弗,未来诸佛,当出于世,亦以无量无数方便、种种因缘、譬喻言辞,而为众生演说诸法。是法,皆为一佛乘故。是诸众生,从佛闻法,究竟皆得一切种智。舍利弗,现在十方无量百千万亿佛土中,诸佛世尊,多所饶益,安乐众生,是诸佛,亦以无量无数方便、种种因缘、譬喻言辞,而为众生演说诸法。是法,皆为一佛乘故。是诸众生,从佛闻法,究竟皆得一切种智。舍利弗,是诸佛,但教化菩萨,欲以佛之知见,示众生故。欲以佛之知见,悟众生故,欲令众生入佛之知见故。舍利弗,我今亦复如是,知诸众生

有种种欲,深心所著,随其本性,以种种因缘、譬喻言辞、方便力而为说法。舍利弗,如此,皆为得一佛乘、一切种智故。舍利弗,十方世界中,尚无二乘,何况有三。舍利弗,诸佛出于五浊恶世,所谓劫浊、烦恼浊、众生浊、见浊、命浊。如是舍利弗,劫浊乱时,众生垢重,悭贪嫉妒,成就诸不善根故,诸佛以方便力,于一佛乘,分别说三。舍利弗,若我弟子,自谓阿罗汉、辟支佛者,不闻不知诸佛如来,但教化菩萨事,此非佛弟子、非阿罗汉、非辟支佛。又舍利弗,是诸比丘、比丘尼,自谓已得阿罗汉,是最后身,究竟涅槃,便不复志求阿耨多罗三藐三菩提,当知此辈皆是增上慢人。所以者何。若有比丘、实得阿罗汉,若不信此法,无有是处。除佛灭度后,现前无佛。所以者何。佛灭度后,如是等经、受持读诵解义者,是人难得。若遇余佛,于此法中,便得决了。舍利弗,汝等当一心信解受持佛语。诸佛如来,言无虚妄,无有余乘,唯一佛乘。①

按照这段经文,"会三归一"也可叫"会二归一",其中"三"是"三乘",指声闻乘、缘觉乘和菩萨乘;"二"是"二乘",指小乘(包括声闻乘、缘觉乘)和大乘(即菩萨乘);"一"是指"一佛乘"。可见,"会二归一"是对"会三归一"的一个概括,两者实际上是一样的。我们这里只谈"会三归一"。"会三归一"思想认为,诸佛如来的教法只有一个,那就是"一佛乘",即"唯以佛之知见,示悟众生",度众生;而诸佛如来之所以有时要说"三乘",那完全是因机施教的方便施设,因为众生根机不同,所以要"随其本性",教以"三乘",若硬是教以"一佛乘",或有众生难以悟受,故又要"于一佛乘,分别说三"。但是,"三乘"的实质归根到底都是"一佛乘",因此十方世界,"无有余乘,唯一佛乘","三乘"最终都归于"一佛乘",是为"会三归一"。"会三归一"思想有时亦称"一佛乘"思想。

---

① 《大正藏》第 9 卷,第 7 页上、中。

《法华经·譬喻品》还以一个比喻来描述和解释"会三归一",该比喻是这样的:有一位富贵的长者家里着了大火,但是他的"若十、二十或至三十"个孩子却"于火宅内乐著嬉戏,不觉不知,不惊不怖,火来逼身,苦痛切己,心不厌患,无求出意"。为了让他们乐意出离火宅,长者劝诱他们说有"种种羊车、鹿车、牛车今在门外,可以游戏,汝等于此火宅宜速出来,随汝所欲,皆当与汝"。此时,"诸子闻父所说,珍玩之物适其愿故,心各勇锐,互相推排,竞共驰走,争出火宅。"孩子们出了火宅后,长者既不给他们羊车、鹿车,也不给他们一般的牛车,而是给了他们每人一辆豪华而庄严的大白牛车,"是时诸子,各乘大车,得未曾有,非本所望",欢喜踊跃。在这里,羊车、鹿车、牛车"三车"分别比喻声闻乘、缘觉乘、菩萨乘"三乘",而大白牛车则比喻"一佛乘",大白牛车要超过"三车",同样的,"一佛乘"也要超过"三乘"。长者根据诸子之所好先以"三车"诱其出离火宅,等出了火宅,再给他们最好的大白牛车,此时大白牛车已含摄了"三车"的所有作用和功能;同样的,诸佛菩萨根据众生之根性,先以"三乘"教化众生出离"三界"(佛教常以"火宅"比喻"三界"),等出了"三界",再晓之以"一佛乘",使他们成就佛道,这样就使"三乘"都被"一佛乘"所含摄,使"三乘"与"一佛乘"一体化,这就是"会三归一"。在"会三归一"中,"三乘"是权,是方便,"一佛乘"是实,是究竟,是最终的归宿,所以"会三归一"也可叫"开权显实"——从"体"上来说是"会三归一",从"用"上来说是"开权显实"。

佛教原本的"三乘"思想设置了佛教修行中的界限,修声闻乘只能成阿罗汉,不能成佛;修缘觉乘只能成辟支佛果,也不能成佛;只有修菩萨乘才能成佛。《法华经》拆除了这"三乘"之间的壁垒,认为不管是修声闻乘,还是修缘觉乘,都像修菩萨乘一样能成佛,也就是说声闻、缘觉、菩萨三乘人皆可成佛。这就是所谓的"一佛乘"思想。

很显然,"一佛乘"思想的实质乃是在提倡众生皆可成佛。《法华经》认为,所谓的"三乘法"只是"一乘法"的方便而已,三乘最终都将归于一（佛）乘。智𫖮曾在《法华玄义》中以莲花为喻说明了《法华经》中三乘归一乘的道理，殊为精妙。他说：

> 华合未开，譬隐一乘，分别说三；华叶正开，譬会三归一，但说一乘；华落莲存，譬绝教冥理。①

《法华经》"一佛乘"思想的潜台词便是"众生皆可成佛"。我们都知道，南北朝时期由竺道生所首创的"众生悉有佛性"思想也无非是在讲"众生皆可成佛"。但是我们必须注意，这两类"众生皆可成佛"，其语境是完全不同的。竺道生"众生悉有佛性"意义上的"众生皆可成佛"，是从因上讲的，即因为众生悉有佛性，所以众生皆可成佛。而《法华经》"一佛乘"意义上的"众生皆可成佛"是从果上讲的，即三乘修行，最终都要归于佛果。

第三节　天台宗的前史及其思想渊源

不可否认，天台宗的思想体系是智𫖮创立的。但是，智𫖮的思想，从"大传统"上讲，是对龙树般若空宗思想和《法华经》思想的一种中国化的诠释；而从"小传统"上讲，则是对慧文和慧思思想的一种继承和发展。因而可以说，慧文和慧思构成了天台宗在中国发展的前史，而他们两人的思想则是天台宗的思想渊源。

一、慧文及其禅学思想

慧文（生卒不详）是南北朝时期北朝魏、齐之间的僧人。慧文并没有留下什么著作，而有关他的生平资料也很少，且不完备。我们现在只能通过道宣的《续高僧传》、志磐的《佛祖统纪》以及智𫖮、灌顶、湛然

---

① 《大正藏》第33卷，第774页下。

(711—782)等人著作中对慧文的零星描述来重构①(而不是呈现)其生平事迹和佛学思想。

《续高僧传》并没有专门为慧文立传,而是在《慧思传》中附带提到了慧文,曰:

> 禅师慧文,聚徒数百,众法清肃,道俗高尚。(慧思)乃往皈依,从受正法。

《佛祖统纪》中的记载略为详细些,曰:

> 二祖北齐尊者慧文,姓高氏。……在高齐之世,聚徒千百,专业大乘;独步河淮,时无竞化;所入法门,非世可知。学者仰之,以为履地戴天,莫知高厚。师以心观,口授南岳。岳盛弘南方,而师之门人在北者,皆无闻焉。

《佛祖统纪》的这段记载显然参考了《摩诃止观》中的说法。《摩诃止观》卷一曰:

> ……慧文禅师,当齐高之世,独步河淮,法门非世所知,履地戴天,莫知高厚。文师用心,一依《释论》。

又,湛然《止观辅行传弘决》第一之一中谈到,在南北朝时期曾经流行八种禅法,其中之一就是慧文禅师,"多用觉心,重观三昧,灭尽三昧,无间三昧,于一切法,心无分别"。

---

① 这里采用"重构"一词系受到了下面这段话的启发:"对泰勒斯的著述我们没有多少好说,因为我们在这方面缺乏第一手了解。因此我们必须考察其他作者所说的关于他的东西。在《形而上学》中,亚里士多德说泰勒斯首创了一种寻求万物本源和归宿的哲学。亚里士多德还说泰勒斯相信这种本原或来源是水。但我们不太清楚泰勒斯这话的意思是什么,假如他真这样说过的话。在做了这个保留之后,我们来设法重构'泰勒斯的哲学'。"(参见[挪威]G.希尔贝克、N.伊耶《西方哲学史——从古希腊到二十世纪》,童世骏、郁振华、刘进译,第4页,上海译文出版社,2004)泰勒斯是古希腊哲学家,西方哲学的鼻祖,他没有留下什么著作,后人只能从别人对他的有限介绍中了解他的哲学思想。在这一点上,慧文倒是与泰勒斯有着同样的命运,尽管两人没有其他方面的共同之处。

根据以上这些资料碎片,我们可以重构出慧文的如下形象,即慧文是北朝魏、齐时期的一位著名禅师,他专弘大乘禅法,法门深广莫测,在河淮(黄河与淮河)一带无人堪比,从之学者数以千计,慧思就是其弟子之一。后来,慧文的禅法被慧思带到南方,并在南方发扬光大,为天台宗止观法门的形成提供了最初的禅学资源。慧文禅师的禅法以《大智度论》为依据,重在以"觉心"求"观心",修习"三种三昧"即"重观三昧,灭尽三昧,无间三昧",以达到"于一切法,心无分别"的境界。当然,慧文的这种禅法并不是后来禅宗的禅法,因为他那个时候还不曾有禅宗,禅宗是唐代以后才有的。禅宗的禅法属于"祖师禅"的范畴,而慧文的禅法则是北朝广泛存在的各种各样的"如来禅"中的一种。①

南北朝时期,南北的佛教风格是不同的,表现为南方(或南朝)重佛教义理的讲论,因而佛教"玄学"盛行,而北方(或北朝)则重佛教实践的推动,像石窟造像、坐禅习定、诵经持戒等活动都十分兴旺。因为在北朝的这些佛教实践活动中,坐禅习定的禅定实践对后来中国佛教的发展乃是最有内在影响的,所以学界往往撮其要者,将南北朝时期佛教格局的这种南北差异简约地称为"南义北禅"。那么,北朝的禅定实践何以会如此兴盛呢?这要归功于达摩(?——535)。我们都知道,达摩在南北朝时来中国,先是到了建康(今南京),面见梁武帝,因与后者"话不投机半句多"②,遂北上来到北魏,在中国北方进行禅修实践,并对"禅"加以推广。可以说,正是达摩的到来,中国人才开始真正关注佛教的禅修实践问题,而在此之前(即汉魏两晋),中国人只是在忙不迭地解读和接受汹

---

① 所谓"如来禅",是指依据流传下来的佛教经典来修的禅,而"祖师禅"则是特指"教外别传,不立文字,直指人心,见性成佛"的禅宗(慧能系南宗)之禅。"祖师禅"依据的是众生自性的心法,而不是佛教经典中的佛法,尽管在禅宗的解释系统中,心法就是佛法。慧文的禅法是依据《大智度论》而成,故是"如来禅"。关于"如来禅"和"祖师禅"的差别,不妨参见高令印《中国禅学通史》,第20—21、63页,北京,宗教文化出版社,2004。
② 据《坛经》"疑问品","达摩初化梁武帝,帝问云:'朕一生造寺度僧,布施设斋,有何功德?'达摩言:'实无功德。'"在达摩看来,梁武帝问这样的问题,表明他根本就不懂佛法。

涌而至的佛教思想（包括译经和"格义"）而已，直到东晋的僧肇对佛教的般若思想作出了一个正确的理解，才使中国的佛教思想接受史暂告一段落。其后不久，便是达摩将一种以《楞伽经》为依据的禅法实践即所谓的"楞伽禅"带到了中国，旋即在中国大地上引动了一股佛教禅法实践的热潮，中国佛教从此也就进入了实践时代，直到后来宗派佛教的成立。

北朝的佛教禅法实践分为许多阵营，达摩楞伽禅只是其中之一，楞伽禅一路传承下来，后来演变为神秀的"北宗禅"。神秀的"北宗禅"在慧能的"南宗禅"兴盛之后便归于沉寂——这是中国佛教史中的一个常识。在楞伽禅之外还有许多禅法实践，这是中国人自己在达摩所造成的"习禅热"中依据佛教经典创立的禅法（其间有些甚至还夹杂着道教的实践方法），慧文的禅法便是其中之一。

慧文的禅法渊源于《大智度论》。《大智度论》卷二七中的下面这段话乃是理解慧文禅法的核心，曰：

> 问曰："一心中得一切智、一切种智，断一切烦恼习，今云何言，以一切智具足得一切种智，以一切种智断烦恼习？"答曰："实一切智一时得，此中为令人信般若波罗蜜故，次第差别说。欲令众生得清净心，是故如是说。复次，虽一心中得，亦有初、中、后次第，如一心有三相，生因缘住，住因缘灭。又如心、心数法，不相应诸行，及身业、口业，以道智具足一切智，以一切智具足一切种智，以一切种智断烦恼习，亦如是。"

《大智度论》中的这段话又是龙树用来解释《大品般若经》卷一中的下面这段经文的：

> 菩萨摩诃萨，欲具足道慧，当习行般若波罗蜜；欲以道慧具足道种慧，当习行般若波罗蜜；欲以道种慧具足一切智，当习行般若波罗蜜；欲以一切智具足一切种智，当习行般若波罗蜜；欲以一切种智断烦恼习，当习行般若波罗蜜。舍利弗，菩萨摩诃萨应如是学般若波

罗蜜。

《大品般若经》认为,通过"习行般若波罗蜜"可以获得三种"道慧"(《大智度论》称之为"道智"),即"道种智"(亦叫"道种慧")、"一切智"和"一切种智",这就是佛教所谓的"三智"。"三智"的含义是这样的:"(1) 一切智,即了知一切诸法总相,总相即空相,此智乃声闻、缘觉之智;(2) 道种智……即了知一切诸法别相之智,别相即种种差别之道法,此智乃菩萨之智;(3) 一切种智……即通达总相和别相之智,即佛智。"①《大智度论》认为,"三智"能于"一心中得",慧文主要就是根据这"三智一心得"的佛理来建立自己的禅法的。这种禅法属于"观心"法门,通过"观心"来获得"重观三昧,灭尽三昧,无间三昧"之"三种三昧",而这"三种三昧"正好是契合于"三智"的,见下表:

道种智——重观三昧
一切智——灭尽三昧
一切种智——无间三昧

智顗后来提出的"一心三观"禅修体系就是以慧文的这种禅法为基础,再结合慧思的"止观"思想而提出来的。

关于慧文,由于资料的缺乏,我们只能略为一说,难以详细。

二、慧思及其佛学思想

慧思(515—577),俗姓李,武津(今河南上蔡县东)人,南北朝时期高僧。据《南岳思大禅师立誓愿文》②,慧思"年十五出家修道,诵《法华经》及诸大乘,精进苦行",从二十岁开始则"遍历齐国诸大禅师学摩诃衍,恒居林野,经行修禅",直到三十八岁,"游行诸州非一处住"。三十九岁以后,慧思开始应邀在黄河以南各地讲经说法,主要讲的是《摩诃般若波罗

---

① 星云主编:《佛光大辞典》第一卷,第625页,北京图书馆出版社,2000。
② 参见石峻等编《中国佛教思想资料选编》第三卷第二册,第408—419页,北京,中华书局,1981。

蜜经》。由于当时中国佛教界鱼龙混杂，矛盾错综，慧思的讲经说法经常受到"诸恶论师"的扰乱，甚至其本人的生命也受到了严重的威胁，几近丧命，"数遭非一"。比如有一次，慧思受淮南郢州刘怀宝之邀，"讲摩诃衍义，是时为义相答，故有诸法师起大瞋怒，有五人恶论师以生金置饮食中，令慧思食……临死之际，一心合掌向十方佛忏悔……生金毒药即得消除还得更差"①；又有一次，慧思在光州城西观邑寺讲摩诃衍义，"是时多有众恶论师，竞来恼乱，生嫉妒心，咸欲杀害毁坏般若波罗蜜义"；还有一次，慧思"在南定州，刺史请讲摩诃衍义一遍，是时多有众恶论师，竞起恶心作大恼乱，复作种种诸恶方便，断诸檀越不令送食，经五十日唯遣弟子化得以济身命"。直到慧思晚年迁锡南岳衡山，居然还有山中道士来谋害他。总之，慧思的一生，命运坎坷。然而，尽管如此，慧思还是始终以法为命，道心坚固，不畏法难，当齐宣帝以"大禅师"尊之并敕诏他入内台供养时，他也避而不就，一心在民间弘传佛法，誉满道俗。因为慧思晚年定居南岳，故史称"南岳大师"。

从受学的经历来看，慧思出家之初便以专诵《法华经》为常课，对《法华经》情有独钟且有深入的研究，早早地就在心中培植了"法华义学"的根基；后来他受《妙胜定经》的影响，修习禅定，恰在此时又碰到了慧文禅师，遂拜谒为师。慧文禅师授之以观心法要，从此慧思便在慧文门下，昼谈义理，夜来坐禅，终于"定慧双开"，形成了自己以"法华三昧"为基础的"止观法门"，不久便入光州大苏山（在今河南光山县南）自立门户。慧思在大苏山期间，智𫖮远来亲近执弟子礼，从其学习"法华三昧"而致有"大苏开悟"。智𫖮的"大苏开悟"乃是其创立天台宗佛学思想的最初一点"灵明"，因而可以说，大苏山在天台宗史上有着源头的意义。

在中国佛教史上，慧思不但作为智𫖮的老师而在天台宗中占有一席之地，而且他的"末法意识"也深深地影响着中国佛教界。现在一般都认

---

① "差"，通"瘥"，痊愈的意思。

为慧思乃是中国佛教史上最早具有"末法意识"的法师,这一点我们在探讨慧思的佛学思想之前也应该略作交代。

我们都知道,佛教依佛法于释迦牟尼圆寂后在世间的流变情形将佛教的发展分为三个时期,依次是正法时期、像法时期和末法时期,这就是所谓的"三时"。具体地说,在正法时期,佛法还能保持与释迦牟尼思想的高度一致,但是到了像法时期,佛法只能大致地类似于释迦牟尼的思想,故名之曰"像",而到了末法时期,佛法已与释迦牟尼的思想相去甚远了。那么正法、像法和末法各历多少时间呢?不同的佛经有不同的说法,比如《大悲经》中说正法和像法各一千年,末法一万年;而其他的经中都只有正法和像法之说而没有提到末法,有说正法和像法各五百年的(《大乘三聚忏悔经》),有说正法一千年、像法五百年的(《悲华经》),有说正法五百年、像法一千年的(《大集月藏经》)。但是,不管按哪一种说法,我们现在都处于末法时期。待一万年的末法时期结束,弥勒佛就降生到我们这个世界,代替释迦牟尼佛来教化众生。我国明代的白莲教起义就是盗用了佛教的末法观念,说某某时候,末法时代结束了,弥勒佛降临了,要改朝换代了,大家赶快起来造反吧,如此云云。

佛教的"三时"说在许多佛经中都成了表达佛学思想的一个依托,如《金刚经》"正信希有分"中说:"如来灭后,后五百岁,有持戒修福者,于此章句,能生信心,以此为实。"这里的"如来灭后,后五百岁"就是指像法时期,隐而未说的"如来灭后,前五百岁",就是指正法时期。又《金刚经》"能净业障分"中说"若善男子,善女人,于后末世,有受持读诵此经,所得功德,我若具说者,或有人闻,心则狂乱,狐疑不信"。这里的"于后末世"显然就是指末法时期。另外,如《圆觉经》中说:"善哉善哉,善男子,汝等乃能为诸菩萨,及末世众生,修习菩萨,如幻三昧,方便渐次。"这里"末世众生"中的"末世"就是指末法时期。

在印度佛教中,"三时"本是释迦牟尼对自己身后佛教发展阶段的一个预测,并非实有具体的时间依托,但在中国佛教中,"三时"却是一个具体的历史的时间观念。中国佛教中的"三时"划定就肇始于慧思。

慧思生活在南北朝时期,由于当时北魏太武帝灭佛运动的刺激以及慧思自己在弘法活动中数次遭"恶论师"算计陷害,差点丧命,于是一种强烈的"末法意识"在慧思的头脑中萦绕着,他感到佛经上所说的"末法时代"真的来临了,他自己就真真切切地生活在"末法时代"之中,而且在《南岳思大禅师立誓愿文》中,慧思还为我们提供了计算"三时"之具体年代的一些信息。慧思说,佛"灭度之后,正法住世'迳'五百岁;正法灭已,像法住世'迳'一千岁;像法灭已,末法住世'迳'一万年。我慧思即是末法八十二年,太岁在乙未十一月十一日,于大魏国南豫州汝阳郡武津县生。"根据慧思的这段话,我们不难推算出"三时"的具体年限如下:慧思生于公元515年,这一年是"末法八十二年",那么末法时代的元年应该是公元433年(515－82＝433)。公元433年,往前推1000年,即公元前567年,就是像法时代的元年。公元前567年再往前推500年,即公元前1067年,就是正法时代的元年。也就是说,从公元前1067年到公元前568年是正法时代;从公元前567年到公元432年是像法时代;从公元433年开始,佛教就进入末法时代。"末法时代"共计一万年,因而我们现在都还生活在末法时代之中——这就是中国佛教中的"三时"年限。以后,我们在法师们的讲经说法中听到或在佛书上看到末法时代如何如何时,就应该想到慧思,因为慧思是中国佛教中最早有末法意识并将佛教的"三时"具体化的人。

慧思流传下来的佛学著作有《法华经安乐行义》一卷、《诸法无诤三昧法门》二卷、《随自意三昧》一卷、《立誓愿文》一卷、《受菩萨戒仪》一卷、《大乘止观法门》四卷,另有《四十二字门》二卷、《释论玄义》一卷、《次第禅要》一卷等著作,现已失传。慧思在这些佛学著作中表现出了丰富的佛学思想,其中对智顗创立天台宗思想有重要影响的是他的"性具染净"思想和止观思想,下面分别予以阐述。

(一) 慧思的"性具染净"思想

智顗的"性具善恶"直接渊源于慧思的"性具染净"。"性具善恶"与"性具染净",两者无论在表达的形式上(包括这两个命题本身的语法结构),还是在具体内容上都极为相似。至迟到明末,就已经有人开始明确地从研究的角度探寻"性具善恶"与"性具染净"之间的承继性关系了。比如晚明"四大高僧"之一的蕅益智旭在其解释《大乘止观法门》的著作《大乘止观法门释要》中,当论述到"性具染净"思想时就曾说过:"天台性恶法门,正本于此。"①近代学者慧岳在《天台大师之性恶思想》中也说:"必须知道,天台大师所倡的性恶说,不但是根据上述的'佛性论'(指此段引文之前慧岳有关天台佛性思想的论述),而且还依其师南岳慧思禅师所著的《大乘止观法门》的性染思想而来……《大乘止观法门》便是性恶思想的母胎。"②

"染净"是印度佛教中经常使用的一对概念。"净"指的是众生本具的"清净心","染"是"染垢、染污、不洁不净之义,谓执著之妄念及所执之事物也③",也就是我们通常所说的种种烦恼以及引起这些烦恼的尘世事物。"染"有时也叫"客尘"或"尘"。可见,"染净"是一对名词性概念,不像"善恶"那样是一对形容词性概念——这是"性具染净"与"性具善恶"在语境上的一个区别。

印度佛教中的"如来藏佛性"思想阐述了"染"与"净"之间的一种关系。据世亲《佛性论·如来藏品》的解释,世间一切众生本有"如来清净心"("清净心"中含具如来一切功德),这便是众生的佛性,但这本有之"如来清净心"为烦恼客尘即"染"所覆,藏而不显,故名"如来藏"。可见"如来藏"就是"如来清净心",只因它藏覆在烦恼客尘中,所以才叫做"如来藏",这就好比"听装啤酒",它本是啤酒,只因装在听里,所以叫"听装

---

① 《续藏经》第二编第三套第 5 册,第 466 页上。
② 张曼涛主编:《现代佛教学术丛刊》第 57 册,第 359—360 页。
③ 《实用佛学辞典》,第 1059 页,杭州,浙江古籍出版社,1996。

啤酒"。简单地说,"如来藏"思想就是:众生本"净",只因为"染"所覆,故众生依然还是众生,不是如来。或者表述为:众生本有佛性,只因为烦恼客尘所覆,故众生依然还是众生,不是佛。① 显然,在"如来藏"思想中,"染"和"净"是简单的外在相加关系,即"染"+"净"="如来藏",就像把啤酒倒进听里成为"听装啤酒"一样,两者没有共同的源头或内在的关系,"净"是本有,来自于先天,"染"是生成,来自于后天,两者只是凑聚众生身上而已,就像啤酒为啤酒厂所生产,而听为包装厂所生产,结果某一天两者被弄到了一起一样。

慧思就是从"如来藏"思想出发来谈"染净"问题的,不过慧思之"如来藏"已非彼"如来藏"了,他对"如来藏"的结构和功能作了改造。

慧思对"如来藏"的改造是有备而作的,故意的,而不是无意的误解,因为他清楚地知道原本的那个"如来藏"是何含义。他认为,原本那个"如来藏"的着眼点完全在"自性清净心",这个"清净心"与藏覆它的"染"是"相离"的,也就是前面所说的"外在的简单相加"的关系,他说:

>云何名为自性清净心耶?答曰:此心无始以来虽为无明染法所覆,而性净无改,故名为净,何以故?无明染法,本来心相离故。云何为离?谓以无明体是无法,有即非有,以非有故,无可与心相应,故言离也。既无无明染法与之相应,故名性净。②

也就是说,在原本的那个"如来藏"中,"染"和"净"是"相离"的,没有什么内在的"相应"关系,"染"是"染","净"是"净",互不搭界,所以那个"自性清净心",也就是佛性,只是"性净"而没有"性染"。慧思认为,这种"染"

---

① "如来藏"思想是用来解释众生既然有佛性,为什么却不是"佛"这个矛盾的,而不是像有的人所认为的那样,是用来解释众生何以能成佛的(这些人的理解是,众生本有佛性,所以众生能成佛),或者说"如来藏"思想是用来解释众生何以是众生,而不是用来解释众生何以能成佛的。
② 《大正藏》第46卷,第641页上、中。

和"净"无关的"如来藏"思想与佛教向来主张的"心外无法"是相矛盾的，因为他把"心外无法"理解成是"净心之外无一法"。① 既然"净心之外无一法"，那么"染法"也应是"净心"之内的，"染"与"净"应该是相关的，而不是"相离"的。慧思从原本的"如来藏"思想这个鸡蛋中挑出了骨头，并对"如来藏"按己意作了如下修正：

> 云何复名此心为如来藏？答曰：有三义，一者能藏名藏，二者所藏名藏，三者能生名藏。所言能藏者，复有二种，一者如来果德法身，二者众生性德净心，并能包含染净二性及染净二事无所妨碍，故言能藏名藏。藏体平等名之为如，平等缘起目之为来，此即是能藏名如来也。第二所藏名藏者，即此真心而为无明壳藏所覆藏，故名为所藏也。藏体无异无相名之为如，体备染净二用目之为来，故言所藏名藏也。第三能生名藏者，如女胎藏能生于子，此心亦尔。体具染净二性之用，故依染净二种熏力，能生世间出世间法也，是故经云：如来藏者，是善不善因……又复经言，诸佛正遍知海，从心想而生也，故染净平等名之为如，能生染净目之为来，故言能生名如来藏也。②

慧思在这里将"如来藏"的结构按"藏"字的意义分为三个层次，从而使原本"平面"的"如来藏"变成了"立体"的"如来藏"。按引文中的顺序，这三个层次依次是"能藏名藏"、"所藏名藏"和"能生名藏"，但是我们在理解的时候必须将其倒过来才能明了其意义。

所谓"能生名藏"者，"如女胎藏能生于子"意谓"净心"能生"世间出世间"二种法，也就是能生"染净"二种法，也就是"净心之外无别法"，一切法均为"净心"所生。关于"净心"能生"净法"，人们容易理解，然而"净心"何故又能生"染法"呢？慧思借用了唯识宗的"熏习说"来解释"净心"

---

① 《大正藏》第46卷，第645页上。
② 同上书，第644页中。

能生"染净"二法的问题。

唯识宗认为,世间万法最终都是由阿赖耶识变现出来的。那么阿赖耶识究竟是如何变现出万法的呢?唯识宗立一套"熏习说"来阐明。"熏习说"认为,一个人以内言之有"心识",以外言之有"业行"。"心识"有八,即眼识、耳识、鼻识、舌识、身识、意识、末那识和阿赖耶识,其中阿赖耶识是人心中最隐秘、最有能量的部分,其他七识只有在它活动的时候才能起作用,甚至其他七识还都是由它变现出现的呢!因此八识实际上可归结为阿赖耶识一识。"业行"有三,即身、口、意三业,指的是人们日常所做的种种事,所说的种种话,所产生过的种种念头、种种思想、种种情感。总之,人们所做所说所想的一切都是"业"(其中当然既有"善业"也有"恶业")。唯识宗认为,"业"和"阿赖耶识"之间存在着如下的关系:身口意现起"业"时——这叫"现行",会将"业"之"习气"留在阿赖耶识中,这叫"熏习"阿赖耶识。为什么叫"熏习"呢?《大乘起信论》中比喻说:"熏习义者,如世间衣服实无于香,若人以香而熏习故,则有香气。"阿赖耶识好比是衣服,"业"好比是置于衣服上的香料,衣服受到香料熏习,于是便有了香气;同样的,阿赖耶识受到"业"的熏习,于是也便有了"习气",这"习气"通常被称为"种子"。唯识宗认为,这"种子"就是阿赖耶识能变现万法的根源。因为"种子"是由"业"之熏习而来,而"业"是各式各样的,所以这"种子"也必然是各式各样的,这各式各样的"种子"帮助阿赖耶识变现出各种各样的事物。比如一家三口,丈夫、妻子、儿子,一个是大男人,一个是女人,一个是小男人。女人看大男人,看到的是丈夫,小男人看大男人,看到的是父亲。同样是一个大男人,一个看成是丈夫,另一个看成是父亲。这是为什么呢?现代社会学或心理学当然会有自己的解释。佛教唯识宗也有自己的解释。唯识宗会说,女人的阿赖耶识变现出了丈夫,小男人的阿赖耶识变现出了父亲。为什么呢?因为在这三口之家的生活中,女人和小男人作的"业"不一样(用现代的话来说,叫角色行为不一样),于是两人的阿赖耶识受各自的"业""熏习"后所形成的"种子"也不一样,一个种子导致相应的阿赖耶识变现出丈夫,另一个种子导致相应的阿赖耶识变现出父亲。阿赖耶识变现出世界万法亦可仿此例而成立。也许在现代人看来,唯识宗的解释有些神秘,甚至非常不科学,但它毕竟能自圆其说。

唯识宗的"熏习说"可用下图来表示:

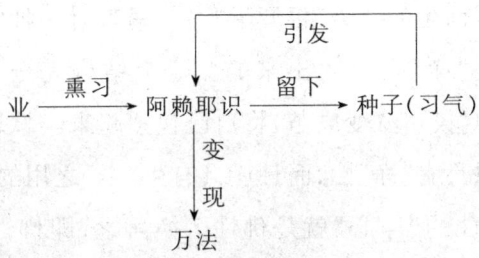

以上是唯识"熏习说"最基本,也是最核心的思想。① 慧思把"如来藏"思想和"熏习说"结合起来,以"熏习说"来重新解释"如来藏"思想。他认为,"如来藏"之"清净心"就是阿赖耶识,阿赖耶识因含藏各式各样的"种子"而能变现出万法,所以"清净心"中亦具有各式各样的"熏力"("种子"的功能)而能生起万法,其中包括"净法"和"染法",这就是上述引文中所说的"依染净二种熏力,能生世间出世间法也"。(慧思在这里将各式各样的"熏力"化约为"染净二种熏力")对于人们所容易疑惑的"净心生起染法",慧思还作了特别的解释,曰:

> 以此心体有随染之用故,为一切染法之所熏习,即以此心随染故,能摄持熏习之气,复能依熏显现染法,即此心性能持能现二种功能,及所持所现二种染法,皆依一心而立。②

如果将这些"熏习说"的话语换回到"如来藏"的话语,那无非是说,"如来藏清净心"具有染净二性,能起染净二用,从而能生染净诸法。这里不难

---

① 因为还有所谓的"三种熏习"、"四种熏习"等更为精致学说,此不赘述。
② 《大正藏》第46卷,第644页上。

看出,慧思借用"熏习说"改造了"如来藏"藏体之结构。我们前文已明在原来的藏体结构中,也就是神秀所说的"如来藏"的藏体结构中,"如来藏"中的"染"和"净"之间没有内在的关系,两者只是外在简单地相加而凑聚在一起,犹如啤酒和装啤酒的听之间的关系。因为相对于"净"来说,"染"是外来的,所以"染"也叫"客尘"。然而在慧思的"如来藏"藏体中,"染"是由"净"而生的,"染"根源于"净",两者有一种内在的关系。蔽覆"净"的"染"是"净"自己生出来的。这个结构完全是一个"蚕茧"。"净"是蚕,蚕吐出"染"丝(变成茧)将自己包覆起来。慧思告诉我们,"如来藏清净心"不只具有"净"性,而且还具有生"染"之用的"染"性,他认为这种具"染净"二性的"净心"就是佛性。换言之,即佛性具有"染净"二性,亦即"性具染净"也。

以上的分析告诉我们,慧思的"性具染净"的实际含义是"性具染净之用",这与智𫖮"性具善恶"即是"性具善恶之用"("善恶"是就佛性之用而言)的思想是完全一致的。慧思的"性具染净"是通过将"如来藏"思想与阿赖耶识思想相结合后所得出的结论,智𫖮虽然没有作这种结合工作,但是他在阐述"性具善恶"思想时却也用唯识宗的"熏习说"来解释该思想,这表现在智𫖮的《观音玄义》中那段阐述"性恶"的话中,这里不妨将其中涉及唯识的话引述于下:

> 若依他人,明阐提断善尽,为阿梨耶识所熏更能起善。梨耶即是无记无明,善恶依持为一切种子。阐提不断无明无记(应为无记无明)故还生善,佛断无记无明尽,无所可熏,故恶不复还生。[1]

唯识宗将事物的性质分为善、恶、无记三种,这叫"善恶无记三性"。其中,"无记"的意思是"不可记为善,亦不可记为恶",也就是既不善也不

---

[1]《大正藏》第34卷,第882页下。

恶，这叫"中容"。① 虽然"无记"不善亦不恶，但具有衍生善恶之可能性，这正如一张白纸，既可以着红，也可以着绿，存在着变红和变绿的可能性。智𫖮将唯识宗"无记"的思想与唯识宗的阿梨耶识（即阿赖耶识）思想结合起来，认为阿梨耶识亦具无记性，因为阿梨耶识具有"善恶依持的一切种子"，凭着这些种子既可以生善也可以生恶。因为阐提和佛都具有阿梨耶识，所以都能生善生恶。但是必须注意，佛生恶只是为了以恶度众生，如果不是为了这个目的，佛是绝对不生恶的（于是接下来智𫖮便讨论佛以恶度众生的问题）。很显然，智𫖮在这段引文中是要努力使下列的等式成立，即：

佛性＝阿梨耶识＝无记——具善恶二用——生善恶

智𫖮"性具善恶"与慧思"性具染净"的另一个明显的相似之处在于，在"性具善恶"思想中，佛性含有权宜之性，佛若为度众生计，可以权宜生恶；在"性具染净"思想中，佛性即"清净心"，含有巧用之性，可以生"染"。

以上所明是慧思"如来藏"的第一层意义（能生名藏）以及由这层意义衍生的"性具染净"思想，同时我们还说明了智𫖮"性具善恶"思想与慧思"性具染净"思想的相似性。这一层意义是慧思"性具染净"思想得以成立的理论基础，十分重要。

慧思"如来藏"的第二层和第三层意义实际上是第一层意义的补充和延伸。理解了第一层，第二层和第三层就迎刃而解了。第二层意义是"所藏名藏"。"清净心"为"染"所藏，所以叫"所藏名藏"。慧思的原话叫"此真心（即'清净心'）而为无明壳藏所覆藏"，其中的"壳"字十分形象，相当于笔者前文所说的"蚕茧"之"茧"也。第三层意义是"能藏名藏"，意为"清净心"能藏"染净二性及染净二用无所妨碍"。这里，慧思还特地将

---

① 唯识宗的"中容"不同于三论宗的"中道"。"中容"是不善不恶，而"中道"就善恶关系而言，乃是不善不恶，亦善亦恶。

"清净心"析而为二,即佛的"清净心"("如来果德法身")①和众生的"清净心"("众生性德净心")。不管是佛的"清净心",还是众生的"清净心",都藏有染净二性及染净二用,因为慧思把"清净心"视为佛性。所以在慧思看来,佛的佛性与众生的佛性一样,都具染净二用,"性具染净"既适用于佛,也适用于众生。在这里慧思实际上也解答了同样"性具染净"的众生与佛在何种意义上是有差别的,他说:

问曰:若心体本具染性者,即不可转凡成圣。答曰:心体若唯具染性者,不可得转凡成圣。既并具染净二性,何为不得转凡成圣耶?问曰:凡圣之用既不得并起,染净之性何得双有耶?答曰:一一众生心体,一一诸佛心体,本具二性而无差别之相,一味平等,古今不坏。但以染业熏染性故,即生死之相显矣;净业熏净性故,即涅槃之用现矣。然此一一众生心体依熏作生死时,而不妨体有净性之能;一一诸佛心体依熏作涅槃时,而不妨体有染性之用。依是义故,一一众生,一一诸佛,悉具染、净二性。法界法尔,未曾不有,但以熏力起用,先后不俱。是以染熏息故,称曰转凡;净业起故,说为成圣。然其心体二性,实无成坏。是故就性说故,染、净并具;依熏论故,凡、圣不俱"。②

至此,我们将慧思"如来藏"的三层意义结构都讲清楚了,并看到了蕴涵在这三层意义(主要是一、三两层)中的"性具染净"思想与智顗"性

---

① 按照通常世俗的理解,"身"和"心"是不同的,慧思这里将"清净心"等同于"法身",是不是有问题呢?这实际上乃是佛外看佛的杞人之忧,关键是不明白佛教中的"身"以及"法身"究竟是什么含义。"杞人"们将"法身"之性看做是"女儿身"之身了。关于"法身",吴立民的解释是比较正确且易懂的。他说:"佛教讲佛性,通常讲法身、报身、应(化)身,叫做'三身'。身是聚集的意义,聚集诸法而成身。把佛陀的理法聚集称为法身,智法的聚集称为报身,功德法的聚集称为应身。佛是觉悟的人,法身是他的觉性,报身是他的觉相,应身是他的觉用。……如果觉悟了宇宙万法的真相即缘起性空的法理,由此法理聚集所成之身,叫做法身。"参见吴立民《佛教的"法身"和"业力"思想》,载《佛教文化》1999 年第 5 期,第 5 页。概括"法身"的含义,我们可以替慧思给出下列等式:法身=觉性=清净心。
②《大正藏》第 46 卷,第 652 页上。

具善恶"思想的相通性。然而,慧思对传统"如来藏"的改造还不仅仅止于此,他还将"如来藏"分为"空如来藏"和"不空如来藏"两种。如果说前一项"三层意义"的改造是纵向改造,那么后一项"两分法"的改造就是横向改造。这种横向的改造使得基于"如来藏"思想的"性具染净"思想进一步扩宽。所谓"空如来藏",慧思解释道:

> 初明空如来藏。何故名为空耶?以此心性虽复缘起,建立生死涅槃违顺等法,而复心体平等妙绝染净之相,非直心体自性平等所起。染净等法亦复性自非有。如以巾望兔,兔体是无,但加以幻力故似兔现。所现之兔,有即非有,心亦如是,但以染净二业幻力所熏故。似染似净二法现也。若以心望彼二法,法即非有。是故经言:流转即生死,不转是涅槃;生死及涅槃,二俱不可得。又复经言:五阴如幻,乃至大般涅槃如幻。若有法过涅槃者,我亦说彼如幻。又复经言:一切无涅槃,无有涅槃佛,无有佛涅槃,远离觉所觉,若有若无有,是二悉俱离。此等经文皆据心体平等,以泯染净二用。心性既寂,是故心体空净,以是因缘名此心体为空如来藏。非谓空无心体也。①

很显然,慧思是从"如来藏心体"(即清净心之体也)的角度来界定"空如来藏"的,而前面的"三层意义"论则是从"如来藏藏体"("心体"+"染壳")的角度来说的。慧思认为,"空如来藏"并不是"空无心体"的意思,而是指"心体平等"的意思。那么何谓"心体平等"呢?慧思说,"心体"具染净二用,因而能现染净二法,起"染净之相",但是根据"缘起性空"的道理,以"缘起建立生死涅槃违顺等法",不管是染法还是净法,它们都是"缘起"的,因而都是空,都是"性自非有",这就好比"以巾望兔"(可能是古代的某种魔幻术,隔着"巾"能看见兔,而且一忽而看见这只兔,一忽而看见那只兔),所现之兔是幻力所致,实际上不存在什么兔。在这里,慧

---

① 《大正藏》第 46 卷,第 645 页中。

思将"心体"比做巾,将"染净二法"比做兔,认为"心体"所现之染净二法是"染净二业幻力所熏故",并非实有,而是"空"。因为,染净二法都是"空"而非有,是无分别的,所以现此染净二法的"心体"也应该是无有分别的,是平等一如的。这里慧思是在告诫我们:不要因为"心体"有染净二用,就认为"心体"有二种分别。现染之"如来藏心体"与现净之"如来藏心体"是平等的,这种平等是建立在染净皆空的基础上的,所以叫"空如来藏"。

"空如来藏"的"心体平等"思想实质上是对"性具染净"思想的一种"遮照式平衡"。[①]"性具染净"也许会使人产生有染净二种心体的误解,为了预防这种误解,慧思于是提出了"心体平等"之说。"心体平等"思想说明世界上无染也无净,有染有净乃是人们的妄念执著,所以慧思引经言曰:"生死及涅槃,二俱不可得","五阴如幻,乃至大涅槃如幻","一切无涅槃,无有涅槃佛,无有佛涅槃",这里很显然含有"烦恼即菩提"的思想,但慧思并没有自觉地意识到而明确地说出来。这任务到了智顗才完成,智顗以"性具善恶"思想为基础,明确地提出了"烦恼即菩提"的思想,并使之成为天台宗的一面旗帜。这就是说,在慧思的"性具染净"思想中已经隐含着智顗后来在"性具善恶"话语中加以明示的"烦恼即菩提"思想。

接着,关于"不空如来藏",慧思解释道:

> 次明"不空如来藏"者,就中有二种差别,一明具染净二法以明不空,二明藏体一异以释实有。第一明染净二法中,初明净法,次明染法。初明净法中,复有二种分别。一明具足无漏性功德法,二

[①] "遮照"本是佛教谈空说有的一种方法。"遮"是破有立空,"照"是破空立有。"遮"以防止执有,"照"以防止执空;"遮照并用",不执空有,处于中道。其模式是:空——有——非空——非有——非非有——非非非有……这里所谓的"遮照式平衡"的意思是,为防止人们对"性具染净"产生误解,而给出对其形成制约的思想,这有点类似于"遮照平衡",所以谓之"遮照式平衡"。

明具足出障净法。第一具无漏性功德者……次明藏体一异以释实有义,就中复有六种差别:一明圆融无碍法界法门;二明因果法身名别之义;三明真体在障出障之理;四明事用相摄之相;五明治惑受报不同之义;六明共不共相识。第一明圆融无碍法界法门者……①

慧思对"不空如来藏"的解释非常详细,引文也很长,占了《大正藏》七个页面还多,因此不便于此全部抄引,这里只引列了慧思论述此一问题的层次分明的小标题。慧思就是按着这一小标题层层剥笋似的剖析"不空如来藏"的。

如果用我们现代的话来说,那么慧思的所谓"不空如来藏"就是具体的"如来藏",而那个与之相对的"空如来藏"就是抽象的"如来藏"。这是怎么回事呢?《大乘止观法门》中的下面一段话可以为此提供一个答案:

> 问曰:不空如来藏者,为一一众生各有一如来藏,为一切众生一切诸佛唯共一如来藏耶?答曰:一切众生一切诸佛,唯共一如来藏也。②

在慧思看来,"如来藏"都是众生身上的"如来藏",没有脱离开众生而单独存在的"如来藏",因而"如来藏"都是具体的,都是与具体众生的具体生存状况相联系的,这种具体的"如来藏"就是"不空如来藏"(因为具体,所以不空);然而慧思又认为,虽然一一众生身上都存在着"如来藏",但天底下却只有一个"如来藏","一切众生一切诸佛,唯共一如来藏",这个唯一的"如来藏"就是抽象的"如来藏",我们前面所分析的慧思的"如来藏"其实都是抽象的"如来藏"。慧思在论述"如来藏"三层意义时"如来藏"不是具体的"如来藏",而是抽象的"如来藏",这种抽象的

---

① 《大正藏》第 46 卷,第 646 页上、中、下至 653 页上。
② 同上书,第 647 页下。

"如来藏"是从众生身上剥离出来的"如来藏"本身。如果从分析技术角度看,那么为了把"如来藏"的意义和结构弄清楚,我们必须把"如来藏"从众生身上抽象出来,将它从其存在的环境中游离出来,这跟动物学上的动物实验一样,要想把一只昆虫研究清楚,只在大自然的原生环境中观察昆虫是远远不够的,还必须将昆虫从大自然环境中游离出来,拿到实验室里,在严格控制的条件下对昆虫进行观察分析,这样才能将昆虫研究清楚①。同样的道理,如果我们不把"如来藏"从众生的身上游离出来,抽象出来,我们就不可能很好地看清"如来藏"的意义与结构——这也是慧思的思维。慧思把这种从众生身上游离出来的抽象"如来藏"叫做"空如来藏"(因为抽象,所以为空)②。虽然一切众生都有"如来藏",但从一切众生身上抽象出来的"如来藏"却是唯一的,从甲身上抽象出来的"如来藏"与从乙身上抽象出来的"如来藏"都是一样的,都是"空如来藏"。

但是,在分析"如来藏"的思路上,慧思并没有仅仅停留在对"如来藏"的抽象分析上,而是又从抽象返回到具体,把"如来藏"放回到其原生环境中去,使其成为一个具体的"如来藏",这就是众生身上的"如来藏",亦即"不空如来藏"。那么,慧思是如何看待"不空如来藏"的呢?慧思说:

> 所言如来藏具染净者,有其二种,一者性染性净,二者事染事净。③

所谓有"性染性净",是指"空如来藏"而言,指的是"如来藏"心体具有染

---

① 这叫"理想化实验",其实一切科学研究,不管是动物学还是化学、物理学,都离不开这种"理想化实验"。
② 当然,佛教中的"空"并不是抽象的意思,"不空"也不是具体的意思,但是通过分析慧思的"空如来藏"和"不空如来藏",我们发现他的"空"与"不空"确实具有抽象与具体的意思,至少我们也可以说,"空"与"不空"确实跟抽象与具体有联系。
③《大正藏》第46卷,第647页下。

性净性及其相应的染用净用;而所谓的"事染事净"则是指"不空如来藏"而言的,指的是各各众生具体的生存状态,这种具体的生存状态实际上是"心体"受熏而现的染法净法,具体地说是这样的:心体具染性净性之用,现起染法净法,这染法净法最终都落实为众生的日用诸事,包括世俗的工作、学习、生活等各方面,也就是众生具体的日常活动,这些日常活动都是净法染法的具体表现形态,就是染净事。我们不妨将"不空如来藏"的结构图示列于下:

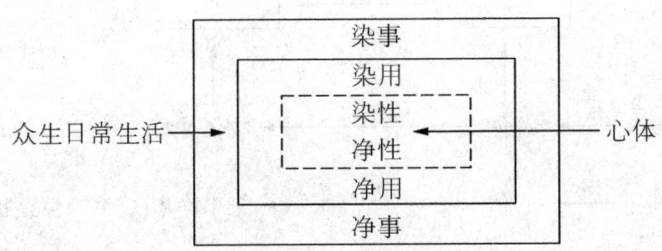

然而,这里存在着一个矛盾,那就是各众生的净性亦即"空如来藏"都是一样的,但由其而现的染事净事却千差万别,即各个众生的生存状态是千差万别的,各个众生的日常生活事件是千差万别的。这如何协调呢?慧思以一个十分恰当的比喻解释道:

> 譬如明镜体具一切像性各各差别不同,即是无差别之差别也,若此镜体本无像性差别之义者,设有众色来对,像终不现,如彼炽火,虽复明净,不能现象者,以其本无像性也。既见镜能现像,定知本具像性。①

我们都知道,镜子照物,照什么就显什么像,照桌子就显桌子像,照椅子就显椅子像。对这一现象慧思的解释是,镜子本身具有各种各样、差别不同的像性,既有桌子的像性,也有椅子的像性,总之镜子本具世界万物的像性;照什么,什么像性就发生作用,就显什么像。照桌

---

① 《大正藏》第46卷,第648页中。

子,桌子的像性就发生作用,于是显桌子像;照椅子,椅子的像性就发生作用,于是显椅子像,等等。他认为,如来藏"心体"之所以能现出千差万别的染事净事,形成众生千差万别的生存状况,就是因为"心体"像"镜体"一样有着千差万别的染性净性,这两者之间的类比关系可用下图来表示:

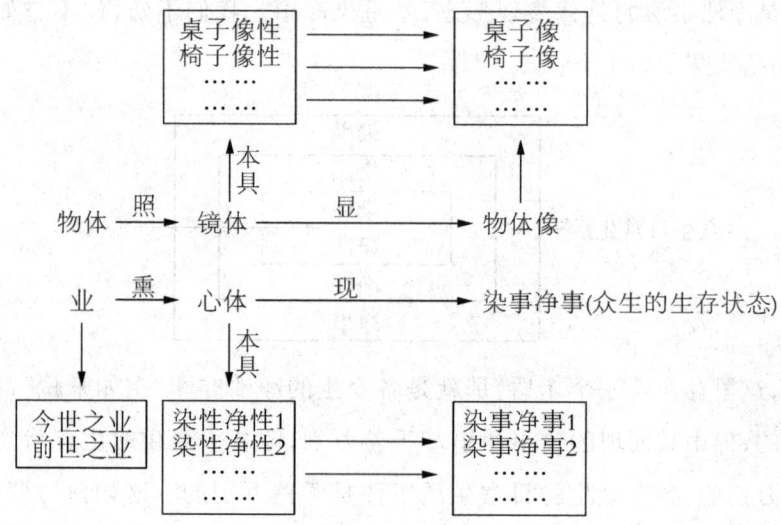

这张图表明,众生今世和前世所作的种种业都像物体照镜一样地熏习心体,从而使心体现出众生种种相应的生存状态。由于众生所作的业是千差万别的,所以所现的生存状态亦千差万别。明眼人一看便知,这显然是对佛教因果思想的一种独特的诠释。慧思这一思想的关键是他的"像性"比喻。与镜子具有千差万别的"像性"一样,心体亦具有千差万别的"染性净性",说得明白点就是,心体中既本具千差万别的染性,也本具千差万别的净性①,正是这些千差万别的染性和净性,才现出了众生千差万别的生存状况,众生依据各自的生存状况——不管这种生存状况是什么

---

① 慧思将心体本具千差万别的染性净性称为"心体本具一切法性差别",并将它视为"不空如来藏"的标志性内容,他说:"藏体(即心体)平等,实无差别,即是空如来藏;然此藏体复有不可思议用,故具足一切法性有其差别,即是不空如来藏。"(《大正藏》第46卷,第648页上)

样子——都能成佛,因为所有的生存状况都是具染净的佛性所现,或者说都是佛性的物质化形式,所以众生依据佛性而成佛就具体地表现为众生依据自身的生存状况而成佛,就是"人人都能在原本生活中修行解脱"①的世俗化修行思想,也就是"即身成佛"。

综上所述,慧思对"如来藏"的分析是从具体到抽象("空如来藏"),然后又从抽象上升到具体②("不空如来藏"),这是比较深刻的一种分析路径。慧思循着从具体到抽象,再从抽象到具体的路径,分析了"如来藏"的"空"与"不空",并据此阐述了"性具染净"的思想。③

(二)慧思的"止观"思想

慧思的"止观"思想乃是后来智𫖮所创立的体系庞大的止观法门的底本。冯友兰的《中国哲学史》(下册)在写到天台宗哲学思想时就曾依据《大乘止观法门》来阐述天台宗哲学思想,这虽有点偏颇,但多少也说明了《大乘止观法门》对于天台宗的重要性。

---

① 这句话为台湾学者李元松所说,此为借用。李元松主编了一套《现代禅丛书》,由中国友谊出版公司出版了大陆版。他为此大陆版作了一个序,题目就叫《人人都能在原本的生活中修行解脱》,《佛教文化》1999年第2期转载了此序(第47页)。他在此序中提出了现代修行的九大原则,这九大原则虽然讲的是禅修,但笔者认为,这九大原则中的某几条(一、二、三、六条)与"六即说"或"不空如来藏"的众生依据自身生存状况而成佛的思想在修行的世俗化趋向上具有相通之处,可以作为理解后者的参考。兹开列这九大原则如下:一、坚持经验主义的科学原则;二、主张在七情六欲中修行;三、重视世俗的责任义务;四、崇尚侠义情怀;五、不理会袭自印度的古老戒律;六、特重日常生活中的禅定;七、广传禅门心法,倡言证果不难;八、融通大乘小乘显教密宗;九、反对僧尊俗卑。实际上,天台宗在中国佛教史上第一次提出了修行的世俗化问题,而"不空如来藏"则是其肇始。
② 这与马克思在《政治经济学批判导言》中所提出的抽象上升到具体的科学方法是一致的。关于这种方法的具体内涵,可参见《马克思恩格斯全集》第12卷,第750—751页;亦可参见孙伯鍨、侯惠勤主编《马克思主义哲学的历史和现状》第一卷,第264—266页,南京大学出版社,1988。孙、侯两人认为,马克思《资本论》的分析方法就是"从抽象上升到具体的"的方法。另外,笔者同学陈志生的硕士论文《论从抽象上升到具体的方法及其应用》曾系统地探讨了马克思的这一方法,亦可资参考。
③ 关于慧思"性具染净"思想,其他学者的论述不妨参见冯友兰《中国哲学史》(下册)(北京,商务印书馆,1934)、赖永海《中国佛性论》(上海人民出版社,1988)、潘桂明《智𫖮评传》(南京大学出版社,1996)、王月清《中国佛教伦理研究》(南京大学出版社,1999)等书中的相关章节。另外,赖永海还认为"灌顶在《大般涅槃经疏》中也有与慧思(性具染净)相近的思想",但他对这一观点没有展开论述,参见上列《中国佛性论》,第125页。

据宋代天台宗僧人遵式的《南岳禅师止观序》,《大乘止观法门》中所开显的止观法门是佛教传统中古已有之的,他说:

> 呜呼！此法自鹤林韬光授大迦叶；迦叶授之阿难；阿难而下灯灯相属至第十一马鸣；鸣授龙树；树以此法寄言于中观论；论度东夏,独淮河慧文禅师解之,授南岳大师；南岳从而照心,即复于性,获六根清净,位邻乎圣,斯止观之用验矣。我大师惜之无闻后代,从大悲心出此数万言,目为大乘止观,亦名一乘,亦名曲示心要。①

引文中的"鹤林韬光"指的就是佛陀释迦牟尼②。遵式认为,止观法门乃是佛陀入灭证道的法门,此法门代代相传,至龙树将其在《中论》(亦称《中观论》)中作了阐述和总结。《中论》传入中国后,唯有慧文能解其意,并将之传授给慧思；慧思照此修行,果然证得圣位。慧思唯恐此灵验之法不传于后代,遂撰《大乘止观法门》一书记之(我们这里暂且接受遵式的《大乘止观法门》为慧思亲撰的说法),以留闻后人。然而,慧思《大乘止观法门》却曾一度失传于中国,遵式说:

> 噫！斯文也,岁月辽远,因韬晦于海外,道将复行也,果咸平三祀,日本国圆通大师寂照,锡背扶桑,杯泛诸夏。既登邓岭,解箧出卷。天竺沙门遵式首而得之,度支外郎朱公颢冠首序,出俸钱模板广而行之。大矣哉,斯法也。始自西传,犹月之生,今复东返,犹日之升,素影圆晖,终环回于我土也。③

据此段引文,《大乘止观法》是北宋真宗咸平年间从日本失而复得,

---

① 《大正藏》第46卷,第641页中、下。
② 据传,佛陀在菩提树间入灭时,树一时开华,林色变白,如群鹤栖居,故云鹤林。《涅槃经》卷一曰:"尔时,拘尸那城娑罗树林,其树变白,犹如白鹤。"《摩诃止观》卷一曰:"始鹿苑,中鹫岭,后鹤林。"同书卷七又曰:"施化既足,于荣枯中间,而入涅槃。"
③ 《大正藏》第46卷,第641页下。

并广行于世的①,"分为二卷,初卷开止观之解,次卷示止观之行"②,今存《大正藏》第46卷的《大乘止观法门》则判为四卷,是"有人"与一"沙门"之间的问答来展开思想叙述的。慧思在《大乘止观法门》正文前面的小序中这样写道:

> 行者若欲修之,当于下止观体状文中学。若有所疑不决,然后遍读,当有断疑之处也。又此所明悉依经论,其中多有经文论偈,不得不净御之,恐招无敬之罪。③

慧思十分自信地说,若要修行,就得从《大乘止观法门》中学;若有疑虑,只要通读《大乘止观法门》全文便一切释然;并且他还认为,《大乘止观法门》是完全依经论而立的,有凭有据,无半句虚言,修习者尽可放心地照此去做。可见,在慧思的眼中,《大乘止观法门》是何等的重要和真实不虚!那么,《大乘止观法门》中所说的"止观"思想究竟是怎样的呢?下面就让我们依《大乘止观法门》本身的理路来作一番剖析。

1. 止观依止

《大乘止观法门》开宗明义,对"止观"作了界定,并以此作为全文的总纲,慧思说:

> 今且依经论为子略说大乘止观二门。……所言止者,谓知一切诸法从本已来,性自非有,不生不灭,但以虚妄因缘故,非有而有。然彼有法,有即非有,唯是一心,体无分别,作是观者,能令妄念不流,故名为止。所言观者,虽知本不生今不灭,而以心性缘起,不无

---

① 据志磐《佛祖统记》所载,远因"安史之乱",近因"会昌法难",天台宗的经籍除《维摩经疏》外,在中国失传殆尽,直到五代北宋时才陆陆续续从高丽和日本觅回。这种经籍的失而复得乃是北宋年间"天台复兴"的一个重要前提。不过,有观点认为,在天台宗经籍失而复得的过程中,有好事者将一些本非天台宗的经籍,甚至假造一些经籍,充作失而复得的天台宗经籍,并据此发挥天台宗思想,《大乘止观法门》便是其中之一。当然,这种造假的情况可能是有的,但笔者认为《大乘止观法门》不属此列。
②③《大正藏》第46卷,第641页下。

虚妄世用,犹如幻梦,非有而有,故名为观。①

《大乘止观法门》全书就是在解释这段文字。表面上看来,此段文字似乎并没有什么特别之处,所讲的只是一个佛教常识,这个佛教常识几乎在任何一本佛教书上都能找得到,即万法性自非有,都是因缘和合而成,但是万法既然是因缘和合而成,那就是有,所以万法是非有而有;不过这显然是假有,所以万法又是有而非有。说万法是有也好,说万法是非有也好,归根到底,它们其实都是"一心"缘起或"心性缘起"的。因此,若回归到"一心"上,有即非有,非有即有,无有分别,人们若能认识到这一点,那就会做到"妄念不流",这就是止。再进一步,人们若能更深入地认识到,这"一心"缘起或"心性缘起"本身亦"犹如幻梦"一般,有而非有,非有而有,这便是观。可见,在慧思的眼中,止观乃是最普通不过的一种佛教认识,是佛教最一般道理的体现。正因为止观是最普通、最一般的佛理,所以人们往往会忽视它;然而佛教的真理就存在于其最普通、最一般的佛理中;在佛教中,越是平常就越是接近真理。可惜的是,学佛的人总有好高骛远的倾向,认为佛教的真理是不同寻常、神奇莫测的,因此眼睛抬得高高的,去寻觅真理,殊不知真理就在平常的普通道理中,就在普通的止观中。鉴于人们远离止观真理,慧思遂以慈悲教化之心,写作此《大乘止观法门》以晓谕众生。

慧思对止观的解释和界定与前文详示的智𫖮在《摩诃止观》中对止观的解释和界定并不属于同一话语结构,但是慧思之界定实在是与智𫖮之界定相通,因为慧思之界定中的"一心"缘起或"心性缘起"就是智𫖮之界定中的"相待"的实际含义,慧思所说的止观实际上就是智𫖮所说的"相待止观"。另外,我们已经知道,智𫖮所说四个方面止观——"相待止观"、"绝待止观"、"会异止观"和"通三德止观"——不是四种止观,而是同一止观的互相联系的四个方面,其基础是"相待止观"。所以,根据这

---

① 《大正藏》第 46 卷,第 642 页上

样的关系,我们可以相当自信地说,慧思所说的止观就是智𫖮所说的止观,只是两者所宣说的侧重点不同而已,智𫖮从四个方面来宣说止观,而慧思则从五个方面来宣说止观,这五个方面分别是止观依止、止观境界、止观体状、止观断得和止观作用。《大乘止观法门》全书的内容就是从这五个方面来解释止观的。本节所要探讨的乃是其中的第一个方面止观依止。慧思在谈止观依止时,又将其分解为三个问题来论述:一是何所依止?二是何故依止?三是以何依止?

(1) 止观何所依止

依止的意思是依住于某处而获得一定的果德,比如佛教中有所谓的"依止师"(或叫"依止阿阇梨"),系指比丘新度后所拜为师并受其教导监督的先辈比丘。新比丘依止于先辈比丘而修行并获得证悟①。

佛陀曾经表示,在他死后,修习佛教应以佛法为依止师,言下之意,他在世时以他本人为依止师,他死后则以佛法为依止师。因为佛法表现于佛教经典中,所以以佛法为依止师,也就是以佛教经典为依止师。慧思在这里则更进一步,他认为修习止观应以"一心"为依止师,"谓依止一心以修习止观也"。② 那么这"一心"究竟指什么呢?慧思说:"此心即是自性清净心,又名真如,亦名佛性,复名法身,又称如来藏,亦号法界,复名法性,如是等名,无量无边。"③可见,止观所依止的"一心"乃是净心而

---

① 佛教信仰与其他的宗教信仰相比有一个明显的特点,那就是在佛教中,不管是出家的比丘和比丘尼,还是在家的居士,都必须拜某位佛教先辈为师,亦即拜靠一位"依止师"。佛教信仰在师徒关系中得以具体的实现;而在其他的宗教信仰中,不存在这种表现为个体授受的师徒关系。
② 《大正藏》第46卷,第642页上。
③ 同上书。另外,慧思还认为,这"一心"亦可叫"实际"、"实相"等(见《大正藏》第46卷,第644页下)。李世杰先生认为,天台宗哲学乃是"一心哲学"。天台宗以"一心哲学"统一了魏晋南北朝时期的中国佛学思想而成为中国佛教第一个宗派;而中国佛教在其后的发展亦是以天台宗的"一心哲学"为基础而展开,并成立其他宗派的(参见李世杰《汉魏两晋南北朝佛教思想史》,第9—12页,台北,新文丰出版社,1980)。李世杰所说的"一心哲学"之"一心"就是天台止观所依止的"一心"。在李世杰看来,不但天台宗,就是整个中国佛教,其思想的发展都是围绕着"一心"而展开的,此"一心"是中国佛教的思想基础。他说:"中国佛教哲学的原理,乃是'一心的哲学',因之,中国佛教思想史的发展,亦为此'一心哲学'的发达史,即:汉(转下页)

不是后期天台宗所谓的"妄心"。总的来说,此"一心"的种种别名所表明的是此"一心"的各种不同作用(而不是表明有各种不同的心)。慧思所谓的依止此"一心"而修止观,就是以此"一心"的种种作用为依止师而修止观,因为此"一心"就是修习止观者自己的"一心"而不是别的什么人的"一心",所以以此"一心"的作用为依止师来修习止观就是以自己之心为依止师来修习止观——此乃是止观修习的特色,即不依止佛、不依止法来修止观,而是依止自己之心来修止观。以己心为师,而不是以佛为师和以法为师,这就是慧思所开的止观法门的最大特点①,这种止观法门实际上与禅宗的"即心是佛"、"见性成佛"已十分接近了。如果我们去掉宗派的眼光,而把中国佛教诸宗派视做一个统一体,视做中国佛教在其发展过程中所呈现出来的不同的变式,那么慧思所开的天台止观法门实际上乃是禅宗心性法门的前导②。

慧思在指明了应依止"一心"的种种作用修习止观后,接着便分析了此"一心"的"体状",也就是能发生这种种作用的此"一心"究竟是个什么东西?我们都知道,有用必有体,用为体生,那么生此种种作用的此"一心"之体又是什么呢?这是关于此"一心"的本体是什么的问题,慧思谓之为此"一心"的"体状"问题,并分析此"一心"的"体状"曰:

(接上页)魏两晋南北朝时代的佛教思想史,是'一心哲学'的成立史,隋唐时代的佛教思想史,是'一心哲学'的展开史,而宋元明清的佛教思想史,可说是'一心哲学'的融会史。"(同上)同时,李世杰还将"一心哲学"看做是对印度佛教"空观缘起论"和"一心缘起论"的综合和发展,这与《大乘止观法门》将"如来藏缘起论"和"心性缘起论"相结合的理路是相一致的,因为"空观缘起论"就是"如来藏缘起论",而"一心缘起论"就是"心性缘起论"。

① 从这里,我们可以看到佛教修习思路的变化发展,从依止佛修习,到依止法修习,再到依止心修习,这是从佛陀时代直到中国大乘佛教漫长发展过程的一个发展方向,这个方向的末段经天台止观到禅宗的"即心是佛"而结束。

② 关于天台宗与禅宗的关系,学界有这样一个观点,即天台宗是一个讲求理论建设的宗派,其理论丰宏严密;而禅宗是只讲实践不求理论建设的宗派,然而天台宗所阐发的那些理论实际上也可以当做禅宗的理论基础,止观与修禅在本质上是一致的,因此止观通常也就叫做禅观。

> 所言体状者，就中复有三种差别：一举离相以明净心；二举不一不异以论法性；三举二种如来藏以辨真如，虽复三种差别，总唯辨此净心体状也。①

慧思认为，可以从三个方面来界定此"一心"的体状，或者说，可以从三个方面来指认此"一心"的本体，具体地说乃是：

> 第一明离相者，此心即是第一义谛真如心也。自性圆融，体备大用，但是自觉圣智所知，非情量之能测也。故云言语道断，心行处灭，不可以名名，不可以相相，何以故？心体离名相故，体既离名即不可设名以谈其体；心既绝相即不可约相以辨其心，是以今欲论其体状实亦难哉。唯可说其所离之相，反相灭相而自契焉，所谓此心从本已来，离一切相平等寂灭……此明第一离相以辨体状竟。②

这段话表明此"一心"的本体是"第一义谛真如心"，是不可言说的离名相的心体。

> 次明不一不异以辨体状者……此心体虽复平等，而即本具染净二用，复以无始无明妄想熏习力故，心体染用依熏显现，此等虚相无体，唯是净心，故言不异。又复不一，何以故？以净心之体，虽具染净二用，无二性差别之相，一味平等但依熏力所现虚相，差别不同，然此虚相，有生有灭，净心之体，常无生灭，常恒不变，故言不一，此明第二不一不异以辨体状竟。③

这段话表明，此"一心"的本体是本具染净的，这染和净都是熏习的结果，两者具有"不一不异"的关系。

> 次明第三二种如来藏以辨体状者。初明空如来藏。何故名为

---

① 《大正藏》第 46 卷，第 644 页下。
② 同上。
③ 同上书，第 645 页上、中。

空耶？以此心性虽复缘起，建立生死涅槃、违顺等法，而复心体平等，妙绝染净之相，非直心体自性平等所起。……是故心体空净，以是因缘名此心体为空如来藏，非谓空无心体也。……次明不空如来藏者，就中有二种差别，一明具染净二法以明不空，二明藏体一异以释实有……藏体平等实无差别，即是空如来藏，然此藏体复有不可思议用，故具足一切法性，有其差别，即是不空如来藏。①

慧思用了《大乘止观法门》近三分之一的篇幅来论述此"一心"的第三个方面的体状，足见他对这一问题特别重视。我们当然不可能将他如此庞大的论述都引录于此，只是略呈几句要言而已。慧思在这里详细地阐述了如来藏本体论思想，他将此"一心"的本体归结为如来藏（"空如来藏"和"不空如来藏"），又将阿赖耶识从本体的位置降格为现象，使之成为如来藏本体之"用"，即"真心之相"，这是严格而绝对的如来藏一元本体论②。慧思以这种一元本体论为依据来论述止观修行法门，所以这一部分乃是止观修行法门的本体论依据，它是《大乘止观法门》全书的重心和基础，正因如此，慧思要浓彩重墨地去论述。相对而言，前两部分虽然也是谈此"一心"的本体问题的，但这两部分所谈的此"一心"的本体实际上都是归结到这一部分的"如来藏"本体上的。

---

① 《大正藏》第 46 卷，第 645 页中、646 页上、648 页上。
② 吴可为说："与唯识学派的绝对多元论恰恰相反，本论（指《大乘止观法门》）所代表的如来藏学派乃是一种绝对一元论。从形式上看，两个体系之间是极相矛盾的，但事实上，如来藏的绝对一元论并不是在唯识学的多元论体系之外另起炉灶，而只是通过将后者的阿梨耶识从本体的位置，降格为现象，从而强调和突出一心本体的统一性来实现的。本论即站在如来藏学派的立派，以极为明确和坚定的方式，将阿梨耶识解释为真心之相。"（参见吴可为《唯一心与共相识——大乘止观法门中的本体论思想》，载《闽南佛学院学报》2001 年第 2 期，第 147 页）他认为《大乘止观法门》开显了一种具有无限的开放性和差异性在自身之内的绝对一元论本体论哲学，非常有力地会通了大乘佛教内部如来藏学派与唯识学派的理论矛盾（同上，第 148 页）。在吴可为看来，《大乘止观法门》通过将如来藏学派的如来藏心和唯识学派的阿赖耶识相结合（这种结合的方式是：确立如来藏的一元本体地位，取消阿赖耶识的本体地位，并将其降为如来藏本体之"用"或"相"），也就是将"唯一心"与"共相识"相结合，会通了如来藏学派与唯识学派这两大佛教体系。"唯一心"即是指唯有如来藏一心为本体，"共相识"是指诸相共有的识。共相识是"唯一心"所开显之用。

(2) 止观何故依止

上言要依止此"一心"修习止观,那么为什么要依止此"一心"修习止观,而不依止佛或佛法或其他别的什么因素来修习止观呢?慧思对此作了解释。他说:"以此心是一切法根本故,若法依本则难破坏,是故依止此心修止观也。人若不依止此心修于止观则不得成。"[①]意思是说,因为此"一心"是万法之根本,所以要依止此"一心"来修习止观;而此"一心"之所以是万法之根本,乃是因为"以从本以来未有一法心外得建立故"[②],亦即万法皆依此"一心"而有,心外更无别法。

因为此"一心"是万法的根本,所以要依止此"一心"来修习止观。这是从因上来证明,它仅仅只是解决了一个表面的问题,慧思更是深入到此"一心"的心体中去探讨为什么要依止此"一心"来修习止观。他说:

> 此心体本性具足寂用二义,为欲熏彼二义令显现故,何以故?以其非熏不显故。显何所用?谓自利利他故,有如是因缘故,依此心修止观也[③]。

此"一心"的心体本具"寂用"。所谓"寂用",慧思自己的解释是:"心体平等离一切相,即是寂义;体具违顺二用,即是用义。"[④]说得通俗一点,就是心体具真如之理体,离一切诸相,是为寂;同时,此心体"违顺二用"能生一切诸相[⑤],是为用。可见,此"一心"的心体既是离相之寂,又是生相之用,是寂用一如的统一体。明眼人一看便知,这其实就是《大乘起信论》"一心开二门"的"真如缘起"思想。《大乘起信论》中曰:

> 依一心法有二种门,云何为二?一者心真如门,二者心生灭门。是二种门皆各总摄一切法。此义云何?以是二门不相离故。[⑥]

---

① ② ③ ④ 《大正藏》第 46 卷,第 643 页中。
⑤ 所谓"违顺",就是违境和顺境,令人感苦的境界,名为违境;令人感乐的境界,名为顺境。违境和顺境,也叫违相与顺相。
⑥ 高振农:《大乘起信论校释》,第 16 页,北京,中华书局,1992。

慧思所说的心体之寂用就是"一心"之"心真如门"和"心生灭门"二门。《大乘起信论》认为，"一心"之"心真如门"和"心生灭门"是依熏习①而显现的，慧思依此思路，亦认为心体之寂用是依熏习而显现的。不过慧思并没有停住于此，而是将《大乘起信论》的思路作了两点延伸：(1) 心体寂用的显现具有自利利他的功能；(2) 熏习在止观过程中实现(但熏习并不等于止观)，正是依据这两点，慧思显明了依止此"一心"修习止观所能得到的利益和成就，从而极富说服力地证明了为什么必须依止此"一心"来修习止观，这是从果上来证明，是更为根本的证明。慧思说：

> 修习止行即能除灭虚妄纷动，令此心体寂静离相，即为自利；修习观行，令此心用显现繁兴，即为利他。②

修止得寂以自利，修观得用以利他，大乘佛教自利利他的精神在依止此"一心"而修习止观的过程中得到了很好的实现。既然如此，我们又为什么不依止此"一心"而修习止观呢？

(3) 止观以何依止

我们已经明白了要依止此"一心"来修习止观以及为何要依止此"一心"来修习止观，那么我们究竟要用什么来依止此"一心"而修习止观呢？此"一心"是依止的宾语，那么依止的主语又是什么呢？这就是止观"以何依止"的问题。慧思对此的回答是："以意识依止此心修行止观。"③意识又何以能担当此一重任呢？慧思说，因为意识"能知名义"，所以我们能以意识来依止此"一心"而修习止观。那么，何谓意识"能知名义"？慧思如是解释：

---

① "熏习"，亦作"薰习"，是指身口所现之善恶行法或所现之善恶思想起时，其气分留于真如(或阿赖耶识)，如香草(薰)放在衣服中，香气留在衣服上一样。身口意所现的，叫现行法；气分留于真如者，叫种子(或习气)。现行法于真如留下种子之作用，谓之薰习。《大乘起信论》中曰："薰习义者，如世间衣服，实无于香，若人以香而薰习故，则有香气。"
② 《大正藏》第46卷，第643页下。
③ 同上书，第643页中。

闻说一切诸法，自性寂静，本来无相，但以虚妄因缘，故有诸法。然虚妄法有即非有，唯一真心亦无别真相可取。闻此说已，方便修习，知法本寂，唯是一心。①

又：

　　闻说真心之体，虽复寂静而以熏习因缘故，性依熏起显现世间出世间法，以闻此说故，虽由止行知一切法毕竟无相，而复即知，性依熏起，显现诸法，不无虚相，但诸凡惑无明覆意识，故不知诸法唯是心作，似有非有，虚相无实。②

综合这两段引文，我们可以知道，所谓的意识"能知名义"，其实就是意识能知诸法"唯是心作"、"诸法无相"或"诸法本寂"，其中"诸法"是名，"无相"（或"本寂"）是义，名是假名，义是本质。③ 因为止观所要获得的最终结果无非是要进入"诸法无相"的境界，所以我们可以用意识来依止此"一心"而修习止观。

慧思在对"以何依止"问题作了正面的回答后，紧接着便破了两种错误观点，一是破"小乘人执"，二是破"大乘人执"。先看破"小乘人执"。"小乘人"认为既然意识具有能知"诸法无相"的功能，那么，"但以意识修习止观岂不成耶？何故要须依止净心（即'此一心'）？"④慧思解答道："意识无体，唯以净心为体，是故要须依止。又复意识念念生灭，前非其后，若不以净心为依止者，虽修诸行无转胜义。"⑤意识虽能知"诸法无相"，但意识本身无体，只以此一"净心"为体。意识本身是不定的，前念非后念，所以单凭意识本身还不能修习止观，还须要依止此一"净心"来修习止观。

再看破"大乘人执"。"大乘人"的看法正好与"小乘人"相反，他们认

---

①②④⑤《大正藏》第46卷，第654页上。
③丁福保《佛学大辞典》"名义"词条曰："名者，体上之名称；义者，体上之义理，如言'诸行无常'，诸行为名，无常为义。又呼召之名目，谓之名；为名所显之法体，谓之义。"

为修习止观只要净心便可,不必需要意识的介入,"但用净心修行止观即足,何用意识为?"①对此,慧思辩驳道:"由意识能知名义,能灭境界,能熏本识,令惑灭解成,故须意识也。"②"大乘人"又发难曰:"净心自性寂静即名为止,自体照明即名为观,彼意识名义及以境界体性非有,何论意识寻名知义,灭自心境界邪?"③这是一个非常棘手的问题。既然人人自有的净心本身就是止观,那么还需要床上叠床,再行修习止观吗?连止观本身都已先天具备了,哪还需要后天用什么意识来修习止观?对此慧思辩护道:

若就心体而论,实自如此;但无始以来,为无明妄想熏故,不觉自动显现诸法,若不方便寻名知义,依义修行,观知境界有即非有者,何由可得寂静照明之用。④

慧思认为,就心体本身而言,净心确实就是止观,但是净心无始以来为"无明妄想"所蔽,不能自动显现,故还需要那"能知名义"的意识以为方便来获得"寂静照明"的止观之用⑤。

2. 止观境界

慧思以"三自性"来指认止观境界。所谓"三自性",即是指真实性、依他性和分别性,其中"出障真如及佛净德悉名真实性;在障之真与染和合名阿梨耶识,此即是依他性;六识七识妄想分别悉名分别性"⑥。可见,止观境界并不是指作为果位的止观所达到的境界,而是指止观所面对的境界,也就是修习止观时的内环境。前文的"止观依止"所阐述的是止观活动的对象,这对象就是此"一心";而这里的"止观境界"所阐述的则是

---

① ② ③ ④《大正藏》第46卷,第654页中。
⑤ 禅宗实际上也常碰到类似的问题。禅宗讲"即心是佛",既然心就是佛,人人都有心,那还要什么修行。对于这个问题,禅宗总是以心为无明妄想(禅宗称之为"客尘")所覆,因而需要作去覆显明的禅宗的工夫来回答。禅宗的这种回答,实际上与慧思上述的回答属于同一个模式。前文我们曾谈到天台宗在教理上是禅宗的前奏,这里也可算做此定则的一个实例。
⑥《大正藏》第46卷,第655页下。

止观活动的内环境,这内环境就是众生本具的"三自性"。简单地说,"三自性"就是,众生本具净心,是为真实性;众生的净心总是与染事和合在一起的,是为依他性;众生总有种种妄想分别,是为分别性①。众生修习止观,就是在这染净同具的"三自性"的内环境中进行的。同时,我们还不难发现,这"三自性"其实就是众生当下的真实状态。众生修止观就是要在这当下的真实状态中进行,不得离了当下之真实,故弄玄虚。

慧思染净同具的"三自性"思想,乃是他"性具染净"思想的另一个角度的阐述。"性具染净"是慧思的佛性论,而"三自性"则是他的止观论的一个部分。但是,就实质而言,我们完全可以说,慧思所说的止观境界就是"性具染净"的境界,止观活动就是在"性具染净"的内环境中进行的。

对于"三自性"的具体含义及其在止观过程中的作用,慧思亦分别作了阐述,兹介绍如下:

(1) 真实性

慧思将真实性分为两类,即有垢净心真实性和无垢净心真实性。他说:

> 所言有垢净心者,即是众生之体实事染之本性,具足违用,依熏变现,故言有垢;而复体包净用,自性无染,能熏之垢本空,所现之相常寂,复称为净,故言有垢净心也。所言无垢净心者,即是诸佛之体性,净德之本实,虽具法尔违用之性,染熏息故,事染永泯,复备自性顺用之能,净熏满故,事净德显,故言无垢,虽从熏显,性净之用非增;假遣昏云,体照之功本具,复称净也,故言无垢净心。②

---

① 慧思的这个"三自性"是他自己的创设,佛教中另有一个更为著名和常见的"三自性",即遍计所执自性、依他起自性、圆成实自性,这是唯识宗还有华严宗提出来的"三自性"。慧思的"三自性"与唯识宗或华严宗的"三自性",其含义和提出的背景是不同的,但两者在所指上则大略可等同,即真实性——圆成实自性,依他性——依他起自性,分别性——遍计所执自性。不过,我们绝不能将两种"三自性"等同。关于唯识宗或华严宗的"三自性"思想,一般的佛教书籍上都有介绍,恕不在此赘述。
②《大正藏》第46卷,第656页上。

有垢净心是在"违"的状态下——也就是在"苦"的状态下——发挥其真实性之作用的,虽"苦"而心仍净;无垢净心是在"顺"的状态下——也就是在"乐"的状态下——发挥其真实性之作用的,虽"乐"而心仍净。无垢,垢是泯;有垢,垢亦空。因此,有垢无垢,其作用一也。慧思继续说:

> 然依熏约用,故有有垢无垢之殊;就体谈真,本无无染有染之异。即是平等实性,大总法门,故言真实性。①

可见,有垢净心与无垢净心是平等的,正因是平等的,所以两者皆具真实性,是为平等实性。

(2) 依他性

慧思将依他性也分为两种,即净分依他性和染分依他性。他说:

> 清净分依他性者,即彼真如体,具染净二性之用,但得无漏净法所熏,故事染之功斯尽,名为清净;即复依彼净业所熏,故性净之用显现,故名依他。……所言染浊依他性者,即彼净心虽体具违顺二用之性,但为分别性中所有无明染法所熏故,性违之用依熏变现虚状等法,所谓流转生死,轮回六趣,故言染浊依他性法也。②

真如本具染净二性,但由于受无漏净法所熏,染的功能丧失了,所以就只有净性了,是为净分依他性。真如本具染净二性,但由于受无明染法所熏,净的功能丧失了,所以就只有染性了,是为染分依他性。慧思还特别将净分依他性与无垢真实性作了区分,他说:"无垢真实性者,体显离障为义,即是体也;清净依他性(即净分依他性)者,能随熏力净德差别起现为事,即是相也。清净分别性者,对缘施设为能,即是用也。"③可见,无垢真实性是从体上说的,而净分依他性是从相或用上说的,两者体用一如,实际上是一个事物的两个方面。

---

① 《大正藏》第46卷,第656页上。
② 同上书,第656页上、中。
③ 同上书,第656页中。

(3) 分别性

在慧思看来,分别性亦有二种,"一者清净分别性,二者染浊分别性。所言清净分别性者,即彼清净依他性法中,所有利他之德,对彼内证无分别智故,悉名分别。……所言染浊分别性法者,即彼染浊依他性中,虚状法内有于似色似识似尘等法。"① 可见,分别性是从依他性中延展出来的,净分依他性中的利他之德即是清净分别性,而染分依他性中的虚状法内的法即是染浊分别性。尽管分别性和依他性的关系十分密切,但分别性与依他性还是有区别的,即"依他性法者,心性依熏故起,但是心相体虚无实;分别性法者,以无明故,不知依他之法是虚,即妄执以为实事,是故虽无异体相生而虚实有殊,故言分别性法也。"② 一言以蔽之,依他性和分别性的不同在于,前者是依熏而起,后者则是妄执而起。

3. 止观体状

所谓"体状",前文已说过,就是本体的意思,但这本体不是哲学中本体论的本体,而是根本之体、本来样子的意思。因此,顾名思义,"止观体状"一节所要阐述的乃是止观这种修习活动,其本来的样子究竟是什么?或止观这种活动究竟是个什么样的活动?我们已经知道了止观的对象以及止观活动所要面对的内环境,那么接下来自然便是要了解止观活动本身的样态了。

慧思从不同的角度阐述了止观的体状,大而言之,有两个角度,即"一就染浊三性以明止观体状,二就清净三性以明止观体状"(这"染浊三性"和"清净三性",我们前面刚谈过);细而言之,上面这两个论述角度又分别被细分为"三番"来讨论,足见慧思对止观活动体验之深刻入微。

(1) 就"染浊三性"以明止观体状

第一,就"染浊三性"中的染浊分别性以明止观体状。

---

① 《大正藏》第 46 卷,第 656 页下。
② 同上书,第 656 页下—657 页上。

慧思认为，站在这个角度观察，止观是一个从"从观入止"到"从止起观"的过程。所谓"从观入止"，就是先立一"观门"，然后从此"观门"入于止。所以要了解"从观入止"，就先要了解慧思依染浊分别性所立的"观门"。

慧思这里所说的"观门"实际上是一个"四段论"的观达万法皆虚妄不实的意念活动，这个"四段论"是：

a. 我见万法是实有的，比如桌子就是桌子，我看得见，摸得着，这不是实有又是什么？

b. 我知道万法是实有的，这个观念起源于我意识里固有的无明[1]，因为这无明的缘故，所以我不知道万法是虚妄不实的。

c. 因为不知道万法是虚妄不实的，所以我又对万法起种种妄想执著。

d. 在这种妄想执著中，我的意念确确实实地认万法为实有了，同时也正是这个时候，当我真的执万法为实有的时候，万法却向我显示了它的虚妄不实。

慧思以一个比喻来形象地说明上述的"四段论"。他说，此"犹如小儿爱镜中像，谓是实人；然此镜像，体性无实，但由小儿心自谓实，谓实之时即无实也。我今亦尔，以迷妄故非实谓实，设使意里确然执为实时，即是无实，犹如想心所见境界无有实事也。"[2]请注意"意里确然执为实时，即是无实"这句话，它是我们理解慧思的所谓"观门"的关键，其意思是，当我们真的认为万法实而不虚的时候，我们就会去审查万法之实，而审查的结果，我们却发现，实是不存在的，所谓的实是假的，万法其实是虚妄不实的。此直如小儿看镜，他若真的以为镜中之像是实有的人，那他就会用手去摸这实有的人，或转到镜后去看看这实有的人。可实际上，

---

[1] 佛教里所谓的"无明"就是对佛教道理的无知。
[2] 《大正藏》第46卷，第657页中。

当他这样做的时候,他既摸不到这实有的人,也看不到这实有的人。此时,他就会恍然大悟:这镜中的像,这所谓实有的人原来是虚妄不实的。这就是说,只有当小儿真的相信镜中的人是实有时,他才有可能发现它原来是虚妄不实的;同样道理,一个人只有当他真的将万法执为实有时,他才有机会发现万法原来是虚妄不实的。这样的说法似乎有点自相矛盾,却是慧思所发现的真理。慧思认为,他所发现的这个真理就是"观门",通过这个"观门"便能"从观入止",也就是说,当人们从执万法为实有中发现万法虚妄不实时,他的一切妄想执著就会戛然止息,顿成止态,是为"执心止息","从观入止",这就好比小儿找不到那镜中的人就会不找了一样。这种现象实质上乃是心灵的一种物极必反现象,当一个人认定万法为实有时,他会对这种实有进行审查,而实有一经审查,便为现出虚相。

从宗教意义上讲,慧思"从观入止"的思想体现了"无明即法性"的觉悟之路。天台宗认为,无明并不妨碍众生觉悟成悟,相反,它是众生觉悟的契机和转捩点①。无明使众生执万法为实有,但也正是无明使众生执万法方实有,才使众生最终抛却了实有而体认到万法皆虚妄不实。

第二,就"染浊三性"中的染浊依他性以明止观体状。

上言依染浊分别性有"从观入止"之止观体状,今"从此止径入依他性观者,即名从止入观"。可见,依染浊依他性而有的止观体状是接着依染浊分别而有的止观体状说的,是从"从观入止"之止再入于观,而此"所

---

① 如果以比较宗教学的眼光来看,天台宗所理解的佛教"无明",其地位(而不是其含义)相当于基督教的"原罪",这主要表现在如下两点:(1)"无明"也像"原罪"一样,是先天就有的,是随生而具的,是人一生下来就有的,所以"无明"又叫"无始无明";(2)"无明"也像"原罪"一样,是宗教解脱的契机,是众生进入宗教领域的转捩点和"关键时刻"。日本学者久松真一在《究极的危机与再生》一文中说:"在宗教方面,把人带到宗教中的契机,是死与(原)罪。在基督教来说,原罪是人的契机,它使人离开了人,而进入宗教的领域。在佛教,罪(即'无明')被认为是人的宗教的时刻。"(转引自吴汝钧《佛学研究方法论》,第151页,台北,学生书局,1983)

言观者,谓因前分别性中止行知法无实故,此中即解一切五阴六尘,随一一法悉皆心作,但有虚相,犹如想心所见,似有境界,其体是虚,作此解者即名为观"。① 上一观是观见万法皆虚妄不实,此一观则进了一步,观见虚妄不实的万法其实皆是一心所作,这是以止为基础的观,是"从止入观"的结果。

第三,就"染浊三性"中的染浊真实性以明止观体状。

这种止观体状亦是接着依染浊依他性而有的"从止入观"而说明的。即从"从止入观"的观再入于止,因此亦是"从观入止"的过程。不过,这里的"从观入止"与依染浊分别性而有的"从观入止"是不同的,其体状是:

  所言观者,因前依他性中止行,知一切法有即非有故,所以此中即知一切法本来唯心,心外无法。复作是念,既言心外无法,唯有一心,此心之相何者是也?为无前二性故,即将此无以为心之相何者是也?为无前二性故,即将此无以为心耶?为异彼无外别有净心耶?作此念时,即名为观。即复念言,无是无法,对有而生;有尚本来不有,何有无法以为净心。又复无法为四句,摄净心即离四句,何得以此无法为净心也。作此念时,执无之心即灭,则名为止。②

这段引文清楚地表明,依染浊真实性而有的"从观入止"就是这样一个过程:观达万法唯心,心外无法,再以佛教"四句"③来审查"心外无法",最后审查的结果连"心外无法"之念头也没有了,此时,"执无之心即

---

① 《大正藏》第46卷,第657页中。
② 同上书,第657页下。
③ 所谓佛教"四句"是指以有和无分别诸法的四个判定:(1) 有而非无,是第一句有门;(2) 无而非有,是第二句无门;(3) 亦有亦无,是第三句亦有亦无门;(4) 非有非无,是第四句非有非无门。这是佛教特有的思维方式,有时名之为"双照双遣"的思维方式,其中"有"是照,"无"是遣。

灭,则名为止"。换言之,不但无万法,甚至连"无万法"的念头也没有了,这就是止。

对于以上所述的依染浊三性而有的止观体状,可以作一张简图总结之,如下所示:

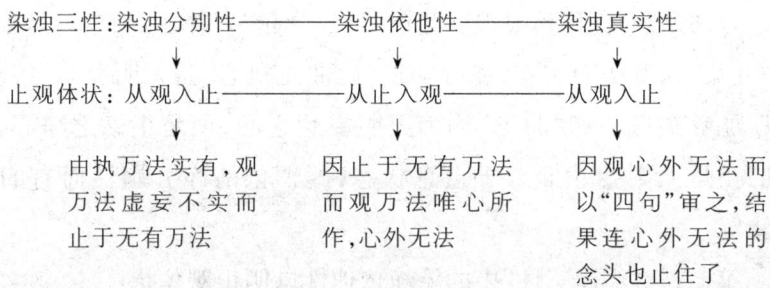

从这张简图中可以一目了然地看出,依"染浊三性"而有的止观体状分为三个层次,第三层次的"从观入止"是对第一层次的"从观入止"的否定之否定的超越,是止观体状的最终样态;而第二层次的"从止入观"则是这个否定之否定程式的中间环节。总之,依"染浊三性"而有的止观体状,其最终着眼点是止,而不是观;是"从观入止",而不是"从止入观"。

慧思论依"染浊三性"而有的止观体状,是从分析万法入手的(故名为"染浊"),其总的意图是要阐明,不但万法虚妄,心外无法,甚至连"心外无法"本身也无——这便是最终的止(或叫"大止"),也是一种般若空的止。

(2) 就"清净三性"以明止观体状

与前不同,慧思论依"清净三性"而有的止观体状,是从分析心入手的,而这作为入手处的心乃是清净心。

第一,就"清净三性"中的清净分别性以明止观体状。

慧思认为,此止观体状是个"从观入止"的过程,他说:

因缘具足熏净心,故心性依熏显现斯事,是故唯是真性缘起之能,道理即无实也。但诸众生有无明妄想故,曲见不虚,行者但能观察,知此曲见执心是无明妄想者,即名为观。以知此见是迷妄故,强作心意,观知无实,唯是自心所作,如是知故,实执止息,即名为止,此是分别性中从观入止也。①

万法是"心性依熏显现"(此谓"真性缘起"),并非实有,只是虚妄,但是"曲见"执万法为实有,能够知道"此曲见执心,是无明妄想者,即名为观",能够知道一切"曲见"均为无明妄想之心,便是止息之净心。由观"曲见"是无明妄想而入于止息状态,此谓依清净分别性而有的"由观入止"。

第二,就"清净三性"中的清净依他性以明止观体状。

根据前面"从观入止"之"止",我们亦可知道诸佛的圆满之德(即法身)亦是唯心所作,也是有虚相(即化身)的。正因如此,诸佛既具净用(源于法身),又能摄化众生(源于化身),这就是所谓的诸佛"寂"而常用(寂者,法身也;用者,化身也),能"作此解者,名为观门"。依此一"观门",常如诸佛自利利他——能自身圆满又能利益众生,这种自利利他的生命状态就是止。慧思进一步认为这观和止还应当同时双行,不过一般是"前后行之",这就是天台宗后来所谓的止观并重。在天台宗的典籍中,最早论及止观并重的便是此处。

第三,就"清净三性"中的清净真实性以明止观体状。

慧思论此止观体状曰:

> 真实性中止观门者,谓因前止行故,即知诸佛净德,唯是一心,即名为观。复知诸佛净心是众生净心,众生净心是诸佛净心,无二无别,以无别故,即不心外观佛净心;以不心外觅佛心故,分别自灭,妄心既息,复知我心佛心本来一如,故名为止。此名真实性中止观

---

① 《大正藏》第46卷,第659页上。

门也。①

依清净真实性而有的止观体状乃是接着上文依清净依他性而有的止观体状中的止而说的,由此止而起"诸佛净德,唯是一心"和"诸佛净心即是众生净心"之观;既然众生心与佛心无二无别,我心就是佛心,那就不必心外去觅佛了,止于当下即是佛,无须动念外求,这就是依清净真实性的止。

综观依"清净三性"而有的止观体状,它们也像依染浊三性而有的止观体状一样,是后面的止观体状接着前面的止观体状来说,构成一个连续而完整的止观体状的,这就是慧思所说的"上来清净三性中,初第一性中从观入止;复从此止行入第二性中观,复从此观入止,复从此止入第三性中观,复从此观入止"②。我们不妨以下图表示这种反复连续地"从观入止"又"从止入观"的止观体状的整体:

```
                  依清净依他性
     观①——止①——观②——止②——观③——止③
     依清净分别性              依清净真实性
```

这是依"清净三性"而有的止观体状而言的。其实,依"染浊三性"而有的止观体状,也是这种反复连续的止观整体。不管是依何种三性而有的止观体状,其中后一阶段的止和观都是对前一阶段的止和观的否定之否定的超越,而观 ⓝ 对观(n-1)的超越以止 ⓝ 为中介,止 ⓝ 对止(n-1)的超越又以观 ⓝ 为中介(其中 n=1、2、3)。

4. 止观断得

止观断得,亦名止观除障碍益,其中断者,断除障碍也;得者,获得利益也。可见,止观断得分互相关联的除障和得益两个方面,障之既除,益之便得,得益乃是除障的结果,因此除障和得益是一件事(慧思名之为

---

① 《大正藏》第46卷,第659页上、中。
② 同上书,第659页中。

"断得"),而不是两件事。或者,我们可以说,除障是从"减"的方面说止观断得;而得益则是从"加"的方面说止观断得。慧思认为,这止观断得亦如止观体状一样,依"三性"而有"三门分别",而每一门止观断得本身又有"观断得"和"止断得"两种情况。

(1) 依分别性以明止观断得

第一,观断得,即通过观而除障得益。这里的观系指"能解不知境虚执实之心是无明妄想"。这个界定颇为拗口,其大意是:人们不知万法是虚妄的,都有一种执万法为实有的心念,如果能懂得这种心念其实是无明妄想,此便是观;以这样的观便能"除无明妄想上迷妄",或者说"除迷妄上迷妄"。那么,何谓"迷妄上迷妄"呢?慧思解释道:"谓不知迷妄是迷妄,即是迷也。以此迷故,即执为非迷,复是妄想,此一重迷妄因前一重上起,故名迷妄之上迷妄也。"[①]意思是说,人们先有一重迷妄(执万法为实有),又不知道此迷妄是迷妄,反而认为此迷妄不是迷妄,这就是所谓的"迷妄上迷妄",或者说,是对迷妄本身的迷妄。慧思生怕人们不理解"迷妄上迷妄",遂以一比喻来显明之。他说,好比有一人"迷东为西",这是一重迷妄;别人看出了他的迷妄,劝告他说:"你搞错了,你把东与西搞错了。"然而此君固执己见,认为自己没有搞错,没有"迷东为西",并振振有词地说自己是对的,这是第二重的迷妄,是为"迷妄上迷妄"。慧思认为,真正妨碍人觉悟成佛的是第二重"迷妄上迷妄",这重迷妄使人"背家浪走",落不到根本上。因此,这里的所谓除障,就是要除这第二重的"迷妄上迷妄"。除掉了第二重"迷妄上迷妄",那么尽管第一重"迷妄未醒,而得有向家之益",是为得益。

慧思此种除障得益的观断得思想,其实与下面我们常用来教导犯错误之人的话是同一个模式,即人人都可能犯错误(第一重迷妄),但错误本身并不可怕,可怕的是人犯了错误,却不承认自己犯了错误(第

[①]《大正藏》第46卷,第660页中。

二重迷妄)。一个人犯了错误,如果能认识到自己确实错了(除障),那就有了改错归正的意向,就是改错归正的开始,甚至就等于已改了一半的错(得益)。

我们最终的目的是要除掉第一重迷妄,但要除掉第一重迷妄,必先除掉第二重迷妄,因为第二重迷妄就像一层硬壳一样包裹着第一重迷妄,使我们难以触及第一重迷妄并如愿以偿地除掉它。慧思回到正题上说,如果我们除掉了第二重迷妄,"虽复证知诸法是虚,但能知境虚是无明、执实是妄想者,即常不信己之所执,堪能进修止行,渐趣涅槃。若都不知此者,即当随流苦海,增长三毒,背失涅槃寂静之舍也。"①

第二,止断得,即通过止而除障得益,慧思说:"所言分别性中止行除障得益者,谓依彼观行作方便,故能知诸法本来无实,实执止故,即是能除果时迷事、无明及以妄想也。复于贪瞋渐已微薄,虽有罪垢,不为业系。设受苦痛,解苦无苦,即是除障。复依此止,即能成就依他性中观行,故无尘智用随心行故,即是得益。"②可见,分别性中的止断得起着承上启下的作用,即上承分别性中观断得,下启依他性中观断得;而就其自身的内容而言,分别性中的止断得乃是借着上述观断得的方便(除掉了第二重迷妄),除掉第一重迷妄以及引起第一重迷妄的无明,此时即"知诸法本来无实",而得"智用随心"之益,此所得之益乃有助于成就依他性中的观断得。

慧思所设计的分别性中的止观断得,先是断除第二重迷妄,再断除第一重迷妄,最后断除引起第一重迷妄的无明(实际上,第二重迷妄也应该是由无明引起的,因为佛教认为人们的一切迷妄都是由无明引起的,不过慧思并没有明说这一点),这是除障的一面。至于此止观断得的得益的一面,慧思乃一笔带过,语焉不详。实际上,按照佛教的否定性思维,他也没有必要对此说得很详细。我们都知道,佛教是通过否定来肯定某种存在的,而

---

①②《大正藏》第46卷,第660页中。

不采用直接肯定的方法,如以非有非无来说空,以不生不灭来说真如,在否定中显示出所要肯定的对象(这种对象实际上也无法正面直接肯定地去说,一说即不是,所以要用否定的方法间接地去说),以"不有"说无,而又以"不无"说有,这就是佛教的否定性思维。慧思在论述分别性中的止观断得时,实际上也采用了这种否定性思维,这就是除掉了障(否定),益(肯定)也就自动地显现出来了,亦即得益在除障的过程中自然会逐渐显现,没有必要再另外去指认,至少是没有必要像对待除障一样详细地去述说。在下文,我们还可看到,慧思在论述依他性和真实性中的止观断得时,其实也是依循这种否定性思维的。因此,为行文方便起见,下面我们只谈止观断得之除障方面,而对其得益方面则从略。

(2) 依依他性以明止观断得

第一,观断得。慧思认为,不但依他性中的观断得是承着分别性中的止断得而来的,而且这两者简直就是一回事。他说:"此观门者与分别性中止门不异,而少有别义。"这是为什么呢？慧思解释道:"谓彼中止门者必缘一切法是虚故,能遣无明。无明灭故,执实妄心即止。然此缘虚之遣,即此依他性中观门,更无异法。是故彼止若成,此观亦就。但彼由缘虚故,能灭实执,故名为止。此即由知无实故,便解诸法是虚,因缘集起不无心相,故名为观。"[①]在慧思看来,分别性中的止断得与依他性中的观断得,在以下两点是互相沟通的:(1) 两者都以除灭无明而得益;(2) 分别性中的止断得是从知万法为虚而灭执万法为实有之心;而依他性中的观断得则是从知万法无实而于心中起万法之虚相。完全看得出来,这两条进路乃殊途同归。

第二,止断得。慧思曰:"所言依他性中止门除障得益者,谓依前观行作方便故,能知一切虚相唯是一心为体,是故虚相有即非有,如此解故能灭虚相之执,故名为止。"[②]前言依他性中的观断得能使人从知万法无实而于

[①][②]《大正藏》第46卷,第660页下。

心中起万法之虚相,这里的止断得便是以此为"方便"而展开的,它使人懂得,不但万法是虚妄不实的,就是万法这虚妄不实的"虚相"也不是实有的,而是心之所作。因此,即使是万法之虚相,也不应执著而应该除灭。若除灭了这虚相,便是入于止。此止接着便引起真实性中的观断得。

(3) 依真实性以明止观断得

第一,观断得。慧思同样认为,真实性中的观断得与依他性中的止断得,亦没有什么实质性的差别,为什么呢?他说:"谓彼止门必缘一切法唯心所作,有即非有,体是一心,是故得灭虚相之执,然此能知诸法,唯一心之体,即是此中观门,更无异法。是以彼止若成,此观即就,不相离也。"①依他性中的止断得是除灭心中的万法虚相,而其之所以能除灭万法虚相,完全是因为修习者能达此虚相实是一心所作,除此心外,什么也没有,这就是真实性的观断得。但是慧思认为,真实性中的观断得与依他性中的止断得毕竟还是有一些区别的,这主要表现在依他性中的止断得以灭虚相为宗,而真实性中的观断得则以立心为宗旨。当然灭了虚相,也就只剩下了一心,或显现出了一心,换言之也就立了一心,在灭虚相中立了一心。

第二,止断得。关于真实性中的止断得,慧思并没有展开来论述,只是说了一句"依此观作方便故,堪能胜进入止门也",而无其他话语。但是,依慧思处理分别性和依他性中的观断得与止断得的关系的理路,我们亦不难从真实性的观断得推出真实性的止断得,那就是,观断得立一心,唯此一心,于是便止于此一心,不作外求,真正地回归到了自己的心,这乃是最大的止。

综观"三性"止观断得,慧思说:"三性止行成,故离凡夫行;三性观行成,故离声闻行,此名除障。三性止行成,故得寂灭乐为自利;三性观行成,故缘起作用为利他,此为得益。"②可见,止观断得,断的是凡夫行、声

---

① 《大正藏》第46卷,第660页下。
② 同上书,第661页中。

闻行,得的是自利、利他之益。

最后,我们还发现:(1) 慧思在论述"三性"止观断得时总先述观断得,再述止断得,而不是相反,这是因为他认为观是止的基础,只有在观中才能止;而止则是止观修习的最终目的,因此之故,止观断得应该说成观止断得才符合止观断得的本意,只是由于我们习惯于说"止观"而不是"观止",我们才说止观断得。(2)"三性"止观断得是一个完整的统一体,而不是三种止观断得,这表现在"三性"的观断得和止断得的相承相继关系上,如下图:

从观断得①到止断得③,这是一个连续的止观断得过程,其中后一断得分别以前一断得为基础而产生。

5. 止观作用

止观作用,是慧思论止观的最后一个环节。在这个环节中,慧思阐述了修习止观所最终达到的圆融境界①,这种圆融境界后来被智顗作了润饰,成为天台圆教——这是牟宗三在《佛性与般若》中所最推崇、最津津乐道的宗教——的基础。慧思大致是从如下三个方面来说明止观所最终达到的圆融境界的:

(1) 通过修习止观能达到"不二"的境界,这种"不二"的境界包括:① "众生圆同一相",众生之间无有差别,尤其是众生与佛(佛也是众生之一)之间无有差别;② 佛法僧三宝"混尔无三",佛即法,法即僧,僧即佛;③ 真俗二谛"莽然不二",真即俗,俗即真。总之,"一切法本来平等"。

(2) 通过修习止观能知见"一切法法尔一心作",这就是达到"心性缘

---

① 慧思在前面"止观境界"一节中所谈到的境界系指止观活动所处的人身内环境,而这里所说的境界则是指止观活动所达到的境界,两者不是一回事。

起"的境界。

(3) 通过修习止观能达到"生死即涅槃,涅槃即生死"的至高解脱境界。

以上这三条,就是慧思总结的止观作用。

第四节 智顗与天台宗的创立

一、智顗的生平

天台宗的创始人智顗在天台宗史上的重要性不言而喻,在整个中国佛教史上也是一个举足轻重的人物,被称为"智者大师"。他是一个承上启下的人物,创立了中国佛教史上第一个中国化的佛教宗派。他之创立天台宗,标志着中国佛教从南北朝的学派佛教时代进入了隋唐的宗派佛教时代。在天台宗之后,中国佛教的各大宗派相继建立。

在智顗所生活的南北朝时代,正如政治上的南北分隔,佛教也呈现出南北差异,即南方重佛教义学(或曰佛学理论)而北方重禅定实践,这在中国佛教史上被称为"南义北禅"。在"南义"和"北禅"内部,又各有很多派别,这些派别都可统称为"佛教学派"。林林总总的佛教学派使得南北朝的佛教表现得纷繁复杂,不过智顗并没有像当时的其他僧人那样,不入这一派就进那一派地陷于学派的纷争之中,而是从中超拔出来,冷眼静观各种学派的利弊得失。首先,他对"南义"阵营中的各种论师学派(如地论学派、三论学派、摄论学派等)都有深入的研究(见他的《法华玄义》);其次,他对"北禅"阵营中的各种禅修方法也作了系统的整理(见他的《释禅波罗蜜次第法门》),有些还身体力行地亲自做了尝试修习。在全面了解"南义北禅"的基础上,智顗将"南义北禅"诸学派的思想圆融统一起来,并进一步结合自己的修行实践,创造性地建立起了中国佛教史上的第一个宗派——天台宗。

智顗,俗姓陈,字德安,祖籍颍川(今河南许昌)。智顗的祖上在东晋时为躲避战乱而移居荆州华容县(在今湖南省境内),智𫖯就出生于此。据说智𫖯少儿时代便经常随大人游历寺庙,听和尚诵经,过耳成记。十五岁时,智𫖯要求出家,因父母不允只好作罢。直到十八岁那年,智𫖯才得以如愿投果愿寺法绪出家。智𫖯出家后与创立天台宗有关的佛教活动(包括"自行"和"化他"两个方面)大致可以分为以下几个阶段:

二十三岁时智𫖯来到光州大苏山,投慧思门下修习止观,历七年,获得"大苏开悟",这是他的第一自行期。

三十岁时,智𫖯来到金陵瓦官寺开始教化生涯,历八年,这是他的第一化他期。在此期间,他讲说了《法华经》、《大智度论》、《释禅波罗蜜次第法门》(简称《次第禅门》)和《六妙法门》,后两者是智𫖯依据自己"大苏开悟"的止观修习经验而讲的,"特别是代表性讲说之一的《次第禅门》,把一代佛教的一切修行方法称作'禅',据此进行整理融会,并按照深浅的程度予以序列。这种概括的方法,恰恰与大苏开悟所说的相吻合。因此,讲解的禅法是四禅、四无量、四无色、六妙门、十六特胜、通明、九想、八念、十想、八背舍、八胜处、十一切处、九次第定、狮子奋迅三昧、超越三昧,将此分为四种,树立了次第行的体系。天台所立的三种止观的一种即是渐次止观。"①

三十八岁时,智𫖯离开金陵而往天台山隐居,再次修习止观,历九年,获得了"华顶开悟",这是他的第二自行期。

四十七岁时,智𫖯离开天台山,先后来到金陵光宅寺、庐山、荆州玉泉寺继续他的教化活动,这是他的第二化他期。在玉泉寺,智𫖯讲说了《法华文句》、《法华玄义》和《摩诃止观》(这就是所谓的"天台三大部"),其中《摩诃止观》是智𫖯依据"华顶开悟"的止观修习经验而说的,由灌顶记录而成。

---

① (日)星宫智光:《天台教观的实践性格——教观互具的意义》,载《东南文化·天台山文化专号》1990年第6期,第61页。引文中的"特胜"原为"殊胜",今改;引文中的"八背舍"即"八解脱"。

玉泉寺的所在地荆州是智颛的故乡。在玉泉寺期间,智颛还为他的俗兄陈铖写了一本通俗介绍天台止观的《小止观》,目的本来只是想让他的这位俗兄从中了解止观并修习止观。但是,这本《小止观》一出来便不仅仅是一本仅供陈铖个人阅读的书,而是一下子成了众生争相抄阅的著作,因为它深入浅出,比较容易理解。可以说,这本简明易懂的《小止观》甚至比它所节略自的《摩诃止观》和《次第禅门》这两本正规的止观著作更为流行。

玉泉寺说法以后,智颛经扬州(应晋王杨广之邀)再次入天台山,整理山务,那年他五十九岁。不幸的是回天台山的次年,智颛便圆寂了,享年六十岁①。

下面这张简图就清楚地表明了智颛佛教活动的经历:

十八岁 →	二十一—三十岁 →	三十一—三十八岁 →	三十八—四十七岁 →	四十七—五十九岁 →	五十九—六十岁
出家	大苏山修止观获"大苏开悟"	金陵瓦官寺教化	天台山修止观获"华顶开悟"	荆州玉泉寺教化	天台山整理山务
	第一自行期	第一化他期	第二自行期	第二化他期	圆寂

二、智颛出走金陵与天台宗的创立

智颛本来在南朝之陈都金陵(今南京)有很高的地位,万人敬仰。然而,他最终却放弃了金陵的优渥,远赴天台山作"苦行僧",大有释迦牟尼当年放弃王位出家修道之余韵(也许正因有此类同,故人称智颛为"东土释迦"或"小释迦")。《四祖天台智者法空宝觉灵慧大禅师传》记其事曰:

(智者大师)以陈光大元年同法喜等二十七人,初至金陵……已而朝野闻风,咸来请益。大建元年,仪同沈君理请居瓦官,开法华经

---

① 这对于佛教高僧来说,应该是英年早逝,因为在人们的印象中,佛教高僧应该是长命百岁的。关于智颛的死因,有不同的说法,有说是被人所害,有说是病重而死,亦有说是他不堪隋朝的政治纠缠而自杀,不一而足。参见潘桂明《智颛评传》,第44—46页,南京大学出版社,1996。

题,帝敕停朝一日,令群臣往听。时仆射徐陵、光禄王固、侍中孔奂、尚书毛喜、仆射周弘正等,俱禀戒法,同闻妙旨,仍(原文如此,疑为"乃")于一夏,开释大义。时白马敬韶、定林法岁、禅众智令、奉诚法安等,皆金陵上匠,咸尽北面之敬。师自此常与众讲《大智度论》,说《次第禅门》,又为毛喜出《六妙门》。师止瓦官,前后八载。七年,谢遣门人曰:"吾初年共坐者,四十人得法;次年百余人,得法者不满十人;其后徒众转多,得法转少。吾闻天台幽胜,昔人见称,将息缘兹岭,以展平生之志。夏四月,宣帝敕留训物,徐陵泣劝勿往,师勉留度夏,秋九月,遂入天台。①

《续高僧传·智𫖮传》中关于智𫖮离开金陵前往天台山亦有大同小异的描写:

……遣谢门人曰:"吾闻暗射则应于弦,何以知之?无明是暗也,唇舌是弓也。心虑如弦,音声如箭,长夜虚发,无所觉知。又法门如镜,方圆任像。初瓦官寺四十人坐,半入法门;今者二百坐禅,十人得法;尔后归宗转倍,而据法无几,斯何故耶?亦可知矣。吾自化行道,可各随所安,吾欲从吾志也。"即往天台。②

在当时的大都市金陵,智者大师享尽一个高僧应有的荣耀,皇帝敕令"停朝一日",让文武百官前往听其说法;佛界"上匠"皆对其"尽北面之敬",真可谓是"一人之下,万人之上"。然而,如此的盛名却难以让智者大师有丝毫的成就感,因为他发现,虽然他在金陵瓦官寺驻锡弘法八年,徒众也日多一日,但真正得法开悟的人却越来越少,可谓是场面热闹,空洞无物。智者大师认为自己在金陵的讲经说法简直就像"暗夜"射箭、"长夜虚发",不能中的,做的都是无用功,因而没有继续此一局面之必要——这最终导致了他以"吾欲从吾志"的决心离开金陵而前往天台山

---

① 《天台九祖传·传佛心印记注》,《天台藏》,第35—37页,台湾湛山寺版。
② 《大正藏》第16卷,第32页上。

"以展平生之志"。那么,我们究竟应该如何来解读智者大师"离金陵赴天台"之举呢?或智者大师"离金陵赴天台"的目的究竟是什么呢?他上天台山去干什么呢?其"平生之志"又是什么呢?这里不妨采用排除法来探询一下答案。

(一)逃避佛教界的斗争

有学者认为,"智𫖮在金陵弘法的后期,正值北周武帝毁佛,北方僧侣避地南来的日益增多,使金陵佛教再次呈现复杂局面"①,南北朝时期广泛存在的佛教界内部的明争暗斗更加激烈。为逃避佛教内部的斗争,"智𫖮在进行认真反省后,于太建七年(575)暂离金陵,入天台山隐修"。我们以为这个观点不能成立,因为凭智𫖮当时在金陵的人望以及皇帝对他的敬重程度,他根本不必担心会在佛教斗争中败北,从而也就根本用不着逃避。

(二)"头陀"自修

有学者认为,"早在晋代,天台山在国内就很有名。……六朝以来,高僧昙猷、支遁、怀玉、慧明等,均曾居此修成佛果。陈太建七年(575)九月,智者率智越、法喜等27人入始丰县天台山。……不久,智者独往华顶高峰,学佛行'头陀'行。"②智𫖮确实在天台山"种苣拾象,安贫无戚"③,行"头陀"行,但他行"头陀"行仅仅是为了像昙猷等僧人那样"修成佛果"吗?仅仅是为了自修吗?答案是否定的,因为智𫖮在乃师慧思门下早已获得"大苏妙悟"了:

> 大师在(大苏山)慧思禅师座下,苦练参究,精修普贤道场(法华三昧行)。一日,持诵《法华经》至药王品之诸佛同赞言"是真精进,是名真法供养如来"句,豁然大悟,心境朗明,犹如长风云游于太虚的微妙境界。同时,思禅师赞叹说:"非汝勿证,非我莫识,所证者法

---

① 潘桂明、吴忠伟:《中国天台宗通史》,第91页,南京,江苏古籍出版社,2001。
② 朱封鳌:《中国佛学天台宗发展史》,第34—35页。
③ 《天台九祖传·传佛心印记注》,《天台藏》,第39页。

华三昧前方便也,所发持者,初旋陀罗尼也。"大师自证三昧后,口若悬河,遂得无碍辩才,同时博得同道们的器重,是以后人说:大师这次的开悟,是"大苏妙悟"。①

智顗正是在"大苏妙悟"并获得慧思的印可后才离开大苏山前往金陵弘法的。可以说,"大苏妙悟"后离开大苏山标志着智顗佛教生涯中自修阶段的结束,用天台宗的术语来说,就是智顗自此结束"自行"而开始"化他"。因此,从智顗的整个人生轨迹来看,他离开金陵前往天台山绝非为了自修(人们一般都会将僧人的山麓之行理解为自修之行),尽管他也在天台山"峰顶结跏趺坐修止观"②,但此天台山之修止观只是智顗作为一个僧人的常规日课而已,与彼大苏山之为了自修证果的修止观不可同日而语。

(三)厌恶都市而隐居

智顗上天台山既然不是为了自修,那是不是因为厌恶都市生活而寻求隐居呢?这倒是有可能的,因为从古至今,许多僧人都有厌恶都市生活的"林麓志向",但是相关的资料并不支持这个结论,因为智顗在天台山实际上只待了10年(575—585),此后便重回金陵并在扬州、谭州(今长沙)、荆州等都市辗转弘法③,尤其是他去家乡荆州,更有"衣锦还乡"之壮行。即使在天台山期间,智顗也常常下山去不远的章安城(今浙江台州)弘法。这种种迹象表明,智顗的性格中并没有什么彻底的"林麓志向",他并不怎么厌恶都市及人声热闹的场面。尽管智顗离开天台山重回金陵以及后来去扬州都有迫于陈、隋皇家邀请压力的一面,但他若真的不想回都市,真的想像惠能那样坚决不赴武则天之邀而"愿终林麓"④,

---

① 慧岳法师:《天台教学史》(佛教内部资料),第63—64页。
② 朱封鳌:《中国佛学天台宗发展史》,第35页。
③ 从585年夏离开天台山到596年秋重回天台山,智顗在这十余年内的行迹路线如下:天台山——金陵——谭州——庐山——扬州——岳州(今湖南岳阳)——衡山——荆州——扬州——天台山。
④ 宗宝本《坛经·护法品》。

那么凭他的威望,他也完全能做到不回都市,并且谁也奈何不了他。

(四)是为了寻找适合当时众生根机的佛法

综上所述,智𫖮离开金陵远赴天台山,既不是为了避免当时佛教内部的斗争,也不是为了自修开悟,更不是为了隐居"林麓"——这些都是非常可能的理由——而是为了寻求适合于有效地教化当时佛教徒(比如生活在都市金陵的人)的佛法。回顾智𫖮的弘法生涯,在离开金陵上天台山之前,他在金陵"住瓦官寺8年,开演《法华经》。陈宣帝曾停朝事,偕公卿听法。智者继讲《大智度论》、《次第禅门》(即《释禅波罗密次第法门》)"。智者大师所讲的这些无非都是印度佛教的理论和实践,以陈宣帝及其属僚为代表的佛教徒,初听颇有新鲜感,因而趋之若鹜,但"听法者虽多,而领悟者却日渐减少,(智𫖮)便想既然不能利他,复伤自行,徒劳无益,遂决意隐居天台山,修习止观"①,并希望通过这种"修习止观"的亲身实践,探索出一种有中国特色的适合于当时众生根机的佛法,因为金陵失败的弘法经历使他深深地懂得了,教条主义地照搬印度佛教已于事无补。结果,功夫不负有心人,通过在天台山的十年探索,智者大师终于突破印度佛教的桎梏,"说己心中所行法门"②,创立了一种基于"性恶"思想的"止观法门"或叫"性恶法门",这种"性恶法门"就是我们今天所说的天台宗法门。从这个意义上来说,智𫖮在天台山"隐居"乃是为了"退而结网"以求再度出山教化众生,与陶渊明式的纯粹只是为了逃避世俗的隐居完全是两码事,从而他在天台山的"修习止观"本质上乃属于"化他"的范畴而不属于"自修"或"自行"的范畴,亦即"化他止观"而非"自行止观"。这"化他止观"的意思,用现代通俗一点的话来说,就是通过在自己身上做"止观实验"而获得可以用来教化他人的佛教法门。

严格地说,智𫖮创立"性恶法门"还不是创立天台宗,因为"性恶法

---

① 朱封鳌:《中国佛学天台宗发展史》,第34页。
② 石峻等编:《中国佛教思想资料选编》第二卷第一册,第3页,北京,中华书局,1983。

门"只是从理论到实践的一个完整的佛学思想体系,这个体系后来成了天台宗佛学思想的核心。正是在这个意义上,我们才说智𫖮创立了天台宗,至于天台宗文字上的经典体系和人事上的组织体系,还是智𫖮的弟子灌顶创立的,因为现在流传下来的作为天台宗之经典著作的智𫖮的作品,其实都不是智𫖮自己写的,而是灌顶依据智𫖮之所讲记录整理的;另外,现在被我们称为天台宗祖庭的天台山国清寺,其实也是在智𫖮死后由灌顶督造的,至于智𫖮的佛学思想能够为当时的佛教界所广泛接受并因此而招引了许多信徒——天台宗历史上的第一批信徒——这还得归功于灌顶。可见,中国佛教史上完整的天台宗应该是智𫖮和灌顶联合创立的(关于灌顶对于天台宗创立的贡献,我们留待后文再说),但是从根源上讲,天台宗乃源起于智𫖮的佛教活动和他的创造性佛学思考。

智𫖮的创造性佛学思考体现在他对《法华经》的创造性解读上,智𫖮就是通过这种创造性的解读才创立了他独具特色的佛学思想体系。智𫖮对《法华经》的创造性解读体现在两个方面,一是对《法华经》文本进行独特的"科判",二是采用独特的方法来解释《法华经》。下面分别来介绍一下,先看智𫖮对《法华经》文本的"科判"。

三、智𫖮对《法华经》的"科判"

智𫖮对《法华经》的"科判"后来成为天台宗理解《法华经》文本的一种定式。所谓"科判",也叫"科文",是处理佛经文本的一种技术,是将一部佛经分成不同的段落("科"),并分别标以扼要的标题,以利于对其进行注释或解释。对于同一部佛经,不同的佛教宗派或不同的佛教家往往会有不同的科判。这种科判大致相当于我们在中小学语文课上所见到的对某一篇课文进行分段,以利于更好地了解该课文。

我们之所以要谈智𫖮对《法华经》的"科判",乃是因为智𫖮通过对《法华经》的科判形成了他"垂迹显本"的"本迹关系"思想,至少他的"本迹关系"思想在他对《法华经》的科判过程中变得更为成熟和坚固,而"本迹关系"是智𫖮考察佛教一切理论和现象的基本视角和方法论,或者说智𫖮的佛学思想就是一张"本迹关系"之网。他在《法华玄义》卷七上对"本迹关系"作了这样的解释:

> 本者,理本,即是实相一究竟道。迹者,除诸法实相,余种种皆名为迹。又理之与事,皆名为本;说理说事,皆名教迹也。又理事之教,皆名为本,禀教修行名为迹。如人依处则有行迹,寻迹得处也。又行能证体,体为本;依体起用,用为迹。又实得体用名为本,权施体用名为迹。又今日所显者为本,先来已说者为迹。……约今已论本迹者,前来诸教已说事理乃至权实者,皆是迹也。今经(指《法华经》)所说久远事理乃至权实者,皆名为本。非今所明久远之本,无以垂于已说之迹。非已说迹,岂显今本?本迹虽殊,不思议一。①

这段引文可以看做智𫖮佛学思想的方法论大纲。智𫖮的整个思想就是在"本迹对言"中展开的。这段引文所描述的"本迹关系"可用以下这个梯式简图②来表示:

```
理—本 ┐
      ├ 理事—本 ┐
事—迹 ┘          │
       言教—迹 ┤ 教—本 ┐
                │       │
           行—迹┘       │
                  体—本 ┐
           用—迹┘       ├ 实—本 ┐
                        │       ├ 不思议一
                  权—迹 ┘       │
```

"本迹"思想是智𫖮在对《法华经》的科判过程中发展和成熟起来的。智𫖮对《法华经》的科判分为两个层次,第一个层次可称之为"粗判",将共有二十八品的《法华经》分为三个部分:

---

① 《大正藏》第33卷,第764页中、下。
② 转引自杨惠南《智𫖮对秦译〈法华经〉的判释》,载《台湾大学佛学研究中心学报》1997年第2期,第7页。

> 天台智者分文为三:《初品》为序;《方便品》讫《分别功德(品)》十九行偈,凡十五品半,名正;从偈后尽经,凡十一品半,名流通。①

这一"粗判"的关键是将第十七品《分别功德品》拆为两半,然后再将《法华经》分为三部分,其中第一部分是第一品《初品》,称为"序分";第二部分从第二品《方便品》起至第十七品的前半品,共十五品半,称为"正宗分";第三部分从第十七品后半品起至结束,共十一品半,称为"流通分"②。智顗如此的科判是非常大胆的,因为他居然将第十七品分作两半来处理,这显示了智顗在对待印度佛教典籍上不墨守成规,具有独创性。

然而,智顗对《法华经》的科判并没有就此止步,他还独具匠心地设立了一个"本迹"标准来对《法华经》作更为细致的科判,这就是所谓的"细判"。智顗说:

> 又一时分为二:从《序(品)》至《安乐行(品)》十四品,约迹开权显实;从《(从地)踊出(品)》讫经十四品,约本开权显实。本、迹各(有)序、正、流通。《初品》为序,《方便(品)》讫《授学无学人记品》为正,《法师(品)》讫《安乐行(品)》为流通。《(从地)踊出(品)》讫"弥勒已问斯事,佛今答之"半品,名序;从"佛告阿逸多"下,讫《分别功德品》偈,名为正;此后尽经,为流通。③

这里智顗将第十五品《从地踊出品》也拆成了两半。如此一来,本来二十八品的《法华经》被智顗分成了三十个部分(二十六个整品以及第十五品的两个半品和第十七品的两个半品),这三十个部分的"本迹"科判

---

① 《大正藏》第34卷,第2页上。
② 将一部佛经分为"序分"、"正宗分"和"流通分"其实不是智顗的首创,而是佛家的一种通行做法。其中,"序分"相当于佛经的导言;"正宗分"相当于佛经的理论部分;而"流通分"相当于佛经的应用部分(因应用而流通,故名"流通分")。
③ 《大正藏》第34卷,第629页上。

见下图。①

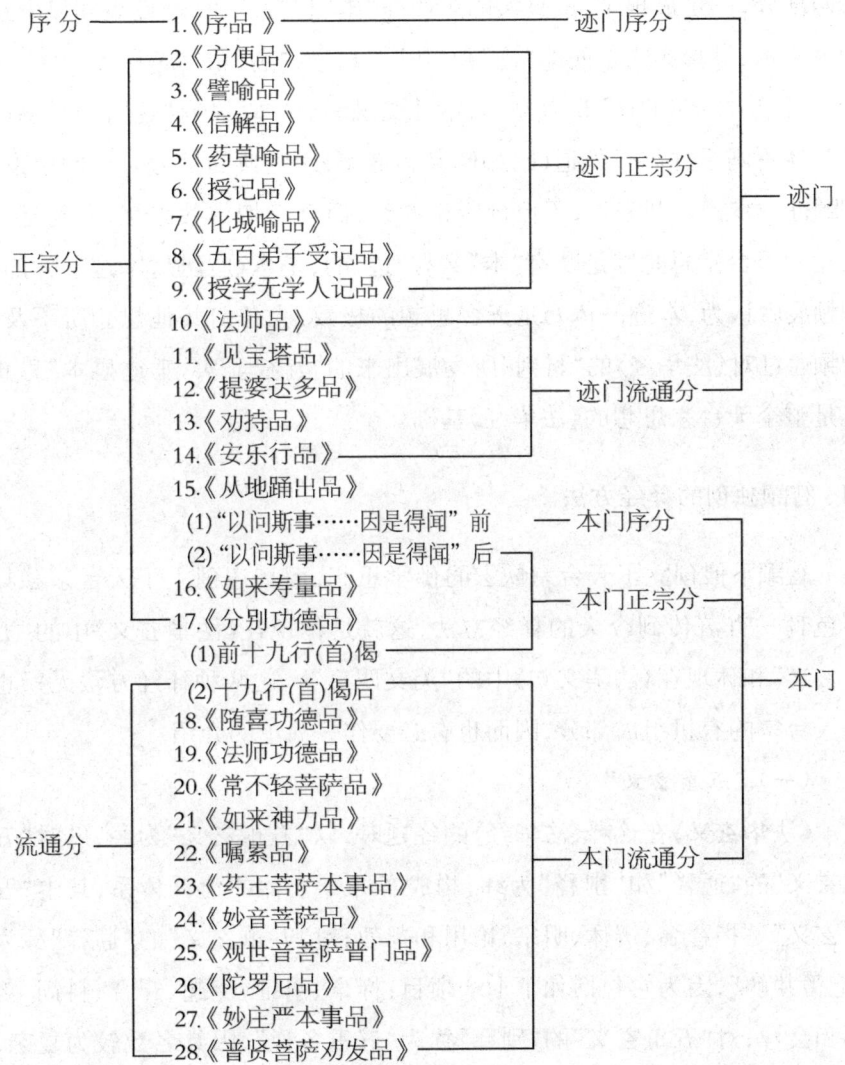

智顗通过对《法华经》的"科判"所发展出来的思想就是"开权显实，垂迹显本"这八个字。就《法华经》的主题"一佛乘"思想而言，"三乘"是

---

① 引自杨惠南《智顗对秦译〈法华经〉的判释》，第5页。

"迹",是"权";"一乘"是"本",是"实"①。在智𫖮看来,一部经中应该包含着两部分,一是最根本、最真实的东西即"本"和"实",二是说明和显发这种最根本、最真实的东西即"迹"和"权"。总之,"迹"由"本"所生,"本"由"迹"所显,"本"和"迹"相得益彰,水乳交融。有"本"又有"迹",乃是佛所说的经不同于并高于外道(比如儒家和道家)之经典的地方。由此出发,智𫖮进一步推广开来说,不但佛所说的经,而且一切佛教思想,尤其是他创立的天台宗思想都是既有"本"又有"迹"的,是本迹互显,本迹一体的。智𫖮最后认为,本迹一体乃是天台思想的极致,为任何其他思想所不及。智𫖮通过对《法华经》的"科判"所发展出来的"开权显实,垂迹显本"思想就是整个天台宗思想的《法华经》基础。

四、智𫖮独创的释经方法

智𫖮不但创立了天台宗恢宏的佛学思想,而且还创立了天台宗独具特色且一直流传到今天的释经方法,这就是体现在《法华玄义》中的"五重玄义"和体现在《法华文句》中的"消文四意"。这两种释经方法无疑也是天台宗的有机组成部分,因而也有必要作一简单的介绍。

(一)"五重玄义"

《法华玄义》在诠释《法华经》的经题时,以"五重玄义"为经,以对"五重玄义"的"通释"和"别释"为纬,构成了一个立体的诠释体系,其中"五重玄义"是指释名、辨体、明宗、论用和判教;对"五重玄义"的"通释"称为"七番共解",因为它包括如下七个项目:标章、引证、生起、开合、料简、观心和会异;对"五重玄义"的"别释"称为"五重各说",因其名数较为复杂,

---

① 已故茗山法师也说:"一部法华经,七卷二十八品,其经文含义,概括说八个字:开权显实,开迹显本。开权,指声闻、缘觉、菩萨三乘是权宜之计;显实,指一乘的佛果。例如经中的授记品,舍利弗、迦叶、须菩提及五百罗汉,乃至闻法华经一念随喜生信者,佛皆授记他们将来成佛,所以说,法华经是成佛的经。"参见茗山法师《妙法莲华经观世音菩萨普门品讲记》,第5—6页,金陵刻经处,1999。

行文难以说清,故请见下表所示①:

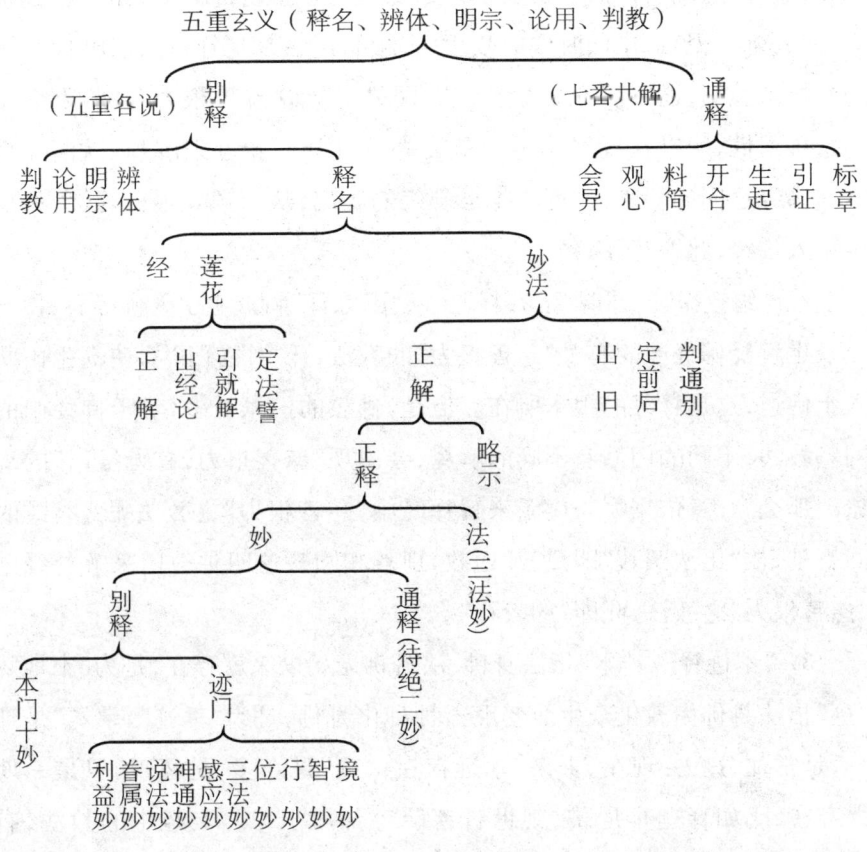

(二)"消文四意"

《法华文句》在诠释《法华经》经文时,从"因缘"、"约教"、"本迹"和"观心"四个层面展开解释,这就是所谓的"因缘释"、"约教释"、"本迹释"和"观心释"之"消文四意"释经法。"消文四意"具体所指大体是:

1."因缘释"。"因缘"亦叫"感应",其发生和存在是众生的理性感知能力所不能把握的,所以是"远",比如佛教所说的"因缘和合"、"十二因

---

① 此表引自星云主编《佛光大辞典》第4册,第3401页。

缘"、神通、化身等都属于"因缘"现象;而"慈善根力"①则是众生人人本具的,所以是"近"。佛经的真意乃是要教导众生开显自己本具的"慈善根力"而成佛。无奈,末法时代的众生(智顗的说法都是针对末法时代众生的),根机浅陋,通"远"不见"近",信"因缘"不信"慈善根力"。鉴于众生的这种习性,所以在释经的时候就要先从"因缘"角度来解释,以消除众生与佛经之间的隔膜,拉近众生与佛经的距离,从而顺其根机习性,将众生引入佛经,此即"因缘释"。

2."约教释"。亦叫"依教释"。以"因缘释"将众生引入佛经后,便要给众生解释佛经中的有关"慈善根力"的教法,开"甘露门"②,使众生由此入于佛道,这是释经的根本所在。但是,佛教的门派众多,对于佛经中的同一教法,不同的门派有不同的解释,会出现"慈善根力,有无量门"的现象。那么,究竟依据哪一门派来解释经中"慈善根力"之教法呢?智顗的回答是,依"化法四教"即藏教、通教、别教和圆教这四种教门来解释经中"慈善根力"之教法,此即"约教释"。

3."本迹释"。"本"指法身佛,法身佛无始以来就存在,是为"本地";"迹"指法身佛为教化众生而变现出种种化身佛,是为"垂迹"。"本"是唯一,是常住,过去、现在、未来、永远存在;"迹"是众多,是暂现,只是一期之存在,比如释迦牟尼佛、观世音菩萨等都属于"迹"。经中的教法,有"实"有"权","实"是法身佛所示现的真如实相,是"本";"权"是化身佛为教化众生所示现的种种方便,是"迹门"。有鉴于此,所以在释经的时候亦应指明经中的教法,何者为"本门",何者为"迹门",是为"本迹释"。

4."观心释"。"观心"是智顗所主张的佛教修行实践,也可叫"止观"。

---

① "慈善根力"中的"根"指"五根",即信根、进根、念根、定根和慧根,此五者是成就佛道的根本,故称"五根";"力"指"五力",即发自于"五根"的破邪向佛的力量,包括信力、精进力、念力、定力和慧力。
② 梵文 Amrta,译作"甘露",为印度神话中天上的美酒,据说甘甜如蜜,佛经中常用"甘露"来比喻与佛有关的事物,比如把佛的涅槃叫"甘露涅槃",把佛界叫"甘露界",将阿弥陀佛叫"甘露王"。这里的"甘露门"指的是佛的教法,意为佛的教法是到"甘露涅槃"之门户。

经中的教法，"迹"广宽泛，"本"高抽象，人们无法直接据以进行"观心"实践而入于佛道。所以，必须对经中的"本迹"教法作实践性的转换，使之具有"观心"实践上的可操作性，这就是"观心释"。若无此"观心释"，人们即使熟读经中的教法，也只是"日夜数他宝，自无半钱分"，于己无益。

第五节 天台宗的基本教义

智顗通过对《法华经》独特的"科判"和解释，创立了一个庞大的佛学思想体系，这个思想体系就是天台宗教义的核心，它一直指导着天台宗的发展，尽管后世的天台宗人对它间或也有不同的理解甚而起争执。智顗的佛学思想，或者说，天台宗的基本教义，主要包括以下六个方面的内容："教观并重"、"五时八教"、"三谛圆融"、"一念三千"、"性具善恶"、"一心三观"、"圆顿止观"和"六即佛"，下面试着一一分述之。

一、"教观并重"

"教观并重"是天台宗教义的总特色，其中"教"是指经教或佛陀传下来的文字教法，通俗地说，也就是一切佛教理论；"观"是指佛教修行实践，因为天台宗的修行方法称为止观，故有此说。"教观并重"的意思是说，学佛要理论和实践并重，两者不可偏废。在天台宗看来，"教"和"观"犹如鸟之两翼、车之双轮，缺一不可，所谓"有教无观则罔，有观无教则殆"是也。

"教观并重"听起来好像很普通，没有什么深奥之处，但其在中国佛教史上却有一席之地，代表了一种佛教风格，与之相对的另一种佛教风格则是禅宗、律宗和净土宗等，只强调实践而不重视理论，也就是只讲"观"不讲"教"，这种只有实践的佛教在中国古代曾一度风行，成为中国佛教的主流，但由于没有理论以为衡准，渐渐流弊丛生，从而在明末有重新提倡天台宗"教观并重"思想的发生。

二、"五时八教"

天台宗判教体系名为"五时八教",分为"五时"和"八教"两部分,先看"五时":

1. 华严时

佛陀成道后,于最初的三七二十一日内说了《华严经》。成道的喜悦使得佛陀直抒胸臆,自说自听地把自己之所悟和盘托出,且所说的都是最圆满、最究竟的佛法。但是,佛陀担心一般众生对于这最圆满、最究竟的佛法难以理解,难以信受奉持,于是不得已而求其次,当他面对那些初学者时,先说一些浅显的佛法,这就进入了佛陀说法的第二时,即鹿苑时。

2. 鹿苑时

鹿苑,也叫鹿野苑。佛陀最初在鹿苑面对信众公开说法,历时十二年,说的是小乘"四阿含",即《增一阿含经》、《长阿含经》、《中阿含经》和《杂阿含经》,因为鹿苑时说的都是"阿含"经,所以鹿苑时有时亦称阿含时。

3. 方等时

佛陀在鹿苑时之后的八年内说的是"方等"经,如《维摩诘经》、《胜鬘经》等,这些都属于大乘经典之初步,是对有一定小乘基础的人讲的。所谓"方等","方者方正,等者平等,中道之理方正而生佛平等也。"①佛陀在方等时所说的是有关众生与佛平等的"中道之理"。

4. 般若时

佛陀在方等时后的二十二年内所说的是般若类经典,如《大般若经》、《道行般若经》、《金刚般若波罗蜜多经》等。般若类经是大谈佛教之"空"理的。

5. 法华、涅槃时

佛陀在般若时后的八年内,先说《法华经》,最后于圆寂涅槃前的一

---

① 丁福保:《佛学大辞典》上册,第 623 页,上海书店出版社,1995。

日一夜说了《涅槃经》,因而合而称之,叫法华、涅槃时。

对于上述之"五时"判教,智𫖮曾总结说:"华严广明菩萨行位;三藏(鹿苑时)偏说小乘;方等破小显大;大品(般若时)历法遣荡会宗;法华结撮始终,开权显实;涅槃解释众经,同归佛性常住。"①

说完"五时",再谈"八教"。"八教"分为"化仪四教"和"化法四教"两类,其中"化仪四教"是从说法方式的角度对佛陀的教法所作的分判,而"化法四教"则是从说法内容的角度对佛陀的教法所作的分类。智𫖮曾将佛法比做治病之药,并在这个比喻语境下说,"化仪四教"就好比是药方,而"化法四教"就好比是药味。

1. "化仪四教"

"化仪四教"是指顿教、渐教、秘密教和不定教。佛陀说法之所以要采用"化仪四教"四种方式,完全是因为他考虑到众生根机不一,有浅有深,"夫众生机缘不一,是以教门种种不同"②。那么,"化仪四教"究竟是怎样的说法方式呢?究竟是哪"四教"呢?且看:

(1) 顿教

这是佛陀针对利根众生的说法方式,直接将佛教最核心的思想和境界和盘托出,不必经过阶次,听者一闻便能直入如来地。智𫖮认为,在佛陀所说的一代时教中,有顿教部和顿教相之区分。所谓顿教部,是指佛陀以顿教的方式说某部佛经,如说《华严经》就属于顿教部;所谓顿教相,是指佛陀以顿教的方式说某种佛法,如说般若思想、说佛性思想等。

(2) 渐教

根机钝者不能领受佛陀以顿教方式所说佛法,"如聋似哑",不能受益,于是佛陀便慈悲为怀,由浅入深,从小乘渐渐趣入大乘,以求浅机

---

① 《维摩经玄疏》卷六,《大正藏》第38卷,第561页下。
② 智𫖮:《四教义》卷一,《大正藏》第46卷,第721页上。

众生能历时修行,次第断惑而证果。智顗依据《法华经》,认为佛陀的教法本只是一个,即所谓的"一佛乘",但"开权显实"分别说三：第一阶段是先为声闻、缘觉二乘人说小乘的法门以使其证得阿罗汉果；第二阶段是为已证得阿罗汉果的二乘人开示大乘法门与小乘法门的区别,说明大乘法门的殊胜超拔之处,使其抛弃小乘的"偏真涅槃"而趣入大乘的菩萨境界；第三阶段是针对那些执著于大小乘区别的权教菩萨,打破大小乘的区隔,使其进入大小乘圆融无碍的大乘深奥法门。在智顗看来,通过这三个阶段的教化,一切钝根之人皆可渐渐成就佛道,获得终极解脱。

(3) 秘密教

秘密意为互相不知道。佛陀在说法的时候,下面听讲的人很多,但这些人的根机是不完全一样的,有钝有利、有大有小,结果佛陀所说的同一种法就会被作合乎各自根机的不同的理解,从而不同的人形成不同的证悟,但这种"同听异闻"、"同听异证"的状况,听众之间彼此并不相知,每个人都以为佛陀所说的就是自己所听到的合乎自己需要的法。不过,佛陀是清清楚楚地知道这种情况的,但他并不说破这一点,任由众生按照各人自己的方式来接受他所说的佛法,并各自获益。可见,秘密教之秘密不是针对佛陀而言的,而是针对众生而言的。因为,对佛陀而言,一切都在他的了解和掌控之中,没有什么秘密。

(4) 不定教

对于同一种佛法,佛陀依据自己对众生根机的判断,有时用顿教的方式来说,有时用渐教的方式来说,是为不定。比如,关于"西方极乐世界",对于根机钝者,佛陀说"西方极乐世界"在很远很远的地方,"从是西方,过十万亿佛土,有世界名曰极乐,其土有佛,号阿弥陀,今现在说法。……若有善男子善女人,闻说阿弥陀佛,执持名号,若一日,若二日,若三日,若四日,若五日,若六日,若七日,一心不乱,其人临命终时,阿弥陀佛,与诸圣众,现在其前。是人终时,心不颠倒,即得往生阿弥陀佛极乐国土。"这就是《佛说阿弥陀经》中之所说。但是,对于利根众生,佛陀则说"西方极乐世界"就在眼前,"随其心净则国土净",即一个人只要心净,当下就是"西方极乐世界",无处不是"西方极乐世界",此如《维摩诘经》中之所说。

2."化法四教"

"化法四教"是指藏教、通教、别教和圆教。"化法四教"可以说是"五时八教"的核心,或者说,"五时八教"可以归结为"化法四教",甚至还可以说,天台宗的整个教观体系都可归结为藏、通、别、圆"化法四教"。因为这个缘故,所以像智𫖮的《四教义》、智旭的《教观纲宗》以及静权的《天台宗纲要》这些在天台宗史上以介绍天台宗基本思想体系而出名的经典,其实际内容主要就是阐述藏、通、别、圆"化法四教"。直到现在,我国的各级佛学院都还将这三部书列为学习天台宗的必读教材,足见其在天台宗中的地位非同一般,从而也可看出藏、通、别、圆"化法四教"在天台宗思想中的重要地位。

(1) 藏教

藏教,亦称三藏教,也就是通常所说的小乘教。藏教是针对界内钝根众生而说的教法,其所讲的内容包括生灭四谛、生灭十二因缘、事六度,其所修的观法叫析空观,其所证的境界叫偏真涅槃。依藏教而修习的众生能断除见思惑和分段生死,得一切智。

(2) 通教

通教是声闻、缘觉和菩萨三乘共修的教法,故谓之"通";一说"通"是通前之藏教和后之别教和圆教;也可以简单地说,通教是兼通大小乘的教法。通教是佛陀针对界内利根众生而说的教法,它讲的是无生四谛、理六度、修体空观、证真谛涅槃。就其内涵而言,通教之"通"包括教通、观通、理通、智通、断(断烦恼)通、行通等内容。

(3) 别教

别教是佛陀针对界外钝根众生而说的教法,这种教法因为别于前之藏教、通教和后之圆教而得名。别教的具体内容包括教别、理别、智别、断别、行别、位别、因别和果别八个方面，它以修习次第三观入于中道并证得无住涅槃为目标。

（4）圆教

圆教是佛陀针对界外利根众生而说的教法，是佛法的最高极谈，它以圆融为基本特征，有"圆妙"、"圆顿"、"圆满"和"圆足"等含义。圆教提倡真俗不二，当体全是，讲求烦恼即菩提、生死即涅槃，在修行实践中不是追求断惑证真，而是要达到断而不断、不断而断的圆融境界。圆教的具体教法包括教圆、理圆、智圆、断圆、行圆、位圆、因圆和果圆八个方面。

智顗的整个"五时八教"判教体系可图示如下：

天台五时八教图

化仪四教（判）：顿教　渐教（初、中、后）　秘密教　不定教　非顿非渐　非秘密　非不定

五时次第：华严时（兼）　阿含时（但）　方等时（对）　般若时（带）　法华时（开显）　涅槃追分（施权）　追泯（开权）

化法四教（释）：藏教（修析空观）　通教（修体空观）　别教（修五十二位）　圆教（圆证三德涅槃、修一心三观）

空　假　中

三、"三谛圆融"

所谓"三谛圆融"指的是空、假、中"三谛圆融",说得具体点可以有两种表述:一是"即空、即假、即中;即假、即空、即中;即中、即空、即假",二是"空即假即中;假即空即中;中即假即空",这读起来颇有些绕口令味道的空、假、中"三谛圆融",在智𫖮看来乃是宇宙万法的终极"实相"——这"实相"被称为"中道实相"。作为大乘空宗的天台宗,其思想体系的佛学基础就是这个作为"中道实相"的空、假、中"三谛圆融"。

实际上,天台宗的空、假、中"三谛圆融"思想乃是对大乘空宗之核心概念"空"的一种深度解释。佛教史上对"空"的解释五花八门,比如《金刚经》以"不住相"或"应无所住而生其心"来说"空",三论宗以真、俗二谛来说"空",禅宗以"无相"、"无念"、"无住"之"三无"来说"空",而天台宗则以空、假、中"三谛圆融"来说"空"。天台宗人认为,自家的空、假、中"三谛圆融"思想乃是对龙树《中论》"三是偈"的最好注脚,该"三是偈"是这样的:

> 因缘所生法,我说即是空,亦为是假名,亦是中道义。

但是,天台宗的空、假、中"三谛圆融"思想并不是直接从《中论》的"三是偈"中简单地推导出来的。可以说,《中论》中的"三是偈"只是天台宗拿来为自家的空、假、中"三谛圆融"思想做表征的。要真正弄清楚天台宗的空、假、中"三谛圆融"思想的来龙去脉及其内涵,我们还必须从被天台宗人奉为初祖的龙树的《大智度论》讲起。《大智度论》是龙树解释《大般若波罗蜜经》的著作,它以"实相"为佛说的唯一法印。[①]《大般若波罗蜜

[①] 智𫖮在下面这句话中对《大智度论》的"以实相为唯一法印"的思想作了赞赏性的接受:"一切大乘经但有一法印,所谓诸法实相。若大乘经有实相印,即是大乘了义经,闻者乃可得菩萨道;若无诸法实相印即是不了义经,闻者多堕两边,不能得无生忍也。复次若无实相印,虽说种种愿行犹滥魔之所说,所以者何?魔王亦能说种种愿行,但不能说诸法实相。故大智论云,除诸法实相,其余一切皆是魔事。"(《大正藏》第38卷,第555页上)

经·初品》中有这样一句话:

> 复次,舍利弗,菩萨摩诃萨欲知一切诸法如、法性、实际,当学般若波罗蜜。①

龙树在《大智度论》卷三二对这段话中的"诸法如"作了如下的解释:

> "诸法如"有二种。一者各各相,二者实相。各各相者,如地坚相,水湿相,火热相,风动相,如是等分别诸法,各自有相。实相者,于各各相中分别,求实不可得,不可破,无诸过失,如"自相空"中说:地若实是坚相者,何以故胶蜡等与火会时,舍其自性;有神通人入地如水;又分散木石,则失坚相? 又破地以为微尘,以方破尘,终归于空,亦失坚相。如是推求地相,则不可得。若不可得,其实皆空,空则是地之实相。一切别相,皆亦如是,是名为如。②

这段引文十分清楚地告诉我们,龙树所谓的"实相"乃是"求不可得"之"相";"实相"因为"求不可得",所以又是"空",这就是龙树的"实相即空"思想。深受《大智度论》影响的慧思③把这段话与天台本经《法华经》之"方便品"中谈论"佛的知见"的那段话联系起来考虑,界明了"实相"的具体内容。我们先看《法华经·方便品》中的那段话:

> 诸佛智慧,甚深无量。其智慧门,难解难入,一切声闻辟支佛所不能知。所以者何? 佛曾亲近百千万亿无数诸佛,尽行诸佛无量道法。勇猛精进,名称普闻,成就甚深未曾有法。随宜所说,意趣难解。舍利弗,吾从成佛以来种种因缘,种种譬喻,广演言教,无数方便引导众生,令离诸著,所以者何? 如来方便知见波罗蜜,皆已具足。舍得弗,如来知见,广大深远,无量无碍,力无所畏,禅定解脱三

---

① 《大正藏》第13卷,第416页中。
② 《大正藏》第25卷,第299页上。
③ 吕澂:《中国佛教源流略讲》,第328页,北京,中华书局,1983。

昧,深入无际,成就一切未曾有法。舍利弗,如来能种种分别,巧说诸法,言辞柔软……不须复说,所以者何?佛所成就第一希有难解之法,唯佛与佛,乃能究尽诸法实相,所谓诸法如是相、如是性、如是体、如是力、如是作、如是因、如是缘、如是果、如是报、如是本末究竟等。①

这段引文告诉我们,佛的智慧"甚深无量",佛的知见"广大深远",其表现之一就是佛成就了"第一希有难解之法",这"第一希有难解之法"就是"诸法实相"。所谓"唯佛与佛,乃能究尽诸法实相",其意思就是,只有佛而且仅仅只有佛,才能彻底明了"诸法实相",声闻、缘觉是不能明了的,更遑论我们凡夫俗子。

慧思把《法华经》中的"实相"和《大智度论》中的"实相"结合起来思考,将两种"实相"作了沟通。② 从上可知,《大智度论》中的"实相"是"求之不得"之"空",而《法华经》中的"实相"则是"如是相、如是性……"的"十如"。慧思认为,《大智度论》中的"实相"之"空"其实并不是空无所有、空无自性,它有丰富的内容,这内容就是《法华经》中的"十如",正因如此,所以后人把慧思的"实相"称为"十如实相"。慧思"十如实相"的构思被日本学者梶山雄一称为是一个"吊诡"(paradox),因为"实相"既然"求不可得",怎么会有"十如"的内容呢?反过来,"实相"既然有"十如"的内容,怎么又会"求不可得"呢?这个"吊诡"我们常人是无法破解的,"唯佛与佛"才能破解。在慧思看来,能解开"十如实相"这个"吊诡"乃是"佛的知见"的具体表现。

智𫖮认为,"十如实相"是慧思的独到见解(确实也是慧思的独到见解)。慧思当时认为《法华经》所说的"相"、"性"等等上面都安了"如是"

---

① 《大正藏》第9卷,第5页中、下。请注意,其中"如是本末究竟等"中的"等"并不是一个表示列举已尽的句末虚词,而是一个实词,"本末相等"的意思,也就是说"如是本末究竟等"这七个字必须连读,它也像"如是相"、"如是性"等一样,是"十如是"之一。
② 吕澂:《中国佛学源流略讲》,第328页。

字样,表明了"相"、"性"等一一实在,而计数只有十种,又见出圆满完全的意义,①这在佛教上是有根据的。因为,所有佛经都是以"如是我闻"开头的,这"如是"两字是"确实如此,实在不虚"之意,表示着实在性;同时,在佛教中,"十法"又是用来表示圆满的,最著名的莫过于《地论》,它在解释《华严经》时处处都用十法表示圆满之意。因此,慧思的"十如实相"实际上要向我们表明的乃是"实相"是实在而圆满的,实相具有"实在圆满性"。

智𫖮继承了慧思的"十如实相"说并在《法华玄义》中结合空、假、中"三谛圆融"的思想对之作了进一步的发挥,使它的"实在圆满性"显得更为明显。请看智𫖮的发挥:

> 今经(指《法华经》)用十法摄一切法,所谓诸法如是相、如是性、如是体、如是力、如是作、如是因、如是缘、如是果、如是报、如是本末究竟等。南岳师(指慧思)读此文,皆云如,故呼为十如也。天台师云,依义读文,凡有三转:一云,是相如,是性如,乃至是报如。二云,如是相,如是性,乃至如是报。三云,相如是,性如是,乃至报如是。若皆称如者,如名不异,即空义也。若作如是相、如是性者,点空相性,名字施设,迤逦不同,即假义也。若作相如是者,如于中道实相之是,即中义也。分别令易解,故名空假中。得意为言,空即假中。约如明空,一空一切空;点如明相,一假一切假;就是论中,一中一切中。非一二三,而一二三,不纵不横,名为实相。唯佛与佛,究竟此法,是十法摄一切法,若依义便,作三意分别。若依读便,当依偈文云。②

这段引文的意思非常明白,智𫖮从"十如"中读出了空、假、中"三谛圆融",他在这里试图说明慧思"十如实相"的"实在圆满性"中隐含着"三

---

① 吕澂:《中国佛学源流略讲》,第328页。
②《大正藏》第33卷,第693页中。

谛圆融"的实质。智𫖮于是照着"三谛圆融"之义,"依义读文",把一个"十如"翻转成了三个"十如",从一个"十如"中读出了三个"十如",见下图:

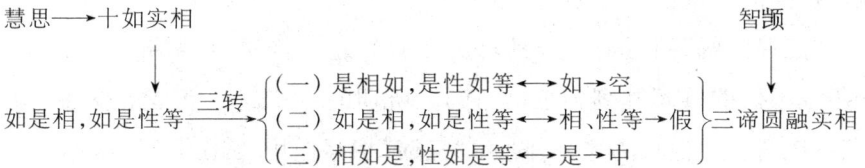

这张图可配合湛然在《止观辅行传弘决》卷五之三中的下面这段话来理解:

> 天台大师(指智𫖮)依义读文,凡为三转。初以如为句,如即空也;次以相性等为句,相性不同即假也;次以是为句,如于中道实相之是,即中也。①

智𫖮慧眼独具,看出了慧思"十如实相"中的空、假、中"三谛圆融"的意蕴,从而将"十如实相"作了表面上看来颇像文字游戏的"三转",使之成了"非一二三,而一二三,不纵不横"的"三谛圆融"的实相。

"三谛圆融"是天台宗"实相"的真实状态。在智𫖮看来,由于实相是空、假、中"三谛圆融"的,所以出世间之一切在本质上都是同一实相,无有分别,他将这种现象称为"万法以实相为正体"。他说:

> 体字训礼,礼法也。各亲其亲,各子其子,君臣撙节,若无礼者,则非法也。出世法体,亦复如是。善、恶、凡、圣、菩萨、佛,一切不出法性,正指实相以为正体。②

智𫖮在这里借助中国古代的"字训说理法",以世俗社会的"礼"来比况"实相",殊为得当。"礼"规约社会的一切行为,"实相"规约宇宙万法。

---

① 《大正藏》第46卷,第294页上。
② 《大正藏》第33卷,第710页中。

"礼"有自己的一套规则,一切行为都遵循着这套规则;"实相"亦有自己的一套规则,这就是"即空即假即中"之"三谛圆融",宇宙万法亦都遵循此一规则。换句话说,就是"礼"涵摄了社会之一切行为,"实相"涵摄了世出世间的一切诸法。

"三谛圆融"问题是个极具思辨性的问题。首先,智𫖮将"空"、"假"和不空不假的"中"并列为三(三谛)。所谓的"一二三"就是指空、假、中"三谛"。接着,他认为这空、假、中"三谛"相互作用,圆融和合,构出一个非空非假非中、亦空亦假亦中的整体,这个整体就是"非一二三,而一二三"的"三谛圆融"的实相。这样的表述颇难索解(其实这已是关于"三谛圆融"实相的最明白的表述了)。我们一般都以"三谛"互具——空具假中,假具空中,中具假空——来解释"三谛圆融"实相之成立,这是一种从天台宗的互具原理出发的抽象的解释,虽然是正确的,但并不形象,局外人还是摸不着头脑。天台宗人其实还有一种对"三谛圆融"的非常形象的解释,那就是所谓的"伊字三点"原则。这里简要介绍对"三谛圆融"的"伊字三点"解释法,以拓展我们之视野。

梵文的十二母韵之一"ॐ",读作 i 伊,因形似三点"∴",所以谓之"伊字三点"。《涅槃经》中的下面这段经文最早谈到了所谓的"伊字三点":

> 我今当令一切众生及以我子四部之众悉皆安住秘密藏中,我亦复当安住是中入于涅槃。何等名为秘密之藏,犹如伊字三点。若并则不成伊,纵亦不成。如摩醯首罗面上三目,乃得成伊三点。若别亦不得成。我亦如是。解脱之法亦非涅槃;如来之身亦非涅槃;摩诃般若亦非涅槃。三法各异亦非涅槃。我今安住如是三法为众生,故名入涅槃,如世伊字。①

《涅槃经》的这段话解释了涅槃与"三德"之间的关系。涅槃具有法身、般

---

① 《大正藏》第 12 卷,第 376 页下。

若和解脱"三德",但(1)单一的法身、单一的般若、单一的解脱,总之任何其中的"一德"都不是涅槃;(2)法身、般若和解脱"三德"机械地拼凑在一起("三法各异")也不是涅槃。那么涅槃与"三德"之间究竟是什么关系呢?《涅槃经》中认为,可以借助于"伊字三点"之原则来理解涅槃与"三德"之间的关系。那么这"伊字三点"之原则又是什么呢?按原文,该原则是:"(三点)若并则不成伊,纵亦不成。如摩醯首罗面上三目,乃得成伊三点。若别亦不得成。"《涅槃经》中认为,"伊字三点"之原则是我们的理智所无法认识的"秘密藏",是不可思议的。众生只有将身心"安住"于其中才能有所体悟。实际上,我们发现,体现在"伊字三点"中的可以用来帮助理解涅槃与"三德"之关系的原则就是现代"格式塔"心理学中所谓的"格式塔原则"或叫"完形原则"①。请看下面这个被放大了的"伊字三点":

∴

从几何学上讲,这三点不成一个三角形,因为其间没有作为三角形之边的线段;但是,这三点之间的彼此关系却向我们呈现出一个"三角形",我们都能从这三点看出一个"三角形",这三点并不是孤零零的彼此毫不相干的三点,它们相互作用,共同构出了一个"三角形"。这三

---

① "格式塔"一词是德文 Gestalt 的音译。格式塔心理学是一种反对元素分析而强调整体组织的心理学理论体系。该学派代表人物之一柯勒(Wolfgung Kohler,1887—1967)在解释 Gestalt 时说:"在德文里 Gestalt 一词可以被用为'形式'或'形状'的同义语。""可是至少从歌德的时代以来,特别是在他自己的有关自然科学的著作里,Gestalt 这一名词应当具有两种含义:除了作为事物的一种特性的'形状'或'形式'这一含义而外,它还具有作为某种被分离的和具有'形状'或'形式'这一属性的事物而存在的具体个体和独特实体的这样一种含义。依据这一传统,在格式塔的学说里,Gestalt 一词的含义乃是指任何一种被分离的整体而言的。"(参见 W. Kohler: *Gestalt Psychology*,第 191—192 页,纽约,1929)。简单地说,"格式塔"就是整体的意思,中国的心理学工作者将其翻译成"完形",因此格式塔心理学也叫完形心理学。关于格式塔心理学的详细内容,参见杨清《现代西方心理学主要派别》(沈阳,辽宁人民出版社,1980)。

点所构出的这个"三角形"就是这三点的一个"格式塔"或"完形"。很显然,这个"格式塔三角形"不是这三点的机械相加,因为三点相加无论如何组不成一个三角形;但是,一个无可否认的事实是,这个"格式塔三角形"又是由这三点构出来的,又是从这三点中呈现出来的,离开了这三点或其中的任何一点,这个"格式塔三角形"也就不复存在。因此可以说,这个"格式塔三角形"既非这三点,又是这三点。"格式塔三角形"是由这三点所构出来同时又超越了这三点的一个整体。"格式塔三角形"告诉我们,整体大于部分的简单相加或整体大于部分之和,这就是"格式塔原则"的核心原理。"格式塔原则"是阐述整体("格式塔")与部分之间的关系的。

在明白了所谓的"格式塔原则"后,让我们回到《涅槃经》。《涅槃经》从伊字的字形∴中体会到了这个"格式塔原则"。在其看来,伊字的"三点"o、o和の虽然互相分离,各自独立(把伊字的三个部分视为三个点,这本身就说明在《涅槃经》看来这三部分是彼此分离的),但它们却构出了伊字整体,离开了这"三点"显然不成其为伊字("别亦不得成");离开了这"三点"的任何一点也不成其为伊字("并则不成伊,纵亦不成","并"即"横",指去掉伊字"∴"下方的"の";"纵"是指去掉伊字"∴"上方的任一个"o"),只有这"三点"互相映照("如摩醯首罗面上三目")才成一伊字。《涅槃经》显然从"伊字三点"中看出了整体与部分之间的"格式塔原则"(当然是一种朴素的"格式塔原则"),并以此来解释涅槃与"三德"之间的关系,这种关系就是涅槃是"三德"和合所构出的一个整体,但这个涅槃整体并不是"三德"的机械的简单的相加,更不是其中任何"一德"或"两德",而是"三德"之间的相互作用、相互圆融的结果。

天台宗人非常重视"伊字三点",大凡天台宗教理中的"三X"之说,比如"三谛"、"三轨"、"三因"、"三观"、"三智"、"三德"等,都可依"伊字三点"中所蕴涵的"格式塔原则"而迎刃而解。智顗在他的许多文本中经常提到伊字,如《摩诃止观》卷三上在谈到"三德"时说:"即一而三故不横,即三而一故不纵,不三而三故不一,不一而一故不异,此约字用释也,真伊字义为若此。"① 同书卷九下曰:"修得果时不纵不横,如世伊字,名三德涅槃。"② 后来他的秘书式弟子灌顶在《涅槃经疏》六中也对"伊字三点"的原则作了总结,认为"伊字三点"有如中国书法中草书"下"字之字形,不纵不横而有三角之关系,故以譬喻物之不一不异,非前非后。③ 而元代怀则在《天台传佛心印记》中把"伊字三点"原则说得更为简洁,称为"一不相混,三不相离"。他说:"(三谛)如三点伊,一不相混,三不相离,名大涅槃。"④

现在让我们回到智𫖮的"三谛圆融"实相。智𫖮"三谛圆融"的"实相"就是"三谛"通过"伊字三点"原则或"格式塔"原则所构出来的一个整体。这个"三谛圆融"实相"非空假中,而空假中","非一二三,而一二三",可以用下面这个三棱锥来表示:

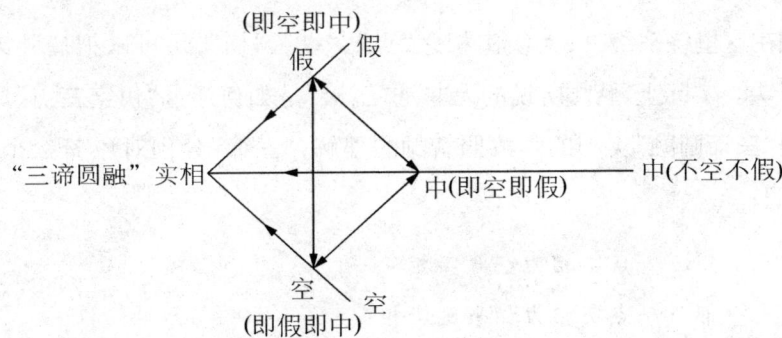

图中的三条棱线分别代表空、假、中。在这三条线的底端,空是空,假是假,中是中。空、假、中三谛互不涵摄,互不相即;但在"三谛圆融"的过程中,空、假、中三谛两两相涵相即(锥体中间构成三角形的三条双箭线表示相即

---

① 《大正藏》第 46 卷,第 23 页中。
② 同上书,第 126 页下。
③ 参见丁福保《佛学大辞典》,第 53 页,上海书局,1995。
④ 《大正藏》第 46 卷,第 935 页下。

关系),空即假中,假即空中,中即空假,这时的空、假、中已不同于底端的空、假、中了;最后,这相即的空、假、中构出了"三谛圆融"的实相。当然,空、假、中"三谛圆融"的过程是一个共时性的过程,我们之所以给这个过程以历时性的图示和解释,仅仅是为了帮助理解"三谛圆融"之过程而已。

以上是我们对"三谛圆融"实相的现代式理解,如果我们将它还原为智𫖮的原话,那就是《法华玄义》卷五下中的这段话:

> 圆教点实相为第一义空,名空为纵;第一义空即是实相,实相不纵,此空岂纵?点实相为如来藏,名之为横;如来藏即实相,实相不横,此藏岂横?故不可以纵思,不可以横思,故名不可思议法,即是妙也。只点空藏为实相,空纵藏横,实相哪不纵横?只点空为如来藏,空既不横,藏哪得横?点如来藏为空,藏既不纵,空哪得纵?点实相为空藏,实相非纵非横,空藏亦非纵非横,宛转相即,不可思议,故名为妙。①

智𫖮在这里绕来绕去,大谈实相之"点"、"纵"、"横",足可以把局外人绕晕了头。实际上,智𫖮所说的无非是"三谛"是如何通过"伊字三点"原则构出"三谛圆融"实相的。按照智𫖮的理解,"三谛"分别对应着三个"点实相":

空——点实相为空藏实相

假——点实相为如来藏实相

中——点实相为第一义空实相

这三个"点实相"通过彼此之间复杂的不纵不横、亦纵亦横的关系构出了一个"三谛圆融"实相。所以智𫖮反对缺乏圆融特色的"点空说法",反对定实相于一"点",而提倡以"三点"圆融说实相。因此,上面这张三棱锥图亦可等价地转换成如下一图:

---

① 《大正藏》第34卷,第743页上。

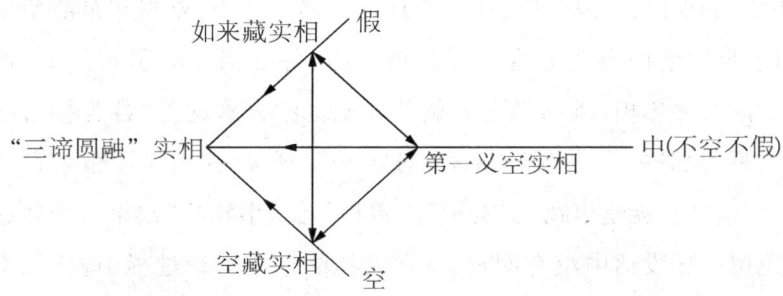

其中,图中的"空藏实相"又可称做"诸法空相"或"诸法空性";"如来藏实相"亦可称做"诸法假相";"第一义空实相"亦可称做"诸法实相",或"法性实相",或"中道实相",或"中道第一义谛实相"。这里我们必须注意,智𫖮"三谛圆融"实相中"中道实相"之"中道"与佛教一般所讲的"中道"并不是一回事。佛教一般所讲的"中道"是"非有非无"之意,这是三论宗的至极宗旨,主要体现在《中论》的所谓"八不中道"中(不生亦不灭,不断亦不常,不一亦不异,不来亦不去),这显然是"二维的平面"的"中道",上面两个三棱锥图中底层"不空不假"的那个"中"也是这种"非有非无"的"平面中道"。而智𫖮"三谛圆融"中的那个"中道",却是"非有非无"、"亦有亦无"、"不空不假"、"亦空亦假"的"即中即假即空"的"中道",它是"一而三,三而一"的"三维的立体"的"中道"。①

至此,我们可以说,从龙树"空"的实相,经慧思的"十如实相"再到智𫖮的"三谛圆融"实相,(早期)天台宗的这条"实相"之路是十分清晰的。如果我们对这条实相之路作进一步的探索,我们就会发现,其实龙树的"空"的实相中就隐含着"三谛圆融"的内容;智𫖮后来提出"三谛圆融"实相不过是对隐含在龙树"空"的实相中的"三谛圆融"加以概念化的显明,只是智𫖮不是通过直接解读龙树的方式去接近龙树,而是借助于慧思这一中介而间接地回到龙树。请回看上文所引的龙树《大智度论》中解释

---

① 关于两种"中道"的区别及"平面中道"、"立体中道"的说法,参见赖永海《中国佛性论》,第177—178页,上海人民出版社,1998。

"诸法如"的那段话并仔细阅读。在那段著名的话中,龙树非常清楚地告诉我们,世间事物表面上看来各有自己的"各各相"或"别相",如"地坚相,水湿相,火热相,风动相",但倘若我们真的去求这些"各各相",我们却又得不到那些"各各相";既然"各各相""求实不可得",那么它便是"空",而这"空"就是事物的"实相"("实相"乃是事物的"共相",当然这层意思龙树在那段话中没有明说)。在龙树的这个推论过程中,我们不难发现,"实相"、"空"、"各各相"是"三位一体"不可分割的,它们在"求"的动态过程中获得了统一,"各各相"即"空",即"实相";反过来,"实相"即"空",即"各各相"。这显然蕴涵着后来被智顗所明朗化了的"三谛圆融"的运思方式,请看下图:

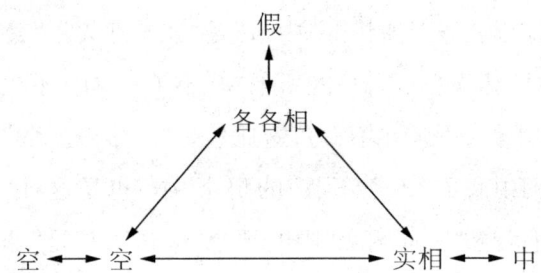

以上我们详细地解释了"三谛圆融"中"三谛"之间的关系,这种关系在天台宗人看来是"不可思议"的,具有宗教的神秘性。但从现代学术的眼光来看,"三谛"之间是一种"格式塔"的关系,"三谛"通过这种关系建构出了一个实相整体,在这个实相整体中,空具假中,假具空中,中具空假,即空即假即中,三而一,一而三。

四、"一念三千"

"一念三千"是天台宗在心物关系上的一个命题,其中"一念"是"一念心"的简称,"三千"指"三千种世间","一念三千"的意思是"一念心"具三千种世间。关于"一念三千"中"三千"的构成,智顗有两种不同的说法,他在《摩诃止观》中说:

> 夫一心具十法界,一法界又具十法界、百法界。一界具三十种世间,百法界即具三千种世间。此三千在一念心,若无心而已,介尔有心即具三千。①

这段话是智𫖮对"三千"的构成作了详细分析后的一个总结,若将其还原,那么我们可以发现这里的"三千",其构成是这样的:

(1) "一念心"具十法界(地狱、饿鬼、畜生、阿修罗、人、天、声闻、缘觉、菩萨、佛)②。此是 $10 \times 1 = 10$。

(2) 十法界中的每一法界又具十法界(它自己及其他九界),这叫"十界互具"。"十界互具"的结果就有了百法界。此是 $10 \times 10 = 100$。

(3) 百法界中的每一法界又具三十种世间,这样百法界即具三千种世间。此是 $30 \times 100 = 3000$。

由于一法界有三种世间,而一法界又具十法界,这样一法界实际上就有三十种世间($30 \times 100 = 3000$),这就是智𫖮在《摩诃止观》中所说的"三千"的构成方法。

"三千"的另一种构成方法是智𫖮在《观音玄义》和《法华玄义》中说的。在《观音玄义》中,智𫖮如是说:

> 世者为三:一五阴世间,二众生世间,三国土世间。既有实法,即有假人,假实正成即有依报,故名三种世间也。世是隔别,即十法界之世,亦是十种五阴、十种假名、十种依报;隔别不同,故名为世也。间是间差,三十种世间差别,不相谬乱,故名为间。各各有因,各各有果,故名为法。各各有界畔分齐,故名为界。今就一法界复有十法,所谓如是相、性、究竟等,十界即有百法;十界相互,则有千法。……故明十种法界三十种世间,即是所观之境。③

---

① 《大正藏》第 46 卷,第 54 页上。
② 前六法界常称为"六凡",后四法界常称为"四圣",所以十法界亦常称为"六凡四圣"。
③ 智𫖮:《观音玄义》卷上。

在《法华玄义》中,智𫖮又说:

> 此一法界具十如是,十法界具百如是。又一法界具九法界,则有百法界千如是。①

综合以上两段引文,我们可以发现"三千"的另一种构成方法,即:

(1) 一法界具"十如是"(也叫"十法",指如是相、如是性、如是体、如是力、如是作、如是因、如是缘、如是果、如是报、如是本末究竟等)。此是 1×10。

(2) 十法界互具就有百法界。此是 $10 \times 10 = 100$。

(3) 据第(1)和第(2)条则百法界就具千如是。此是 $10 \times 100 = 1000$。

(4) 每一如是都具三种世间,这样千如是就有三千种世间,此是 $3 \times 1000 = 3000$。

"三千"的所指及其两种不同构成方法既如上说,那么"一念"又是什么呢?"一念"即"一念心",是智𫖮观心实践的对象,即观心所要观的"境"——智𫖮将其称为"不思议境"。智𫖮的所谓观心就是观"一念心"这个"不思议境"。这一点白纸黑字无可否认,因为在《摩诃止观》卷五中,我们看到智𫖮就是在观"不思议境"的标题下探讨"一念心"及"一念三千"的,将"一念心"作为观心所要观的"不思议境"来加以论述,尽管在这个文本中智𫖮最终没有将这些论述表面化为诸如"观心就是观一念心"或"观不思议境就是观一念心"之类的直白命题,但是在他的另一本著作《四教仪》中,智𫖮就十分明确地说:"观不思议境,谓观一念心。"②可见,从"能所"角度看③,"一念心"是所观之"境",而不是能观之"智"或能观之意识;或者说"一念心"是客体之心,而不是主体之心,任何将"一念心"当做认识主体或主体意识能力的理解都是错识的。总之,在智𫖮的观心法

---

① 智𫖮:《法华玄义》卷二上,《大正藏》第33卷,第693页下。
② 《大正藏》第45卷,第72页。
③ "能所"是佛教用来说明互相对待的两法之间的关系,其中"能"为主动一方,"所"为受动一方,如眼见色,眼为能见,色为所见。

门中,"一念心"是作为所观之"境"而被提出来的。

再具体一点,"一念心"是指"五阴"中的识阴。对于这一点,智顗作了如下的解释。他说:

> 论云:一切世间中,但有名与色,若欲如实观,但当观名色。心是惑本,其义如是,若欲观察,须伐其根,如灸病得穴。今当去丈就尺,去尺就寸,置色等四阴,但观识阴,识阴者,心是也。①

这里的"论"系指《大智度论》。《大智度论》中说,若要作"如实观"即"实相观",那就必须观"名色"。那么,何为"名色"?"名色"即是色、受、想、行、识"五蕴"身心的总称,其中色蕴为"色",指有质碍之身;受、想、行、识四蕴是"名",指无质碍之心,心因为无质碍形体可见,但有名字,故名之曰"名",如蒙润《天台〈四教仪〉集注》释"名色"曰:

> 名是心,色是质者;四蕴是心,一蕴是色;质碍曰色,心但有名也。②

因为"名色"即是色、受、想、行、识"五蕴",而"五蕴"又常被称为"五阴",所以观"名色"即是观色、受、想、行、识"五阴"。智顗接受了《大智度论》中的观"名色"或观"五阴"的观法实践,并进而将其改造为自己的观心法门③,"去丈就尺,去尺就寸"(具体含义见下文),于"五阴"中悬置色、受、想、行等四阴,唯取识阴作为所观之境,将观"五阴"归约为观识阴,将所观之境从《大智度论》中的"五阴"简约为唯一的识阴,立仅观识阴的观心法门,认为观心就是或主要是观识阴,这识阴就是"一念心",就是观心所要观的"心"。在智顗看来,以"识阴"为所观之境,犹如"伐树得根,灸病

---

① 《大正藏》第 46 卷,第 52 页上、中。
② 《大正藏》第 18 卷,第 111 页中。
③ 学界已经认识到《大智度论》是智顗佛学理论的一个重要源泉(参见潘桂明《智顗评传》,第 119—127 页,南京大学出版社,1996),但是,对于智顗所创立的观心法门或观心实践与《大智度论》的渊源关系,学界尚没有注意到。

得穴",找到了根本。

那么,智顗为什么要在"五阴"中仅取识阴作为其观心法门的所观之境呢?或者说,他这样做的合理性又在哪里呢?智顗有如下三点论证:

(1)智顗依《华严经》所云"心如工画师,画种种五阴,界内与界外,一切世间中,莫不从心造",认为"心如工画师"就是指识阴而言,识阴能造一切,色、受、想、行四阴皆由识阴所造。①

(2)当时地论师和摄论师的"阿赖耶识依持"思想盛行,"言依持者,阿黎耶是也,无没无明盛持一切种子,若从地师,则心具一切法;若从摄师,则缘具一切法",也就是说,万法皆是依持阿赖耶识而有②。依据这一思想,认为"五阴"中的识阴就是阿赖耶识,其他四阴皆是依持识阴才有的,既然如此,那"五阴"就可归结为一识阴,观"五阴"就可归约为观识阴。

(3)智顗根据《毗婆沙论》中的"三科开合"立"三科拣境",拣出识阴作为所观之境。所谓"三科"即指阴、入、界,其中阴指色、受、想、行、识"五阴";入指眼、耳、鼻、舌、身、意、色、声、香、味、触、法"十二入";界指眼、耳、鼻、舌、身、意、色、声、香、味、触、法、眼识、耳识、鼻识、舌识、身识、意识"十八界"。③"《毗婆沙(论)》明三科开合,若迷心,开心为四阴,色为一阴;若迷色,开色为十入及一入少分,心为一意入及法入少分;若俱迷者,开为十八界。"④不难看出,阴、入、界"三科"是同一"名色"的三种不同

---

① 《大正藏》第46卷,第52页上。
② 按唯识家的说法,这叫万法皆由阿赖耶识变现而有,但当时还不曾有唯识宗,而只有也讲阿赖耶识思想的地论学派和摄论学派(这两派在南北朝时开始出现)。地论学派和摄论学派所说的阿赖耶识依持与唯识学派所说的阿赖耶识变现,在本质上是一样的,即都认为阿赖耶识中所藏有的种子是万法存有的最终依据。所不同的是,在"阿赖耶识依持说"中,阿赖耶识是被动的,"心"(地论)或"缘"(摄论)依持阿赖耶识才产生万法;而在"阿赖耶识变现说"中,阿赖耶识是主动的,它主动变现出万法。另外需要注意的是,虽然唯识宗与地论学派、摄论学派有共通之处,但地论学派和摄论学派并不是唯识宗的前身。唯识宗是唐代玄奘从印度留学回来后创立的,与地论学派和摄论学派并没有什么直接的渊源关系。
③ 很明显,所谓"十二入"(有时也叫"十二处")即指眼、耳、鼻、舌、身、意"六根"再加上作用于"六根"的色、声、香、味、触、法"六尘";"十八界"即指"六根"、"六尘"再加上"六尘"作用于"六根"而产生的眼识、耳识、鼻识、舌识、身识、意识"六识"。
④ 《大正藏》第46卷,第51页下。

呈显方式,智顗按《大智度论》之观"名色"思想(见前文)认为"三科"都可作为所观之境。但是为了使观法更简便,更具可操作性,智顗又作"三科拣境",即在"五阴"、"十二入"和"十八界"中,舍"十二入"、"十八界"而唯取"五阴",这叫"去丈就尺";又在"五阴"中,舍色、受、想、行"四阴"而唯取识阴,这叫"去尺就寸",经过这"去丈就尺"、"去尺就寸"的过程,最后所拣取的识阴就是智顗观心法门的所观之境。

"一念"和"三千"的所指都已交代清楚了,那么"一念三千"又是什么意思呢?简单地说,所谓"一念三千",即指"一念心"本具"三千法",亦即"一念心"与"三千法"之间存在着"二而一"的相即关系。

> 此三千在一念心,若无心而已,介尔有心,即具三千,亦不言一心在前,一切法在后,亦不言一切法在前,一心在后,例如八相迁物,物在相前,物不被迁,相在物前,亦不被迁。前亦不可,后亦不可,只物论相迁,只相迁论物。今心亦如是,若从一心生一切法者,此则是纵;若心一时含一切法者,此即是横。纵亦不可,横亦不可,只心是一切法,一切法是心故,非纵非横,非一非异,玄妙深绝,非识所识,非言所言,所以称为不可思议境,意在于此。①

"一念心"与"三千法"之间的这种关系乃是"一念三千"思想的主体,自智顗开始,这种关系就一直被界定为"一念具三千"。问题是究竟应该如何来理解"一念心"与"三千法"之间所具有的这种"具"的关系?在上面这段引文中,智顗就对此作了明确的解答,在他看来,"一念具三千",既不是说先有"一念心"后有"三千法",也不是说先有"三千法"后有"一念心"——这否定了"一念心"与"三千法"之间的纵向关系;既不是说"一念心"生"三千法"——这也否定了"一念心"与"三千法"之间的纵向关系,也不是说"一念心"本身就包含"三千法"——这否定了"一念心"与"三千法"之间的横向关系。总之,"一念心"与"三千法"之间既不是纵向

---

① 《大正藏》第46卷,第54页上。

的关系,也不是横向的关系,"非纵非横","只心是一切法,一切法是心"或"一念即三千,三千即一念","一念心"与"三千法",既是一又是二,二而一,一而二,"不一不异"。智𫖮认为,"一念心"与"三千法"之间的这种"非纵非横,不一不异"的关系是"玄妙深绝,非识所识,非言所言"的,是不可思议的,正因为"一念心"和"三千法"之间的关系是不可思议的,所以"一念心"自然是不可思议的。在上述这个论证过程中,智𫖮还穿插用了"八相迁物"来比喻"一念心"与"三千法"之间的这种"非纵非横,不一不异"的关系。所谓"八相",实是指万法(有为法)生、住、异、灭之"四相",因为此"四相"各有大小之分(即我们通常所说的质变和量变),所以才叫"八相"。万法本身与万法之生、住、异、灭"四相"乃是密不可分的,离开了万法本身,便无所谓万法之生、住、异、灭;同样的,离开了万法之生、住、异、灭,亦找不到万法本身。万法是生、住、异、灭之万法,生、住、异、灭是万法之生、住、异、灭①,"只物论相迁,只相迁论物","物"(万法)与"相迁"(生、住、异、灭)既是一又是二,两者具有"不一不异"的关系——在智𫖮看来,"一念心"与"三千法"之间也正是包含了这样一种关系。

虽说"一念心"具"三千法",但是,分别求"一念心"和"三千法"皆不可得。智𫖮从横的和纵的两个方面来论证"一念心"和"三千法"之不可得。在横的论证上,智𫖮根据"四句推捡"的原理②来论证"一念心"和"三千法"之不可得;在纵的论证上,智𫖮根据"生灭四句"的原理来论证"一念心"和"三千法"之不可得,他说:

---

① 这实际上就是哲学中所说的物质与运动不可分的现象,即物质是运动着的物质,运动是物质的运动。离开物质就找不到运动;同样的,离开运动也找不到物质。这里的运动系指事物在本体或性质上的变化发展,而不是指事物的物理位置的移动。
② 所谓"四句推捡",是龙树在《中论》中提出来的用以证明诸法不生,因而了不可得的四条推证,即"诸法不自生,亦不从他生,不共不无因,是故知无生"(《大正藏》第30卷,第2页中),用白话来说,就是:(1)诸法不从自因而生;(2)诸法不从他因而生;(3)诸法不从自他共因而生;(4)诸法不从无因而生。参见陈坚《论佛教"四句推捡"》,《大灵山》(第一卷),台湾华藏图书基金会,2003。

> 当知四句求心不可得，求三千法亦不可得，既横纵四句生三千法不可得者，应从一念心灭生三千法耶？心灭尚不能生一法，云何能生三千法耶？若从心亦灭亦不灭生三千法者，亦灭亦不灭，其性相违，犹如水火，二俱不立，云何能生三千法耶？若谓心非灭非不灭生三千法者，非灭非不灭，非能非所，云何能所生三千法耶？亦纵亦横求三千法不可得，非纵非横求三千法亦不可得，言语道断，心行处灭，故名不可思议境。①

智顗对"一念心"和"三千法"皆不可得的论证比较分散而且长，我们这里不可能全引，只是摘取其中较为集中（但却不是全面）的一段"以斑窥豹"。从横和纵两方面来推证，"一念心"和"三千法"皆不可得。

五、"性具善恶"

天台宗的佛性思想可以称之为"性具"说。"性具"亦即"性具善恶"，意指佛性本具善恶，包括"佛性具善"和"佛性具恶"两个方面。"佛性具善"，也叫"性德善"或简称"性善"，这个好理解，佛教从印度到中国，都是这么讲的；但"佛性具恶"，也叫"性德恶"或简称"性恶"，却是天台宗的独家发明。天台宗除了讲佛教传统的"性善"，还讲"性恶"，并且把"性善"和"性恶"圆融统一起来，使以"性恶"为特色的天台宗"性具善恶"佛性论在中国佛教思想史乃至世界佛教思想史独树一帜。

智顗是在"性善"、"性恶"和"修善"、"修恶"的对举中来论述"性善"、"性恶"的。智顗在《观音玄义》（卷上）中的下面这段"料简对话"是天台宗有关"性善"、"性恶"最经典的论述：

> 问：缘了既有性德善，亦有性德恶否？
> 答：具。

---

① 《大正藏》第 46 卷，第 54 页中。

问：阐提与佛断何等善恶？

答：阐提断修善尽但性善在；佛断修恶尽但性恶在。

问：性德善恶何不可断。

答：性之善恶但是善恶之法门。性不可改，历三世无谁能毁，复不可断坏。譬如魔虽烧经，何能令性善法门尽？纵令佛烧恶谱亦不能令恶法门尽。如秦焚典坑儒，岂能令善恶断尽耶？

问：阐提不断性善，还能令修善起；佛不断性恶，还令修恶起耶？

答：阐提既不达性善，以不达故，还为善所染；修善得起，广治诸恶。佛虽不断性恶而能达于恶，以达恶故，于恶自在，故不为恶所染，修恶不得起，故佛永无复恶。以自在故，广用诸恶法门，化度众生，终日用之终日不染。不染故不起，哪得以阐提为例耶？若阐提能达此善恶，则不复名为一阐提也。若依他人，明阐提断善尽，为阿梨耶识所熏，更能起善。梨耶即是无记无明。善恶依持为一切种子。阐提不断无明无记，故还生善。佛断无记无明尽，无所可熏，故恶不复还生。若欲以恶化物，但作神通变现度众生尔。

问：若佛地断恶尽，作神通以恶化物者，此作意方能起恶，如人画诸色像非是任运，如明镜不动色像自形。可是不可思议理能应恶。若作意者与外道何异？

（答）：今明阐提不断性德之善，遇缘善发。佛亦不断性恶，机缘所激，慈力所熏，入阿鼻同一切恶事化众生，以有性恶故名不断，无复修恶名不常。若修性俱尽则是断，不得为不断不常。阐提亦尔。性善不断还生善根。如来性恶不断还能起恶。虽起于恶而是解心无染，通达恶际即是实际。能以五逆相而得解脱，亦不缚不脱，行于非道，通达佛道。阐提染而不达，与此为异也。①

---

① 《大正藏》第34卷，第882页下—883页上。由于这段引文比较长，为了便于读览，笔者将它从《大正藏》不分段的连读体变成分段的问答体。另，引文中最后漏一"答"字，今按文意补上。

这段引文共有五个问答,这五个问答层层推进地论述了"性善"、"性恶",其论述的关键是比较阐提和佛的善恶状况。因为众生悉有佛性,所以阐提和佛一样,也是有佛性的。因此,如果说佛性有善有恶,那么阐提和佛也都有善有恶,这岂不与阐提断善佛断恶相矛盾吗?这并不矛盾,因为阐提所断的善乃是指修善,阐提断了修善但性善还在;佛所断的恶乃指修恶,佛断了修恶但性恶还在,如下图:

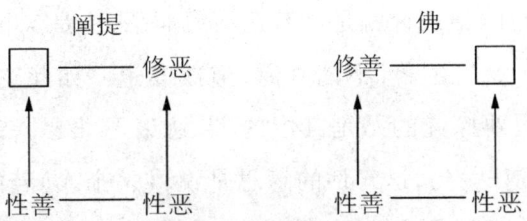

这就是说,阐提和佛都有"性善"和"性恶",所不同的只是,阐提断了"修善",佛断了"修恶"。阐提不断"性善",所以还能通过修行而成佛;佛不断"性恶",所以还能以恶方便来度众生。在阐提和佛那里,"性善"和"性恶"各发挥着应有的作用。

在天台宗的"性具善恶"的佛性论中,"性恶"是特色和关键。从"性恶"出发,天台宗给予"恶"以充分的佛教意义,这在理解天台宗佛学中是至关重要的。

智𫖮在《摩诃止观》中对"善恶"下过一个定义,曰:"诸蔽为恶,事度为善"①,这完全是在佛教修持的意义上来界定"善恶",其中"度"是指度人到彼岸,"蔽"是指遮蔽佛性。在智𫖮看来,凡是能度人到解脱彼岸的事物即是"善",凡是遮蔽佛性妨碍人解脱的事物即是"恶",说得更加直白些就是,凡是有助于成佛的即是"善",凡是有碍于成佛的即是"恶"。但是,对于这个定义,我们决不可作绝对的理解,因为智𫖮并不想通过这个定义告诉我们什么事物必定是"善"的,什么事物又必定是"恶"的,他

---

① 《大正藏》第46卷,第17页中。

只是想告诉我们判定"善恶"的一个标准,而根据这个标准,智𫖮认为"善恶"其实是"无定"的,比如布施("六度"之一)一般而言应该是"善"的,但是一个人若于布施时著布施之相,那这布施也便成了"恶";而烦恼一般而言应该是"恶"的(佛教的最终目的就是要灭除烦恼),但是烦恼亦具"实相",亦是"实相"之体现,因而亦可以作为成佛的"方便"和"助缘",从这个意义上说,烦恼无疑又是"善"了。智𫖮的这样一种相对主义的"善恶"观,用他自己的话来说就是:"若达诸恶非恶,皆是实相,即行于非道通达佛道;若于佛道生著,不消甘露,道成非道。如此论善恶,其义则通。"①我们这里要探究的乃是其中的"若达诸恶非恶,皆是实相,即行于非道通达佛道"一句,这句话的意思是说:(一个人)若能体悟到"恶"并非只是"恶","恶"其实也本具"实相",那么(他)借着"恶"(行于非道)也能达于"善"之"佛道",从而解脱成佛——这显然是肯定了"恶"在佛教修持上的积极作用,而"恶"之所以会在佛教修持上具有积极的作用,在智𫖮看来完全是因为"恶"本具"实相","恶"也像"善"一样是"实相"的体现。智𫖮乃分三个步骤来论述本具"实相"的"恶"在佛教修持上的积极作用。

1. "善恶互具"的"实相"

"实相论"是智𫖮论述"恶"在佛教修持上具有积极作用的理论基础。智𫖮是从"十界互具"中导引出他那著名的"实相论"的。

"十界互具"是智𫖮的独创发明,那么何为"十界互具"?"十界"之名数,正如前文所已指明,系指地狱、饿鬼、畜生、人、天、阿修罗、声闻、缘觉、菩萨、佛,其中,前六者是"恶",称为"六凡";后四者是"善",称为"四圣"。"十界"本来是各别的存有,相隔而有界限,"各各有因,各各有果,不相混滥","各各有界畔分齐,故名为界"②,地狱是地狱,菩萨是菩萨,恶

---

① 《大正藏》第46卷,第17页中。这与《金刚经》中的"不著一切相"思想是一致的。
② 同上书,第52页下。

是恶,善是善,互不相关。但是,智𫖮大胆地打破了"十界"之间的传统樊篱,提出"十界互具"说,认为"十界"虽然在"相"上相互隔别,但在"性"上却是"互具"的,即"十界"中的任何一界都具其他九界之性,这叫"性具"。比如,地狱界具饿鬼性、畜生性、人性乃至菩萨性、佛性;同样的,佛界亦具菩萨性、缘觉性、声闻性乃至人性、地狱性。因为"十界"中的任何一界(当然)已具本界之性,同时又具其他九界之性,所以每一界都平等地具"十界"之性,这叫"性具十界"。

因为"十界"中有善有恶,所以"十界互具"自然意味着"善恶互具";"性具十界"自然意味着"性具善恶"。在智𫖮看来,"善恶互具"或"性具善恶"乃是"十界"的真实相状,即"实相",或称为"性具实相"。他说,在"十界"中,"善、恶、凡、圣、菩萨、佛,正指实相以为正体。"① "十界"乃是这同一"实相""正体"的不同体现,不管"善、恶、凡、圣",就其"实相"而言,皆是"善恶互具"的——这就是智𫖮导源于"十界互具"的"实相论"。因为"十界"囊括了佛教宇宙观中的世出世间一切万法,所以智𫖮的"实相论"实际上表达了这样一个普遍的原则,即世出世间一切万法,虽在表相上有善恶之分,但无论是"善"法还是"恶"法②,它们在"实相"上都是"善恶互具"的,即使是"恶"法也本具"善"的"实相"。

2."心"具"实相"

上面所述是智𫖮在宇宙论的基础上提出"实相"这一观念的,其后他又转到心性论上来论述"实相",提出了"心"具"实相"的观点。我们都知道,佛教讲"万法唯心",认为世出世间一切万法皆由"心"所变现。既然如此,如果说世出世间一切万法皆具"实相",那么,水到渠成,"心"自然亦具"实相"。智𫖮说:"三界无别法,唯是一心作。心能地狱,心能天堂;

---

① 《大正藏》第34卷,第682页中。
② 当然还包括"非善非恶"的"无记"法,这里恕不涉及。佛教在"善——恶"这一向度上将世出世间一切万法分为"善"、"恶"和"无记"(即"非善非恶")三类。

心能凡夫,心能贤圣。"①这"心能地狱,心能天堂;心能凡夫,心能贤圣"就是对"心"之"实相"的形象描述,它的意思显然是说"心"之"实相"乃是"善恶互具"的。智𫖮认为,从"表相"上看,"心"分善恶,"善"的叫"真心"或"清净心","恶"的叫"妄心"或"烦恼心",但不管是"清净心"还是"烦恼心",它们在"实相"上都是"善恶互具"的,即使是"烦恼心"也具"善"的"实相"。

3．"烦恼即菩提"

虽然从"表相"上看,"心"有"清净心"和"烦恼心",但智𫖮认为,现实中的人,在他达到解脱之前,其所呈显的"心"永远都是"烦恼心","清净心"虽然存在,却被"烦恼心"遮蔽住了,不能呈显。正因如此,所以智𫖮所倡导的止观修行方法,是从观"烦恼心"入手的,通过观"烦恼心"而从烦恼中解脱出来。这听起来似乎有点矛盾,因为一个人没有解脱,正是由于他有"烦恼心"。何以观"烦恼心"反而能解脱呢?智𫖮从理论和实践两方面对此作了解答。

首先,就理论而言,智𫖮的"实相论"告诉我们,"烦恼心"在"实相"上也具"善"的一面,智𫖮将这概括为"烦恼即菩提"或"烦恼心即般若"②,意为"恶"的"烦恼(心)"与"善"的"菩提"或"般若"相即共在,这就为观"烦恼心"而解脱提供了坚实的理论基础。试想,如果"恶"是绝对的"恶",与"善"无缘,那么"恶"就肯定无助于解脱。其次,就实践方面而言,智𫖮告诉我们,表面上看来,"烦恼心"确实是解脱的对立面,确实有碍于解脱,但你若起一个心念,想把"烦恼心"去掉,那是"妄上加妄",更加不得解脱,因为"烦恼心"已是一妄,若再起一个想把"烦恼心"去掉的心念,则无疑是再生一妄。那么,有了"烦恼心"究竟该怎么办呢?智𫖮说,这很简单,对于"烦恼心",千万不要

---

① 《大正藏》第34卷,第685页下。
② 同上书,第686页上。

回避,千万不要想着怎么人为地将它去掉,而是要勇敢地直面"烦恼心",有什么样的"烦恼心",就观什么样的"烦恼心",把注意力全集中到侵扰你的"烦恼心"上,然后观此"烦恼心"究竟从何而生,观此"烦恼心"究竟是什么样的,观此"烦恼心"究竟能把我怎么样(最好是带着好奇心和微笑去观),观着观着,你的心态就会慢慢转化,你的"烦恼心"便会被观灭——实际上你是压根儿就观不到你以为在侵扰你的那个所谓"烦恼心"。这是为什么呢?因为"烦恼心"原本就是虚幻不实的,原本就是人们执著于"尘缘"而产生的,现在你通过观"烦恼心"本身而将注意力从"尘缘"中移开了,执著也就不存在了。执著既不存在了,"烦恼心"也就"皮之不存,毛将焉附"了,哪还有什么"烦恼心"。"烦恼心"既灭,那么原先被"烦恼心"遮蔽住的"清净心"也就呈显出来了,你也就从烦恼中解脱出来了——这就是智顗止观修行的"观心"思路。

六、"一心三观"

天台宗的修行方法叫"止观",但是"止观"这个概念并不是天台宗发明的,它是印度佛教中一个很古老的概念。在印度佛教的许多经典中,都随处可以见到"止和观"及其连文"止观"。比如《解深密经·分别瑜伽品》中说:"相续作意,唯思惟心相为一向,修毗钵舍那;相续作意,唯思惟无间心为一向,修奢摩他。"[1]其中的"毗钵舍那"(Vipásyaña)就是"观","奢摩他"(Samatha)就是"止";又如《杂阿念经》卷十七中说:"修习于止,终成于观;修习观已,亦成于止。谓圣弟子,止观俱修,得诸解脱果。"[2]应该说,在印度佛教中,"止观是佛教修习的主要方法,印度譬喻师用以统摄四谛中的一切道谛,即全部修持方法","止观原是印度佛教各个流派

---

[1] 李安:《童蒙止观校释》序,第2页,北京,中华书局,1997。
[2]《大正藏》第2卷,第118页下。

都强调的定慧双修之法",①"止观原是印度佛教各个流派都强调的定慧双修之法"。② 可以说,"止观"实际上就是禅修。原则上讲,一切禅修活动都可叫"止观",因为一切禅修活动莫不包含着"止"和"观"两个方面的内容。但是,天台宗所使用的"止观"一词有其特定所指,而且现在一般都把"止观"当做天台宗的一个专有名词。

天台宗的"止观"是智𫖮提出来的一个颇具实践意义的佛教修习体系,这个体系中包括三种具体的止观修习模式,即渐次止观、不定止观和圆顿止观,这三种止观分别在智𫖮的《释禅波罗蜜次第法门》、《不定止观》和《摩诃止观》中得到了充分的阐述。如果说慧思为天台宗的止观法门奠定了思想基础,那么智𫖮就在为天台宗止观法门的具体实施提供了方法和方便,"天台传南岳三种止观:一渐次,二不定,三圆顿,皆是大乘,俱缘实相,同名止观。渐则初浅后深,如彼梯磴;不定,前后更互,如金刚宝置之日中;圆顿,初后不二,如通者腾空。"③

渐次止观,顾名思义,就是按一定的次序渐次修习一些禅法,比如智𫖮在《释禅波罗蜜次第法门》中所说的四禅八定以及通明观、水轮禅、十六特胜等,"初浅后深,如彼梯磴",最后达到解脱。

不定止观,是指在"六妙门"——数、随、止、观、还和净这六种禅法——中任选一种禅法进行修习(可以"前后更互")而达到解脱。

圆顿止观,就是观当下的"一念心"而达到的"烦恼即菩提"、"生死即涅槃"的"初后不二"的解脱境界。

一方面,渐次止观、不定止观和圆顿止观是三种不同的独立的禅修模式;另一方面,智𫖮又将这三种模式合而为一,认为圆顿止观的观"一念心"不但能实现圆顿止观的目标,而且连带着也能实现渐次止观和不定止观的目标,这就是所谓的"一心三观"。智𫖮在其平生的最后一

---

① 李安:《童蒙止观校释》序,第2页。
② 朱封鳌:《中国佛学天台宗发展史》,第61页。
③ 石峻等编:《中国佛教思想资料选编》第二册第一卷,第3—4页。

部著作《观心论》中，认为观"一念心"（或称"一念自生心"）能一步到位地实现佛教修行所要达到的所有目标——他设定三十六个这样的目标。说得笼统些就是，渐次止观、不定止观和圆顿止观所涵盖的一切佛教修行（智顗是这么认为的），不管是戒，还是定，抑或是慧，都可以通过观"一念心"而获得实现，也就是说，观"一念心"能将佛教的一切修行都圆融起来。总之，"一心三观"的意思就是观"一念心"而能圆融一切佛教修行。天台宗止观法门的内容就是这个"一心三观"。因为"一心三观"能将一切佛教修行都圆融起来，并毕其工于观"一念心"之一役。

七、"圆顿止观"

在渐次止观、不定止观和圆顿止观中，天台宗最崇尚的乃是圆顿止观，以至于如果不特别指明，那么天台宗的止观就是指圆顿止观而言。可以说，圆顿止观乃是天台宗止观修行的核心。因此，对于圆顿止观，我们有必要作详细的介绍。

1. 圆顿止观的圆

作为一种修行方法，圆顿止观的根本特征就是一个"圆"字，它所体现出来的是一种圆的方法。那么，这究竟是一种什么样的方法呢？智顗认为，圆的方法至少包括如下六个方面：一是闻圆法，二是起圆信，三是立圆行，四是住圆位，五是以圆功德而自庄严，六是以圆力用建立众生，了解这六个方面乃有助于我们从总体上把握圆顿止观。

（1）闻圆法

所谓闻圆法，并不是听闻圆法，而是闻解圆法，也就是对圆法即圆的道理要有深切的理解和悟达，这是修习圆顿止观的基础。那么，佛教的圆的道理究竟是什么呢？简单地说，佛教所说的圆就是"生死即法身，烦恼即般若,结业即解脱"这三句话①,但这三句话不能作简单的理解,自有其超出字面的含义,且看智顗对这三句话所作的诠释,他说:

> 虽有三名而无三体,虽是一体而立三名,是三即一相,其实无有异。法身究竟,般若、解脱亦究竟;般若清净,余亦清净;解脱自在,余亦自在,闻一切法亦如是。②

"生死即法身",生死与法身不二,生死与法身一体;"烦恼即般若",烦恼与般若不二,烦恼与般若一体;"结业即解脱",结业与解脱不二,结业与解脱一体,此乃大乘佛教最基本的观点,智顗对此自然也是承认的。但是,智顗的理解并不止于此,而是进一步认为,不但"生死即法身,烦恼即般若,结业即解脱",不但生死与法身是一体,烦恼即般若是一体,结业与解脱是一体,而且"生死即法身"即"烦恼即般若"即"结业即解脱",也就是说,"生死即法身"、"烦恼即般若"与"结业即解脱"这三者亦是一体的。在智顗看来,"生死即法身"、"烦恼即般若"、"结业即解脱"虽然有三种不同的说法,但这三者所说的却是同一种圆的境界,此即"三名一体"。这种作为"一体"的圆的境界,其实际内容乃是究竟、清净和自在,其中究竟由"生死即法身"开出,清净由"烦恼即般若"开出,自在由"结业即解脱"开出。很显然,根据"三名一体"的原理,这究竟、清净和自在三者亦无疑是一体的,也就是说,究竟即清净即自在。圆的境界并不是有究竟、清净和自在三种,而是只有究竟即清净即自在一种,所以究竟、清净和自在也是"三名一体"的。按照智顗的上述观点,佛教所说的圆可以用下图来简示:

---

① 我们可以把这三句话称为佛教的圆的法则。韩国佛教中有一个宗派叫圆佛教,其信奉的就是这个圆的法则。实际上,这个圆的法则与我们通常所说的"烦恼即菩提"、"此岸即彼岸"以及"世间即出世间"在逻辑理路上是一致的,都体现了佛教无分别、一而不二的思想,但是圆的法则在外延上更为广阔,涉及了生死与法身、烦恼与般若、结业与解脱这三对范畴。附:结业的意思是由惑而起的善恶诸业,其中的"结"就是"惑"的意思,所以结业也常叫做惑业。
②《大正藏》第46卷,第2页上。

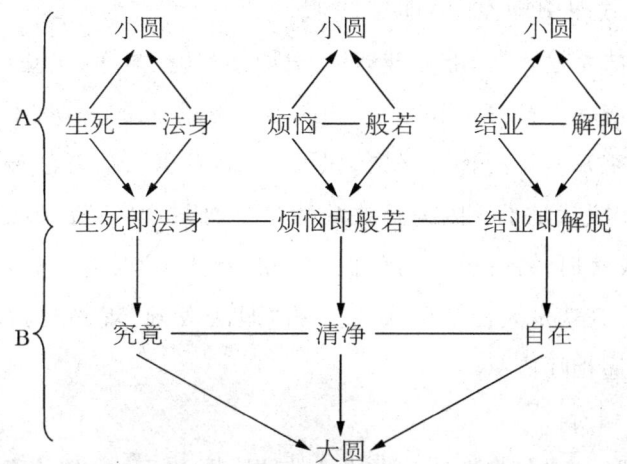

这张用以表示佛教的圆的图可以分为 A、B 两个层次。A 层表示三个小圆,即生死与法身、烦恼与般若以及结业与解脱分别是一体,各构成一个小圆。B 层表示生死即法身、烦恼即般若以及结业即解脱三者是一体,构成一个大圆。

（2）起圆信

所谓起圆信,就是"信一切法即空即假即中",也就是信一切法皆是空、假、中"三谛圆融"。智𫖮对此作了进一步解释,他说:

> 而一二三,而一二三;无一二三,是遮一二三;无一二三,是照一二三。无遮无照,皆究竟、清净、自在,闻深不怖,闻广不疑,闻非深非广,意而有勇。①

在这段引文中,"一"指空,"二"指空和假,"三"指空、假和中。智𫖮认为,一切法皆是空、假、中"三谛圆融",这空、假、中"三谛"表面上是三,而实际上却是一,"譬如明镜,明喻即空,像喻即假,镜喻即中,不合不散,合散宛然。"② 这就是说,一切法如明镜,空就好比镜之明,假就好比镜中之像,中就好比镜本身。可见,空、假、中是三而一又一而三的,空

---

①②《大正藏》第 46 卷,第 9 页下。

即假即中，假即中即空，中即空即假，"无一二三，而一二三"，正因如此，所以万法无遮无照，非空非有①，一切都究竟、清净、自在（亦即一切皆圆）。万法既然都究竟、清净、自在，那世出世间的一切，不管其是深（有）是广（空），都不必怖不必疑，只要"意而有勇"，信万法皆是空、假、中"三谛圆融"就是了。因为万法既然是空、假、中"三谛圆融"，那么即万法就能成菩提，菩提就在与你面对面的万法中，时时处处都有菩提，不必远求。这就是天台宗现实主义的"即法成佛"观，它与禅宗的"即身成佛"观遥相呼应②。

（3）立圆行

所谓圆行，系指"一向专求无上菩提，即边而中，不余趣向；三谛圆修，不为无边所寂，有边所动，不动不寂，直入中道"。③ 简单地说，圆行就是空、假、中"三谛"同修，其中空和假为"边"，既不落"边"，也不落"中"，这才是真正的中道。在智顗看来，只讲不落两边还不算真正的中道，只有在不落两边的同时又不落于"中"，即既不落两边又不落"不落两边"，这才是真正的中道——这是天台宗之中道与三论宗之中道的不同之处。三论宗以《中论》、《百论》和《十二门论》中的"不落两边"为中道，这是二维的中道，而天台宗的中道以空、假、中"三谛圆融"为基础，不落空与假两边，又不落中，这是三维的中道。三维中道在佛理上比二维中道更为彻底，更能体现佛教的"空"④。天台宗认为，只有"即边而中，不余趣向"，直入三维中道，才是得真正的"无上菩提"。

---

① 遮指破法归空，照指存法观义，遮照是佛教破立空有的通用手法。
② 禅宗的"即身成佛"也可叫"即心成佛"。有人把天台宗的成佛观也叫"即身成佛"，这是不对的，至少是不恰当的。虽然天台宗"即法成佛"中的"法"总是与"身"同在，两者处于共时性"的对待中，但是天台宗的着眼点毕竟是"法"而不是"身"。
③《大正藏》第46卷，第2页上。
④ 关于天台宗与三论宗在"中道"理解上的差异，参见赖永海《中国佛性论》，第117—118页，北京，中国青年出版社，1999。

(4) 住圆位

智顗认为,住圆位就是入"十住"①中的初住位。初住也叫发心住,指发心向佛时便住于圆境,也就是"一住一切住,一切究竟,一切清净,一切自在"②。一般而言,初住位并不是圆位,仅仅是清净位而已。说初住位就是圆位,这是天台宗特有的理解。

(5) 以圆功德而自庄严,也叫圆自在庄严

圆自在庄严指的是"入出四句":入、出、亦入亦出(双入出)和不入不出(不入出)。入指的是"入正受",也叫"入三昧"或"入禅定"③;出指的是"起出说",也就是在行为上表现出禅定的境界。智顗认为,"入出四句"或圆自在庄严乃是修习圆顿止观的人所要达到的目标状态,这种状态可以从一根一尘一方一物中显示出来,"或于此根入正受,或于彼根起出说,或于一根双入出,或于一根不入出,余一一根亦如是。或于此尘入正受,或于彼尘起出说,或于一尘双入出,或于一尘不入出,余一一尘亦如是。或于此方入正受,或于彼方起出说,或于一方双入出,或于一方不入出。或于一物入正受,或于一物起出说,或于一物双入出,或于一物不入出。"④不过,在具体的修习过程中,只要从"一根一尘"中显示"入出四句"就可以了,不必涉及"一方一物",因为根与尘实际上就是正报与依报——"入出四句"可以说就是通过正报和依报来体现的,正因如此,智顗说,入出"于正报中一一自在,于依报中亦如是"。⑤

如果我们把圆顿止观的圆表示为一个几何学上的圆,那么"入出四

---

① "十住"是菩萨五十二位修行中的第二个十位,因信心既立,能住佛地,故名。"十住"分别是:一、发心住,二、治地住,三、修行住,四、生贵住,五、方便具足住,六、正心住,七、不退住,八、童真住,九、法王子住,十、灌顶住。
② 《大正藏》第46卷,第2页上。
③ 梵语 Samaya,音译为"三昧",意译为"正受",通常亦叫"禅定"。《大乘义章》卷一三曰:"离于邪乱,故说为正,纳法称受。"从佛理言,进入禅定,便是离了邪乱(正),归于佛法(受)。
④ 《大正藏》第46卷,第2页上、中。
⑤ 同上书,第2页中。

句"就是该圆上的四个点,如下图:

智顗说,圆顿止观有"入出四句",就好比一个太阳照耀下有四个地方,"一方中,一方旦,一方夕,一方夜半,轮回不同,只是一日而四处见异。"①这个比喻十分恰当,它表明圆顿止观的境界有四种不同表现形式,但这四种不同的表现形式同源于一个圆境。结合这个比喻,我们不妨把上图看成是一个行星绕太阳转的轨道,其中圆心"圆顿止观"就是太阳,圆周上的"入出四句"乃是绕太阳转的四大行星(当然,此时的圆应是椭圆了)。在同一时间内,四个行星的受照部位是不一样的。显然,以上这些都是便于我们理解圆顿止观的方便比喻,不可执为实有,皆"如筏应舍"②。

(6)以圆力用建立众生,亦叫圆建立众生

这里的建立众生乃是培养众生,使众生得佛益入佛道的意思,说白了,也就是普度众生的意思③。智顗认为,修习圆顿止观者,不但自己要得圆境,还要以圆力用建立众生,即"令众生得即空即假即中益,得入、

---

① 《大正藏》第46卷,第2页中。
② 《金刚经》第六品"正信希有分"中曰:"如来常说,汝等比丘知我说法,如筏喻者,法尚应舍,何况非法?"这句话用一个比喻来说明众生应如何正确地对待佛所说的法,这个比喻就是佛教中著名的"筏喻"。筏是用来渡人过河的,人既渡过了河,就应舍弃筏,不应再背着筏上岸;同样道理,佛说法是为度众生,众生既度,就不应再执著于佛所说的法,这个道理犹如中国哲学中所说的"得鱼忘筌,得兔忘蹄"。这里我们运用这个"筏喻"以说明"行星绕太阳转"只是帮助人们理解圆顿止观"入出四句"的一个方便比喻,如果人们借此比喻理解了圆顿止观"入出四句",就应忘掉或舍弃掉这个比喻,犹如过了河就舍弃筏一样。
③ 不过,建立众生与普度众生的角度是不一样的。普度众生是从果上说的,而建立众生则是从因上说的;普度众生着眼于宾语即众生,而建立众生则着眼于主语即建立众生者。菩萨在建立众生的过程中普度了众生。

出、双入出、不入出益",这是大乘佛教菩萨精神的体现。以圆力用建立众生的人就是菩萨。菩萨在以圆力用建立众生时,"内自通达即空即假即中,不动法性,而令(众生)获种种益,得种种用",在智𫖮看来,这犹如龙王坐镇龙宫,"丁本宫不动不摇",却有种种不同的大施设,"竖遍六天,横亘四域,兴种种云,震种种雷,耀种种电,降种种雨。"①

2."十乘观法"

圆顿止观具体的修习内容就是所谓的"十乘观法",包括:

(1) 观不思议境,或观不可思议境;

(2) 真正发菩提心,或起慈悲心;

(3) 善巧安心止观,或巧安止观;

(4) 破法遍;

(5) 识通塞;

(6) 道品调适,或修道品;

(7) 对治助开;

(8) 知位次;

(9) 能安忍;

(10) 离法爱,或无法爱。

"十乘观法"其实并不是圆顿止观的十种观法。在"十乘观法"中只有第一乘"观不思议境"才是真正的观法,其他九乘都是此观法的辅助方法,都是助成此观法的助缘。具体而言是这样的,根机利、因缘熟者,修第一乘即能证果;根机、因缘次者,修第一乘还不能证果,须修第二乘来助成第一乘而证果;根机、因缘再次者,修第二乘还不能助成第一乘而证果,须修第三乘以助成证果……依次类推,直至根机、因缘最差如一阐提者,须十乘具修,才能证果。这种情形就好比我们在某些中国功夫片中经常看到的下列打斗场景:某甲与对手打,打得赢即至;若打不赢就会有

---

① 《大正藏》第46卷,第2页中。

一个帮手出来,直至打赢为止。这里,"十乘"就相当于某甲及其若干帮手,证果就相当于打赢或战胜对手(证果实际上就是战胜烦恼)。对于有的人来说,修"一乘"即能证果;对于有的人来说,需要修"二乘"才能证果;而对于另外一些人来说,则需要修更多的乘才能证果。可见,"十乘观法"是一种弹性的灵活的以人为本的止观修习方法,到底要修多少乘,要具体情况具体分析,没有什么硬性的规定。"十乘观法"说到底只是一种观法,所以,"十乘观法,又称十法成乘。乘,是车乘,用十种法,合成一辆车乘,乘坐这辆车乘,便可以从生死苦域,到达涅槃安乐界中。"① 如果说圆顿止观的观法是运载众生到彼岸的车,那么"十乘观法"只是"一辆车",而不是"十辆车",其中"十乘"是构成这辆车的十个部件(对于有的止观修习者而言,有的部件甚至还是备用的)。当然,正如亚里士多德所说:"所有的比喻都是蹩脚的。"比喻只能说明某一方面的问题。以车来比喻"十乘观法"只能说明"十乘观法"只是一种观法,而不是十种观法,至于"十乘"之间的关系,则是这个比喻的盲区。根据以上所说,我们不难发现,"十乘"之间显然不是一种并列的关系,其中第一乘为主,称为"主乘";其他"九乘"为辅,称为"辅乘";同时,这九个"辅乘"之间也还不是并列的关系,它们之间也还是有"落差"的(相对于递进而言)。

智顗在《摩诃止观》中对"十乘观法"的具体内容作了详细的论述,但是"十乘观法"的说法最早却出自他的另一部著作《法华玄义》。在《法华玄义》中,智顗根据《法华经》"譬喻品"中的内容演绎出了"十乘观法"。《法华经》"譬喻品"以三车来譬喻三乘,说羊车是声闻乘,鹿车是缘觉乘,牛车是菩萨乘,接着又以大白牛来譬喻佛乘,说大白牛车超过了羊车、鹿车和牛车,比后面的三车都要好,并以此来表明佛乘超过了声闻乘、缘觉

---

① 静权大师:《天台宗纲要》,第53页,青岛湛山寺,2005。

乘和菩萨乘①。智𫖮认为圆教所追求的就是这唯一的至上的佛乘即"一佛乘"。"十乘观法"就是实现"一佛乘"的止观方法,这种方法的核心内容就是观不思议境。当然,这只是智𫖮所提出的"十乘观法"的中心思想,至于智𫖮如何从大白牛车的比喻中引出并证实"十乘观法",那还有更多的话要说。

关于大白牛车,《法华经》"譬喻品"中是这样描述的:

其车高广,众宝庄校,周匝栏楯,四面悬铃,又于其上张设幰盖,亦以珍奇杂宝而严饰之,宝绳绞络,垂诸华缨,重敷婉筵,安置丹枕,驾以白牛,肤色充洁,形体姝好,有大筋力,行步平正,其疾如风,又多仆从而侍卫之。

这段话表明了大白牛车的豪华与姝好。智𫖮从大白牛车豪华与姝好的样子中比喻引申出了"十乘观法",其中:

第一,"其车高广",喻"观不思议境"。智𫖮认为不思议境,唯如来能知能见。它竖无始终,像大白牛车之高大;横无边际,似大白牛车之宽广。

第二,"众宝庄校,周匝栏楯,四面悬铃,又于其上张设幰盖,亦以珍奇杂宝而严饰之,宝绳绞络,垂诸华缨,重敷婉筵",喻"真正发菩提心"。智𫖮认为,"菩提心就是四宏誓愿,换言之,就是大慈悲心,包含万行。众宝是万行,栏楯是陀罗尼,铃是四无碍辩,幰盖是四无量心。珍奇杂宝严饰幰盖,是真实万善,庄严慈悲,宝绳是四宏誓愿,华缨是四摄法、六神

---

① 不但《法华经》,而且其他的佛经也常常以"大白牛车"来比喻最上乘的佛法即佛乘,这与印度社会崇尚牛(比如印度教徒不食牛肉,以牛栏为道场,以牛粪涂身抹墙为洁净)有关。传印法师在《印度学讲义》一书中便详细地分析了印度社会崇尚牛的习俗与佛教的关系,其中有一段话是这样说的:"牛,在当时差为人们生活的主要依靠,有了牛,生活便可有所保证,牛愈多,生活也便会愈稳定和富足。重视牛这一观念一直延续到后世,延续到现在仍然很浓厚,成为印度人的传统观念。此种观念影响及佛教,也是极其自然的。佛经往往以牛譬喻佛,如《涅槃经》卷十四说:'譬如从牛出乳,从乳出酪……佛亦如是,从佛出生十二部经,从十二部经出修多罗等,并将无上的佛乘之法比为'大白牛车'或'露地大白牛车'等。"(传印:《印度学讲义》,第37页,北京,宗教文化出版社,1996)

通、七觉支等,婉筵是一切诸禅定、万行、陀罗尼等,都包含在菩提心中,所以用众宝、栏楯等,来譬喻真正发菩提心。"①

第三,"安置丹枕",喻"善巧安心止观"。丹枕是大白牛内用来使人坐卧舒适的枕头。丹枕可以安身,譬止观法门可以安心。丹枕之"丹"是红的意思,红是万色中之最艳者,智顗以此喻止观法门是所有法门中最殊胜的法门。

第四,"其疾如风",喻"破法遍"。止观法门能破除三途恶道中的一切障碍,能破除见思、尘沙和无明三惑,此犹如秋风扫落叶般疾速。

第五,"安置丹枕",也喻"识通塞"。"丹枕"有车内车外之分,前面的"丹枕"是车内的"丹枕",而此处的"丹枕"则是车外的"丹枕"。车外的"丹枕"是停车时用来撑持车身的器件,也叫做"轸"。车内的"丹枕"是人用的,车外的"丹枕"是车用的。所谓"塞",是指苦集二谛、十二因缘、六蔽、尘沙和无明等阻塞成佛之路的因素;所谓"通"是指道灭二谛、灭十二因缘智、六度、一心三观等疏通成佛之路的因素。"塞"要破,"通"要护,这就好比车外之"丹枕",车不行走时不用,是受保护的;而车在停止时则被用,是要破损的。

第六,"驾以白牛,肤色充洁,形体姝好,有大筋力,行步平正,其疾如风",喻"道品调适"。所谓"道品"即三十七道品,系指四念处、四正勤、四如意足、五根、五力、七觉支和八正道。"三十七道品"是成佛路上的资粮,可用以调适身心。"白牛譬四念处,肤色充洁譬四正勤,形体姝好譬四如意足,筋譬五根,力譬五力,行步平正譬七觉支,其疾如风譬八正道。"②

第七,"又多仆从而侍卫之",喻"对治助开"。所谓"对治助开",意思是对治种种障碍,帮助开发止观法门,这显然需要种种方便以为助缘,仆

---

① 静权大师:《天台宗纲要》,第 56 页。
② 同上书,第 57 页。

从和侍卫就比喻这些方便。

第八,"行步平正",喻"知位次"。所谓"知位次",就是通常所说的修行要有自知之明,"不以未到以为到,不以凡滥圣"。"行步平正"比喻修习止观时平稳前进,不躐等,直到终点。

第九,"有大筋力",喻"能安忍"。所谓"能安忍",系指能安忍内、外、顺、逆诸障,这就好比"有大筋力",能负荷承重。其中内障是指内心的烦恼,外障是指外来的阻碍,顺障是指名闻、利养等,逆障是指刀、兵、水、火等。

第十,"其疾如风",也喻"离法爱"。佛法能度人,但不能贪著于佛法而生"法爱",若如此,便是停留于中途,不求进步,背逆佛法,所以要像疾风一样速"离法爱"。

智𫖮就是用上述比喻的方法,从《法华经》"譬喻品"中的"大白牛车"一节中引申出"十乘观法",这是天台宗"十乘观法"的缘由。

第六节 灌顶对"天台学"与"涅槃学"的融通

一、灌顶与天台宗

灌顶(561—632),东瓯章安(今浙江临海市)人,世称"章安大师"。灌顶一生追随天台宗创始人智𫖮(538—597)。智𫖮"弟子颇多,传法者三十二人;得法自行之者约千人;上首弟子,当推章安大师灌顶为第一;灌顶为开创天台宗重要人物"[1]。天台宗第四十六代法裔、台湾的慧岳法师曾在其名著《天台教学史》[2]中将灌顶在天台宗史上的贡献总结为如下三点:

---

[1] 蒋维乔:《中国佛教史》,第98页,上海古籍出版社,2004。
[2] 此著目前只有寺院内部流通本,不见有正式出版,因而本文引用此著时不能注明版权信息,敬请谅解。青岛湛山寺的心见法师曾送我一本,使我得以一读并在这里采用其中的观点,在此也顺便向心见法师致谢。

(1) 智者大师思想的集大成(三大部);
(2) 台宗史料的编辑(《国清百录》、《天台大师别传》);
(3) 《大涅槃玄疏》、《观心论疏》的著作。

我们都知道,智𫖮(世称"智者大师")一生虽然讲经说法无数,但从来不曾亲自动笔著述,我们现在所见的智𫖮的著作,比如"天台三大部"(《法华玄义》、《法华文句》和《摩诃止观》),其实都是灌顶笔录整理后流传下来的①。正因如此,慧岳法师说灌顶是"智者大师思想的集大成"者,"天台教学,能流传至现代,则都是专赖章安大师集大成的功绩"。其次,智𫖮圆寂后,作为纪念,灌顶为其撰写了传记,叫《天台大师别传》;同时,灌顶还将智𫖮入天台山到圆寂后九年这段时期(575—605)的天台宗史料收集起来,编成《国清百录》(共计一百零五录)②。《天台大师别传》和《国清百录》乃是研究早期天台宗史不可或缺的资料。

然而,不管是整理智𫖮思想还是编辑天台宗史料,实际上都是灌顶作为智𫖮鞍前马后之助手的工作,都是灌顶在为智𫖮"作嫁衣裳",努力形塑智𫖮作为天台宗创始人的形象,以至于人们往往把灌顶只看做是智𫖮的"影子"。那么,灌顶难道就没有属于自己的东西吗?事实并非如此。慧岳法师所列举的灌顶第三个方面的贡献,说的就是灌顶自己的佛学著述。灌顶的佛学著述有《大般涅槃经玄义》、《大般涅槃经疏》(两著合称

---

① 宋代志磐在《佛祖统纪》中称灌顶"以一遍记之才笔,为论疏垂之将来,殆与庆喜结集同功而具此德也。微章安,吾恐智者之道,将绝闻于今日矣。"在这里,志磐将灌顶比做结集佛经的阿难(即庆喜),并认为若没有灌顶的笔录整理,智𫖮的学说将"绝闻于今日"。我们都知道,佛祖释迦牟尼也是毕生宣讲,不曾著述,那些传世的佛经其实都是释迦牟尼圆寂后由阿难等弟子通过回忆佛说、笔录整理、结集而成的,而阿难则是佛经结集的始作俑者(关于佛经结集的详情,参见姚卫群《佛学概论》,第195—199页,北京,宗教文化出版社,2003)。确实,智𫖮的"讲而不著"颇类释迦牟尼的风格,而灌顶笔录整理智𫖮学说亦与阿难之结集佛经有异曲同工之妙。且看志磐在《佛祖统纪》中的如下对比:"今智者示灭,章安结集……阿难结集之际,阇王送供一夏;章安结集之日,炀帝送供十年。挹流寻源,智者如东土一佛,章安有似阿难。"
② 其实,灌顶是在智寂工作的基础上编成《国清百录》的。智寂编辑《国清百录》及半而殁,后来灌顶以此未成稿为底本,将相关史料重新搜集整理,遂成今天所见之定本《国清百录》。

《大涅槃玄·疏》)、《天台八教大意》、《观心论疏》、《仁王疏》(已佚)等,其中最重要的是《大般涅槃经玄义》和《大般涅槃经疏》,此两著将当时佛教界的"涅槃学"与智顗所首创的"天台学"作了融通,这是灌顶在继承智顗衣钵基础上的一大佛学创新,也是对智顗佛学思想的一个超越。

二、灌顶融"涅槃学"于"天台学"

所谓"涅槃学",是指中国佛教史上专门"研究《大般涅槃经》,传播该经思想的佛学派别。其学者则称为涅槃师。"①涅槃学萌芽于东晋,兴盛于南北朝,隋唐之际乃渐渐消歇。

涅槃学的出现当然要以《大般涅槃经》之传入中国为前提。《大般涅槃经》属于大乘佛教中期的经典。公元3世纪的时候,《大般涅槃经》在印度出现;其后,东晋僧人法显(334—420)西行求法,带回了《大般涅槃经》,并在建康(今南京)译出了六卷本《大般泥洹经》("泥洹"即"涅槃"异音)。但是,这个译本只是母本《大般涅槃经》中很小的一部分,究竟法显只是带回了这一小部分呢,还是带回了整部《大般涅槃经》,但只翻译了其中的一小部分,我们现在不得而知。② 总之,法显的这个译本远不是《大般涅槃经》的全貌,因而史称小本《涅槃经》。

在法显译出小本《涅槃经》后4年,印度来华僧人昙无谶(385—433)译出了四十卷本的《大般涅槃经》,但这依然还不是母本《大般涅槃经》的全貌③。不过,由于它比法显所译小本《涅槃经》的容量要大得多,故史称大本《涅槃经》;又因为这是昙无谶在十六国时期的北方小国北凉译出

---

① 赖永海主编:《中国佛教百科全书·宗派卷》,第23页,上海古籍出版社,2000。
② 如与法显同时代的僧叡在《喻疑》中说:"今《大般泥洹经》,法显道人远寻真本,于天竺得之,持至扬都,大集京师义学之僧百有余人,师执本参而译,详而出之。"这段话语意模糊,从中我们根本无法知道法显"于天竺得之"的《大般泥洹经》究竟是全本还是其中的一部分。
③ 当时,"参与翻译的当事人道朗就曾指出,昙无谶所据的'胡本'不仅分离残缺未备,而且因'后人不量愚浅,抄略此经,分作数分,随意增损,杂以世语',于是使之失去真相,与原本相违。"(参见赖永海主编《中国佛教百科全书·宗派卷》,第35页)

的,故亦称北本《涅槃经》。后来,南朝刘宋初年,北本《涅槃经》传到了建康,慧观、慧严、谢灵运等人将它与法显所译的小本《涅槃经》进行对勘删削,最终勒定为三十六卷本的《大般涅槃经》,史称南本《涅槃经》。关于《大般涅槃经》汉译版本的情况,图示如下:

  法显译本——小本《涅槃经》(六卷)
  昙无谶译本——大本《涅槃经》或北本《涅槃经》(四十卷)
  慧观等勒定本——南本《涅槃经》(三十六卷)①

  《大般涅槃经》主要是探讨"佛性"问题的,它的汉译直接导致了"佛性"观念之被引入中国。《大般涅槃经》的这些不同汉译本,虽然容量有大小,但其主题基本上是一致的,即都围绕着"佛性"来谈佛法,其中心思想就是小本《涅槃经》中所说的"一切众生,皆有佛性;皆有佛性,学得成佛"②,只是南北朝的涅槃师们各有所尚,"北方学者采用北本,江南涅槃师根据南本,共同造成了南北朝时期涅槃学研究的高潮"③。至于小本《涅槃经》,则只在东晋时期流行过一段时间,大本《涅槃经》译出后便成"明日黄花"而作古了。

  作为研究《大涅槃经》的一门学问,"涅槃学主要阐发佛性学说"④,并且成了南北朝佛教界的一门显学。"南北两地的涅槃学虽存在着某种差异,但讨论的课题基本上是一致的。这些课题包括:什么是佛性?什么

---

① 当然,《大般涅槃经》还有其他一些或失佚或在历史上无足轻重的汉译本,参见蒋维乔《中国佛教史》,第21—26页,上海古籍出版社,2004。
② 但是,小本《涅槃经》中提到"一阐提"(即纯恶无善的人)没有佛性因而不能成佛,而大本《涅槃经》中则说"一阐提"也有佛性,也能成佛,这是略有不同的地方。也许法显在翻译小本《涅槃经》时,掺杂进了伦理的考虑而改动了原来的经文(这在汉译佛经中是很常见的)。我们都知道,中国文化是很重视伦理教化的。试想,如果那些十恶十赦的人也有佛性,也能成佛,那佛教的教化功能又怎么体现呢?不过,东晋的涅槃师道生(355—434)却怀疑小本《涅槃经》有误,因为小本《涅槃经》既然说"一切众生,皆有佛性;皆有佛性,学得成佛",那么作为众生之一的"一阐提"怎么会没有佛性,怎么不能成佛呢?显然这是自相矛盾的。有鉴于此,道生坚决主张"一阐提"也有佛性,也能成佛。参见姚卫群《佛学概论》,第131—132页。
③ 方立天、华方田:《中国佛教简史》,第75页,北京,宗教文化出版社,2004。
④ 同上书,第74页。

是正因佛性(指成佛的内在依据)？佛性是本有还是始有？成佛的觉悟是顿还是渐？根据对这些问题的不同认识,涅槃师们各抒己见,以至形成诸多异说。"①但是,不管有多少"异说","涅槃学派的中心议题是有关佛性的有无、成佛的可能性"。②

然而在印度佛典中,除了《大般涅槃经》,还有《胜鬘经》、《入楞伽经》、《佛性论》、《佛地经论》等也都是探讨"佛性问题"的,而且这些经典在南北朝时也都先后被译介到了中国。但是,当时佛教界讨论"佛性"问题依然还是围绕着《大般涅槃经》而展开,罔顾其他经典;"佛性"问题的专家依然还是那些涅槃师,而没有出现什么胜鬘师、楞伽师等其他论师。这是为什么呢？窃以为,个中原因主要有二：一是《大般涅槃经》之传译到中国要比其他经典为早,因而有个先入为主的优势;二是,而且也是更为根本的,《大般涅槃经》留给研究者遐想和思考的空间更大,因为它只是提出了"众生皆有佛性因而皆能成佛"这一抽象的佛学理念,至于这"佛性"究竟指何而言,众生的"佛性"究竟从何而来,以及"佛性"与成佛之间究竟是什么关系等具体的问题都没有明确的交代,而这些问题恰恰又是最容易引起关注"佛性"问题的人的好奇心的。相比之下,《胜鬘经》就十分明确地界定"佛性"就是众生本具的"如来藏清净心",而《佛性论》则说得更详细："佛性体有三种……三种者,所谓三因三种佛性。三因者,一应得因,二加行因,三圆满因。"③面对如此明确而详细的经文,研究者只能跟着经文走,很难再作自由发挥,这与中国古代学者喜欢"我注六经,六经注我"的学术性格是矛盾的。正因如此,当时人们更热衷于以《大般涅槃经》为平台来探讨"佛性"问题,至于《胜鬘经》、《楞伽经》等其他佛典中的"佛性"学说,则一直要等到唐代以后才引起人们的关注。

因为《大般涅槃经》中没有明确界定"佛性"之所指,所以涅槃师们所

---

① 赖永海主编：《中国佛教百科全书·宗卷派》,第35页。
② 同上书,第23页。
③ 转引自姚卫群《佛学概论》,第344—345页。

指认的"佛性"五花八门,如僧叡说"佛性"就是众生的"真我"或"真性",道朗说"佛性"就是"中道",梁武帝——他对《大般涅槃经》亦深有研究,且登坛讲说过此经,也可算是一涅槃师了——说"佛性"就是众生的"灵魂",不一而足。在中国佛教史上,人们一般都将涅槃师们所说的各种各样的"佛性"统称为"涅槃佛性",以区别于后来所谈的"如来藏佛性"、"真如佛性"、"自性佛性"等"佛性"概念。

但是,千万不要将"涅槃佛性"简单地理解为,因为是《大般涅槃经》或涅槃师们所说的"佛性",所以就叫"涅槃佛性"。"涅槃佛性"还是有其特定的内涵的。按照《大般涅槃经》,"涅槃"就是成佛,而"佛性"则是"涅槃"成佛的内在根据。众生因为有"佛性",所以能"涅槃"成佛,其中"佛性"是因,"涅槃"是果。因为"佛性"之因能得"涅槃"之果,所以就把此一"佛性"称为"涅槃佛性",这就好比某种子能最终长出玉米,亦即以此种子为因能获得玉米之果,所以就把这种种子称为"玉米种子"。"探讨'涅槃佛性'思潮的兴起,结束了魏晋般若学的历史,把对般若性空的研究转入涅槃佛性之有的肯定。"①总之,涅槃学是中国佛学史上重要的一环。

前文已经提到,灌顶最重要且又能体现其独立创新精神的佛学著述乃是《大般涅槃经玄义》和《大般涅槃经疏》。这两部著作表面上看来是疏解《大般涅槃经》(灌顶用的是南本《涅槃经》)的②,但实际上却是灌顶透过《大般涅槃经》的疏解来审视、总结和评述涅槃学,并将涅槃学嫁接到天台学上,从而实现涅槃学与天台学的融通一贯。可以说,灌顶著《大般涅槃经玄义》和《大般涅槃经疏》,其"醉翁之意"不在《大般涅槃经》,而

---

① 赖永海主编:《中国佛教百科全书·宗派卷》,第23页。
② 这两部著作所用的诠释方法是不同的,其中《大般涅槃经玄义》是灌顶仿效智顗《法华玄义》中"五重玄义"诠释法,通过对"大般涅槃经"五字经题的解释来阐述《大般涅槃经》的思想;而《大般涅槃经疏》则是灌顶仿效智顗《法华文句》中的"消文四意"诠释法,对《大般涅槃经》经文进行逐句逐段的解释。

在乎"涅槃学"与"天台学"之间也。①

所谓"天台学",是指智𫖮所创立的范围广泛的天台宗佛学。灌顶对涅槃学与天台学的融通是全方位、多角度的,限于篇幅,我们这里权且举两个例子来说明(以《大般涅槃经玄义》为例)。

1. 天台宗是中国历史上的第一个佛教宗派,因而天台学也属于"宗派佛学";而涅槃学则属于"学派佛学"。宗派佛学与学派佛学的不同在于,宗派佛学是对特定修行实践进行佛学解释所形成的思想体系,比如天台学实际上就是智𫖮"说己心中所行法门"②而对自己在天台山十几年的修行实践所作的佛学总结和解释;但是,学派佛学作为中国佛教史上的特定概念,则是对印度佛教经典进行解释所形成的思想体系,比如涅槃学就是对《大般涅槃经》的解释。实际上,与涅槃学同时存在的还有其他一些学派佛学,如成实学(解释《成实论》)、毗昙学(解释《阿毗昙》)、地论学(解释《十地经论》)、摄论学(解释《摄大乘论》)等③。从这个意义上来说,涅槃学只是纯粹的佛学理论或佛学义理,而天台学则富于实践精神。当灌顶将涅槃学与天台学进行对接的时候,天台学的实践精神被输入了涅槃学,其表现之一便是灌顶对作为涅槃学之核心概念的"涅槃"所作的天台学意义上的解释。

我们都知道,"涅槃"是一种佛教境界,是一种深刻的禅修体验,没有相应的禅修实践,是不能明了其含义的。然而,不幸的是,涅槃师们都只是些"坐而论道"的学者,他们中的大部分都是所谓的"义学僧",小部分则是在家的知识分子(如谢灵运、梁武帝等)。他们都没有(也不屑于)从

---

① 这一点即使是从《大般涅槃经玄义》和《大般涅槃经疏》的表面行文中亦可看出,因为这些行文中充斥着灌顶对涅槃师观点的引用。比如,在《大般涅槃经玄义》中,灌顶在谈到"涅槃"一词的含义时,就引用了十位涅槃师的观点,他们分别是:竺道生、庄严寺大斌、白马寺爱法师、长干寺影法师、定林寺柔法师、梁武帝、僧肇、会稽基法师、开善和光宅。参见石峻等编《中国佛教思想资料选编》第二卷第一册,第197页,北京,中华书局,1983。
② 石峻等编:《中国佛教思想资料选编》第二卷第一册,第3页。
③ 参见蒋维乔《中国佛教史》,第50—51页,上海古籍出版社,2004。

事过禅修实践,因而对"涅槃"的认识是十分模糊和抽象的。他们不知道"涅槃"究竟是一种什么样的心灵体验,并且还都认为"涅槃"的境界是唯一和绝对的。然而,在天台学中,"涅槃"却是具体的。智𫖮将自己的禅修经验与《法华经·安乐行品》中的思想①结合起来,认为"涅槃"就是一种心灵的"安乐","即谓一切诸法皆空,凡苦乐之法,以及不苦不乐,无论何物,俱不能动其心,是为安乐"②,且这种"安乐"不是唯一和绝对的,而是多样和相对的。③ 灌顶将这种"涅槃安乐"的思想导入涅槃学,从而将涅槃学对"涅槃"的理解具体化,同时也纠正了涅槃学将"涅槃"视为是唯一和绝对的偏颇看法。请看灌顶如是说:

> 涅槃之名,遍布诸处;安乐一意,亘十法界,皆称安乐。……寒地狱中,若遇热风,以之为乐;热地狱中,若遇寒风,以之为乐,如是安乐,亦名涅槃。猕猴得酒,则能起舞,腾枝跃树;秋水卒至,河伯欣然,鱼鳖唅嗃,喷沫戏沼,如是安乐,亦名涅槃。饿鬼饥渴,得水食饱满,则得安乐,如是安乐,亦名涅槃。修罗怖畏,得皈依处,则得安乐,如是安乐,亦名涅槃。如贫得藏,如病得差,则得安乐,如是乐,亦名涅槃。檀提婆罗门,饱食抚腹,我今此身,即是涅槃,此计欲界果报法为涅槃。阿罗罗仙得无想定,此计色界法为涅槃。郁头蓝弗得非想定,此计无色界法为涅槃。文云:断欲界结,则得安乐,乃至断无色界结,则得安乐,如是安乐,亦名涅槃。此多用善因为涅槃也。若三十三天,常乐我净,用善果为涅槃也。若修二乘者,多贪欲人,得不净观,则得安乐,如是安乐,亦名涅槃。乃至数息、慈心、念佛、因缘,亦如是,此计二乘方便法为涅槃也。若断三界烦恼,八万

---

① 参见满升《菩萨道之行证法门——〈法华经〉"四安乐行"之探讨》,《觉群·学术论文集》(第二辑),第397—405页,北京,商务印书馆,2002。
② 蒋维乔:《中国佛教史》,第95页。
③ 智𫖮对"安乐"的理解,基本上是沿袭了其老师慧思的观点,后者在《法华安乐行义》中说:"一切法中,心不动,故曰安;于一切法中,无受阴,故曰乐。"

六万四万二万一万住处,则得安乐,如是安乐,亦名涅槃,此计二乘里法为涅槃也。《释论》云:菩萨从被发心,常观涅槃行道,初心菩萨,亦名涅槃。此文云:十住菩萨,虽见不了了,亦名涅槃。诸佛法王圣主住处,乃得名为大般涅槃也。涅槃之名,随情逐事,浩荡若此,盖是通名也。①

这段引文虽然较长,但意思很明确,说的是"涅槃"就是"安乐"且十法界——地狱、饿鬼、畜生、人、天、阿修罗、声闻、缘觉、菩萨和佛——各有不同的"涅槃"状态,或者说"三界"——欲界、色界和无色界——各有不同的"涅槃"状态。天台学的这种"相对涅槃"的观念源自智顗"判教"中"化法四教"的"涅槃观"。所谓"化法四教",即是指藏、通、别、圆"四教",此"四教"各有自己的"涅槃"状态,"可以说:灭除生、老、病、死,一切都尽,名为涅槃(藏教);也可以说,生死本空,本来无苦,名为涅槃(通教);也可以说:生死是一边,生死灭尽是一边,超出二边,名为涅槃(别教);也可以说:生死就是涅槃,涅槃就是生死,生死不可思议,涅槃也不可思议(圆教)。"②"十界法"或"三界"的"相对涅槃"观就是"化法四教"这种"涅槃"观较为具体化的另一种表述。天台学与涅槃学对"涅槃"的不同理解可以用一个比喻来加以形象地说明:家长都希望自己的孩子成才,现在我们权且把"涅槃"比做是成才。涅槃学认为,"涅槃"是唯一的、绝对的,这就好比家长认为孩子只有长大了当科学家才是成才,干其他工作都不是成才;而天台学则认为"涅槃"是多样的、相对的,这就好比家长认为孩子只要发展了自己的特长,长大了不管是当科学长,还是当工人,抑或是当商人,当运动员,一样都是成才,"行行出状元"嘛! 总之,天台学认为根机不同的人,其所达到的"涅槃"状态也是不同的,但不管是哪种"涅槃"状态,都是解脱成佛的境界。小乘根机的人成小乘的"涅槃"

---

① 石峻等编:《中国佛教思想资料选编》第二卷第一册,第201页。
② 静权大师:《天台宗教要》,第11页。

佛,大乘根机的人成大乘的"涅槃"佛,各得其所。可以说,天台学的"涅槃"既是相对的,又是实践的,它是佛教修行中可操作的目标。灌顶将天台学的这种相对的、实践的、可操作的"涅槃"观念引入涅槃学,彻底地改变了涅槃学只是纸上谈"涅槃"的局面,使涅槃学的"涅槃"从玄虚走向实在,从天上来到地下,从而不再是一个被绝对性和神秘性所笼罩着的抽象空洞的佛学概念。

2. 僧肇(384或374—414)曾作《涅槃无名论》和《大般涅槃经集解》开示其涅槃学思想,其中《涅槃无名论》中所阐述的"涅槃无名"思想在当时的佛界很有影响,灌顶遂自设一问答对僧肇的"涅槃无名"思想作了天台学方向的解释以导群思:

> 问:古来传译,什师(指鸠摩罗什)命世,升堂入室,一肇(指僧肇)而已。肇作《涅槃无名论》,其词虚豁,洋洋满耳,世人玩味,卷不释手,意复如何?
>
> 答:高僧盛德,日月在怀,既不亲承,其门难见,钻仰遗文,管窥而已。观其旨趣,不出四句。①

灌顶首先认为社会上对"涅槃无名"思想的理解只是"管窥而已",难以及其全貌和深义;唯有对"涅槃无名"作有、无、亦有亦无、非有非无(亦作有、空、亦有亦空、非有非空)之"四句"解释,才能尽其含义。且看灌顶对"涅槃无名"所作的"四句"解释:

> 有余无余涅槃者,良是出处之异号,应物之假名。若无圣人,知无者谁?若无圣人,谁与道游?即其有句也。寂寥虚豁,不可以形名得;

---

① 石峻等:《中国佛教思想资料选编》第二卷第一册,第204页。现在学界倾向于认为僧肇只对般若学有研究,否认他在涅槃学上的建树,认为《涅槃无名论》和《大般涅槃经集解》都是后人假托,非是僧肇亲撰。不过,既然生活于隋唐之际的灌顶也将《涅槃无名论》看做是僧肇的作品,并对之加以评析,那么《涅槃无名论》(且不说《大般涅槃经集解》)至少是僧肇亲撰应该是能成立的,从而僧肇的涅槃师身份也应该得到确认,毕竟灌顶与僧肇两人所生活的年代相距并不算太遥远。

微妙无相,不可以有心知,岂有名于其间哉?即其无句也。果有其所以不有,故不可得而有;有其所以不无,故不可得而无耳。恍忽窈冥,其中有精,本之有境,则五阴永灭;推之无乡,则幽灵不竭;即其亦有亦无句也。然则有无绝于内,称谓沦于外,视听之所不暨,四空之所昏昧,而欲以有无题牓标其方域者,不亦貌哉!即其非有非无句也。①

灌顶进一步将"涅槃无名"的"四句"义用天台学的藏、通、别、圆"化法四教"来衡准,并且最终赋予"涅槃无名"以圆教之"四句"义,他说:

今言涅槃无名,涅槃者,指三德涅槃也;无名者,无六道安乐之名也。又无三藏(即藏教)有门见有得道,获有余无余涅槃之名,亦无见空得道,亦无亦空亦有得道,亦无非空非有得道,获有余无余涅槃之名也,又无三乘共行(即通教)十地有门得道,获有余无余涅槃之名也,亦无空门、亦空亦有门、非空非有门得道,获有余无余涅槃之名也。又无别教有门得道,获常住涅槃之名也,亦无空门、亦空亦有门、非空非有门得道,获常住涅槃之名也。无如是等诸方便之名,从所离故,故言无名;从所得故,故言涅槃,此即圆教有门之意也。又非离诸名外,别一涅槃,即诸名无名,便是涅槃,故言涅槃无名,此圆教空门意也。又从所离故,故言无名;从能离故,故言涅槃,能所合称,故言涅槃无名,此圆教亦空亦有门意也。若有能所,则大有名,何谓无名?今无能所,称为涅槃无名,此是圆教非有非无门意也。②

灌顶上述从天台学角度探讨"涅槃无名"的这些话,充满了佛教的名相概念,读者可能一时难以明白其意,我们不妨对之作较为通俗的解释:有、无、亦有亦无、非有非无之"四句"是大乘佛教空宗关于宇宙万法之本质的四种陈述,即宇宙万法,不管什么事物——物质也好,精神也好——都是既有又无,因而是亦有亦无;既亦有亦无,又非亦有亦无,因而是非

---

① 石峻等编:《中国佛教思想资料选编》第二卷第一册,第204页。
② 同上书,第205—206页。

有非无。因此,我们既不能执著于事物之有,亦不能执著于事物之无,而应该处于事物的"有无之间",回到事物的"有无中道"上来,只有这样,我们才能不为物累而达到解脱。现在,灌顶用"四句"来考察"涅槃"——请注意,"涅槃"也是宇宙万法中的一法,属"无为法"——说"涅槃"既是有,亦是无;既是亦有亦无,又是非有非无,意思是人们即使达到了"涅槃"的境界,也不要执著于"涅槃",此与《坛经》中所说的"不立菩萨涅槃"同义。在灌顶看来,所谓"涅槃无名",众生通过禅修(在天台宗叫"止观")能达到"涅槃"的境界,这是"涅槃";达到"涅槃"境界后又不执著于"涅槃",这叫"无名",合起来就是"涅槃无名"。这"涅槃无名"若从"化法四教"的"圆教"立场上来看,那就是"生死即涅槃,涅槃即生死"或"烦恼即菩提,菩提即烦恼"这种凡圣圆融无碍的境界。

三、灌顶疏解《大般涅槃经》的实践意义

灌顶撰《大般涅槃经玄义》和《大般涅槃经疏》以疏解《大般涅槃经》,并通过这种疏解使天台学和涅槃学融通起来,其在佛学上的理论意义自是不消说的。那么,这种疏解在实践上对与天台宗来说又有什么意义呢?或者说,天台学和涅槃学的融通究竟能起到什么样的现实作用呢?这也是应该弄清楚的。

我们都知道,天台学所宗的是《法华经》,涅槃学所宗的是《涅槃经》。但是,南北朝以来,佛教界多数学者"皆视《涅槃》在《法华》上"[1],直到灌顶所生活的那个时代,这个看法依然占据上风,这无疑不利于天台学的舆论导向。很显然,要想使新生的天台学能为佛教界所广泛认可,扭转这种不利的舆论导向是当务之急。那么,如何扭转这种不利的舆论导向呢?灌顶没有采取对抗的方法,没有以天台学来反驳涅槃学,没有抬高《法华经》以贬低《涅槃经》,而是以佛教"随顺"和"随缘"的态度,用天台

---

[1] 蒋维乔:《中国佛教史》,第105页。

学来诠释《涅槃经》,将《涅槃经》"统战"到天台学中来,使《法华经》与《涅槃经》一体化,使天台学与涅槃学成为一家。总之,自"天台宗开始(实际上是从灌顶开始),《涅槃经》之研究,移于天台宗学者之手;从来以《涅槃》为常住教,位置在同归教《法华》上者,其议论衰微矣"①,这就为天台学的传播扫清了舆论障碍②。灌顶在那么多的佛经中之所以要选择《涅槃经》来进行研究和解释,用意就在于此!这是具有天台学传播上之实践意义的,在这一点上,灌顶可谓慧眼独具,超过了乃师智顗,因为后者只是埋头于创立天台学而罔顾了当时佛教界的舆论环境,从而对《涅槃经》没有给予应有的重视。

因为《大般涅槃经》不被智顗看重,所以他也没有对其作过系统的阐述(智顗创立天台学所依重的佛典是《法华经》、《维摩诘经》和《金光明经》,他对这三部经都有注疏解释),并且在"五时教"的判教体系中,智顗还将《大般涅槃经》列为最后一时,判定此经的作用只是"查漏补缺"地"捃拾"遗漏的机类,即佛陀通过华严时、阿含时、方等时、般若时、法华时的教化,发现众生的大部分都已证悟成道了,但是仍有小部分根机浅陋者不能证悟成道,于是佛陀慈悲为怀,于临终前的最后一日一夜,"追说"(意为原本是没有此计划而后来追加而说的)众生皆有佛性的《大般涅槃经》以激励他们的信心,让他们相信自己也是有佛性的,最终也能成佛。经过《大般涅槃经》的这种"捃拾"教化,最后,即使是根机最钝的众生也都能证悟成道,这就是"追泯"。所谓"追泯","追"是追加之意,"泯"是消除之意,即消除烦恼而证悟成道。简单地说,"追泯"的意思就是原先没有证悟成道的众生后来都证悟成道了。智顗如此的判教语境显然是将《大般涅槃经》置于无足轻重的位置。然而,灌顶不囿于智顗的成见,十

---

① 蒋维乔:《中国佛教史》,第106页。
② 自灌顶以后,历代天台宗祖师,只要有意于传播天台宗的,都不敢小视《涅槃经》,如湛然(711—782)撰《涅槃经再治疏》,道暹(生卒不详)撰《大般涅槃经疏私记》,行满(生卒不详)撰《涅槃经疏私记》和《涅槃经音义》。

分注重《大般涅槃经》,在天台宗史上首次对《大般涅槃经》进行疏解。灌顶自述其疏解《大般涅槃经》的缘由和经历如下:

> 余以童年,给待摄静,摄静授大涅槃。诵将欲半,走虽不敏,愿闻旨趣,于是负笈天台,心欣蓝染,登山甫尔,仍逢出谷,不惟菲薄,奉从帝庭。师既香涂二宫,光曜七众,道俗参请,门堂交络,虽钦渴甘露,如俟河清,讵可得乎?尝面请斯典,降旨垂许,有期无日。逮金陵土崩,师徒雨散,后会匡岭,复属虔刘,爰西向江陵仍遭雾露,敕征师江浦,顶疾滞豫章,始举飓南湖,已闻东还台岳,秋至佛陇,冬逢入灭,叹伊余之法障,奚可胜言!昔五百群盲,七回追佛,祇洹一狗,听两钟鸣,唯疆唯沈,无见无得,入山出谷,浮坠沂江,希闻斯典,竟不获闻。日既隐于重崖,盲龟眠于海底,冯光想木,讵可得乎?余乃扫墓植树,更伏灰场,口诵石偈,思愆毕世,事不由己,迫不得止,戴函负封,西考阙庭,私去公还,经涂八载。日严诤论,追入咸阳,值桃林水奔,而夜亡其伴;又被谗为巫,收往媒幽蓟,乘冰济北,马陷身存,临危履薄,生行死地,悼慄兢兢,宁可尽言!昔裹粮千里,担簦于东南;负罪三谗,驱驰于西北。若听若思,二涂俱丧,情不能已,寻诸旧疏,将疏勘经,不与文会,怏怏终日,恒若病诸。效群盲之触象,学独梦之谈刀,以大业十年十月十日,庐于天台之南,管窥智者义意,辄为解释。运丁隋末,寇盗纵横,海闹山喧,无处纸笔,匿影沃州,阴林席箭,推度圣文,衣殚粮尽,亏其次第,于是怀挟鄙志,托命遂安,草本略通,放笔仍病。县令邓氏呼讲《净名(经)》,曳疾应之。事不兼举,寄疏他舍。他舍被烧,廓然荡尽,冥持此本,得免灰飏,重寄栅城,海寇冲突,玉石俱罄,萧亮提挟,复获安存。所谓焦不能烧,贼不能得,再蒙灵异,重厉微诚。更往遂安,披寻补削,复值军火,食息无宁,乃卜安洲。安洲者,微澜四绕,绝人兽之踪;峰连伟括,兼二山之美。左临水镜,澄彻鉴心;右带蘂池,红葩悦目。修竹冷风,胜白牙团扇;萋菁翠草,加戴氏重席。云霞镂梁于松桂,五彩羞其绘图;猨

麞和韵于蝉蛙,八音陋其弦管。雅有高致,丰趣冥伦,仍莳粟拾薪,勤兼晓夜。暨染笔以来,凡历五载,何年不遭军火,何月不见干戈,菜食水斋,冰床雪被,孤居独处,梦抽思乙。词既野质,意不会文,其玄义一卷,释文十二卷,用纸七百张。有崖易迫,空海难遍,盲瞆偏知,敢称圆识?特是不负本怀,遂兹石火,卷舒常住之卷,酬报乎身手;赞叹解脱之法,仰谢于心口;粗耘毒草,微养药王,螳螟萤熠,非功抗曜也。①

在这段话中,灌顶谈了自己疏解《大般涅槃经》的艰辛。灌顶童年便到摄静寺出家,在摄静寺听讲《大般涅槃经》。不过,听将及半,便"负笈天台",拜智𫖮为师。他曾"面请斯典",向智𫖮请教过《大般涅槃经》。智𫖮虽然"降旨垂许",但是"有期无日",最终还是没有给灌顶讲授《大般涅槃经》(前文已谈到,智𫖮不甚重视《大般涅槃经》)。后来,灌顶随智𫖮大江南北地行化;再后来,智𫖮入灭逝世,灌顶又"驱弛于西北",历经八载。直到"大业十年(614)十月十日,庐于天台之南",灌顶才得以定居下来,以"管窥智者义意,辄为解释"《大般涅槃经》。然而,不久又值隋末兵乱,"海闹山喧,无处纸笔",其间还应"县令邓氏呼讲《净名(经)》"而搁笔。总之,灌顶疏解《大般涅槃经》的工作断断续续且颇为艰辛,前后"凡立五载","何年不遭军火,何月不见干戈,菜食水斋,冰床雪被,孤居独处",终于撰"玄义一卷,释文十二卷,用纸七百张",其中"玄义"即《大般涅槃经玄义》,"释文"即《大般涅槃经疏》)。这里,我们不禁要问,灌顶在如此艰苦的条件下为何还要疏解《大般涅槃经》呢?要知道,他的老师智𫖮可是不重视《大般涅槃经》的呀?关于这个问题,慧岳法师替我们作了很好的回答。他在《天台教学史》中说,灌顶疏解《大般涅槃经》,"将智者大师的法华、涅槃味同醍醐的主张,及涅槃之追泯说的强调,阐明涅槃思想的提高,遂将涅槃宗的徒众,几乎都导引皈依于台宗门下,俾台宗得急速的发展,这在天台教学史上,章安大师是

---

① 石峻等编:《中国佛教思想资料选编》第二卷第一册,第 226—227 页。

不可抹灭的大功臣。"我们一般都说智𫖮创立了天台宗,但实际上这只不过是一种标志性的说法罢了。智𫖮的主要贡献在于构建了天台宗之理论基础,至于天台宗的组织体系,其实并不是智𫖮建立的。天台宗在智𫖮那个时候的实际势力,是十分微弱的,恰似"螳蜈萤熠",没有多少信徒(任何宗教在其始创的时候几乎都是如此)。天台宗作为一个强有力的既有理论体系又拥有较多信徒的有组织的佛教宗派,那还是灌顶缔造的。其中,灌顶疏解《大般涅槃经》以天台学来诠释和融通涅槃学就居功至伟,因为这项工作将涅槃学的广大信徒都拉到了天台宗的阵营中来,使之成为天台宗信徒——这就是灌顶疏解《大般涅槃经》的实践意义,颇有"明修栈道,暗度陈仓"的味道。

第七节 "台宗中兴"与湛然对"天台学"的创新

一、灌顶之后的天台宗

智𫖮创立天台学,为天台宗的成立提供了理论支持;灌顶整理智𫖮的著作,并将天台学与涅槃学融通起来,诱导涅槃学派的信徒悉归于天台宗,从而使天台宗在组织上粗具规模。这样,天台宗作为一个既有理论体系又有信徒组织的佛教宗派终于在中国佛教史上产生了。然而,在灌顶圆寂后,天台宗这个中国历史上的第一个佛教宗派就走向衰落了,犹如一出戏剧刚演了个序幕便草草收场,这固然与当时对佛子颇有吸引力的禅宗的兴起有关[①],但天台宗内部的"不作为"却是根本原因。举个例

[①] 慧岳法师在《天台教学史》中说:"在各宗隆盛当中,唯天台一宗,却从初唐章安大师圆寂后,就趋于衰微不堪!据日人安藤俊雄(1909年生)博士的研究(《天台学》,300页),其原因是: A.因天台山,距离政治文化中心的长安过远。B.被认为智者大师过分接近于阴谋家的隋炀帝,官僚气氛浓厚,致使一般人,看不顺眼。C.被禅家们倡导简明率直的禅法,博得时人的欣羡,反之,极致的排斥烦琐议论的教学,遂造成禅宗的盛行,致使当时的佛教们,对天台宗的教学失去关心。上述理由之中,著者认为第一、第二,绝不是台宗不振的原因,也许是第三案,才是理由。"

子来说吧,其时杭州上天竺寺有一位证悟法师,本是天台宗的法子,他自"领徒以来,尝患本宗学者囿于名相,胶于笔录,至以天台之传为文字之学,南宗鄙之,乃谒护国此庵元禅师"①。这位在天台宗中还算是"领徒"的证悟法师在面对禅宗"南宗"时居然也看不起自家宗门,并且自取其辱地去拜谒禅宗的护国此庵元禅师,天台宗的事业焉能不衰落?

灌顶在世时,天台宗有两大道场,一是浙江天台山的国清寺,二是湖北荆州的玉泉寺②,此两寺皆由灌顶亲自经营,负其全责,在弘扬天台宗的事业上也算相得益彰。然而,灌顶圆寂后,两寺即行分裂,形成国清寺系和玉泉寺系两大派别。不过,问题的关键不是天台宗内部的分系,而是分系之后天台宗的门徒们不再以弘扬天台学为己任,不禁令人有"树倒猢狲散"之唏嘘。

先看国清寺系的局面。灌顶圆寂后,先后主持国清寺的是智威(?—680)、慧威(生卒不详)和玄朗(673—754),对于国清寺系的这三代祖师,慧岳法师在《天台教学史》中曾给予总的评价,曰:"国清寺系的诸祖师,大都专志于天台教观为依止,比较保守自修的状态可知。"其意思是说,从个人修持上讲,国清寺系的三位祖师都还是坚持天台学并能够专心依止天台学的,但是他们也只是"洁身自好"地"保守自修"而已,没有去弘扬天台学。要知道,个人坚持天台学与向大众弘扬天台学并不是一回事。要使天台宗作为一个佛教宗派而不只是作为一种修持方法而发展起来,光靠祖师个人之坚持天台学是无济于事的,祖师们还必须去弘扬天台学。然而,国清寺系的三位祖师恰恰都是疏于弘扬天台学的。据宋代志磐的《佛祖统纪》,这三位祖师有一个共同的性格,即都不喜欢到人间说法而喜欢到人迹罕至的深山里去坐禅习定,比如智威"蒭棘刈茅,班荆为座,聚石为徒,昼讲夜禅,手写藏典",这个知威居然搬来石头

---

① 《五灯会元》中册,第360页,北京,中华书局,2000。
② 国清寺是灌顶依智𫖮的遗愿督造的,而玉泉寺则是智𫖮功成名就后回故乡荆州时亲自督造的,造此两寺的经费皆由国库支付。

作信徒,白天给石头们说法,夜里就自己坐禅,日复一日,以至于"平日坐禅旧阯(址),至今不生春草",其坐禅之定力可想而知。慧威也是"深居山谷,罕交人事"。最后是玄朗,他"落发得戒,闻天台盛弘止观,即往求学,未几一家宗趣,解悟无遗。常以十八种物行头陀行,依凭岩穴,建立招提,面列翠峰,左萦碧涧,因自号曰左溪。每言泉石可以洗昏蒙,云松可以遗身世,常宴居一室,自以为法界之宽,心不离定,口不尝药,耋耆之岁,同于壮龄。揉纸而衣,掬溪而饮,洗钵则群猨争捧;诵经则众禽交翔。幽栖林谷,深以为乐。"①可见,不管是智威,还是慧威,抑或是玄朗,他们都只是依天台学栖隐自修而不愿"出山"弘扬天台学,这似乎有点沾染了当时流行的禅修习气,而且也有悖于天台宗注重宣讲的传统。我们知道,天台宗的寺庙一般都叫"讲寺",如国清讲寺、湛山讲寺(青岛)、观宗讲寺(宁波)等,之所以叫"讲寺",就是因为天台宗的寺庙不是以坐禅为主,而是以宣讲佛学义理为主,但是智威、慧威和玄朗都不太在意宣讲。不去宣讲天台学,天台宗又焉能发扬光大?

虽然国清寺系未能弘扬天台宗,但毕竟其各任祖师个人还是坚持了天台宗的立场和方法;相比之下,玉泉寺系则更是等而下之,因为玉泉寺系有完全脱离天台宗之嫌。尽管表面上看来,"玉泉寺系可以说比国清寺系兴盛!但玉泉系,是教、律、密等兼学,故被《佛祖统纪》的著者——志磐法师,在佛祖世系表评为'未详承嗣'而遭弃却,认为非天台教观的正统学系,故未受重视。"②且看玉泉寺系几位祖师的法缘,他们起初大多也曾修习过天台学,但最终都转入另门,如弘景(634—712,鉴真和尚的师父)和惠真(673—751)都学律皈依了律宗;普寂(651——739)成了神秀的弟子,并被称为禅宗北宗的七祖;一行(683—727)成了中国汉地最有成就的密宗僧人;承远(712—802)和法照(生卒不详)则都成了净土宗

---
① 《佛祖统纪》卷七。
② 慧岳法师:《天台教学史》(佛教内部资料),第208—209页。

的祖师。玉泉寺可以说是"鹊占鸠巢",由原本纯正的天台宗寺庙变成了时而律宗、时而禅宗、时而密宗、时而净土宗的道场,有"佛教杂烩"的味道。不消说,灌顶身后,玉泉寺系根本就不是天台宗的法统了,因而自然亦难以指望其对天台宗能有所弘扬。

总之,在后灌顶时代,天台宗呈现出了衰微乃至沉沦之状。不过,到了后来,终于有湛然(711—782)出来挽狂澜于既倒,重整河山,中兴了台宗。关于这一点,蒋维乔《中国佛教史》有如下的描述,曰:

> 天台宗自天台、章安二代而后,气势不扬;传智威(法华)、慧威(天宫)、玄朗(左溪)三代,其间凡百年(自章安贞观六年入寂,以迄玄宗末年),天台宗颇衰微。及玄朗之弟子荆溪尊者(即湛然,亦称妙乐大师)出,宗风为之一振,著作等身,天台遗风,大为显扬,盖在肃宗、代宗时也。①

二、湛然与天台宗的中兴

后灌顶时代天台宗分系的结果是国清寺系成了天台宗的正统并流传至今(不过,到了宋代,国清寺系还有山家派与山外派之分裂,当然这是后话),而玉泉寺系则渐行渐远,最终与天台宗脱离了关系。在湛然之前,国清寺系之被认做天台宗之正统,正如前文所说的,并不是因为它弘扬了天台宗,而是因为这一系中还有个别"台心未泯"的祖师,其个人坚持了天台学及其止观修习方法,从而使自智𫖮而灌顶的天台宗法脉悬于一线而不坠,这实际上也只是聊胜于无罢了,不足为喜。国清寺系直到湛然一代,才真正弘扬了天台宗,实现了天台宗的重新振作和繁荣。

湛然是玄朗的弟子,天台宗正统法脉第九代,被称为天台宗在唐代的"中兴之祖"。湛然出家之初便与天台宗结下了不解之缘,且有弘扬天

---

① 蒋维乔:《中国佛教史》,第190页。

台宗之志。据《佛祖统纪》卷七,湛然"年十七访道浙右,遇金华方岩授以止观之法。开元十八年始学左溪(玄朗)。溪与之语,知为道器,尝谓师曰:'汝曾何梦?'答曰:'畴昔之夜,梦披僧服,掖二轮游大河中。'溪曰:'嘻,岂以当止观二法度群生于死之渊乎?'遂以处士服受教观之道。天宝七载,始解逢掖,著僧伽梨,寻诣会稽一律师。博究律部。久之,演止观于吴门。"湛然青年时代对天台止观这种显之于梦的热情最终演化成了他"中兴台宗"的伟业。这"中兴"的说法源自天台宗的在家信徒、唐代大学士梁肃(753—793)对他的评价,梁大学士说:"自智者传法五世,至今天台湛然大师中兴其道。"又说:"自智者以法传灌顶,顶再世至于左溪,明道若昧,待公(指湛然)而发,乘此宝乘,焕然中兴。盖受业身通者,三十有九僧;缙绅先生,高位崇名,屈体承教者,又数十人。"① 慧岳法师在《天台教学史》中将湛然"中兴台宗"的功绩说得更为明确,他说:

> 湛然大师之一生,尽精力于弘扬天台教观……从章安大师寂灭后而衰微的天台学,依湛然大师而恢复,且能与禅、净、法相、律、密、华严等诸宗,并肩于中唐时代,不但是维持,更能光大而兴盛,诚是值得赞扬。

可以说,湛然之"中兴台宗"使天台宗焕发了"第二春";而湛然为"中兴台宗"所作的努力可以归纳为两个方面,一是普及智𫖮的天台学,二是破斥其他佛教宗派的思想,这两个方面"里应外合",一个拉一个推,相得益彰,共同抬升了天台宗的影响力。

(一) 弘扬智𫖮的天台学

灌顶将智𫖮一生所宣讲的天台学整理结集成文字作品流传了下来,但是天台学的普及工作却一直滞后,灌顶自己也只是在诠释涅槃学时运用了天台学而已,并没有专门去普及天台学;其后的智威、慧威和玄朗更是无心于此。天台学不普及,天台宗又何以能振兴?湛然显

---

① 石峻等编:《中国佛教思想资料选编》第二卷第一册,第261—269页。

然看到了这一点,他的"中兴台宗"就从普及天台学开始。据《佛祖统纪》卷七载:

> 开元,左溪既没,师挈密藏独运东南,谓门弟子曰:"道之难行也,我知之矣。古之至人,静以观其复,动以应其物,二俱不住,乃蹈乎大方。今之人或荡于空,或胶于有,自病病他,道用不振,将欲取正,舍予谁归?"于是大启妙法,旁罗万行,尽摄诸相,入于无间。即文字以达观,导语默以还源,乃祖述所传,著为记文,凡数十万言,使一家圆顿之教,悉归于正。

湛然在其师左溪玄朗圆寂后,便"挈密藏独运东南",开始了普及天台学的征程。这里的"密藏",就是指智顗的著作。因为台宗不兴,所以智顗的著作也只能束之高阁,尘封"密藏"了。湛然在东南沿海一带普及天台学,同时还笔耕不辍,"祖述所传,著为记文,凡数十万言",所谓"记文",相当于我们现在所谓的"导读"。智顗的著作名相概念繁多,且其中的许多思想都是他的"孤明先发",不见于印度传译过来的佛典,因而初学者很难读懂。有鉴于此,湛然作"记文"以导读。比如,对于著名的"天台三大部",湛然都作有"记文",如下:

三大部 { 法华文句 ——《法华文句疏记》《法华文句科文》
法华玄义 ——《法华玄义释签》
摩诃止观 ——《摩诃止观辅行传弘诀》 } 记文

"记文"包括"科文"和"注释"两事,其中"科文"用我们现在的话来说,就是对文本进行章节划分,因为灌顶所结集的智顗著作都没有规范的章节划分,这难免会妨碍人们对它的理解,所以湛然在注释智顗著作的时候都要先对其进行仔细的"科文"。以"科文"为基础的"注释"就叫"记文"。除了"天台三大部",湛然还对智顗的《维摩经疏》和《法华三昧忏仪》进行了"记文",分别是《维摩经疏记》和《法华三昧补助仪》。

湛然普及天台学的另一项工作是编集智顗著作的缩写本。灌顶所结集的智顗著作都是"大部头",动辄几十万字,一般人难以耐心去读完它,有鉴于此,湛然遂对其中的一些著作进行缩写。同时,湛然缩写的对象也并不止于智𫖮的著作,还包括灌顶和他自己的一些重要著作以及《法华经》和《华严经》这两部智𫖮最为看重的佛经,见下:

原本 { 《摩诃止观》(智𫖮)——《止观义例》
《维摩经疏》(智𫖮)——《维摩经略疏》
《大般涅槃经疏》(灌顶)——《涅槃经再治疏》
《止观辅行传弘决》(湛然)——《止观辅行搜要记》
《法华玄义释签》(湛然)——《十不二门》① } 缩写本
《法华经》——《法华大意》
《华严经》——《华严骨目》

最后,湛然还撰写了一些短小精悍的可以目为天台学导论的著作以帮助人们更好地理解天台学,如《止观大意》、《观心诵经记》和《始终心要》等,尤其是《始终心要》,区区287个字,将天台学的枢要(三谛三观三智三德)囊括无遗,堪称上品,不妨录之于下:

夫三谛者,天然之性德也,中谛者,统一切法;真谛者,泯一切法;俗谛者,立一切法。举一即三,非前后也。含生本具,非造作之所得也。悲夫!秘藏不显,盖三惑之所覆也。故无明翳乎法性,尘沙障乎化导,见思阻乎空寂,然兹三惑,乃体上之虚妄也。于是大觉慈尊喟然叹曰:真如界内,绝生佛之假名;平等慧中,无自他之形相;但以众生妄想不自证得。莫之能返也。由是立乎三观,破乎三惑,证乎三智,成乎三德。空观者,破见思惑,证一切智,成般若德。假观者,破尘沙惑,证道种智,成解脱德。中观者,破无明惑,证一切种智,成法身德。然兹三惑三观三智三德,非各别也,非异时也。天然之理具诸法故,然此三谛,性之自尔。迷兹三谛,转成三惑,惑破藉乎三观,观成证乎三智,智成成乎三德,从因至果,非渐修也。说之

---

① 严格地说,《十不二门》是节选而非缩写,因为它是《法华玄义释签》中的一章。

次第,理非次第,大纲如此,纲目可寻矣。①

通过"记文"、"缩写"和"导论"这些基础性的工作,湛然将天台学的经典著作介绍给了佛教大众,普及了天台学。

(二)破斥其他宗派的思想

湛然所生活的唐朝中期,中国佛教已完成了从学派佛教向宗派佛教的切换,华严宗、禅宗、法相唯识宗、律宗、净土宗等各大佛教宗派,继天台宗之后陆续成型,且都后来居上,影响直超天台宗。在这种情势下,以"天将降大任于斯人"自勉的湛然自然不能坐视不管,听之任之,他要站出来反击天台宗的竞争对手,用天台学来破斥其他宗派的思想。《佛祖统纪》卷七载:

> (湛然)每以智者破斥南北之后百余年间,学佛之士莫不自谓双弘定慧,圆照一乘,初无单轮只翼之弊,而自唐以来传衣钵者起于庾岭,谈法界阐名相者盛于长安,是三者皆以道行卓荦,名播九重,为帝王师范,故得侈大其学,自名一家,然而,宗经弘论,判释无归。讲华严者,唯尊我佛;读唯识者,不许它经;至于教外别传,但任胸臆而已。师追援其说,辩而论之,曰金錍,曰义例,皆孟子尊孔道、辟杨墨之辞。识者谓荆溪不生,则圆义将永沉矣。

这里提到了湛然以天台宗的"双弘定慧,圆照一乘"来破斥华严宗、法相唯识宗和禅宗的偏颇,并且《佛祖统纪》的作者志磐还将湛然此举与孟子"尊孔道、辟杨墨"相提并论,言下之意就是,天台宗是中国佛教的正统,犹如儒家是中国文化的正统;而华严宗、法相唯识宗和禅宗则犹如在中国文化语境中被视为"不经之论"的杨雄、墨子之学。不难看出,志磐的这个对比显然也包含了将智顗比做孔子而将湛然比做孟子的意思。

湛然破斥华严宗、法相唯识宗和禅宗的言论在他的许多著作中都有

---

① 石峻等编:《中国佛教思想资料选编》第二卷第一册,第267页。287个字的《始终心要》对天台学的高度概括犹如260个字的《般若波罗密多心经》对般若学的高度概括。

体现,如在《止观义例》中,湛然以天台宗的"圆顿止观"来破斥华严宗的"法界观";在《法华五百问论》中,湛然从天台宗的"一乘成佛论"来破斥法相唯识宗的"五性说"("五性"中有一性不能成佛);在《观心诵经记》中,湛然以天台宗的"一念心"来破斥禅宗的"清净心",等等。在这些著作中,湛然通过对他宗的破斥,凸显了天台学的圆义,弘扬了天台学的正义。①

实际上,湛然对他宗的破斥也只限于华严宗、法相唯识宗和禅宗,至于当时也颇兴盛的律宗和净土宗,湛然并没有动它们,这是因为律宗和净土宗的修持法门是中国佛教各宗派所共用的。比如,"所谓净土宗一般是作为弥陀净土信仰寓于各宗之中的。天台宗、法相宗、华严宗乃至禅宗中皆有信奉和修持净土法门的人,也有不少这方面的文章、诗偈、注疏、著述。"②

三、湛然对"天台学"的创新

通过普及天台学和以天台学来破斥他宗,湛然弘传了天台学,振兴了天台宗。在这个过程中,湛然除了忠实地发挥智顗的思想外,也还有自己的创新,这些创新丰富了天台学的内容,拓展了天台学的深度,而且也正是由于这些创新才使"台宗中兴"不是表现为天台宗的向后回归,而是表现为天台宗的向前发展。

---

① 据慧岳法师的《天台教学史》,"湛然大师,为发挥台宗教观的殊胜,综合而破斥禅、唯识、华严等三宗为对象!第一针对禅宗,即禅堕暗证,犹如单轮只翼,属于无目的行为!而阐述台家的教观,如鸟之具双翼,单车之双轮,强调实践止观行——四种三昧、十乘、十境、二十五方便等的殊胜,明示证道之阶次,即异于禅宗的不立文字(唯靠理智的暗证——观法单传),作为显扬台家教观的伟大,重如九鼎大吕!第二对于法相宗所论,关于灰断二乘,永不成佛的论调,极为不满!驳之说:有情、无情都具佛性,何况二乘,岂有不能成佛,唯限于根机之熟未熟而已!第二针对华严宗:(A)关于渐顿与顿顿的问题,(B)是'非情佛性'的异议。关于(A)的问题,湛然大师在《止观义例》所举出:七难而破斥华严,显扬台宗的正义。其次(B)的非情佛性,湛然大师在《金刚錍论》及《止观辅行》等,阐扬因迷情所起,才有'有情非情'之分,如依法情,即'有情非情',本是不二不别的理体。"
② 杨曾文:《天如惟则的"念佛禅"》,载《禅》2006年第3期,第50页。

湛然在天台学上的创新有多向的表现,这里权且举两例,一是他的"十不二门"思想,二是他的"无情有性"思想,这两种思想无论是在天台宗内部还是放之于整个中国佛教界,都是很有分量和价值的。

(一)"十不二门"

所谓"十不二门",就其名相而言,系指色心不二门、内外不二门、修证不二门、因果不二门、染净不二门、依正不二门、自他不二门、三业不二门、权实不二门和受润不二门。"十不二门"本是湛然用来诠释智顗的"本迹十妙"①的。但是,作为诠释"本迹十妙"的一种理论,"十不二门"实际上是独立于"本迹十妙"而存在的一种最彻底的佛教圆融理论,这就好比某一物理学原理产生以后就成了独立于该原理所解释的物理现象的一种理论。

湛然的"十不二门"思想体现在他的同名著作《十不二门》中。到了北宋,知礼(960—1028)撰《〈十不二门〉指要钞》以解释《十不二门》。知礼曾自述《〈十不二门〉指要钞》的写作缘由曰:

《十不二门》者,本出释签,岂须钞解,但斯宗讲者,或示或注,著述云云,而事理未明,解行无托,荆溪妙解,翻隐于时;天台圆宗,罔益于物,爰因讲次,对彼释之,命为《指要钞》焉,盖指介尔之心为事理解行之要也。聊备诸生温习,敢期达士披详邪。②

我们将在参考《〈十不二门〉指要钞》的基础上,通过精心解读《十不二门》,对"十不二门"作一详细的论释。

1. 色心不二门

总括宇宙万法,无非色与心。色者,有形质而无知觉之法也;心者,

---

① 智顗以"本迹二门"来判释《妙法莲华经》,并在《〈妙法莲华经〉玄义》中立"本迹十妙"来阐明"本迹二门"之深义。其中,"本门十妙"是指因妙、果妙、国土妙、感应妙、神通妙、说法妙、眷属妙、涅槃妙、寿命妙和利益妙;"迹门十妙"是指境妙、智妙、行妙、位妙、三法妙、感应妙、神通妙、说法妙、眷属妙和利益妙。
② 《〈十不二门〉指要钞》,《乾隆大藏经》第137册,第242页上。

无形质而有知觉之法也。色和心表面上看来是不同的,但实际上两者都是诸法实相之体现,是不二的,是为"色心不二门"。那么色和心究竟是如何体现诸法实相的呢?湛然解释曰:

> 且十如境,乃至无谛,一一皆有总别二意,总在一念,别分色心,何者?初十如中,相唯在色,性唯在心,体、力、作、缘,义兼色心,因、果唯心,报唯约色,十二因缘苦业两兼,惑唯在心,四谛则三兼色心,灭唯在心,二谛三谛皆俗具色心,真中唯心,一实及无,准此可见。①

要想了解色和心是诸法实相的体现,先要明白何谓诸法实相。按照《妙法莲华经》,诸法实相即是指"所谓诸法如是相、如是性、如是体、如是力、如是作、如是因、如是缘、如是果、如是报、如是本末究竟等"②,简称为"十如是"或"十如";按照《金刚经》,诸法实相即是指"空",亦即湛然这里所说的"无谛"。在湛然看来,不管把诸法实相看成"十如"还是看成"无谛"(实际上,"十如"就是"无谛"),诸法实相,总而言之,表现为"一念心",即天台宗所谓的"一念三千";别而言之,表现为色和心,比如在"十如"中,"如是相"表现为色,"如是性"表现为心,"如是体"表现为"兼色心"(即既表现为色,又表现为心)等等,我们不妨按湛然的描述将"十如"表现于色和心的情况列表如下:

十如	如是相	如是性	如是体	如是力	如是作	如是因	如是缘	如是果	如是报	如是本末究竟等
表现	色	心	兼色心	兼色心	兼色心	心	兼色心	心	色	兼色心

在这张表中,关于"如是本末究竟等"表现为"兼色心",需要作几句解释,因为湛然并没有直接明确地说"如是本末究竟等"表现为"兼色心"(对于其他"九如",湛然都直接明确地说出了其表现)。所谓"如是本末究竟等",其中的"本"指真谛,比如"灭"(涅槃)、真心、"空"等;"末"指俗

---

① 《十不二门》,《乾隆大藏经》第131册,第230页上。
② 《妙法莲华经·方便品》。

谛,比如十二因缘、苦业、惑等,"本末究竟等"意指诸法皆是真俗二谛——天台宗将其引伸为空、假、中三谛——之平等结合,不偏不倚。因为"如是本末究竟等"是这么一个意思,所以当湛然说"十二因缘苦业两兼,惑唯在心,四谛则三兼色心,灭唯在心,二谛三谛皆俗具色心,真中唯心,一实及无",我们便知湛然是在说"如是本末究竟等"表现为"兼色心"①。

诸法实相既是"十如"又是"无谛",不过湛然只是探讨了"十如"之表现为色和心,而没有探讨"无谛"之表现为色和心;他只是以"十如"之表现为色和心为样板,说"无谛"之表现为色和心"准此可见"。然而,我们完全可以根据《心经》的相关经文断定,"无谛",亦即"空",确实也是表现为色和心的,因为《心经》中说:"色不异空,空不异色;色即是空,空即是色,受想行识亦复如是。"所谓"受、想、行、识",即是指心。《心经》中的这句话可等价地转换成"色和心不异空,空不异色和心;色和心即是空,空即是色和心",换言之,"空"乃表现为色和心。②

一言以蔽之,色和心皆是诸法实相——不管是表述为"十如"实相还是表述为"无谛"实相——的表现方式,正是在这个意义上,湛然立"色心

---

① 在湛然所说的这句话中,"四谛"指苦、集、灭、道,其中苦、集是末,灭、道是本;"二谛"是指真俗二谛,"三谛"是指天台宗独家所说的空、假、中三谛,其实"二谛"即是"三谛",只是天台宗的"三谛"比通常所说的"二谛"更精致些罢了。"二谛"和"三谛"都表明"本末究竟等"。最后,"一实及无",即是指"空",湛然将"空"称为"一实"或"无"或"无谛",这"一实及无"乃是本。
② 按一般的理解,《心经》中的这句话是描述人身色、受、想、行、识"五蕴"与"空"的关系的,但是笔者认为应从更广泛的宇宙万法的角度来考察色、受、想、行、识。因为,按佛教的看法,整个宇宙无非也是由色、受、想、行、识"五蕴"所组成的,人身只是其中的一个实例而已,比如真可在《〈心经〉赋》中解释色、受、想、行、识"五蕴"时说:"五蕴,色、受、想、行、识是也,远而言之,太虚天地,山河草木,无分巨细,凡可见者,皆谓之色;近而言之,现前块然血肉之躯是也。……"(《乾隆大藏经》第154册,第500页上)单从人身看,色、受、想、行、识(或色和心)是"空"的表现;若从整个宇宙看,色和心同样也是"空"的表现。我们都知道,《金刚经》和《心经》都讲般若的道理,都讲色和心是"空",所不同的是《金刚经》所讲的色和心是宇宙万法的色和心,而《心经》所讲的色和心则是人身的色和心。究其实质,两种色和心是相通的,而且也不能不相通,因为人身也是宇宙万法中的一法,人身不能脱离宇宙万法之总原理。因为在《金刚经》中没有明确的话语表明"空"表现为色和心,所以我们只好借用《心经》中的话语以为证据,此为不得已而求其次也,但这一点缺憾并不影响本文论述的合理性。

不二门"以阐明色和心之间的关系。但是,色和心之间的关系,不仅仅它们皆是诸法实相之表现——这实际上只是两者关系的一个招牌而已——色和心的更广泛的关系乃展现在湛然的如下描述中:

> 一切诸法无非心性,一性无性,三千宛然。当知心之色心,即心名变,变名为造,造谓体用,是则非色非心,而色而心,唯色唯心,良由于此。故知但识一念,遍见己他生佛。他生他佛,尚与心同,况己心生佛,宁乖一念,故彼彼境法,差差而不差。①

在这里,湛然指明了色和心在三个意义上的"不二"关系,即:(1) 心是色心,而不是别的什么心。正因为心是色心,所以心能变造宇宙一切诸法,在这个意义上,色心具有"体用不二"的关系,其中心是体,色是用。(2) "非色非心,而色而心,唯色唯心",这是湛然运用《金刚经》中的"A,非 A,是名 A"的不执著逻辑来说明色和心的"不二"关系②。若将"非色非心,而色而心,唯色唯心"按"A,非 A,是名 A"的逻辑拆开来说就是"色,非色,是名色;心,非心,是名心"③——其意为既不要执著于色,也不要执著心。在湛然看来,人们只有不执著于色和心,色和心才能真正具有"不二"的关系;若执著于色和心,那色就是色,心就是心,不再具有"不二"关系。可见,色和心所具有的"不二"关系并不是客观存在的,而是存在于人们对它们的不执著态度之中。(3) 从修行角度看,众生与佛同一法身,只缘迷悟不同(迷为众生悟为佛),才有众生与佛之区分。然而,究其实质,众生即佛,佛即众生,众生与佛具有"不二"的关系。湛然认为众

---

① 《十不二门》,《乾隆大藏经》第131册,第230页上。
② 《金刚经》广泛地运用这种逻辑来表达不要执著于任何一法的思想,比如第十三品"如法受持分"中曰:"佛说般若波罗蜜,即非般若波罗蜜,是名般若波罗蜜"(意为不要执著于般若波罗蜜);又,第二十品"离色离相分"中曰:"如来说具足色身,即非具足色身,是名具足色身"(意为不要执著于色身)。《金刚经》中还有很多这样的例子,恕不再举。
③ 实际上,按"A,非 A,是名 A"的逻辑,"非色非心,而色而心,唯色唯心"这句话应该说成"唯色唯心,非色非心,而色而心"才通顺,但不管按什么顺序来说,它都表达了"A,非 A,是名 A"的逻辑,这点是毋庸置疑的。

生是色,佛是心;各色众生人人本具佛心,既然众生与佛是"不二"的,那么色与心自然亦是"不二"的。

2. 内外不二门

"内外"是就己他而言的,"内"指自己的心法,"外"指除自己以外的十界众生的依正两报。所谓十界众生,即是指地狱、饿鬼、畜牲、人、天、阿修罗、声闻、缘觉、菩萨、佛。相对于自己的心法来说,十界一切众生(哪怕是佛)皆是"外"。湛然解释"外"曰:

> 外谓托彼依正色心即空、假、中,即空、假、中妙故,色心体绝,唯一实性;无空、假、中,色心宛然,豁同真净,无复众生七方便异,不见国土净秽差品,而帝网依正终自炳然。①

又解释"内"曰:

> 所言内者,先了外色心一念无念,唯内体三千即空、假、中。②

在湛然看来,"外"之十界依正即空、假、中,"内体三千"(亦即"一念三千")即空、假、中,因为内外皆即空、假、中,故内外是不二的,"外法全为心性,心性无外,摄无不周;十方诸佛,法界有情,性体无殊,一切咸遍。"③试想,如果内外皆处于空、假、中"三谛圆融"的状态,则哪里还会有内外之区别,哪里还会有区别内外之必要?此时内即外,外即内,内外不二,"虽有依正色心己他,而皆融泯,举一全收"。④

3. 修性不二门

后天造作之功谓之修,先天本具之体谓之性,天台宗常以修德和性德指称修和性,以示修和性皆是得之有道,修和性的存在皆有其合理性。湛然解释"性"曰:

---

① 《十不二门》,《乾隆大藏经》第131册,第230页下。
②③ 同上书,第231页上。
④ 石峻等编:《中国佛教思想资料选编》,第145页。

> 性德只是界如一念,此内界如,三法具足。性虽本尔,藉智起修,由修照性,由性发修。在性则全修成性,起修则全性成修,性无所移,修常宛尔。①

这里所谓"界如","界"有"十界","如"者"十如"("十如"的含义见前文),"界如"即是指"十界"众生的"十如"性。在湛然看来,"十界"众生皆本具"性",而这"性"就是指"十如"性。因为"十界"众生的"十如"性总是归结为"一念心",所以"十界"众生所本具的"性"可以称之为"界如一念"。"界如一念"是善、恶、无记(非善非恶)"三法具足"的,也就是说,"十界"众生之"性"是善、恶、无记"三法具足"的——这就是天台宗所谓的"性具善恶"思想。湛然在探讨"性"时先阐明"性具善恶"以表示自己的天台宗立场,接着便从性修关系的角度对"性"作进一步的解释说明。湛然认为,众生虽然本具"性",但由于"性具善恶"的缘故,众生就不能据性而修,而应该"藉智起修",并且只有在智修的基础上才能"由修照性,由性发修",达到性与修的良性循环。在这个良性循环中,"全修成性"、"全性成修",修性不二,一切修都契合于性,同时一切性也都契合于修。

湛然还将修分为顺修和逆修两种,"顺谓了性为行;逆谓背性成迷。迷了二心,心虽不二,逆顺二性,性事恒殊。"②顺修是"了性为行",其与性之不二关系是显然的。但是,逆修是"背性成迷",其与性又何以会有不二关系呢?湛然解释说,修虽有顺逆,但不管是顺修还是逆修,皆是同一心在修,而不是有二心。既然是同一心在修,"事不移心,则令迷修成了"。逆修即由迷转了,即与性不二。因为性只有一,而修则有二(即顺修和逆修),故湛然说"二与一性,如水为波;二亦无二,亦如波水",将性("一")和修("二")的关系比做水和波的关系,因为波即水,水即波,波水不二,故修性不二。

---

① 《十不二门》,《乾隆大藏经》第131册,第231页上。
② 同上书,第231上、下。

4. 因果不二门

能生之行名因,所生德名果;或,所作为因,所受为果;或,因是种因,果是结果,等等,尽管人们对因果有种种不同的界说,但以因生果这一点却是共同的——所谓前因后果是也。不过,湛然所说的因果乃是天台宗所独创的因果,其中,因指"三轨",果指"三涅槃"。

先看"三轨"。"轨"者,轨范也,"三轨"也就是"三般若"——实相般若、观照般若和方便般若。"三般若"因为能轨范心灵使不妄惑狂乱,故名之曰"三轨"。"三轨"分别是:(1) 真性轨(相应于实相般若),指真如实相之本体;(2) 观照轨(相应于观照般若),指观达实相之智慧也;(3) 资成轨(相应于方便般若),指资助观照而达于实相之万行也。

再看"三涅槃"。天台宗按体、相、用将涅槃分为三种,即:(1) 性净涅槃,这是就涅槃之体而言的。诸法实相的自性清净,不生不灭,称为性净涅槃。(2) 圆净涅槃,这是就涅槃之相而言的。修行证果,如实觉了诸法为圆,破除一切烦恼为圆,是为圆净涅槃。(3) 方便净涅槃,这是就涅槃之用而言的。自己证入涅槃后,为教化众生,而示现一定的方便应身,这方便应身也是涅槃的表现,是为方便净涅槃。

"三轨"为因,成就"三涅槃"之果,湛然说:"众生心因既具三轨,此因成果,名三涅槃。因果无殊,始终理一。"① 很显然,在湛然看来,"三轨"与"三涅槃"理一无殊,"三轨"因即"三涅槃"果,"三涅槃"果即"三轨"因,从而因果不二。我们不妨将"三轨"与"三涅槃"之间的因果对应关系图示如下:

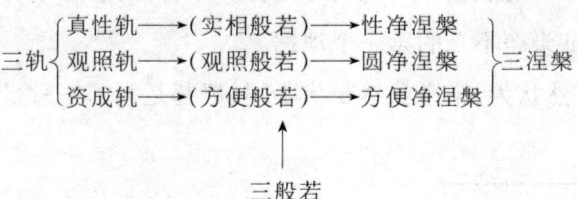

---

① 《十不二门》,《乾隆大藏经》第131册,第232页上。

湛然从"三轨"即"三涅槃"的角度来解释因果不二(实际上是视般若与涅槃不二),并揭示此因果不二的性质曰:

> 是则不二而二,立因果殊;二而不二,始终体一。若谓因异果,因亦非因,晓果从因,因方克果,所以三千在理,同明无明;三千果成,咸称常乐;三千无改,无明即明,三千并常,俱体俱用。①

在这里,湛然用天台宗的"一念三千"和"无明即法性"思想来界定因果不二,认为"因"是"一念","果"是"三千","三千果成,咸称常乐";"因"是"无明","果"是"法性"(即"明"),"无明即明,俱体俱用"。因果本是佛教中的一对普通范畴,但是湛然却创造性地依天台宗的佛理对其作了新的阐释。

5. 染净不二门(或净秽不二门)

湛然说:"法性之与无明遍造诸法,名之为染;无明之与法性遍应众缘,号之为净。"②简言之,无明之用名为染,法性之用名为净,因此染净不二亦可称为无明与法性不二。对此,湛然解释曰:

> 若识无始即法性为无明,故可了今即无明为法性……浊水清水,波湿无殊。清浊虽即由缘,而浊成本有,浊虽本有而全体是清,以二波理通,举体是用。③

从无始看,法性即无明;从现实看,无明即法性。法性犹如清水,无明犹如浊水。水本是清,"由缘而浊",但不管是清水还是浊水,其波其湿都是一样的,故"清浊相即",无明即法性,"举体是用"。这"无明即法性"乃是湛然论证染净不二的第一个理据。

再者,湛然认为,染净虽然相状不同,但都是刹那"一念"之缘起,"刹

---

① 《十不二门》,《乾隆大藏经》第131册,第232页下。
② 同上书,第232—233页上。
③ 同上书,第233页上。

那性常,缘起理一,一理之内,而分净秽。别具六秽四净,通则十通净秽。"①其中的"秽"也就是"染",在湛然看来,染净同属"一理",是"一理"的两种不同表现,因而在本质上染净是不二的,这是湛然从染净同是"一念"之缘起的角度来论证染净不二。

既然染净不二,同属"一理",那么染净的相状差别皆是虚假的,只有做到染净双亡而不是去染留净,才算是真正进入了佛的境界,所以湛然说:

> 故须初心而遮而照,照故三千恒具,遮故法尔空中,终日双亡,终日双照,不动此念,遍应无方,随感而施,净秽斯泯,亡净秽故,以空以中,仍由空、中转染为净,由了染净,空、中自亡。②

破法归空为"遮",存法立有为"照"③,通过对染净的"遮照"处理,染和净皆是亦空亦有,非空非有;染不碍净,净不碍染,染净双亡。湛然在这里显然又是用天台宗的空、假、中"三谛圆融"之原理来解释染净双亡,在他看来,"遮"染净,是呈显染净的"空"与"中";"照"染净,是呈显染净的"假",合起来,"遮照"染净,即呈显染净空、假、中"三谛圆融"的相状。既然染是空、假、中"三谛圆融",净也是空、假、中"三谛圆融",那么染净双亡于空、假、中"三谛圆融"之中,此岂非染净不二乎?这是湛然从"遮照"染净的角度来论述染净不二。

6. 依正不二门

"依正"即依报和正报。依报是指众生所依住的国土环境,正报是指

---

① 《十不二门》,《乾隆大藏经》第131册,第233页上。
② 同上书,第233页下。
③ "遮照"是大乘佛教破立万法的一种逻辑思维。破万法,使之遮止,是为"遮",也叫"遮遣",或"遣",意为万法被遮止遣去,不使存立并使之归于空;立万法,是为"照",意为照见万法之有也。"遮照"之下,万法亦空亦有,非空非有,呈显"真空妙有"之境界。以上是"遮照"万法,使万法呈显空有之相,此时还是空有对待的境界。再进一步,对万法之空有本身进行"遮照",即分别"遮照"空和"遮照"有,是为"空有双遮双照"。"空有双遮双照"的结果乃是使万法呈显为空、非空、非非空、非非非空……的"究竟空",在这"究竟空"中,已无空有之对待了。

众生能依住的身心。湛然从天台宗的"一念三千"思想出发来论证依正不二,他说:

> 以三千中生阴二千为正,国土一千属依,依正既居一心,一心岂分能所。虽无能所,依正宛然,是则理性、名字、观行,已有不二依正之相,故使自他因果相摄,但众生在理,果虽未办,一切莫非遮那妙境。①

"一念三千"是天台宗总括宇宙万法性相的一种理论,其中"三千"是指宇宙的全体。湛然认为,这"三千"无非就是十界众生的依正二报,"二千"为正报,"一千"为依报②。据此,"一念三千"也可叫"一念依正",因为依正二报"既居一心",所以依正无能所之别,或者说,依正同是能所,依正同是"遮那妙境"③,这就是依正不二之含义。湛然继续分析依正不二曰:

> 净秽之土,胜劣之身,尘身与法身量同,尘国与寂光无异,是则一一尘刹一切刹,一一尘身一切身,广狭胜劣难思议,净秽方所无穷尽。④

十界众生的依正二报有净有秽,但不管是净还是秽,依正都是不二的,因为净秽源于因果,"因果理同,依正何别?"⑤

---

① 《十不二门》,《乾隆大藏经》第131册,第233下—234页上。
② 关于"一念三千"中的"三千",已是天台宗的一个常识。简单地说,"三千"是这样构成的:十法界互具成百法界;每一法界又具十如是,于是百法界就成千如是,千如是再配三种世间即成"三千"。参见曾其海《天台佛学》,第114—119页,学林出版社,2002。至于湛然说"三千"中的"二千"是正报,"一千"是依报,不知他是如何在"三千"中分配正报和依报的,但合起来看"三千","三千"包括依报和正报,这是完全没有问题的。
③ "遮那"即"毗卢遮那"的简称。"毗卢遮那",也叫"毗卢舍那"(vairocana),意为遍一切处,天台宗认为它是佛法身化三身中的法身。所谓"遮那妙境",即是指佛现法身的涅槃妙境。
④ 《十不二门》,《乾隆大藏经》第131册,第234页上。
⑤ 同上书,第234页上。

7. 自他不二门

"自他"是就三法而言的,佛法和众生法名为"他",心法名为"自"。所谓自他不二,也就是《华严经》上所说的"心、佛及众生,是三无差别"。湛然对自他不二作了如下的解释,他说:

> 随机利他,事乃凭本,本谓一性,具足自他,方至果位,自即益他,如理性三德、三谛、三千;自行唯在空中,利他三千赴物。物机无量,不出三千;能应虽多,不出十界;界界转现,不出一念;土土互生,不出寂光。①

大乘佛教的修行,讲求自觉觉他、自利利他,这与小乘佛教只讲自觉自利的修行倾向是不同的。湛然从天台宗空、假、中"三谛圆融"的立场出发,将心、佛与众生三法圆融为一,开出自他不二法门,其中佛是"空",众生是"假",心是"中"。空、假、中"三谛圆融"的天台哲学落实在修行上便是"心、佛及众生,是三无差别",便是自他不二法门②。但是,湛然解释说,虽然自他不二,但"自"是"他"之本,利他要"凭本",而所谓的"本"就是修行所达到的"一性",这"一性"就是修行的"果位"(在天台宗就是止观修习的"果位")③。只要达于"一性",便"具足自他","自即益他",自他不二,也就是说,在自利中利他,自利即利他。湛然认为,以"一性"为基

---

① 《十不二门》,《乾隆大藏经》第131册,第234页下。
② 智颢在谈空、假、中"三谛圆融"时,总喜欢拿《华严经》中的"心、佛及众生,是三无差别"来丰富其说,有时将其作为"三谛圆融"的佛经根据,有时亦将其作为"三谛圆融"的一个实例或一个具体展开。总之,在智颢看来,"心、佛及众生,是三无差别"这一命题是他所创立的"三谛圆融"思想的最好注脚。比如,他在《摩诃止观》卷一下写道:"一念心者,即空、即假、即中也……此一念心不纵不横,不可思议。非但己尔,佛及众生,亦复如是。《华严》云:心、佛及众生,是三无差别。当知己心具一切佛法矣。"湛然忠实地继承了智颢的"三谛圆融"思想,但湛然不太喜欢用"心、佛及众生,是三无差别"来作为"三谛圆融"的说辞,他更喜欢用"自他不二"来取代"心、佛及众生,是三无差别"以阐明"三谛圆融"思想。
③ "一性"实际上也就是智颢所说的中道实相。智颢认为天台宗止观修习的目的就是要达于中道实相,只要达于中道实相,心、佛及众生三者就无差别。他在《摩诃止观》卷八下说:"菩萨深达中道实相,非违非顺,于违起悲,于顺起慈。若深达者,只是一念心,非违非顺,无三差别。"

础的自他不二在本质上乃体现了天台宗之"三德"、"三谛"和"三千"的思想。其中,"三德"是指法身、般若、解脱,在自他不二中,"三德"具足;"三谛"是指空、假、中,在自他不二中,"三谛"圆融;"三千"即是"一念三千",在自他不二中,"一念"即"三千",主客的二元对立泯灭了。

湛然还以一个比喻来说明自他不二的道理,他将"自"比做镜,将"他"比做对着镜的形,形对着镜遂产生像,这像既与镜有关,也与形有关,"镜有现像之理,形有生像之性",像是镜和形相互作用的结果,镜和形在像中得以统一;同样道理,自和他的相互作用产生自他不二之实相(此实相即相当于"像"),在这一实相中,自与他得以统一在一起。再者,若形对镜不能产生像,那么镜就有问题,"若一形对,不能现像,则镜理有穷,形事不通;若与镜隔,则容有是理,无有形对而不像者。若镜未现像,由尘所遮,去尘由人磨,现像非关磨者,以喻观法大旨可知。"①只要镜不被尘所遮,那么形对镜都能生像;如果镜被尘所遮,那么形对镜就不能生像,此时就应该作去尘的工夫,尘去像自现,湛然将这去尘的工夫比做天台宗的止观修习,即如果自他不能形成自他不二之实相,那么肯定就是"自"被俗情所蒙蔽,此时"自"就要作止观观心的修习工夫,像去镜上之尘一样地将心上之俗去掉。通过止观修习,"自"心清净,即能达于自他不二之实相之境。湛然还进一步指出,通过止观修习而达于自他不二之实相,这不仅仅是靠正因佛性的作用,还需要凭借"缘了"即缘因佛性和了因佛性的作用②,他说:"应知理虽自他具足,必藉缘了为利他功,复由

---

① 《十不二门》,《乾隆大藏经》第131册,第234页下—235页上。
② 三因佛性是天台宗对佛性的基本界定,也是天台宗佛性论的特色之一(另一特色是"性恶"说)。所谓三因即是指正因、了因和缘因,其中正因佛性是指众生本有的真性,了因佛性是众生后天能够明白一切佛教真理的根源,缘因佛性则是众生后天所修的有助于其明白佛教真理的种种功德。这里湛然从佛性论角度来解释自他不二,认为自他不二是建立在三因佛性基础上的,是三因佛性发挥作用的结果。就三因佛性本身而言,正因是自,缘因和了因是他,因此将自他不二归结于三因佛性乃是很自然的事。但是人们在谈论佛性时很容易只看到正因佛性而将自他共同纳入正因佛性中——这是不符合天台教理的。

缘了与性一合,方能称性,施设万端,则不起自性,化无方所。"①这里的"性一"即是指正因佛性。总之,在湛然看来,自他不二乃是正、缘、了三因佛性共同作用的结果。

8. 三业不二门

"三业"者,即身、口、意三业也,不过湛然依密教的说法,将"三业"又称为"三密"或"三轮",他说:"事分三密,随顺物理,得名不同,心轮鉴机,二轮设化,现身说法,未曾毫差。"②在湛然看来,"三业"之中,意业即"心轮",是"鉴机"自行的,而身、口二业则是化他的,自行与化他不二,故身、口、意三业不二,这是湛然对三业不二的总的看法。若细而言之,湛然又分三个层次来讨论三业不二,首先是分析身业和口业各自内部的不二,他说:"在身分于真应,在法分于权实。二身若异,何故乃云即是法身;二说若乖,何故乃云皆成佛道。若唯法身,应无垂世;若唯佛道,谁施三乘。"③所谓"二身",即是指真身(法身)和应身(化身);所谓"二说",即是指权说(俗谛说)和实说(真谛说)。真身和应身不二,权说和实说不二。若只有真身,没有应身,则佛不垂世;若只有实说之佛道,而没有权说之方便,则三乘不施④。

其次,湛然指出了身业和口业之间的不二以及身、口二业与意业之间的不二,他说:

  身尚无身,说必非说,身口平等,等彼意轮,心色一如,不谋而化,常冥至极,称物施为。⑤

身、口平等不二,身、口又与意平等不二,此即身、口、意三业平等不二;又因为身、口是色,意是心,故湛然又将身、口、意三业之平等不二转

---

①②《十不二门》,《乾隆大藏经》第131册,第235页上。
③ 同上书,第235页上、下。
④ 天台宗依据《法华经》中的"会三归一"思想,主张"一佛乘"是佛的实说,而声闻乘、缘觉乘和菩萨乘之"三乘"则是佛权说之方便。会"三乘"而归于"一佛乘",这是天台教法的独特策略。
⑤《十不二门》,《乾隆大藏经》,第131册,第235页下。

化为"色心一如"。

最后,湛然认为,三业皆具空、假、中,因而三业不二,这是就三业之本质而论的,湛然说:

> 百界三业,俱空、假、中,故便称宜,遍赴为果,一一应色,一一言音,无不百界三业具足,化复作化,斯之谓欤。①

在湛然看来,因为三业即是"色心",所以百界之中"界界无非三业,界尚一念三千",百界三业皆是空、假、中"三谛圆融",故而三业不二。湛然在这里显然是援用天台宗之"一念三千"和"三谛圆融"的思想来论证三业不二的。

9. 权实不二门

在地狱、饿鬼、畜生、人、天、阿修罗、声闻、缘觉、菩萨、佛之"十界"中,湛然将佛界称为实,将其他九界称为权,此即"九权一实"。湛然说:

> 平等大慧,常鉴法界,亦由理性,九权一实,实复九界,权亦复然,权实相冥,百界一念,不可分别,任运常然。②

这里,湛然以天台宗"十界互具",一界具其他九界的道理来说明权实不二。因为"十界互具",所以佛界之实具九界之权,九界之权亦是佛界之实,权实相互冥合不二,总在"一念心"之中,不可分别,任运无间。再者,按照天台宗"会三归一"的道理(见前文注释),不管是权还是实,它们的差别均只是相上的,而不是理上的,若就理上言,"非权非实,而权而实",权即是实,实即是权,权实各为对方之变式。若将权实不二还原为"十界互具",那么权实不二亦即禅宗所谓的佛(佛界之实)即众生(九界之权),众生即佛,众生与佛不二。

---

① 《十不二门》,《乾隆大藏经》第131册,第235页上。
② 同上书,第236页上。

10. 受润不二门

"受",意为领受、纳受,系指众生的机缘(根机与因缘),因为众生凭借自己的机缘而领受佛法,故将众生的机缘叫做"受";"润",意为沾润、滋润,系指佛法,因为佛法能滋润众生,故将佛法称为"润"。受润不二,即是机缘与佛法不二。佛因众生的机缘而说法,佛法与机缘相应不二,不同的机缘有不同的佛法与之相应,不同机缘的众生各借相应的佛法而获得解脱。

湛然还认为众生的机缘是"本",佛法是"熏","本"受"熏"而众生得佛法之益,"若无本因,熏亦徒设"①。很显然,这"本"是"受"之根据,"熏"是"润"之作用,"本"和"熏"亦是相应不二的。可见,湛然所说的受润不二,即是机缘和佛法不二,亦是本熏不二,它表明佛法与众生永远是相契不悖的,佛教化众生永远是契理契机的。

以上一一分析了湛然"十不二门"中的每一"不二门",现对此"十不二门"作四点综合性的总结。

(1)"十不二门"的实质是对世出世间宇宙万法的一种分类。湛然将宇宙万法分为色心、内外、修性、因果、染净、依正、自他、三业(身、口二业合为一,意业独为一)、权实和受润十对范畴二十种。当然,这十对范畴并不表示逻辑上的分类周延性,而只是表示特定角度下的宇宙万法的不同呈显,即或呈显为色心,或呈显为因果,等等。

(2)"十不二门"之间并不是孤立的,其间存在着一定的依存性,湛然在《十不二门》中指明了这种依存性,即色心不二是"十不二门"之基础,内外不二门依色心不二门而成立,修性不二门依内外不二门而成立,因果不二门依修性不二门而成立,染净不二门依因果不二门而成立,依正不二门依染净不二门而成立,自他不二门依依正不二门而成立,三业不二门依自他不二门而成立,权实不二门依三业不二门而成立,受润不

---

① 《十不二门》,《乾隆大藏经》第131册,第236页上。

二门依权实不二门而成立,可见"十不二门"之间一环扣一环,环环相扣,组成法法"不二"的一个链条,如下图:

色心不二门——→内外不二门——→修性不二门——→因果不二门——→染净不二门——→依正不二门——→自他不二门——→三业不二门——→权实不二门——→受润不二门

从这个"不二"链条中,我们可以发现,色心不二门是其他"不二门"的源头,其他"不二门"都是直接或间接地从色心不二门中开出来的,因为宇宙万法归根到底无非就是色和心。色和心的不同表现方式就组成了宇宙万法,因而色心不二门是宇宙万法不二的基础。再者,在"十不二门"中,受润不二门是其他一切"不二门"的归宿,因为受润不二的实质正如前文所言,乃是"受"之众生与"润"之佛法之间的相应不二。一切"不二门"最后只有归结为众生与佛法之不二,才能真正称得上是众生解脱的"不二法门"。

(3) 湛然进一步认为,"十不二门"之间,除了上面所说的后一"不二门"依前一"不二门"而成立外,而且还门门相通,"门门通入色心,乃至受润咸然,故使十妙,始终理一"①,这就是说,"十不二门"中的每一"不二门"皆具其他九"不二门","十不二门"之间在理上是相通的,因而"十不二门"实质上只是一个"不二"妙理(佛教往往将两法之间的"不二"关系称为"妙")。这种"十不二门,门门相通"的理念源自天台宗"互具"的思想。天台宗总是认为,宇宙万法都不是孤零零的,它们之间都是"互具相即"的(如众所周知的"十界互具"),只是每一法在特定的时候只能以一种相示人罢了。

(4) "十不二门"将宇宙万法一元化,将世出世间一元化,将人类世界一元化,但这一元化不是相上的一元化,而是心的一元化,确切地说,是宇宙万法在心上反映的一元化,它并不泯灭宇宙万法在相上的多元性。因此,我们可以说,在"十不二门"的视野中,宇宙万法是一元

---

① 《十不二门》,《乾隆大藏经》第131册,第237页上。

化和多元化的巧妙统一。本来,对宇宙万法作一元化和多元化统一的始作俑者是禅宗,"不二"的境界也是禅宗心性修炼的极致。湛然提出"不二法门"这一思想体系,应该多少与他所受的禅宗的影响有关,因为智𫖮创立天台宗时以"互具相即"作为天台修行之境界(如"烦恼即菩提"),但还不曾将其明确为"不二",直到湛然将天台宗的"互具相即"与禅宗的"不二"作了嫁接,才完成了天台宗"十不二门"的思想体系。因此,我们可以说,"十不二门"是湛然以禅宗的话语来表达天台宗的思想和境界,但必须注意,"十不二门"的一切理念都源自天台宗的思想而非禅宗的思想。

(二)"无情有性"

湛然的"无情有性"实际上是智𫖮"性恶"思想的一个推论。关于湛然的"性恶"思想,曾其海曾作过简明扼要且颇为到位的总结,他说:

> 湛然在他早期的著述《止观辅行》序里,在解释《摩诃止观》中论"一念三千"的地方,他用回答的方式,详细说明了性恶说的意义。其主要内容:一是引用了前面已叙述过的《观音玄义》中关于性恶说的一段话;二是他对这段话作了说明,"阐提虽断尽善,但善种子仍保持在梨耶中,一切种子为内外所熏,而再发起善";三是提出了《观音玄义》的"了因性恶"说,非常重要;有人问:以十界互具说,凡夫心中具佛、菩萨之性,这是可以理解的,但当凡夫上升而成佛,此时只有一佛界,不得有其他九界,因此最后心如何能具三千?这个问题的实质是如何在逻辑上、理论上圆通地解释本体与现象的关系。华严宗在解释本体与事象的关系上,理论非常明了,也合乎逻辑,真如随缘万象普现,万象的本质是不变的真如。湛然也想借助于他的"了因性恶"说……使天台的"一念三千"理论明确化。所以,他在《止观义例》上说:"若断性恶,普现身色以何而立",这是说,假如断了性恶,那么佛和菩萨为应顺众生而普现种种身色也就失去了根

据。……由于湛然对性恶说的强调，客观上扩大了天台性恶说的影响。①

在包括智𫖮在内的所有的天台宗思想家中，湛然是直接谈论"性恶"思想最多的②，以致有些对天台宗思想史没有全面了解的人还误以为是湛然最先提出了"性恶"说（比如下文将提到的日本学者中村元）。不过，我们这里不想就湛然的一般的"性恶"思想作出论述，因为湛然的这种一般的"性恶"思想与智𫖮的"性恶"思想并没有太大的出入，而且我们通过曾其海上面的这段话便可对此获得一个总体的了解。我们这里想谈的是湛然从"性恶"思想中推论出来的"无情有性"思想。这个"无情有性"思想是具有"湛然特色"的思想，它与"性恶"有着极大的关系，知礼就曾在《十义书》（也叫《四明十义书》）卷下明确地提到过"无情有性"与"性恶"之间的关系，他说：

荆溪（即湛然）立于无情有性，正为显圆妄染即佛性。③

这里的"妄染即佛性"就是"性恶"也。湛然的"无情有性"思想是对"性恶"的一个创造性的发展。它极大地丰富了"性恶"的内涵。可以说，湛然最为后人传诵的思想便是他的"无情有性"说。他在《金刚錍》一文中专门论述了这一学说，另外在《摩诃止观辅行传弘决》、《止观义例》和《十不二门》等著述中亦有论述。④ 但相较而言，《金刚錍》中的论述最完整、最精辟，且足以囊括其他著述中的论述，可将其视为湛然有关"无情有性"思想的经典之作。因此，这里就以《金刚錍》为文本，对湛然的"无情有性"说作一探析。

---

① 曾其海：《天台宗佛学导论》，第85—86页，北京，今日中国出版社，1993。
② 这里所谓的"直接谈论"，也可叫"表面谈论"，指的是在相关的文本中直接出现"性恶"这一字眼。在湛然的文本中，"性恶"的字眼出现频率很高，而在智𫖮大多数的文本中，虽然也在谈"性恶"思想，但"性恶"这一字眼的出现很少甚至就根本不出现。
③ 《大正藏》第46卷，第846页中。
④ 有关《金刚錍》以外文本中的"无情有性"思想，参见赖永海在《湛然》（台北，东大图书公司，1993）一书中作过简要的论述（见第55—56页）。

当代学界对湛然"无情有性"的研究并不少,但基本上没有人意识到"无情有性"与"性恶"之间的关系。日本学者中村元是一个十分罕见的例外,他在那著名的三卷本皇皇巨著《中国佛教发展史》(上)中谈到湛然时说:

> 湛然大师还有认为草木瓦砾皆具佛性之《金刚錍论》……最值得大书特书的,应该是《金刚錍论》里的草木佛性说。从草木佛性说开始,展开了智𫖮的佛界中存有地狱之说,并发展出佛教性恶说。①

这里所谓的"草木瓦砾皆具佛性"和"草木佛性"乃是湛然在《金刚錍》中所举的"无情有性"的实例。中村元将"无情有性"与"性恶"挂上了钩,应该说是慧眼独具。但是,我们又不得不指出的是,他的"慧眼"还是出了一点偏差,因为他在这段话中犯了两个错误。第一个错误是常识性的错误,即他认为天台宗的"性恶"思想是湛然最先提出来的,并紧接着这段话对此作了附加说明:

> 湛然的佛教性恶说,乃史无前例的创新思想。他认为佛界亦有性恶,地狱界亦不乏性善,由于两界各择其修善、修恶之性,故划分出明显的界线。换言之,佛也具备了达到地狱之恶的本性,因不做恶的行为,故能成佛;地狱、畜生等六道亦兼有善的本性与恶的本性,因具有恶的行为,所以入六道轮回。成佛者为渡众生,故常置自于地狱以及其他各界。②

中村元对"性恶"思想本身的理解还是没错的,问题是他把"性恶"思想的发明权弄错了。"性恶"思想是智𫖮最先提出来的,湛然只是对这一思想作了进一步的阐扬而已。尽管湛然对"性恶"思想有所创新和发展,但"性恶"思想之首创者毕竟是智𫖮而非湛然,这是天台宗的一个常识。中村元在这里犯了一个外国学者在研究中国问题时常犯的错误,那就是

---

①② [日]中村元:《中国佛教发展史》(上),第312页,台北,天华出版事业股份有限公司,1984。

在见解上十分新颖和深刻,但却把一些常识的东西给弄错了。

中村元的第二个错误是他认为"性恶"思想是湛然从"无情有性"中推衍出来的(这第二个错误显然和第一个错误是有关的),然而事实正好相反,"无情有性"乃是"性恶"的一个推论命题。可见,中村元虽然看到了"无情有性"与"性恶"之间的关系,但却倒因为果,错误地理解了这两者之间的因果关系,是为幸中之大不幸也。

那么湛然是如何从"性恶"中推出"无情有性"这一结论的呢?这正是本节通过对《金刚錍》的解读所要着力探讨的问题。

总的来说,《金刚錍》是一篇探讨佛性问题的论文,其主题则是"无情有性"。作者在篇首便开门见山地指出了佛性在佛教中所具有的核心地位,他说:

> 自滥沾释典,积有岁年,未尝不以佛性义经怀。恐不了之徒为苦行,大教斯立功在于兹。万派之通途,众流之归趣,诸法之大旨,造行之所期,若是而思之,依而观之,则凡圣一如,色香泯净;阿鼻依正全处极圣之自心,毗卢身土不逾下凡之一念。①

在湛然看来,佛性贯通凡圣,只要真正地悟透了佛性义,便能即凡成圣,"阿鼻依正全处极圣之自心",同时又圣不离凡,"毗卢身土不逾下凡之一念"。这显然是与智𫖯"烦恼即菩提"的"性恶"意蕴是相一致的。然而,湛然十分遗憾,甚至还有点痛心地发现,人们对于佛性的理解过于偏狭局促,谈佛性只谈有情众生而不及无情诸类(比如草木瓦砾等),只说"有情有(佛)性"而不说"无情有(佛)性",这就遮蔽了佛性所本具的宽广的义域。有鉴于此,湛然决定以《金刚錍》"抉四眼无明之膜,令一切处悉见遮那佛性之指",②让人们都能清清楚楚地看到佛性的全义。

所谓"金刚錍",也叫"金錍"、"金篦"或"金筹",原是印度医生决开盲

---

①②《大正藏》第 46 卷,第 781 页上。

人眼膜使见光明所用的医疗器械，①佛经常在比喻的意义上使用"金錍"一词，借以表示破除众生的种种无明使见真理，比如《涅槃经》卷八中曰："……如百盲人为治目，故造诣良医，是时良医即以金錍决其眼膜"；《大日经》卷二中曰："佛为汝决除无智膜，犹如世医王善用于金筹"。唐代杜甫亦有诗曰："金箆定刮眼，镜象未离诠。"湛然以"金刚錍"为题来讨论佛性问题，其用意亦类似，即决开种种遮蔽，使见佛性真谛。

然而，湛然在佛性问题上提出这一革命性见解的同时，显然又遇到了一个麻烦，那就是他的祖师智𫖮并没有说过"无情有性"之类的话。出于宗教感情，湛然是不可能去指责智𫖮没有"无情有性"之思想的，他唯一能做的便是论证他所提出的"无情有性"并不违背智𫖮的思想；不但不违背，而且还可以在智𫖮的思想中找到足够的根据。也就是说，智𫖮虽然没有明说"无情有性"，但"无情有性"却隐含在他的思想中，此即所谓"言未到而意在其中"是也——这是发展宗教思想的一种技巧。湛然谙熟这种技巧并指出，他所提出的"无情有性"思想就隐含在智𫖮的"性恶"思想中，从"性恶"思想可以顺理成章地推论出"无情有性"思想。然而，湛然并没有将"无情有性"与"性恶"的这种关系直白地表露在《金刚錍》一文中，他甚至在该文中连"性恶"二字都没有提到，但"性恶"的思想却是含藏在字里行间的，这需要我们通过对《金刚錍》文本内在理路的分析来揭示这种关系（如果一切都明说了，那就用不着学术分析了）。

也许是为了标示"无情有性"思想的与众不同并避免持旧观点者的过激反对，湛然特地为《金刚錍》设计了一个梦境，"假梦寄客立以宾主"，通过在梦中与一个"野客"的"主宾"问答来阐明"无情有性"的道理：

　　曾于静夜久而思之，思之未已，倪焉如睡，不觉寱云无情有性，仍于睡梦忽见一人云："仆野客也。"容仪粗犷，进退不恒，逼前平立，谓

---

① 据《大日经疏》的介绍，金錍"两头圆滑中细，犹如杵形，可长四五寸许，用时以两头涂药，各用一头内一眼中涂之"。转引自丁福保《佛学大辞典》，第675页，上海书店，1995。

余曰:"向来忽闻无情有性,仁所述耶?"余曰:"然。"……①

就这样,湛然和"野客"在梦中展开了"无情有性"之探讨。《金刚錍》全文就是这个梦境的完整描述。湛然的"托梦说法"使得佛学著作《金刚錍》带上了几分浪漫主义的色彩。

《金刚錍》的文本结构便是"野客"问湛然答,我们的分析当然是围绕着湛然的答语而展开的,至于那个"野客"的问语,除非必要,我们将不涉及。另外,由于《金刚錍》在结构上是较为松散的"问答体",其文本的思想叙述并不是按"无情有性"与"性恶"之间的关系的内在逻辑顺序而展开的,而是按外在的问答情境的需要而展开的。因此,我们在解读《金刚錍》时必须突破原来文本叙述的表面情境顺序,按照暗藏在文本中的逻辑顺序来阐发其中的思想。

1. 消除"无情"与"有情"之间的分别

湛然虽然主张"无情有性",但在他看来,"无情有性"这个说法本身实在是一个不得已而为之的"言筌",因为他认为宇宙万法本就没有什么"有情"和"无情"之分别,一切都是平等的。② 他为此提供了两条理由:

(1) 根据天台宗"一念三千"的根本原理,宇宙万法,不管"有情"还是"无情"都是由心所造,由心所变,在"生起"上是平等不二的,"众生迷故,或谓自然梵天等造,造已,或谓情与无情,故造名犹通。应云心变,心变复通;应云体具,以无始来心体本遍,故佛体遍由生性遍。"③在湛然看来,众生因为"迷"的缘故,认为宇宙万法是"自然梵天"等外力所造,遂有所

---

① 《大正藏》第 46 卷,第 781 页上。
② 佛教中的"言筌"是很多的,最著名的恐怕是"空"与"有"的"言筌"。佛教认为,万法皆"空",但你不能认为"空"就是没有,万法毕竟是存在的,是"有";然而你又不能将这"有"理解为是真有,因为万法在本质上依然是"空"。说"空"不是,说"有"亦不是,但是你又不能不以"空"与"有"来进行言说。说也不是,不说也不是,最后毕竟还是要有所言说,这就是"言筌"。对于"言筌",我们的态度是不要执著于"言筌",要"得意忘言"、"得鱼忘筌"。我们这里说"无情有性"是个"言筌",意指世上本就没有什么"有情"、"无情"之分别,而说"无情有性"实际上隐含着对"有情"和"无情"作了分别。
③ 《大正藏》第 46 卷,第 785 页中。

谓的"有情"、"无情"之分;实际上,一切都是心造,故而"心体"遍一切处,即既遍"有情",也遍"无情","有情"和"无情"中的"心体"是同一个"心体",两者无有差别。再根据"一念三千"的子原理"十界互具","有情"中的"心体"无疑亦是"佛体",而"无情"中的"心体"和"有情"中的"心体"是同一个"心体",所以很显然,"无情"中的"心体"亦是"佛体"了。最后,"佛体"因为含"佛性",所以"佛体遍由生性遍";既然"性遍",那么"无情"亦遂"有性"了。湛然在这里从"一念三千"推论出"无情有性",这还不是他关于"无情有性"的究极之谈。他在这里的主要任务是泯除"有情"和"无情"之间的界限,杜绝对两者的分别。这个推论只是一项附带的任务而已。我们权且把这个推论当做从"性恶"推论出"无情有性"的一个预备定理(在数学的推理中就常有预备定理,而且在多数情况下还必须有若干个预备定理作前导)。

(2) 根据佛教的"四微"说,湛然认为,"有情"也好,"无情"也好,其基本元素都是"四微",它们在本质上无有差别。所谓"四微",按《成实论》,指的是"色香味触四种之极微也"。① 佛教认为,宇宙万法可以分为"色法"(物质实体,比如桌子)和"心法"(精神实体,比如观念),任何"色法"都含具"四微",比如一张桌子,我们用眼睛能看到它的"色",或红或黑;用鼻子贴近桌面去闻,能闻到它所散出来的"香",即气味,②比如油漆的气味或樟树的气味(假如这张桌子正好是用樟木做的);用舌头去舔一下桌子的某一部位(如果勇敢地去这样试一下的话),能感觉到它的"味",也许这种"味"会让你感到不舒服,但这种"味"肯定是存在的;再用手去摸一下桌面,可以感受到桌面的一些物理特性,比如光滑还是粗糙,平整还是凹凸,再配以眼睛,又可以了解到桌子的形状及高低等,桌子的这些物理特性就是"触"。在佛教看来,桌子就是由我们的感觉器官能感受得

---

① 丁福保:《佛学大辞典》,第399页。
② 佛教中所说的"香"并不是在意义上与"臭"相对的作为形容词的那个"香",它仅仅是气味的意思,是一个名词。

到的"色香味触"这"四微"和合而成的,①不但桌子,而且一切"色法"亦莫不是由"四微"和合而成,智顗在《摩诃止观》卷五中就曾说过"法有者,即是色香味触四微和合,故名法有"。智顗所说的"法有"即是"色法"的异名也。

但是,切不可将"四微"看做是客观存在着的四种元素,按照佛教唯心主义的"能所"观,"四微"("所")是我们的感觉能力("能")变现出来的,并不是客观的东西,而是主观的感觉因子(用唯识宗的话来说就是"四微"是"八识"所变现出来的)。比如,我们看到桌子是红色的,佛教解释说,你所看到的红色是你的眼睛变现出来的,也就是说你的眼睛为它自己变现出所要看的红色。因为"四微"是我们的感觉能力变现出来的,所以由"四微"所组成的一切"色法"亦当然是由我们的感觉能力变现出来的,是主观的。"四微"说实际上乃是佛教唯心主义的物质结构理论。②它指明了世间万物由什么元素所组成。按现代科学的原子—分子物质结构论,这种以感觉为基础的主观色彩浓厚的"四微"元素结构论显然不足为谈,但不管怎么说,"四微"说也像原子—分子说一样建立起了物质统一观。所不同的只是,在原子—分子说中,不同的物质具有不同的原子—分子成分和结构,而在"四微"说中,不同的物质却具有相同的"四微"成分和结构!因为不管何种物质中的"四微",最终都是主观的感觉因子而已。"四微"说将物质统一于"四微",就是根据这样的"四微"统一观,湛然认为"有情"、"无情"都是由"四微"所组成,归结到"四微"上两者是一样的,它们在"四微"上获得了统一。湛然说:

心外无境,谁情无情!法华会中,一切不隔;草木与地,四微何

---

① "四微"实际上乃是"六尘"(色、声、香、味、触、法)中的"四尘",而感受这"四尘"的感觉器官实际上就是"六根"(眼、耳、鼻、舌、身、意)中的"四根"(眼、鼻、舌、身)。"四微"虽然是"六尘"的一部分,但"四微"和"六尘"却属于两个不同的佛教理论体系。

② 不要将"四微"说和佛教的"缘起"说混淆起来。"四微"说讲的是物质的结构和组成物质的元素是什么,属于"宇宙结构论";而"缘起"说讲的是物质是如何生成的(因缘和合而成),属于"宇宙生成论"。两者有一定的联系,但不是同一范畴。

殊。举足修途，皆趣宝渚，弹指合掌，咸成佛因。与一许三，无乖先志。①

这里，湛然首先掷地有声地反对对宇宙万法作"有情"、"无情"之分别，"心外无境，谁情无情"，一切都没有隔别；紧接着他便依"四微"说指出，"草木与地"这些"无情"物也像"有情"众生一样是由"四微"所构成的，②"无情"与"有情"在本质上是一致的。既然"有情"的"举足"、"弹指"、"合掌"都是佛性的表现，"有情"是有佛性的，那么，"无情"也应该是有佛性的，"一草一木、一砾一石、一纤一丝，每一客观对象都是佛性的表现，都是佛性的外化。"③虽然天台宗的祖师爷智顗只说过"有情"有佛性，而没有说过"无情"有佛性，但是湛然认为自己说"无情"有佛性还是"无乖先志"。引文中所谓的"与一许三"是这样的意思：智顗只说"有情"有佛性，这是"与一"；而我湛然则说"有情"、"无情"都有佛性，这是"许三"，因为"无情"包括有机物（草木等）和无机物（瓦砾等）二类，再加上"有情"一类即为"三"也④。湛然在《金刚錍》中所要做的无非就是论证"与一许三，无乖先志"。

湛然从"四微"说推论出"无情有性"亦同样只是他从"性恶"推论出"无情有性"的一个预备定理，而不是有关"无情有性"的"最后极唱究竟之谈"。

---

① 《大正藏》第 46 卷，第 785 页中。
② 关于"有情"众生由"四微"所构成这一点，湛然在《金刚錍》中并没有明说，但他在《摩诃止观辅行传弘决》卷七中曾引《成实论》语："依四微而成地水火风四大，依四大而成五智"以及"四微成四大，四大成五根"作过阐述。所谓的"五智"和"五根"即是指"有情"的众生身。"有情"的众生身由"四大"和合而成（这是一个佛教常识），而"四大"实际上又是由"四微"所组成。所以归根到底，"有情"众生是由"四微"所构成的。打个比方来说，"四大"犹如分子，而"四微"则犹如构成"四大"的原子。湛然也许是认为"四微成四大，四大成有情"是一个众所周知的常识，所以就在这段引文中隐而不说，但是我们从行文的语意中可以明显地看出"有情"众生由"四微"所构成这样一个重要的意蕴。
③ 曾其海：《天台宗佛学导论》，第 80 页。
④ 在湛然那里，"有情"就是指人类众生而言，至于狗、猫等人以外的动物，根据佛教的灵魂转世说，其实亦是由人转世而成，或将再转世为人，因而是人的变式，还是属于人这一类。

湛然从"一念三千"和"四微"说这两个原理出发，论证了"无情"与"有情"之间的统一性，阐明了宇宙万法本是统一圆融的，不存在什么"无情"、"有情"之分别；对"无情"和"有情"进行分别，这是"小宗"——比如华严宗——的狭隘之见，作为"大教"的天台宗，乃是主张"无情"即"有情"、"有情"即"无情"的。

2. 从"性恶"到"无情有性"

湛然在"无情"和"有情"之间画上等号，消除了两者之间的分别，从而确立起了一个一元论的宇宙观，并在这个一元论的视域中展开对"无情有性"的探索和论证。但是湛然并不是依如下这个很表面化的三段论来得出"无情有性"的结论的：因为"有情"是有佛性的（这是智顗所认可的），而"无情"与"有情"又是无有分别的，所以"无情"亦是有佛性的，即"无情有性"。这个三段论固然不错，但湛然仅仅是将其视为他对"无情有性"作深层探索的一个预备定理而已。他最终得出"无情有性"这个结论是基于对"性恶"思想的洞察。他是从"性恶"中推论出"无情有性"的。

这个著名的推论是从确立"佛性犹如虚空"这个命题开始的。

"性恶"思想认为，佛虽是至善的，但却不断"性恶"，佛性中仍具恶的成分，善与恶在佛那里是融通无碍的，也就是说，佛性具善又具恶。湛然根据《涅槃经》中的思想认为，佛性兼具善恶是"果地无碍"的表现，只有成就了佛果，才能做到善恶无碍，而这种"果地无碍"就是"虚空"，故佛性兼具善恶亦是一"虚空"（善恶之间不再互相"壅塞"）：

> （《涅槃经》）三十一迦叶品云，众生佛性犹如虚空……迦叶问云，何名为"犹如虚空"，佛乃以果地无碍而答迦叶。①

可见"佛性犹如虚空"并不是一个比喻，而是一个实说，其中的"犹如"并不是比喻词"好像"的意思，而是肯定系词"就是"或"乃是"的意思。

湛然一下子为我们打开了"性恶"的新视野："性恶"即"性具善恶"是

---

① 《大正藏》第 46 卷，第 781 页中。

一种"虚空",一种"果地无碍"的"虚空",一种"善恶无碍"的"虚空"。这无疑给人以一种清新感。紧接着,他又进一步将这种"善恶无碍"的"虚空"分为三个层次:

> 为非涅槃说为涅槃,非涅槃者,谓有为烦恼;为非如来说为如来,非如来者,谓阐提二乘;为非佛性说为佛性,非佛性者,谓墙壁瓦砾。①

这就是说,烦恼与涅槃无碍,阐提与如来无碍,瓦砾与佛性无碍,这三种"无碍"就是"性恶"、"虚空"的具体表现,亦可将其理解为是智𫖮"烦恼即菩提"的具体展开。其中的瓦砾与佛性无碍就是"无情有性"的意思。可见,精确地说,"无情有性"中的"有"除了具有"有没有"中的"有"的意思外,还有"无碍而能相合"的意思。关于这"有"的第二层含义,湛然亦有明释:

> 有云,无碍处……有云,与有并合。佛言合有三种,一如鸟投树,二如羊相触,三如二指已合……有云,如器中空。②

因此,"无情有性"的真实含义应包括两个方面,即(1)"无情"中含有佛性,以及(2)"无情"与"佛性"不相妨碍(注意:这里的"佛性"并不是指"无情"中的佛性,而是指包括"有情"中的佛性在内的普遍的"佛性",所以笔者特地在"佛性"上加了引号。)其中含义(1)是对"无情有性"的事实判断,而含义(2)则是对"无情有性"的价值判断。价值判断以事实判断为基础,事实判断是"体",价值判断是"用"。"无情有性"在佛教上的最终意义必然要落实到它的价值判断上。作为"无情有性"的价值判断,"无情"与"佛性"不相妨碍(亦可等价地说成"无情"与"成佛"不相妨碍),一如烦恼与菩提不相妨碍。众生欲成佛,既不必厌弃烦恼,亦不必逃避

---

① 《大正藏》第46卷,第781页中。
② 同上书,第781页下。

"无情"。众生毕竟要在"无情"中生存,也就是要在一定的物质环境中生存,要住在房子里,要吃稻麦果蔬以活命,要脚踏大地,你就是躲到山野去隐修,也还是要跟花草树木打交道,也还是要坐在岩石上,总之作为一个生活在世上的人,你是不可能与"无情"脱离关系的,你绝不可能生活在真空的与"无情"物绝缘的环境中。湛然看到了人对于"无情"物的这种绝对依赖性,并将之纳入他的成佛思想中进行思考。他的理路是,众生既然皆能成佛(这是天台宗的"一佛乘"思想),那么,众生赖以存在的一切"无情"物都不应妨碍众生之成佛,只有在"无情"物不妨碍众生成佛的前提下,众生的成佛最终才能成为现实。因为"无情"物与众生形影相随,且有些"无情"物确实也会妨碍人们的心灵宁静,比如炎炎烈日所引起的炎热天气、噪音、狭窄的居住处所等,这些"无情"物确实是人们进入澄明之佛境的障碍。但是,湛然认为,"无情"物只是在表面上构成了众生成佛之障碍,就像烦恼在表面上是众生成佛之障碍一样。实际上,"无情"物也像烦恼一样为众生之成佛提供了一个契机,并不妨碍众生成佛。烦恼中有"如来种"佛性,故能助成众生成佛,"无情"中也有佛性会助成众生成佛。这就是湛然的"无情有性"思想。湛然以"无情有性"说来确证"无情"物不会妨碍众生成佛,这是非常重要的工作,甚至可以说是十分关键的工作,因为如果不证明"无情"物不会妨碍众生成佛,那日夜生活于"无情"之中的众生——众生可以不生活于烦恼中,但却无法不生活于"无情"中——的成佛就非常值得怀疑,不能令人信服。因此,表面上看来,"无情有性"只是"无情"有佛性的意思,但其潜台词或实际所要阐明的则是"无情"不妨碍"有情"众生成佛。因为只有当"无情"有佛性时,它才能与同样有佛性的"有情"两相沟通,而不致妨碍后者成佛。智𫖮的"性恶"思想表明众生自身的种种不可避免的烦恼不会妨碍成佛;而湛然则从此再推衍开来,阐明众生必然生存其间的"无情"物亦不妨碍成佛,这就将智𫖮的"性恶"成佛论向前推进了一步,使其变得更加圆满无缺。

关于湛然的"无情有性"说使得智颢的"性恶"论变得更为圆满这一点,知礼也曾认识到了。本节开头所引的知礼《十义书》中的那句话就说湛然的"无情有性"说"显圆"(使……显得圆满)了"性恶"论。另外,他在《十义书》中还有这样一段话:

> 岂非金錍本示无情有于佛性,无情色与烦恼心,二法俱约随缘义说,于随缘中,烦恼心为能造,生死色为所造。能造即理故既遍,所造即理故岂不遍耶?①

这里所指明的"无情色"与"烦恼心"就是众生成佛的两种当下现实。众生既生活在烦恼中,又生活在"无情"物中,这是众生客观的无法逃避的生存状况。只有解释清楚烦恼和"无情"物都不会妨碍众生成佛,众生的成佛才能既在理论上又在实践上都行得通。众生即烦恼而成佛,即"无情"而成佛,这是"性恶"成佛论的两翼。智颢实际上只谈了其中的一翼——即烦恼而成佛,湛然的"无情有性"说补足了另一翼——即"无情"而成佛。正是在这个意义上,知礼才说湛然的"无情有性"说"显圆"了智颢的"性恶"论。

那么,烦恼和"无情"物为何不会妨碍众生成佛呢?这又是一个十分重要的问题,须得交代清楚。烦恼之所以不妨碍"有情"众生成佛,乃是因为烦恼本身含有"如来种",这可以参见前几章的相关论述;而"无情"物之所以不妨碍"有情"众生成佛,原因之一是由于前文两条预备定理中所表明的"无情"与"有情"在佛理上无有分别。可见,前文对这两条预备定理所作的详细叙述亦是"磨刀不误砍柴工"也。

"无情"物之所以不妨碍"有情"众生成佛的另一个重要原因乃是由于两者在本质上都是"随缘不变"之"真如",湛然在下面这段引文中就很好地解释了"随缘不变"与"无情有性"之间的密切关系:

---

① 《大正藏》第46卷,第847页中。

> 随缘不变之说出自大教，木石无心之语生于小宗，子欲执小道而抗大达者其犹螳螂乎？何殊井蛙乎？故子应知，万法是真如，由不变故；真如是万法，由随缘故。子信无情无佛性者，岂非万法无真如耶？故万法之称宁隔于纤尘，真如之体何专于彼我，是则无有无波之水，未有不湿之波。在湿讵间于混澄，为波自分于清浊，虽有清有浊，而一性无殊；纵造正造依，依理终无异辙。若许随缘不变，复云无情有无，岂非自语相违耶？故知，果地依正融通，并依众生理本故也。此乃事理相对以说。若唯从理，只可云水本无波，必不得云波中无水。如迷东为西，只可云东处无西，终不得云西处无东。若唯从迷说，则波无水名，西失东称，情性合譬思之可知，无情有无例之可见。①

在解释了"有情"、"无情"均是"随缘不变"之"真如"后，湛然又阐明了"真如即佛性异名"：

> 真如随缘即佛性随缘，佛之一字即法佛也。故法佛与真如体一名异，故佛性论第一云，佛性者，即人法二空所显真如，当知真如即佛性异名。华严又云，众生非众生，二俱无真实；如是诸法性，实义俱非有。言众生非众生，岂非情与无情？二俱随缘并皆不变，故俱非有。所以法界实际一切皆然。②

对于"真如即佛性异名"，"野客"曾作过这样的反驳：

> 仆曾闻人引大智度论，云真如在无情中但名法性，在有情内方名佛性，仁何故立佛性之名？③

这是一个十分关键的问题，因为如果"无情"中的真如名为法性，而只有

---

① 《大正藏》第46卷，第782页下—783页上。
② 同上书，第783页中。
③ 同上书，第783页上。

"有情"中的真如才名为佛性,那么"无情"和"有情"就无法在真如上获得真正的统一,因而更无从得出"无情"有佛性的结论。为了确立正见,湛然对"野客"作了如下的反驳:

> 亲曾委读细捡论文,都无此说,或恐谬引章疏之言,世共传之,泛为通之,此乃迷名而不知义。法名不觉,佛名为觉,众生虽本有不觉之理,而未曾有觉不觉智,故且分之令觉不觉,岂觉不觉不觉犹不觉耶?反谓所觉离能觉耶?……觉无不觉不名佛性,不觉无觉法性不成。觉无不觉佛性宁立,是则无佛性之法性,容在小宗;即法性之佛性,方曰大教。①

湛然从"觉"与"不觉"之间的关系论证了佛性与法性之间的相即不二,在他看来,佛性是觉性,而法性是不觉性,但是"觉无不觉不名佛性,不觉无觉法性不成",佛性与法性都是"觉"与"不觉"的内在统一,佛性中含有法性(不觉性),法性中含有佛性(觉性),"无佛性之法性"只是"小宗"之主张,而天台"大教"则是讲"即法性之佛性"的。因此,那种将法性与佛性分离开来并认为佛性在"有情"中而法性在"无情"中的观点是完全错误的,"有情"和"无情"皆具佛性与法性。就"有情"而言,"有情"有佛性,这是已被佛界反复证明了的常识;同时,"有情"毕竟也是"色法",故免不了亦有法性;就"无情"而言,"无情"是"色法",显然是有法性的,同时"无情"亦是真如的体现,是所谓的"法佛","法佛与真如体一名异","真如是佛性异名",这就是说"无情"亦是有佛性的。不管在"有情"中还是在"无情"中,佛性和法性都是相依而存的。正是在这个意义上,湛然说"无情有性"(事实判断)。

以上的分析告诉我们:(1)湛然的"无情有性"是从"性恶"的"虚空"性中推出来的;(2)"无情有性"所要说明的并不是"无情"物自身能够成佛,而是"无情"物不妨碍人类有情众生之成佛。学术界一直以来都把

---

① 《大正藏》第46卷,第783页上。

"无情有性"理解成是"草木瓦砾"等"无情"物都能成佛,这完全是误解。①佛教所关注的总是人类有情众生能否成佛,这是佛教唯一且永久的主题。湛然提倡"无情有性"也是为人类有情众生的成佛服务的,至于"无情"本身能否成佛,这是一个谁都无法确证的问题,也是根本没有必要去确证的问题。又有谁曾见过"草木瓦砾"成过佛呢?佛教汗牛充栋的典籍中又有哪一本曾说过"草木瓦砾"成了佛呢?湛然虽然说"无情"物也是真如的体现,是"法佛",禅宗虽然也说"青青翠竹,尽是法身";"郁郁黄花,无非般若",但这些说法都只是表明"无情"物与人具有共通性,不妨碍人之成佛,非但不妨碍,而且人还只有在"无情"物中才能成佛,因为人无法脱离"无情"物,"无情"物也将像烦恼一样为人的成佛提供一个契机,"无情"物最终有利于人成佛,这与智顗所开发出来的烦恼之于人成佛之意义是一模一样的。这些说法一点也不表明"无情"物真的就会像人一样成佛,因为成佛是要通过主观的修行努力的,不修行就无以成佛,"草木瓦砾"等"无情"物能修行吗?修行只是人类有情众生的事情。这些说法就好比我们说某种食品是减肥食品,其意思并不是说这种食品本身减肥了,而只是说这种食品有利于人减肥,这两种意思是有天壤之别的。其实,湛然提倡"无情有性",其语境非常类似于今天我们提倡环境保护。我们讲环境保护,讲爱护花草树木,其最终目的乃是为了人类自身生存得更舒服些,而不是为了花草树木本身;同样的,湛然讲"无情有性",讲花草树木亦有佛性,其最终目的也是为了人的成佛,而不是为了花草树木本身。我们必须知道,自古及今,人类的一切行为和思想都是以人为目的而展开的,"人类中心主义"是无条件地主宰着人的一切活动的,花草树木等"无情"物永远只能是手段和配角。我们今天大讲特讲的

---

① 这种误解的一个实例是,曾其海将湛然的"无情有性"等同于西方的泛神论,他说:"湛然提倡'无情有性'说,把秭稗、瓦壁、尿溺、虚空都说成是有佛性的。这与西方的泛神论主张'神存在于自然界的一切事物之中'已无本质的区别,只在具体的某些说法上有所不同。"(参见曾其海《天台佛学》,第17页,上海,学林出版社,1999)

所谓可持续发展,表面上看来是保护生态,尊重"无情",但实际上这些做法仍然是为了人自身的生存,仍然是"人类中心主义",只不过是一种"先利他后自利"的隐蔽的"人类中心主义",而不是老式的"不利他只自利"的赤裸裸的"人类中心主义"而已。人类是绝不可能以损害自己为前提来尊重"无情"的。在湛然提出"无情有性"之前,佛教所表现出来的"人类中心主义"亦是赤裸裸的,它只关注人类"有情",而不关注人类以外的"无情"。但是,湛然以"无情有性"发展出了佛教隐蔽的"人类中心主义",以关注"无情"来最终实现对人类"有情"成佛的终极关怀。

智顗的"性恶"说阐明了众生不离世俗即烦恼而成佛的意境,但是智顗的"世俗"是纯粹"有情"的,是关于人事社会的,并不包括"无情"的生存环境在内。实际上,谁都知道,"世俗"除了包括"有情"的因素,也还包括"无情"的因素。成佛是在"有情"和"无情"的双重环境下进行的。湛然的"无情有性"说无疑扩展并完善了"性恶"说的内容,它给我们指明了这一点:众生在当下的"无情"环境中即可成佛,就像在当下的烦恼中即可成佛一样,根本不必起分别心而到别的什么地方去成佛。俗云:"逃得了和尚逃不了庙。"任凭你逃避哪一种"无情",你最终还是要落入另一种"无情"。既然逃不开"无情",那还不如就当下之"无情"而作成佛之事业。《金刚錍》结尾处有一妙语总结了这一点,曰:众生之成佛应"如人倒地还从地起"。① 从哪里跌倒就从哪里爬起,在何处迷执就在何处成佛。很显然,湛然的"无情有性"说使天台宗的"即身成佛"和"即世成佛"在理论上和实践上都变得更为完整。

在《金刚錍》中,湛然还通过正、缘、了三因佛性来谈"性恶",但这些都是智顗已谈过了的,没有什么特别的新意,故于此从略。

关于湛然的"无情有性",于《金刚錍》文本之外,我们还需再略谈一点作为此节之结束。在《金刚錍》中,湛然从"性恶"说中推论出"无情有

---

① 《大正藏》第46卷,第766页上。

性",这是非常明显的一个理论线索。那么,在智顗众多的有关"性恶"的论述中,是否也有"无情有性"的潜在的源头呢？回顾智顗对《法华经·观世音普门品》的解读(参见第三章第一节),在这个解读中,智顗将众生的烦恼分为内烦恼和外烦恼,其中的外烦恼就包括"无情"(比如风暴)。不过,智顗在具体论述"性恶"时,主要谈的是内烦恼,对外烦恼所言甚少,更无专门谈"无情"的言论。但不管怎么说,既然智顗大谈烦恼之"性恶"义,同时又将烦恼划分为内烦恼和外烦恼,那么外烦恼之"性恶"义从而其中"无情"物之"性恶"义都是题中应有之义,只是智顗没有有意识地加以论述而已。因此,凭这一点,我们庶几可以说,湛然的"无情有性"思想在智顗的思想中已有了一些影子。或者说,"无情有性"思想在智顗那里就已有了胎气,到了湛然这里胎气就变成胎儿,并生产了出来,逐渐长成一个完整独立的思想。尽管"无情有性"思想在智顗那里已经有了那么一点意思,尽管湛然"无情有性"思想的理路源自智顗的"性恶"论,但智顗毕竟没有自觉地意识到"无情有性"思想,更没有自觉地提出这一思想。因此,湛然提出"无情有性"思想无疑应是天台思想史乃至中国佛教思想史上的一大创造。

第八节　中晚唐和五代的天台宗

在湛然"中兴台宗"后的近二百年间,中晚唐和五代的天台宗平稳发展,国清寺系代有传人,保持了天台宗法脉的延续;同时,在这一时期,更有不少著名的文人学士皈依天台宗或醉心于天台学,扩大了天台宗在社会上的知名度;更为重要的是,在这一时期,天台宗还弘传到了日本,并且天台学在朝鲜半岛也得到了进一步的研究和传播,从而使得天台宗从中国佛教一跃而为东亚佛教——这是天台宗国际化的第一步,为天台宗在地缘佛教中首次争得了重要的地盘。可以说,中晚唐和五代的天台宗呈现出了形式多样的扇形扩散的发展态势,已不再是此前局促的线性发展。

一、湛然以后的台宗法脉

按照天台宗的谱系,湛然是天台宗"九祖",湛然在中晚唐和五代的法裔延续是这样的:

```
      ┌道邃──→广修──→物外──→元琇──→清竦──→义寂──→┬义通
湛然──┤                                              └谛观
      └行满
```

1. 道邃(生卒不详),号兴道,陕西长安人,二十四岁出家,唐代宗大历年间来天台山受学于湛然,洞彻天台教观,湛然对他极为赏识,许之曰:"吾子,其能嗣兴吾道矣"①,并授以《摩诃止观辅行传弘决》。嗣法后,道邃主要在天台山周围地区弘法,并撰有《大般涅槃经疏私记》、《维摩经私记》和《摩诃止观记中异义》。

2. 行满(生卒不详),江苏苏州人,二十岁出家。唐代宗大历三年(768)至天台山受学于湛然。湛然圆寂后,驻锡天台山佛陇寺,传持天台教观。

3. 广修(770—843),号至行,浙江东阳人,二十一岁出家,跟随道邃学习天台教观,后住禅林寺,"日诵法华、净名、光明、梵网、四分戒本为常课,六时行忏,晚年弥笃。每岁行随自意三昧七七日,未尝以事废"②,此足见其修行之谨严。当时的台州刺史韦珩曾请广修入郡讲天台止观。

4. 物外(?—885),福建福州人,号正定,跟随广修宣讲天台止观,且身体力行,功夫极深。唐大中十三年(859),荒岁歉收,物外于室中跏趺入定,并对弟子说:"你们若还没被饿死,等五谷丰登的时候,再击磬让我出定。"物外此定,一定就是一年多,直到第二年五谷收成,弟子们才唤其

---

① 《大正藏》第49卷,第190页上。
② 《佛祖统纪》卷八。

出定。

5. 元琇(生卒不详),浙江天台人,出家于国清寺,随物外学习天台止观,深得妙旨。元琇生当唐末乱世,人心惶惶,来听其讲经说法的学人时多时少,极不稳定。但是,元琇从不以听讲学人的多寡而二其心。有一天,元琇升座说法,忽有异僧十人自外而入,威仪可观,致敬行礼后坐于末座,听讲完毕,即问讯而退,元琇派侍者邀其回来,可异僧们却一齐凌空举手,笑谢而去。这件事被时人传为"元琇说法,感动天神",元琇也因此得了个"妙说尊者"的称号。

6. 清竦(生卒不详),浙江天台人,依从元琇学习天台止观,日夜不懈,解行兼备,后主持国清寺。时值五代之吴越国,国宁民安,且吴越王又虔信佛法,因此清竦之弘法很是顺利。他曾教诫信徒说:"王臣外护,得免兵革之忧。终日居安,可不进道以答国恩?"①感激之情溢于言表。清竦不但精通天台佛理,而且还极富口才,因而每每升座说法,高论不已,致使听众皆深入三昧而无倦容,博得时人称其为"高论尊者"。

7. 义寂(919—987),浙江永嘉人,12岁出家,聪慧过人,"诵法华,期月而彻"。22岁,至天台山从清竦学习天台止观,历十余年,深入玄奥。后居宁波阿育王寺,曾梦见自己登天台山"与观音体合为一",自此得观音加被而"乐说无碍"。但是,义寂也痛感自唐末"安史之乱"和"会昌法难"以来,天台宗的典籍损毁殆尽,只剩些"残编断简",因而"巧妇难为无米之炊",要想弘传天台教观,苦于无凭,于是遂四处搜罗幸存之天台教典,不过亦仅得智顗的《维摩经疏》一部而已。然而,事有凑巧,当时的吴越王钱弘俶因读到《永嘉集》中的"同除四住,此处为齐;若伏无明,三藏即劣"一句,不明其意,就召德韶国师来问。德韶国师是一位禅师,他说,这是天台宗的教义,国王最好去问天台宗的义寂大师。吴越王于是就赶紧召来义寂相询。义寂告诉他,这句话出自智顗大师的《法华玄义》,不

---

① 《佛祖统纪》卷八,《大正藏》第49卷,第190页下。

过自唐末乱世，包括《法华玄义》在内的天台宗典籍都毁散无存了，国王若想看到这些珍贵的典籍，只有到海外去寻找。义寂说这话时心中是有"小算盘"的，即他想借助吴越王的力量来寻回天台宗的典籍。果不出所料，吴越王受了义寂的这一"卖关子"激将法，好奇心陡增，连忙谴使到日本和高丽搜寻天台宗典籍，结果遂了义寂的心愿，天台宗的大部分典籍都从海外寻回，从此"一家教学，郁而复兴"，这不能不说是义寂的功劳（吴越王只有苦劳）。作为嘉奖，吴越王为义寂在螺溪建造了定慧寺（由张彦安舍地）。太平兴国八年（983），吴越王恭请义寂为其授菩萨戒，并赐号"净光大师"，赠紫衣而执弟子礼。

义寂一生勤于宣讲，共计讲"天台三大部"各二十遍，讲《维摩诘经》、《金光明经》、《梵网经》、《金刚》、《法界观门》、《永嘉集》、《止观义例》、《十不二门》等数遍，播撒天台教观，及门弟子百余人，其中来自国外的就有十人。

8. 义通（927—988），高丽人，幼年出家，始学《华严经》、《大乘起信论》，后晋天福年间来华，至螺溪师从义寂学习天台宗"一心三观"，心有契悟，不禁叹曰："圆顿之学，毕兹辙矣！"后来学有所成，决定回国传教，临别之日对同学说："吾欲以此道，导诸未闻，必从父母之邦始。"然而，当他行至宁波准备登船渡海时，当地太守钱惟治率道俗再三盛情挽留，并对他说："如曰利生，何必鸡林（即高丽）乎？"同时钱惟治还请义通为自己授菩萨戒，执弟子礼。如此这般，义通也是盛情难却，于是就放弃了归国的念头，安心留了下来。后来，漕使顾承徽舍宅为传教院（后皇帝赐额"宝云寺"），延请义通住持弘法。义通在华传教"几二十年，升堂受业者不可胜纪，常呼人为乡人，有问其故，曰：吾以净土为故乡，诸人皆当往生，皆吾乡中之人也"①。此足见其对芸芸众生的慈悲情怀。自从义寂假吴越王之力寻回天台宗典籍后，义通成为天台宗史上宣讲天台学最得力的一人，志磐曾将他与灌顶、湛然并称为天台宗"三良"。在志磐看来，义

---

① 《佛祖统纪》卷八，《大正藏》第49卷，第191页下。

寂寻回台宗典籍而义通弘扬之,与灌顶结集智𫖮著作而湛然弘扬之,具有同等重要的意义。正是由于台宗典籍的回归以及义通对天台学的弘扬才直接导致了天台宗在宋代的复炽,此是后话。

9. 谛观(生卒不详),高丽人。上文言吴越王钱弘俶遣使到日本、高丽搜求天台宗典籍,"其中,前往高丽的使者带去钱弘俶给高丽王的亲笔信以及50种宝物。高丽王因遣谛观入华奉献,并嘱咐谛观,到中国后,求师问难,若不能解答,则夺教之归国。可见谛观是以'国使'的身份,肩负着奉送教籍和请益求法的双重任务。"① 谛观入华后,即至天台山将所携教典悉付义寂,并随义寂受学十年,其间撰《天台四教仪》,"上卷明一家判教之义,下卷明南北诸师宗途异计",对天台宗"五时八教"的判教思想作了深入浅出、简明扼要的系统评述,被喻为"台教之关钥",是天台宗最重要的入门读物之一。直到今天,佛学院都还将它列为学习天台宗的必读书目。②

二、日本之天台宗和朝鲜半岛之天台学

在天台宗弘传日本之前,天台学已先期抵达日本③,那就是鉴真和尚(688—763)东渡日本时带去了智𫖮的《摩诃止观》、《法华玄义》、《法华文句》、《小止观》、《六妙门》等天台学著作。④ 鉴真及其弟子法进、如宝、思

---

① 朱封鳌:《中国佛学天台宗发展史》,第115页。
② "佛教界普遍认为:天台宗的五时八教说,其端倪虽出于《涅槃经》和智者的《摩诃止观》、《四教义》,但真正提出五时八教之说的是章安的《天台八教大意》(一说是湛然的弟子明旷所作),不过此书对于五时还只是附带提及。真正将五时八教分得十分清楚和确切的,则要推谛观的《天台四教仪》。"参见朱封鳌《中国佛学天台宗发展史》,第116页。
③ 在这里,我们将天台宗与天台学看做两个不同但却相关联的概念。天台学是指天台宗诸祖师尤其是智𫖮的佛学思想。天台学只是构成天台宗诸要素之一。除了天台学,作为一个佛教宗派,天台宗还应该具备人事组织、寺院基地等其他要素。本书有的地方用天台宗,有的地方用天台学,应注意其区别。
④ 据《宋史·日本传》载:"用明天皇有子曰圣德太子……隋开皇中,遣使泛海至中国,求《法华经》。"可见,在隋末就有《法华经》流传到了日本。尽管《法华经》是天台宗的最高本经,但并不代表天台学本身,因而那时应该还不曾有天台学的著作传到日本,尽管有学者将《法华经》之传入日本视做天台宗传入日本的开始(参见朱封鳌《中国佛学天台宗发展史》,第117页)。

托等都曾在日本开讲过天台学①,从而带动了日本本土学者和僧人对天台学的研习之风。但是,当时日本其实并不曾有天台宗,因为出身于玉泉寺系的鉴真及其弟子乃属于律宗而不属于天台宗。他们作为僧人到日本去所弘传的是律宗而非天台宗,这从他们说法的程式中亦可窥个大概,因为他们的说法都是先讲律宗的典籍,然后再讲天台宗的典籍,重在前者。这里我们不仅要问:既然是弘传律宗,鉴真为什么又要带去属于天台宗的智𫖮的著作并和弟子们一起在日本宣讲这些著作呢?这至少与两个因素有关,一是鉴真虽不是天台宗法子,但却是出身于天台宗玉泉寺系,因而对智𫖮的著作有相当的了解甚至研究;二是,鉴真除了是僧人,还是一位肩负宣传唐朝文化使命的使者(可能后者还是主要的)。作为一位文化使者,鉴真十分愿意将智𫖮的著作介绍给日本,因为智𫖮的著作在当时是中国人自己写的最系统的佛学著作(尽管是灌顶结集的),并非是一鳞半爪的佛学感想,足堪代表汉地佛教在初唐的最高水准,且完全可以与印度佛典相媲美。可以说,鉴真将智𫖮的著作输入日本,是在为大唐佛教乃至大唐文化争"面子",其意非在天台宗的弘传。试想,如果鉴真带去的都是汉译的印度佛典(律宗的典籍皆是如此),那泱泱大唐的气概又何以能展现于日本。总之,当鉴真在日本旅行和弘法之时,日本还只有天台学而无天台宗。

鉴真虽然不曾在日本造就一天台宗,但却为日本天台宗的诞生埋下了伏笔。鉴真及其弟子在日本宣讲天台学,引起了不少日本僧人对智𫖮、对天台宗以及对天台山的向往。其间就有一位最澄法师(767—822),为了进一步弄明白天台宗教义并怀着朝圣的心情,于贞元二十年(804)和弟子义真一起,随日本第12次遣唐使来华。最澄入华后并没有径直去天台山,因为他听说天台宗十祖道邃大师受台州刺史陆淳之邀在

---

① 据《唐招提寺缘起略集》,鉴真和尚"从三年(天平宝字)八月一日,初讲读《四分律》并疏等,又《玄义》、《文句》、《止观》等,永定不退轨则。兼和上(鉴真)天台教观,禀法进僧都、如宝少僧都、法载、思托等和上化讲天台,代代相承,而于今不绝。"

临海龙兴寺开讲"天台三大部",遂先到了临海,拜会道邃。十多天后,方才前往天台山参拜,在国清寺跟从行满研习天台教观。其间,最澄还曾在行满的陪同下重返龙兴寺,问学于道邃,并请道邃为其传授大乘菩萨戒①,同时还希望能得到唐朝官方的认可。当时,道邃就委托台州刺史陆淳为最澄作印证,其文如下:

> 最澄阇黎,形虽异域,性实同源,特禀生知,触类玄解,远传天台教旨,又遇龙象邃公,总万行于一心,了殊途于三观,亲承秘密,理绝名言,犹虑他方学徒,未能信受,所请印记,安可不任,为凭。

得到这一印证后,最澄又重回天台山,直到第二年春夏之交才离开天台山,经临海回国。临行之前,行满赋诗一首相赠,曰:

> 异域乡音别,观心法性同;来时求半偈,去罢悟真空。
> 贝叶翻经疏,归程大海东;何当到本国,继踵大师风。

最澄这一趟"天台山之旅"收获颇丰,不但师门亲受,对天台教观有了深入而系统的了解,而且还"昼夜不息,尽写一宗论疏"②,抄录天台教典共计一百二十八部三百四十五卷带回日本。更为重要的是,他还在临海接了天台宗的法,并且其作为天台宗法子的身份还得到了唐朝官方的认可,有了这些"软硬件",最澄就具备了在日本开创天台宗的资本。果不其然,天遂人愿,经过不懈的努力,最澄最终在京都的比睿山创立了日本天台宗的大本营延历寺,并尊道邃大师为日本天台宗初祖,从此天台宗在日本就是一个正式的佛教宗派了。但是"最澄创立的日本佛教天台宗,与中国佛教天台宗不尽相同。它是一个台、密、禅、律(大乘圆戒)'四

---

① 日本《叡山大师传》中载:"时台州刺史陆淳延天台山修禅寺座主僧道邃,于台州龙兴寺阐扬天台法门《摩诃止观》等。即便,刺史见求法志,随喜云:弘道在人,人能持道,我道兴隆,今当时矣。则令邃座主勾当为天台法门,缮书写已,卷数如别。邃和上亲开心要,咸决义理,如泻瓶水,似得宝珠矣。又于邃和上所,为传三学之道,愿求三聚之戒。即邃和上照察丹诚,庄严道场,奉请诸佛授与菩萨三聚大戒。"
② 《佛祖统纪》卷八。

宗合一'、'教戒一致、圆密合一'的'日本式'的天台宗,最澄从天台佛陇行满、修禅寺道邃学的是天台教观,从天台禅林寺修然学的是'牛头禅',从越州龙兴寺顺晓学的是密宗,从道邃在台州龙兴寺受的是菩萨圆戒,这'四种相承'关系构成了日本佛教天台宗。"①尽管日本天台宗与中国天台宗有着这样那样的不同,但日本天台宗无疑是根源于中国天台宗的,这不但是一个历史的事实,因为日本天台宗承传自中国天台宗,而且也是一个逻辑的真实,因为中国的"天台宗是圆教宗",是以空、假、中"三谛圆融"为基础而提倡诸宗圆融的,讲求"四宗合一"的日本天台宗正是中国天台宗这种圆融精神的具体体现。总之,日本天台宗是脱胎于中国天台宗的,日本天台宗与中国天台宗的这种"脐带关联"即使在最澄圆寂后也还存在,因为最澄的法裔,如圆载、圆珍、慧谔等,依然相继入唐求取天台教法以获取壮大日本天台宗的营养和资源。我们不妨来了解一下圆仁。

圆仁(794—864),日本天台宗山门派创始人。836年,圆仁携带三十条未决之天台宗教义,随遣唐使出征,准备到天台山求解。但不幸的是,使团两次渡海失败,直到838年第三次渡海,才顺利到达扬州。圆仁的初衷是去天台山,但是由于未获唐朝政府恩准,只得改变计划,前往五台山。在五台山,他随大华严寺的志远学习天台教义,抄录天台教典;后又前往长安,在大兴善寺颖座下学习天台止观。圆仁虽然未能有针对性地获得三十条未决之天台宗教义的答案,但也对天台教观有了进一步的了解。时值"会昌法难",圆仁也像中国的其他僧人一样,饱受磨难,直到847年9月才返回日本,在华时间长达十年之久。在归国途中,圆仁在山东威海的赤山法华院住了两年多时间。赤山法华院是新罗商人张保皋(790—846)捐建的一座天台宗寺庙。圆仁归国后,在京都小野山仿赤山法华院造了赤山禅院。另外,圆仁还根据自己在中国旅行和学习期间的

---

① 朱封鳌:《中国佛教天台宗发展史》,第120页。

所见所闻写成《入唐求法巡礼记》,此著与马可·波罗的《东方见闻录》和玄奘的《大唐西域记》,并称"世界三大旅行记",对研究中国佛教史和唐朝文化都具有极高的学术价值。

说到新罗商人张保皋捐建赤山法华院,难免会使人想起朝鲜半岛(高丽和新罗)的天台宗。朝鲜半岛的天台宗也像日本的天台宗一样,是从中国输入的,只是朝鲜半岛之有天台宗要晚于日本,"高丽国内的天台宗真正形成,则在高丽肃宗六年(1101)"①,但是朝鲜半岛之接触、学习和研究天台学却要比日本来得早。

也许是在地理上与中国较近,朝鲜半岛在佛教初传中国不久便有了接触中国佛教的记录,如东晋名僧支道林(314—366)就曾写信给一位想到中国学习的高丽僧人,向他推荐竺法深(286—374),曰:"上座竺法深,中州刘公之弟子,体德贞峙,道俗纶综,住在京邑,维持法网,内外具瞻,弘道之匠也。"②到了南北朝,从朝鲜半岛来中国留学的僧人很多,其中有一位叫玄光的禅师就在慧思门下学习"法华三昧",与智𫖮是同学。《佛祖统记》卷九对玄光有如下的描述:

> 禅师玄光,海东新罗人,远越沧溟,求法中夏,首造南岳,授法华安乐行门,禀受勤行,俄证法华三昧。南岳谓之曰:"汝还乡国,当从善权而行化度。"……师既归国,于熊州翁山结茅为居,集众说法,久之遂成宝坊。受道之众,咸蒙开悟。

玄光乃是最早将天台学介绍到朝鲜半岛的,受其影响,后来不断有高丽和新罗的僧人前来中国学习天台学,如高丽僧人般若(562—613)到天台山随智𫖮学习"四种三昧",居然在华顶宴坐修持16年;唐朝开元年间,来自新罗的法融、理应和纯英三位禅师来华,在玄朗门下学习天台教观;稍后又有义湘入唐学习华严和天台。由于入唐的新罗僧人越来越

---

① 朱封鳌:《中国佛学天台宗发展史》,第125页。
② 释慧皎:《高僧传》,第157页,北京,中华书局,1992。

多，为了便于管理，唐朝政府有意让他们在一些地方集中而居，居地称为"新罗坊"，坊间常建有寺院，叫"新罗院"。韩国学者金煐泰在《韩国佛教史概说》中说："新罗人在唐朝土地上作为信仰场所、精神寄托而建立的寺院叫新罗院。新罗院又是祈愿西行航海的人们平安的地方，起着同祖国通信联络的作用。"前文提到的日本入唐求法的僧人圆仁，他在《入唐求法巡礼记》中介绍了山东文登的一个新罗院的活动情况，曰：

> 十六日，山院起首讲《法华经》，限来年正月十五日为其期，十方众僧及有缘施主皆来会见，就中圣林和尚是讲经法主。……其经礼忏据新罗风俗，但黄昏寅期五时礼忏且依唐风，自余并依新罗语音。其集会道俗老少尊卑总是新罗人。

可见，新罗院不但是新罗僧人的"宗教活动场所"，而且也是来华新罗人歇脚聚会的"会所"。

与日本入华僧学成必回国不同的是，朝鲜半岛的入华僧大都选择在中国居住，甚至直到老死，这与新罗院的存在有很大的关系。不过，也有少数毅然返回朝鲜半岛的僧人，他们从中国带去了许多佛典，"其中天台宗教典几乎全部网罗无疑"①，这使得中国本土的天台教典在唐末"会昌法难"和战火中被毁殆尽后在朝鲜半岛仍能见到较全的天台宗资料，为五代时期吴越王遣使赴高丽求取天台教典埋下了伏笔。在这一点上，日本是无法比拟的，因为日本僧人回国时只是带去了一部分天台教典。正因为日本的天台宗教典不全，所以当圆仁有"三十条未决之天台宗教义"时，他就无典可查，只好到中国来求解。

由于在朝鲜半岛有较全面的天台宗资料，所以那里的很多僧人虽然没有到过中国，但照样可以研习天台学，且颇有成果。比如元晓撰《法华经宗要》、《法华经方便品料简》、《法华经要略》、《法华略述》、《金光明经疏》、《中观论宗要》、《涅槃宗要》等，道证撰《天台智者大师别传》，玄一撰

---

① 朱封鳌：《中国佛学天台宗发展史》，第124页。

《法华经疏》等等，尤其是元晓的著作，在唐代被尊为天台学的"海东疏"。可以这么说，虽然朝鲜半岛天台宗的形成要晚于日本，但朝鲜半岛的天台学要比日本的天台学成熟和纯正很多，因为日本的天台学是糅杂了禅、密、律的一个"杂烩"，这与日本天台宗资料的不全有很大的关系。由于资料不全，所以日本的天台宗就只能东拉西扯地引入他宗的思想来建构自己的思想体系，从而显得不怎么忠实于中国的天台宗。相比之下，朝鲜半岛的天台学研究还是比较忠实于天台学原型的，从这个意义上来说，朝鲜半岛的天台学与中国本土的天台学是一体的，这种一体化最直观的表现当然是朝鲜半岛的僧人长期在中国定居和弘法，其最著名者莫过于前文已论及之义寂、义通、谛观等。相比之下，日本的天台学和天台宗却是一个相对独立和特异的单元，这与日本孤立的岛国地理不无关系。

第二章 三论宗

第一节 三论宗的兴起

三论宗是中国较早形成的佛教宗派,由于此宗以《中论》、《百论》、《十二门论》三部论为依据,所以世人称之为"三论宗"。三论宗的形成经历了数百年的时间。"三论"最初由鸠摩罗什在姚秦弘始年间(399—415)译为汉文,他的学生僧肇、僧叡等弘传研究,初步形成了三论学派,开创了以"三论"立宗的端绪。僧肇之后,由于涅槃学的兴起,三论学产生了分化,罗什、僧肇的正统三论学衰微。中经南朝宋、梁时期的僧朗、僧诠以及陈代的法朗,至隋代的嘉祥吉藏才最终形成宗派。

一、从中观学到三论学

罗什之前已有《般若经》的翻译。魏晋玄学兴起之后,般若"性空"思想因与玄学以"无"为本的观念相似,逐渐在中土流行起来。当时佛教学者每借玄学之"无"阐释般若之"空",佛学史上称之为"格义佛学"。之后又有所谓的"六家七宗"之说,但从总体上仍然没有摆脱格义佛学的影响。直到鸠摩罗什重译《大小品般若经》,并于姚秦弘始年间把印度中观学的三部论典(《中论》、《百论》、《十二门论》)译为汉文,在中土第一次系统阐发了龙树、提婆的中观学思想,才纠正了当时流行的对般若学的种种误解,以"非有非无"的中观学说批判了六家七宗的种种偏执,标志着格义佛学的结束。因此,罗什被后世尊为中国三论宗初祖。

罗什门下弟子众多,其中僧肇、道生、僧叡、道融号称"什门四哲",四人中最为著名的是僧肇。僧肇在罗什门下以"解空第一"著称。僧肇继承了罗什的中观学,借"非有非无"、"亦有亦无"的中观学方法,对魏晋以来般若思想的主要流派加以系统批判。他以"缘生无性,立处皆真"为中心思想来谈论体用、动静、有无等问题,在中国文化背景下系统阐发了中观学思想。

罗什、僧肇的三论学结束了中国佛教徒对般若学的种种错误理解,为中国大乘佛教的发展确立了基本原则,使中国佛教能够承接印度佛教的正统教义发展下去,使佛教有了自己的理论构架,而不再依附于老庄哲学。罗什、僧肇开三论宗思想之先河。三论宗创始人嘉祥吉藏在其著述中反复称其思想来源于什肇之学。

二、涅槃学的兴起与三论学的分化

尽管罗什、僧肇的三论学结束了六家七宗的争论,标志着以老庄学说格义般若学的结束,但随着佛教在中国的进一步发展,纯粹的中观学也面临着新的挑战。这种挑战来自两个方面:一方面是本土佛学的挑战;另一方面则来自从印度翻译过来的般若学、中观学之外的其他佛学思想的挑战。这两种挑战会合在一起,使盛极一时的般若学发生了分化,从此中国佛学开始由般若学进入涅槃学的阶段。

由般若学而涅槃学乃中国佛学发展之大势,这是印度佛教传入中国而适应中国文化的必然结果。张曼涛曾说:中国人对宇宙人生,总不能完全看成空,即使空而仍"有",此"有"是微妙真常的,因此当我们接受印度佛教的思想时,特别能接受"真空妙有"或"真常唯心"的形态,而纯"性空缘起"的东西或"妄虚幻有"的观念,我们并不能完全受容。① 当三论学的"一切皆空"思想经罗什、僧肇的大肆弘扬而达到顶峰之时,中国本土的"妙有"思想通过对印度佛学的消化,开始对印度佛教的"性空"思想提出了质疑,这种质疑随着印度佛教的进一步传入而更加强烈。魏晋南北朝以来,印度佛教的各主要学派基本上都传入中国,其中除了大乘《般若经》、中观学的"性空"思想以外,还有小乘的毗昙学、大乘的《法华经》的一乘、《涅槃经》的佛性、《胜鬘经》的如来藏、《摄大乘论》的唯识等与"性空"不同的佛学思想,这些佛学思想较"性空"理论更能为中国佛教徒所接受。

庐山慧远(334—416)以法性学对罗什般若学的发难最终促使了三论学的分化,有学者认为这是本土义学对中亚般若学的挑战②。其实这也是佛学内部的一种内在张力,如杜继文先生认为,罗什与慧远的争论是般若学与禅数学(毗昙学)的对抗,是由印度传来的两种佛学的分歧所引起的:"现存《大乘大义章》记罗什答慧远问,整个是般若学对禅数学,尤其是对数学的批判。然而实际的胜利者,不是鸠摩罗什,而是慧远。"③在罗什的译籍中,神我思想一直是受批判的对象,而慧远却刻意追求"法性生身",认为确有一究竟、至极之法,即法身:"如来真法身者,唯十住之所见,与群粗隔绝。"④罗什从龙树中观学出发,从性空缘起的角度看"生身"、"法身",都是"随俗分别"、"法身可以假名说,不可以取相求。"

慧远死后第二年(417),《大般泥洹经》便翻译过来⑤,其中有"泥洹不

---

① 张曼涛:《中国佛教的思惟发展》,载《华冈佛学学报》第 1 期。
② 赖鹏举:《中国佛教义学的形成——东晋外国罗什"般若"与本土慧远"涅槃"之争》,载《中华佛学学报》第 13 期。
③ 杜继文:《泛说佛教毗昙学与玄学崇有派》,载《中华佛学学报》第 12 期。
④ 慧远、罗什:《鸠摩罗什法师大义》卷一,《大正藏》第 45 卷,第 125 页中、下。
⑤ 其实早在竺法护时代(三四世纪)就已有类似《涅槃经》的后期大乘思想的传入,但由于并不明确,因此并未引起中国佛学界过多的关注,当时佛学的主题仍然是如何消化、理解般若学。但竺法护的译籍已为中土涅槃学的兴起打下了伏笔,到《涅槃经》的翻译,便掀起了一场中国佛学的变革运动。

灭,佛有真我,一切众生皆有佛性"的思想,使慧远的"法性论"获得了印度佛教经典上的依据,使盛极一时的中华三论学面临严重的挑战。除僧肇依然坚持罗什的三论学,对涅槃思想从般若学的立场作出回应之外,罗什门下的其他弟子几乎都由般若学转向涅槃学。首先是道生离开关中,成为东土涅槃圣。竺道生(355—434),东晋僧人,俗姓魏,巨鹿(今河北平乡)人。幼年从竺法太出家,改姓竺,后辅佐鸠摩罗什译经。道生的思想深受慧远法性论的影响,将慧远的法性论扩展为完整的涅槃义学。道生的《维摩注》在慧远"至当有极"的基本立场上,更发展涅槃四德中之"常"、"我"思想,道生在晚年(宋元嘉九年,公元432年)写《法华经疏》时涉及了般若与涅槃二者之关系:

> 苍生机感不一,启悟万端,是以大圣示有分流之疏,显以参差之教。始于道树,终于泥洹,凡说四种法轮:一者善净法轮,始说一善,乃至四空,令去三涂之秽,故谓之净。二者方便法轮,谓以无漏道品,得二涅槃,谓之方便。三者真实法轮,谓破三之伪,成一之美,谓之真实。四者无余法轮,斯则会归之谈,乃说常住妙旨,谓无余也。①

道生所说的"方便法轮"所得的有余、无余"二涅槃",即般若偏空所证之涅槃,而"无余法轮"则指《涅槃经》"常住妙旨"之"无余涅槃",显然是抬高涅槃、贬低般若。罗什门下的另一著名弟子僧叡同样转向了涅槃学。《大涅槃经》传入后,针对其"佛有真我"思想,成实家以小乘空义相驳斥。僧叡为此特别写了一篇《喻疑论》来为《大涅槃经》的立场辩解:

> 今《大般泥洹经》,法显道人远寻真本,于天竺得之。持至扬都,大集京师义学之僧百有余人,师执本参而译之,详而出之。此《经》云:泥洹不灭,佛有真我,一切众生皆有佛性,学得成佛。佛有真我,故圣镜特宗,而为众圣中王。……而复致疑,安于渐照,而排跋真

---

① 竺道生:《法华经疏》前言,《卍续藏经》第27册,第1页中。

诲，任其偏执。①

僧叡指出了六卷本《大涅槃经》的三个重点："泥洹不变"、"佛有真我"、"一切众生皆有佛性，学得成佛"。而"佛有真我，故圣镜特宗，而为众圣中王"充分表现了僧叡对《大涅槃经》的推崇。与道生抬高涅槃、贬低般若一样，僧叡也认为般若与涅槃有高下之别："三藏祛其染滞，般若除其虚妄，法华开一究竟，泥洹阐其实化。"②僧叡甚至认为如果罗什读到《涅槃经》，"便当应如白日朗其胸衿，甘露润其四体，无所疑也"。罗什对神我论的批判几乎没有发生什么实际作用，"常乐我净"得到完全肯定，佛性论一跃成为显学，"有神论"成为合法教义。

随着庐山慧远与罗什的争论以及《涅槃经》的传入，中国佛学发生了重要的变化，三论学便在这一背景下日趋衰微。佛学界一般都认为在罗什、僧肇之后摄山之前，三论学一度衰微不传，如汤用彤《隋唐佛教史稿》："中华三论之学传之者鸠摩罗什，阐之者肇、影、睿、导，人才辈出，实极一时之盛。其后关中迭经变乱，加以魏太武毁法，学士零落，宗风不振。在南朝齐梁之际，斯学复起于摄山。"③但谭世保对此提出质疑，认为罗什之学是广博的，南朝宋代佛学同样如罗什一样是博学的，并认为《般若》、《三论》之学，在宋及齐初传承者并不少，所谓宋齐之时衰落之说，当是后来齐梁时代《成实》学与《三论》学分途之后产生的④。我们认为所谓三论学的衰微之说，并非指研究三论学的人在数量上的减少，而是就罗什、僧肇的关河正统、纯粹的三论学而言的。因为在罗什之后三论学已发生了分化，僧叡、道生等人对罗什之说表示了不满，尽管当时研究三论的学者很多，但并不以罗什、僧肇之学为最后的归趣。梁武帝曾描绘当时般若学衰微的情况："然则虽繁虑纷纭，不出四种：一谓此经非是究竟，

---

① 僧祐：《出三藏记集》卷八，《大正藏》第 55 卷，第 41 页下。
② 僧祐：《出三藏记集》卷四，《大正藏》第 55 卷，第 41 页中—下。
③ 汤用彤：《隋唐佛教史稿》，第 107 页，北京，中华书局，1983。
④ 谭世保：《汉唐佛史探真》，第 332—334 页，广州，中山大学出版社，1991。

多引《涅槃》以为硕诀。二谓此经未是会三,咸诵《法华》以为盛难。三谓此经三乘通教,所说般若即声闻法。四谓此经是阶级行,于渐教中第二时说。"①可见当时并非般若学、三论学完全消失,而是与涅槃、法华相比,般若被普遍认为有偏空之嫌,为不究竟的佛法,这也是上文提到的僧叡、道生等人的观点,因此后来的摄山的三论学与吉藏的三论宗以三论学的正统自居,当然要有"三论学衰微"之说。

三论学分化的另一个倾向是转向成实学。《成实论》本来由鸠摩罗什所翻译,其学说主张人法皆空,批判毗昙我空法有之说,接近大乘性空之理。吕澂先生认为,大概是由于三论的止观方法难详,如《中论·观法品》中的止观就因翻译的凌乱而无法运用,不如《成实论》所说的次第可据,所以开了方便,用《成实》作为中观的阶梯。但一经提倡,便无法分辨中观与成实的差别,反而喧宾夺主。②僧叡一系,传到僧导,便兼学成实,形成了成实学派。后来涅槃学兴起,大部分的成实师也都兼习涅槃学。摄山三论学的兴起便主要针对的是成实师。

三、摄岭相承与嘉祥吉藏

正当中国佛教由般若学走向涅槃学、由真空走向妙有之时,江南一带兴起了一股复兴般若学的倾向,这便是佛学史上著名的摄山三论学。学术界一般将其称为"新三论",而把罗什、僧肇之学称为"古三论"。如果说罗什、僧肇的三论学是为了回应当时中国佛学界对般若学的种种格义误解,那么摄山三论的出现则是在三论学分化之后,什、肇之学面临涅槃佛学的强烈挑战之时,为重新恢复佛教的根本精神所作的一次努力,其结果便是三论宗的最后建立。

以般若学回应涅槃学,在罗什、僧肇之时便已开始。但正如上文所

---

① 僧祐:《出三藏记集》卷八,《大正藏》第 55 卷,第 53 页下。
② 吕澂:《吕澂佛学论著选集》,第 2903 页,济南,齐鲁书社,1996。

述,罗什、慧远之间的论战的最后胜利者为慧远,罗什、僧肇在有生之年未能完成般若学对涅槃学的会通,而只是开了一个端绪,真正完成以般若学会通涅槃学的是三论宗的创始人吉藏(549—623)。吉藏自称其学说远承关河旧说,是僧肇、罗什之学的重新复兴。学界对三论宗的早期传承有不同的说法,由于史料缺乏,使三论宗的传承仍然有许多不甚明了之处,有待进一步的研究,本书不打算对此花费过多的篇幅。

吉藏之学源于摄山之三论学。如上所论,宋齐之后的中国佛学界日趋复杂,三论学在罗什之后面对涅槃学的兴起而发生了分化,罗什门下至僧肇之后,纯粹的三论学几无传承,而其他学派甚为流行,其中主要有涅槃、地论、摄论、成实,整个佛学界正由般若学向涅槃学、心性学的方向转化。如来藏系、唯识系的经典也相继译介过来,使中国佛学思想日趋复杂。

摄山三论源于辽东僧朗:"朗本辽东人,为性广学,思力该普。凡厥经论,皆能讲说。《华严》、《三论》,最所命家。"①"摄山高丽朗大师,本是辽东城人,从北土远习罗什师义,来入吴土,住钟山草堂寺,值隐士周颙,周颙因就师学。次梁武帝敬信三宝,闻大师来,遣僧正智寂十师往山受学。"②僧朗之学传承不明,吉藏所谓远承罗什,是否出于创立宗派、寻求正统的需要,难以确信。但僧朗到江南以来,与江南的成实师辩难,使三论兴盛却是事实:

> 自宋朝已来,三论相承,其师非一,并禀罗什。但年代淹久,文疏零落,至齐朝已来,玄纲殆绝。江南盛弘成实,河北偏尚毗昙。于时,高丽朗公至齐建武,来至江南,难成实师,结舌无对。因兹朗公自弘三论。③

---

① 慧皎:《高僧传》卷八,《大正藏》第50卷,第380页下。
② 吉藏:《大乘玄论》卷一,《大正藏》第45卷,页19中。
③ 湛然:《法华玄义释签》卷一九,《大正藏》第33卷,第951页上。

梁武帝曾派僧正智寂等十人到摄山向其学习三论,据说只有僧诠学有所成:"初受业朗公,玄旨所存,唯明中观。自非心会析理,何能契此清言?而顿迹幽林,禅味相得。"①吉藏称其为"山中师"、"止观师",僧诠足不出户,开讲《大智度论》、《中论》、《百论》、《十二门论》及《华严》、《大品》等经论,因此声誉远播,其弟子法朗、再传弟子吉藏经常标举僧诠的"山门义"。如《二谛义》卷中吉藏引法朗之说:"弹他释非,显山门正意。弹他者,凡弹两人:一者弹成论,二斥学三论不得意者。"②诠公弟子数百,其中著名的有四人,称为"诠公四友",即"四句朗、领语辩、文章勇、得意布"。"四句朗"即法朗,先住山中,后住扬都兴皇寺;"文章勇"即慧勇,住大禅众寺;"领语辩"即慧辩,住长干寺;"得意布"即慧布,留居摄山。自此而三论之学,出山林而入京邑,颇为兴盛。兴皇法朗于三论宗的形成贡献犹大,他21岁出家,先从扬都大明寺宝志禅师学禅法,并兼听同寺彖律师的戒律,后又从南涧寺的仙师学《成实论》、竹涧寺的靖公学《毗昙》,后到摄山从僧诠学习《大智度论》、《中论》、《百论》、《十二门论》及《华严》、《大品》等经论,从此专弘龙树宗风。陈武帝永定二年(558)十一月奉敕出山,入住京师兴皇寺,镇讲相续,发前人所未发,以龙树之学广破当时各家学说,三论之学至法朗之时已粗具规模,为吉藏最后创建三论宗奠定了基础。然法朗著述皆已佚失,其思想也只能在其弟子吉藏的著述中窥见一斑。兴皇法朗弟子众多,其中影响较大的有慧哲、智炬、明法师、吉藏四人,其中继承法朗之学又发扬光大的当然是三论宗的创始人吉藏。③

1. 吉藏其人及其行历

吉藏(549—623),俗姓安,祖先为安息人,故有"胡吉藏"之称。其祖

---

① 道宣:《续高僧传》卷七,《大正藏》第50卷,第477页下。
② 吉藏:《二谛义》卷中,《大正藏》第45卷,第102页上。
③ 本节有关吉藏的生平、著述、弟子,参见杨惠南《吉藏》,第30—53页,台北,东大图书公司,1989。

因避仇移居南海(今广州),后迁金陵(近南京),约四五岁时,其父领他去见真谛,真谛为其起名"吉藏"。不久其父出家,法号道谅。常随父到兴皇寺听法朗讲经。七岁时,从法朗出家。① 十九岁能为众复讲,"精辩锋游","绰有余美"。二十一岁受具足戒,并结夏研究戒律。

隋文帝开皇十年(590)左右,吉藏东游浙江绍兴的会稽山,住嘉祥寺达七八年之久②,开讲经论,"禹穴成市,问道千余",被称为"嘉祥大师",并完成《大品经义疏》、《法华玄论》的写作。

开皇末年,隋炀帝建立四大道场,吉藏"名解著功",应召住扬州江都(今江苏扬州)的慧日道场,其间撰写《三论玄义》、《胜鬘宝窟》。不久又应召住长安的日严寺。在日严寺的19年中,吉藏继续从事讲经、著述活动,完成了《中论》、《百论》、《十二门》的注疏。

其间,吉藏参与昙献禅师的"弘福"事业,"法化不穷财施填积,随散建诸福田"。隋炀帝大业五年(609),在齐王杨暕的主持下,与学士传德充、自号"三国论师"的僧人僧粲(529—613)等人在王府展开三天的辩论。吉藏作为"论主","对引飞激、注赡滔然","莫之抗也"。

大业初岁(605),写二千部《法华经》。

隋代末年(618),造二十五尊像,舍房安置,自处卑室,竭诚礼忏。又别置普贤菩萨像,对坐像前,观实相理,经年不断。

隋灭唐兴,唐高祖亲召对谈,吉藏对曰:"惟四民涂炭,乘时拯溺,道俗庆赖,仰泽穹旻。"高祖"欣然劳问勤勤,不觉影移"。

武德之初(618),被高祖命为"纲维法务"的十大德之一③。受长安的实际寺、定水寺延请,"两以居之"。又齐王元吉,"久揖风猷,亲承师范",

---

① [日]安澄:《中论疏记》卷一说,吉藏十三岁出家。见《大正藏》第65卷,第2页下。
② 杨惠南:《吉藏》,第32页。
③ [日]安澄:《中论疏记》卷一则说高祖敕置十大德为武德三年(620)。见《大正藏》第65卷,第2页下。

请住延兴寺。①

晚年体弱多病,高祖曾"敕赐良药",自感难愈,上表高祖:"藏年高病积,德薄人微。曲蒙神散,寻得除愈。但风气暴增,命在旦夕。悲恋之至,遗表奉辞:伏愿久住世间,缉宁家国,慈济四生,兴隆三宝。"于武德六年(623)六月五日辞世。临终前著《死不怖论》,"落笔而卒"。此文已佚。仅存数句:

> 略举十门,以为自慰。夫含齿戴发,无不爱生而畏死者,不体之故也。夫死由生来,宜畏于生,吾若不生,何由有死?见其初生,即知终死。宜应泣生,不应怖死。②

吉藏遗嘱"露骸",弟子们将其遗体安置在南山至相寺的石龛中。"东宫以下诸王公等,并致书慰问,并赠钱帛。"

2. 吉藏的主要著述

吉藏一生讲《三论》一百多遍,《法华经》三百多遍,《大品般若经》、《大智度论》、《华严经》、《维摩诘经》各数十遍。著述宏富,素有"嘉祥文海"之美誉。现存著作主要有:《三论玄义》(一卷或二卷)、《三论略章》(一卷)、《二谛义》(三卷)、《二谛章》(三卷)、《中论疏》(二十卷)、《百论疏》(九卷)、《十二门论疏》(六卷)、《大乘玄论》(五卷)、《胜鬘宝窟》(六卷)、《华严经游意》(一卷)、《涅槃经游意》(一卷)、《大品经游意》(一卷)、《弥勒经游意》(一卷)、《法华经游意》(一卷或二卷)、《法华论疏》(三卷)、《法华玄论》(十卷)、《法华统略》(六卷)、《法华义疏》(十二卷)、《大品经义疏》(十卷)、《金刚般若疏》(四卷)、《仁王般若经疏》(六卷)、《净名玄论》(八卷)、《维摩经略疏》(五卷)、《维摩经义疏》(十二卷)、《金光明经疏》(一卷)、《无量寿经义疏》(一卷)、《观无量寿经义

---

① [日]安澄:《中论疏记》卷一则说:"武德元年居实际寺,二年敕请住会昌寺。"见《大正藏》第65卷,第2页下。
② 道宣:《续高僧传》卷一一,《大正藏》第50卷,第515页上。

疏》(一卷)。

散佚的著述有:《大品般若经略疏》(四卷)、《法华新撰疏》(六卷)、《法华玄谈》(一卷)、《法华经科文》(一卷)、《观音经赞》(一卷)、《涅槃义疏》(一卷)、《仁王略疏》(一卷)、《入楞伽义心》(一卷)、《净饭王经疏》(一卷)、《盂兰盆经疏》(一卷)、《三论序疏》(一卷)、《中论游意》(一卷)、《中论玄》(一卷)、《中论略疏》(一卷)、《十二论略疏》(一卷)、《八科章》(一卷)、《龙树提婆传疏》(一卷)。

3. 吉藏的主要弟子

慧远(597—647)。俗姓杜,京兆人,弱不好弄。10岁投吉藏出家。受戒后,博文多识。讲《法华经》,"自作章疏"。晚年隐居蓝田十余年。"常诵《法华》,频有灵感"。相传贞观十九年(645),曾讲《法华经》求雨。贞观二十一年(647)七月逝世,终年五十一。①

智凯(？—646)。俗姓冯,丹阳人。父早亡,听吉藏讲《法华经·火宅品》六年,因而依吉藏。因其身相黑色,故号"乌凯"。13岁便能复讲吉藏所讲的经论,后随吉藏往会稽嘉祥等寺,据说"门人英达无敢右之"。吉藏入京后,在静林寺"聚徒常讲"。武德七年(624),于剡县立讲,听徒五百。贞观元年(627),往余姚县小龙泉寺,常讲《三论》、《大品》等经,"誓不出寺,胁不亲席,不受供施"。贞观十九年(645),齐都督请出嘉祥寺,令讲《三论》,"四方义学八百余人,上下僚庶依时翔集"。贞观二十年(646)七月二十八日逝世,后人为其"起塔七层,以旌厥德云"。②

又有定水寺的智凯,从吉藏游学。俗姓安,江表杨都人。"家世大富,奴仆甚多"。从吉藏受《三论》,于初章、中假、复词等艰深义理,"统之冷然释顿"。吉藏入京后,"义业通废,专习子史"。隋末唐初,以唱导

---

① 惠详:《弘赞法华传》卷三,《大正藏》第51卷,第19页中、下。
② 道宣:《续高僧传》卷一四,《大正藏》第50卷,第538页上、中。

为业。①

智命。俗姓郑,名颐,荥阳望族。出家前以"文章显命",为"羽林骑都尉"。后弃官听吉藏讲《三论》、《法华》等经。"研味积年,逾深信笃"。大业初年(605),为大臣杨素器重,官拜御史大夫。时值乱世,"情慕出家",而郑王(王世充)不许,智命"夜则潜读方等诸经昼,则缉理公政","经四十日诵得《法华》,畅满胸襟,决心出俗"。最后私自出家,郑王大怒,下令斩之。临刑前,"遍礼十方佛,口称般若"。索笔题诗曰:"幻生还幻灭,大幻莫过身;安心自有处,求人无有人!"其妻也出家为比丘尼,住洛州寺。②

智实(601—638)。俗姓邵,雍州万年人。11岁出家,住大总持寺。"自《涅槃》、《摄论》、《俱舍》、《毗昙》,皆镜其深义,开其关钥。"吉藏曾"摩其顶,捋其毫曰:子有异相,当蹑迹能仁。恨吾老矣,不见成德!"③

4. 吉藏时代中国佛教的思想转向

在吉藏所生活的年代,随着印度佛教经典的进一步译介,中国佛学日趋复杂,吉藏所面对的思想界远较龙树、提婆之时的印度更为复杂。与般若学旨趣不同的佛教经论,如涅槃、胜鬘、唯识等经典已开始传入中土,形成涅槃学、摄论学、毗昙学、成实学、地论学等诸多学派,贬低般若学之空,崇尚涅槃妙有,是这些学派的共同趋势,中国佛学由般若学之空转向涅槃学之有,最后将般若学与涅槃学统一到心性论上,是整个中国佛教的发展大势④。这一趋势在吉藏的时代日益明显,这也是学术界流行的佛教中国化的说法。佛教中国化固然要体现出中国文化的特色来,具体而言,便是佛教的道家化与儒家化。涅槃学、心性学便更多地体现了佛教的儒学化,这几乎成为学界的定论。但另一方面,佛教的中国化

---

① 道宣:《续高僧传》卷三○,《大正藏》第50卷,第705页上、中。
② 道宣:《续高僧传》卷二七,《大正藏》第50卷,第682下—683页上。
③ 道宣:《续高僧传》卷二四,《大正藏》第50卷,第634页下。
④ 冉云华:《论中国佛教核心思想的建立》,载《中华佛学学报》第13期。

是否会丧失其本来的精神,这也同样是中国佛教在发展过程中所必然面对的问题①,特别是南北朝时期,诸家并起,异说纷纭,如何从根本上判摄佛法的精髓,是南北朝以来佛教界最为迫切的任务,吉藏正是在这种情况下,在摄山之学的基础上,远承龙树、罗什、僧肇之学,把"缘起性空"判为佛法的根本精神。但在当时的历史条件下,吉藏也必须承认《涅槃经》及唯识经论的合法性,接受诸如佛性、心性、如来藏、法身常住等思想。而吉藏并未因此如僧叡、道生一般放弃般若、三论的立场,却从般若学的立场出发,会通了涅槃学、唯识学的大乘佛学思想,并以龙树中观学特有的辩论方法对南北朝时期流行的小乘佛学及涅槃师、地论师、摄论师等大乘佛学流派进行了一一破斥,重新树立了"缘起性空"的佛法本义,为中国佛学的进一步发展扫清了道路。吉藏的学说较之罗什、僧肇的三论学有了很大的发展,吉藏也因此成为中国三论宗的真正创始人。

第二节 "三论"的基本内容

三论宗以《中论》、《百论》、《十二门论》为根本经典,以下对"三论"的基本内容作简要的剖析与论述。

一、《中论》

《中论》,四卷,龙树著,青目注,鸠摩罗什译。印度大乘佛教中观派的根本典籍。三论宗所依的根本论典之一。又称《根本中颂》、《中颂》、《中论颂》。此论讲实相中道,揭橥中观,故名《中论》。如昙影法师在《中论序》所说:"不滞于无则断灭见息,不存于有则常等冰消,寂此诸边故名

---

① 事实上,即使是在今天,也同样存在这样的问题。如,中国近代佛教史上出现的回归印度运动,参见蓝吉富《现代中国佛教的反传统倾向》,见杨曾文、镰田茂雄编《中日佛教学术会议论文集(1985—1995)》,第229—234页,北京,中国社会科学出版社,1997。

曰中,问答析微所以为论,是作者之大意也。亦云中观,直以观辨于心,论宣于口耳。"①

此论共二十品,而其中心思想则体现在《观四谛品》"三是偈"上:

众因缘生法,我说即是无(空),亦为是假名,亦是中道义。未曾有一法,不从因缘生,是故一切法,无不是空者。②

一切诸法都是因缘所生,因此没有永恒不变的固定本性,所以为"空"。中观学派无疑继承《般若经》"缘起无自性"的解空立场。《中论》认为缘起与自性是不相容的,缘起的就是无自性,自性就不能是缘起的。所谓"缘起",就是依赖各种条件才能生起。而所谓"自性",即自有或自成,有自体存在或自己规定自己的意思。③《观有无品》说,自性即不从因缘生:"众缘中有性,是事则不然,性从众缘出,即名为作法。"诸法如果有自性就不从众缘而生,自性与缘起是不相容的,如果自性从众缘出,便是作法(靠他物而造作),作法与自性相悖,自性是不依赖他法的:"性若是作者,云何有此义? 性名为无作,不待异法成。"青目注释道:"如是若有性则不须众缘,若从众缘出当知无真性。又性若决定,不应待他出。"《观行品》中说,法若有自性则没有变异:"若法实有性,后则不就异,性若有异相,是事终不然。"青目注释道:若诸法决定有性,终不应变异。因为若定有自性,不应有异相,今现见诸法有异相,所以得知诸法没有定性。诸法既然是因缘所生,因此必然是变化的,不是自有或自成的,即无自性,无自性便是中观学的"空"。

缘起无自性,所以为空,因此空并非虚无、断灭。有人质疑中观学主张一切皆空,将导致对苦、集、灭、道等的否定。《观四谛品》中,龙树认为恰恰因为一切皆空,才使一切世间、出世间法悉能成就:"以有空义故,一切法得成,若无空义者,一切则不成。"若诸法有自性(非空),凡夫过去不

---

① 僧祐:《出三藏记集》卷一一,《大正藏》第 55 卷,第 77 页中。
②《中论》卷四,《大正藏》第 30 卷,第 33 页中。
③ 印顺:《中观今论》,第 65 页,台湾,正闻出版社,1992。

见苦谛,以后也不可见苦谛,也不能断集证灭修道。因为集性不可断,"灭先来不证,今亦不应证","道先来不修,今亦不应修"。相反,若诸法无自性(空),则众生可以知苦断集修道证灭。"是故经中说,若见因缘法,则为能见佛,见苦集灭道。"

正因为一切皆空,才有万法的生起,当然缘起的诸法是无自性的,并非真实的存在,所以称为"假名"。龙树继承《般若经》的思想,以如幻、如化来比喻"假名"的诸法:"诸烦恼及业,作者及果报,皆如幻与梦,如炎亦如响。""色声香味触,及法体六种,皆空如炎梦,如乾闼婆城……犹如幻化人,亦如镜中像。"[1]

这样因缘生法不著"空"(非自性)也不著"有"(非断灭),是"性空"与"假名"的统一,所以说是不落两边的"中道"。

"非有非无"的"空"超出一切语言文字,是不可言说的:"诸法不可得,灭一切戏论,无人亦无处,佛亦无所说。""诸法实相者,心行言语断,无生亦无灭,寂灭如涅槃。""空则不可说,非空不可说,共不共叵说,但以假名说。"空虽不可说,但随顺世俗可以假名说,《中论》继承《般若经》的二谛思想,认为"诸佛依二谛,为众生说法。一以世俗谛,二第一义谛,若人不能知,分别于二谛,则于深佛法,不知真实义。"一切法空,于圣人是第一义的真实义,为真谛或第一义谛。而凡夫颠倒,认为世间诸法是真实的,是世俗谛。第一义的毕竟空不可言说,言说便是世俗谛,所以若不依世俗,第一义不可说,不说则难以度众生,所以佛要依二谛说法:"若不依俗谛,不得第一义。不得第一义,则不得涅槃。"[2]

"空"难以言说,往往需要从否定的立场来表达,《中论》开篇便以"八不中道"(或"八不缘起")来表达空义:

---

[1]《中论》卷四,《大正藏》第30卷,第31页中。
[2] 同上书,第32页下—33页上。

不生亦不灭,不常亦不断。

不一亦不异,不来亦不出。

能说是因缘,善灭诸戏论。

我稽首礼佛,诸说中第一。①

"八不"是针对众生对自性的执著而发的。自性见,在诸法的当体上体现为生与灭,在时间上表现为常与断,在空间上体现为一与异,在时空的运动上体现出去与来。生灭、断常、一异、去来的戏论根源在于自性见。② 这八种观点可以大体概括自性见的各种观点,有注释家认为当时佛教内部,部派佛教偏于生灭,外道偏于断常、一异、来去。其中,婆罗门是常见,顺世论是断见。数论派是一见(认为因果是一,因中有果,果从因转化而来),胜论派是异见(认为因果是异,因中无果,许多因积累起来才有果)。认为人是从自在天生的,即从自在天来,是从梵生的,在梵来说,是梵到人那去了。龙树认为这一系列的说法都是戏论,他的缘起性空思想超越这些戏论,达到了对诸法实相的认识。③

在龙树看来,诸法从缘生,没有自性的生灭、断常、一异、去来。"若法从缘生,不即不异因,是故名实相,不断亦不常。不一亦不异,不常亦不断,是名诸世尊,教化甘露味。"④因此,对一切自性的执著都是错误的。

在具体的破斥自性见的过程中,龙树经常应用"两难推理"("双谴")的逻辑形式。如在《观燃可燃品》中,龙树反对火与燃料实有自性的主张。认为若火与燃料实有自性,那便意味着离开火(燃)有燃料的自性存在,离开燃料有火的自性存在,如果二者是自性的存在,那么就会陷入一与异的两种困境中。因为二者若是自性的存在,二者要么是"一",要么是"异"。但不论"一"还是"异",都会导致荒谬的结论:"若燃是可燃,作

---

① 《中论》卷四,《大正藏》第30卷,第1页中。
② 印顺:《中观今论》,第113页。
③ 《吕澂佛学论著选集》,第2075页。
④ 《中论》卷三,《大正藏》第30卷,第24页上。

作者则一；若燃异可燃，离可燃有燃。"青目在注释中认为："燃是火，可燃是薪。作者是人，作是业。若燃可燃一，则作作者亦应一。若作作者一，则陶师与瓶一。"而事实上陶师不可能是瓶。"若燃与可燃异，应离可燃别有燃。分别是可燃是燃，处处离可燃应有燃。"但事实上离开燃料，火并不存在，否则将处处是火。①

类似的论证在《中论》中处处皆是，以体现"非有非无"的中道立场。有时龙树也使用"四句否定"的形式来破斥对自性的执著。如《观因缘品》破斥生的自性："诸法不自生，亦不从他生，不共不无因，是故知无生。"否定了自生、他生、自他生、非自非他生（无因生）四种形式。《观法品》中说："一切实非实，亦实亦非实，非实非非实，是名诸佛法。"以"四句否定"的形式来表明佛法超出一切语言的分别对待。成佛后的涅槃境界也是如此，《观涅槃品》说："如来灭度后，不言有与无，亦不言有无，非有及非无。如来现在时，不言有与无，亦不言有无，非有及非无。"

中观的空并非仅仅是为了破除外道及部派佛教的自性见，更重要的是要落实到宗教实践中去，因此《中论》的每一品都以"观"开头，如《观四谛品》、《观去来品》等，"观"就是观察，随就一法而发生中道正观，证入诸法空性。在《观十二因缘品》中，龙树重申了佛教的十二因缘说，指出无明是诸行的根本，智者所不为。智者如实观因缘法，破除无明，则诸行皆灭，了脱生死。如何破无明入实相？《中论》中认为需要"无我智"：

> 灭我我所故，名得无我智，得无我智者，是则名实观。得无我智者，是人为希有。内外我我所，尽灭无有故，诸受即为灭，受灭则身灭，业烦恼灭故，名之为解脱。②

若能灭除我、我所的执著，便可证入一切法空，灭除烦恼获得解脱。

---

① 《中论》卷二，《大正藏》第30卷，第14页下、15页。
② 《中论》卷三，《大正藏》第30卷，第23页下。

对一切法都不再执受:"若不受诸法,我当得涅槃,若人如是者,还为受所缚。"当然空观破除"有"见,对空本身也不可执著:"大圣说空法,为离诸见故,若复见有空,诸佛所不化。"真正的无我智是非有非空的中道正观,即"中观"。所以要受不受都要远离:"今我不离受,亦不即是受,非无受非无,此即决定义。"

既然一切皆空,涅槃境界也是空的,"八不中道"所揭示的就是涅槃境界:"无得亦无至,不断亦不常,不生亦不灭,是说名涅槃。"①涅槃也即是一切皆空的诸法实相,如青目注释中说:"从因缘品来,分别推求诸法。有亦无,无亦无,有无亦无,非有非无亦无,是名诸法实相,亦名如法性实际涅槃。"②

一切法空,因此诸法平等,涅槃与世间在空性上是没有差别的:"涅槃之实际,及与世间际,如是二际者,无毫厘差别。"佛并无涅槃与世间的分别:"涅槃与世间,无有少分别,世间与涅槃,亦无少分别。"③"如来所有性,即是世间性,如来无有性,世间亦无性。"④"佛能灭有无,如化迦旃延,经中之所说,离有亦离无。"由此可见,龙树将中道原则贯穿到佛学的教、理、行、果的各个领域。

嘉祥吉藏著有《中观论疏》,依本论系统阐发了三论宗的根本教义,为三论宗的重要经典。

二、《百论》

《百论》,二卷,龙树弟子提婆著,婆薮开士注释,鸠摩罗什译。三论宗的根本经典之一。本论由舍罪福、破神、破一、破异、破情、破尘、破因中有果、破因中无果、破常、破空等十品构成。每品列有五偈,偈

---

① 《中论》卷四,《大正藏》第30卷,第34页下。
② 同上书,第36页中。
③ 同上书,第36页上。
④ 同上书,第31页上。

末且附提婆所撰的短文,以及婆薮开士的注释。文中标外道之说为"外曰",标提婆之说为"内曰"。卷首有七言二行的归敬偈。据僧肇《百论序》所载,本书原有二十品,各品有五偈,总为百偈。罗什认为其他十品于中土无益,所以只译十品。近人吕澂则认为僧肇所说有误,罗什所译《百论》,并无删改,也无后十品,是提婆另一著作《四百论》的入门性著作。①

《百论》是一部论战性的作品。以龙树《中论》的中观学为原则,对印度当时流行的各种外道学说都进行了一一驳斥,如数论、胜论、耆那教、顺世论、毗湿奴教派、湿婆教派等。论中也因此保存很多印度宗教、哲学的资料。全论的每一品都以"破"为名,以彰显大乘佛教的中观正见。

有人认为,既然中观学主张一切皆空,何以要破斥异说?"如愚痴人,欲破虚空,徒自疲劳。"提婆则认为,"虽自性空,取相故缚",虽然一切法自性空,但凡夫为邪想分别所缚,为破这种颠倒妄见,所以要破斥异说,而"实无所破"。如愚人在热天看到阳焰,以为是水,就去追逐,徒劳无获而疲惫不堪。有智者告他,这只是一种假相,不是真水。中观学所破的是愚人执著的假相,不是把真水也破除掉。所以注释中说:"如是诸法性空,众生取相故著,为破是颠倒故,言破实无所破。"②

《中论》主要批判佛教内部各派对佛法的误解,而《百论》的重点放在对外道的批判上,僧叡《中论序》说:"《百论》治外以闲邪,斯文(中论)祛内以流滞。"③吉藏则认为提婆出世时,正为外道盛兴,故破斥,兼除"小迷及大乘有所得见也"。论中以"空"作为区别佛法与外道的标准。提婆认为佛之所以称为"世尊",是因为"佛知诸法实相,明了无碍,又能说深净

---

① 《吕澂佛学论著选集》,第 2087—2088 页。
② 《百论》卷下,《大正藏》第 30 卷,第 181 页下。
③ 僧祐:《出三藏记集》卷一一,《大正藏》第 55 卷,第 77 页上。

法"①。所谓"诸法实相",即性空。所谓"深净法",即善法,"恶止善行法"。注释中认为,佛略说善法二种:止相行相。息一切恶,是名止相。修一切善,是名行相。并详细说明十善道与十不善的基本内容。并特别强调清净戒的重要性:"行者作是念:一切善法,戒为根本。持戒之人,则心不悔,不悔则欢喜;欢喜则心乐,心乐得一心;一心则生实智,实智生则得厌;得厌则离欲,离欲得解脱;解脱得涅槃,是名净持戒。"②龙树在《中论》、《十二门论》中没有特别强调持戒与善行。行善与持戒之所以重要是因为能生"实智","实智"是清净的智慧,是对诸法性空的体证,远离了一切束缚。相反,外道虽有智慧,但为世界所系缚,能增长生死,是"不净智"。"实智"则觉悟一切皆空,因此不为世界所缚,称为"净智"。论中认为"净智"是"无相最上"。注释中认为,外道若取福将来必人天中受生,若取罪必三恶道生。佛法则无相,无所执取,"无相名一切相不忆念,离一切受。过去、未来、现在法心无所著。一切法自性无故,则无所依,是名无相。"③所以说,"无相智慧最第一",除佛法的三种解脱门(空、无相、无愿),都不能获得真正解脱。由三解脱门证得无我,便获得解脱,"如是舍我,名得解脱"。婆薮开士注释道:"破一切法,是名无我无我所。又于诸法,不受不著。闻有不喜,闻无不忧,是名解脱。"④有外道认为中观学的"无所执"也是执,对此提婆反驳道:"无执不名执如无。"注释中认为,诸法因缘所生,因此无相,无所执。空不是世间所说的实有之无,"不以言无故,便有无"。⑤ 所以,提婆称涅槃为无得涅槃,解脱为在世俗谛上说,其实无解脱可言。

可见,《百论》与《中论》的基本精神是一致的。僧肇认为,"《百论》

---

① 《百论》卷上,《大正藏》第 30 卷,第 168 页中。
② 同上书,第 178 页下—179 页上。
③ 同上书,第 170 页下。
④ 《百论》卷下,《大正藏》第 30 卷,第 182 页上。
⑤ 同上书,第 181 页中。

者,盖是通圣心之津涂,开真谛之要论也"。① 嘉祥吉藏著有《百论疏》,系统阐发了三论宗的思想,为三论宗之重要文献。

三、《十二门论》

《十二门论》,一卷,龙树所著,鸠摩罗什于姚秦弘始十一年(409)译出。三论宗的根本论典之一。本论由二十六首偈颂与释文组成,但其中有二颂引用自《七十空性论》,十七颂引用自《中论》,其他的偈颂则近似于《中论》的偈颂。嘉祥吉藏在《十二门论疏》中认为,偈颂为龙树所撰,释文则为青目所作。近人对此论是否为龙树所著存有怀疑。内容分观因缘门、观有果无果门、观相门、观有相无相门、观一异门、观有无门、观性门、观因果门、观作者门、观三时门、观生门等十二门阐发大乘空观,论中强调大乘是"十方三世诸佛甚深法藏",以"空"为大乘深义:"大分深义所谓空也,若能通达是义,即通达大乘。具足六波罗蜜无所障碍。"②龙树此论的目的是通过十二门解释空义。后人认为此十二门分为因缘门、无相门、无生门三大类。(1)性空品:观因缘门、观有果无果门之三门,专明一切因缘法无实自体性所以一切皆空。(2)无相品:性空之理虽明,而幻有之相宛然。有人见空、有人见有,生起空有之相,所以观相门、观有相无相门、观一异门、观有无门、观性门、观因果门六门观诸相无相:"相可相皆空,相可相空,故一切法皆空。"(3)无作品:已观诸相无相,所观之境了不可得,但能观之智犹未与之俱寂,仍有功用、希望、造作,所以应明智用之空而观作者门、观三时门、观生门三门,专明作者之无,所以称之为无作品。以上三品,说明性、相、用,莫不空寂,于此可悟大分深义之旨。③

作为《中论》的入门性著作,《十二门论》以《中论》中表达的缘起性空

---

① 僧祐:《出三藏记集》卷一一,《大正藏》第55卷,第77页中。
② 《十二门论》,《大正藏》第30卷,第159页下。
③ 太虚:《十二门论纲要》,《太虚大师全书》,第5册,第603—604页。

为核心来阐发大乘佛法的思想,如:"众缘所生法,是即无自性,若无自性者,云何有是法?"一切诸法都从众缘生,所以无自性,生起诸法的众缘也同样是无自性的:"众缘皆空,缘空故从缘生法亦空。是故当知一切有为法皆空。有为法尚空,何况我耶?"①

《观性门》中也强调诸法无自性,所以为"空",认为"复次一切法空,何以故?诸法无性故"。龙树认为诸法若有自性,则不应变异,而所见一切法都变异,所以可知诸法无自性。诸法若有自性,则不应从众缘生,而一切法都从因缘生,所以一切法都无自性,无自性所以一切法空:

> 诸法若有性,则不应变异。而见一切法皆变异,是故当知诸法无性。复次若诸法有定性,则不应从众缘生,若性从众缘生者,性即是作法,不作法不因待他名为性。是故一切法空。②

论中也强调,既然诸法无自性,也就无他性,因为"因自性有他性","他性即是他自性"。所以自性不成,他性亦不成。"若自性他性不成,离自性他性何处更有法?"

不仅世间法无自性,而且出世间法也是无自性的:"此五阴灭,更不生余五阴,是名涅槃。五阴本来自空,何所灭故说名涅槃?又我亦复空,谁得涅槃?复次无生法名涅槃。若生法成者,无生法亦应成。生法不成,先已说因缘,后当复说,是故生法不成。因生法故名无生,若生法不成,无生法云何成?是故有为无为,及我皆空。"③灭除世间五阴为出世涅槃,五阴为生成法,本无自性,所以无生法的涅槃同样无自性,所以万法皆空。

吉藏著有《十二门论疏》六卷(或三卷),系统阐发中观思想,确立三论宗的根本思想。华严宗祖师法藏也著有《十二门论宗致义记》二卷。近人太虚也著有《十二门论纲要》。

---

①③《十二门论》,《大正藏》第30卷,第160页中。
② 同上书,第165页上。

第三节　三论宗的佛学思想

三论宗继承了印度中观学的基本思想，并在新的历史条件下进行了创造性的发展。三论宗以"境"、"智"、"教"来组织其学说体系。所谓"境"，即"理"，指"缘起性空"之"理"。"理"与"教"相对，强调由"教"而悟"理"；"境"则与"智"相对，"智"照"空"为"境"。所谓"教"即是对"理"的言说。所谓"智"即般若智慧。就能化方面而言，佛菩萨由"理"（境）而生"智"（般若观照）说"教"；从所化方面而言，众生闻佛菩萨说"教"悟"理"生"智"。具体而言，"空"是不可言说的，为"不二之境"，本无"境"、"智"之分，但佛菩萨为度众生，于"非境非智"中强开"境"、"智"，于"不二之境"中强开"真俗两境"，于"不二之智"中强开"权实二智"。然后说"真俗二教"（"二谛"），令众生因"二谛"发生"二智"，照"二境"，进一步达到"非权非实"之"智"、"非真非俗"之"境"，乃至"非智非境"，证得"中道实相"、"涅槃"、"佛性"、"法身"。

一、缘起性空与中道实相

1. 一切皆空

吉藏直接继承了龙树《中论》"三是偈"的中观思想，即"众因缘生法，我说即是空，亦为是假名，亦是中道义"。由"缘起"、"无自性"展开对空的论述，在《中论疏》卷二中，吉藏系统论述了"毕竟空"的思想：

>　　《经》中所以说毕竟空者凡有四义：一为对破有病，所以说空。有病既息，空乐亦除，乃至五句无所依止，而舍有著空，故不识佛意。故行品云：大圣说空法，为离诸见故，若复见有空，诸佛所不化。第二，经说毕竟空者，此明第一义谛毕竟空，不明世谛毕竟空，而方广之流谬取佛意，谓世谛亦毕竟空，故不知说空因缘。如《智度论》初卷云：明人等世谛故有，第一义谛故无，如实际等第一义故有，世谛

故无,即其证也。三者,道门非空非不空无名相中为众生故,假名相说,称之为空。非空非不空即是中道,空不空即是假名,而学教之流不识中假,谓实有空,故不知说空因缘。故四谛品云:因缘所生法,我说即是空,亦为是假名,亦是中道义。长行释云:因缘所生法,无自性故空,空亦复空,但为教化众生故假名说,即其证也。四者,因缘有宛然毕竟空,虽毕竟空宛然因缘有,即是不坏假名而说实相,不动真际建立诸法。而禀教之流,闻因缘有即失毕竟空,闻毕竟空即失因缘有,故不知说空意也,即生疑见。①

在上段引文中,吉藏集中阐述了三论宗的"空"义:(1) 因缘无自性即空;(2) "空"是对"有"而说的,不能舍有著"空",故"空"亦复"空";(3) "空"本来非空非有即为中道,而假名说"空";(4) "空"并不是绝对的虚无,只是"因缘无自性"而已。因此,从第一义上说即"无自性"故"空",而从世谛上说则虽"空"而宛然有,"空"与"有"并不是根本对立的,并非离"有"而别有"空",而是"毕竟空宛然而因缘有,因缘有宛然而毕竟空",这种对"空"的理解符合龙树中观学的精神。

三论宗将中观学"缘起自性空"这一原则贯彻始终,这体现在三论宗对其他宗派"空"义的批判上。吉藏首先区别大乘与小乘对空义的不同理解,以突出"缘起自性空"的彻底"空"义:

> 今明二乘与菩萨不同,略有六义,故有思议不思议:一者二乘但得生空,不得法空,故可思议;菩萨具得二空,故不思议。二者二乘亦不具得生空。所以然者,于我无我不二,是无我义,二乘见我无我二,云何得无我耶?三者利根二乘设得法空,盖是析法明空;菩萨法空,自性空、自相空,即空为有,即有为空。故二乘法空可思议,菩萨法空不可思议。四者《释论》云:二乘得但空,故可思议;菩萨得不可得空,故不思议。五者二乘得小空,如毛孔空;菩萨得

---

① 《中观论疏》卷一,《大正藏》第42卷,第19页中。

空广,遍如十方空。问:空何有大小耶?答:二乘不能别相,一一知诸法空,但总相知十二入空,故名为小;菩萨能别相知一切法,谓粗细大小浅深,然后知其是空,故空广大。又二乘但得三界内人法空,故约有明空,空义即短;菩萨知三界内人(疑多出)外人法皆空,故约有明空,空义即长。故二乘得小分空,犹如兔马;菩萨具得多空,犹如香象,故空有多小也。六者明二乘但得生死空,不见大涅槃妙有体绝万相故空,何况知涅槃妙有即空?故二乘空可思议,菩萨空不可思议。①

吉藏详尽论述了大、小乘"空"的根本差别。认为二乘(声闻、缘觉)"空"是"析法明空",而大乘"空"是"自性空"、"自相空"(即缘起自性空)。在具体内容上,二乘虽然讲"我空"(即无我众生空),但由于是"析法明空",不能达到"我"本性即空,而仍然执著于"我"、"无我"的截然分离。因而,从严格的意义上二乘不得"生空"(即无我)。即使二乘得"生空"(不究竟),但不得"法空"。即使部分二乘"利根"人能得"法空",也只是析法明空。再者,从横的方面看,二乘人只得三界内人法空,不得三界外人法空;只知"生死空",不知"涅槃空"。从竖的方面来看,二乘人只知"空",不知"空"亦复"空",所以二乘人是"但空";大乘人知"空"亦"空",所以是"不但空"。因而吉藏认为二乘人之"空"不究竟,可思议,而大乘之"空"是究竟的、不可思议的。

小乘之"空"不究竟,那么是否所有大乘佛教之"空"都是究竟的呢?吉藏认为从大乘经论本身的义理来理解,应是毫无疑问的。不仅龙树之后出现的《涅槃经》、《华严经》明"自性空"义,就连唯识学系的《摄大乘论》、《十地经论》也都是阐明"毕竟空"的。这也是三论宗不同于中观学派之处,是三论宗在新的历史条件下对"空"义的新的开展。

首先,吉藏吸收《涅槃经》、《摄大乘论》对"空"的论述。如《净名玄

---

① 吉藏:《净名玄论》卷三,《大正藏》第38卷,第871页上、中。

论》卷六云：

> 《涅槃经》云：一切诸法，无有定相，若有定相，是生死相，是魔王相，非佛法相。以无定相，故名为得，有定相，所以为失。问：云何无定相耶？答：如一色未曾是性，亦非是假，于性缘成性，于假缘成假。若必定性义，为非假义，为是还成假见假执耳。理内外得亦尔，色何曾是得是无得耶？又如一色未曾真俗，于凡为俗，于圣为真耳。又即就俗中，亦无定性，贪人见色净，不净观人，见色不净，无适漠人非净。又不净之物，于人为不净，畜见为净，净物于人为净，于余为不净，如蝇谓香为不净，故不耐闻之。又一色亦不定，于无神通人则质碍，于得神通人则非质碍。于人见为白色而为水，于鬼赤色为火。又溺水不蒙毛而蒙铁，如金对破余一切物为羊角所坏。故知一切法，无定性也。①

《涅槃经》所说的"无决定相"在吉藏看来，就是中观学对"空"的理解，因为"无决定相"也就是"无自性"，因而即是"空"义。《净名玄论》卷三更明确地说："欲显一切诸法无定性相，故说不思议。如长若定长，不可促长令短；短若定短，不可延短令长。以可延促，故无定相性。以无定性，诸法即空，因此即悟入实相，故说不思议。"②

上文所引的"知一切法，无定性"的另外一层意义是从"识"与"境"的关系入手来论证的。尽管龙树《中论》中也有"于凡为俗，于圣为真"的说法，但龙树学对"空"的理解并不是从主观与客观的关系入手的，从"识"（主观的心理活动）与"境"（客观的对象）的关系方面论证"空"义的是唯识系的思路，上段引文后面就是本着《摄大乘论》的思路——"于人见为白色而为水，于鬼赤色为火"而得出"唯识无境"的结论。当然，吉藏只吸收《摄论》无境之说，并不接受其"八识"产生世界的理论："《摄论》明一境

---

① 吉藏：《净名玄论》卷七，《大正藏》第38卷，第897页上。
② 吉藏：《净名玄论》卷三，《大正藏》第38卷，第868页上。

从四人,亦明无有定境。"①吉藏借用《摄论》的理论,只是当做一种说法方便,并将"识"、"境"的关系也纳入"缘起自性空"的原则之下。因而,三论宗的"空"义是在中观学派的基础上,增添了新的内容,但并不违背中观学的基本精神。

其次,吉藏吸收《涅槃经》等经论中的思想,将"空"与"佛"、"一乘"等视为同一的范畴,将"空"义贯彻到三论宗的整个佛学体系之中,这一思想也是对其"缘起"思想的进一步展开。在第一节中,我们已经讨论了"缘起"与"中道"、"空"、"佛性"、"二谛"、"二智"的关系,论证了"缘起"在三论宗佛学思想中的核心地位,作为"缘起论"直接结论的"空"义同样不可忽视。由于"空"义的理论鲜明,反而使"空"比"缘起"更能代表三论宗佛学的特色,三论宗将"空"贯彻到"佛性"、"涅槃"、"二谛"、"二智"之中,是三论宗对中观学派的创造性发挥,这主要表现在:

第一,空是大乘最深义。"《论》(《十二门论》)云:大分深义,所谓空也。""又《般若》云:诸法甚深者得空无相无颠。"②《论》明大乘是十方三世诸佛菩萨甚深法藏,空复是法藏中之甚深,故知空者是深中之穷深,大中之极大,是以《法华》盛开三轨,以空为高座。"③这一思想继承了龙树《十二门论》中"大分深义,所谓空也"④的思想,并进一步认为"空"是佛法之中"深"中之"深"、"大"中之"大",将"空"的地位推崇到了极点。

第二,"空"是"般若"、"实相"、"涅槃"、"佛性"之异名。对此吉藏广泛引用经论为证:

> 此空是实相之异名,般若之别称。又《智度论》云:涅槃城有三门:谓空无相无作。故游三门入于涅槃。此《论》从十二门以入于

---

① 吉藏:《百论疏》卷上,《大正藏》第42卷,第251页下。
② 吉藏:《十二门论疏》卷上,《大正藏》第42卷,第177页上。
③ 吉藏:《法华玄论》卷一,《大正藏》第34卷,第363页中。
④ 吉藏:《十二门论》,《大正藏》第30卷,第159页下。

空，空即涅槃。《中论》云：诸法实相名为涅槃。又《般若》云：诸法甚深者谓空无相无颠。今欲明甚深义故辨三门。①

问：此空既非因果境智，亦得有多名耶？答：《智度论》云：是空有种种名，谓无相无作寂灭离相法性涅槃等。故《法华》云：皆是一相一味。所谓离相、解脱相、究竟涅槃常寂灭相，终归于空。即《法华》名此空为一乘涅槃。《无量义》云：无量义者，从一法生。其一法谓无相也，如是无相不相，无相不相，无相名为实相。即以空为无量义处三昧。《涅槃经》以空释成圣人义，以何义故名为圣人，常观诸法性空寂故。②

夫会三归一者，本令二乘趣佛道，必由鉴乎实相，实相本亡言息虑，不知何以目之，强名为空。以见空相故心无所依，心无所依故能动能出，乃名为乘。若不见空相则情有，情有所依，所依则名有所得，若有所得不动不出，虽复终身举手历劫低头，无得佛义。是故归一要悟空，岂不勉哉？③

《涅槃经》云：佛性者名第一义空。此论（《十二门论》）观察因缘明甚深空义。故云：大分深义所谓空也，若通达此义，即通达大乘。④

上述引文中，吉藏反复说明"空"与"佛性"、"涅槃"、"实相"、"一乘"、"般若"的同一性。这一观点至为重要，不仅表明吉藏将中观学的"空"义真正贯彻到底，更为重要的是通过"空"与"佛性"、"涅槃"、"一乘"的一致性，吉藏实现了大乘经论一律平等的判教主张，并从中观学的立场，对中观学之后的所有佛教思想重新整合，这在中国佛教史上具有重要意义。当然在吉藏的学说里，"空"、"佛性"、"涅槃"、"实相"

---

① 吉藏：《十二门论疏》卷一，《大正藏》第42卷，第177页上。
② 吉藏：同上书，第182页上。
③ 吉藏：《法华玄论》卷一，《大正藏》第34卷，第363页中。
④ 吉藏：《十二门论疏》卷一，《大正藏》第42卷，第174页下。

等平等一致的观点是在究竟的意义上说的,在具体的论述中,是有所侧重的。"空""非因非果非境非智"是"中道",而"假名"说"空",从认识上说是"实相",从修持的结果上是"佛性"、"涅槃",而从对"空"的证悟上说是"般若"。

第三,正因为"空"与"一乘"、"涅槃"一致,因而吉藏主张所有大乘经论都明"空"义:

> 问:心无所得乃是偏空义耳。《大经》(《涅槃经》)呵云:汝等勿谓如来唯修诸法本性空寂。故知空者空耳,盖是二乘所见。又《大品》《三论》可得明空,《法华》开权显实,《涅槃》明常住佛性,何得明空?将非田夫哑盐,旧医用乳?答:《法华》盛开三轨以空为高座,广明四模以空为安乐,子不信之即事为验。又《大经》云:佛性者名第一义空,佛性是三世诸佛之根本也。又云迦毗罗城空,大般涅槃空,大涅槃是诸佛之极果也。又《花(华)严》云:如来觉诸法如幻如虚空,菩萨清凉月游于毕竟空,此明佛菩萨所悟皆空。又云游心法界如虚空,是人乃知佛行处。此明以了空故入佛境界,斯乃方等之格言,至人之妙悟。子不受之,故知深信者寡。今言空者不见空与不空,如是五句皆无所得,不知何以目之,强名空耳。《大经》所呵者二乘断见,《释论》所斥外道邪空耳。可谓乳色虽同,甘毒为异,子未别之,不应相浑也。①

在吉藏生活的时代,《涅槃经》最为流行,《涅槃经》的主张与中观学派有一种明显的差别,大谈"常、乐、我、净",斥责"空"义为"不了义",为二乘"偏见"。但《涅槃经》本身并非一时一地所出,其主张前后并不一致,按印顺法师的研究,《涅槃经》后续部分受到《般若经》、《中论》的影响,其主张与前部分"有"义不同,如主张"中道者名佛性"、"佛性者即第

---

① 吉藏:《法华玄论》卷一,《大正藏》第 34 卷,第 362 页下—363 页上。

一义空,第一义空名为中道,中道者即名为佛"。① 吉藏正是抓住这一点,以后续《涅槃经》的"空"义修正前期《涅槃经》的"有"义,在上面所引的一问一答中,吉藏引《涅槃经》后续部分"佛性者名第一义空"为根据,进而认为,《涅槃经》前部分所斥责的"空"见,不是中观学的"缘起自性空",而是中观学所反对的"断灭空"、"邪见空",这样中观学与《涅槃经》的主张就完全一致了。同样吉藏认为,《法华》开权显实,以"空"为高座,《华严》"菩萨游于毕竟空",都是以"空"为入佛境界的关键,只是《法华》、《华严》不如《涅槃经》影响巨大,对三论宗"空"论构成的威胁不如《涅槃经》巨大,因此吉藏没有详尽展开。吉藏这种以"空"义会通《涅槃》、《法华》、《华严》,是对中观学说的进一步发展,这也是三论宗不同于印度中观学派的一个重要方面。

第四,空能产生二智、二谛。二谛、二智是三论宗组织其学说体系的基本框架。但二谛、二智的思想根源仍然离不开"缘起性空"。三论宗的"空"与"二谛"、"二智"的关系,主要是围绕"有"、"无"("无"在三论宗中相当于"空")之辩展开的,所谓"二谛",即世谛、第一义谛,诸法毕竟空,于悟道的圣人是实,故称为"第一义谛";而诸法于世俗人仍然是"有",所以称为"世谛",对"空"的证悟称为"实智",对"有"的观照称为"权智"。而离开对"空"的正确领悟,便不能正确把握"有"、"无"之间的关系,便迷失二谛、二智:"闻大乘法说毕竟空,不知何因缘故空,遂失二谛。"

第五,空能成立一切法。中观与三论宗之"空"是"缘起自性空",因而其"空"义并不是从消极的意义上讲的。《中论·观四谛品》:"若一切不空,则无有生灭,如是则无有,四圣谛之法。""若诸法不空,无有罪福者,不空何所作? 以其性定故。""若无有空者,未得不应得,亦无断烦恼,亦无苦尽事。""是故经中说,若见因缘法,则为能见佛,见苦集灭道。"②在

---

① 印顺:《如来藏之研究》,第256—257页,台北,正闻出版社,1981。
② 吉藏:《中论·观四谛品》,《大正藏》第30卷,第34页下。

《中论疏》卷一九中,吉藏对此作了解释:

> 问:云何由空一切成耶?答:前偈空亦复空,则是非空非有。今明非空非有,空有得成,故云一切成。又由第一义空故有世谛,故二谛成,则一切成;若无空则第一义不成,则世谛亦不成,故一切坏也。又以有空一切成者。由第一义空,故生波若;由波若断烦恼,有三世佛。由佛故说世出世一切教,故长行云:世出世皆成。①

> 无所得无定性,故未生可得生,不灭可得灭。有所得既是定性,则未生定未生,不可令生,故无生也。既其不可令生,岂得有灭耶?譬如定无,无不可令有;既定有,亦不可令无,故无生灭也。②

吉藏继承龙树的思想,认为正因为"缘起自性空",所以才能生起一切万法。若不是"自性空",则必然事事物物都有其自性,事物有自性便导致世界的僵化、固定和静态,因为事物如果有自性,就没有"缘起",也就没有事物的生灭变化,这样不仅万事万物不能生灭变化,更重要的是"烦恼"总是"烦恼","众生"总是"众生",整个宗教的解脱也就无从成立,所以吉藏才认为"空"能成立一切法,包括世间、出世间、世谛、第一义谛。

以上我们看到吉藏批判小乘"空"义,综合大乘经论,将"空"义推向了一个新的境界。吉藏所批判的小乘包括当时流行的毗昙、成实,也对摄论师、地论师等学大乘不得要领的人进行了批判。

2. 中道实相

三论之空并非断灭,而是超越有无对待的中道境界,吉藏也非常重视以中道的立场表达空义。龙树中观学的"中道"思想是"缘起"与"性空"的统一,这突出表现在《中论》的"三是偈"上:"众因缘生法,我说即是空,亦为是假名,亦是中道义。"三论宗的中道思想,直接继承了中观学派

---

① 吉藏:《中观论疏》卷一〇,《大正藏》第42卷,第151页下。
② 同上书,第152页下。

的理论,并在新的历史条件下作了创造性的发展。这主要表现在:第一,三论宗将中道思想进一步贯彻到整个佛学思想之中,将"中道"与"佛性"结合起来,认为中道是正因佛性,在中观学派的理论之中,极少谈及佛性的问题,佛性思想是在龙树之后的《涅槃经》中才盛行起来的。而吉藏时代,《涅槃经》大盛于中国,佛性问题是当时佛学界讨论的焦点,因而吉藏不可能无视这一问题,而是从中观学派的立场出发去解释佛性。当然,《涅槃经》中有关佛性的说法并不一致,但曾有"中道之法,名为佛性"①的说法,吉藏便以此为突破点,将中观学派的中道思想推进佛性领域。第二,三论宗除了将中道作为一种方法,驳斥其他学派,指导修行之外,更强调中道作为实相的重要性,这一点在中观学派中并不突出。而将中道纳入三论宗佛学体系之中的"境"的范围,以构成其由"中道"之"境",发生"中观"之"智",说"二谛"之"教"的"境"、"智"、"教"的佛学框架。第三,中观学派的中道在言说上只有一种层次,而三论宗充分发挥中观学派本身就有的中道不可说的思想,在言说上,将中道分为多重层次,如中观学派一般只说非有非无为中道,但三论宗进一步认为,在更高一层次的言说上,则有无与非有非无是二,非二非不二才是中道,并认为一切法无非是中道,使中道思想又有了新的发展。第四,三论宗的中道思想,除了继承中观学派的思想之外,尚广泛吸收龙树之后的大乘经典中的中道思想,吉藏以自己的博学,在阐述中道问题时,广泛征引,其中包括《涅槃经》、《华严经》、《维摩经》、《法华经》等,使中道思想更为丰富。

由上可见,三论宗的"空"不是"断灭之空",而是"非有非无",所以说空也是"中道",《中论疏》中吉藏对此曾有一番问答:"问:既是性空,云何称中道耶?答:空无二边故称中道。问:即此亦得明非有非无中道以不?答:以空无性实,故不可为有;有因缘假名故不可为无。此即合中与假皆

---

① 《大般涅槃经》卷二七,《大正藏》第 12 卷,第 523 页下。

是中道。"①"空"虽然是"不二之理",但在言说层次上,不如中道更完善,"空"往往使人产生偏执,而"中道"的提法,在言说上较之"空"便更完善:非有非无,"寂此诸边名之为中"。②"盖自僧朗以来,摄山三论学者以《中论·观四谛品》为准,每以而有而无表假,非有非无表中。"③吉藏也承继摄山学统,以中道为不二之理。

中道是三论宗佛学的另一个重要内容。中道与空一样,被三论宗认为是佛教与其他宗教哲学区别开来的重要标志。在言及佛教与外道的差别时,吉藏列了六条,其中两条便是中道思想的有无:"外未即万有而为太虚,内说不坏假名而演实相;外未能即无为而游万有,内说不动真际建立诸法。"④而此"不坏假名而说实相,虽曰假名宛然实相;不动真际建立诸法,虽曰真际宛然诸法。以真际宛然诸法故,不滞于无;诸法宛然实相则不累于有。不累于有故不常;不滞于无故非断。即中道也。"⑤认为"通论《三论》,皆得显中"⑥。进而又认为一切经论都是为了阐明中道正观:"一切论通明中道明正观,故一切论皆是一论;一切经亦通明中道通明正观,则一切经是一经。"⑦

中道如此重要,那么中道在三论宗佛学中的含义如何呢? 学者们从各个方面对三论宗的中道进行了解释,总括起来,无非五种:第一种认为中道是三论宗的论证方法、思维方式;第二种认为中道是三论宗佛学所要达到的"最高真理"、"本体"⑧;第三种认为中道不仅仅是其佛学的"最高真理",而且是其宗教解脱的最后目的,"中道"与三论宗的"佛性"、"法

---

① 吉藏:《中观论疏》卷二,《大正藏》第42卷,第23页下。
② 吉藏:《三论玄义》,《大正藏》第45卷,第13页中。
③ 廖明活:《嘉祥吉藏学说》,第180页,台北,学生书局,1985。又《中论疏》卷三云:"故以非有非无为中,而有而无为假,盖是一途论。"(《大正藏》第42卷,第23页下)
④ 吉藏:《三论玄义》,《大正藏》第45卷,第2页上。
⑤ 吉藏:《大乘玄论》卷四,《大正藏》第45卷,第55页中。
⑥ 吉藏:《大乘玄论》卷五,《大正藏》第45卷,第71页上。
⑦ 吉藏:《百论序疏》,《大正藏》第42卷,第232页下。
⑧ 杨惠南:《吉藏》,第171—174页。

身"是相同的,其哲学与宗教是统一的①;第四种认为中道是三论宗的"无得正观"(即中观)②;第五种认为中道即是"实相"③,此说与第二种中道是"理"的观点一致。

中道这一概念在三论宗佛学之中经常出现,在不同的语境中,其含义不尽相同,正如以上学者所揭示的。但我们从总体上把握"中道"一词在三论宗佛学中最常用的含义时,便会发现,从三论宗"理教境智"的佛学框架中,应该将中道理解为"不二之境"、"不二之理"更为准确,如"中是所诠之理实,论是能论之教门"。④ "中谓三世十方诸佛所行之道,故前明中。由此道故发生诸佛菩萨正观,故次明观。由内有正观,故佛宣之于口,名之为经。四依菩萨宣之于口,目之为论也。"⑤所谓"中",就是中道的简称,中道是中实之理,"论"是"二谛之教","观"是"二智正观",由"不二之理"(境)发"不二之观"(智)说"不二之教"(谛、论)便是三论宗佛学的基本框架。

《中论·观四谛品》的"三是偈"可以说是三论宗中道思想的直接来源,三论宗的中道思想仍然紧扣"三是偈"的精神,"因缘"、"空"、"假名"、"中道"在三论宗佛学中是密切相关、平等一致的,只是因机随缘的侧重不同而已,因缘可以说是从理论的根源处着眼,"空"、"假名"、"中道"都

---

① 侯外庐主编:《中国思想通史》卷四,第178—181页,北京,人民出版社,1980。郭朋的《隋唐佛教》(第290页)也注意到中道与佛性的关系。
② 廖明活的《嘉祥吉藏学说》(第173页)云:"凡均足见三论教学所了解的'中道'无它,也便是'无得正观'那双遣二边,无所依得的态度,亦即'八不'那'心无所依'、'心无所行'的精神。"同书(174页)又云:"形容它(中道)为'二谛体',为'中实之理',为'唯一实谛',不过是欲表明它所彰显的无得精神,乃是三论教学的精义所在。"廖先生显然认为"中道"即"中观",这从三论宗的总体精神而言无疑是正确的,但在三论宗的佛学体系中,"中道"与"中观"还是有区别的,即"境"与"智"的不同。廖先生之所以如此认为,与他对三论宗整个佛学的体系的理解有关,他显然将"无所得"视为三论宗的根本精神,这也是完全正确的,因为"无所得"即"空",但三论宗具体佛学的展开,仍然是各个概念之间有所侧重的,详见下文的论述。
③ 韩廷杰《三论宗通论》(第214页,台北,文津出版社,1997)云:"佛教认为中道是事物的真实相状,所以称为中道实相。"
④ 吉藏:《三论玄义》,《大正藏》第45卷,第13页中。
⑤ 同上书,第13页下。

是"因缘"的进一步发展。"空"是从三论宗佛学的最终境界而言,"空"即是实相,是不二之理,也是中道。

具体而言,吉藏对中道有种种定义和分类。如《三论玄义》从四个方面解释道:"总论释义凡有四种:一依名释义,二就理教释义,三就互相释义,四无方释义也。"①

第一依名释义。就是集中论述中道为不二之理的:"依名释义者,中以实为义,中以正为义。中以实为义者,如《涅槃》释本有今无偈云:我昔本无中道实义,是故现在有无量烦恼。睿师《中论序》云:以中为名者,照其实也。照谓显也,立于中名,为欲显诸法实,故云照其实也。所言正者,《华严》云:正法性远离一切言语道,一切趣非趣,悉皆寂灭相。此之正法即是中道。离偏曰中,对邪曰正。肇公《物不迁论》云:《正观论》曰:观方知彼去,去者不至方。故知中以正为义也。"②此中道就是中实之理、正法,与上文所说的相对于空、有偏执的中道意义完全一致。

第二理教释义。着眼于中道本身是不可言说的,如同中道是相对于第一重言说的空是完善的,但中道也毕竟是名相,因而此中道一词也有缺陷,所以第二种理教释义就说:"中以不中为义。所以然者,诸法实相非中非不中,无名相法为众生故强名相说,欲令因此名以悟无名,是故说中为显不中。"并引《华严经》为证:"一切有无法了达非有无,若尔,一切中偏法了达非中偏,即其事也。"③在此吉藏指出:"中"也是言说的假名而已,若执著于"中","中"便成了"偏"、"边"、"邪",针对这种"中"(如同上文第二重言说的"中"对"空"的立场),因而才说"中以不中为义",我们可以列表如下:

第一重言说:空为不二之理。

---

① 吉藏:《三论玄义》,《大正藏》第45卷,第14页上。
② 同上书,第14页上—中。
③ 同上书,第14页中。

第二重言说:非空非有的中道为不二之理。

第三重言说:非中非不中的实相为不二之理。

第三互相释义。着眼于"中"与"偏"之间的相即关系,如同第一重言说中的"空有因缘不二"一样,"中是相待于偏"而言的,离"偏"则"中"亦不存在,并非离"偏"另有"中":"中以偏为义,偏以中为义。所以然者,中偏是因缘之义,故说偏令悟中,说中令识偏。如《经》云:说世谛令识第一义谛,说第一义谛令识世谛也。"①

第四无方释义。吉藏进一步说明中道并不是离开万物诸法而存在的,只要能领悟到万物非空非有,那么万物诸法本身就是中道,这也是《中论·观四谛品》中"未曾有一法,不从因缘生,是故一切法,无不是空者也"②的进一步发挥:"一切法皆空",根据"三是偈",一切法都是中道。所以吉藏说:"无方释义者,中以色为义,中以心为义。是故《华严经》云:一中解无量,无量中解一。故一法得以一切法为义,一切法得以一法为义。"③吉藏借用《华严经》"一多相即"的思想论证"中"存在于一切法中。吉藏在《大乘玄论》卷五中对此义有更多的发挥,针对有人认为既然摄山相承,那么非有非无定然为中,假有假无定然为假,吉藏进行了详尽的反驳:"今问汝:为当别有非有非无以为中,为当用破有无者非有非无以为中耶?若言别有非有非无,此义不可,何故然?本破有无故得非有非无,而今何处别得此非有非无以为中?是故不可。若言只用破有无者,非有非无即用此非有非无以为中义,复不可。何故然?汝本破有者非有,破无者非无,有无既去,非有非无亦除,何得只用此非有非无以为中?"④同样吉藏认为也不能定以所非之有无为假,以别起有无为假⑤。其次,"汝言非有非无为中,有无亦是中;汝若言而有而无是假,非有非无亦是假。

---

① ③ 吉藏:《三论玄义》,《大正藏》第 45 卷,第 14 页中。
② 吉藏:《中论》卷四,《大正藏》第 30 卷,第 33 页中。
④ 吉藏:《大乘玄论》卷五,《大正藏》第 45 卷,第 74 页下。
⑤ 同上书,第 74 页下—75 页上。

何故尔？假是不自义，本因非有非无故说有无，有无既是假，非有非无何故非假？中本离断常，汝因有无故说非有非无，非有非无离断常既是中，而有而无亦离断常，何意非中耶？"①再者，吉藏引用《涅槃经》"非内非外亦内亦外故名中道"来论证，不仅非有非无是中道，而有而无也是中道；不仅非有非无为中，而有而无为假，非内非外也是中，而内而外也是假。②最后，吉藏又进一步认为："今明：有是常见，无是断见，非有非无是愚痴论，那忽是中……汝执无异有，执有异无，非有非无异有无，那得并是假？"③这样如果定执"非有非无为中道，而有而无为假名"，则中假义都不能成立，"今问：汝既破他为非，今中相若为？答：师道：只如此破中假即是中，何处别有中？"④有人问什么才是中道？吉藏认为破"中假义本身"就是中道，吉藏引用法身来说明：

> 法身无在无所不在。法身无在，不在有不在无，不在亦有亦无，不在非有非无，乃至诸法中义亦尔。无所不在，法身亦在有亦在无，亦在亦有亦无，亦在非有非无，乃至色心诸法中义亦尔。故无非是中。故《二夜经》明：从得道夜至泥洹夜，常说中道。既是说中道，二夜中间，何容只说非有非无不说有无等，故知一切诸法无非是中。⑤

中道同法身一样是无处不在的，关键是能否于在在处处之中体证到毕竟空的无所得义："言其不在，只不在有得，有得故非中；言其在也，在无得，无得故是中。"⑥《大乘玄论》卷一又说：无非有非无是二，非二非不二是中道。⑦ 至此，我们结合上文，可以将三论宗中道的几种表达总结如下：

第一重：空为中道。

---

① 吉藏：《大乘玄论》，《大正藏》第45卷，第75页上。
②③④⑤⑥ 同上书，第75页。
⑦ 吉藏：《大乘玄论》卷一，《大正藏》第45卷，第20页下。

第二重:非空非有为中道。

第三重:非中非不中是中道。

第四重:非二非不二是中道。

最后一重:一切皆是中,一切皆不是中。

三论宗的中道有多种分类方法,《三论玄义》中,分为四种:

> 问:中有几种?答:既称为中,则非多非一,随义对缘得说多一。所言一中者,一道清净更无二道,一道者即一中道也。所言二中者,则约二谛辨中,谓世谛中真谛中,以世谛不偏故名为中,真谛不偏名为真谛中。所言三中者,二谛中及非真非俗中。所言四中者,谓对偏中、尽偏中、绝待中、成假中也。对偏中者,对大小学人断常偏病,是故说对偏中也。尽偏中者,大小学人有于断常偏病,则不成中,偏病若尽则名为中。是故《经》云:众生起见凡有二种:一断二常。如是二见不名中道,无常无断乃名中道,故名尽偏中也。绝待中者,本对偏病是故有中,偏病既除中亦不立,非中非偏,为出处众生强名为中,谓绝待中。故此《论》云:若无有始终,中当云何有?《经》亦云:远离二边不著中道,即其事也。成假中者,有无为假,非有非无为中,由非有非无故说有无,如此之中为成于假,谓成假中也。所以然者,良由正道未曾有无,为化众生假说有无,故以非有无为中,有无为假也。①

《大乘玄论》卷五分中道为三种:对偏中,对邪中,实义中②。《大乘玄论》卷一分中道为两种:"假有假无是用假,非有非无是体假;有无是用中,非有非无是体中。复言:有无非有非无皆是用中用假,非二非不二,方是体假体中。合有四假四中,方是圆假圆中耳。"③

---

① 吉藏:《三论玄义》,《大正藏》第45卷,第14页中—下。
② 吉藏:《大乘玄论》卷五,《大正藏》第45卷,第75页中。
③ 吉藏:《大乘玄论》卷一,《大正藏》第45卷,第19页下。

综上,我们可以看到,三论宗的中道种类繁多,划分标准不一,所谓"二中"、"三中"是就"二谛论中道"。吉藏还就"二智"、"八不"论"中道"。除此之外,中道大致可以分为两大类。第一类是:体中,指不二之理,就是中道实相。《三论玄义》中的"一中"及"四中"的"绝待中",《大乘玄论》中的"实义"都是此类的不同说法,是三论宗佛学最常用的。第二类是:用中,指不二之理的中道,由体起用。此用中,也可以说就是假名,即由非有非无之中道,为度众生,假名说而有而无,《三论玄义》中的"成假中"就属此类,这是从佛为化众生的角度说的;另一类"用中"是从众生由假名而入进入中道这一方面来说的,即是《三论玄义》中的"对偏中"、"尽偏中"及《大乘玄论》卷五中的"对偏中"、"对邪中"都属此类,这两类"用中"是一致的。在《三论玄义》中,吉藏特别对"成假中"进行了更细致的分类:

> 就成假中有单复疏密横竖等义,具如中假义说。如说有为单假,非有为单中,无义亦尔;有无为复假,非有非无为复中;有无为疏假,非有非无为疏中;不有有为密假,有不有为密中;疏即是横,密即是竖也。①

此"成假中"的分类,反映了三论宗语言表达的特点,即单说"有"、"无"是"单假",单说"非有"、"非无"是"单中",双说"有无"是"复假",又说"非有非无"是"复中",说"有无"是"疏假","非有非无"是"疏中",而说"不有有""不无无"是"密假",说"非有非不有"、"非无非不无"是"密中"。

当然,"体中"与"用中"的划分也是相对的,严格地讲,语言所表达的中道都是"用中","体中"是不能言说的。三论宗的中道思想,其最主要的用法,是"体中",是从中道实相上来立论的,而实相即"理"、"境",并不是通常哲学上所讲的"本体"、"真理",而是一种无所得的空境,在三论宗的宗教解脱上,就是佛性、法身的另一种说法。由此,吉藏进一步赋予中

---

① 吉藏:《三论玄义》,《大正藏》第45卷,第14页下。

道以新的内容：

> 横绝百非，竖起四句，名为诸法实相，即是中道，亦名涅槃者。以超四句，绝百非，即是累无不寂，德无不圆。累无不寂，不可为有；德无不圆，不可为无；非有非无，则是中道。中道之法，名为涅槃。又德无不圆，名为不空；累无不寂，称之为空。即是智见空及以不空，亦名佛性。以众生横起百非，竖生四见，隐覆实相，故名为佛性。若知百非本空，四句常寂，即佛性显，称为法身。①

吉藏将中道与三论宗佛学中所有最高范畴如"诸法实相"、"涅槃"、"空"、"佛性"、"法身"都等同起来，足可见其中道精神的彻底及对中道的推崇。

二、默然说法与四重二谛

1. 圣默然与圣说法

三论宗佛学的根本精神可以用"一切皆空"来概括，"空"是三论宗佛学的最后归宿，在三论宗佛学体系中，"空"与"实相"、"涅槃"、"佛性"、"中道"、"法性"等是等同的，体悟到"空"也就是体证到"实相"、"法性"，也即是解脱，达到"涅槃"，成就"佛性"。但所有这些概念，在三论宗看来，都是无法用语言来表达的，这也是整个佛教的基本立场，三论宗在这方面更为突出，吉藏反复强调"实相"、"空"的"不可说"：

> 此《经》(《法华经》)云是法不可示，言辞相寂灭。若有法可说，乃说非法。②

> 如《华严》云：正法性远离一切语言道，一切趣非趣，皆悉寂灭相，正法绝于名相，故乃名为妙。若四句（泛指语言判断的四种形式

---

① 吉藏：《中观论疏》卷一〇，《大正藏》第42卷，第160页上。
② 吉藏：《法华玄论》卷一，《大正藏》第34卷，第362页上。

如:有、无、亦有亦无、非有非无)所及,何妙之有耶?①

实相本亡言息虑,不知何以目之,强名为空。②

当然"不可说"有两种情况:一者认为实有一"本体",不可用语言来表达;二者认为没有一"本体",所以根本没有"说"的对象,因此"不可说"。三论宗所说的"空"、"实相"是哪一种情况的"不可说"呢?三论宗以为这种提问本身就有问题,即已经断然地设定或者是有、或者是无。此"有"、"无"都是"自性"见,因此"不可说"的"实相"更"不可说"其"有"、说其"无"。当然如果这样"说"下去,无助于事情的澄清。我们从三论宗一贯的立场上来看,三论宗是倾向于没有一个"不可说"的"实相",因为"实相"即"空","空"是"无自性",是"缘起"的,因此所谓"实相"并非一终极"本体"。但语言本身在三论宗看来有很大的局限性,不能表现"空"的含义,因为一切语言都是"有","说"总要有一"对象"才能"说"出,如说"空",很容易使人觉得实有一"空"可得,而这就与三论宗的佛学精神相违,所以三论宗对语言的态度十分谨慎,乃至认为众生之所以不能证悟"实相",轮回六道之中,其根本原因就在众生执著于"名相"。而所谓"名"即是"语言","相"则指世界万法的形式:"总收万化,凡有二种:一者物体,二者物名。此二是生累之所由,起患之根本。故善吉问言:众生在何处行?如来答曰:一切众生,皆在名相中行。名谓名言,相则法体。"③

语言与"空"几乎水火不相容,那么三论宗佛学的精义也就无从说起,而"不说",又怎么能实现普度众生的任务呢?三论宗面对这种"困境",以为有两种选择:一是"默然"即"不说",二是"说法"。这一思想出自《维摩诘所说经》。吉藏在《净名玄论》中这样说:"佛敕弟子常行二事:一圣说法,二圣默然。说实相法名圣说法,观实相理名圣默然。从实相观,还说实相法;说实相法,还入实相观。故动静四仪,皆合实相,若语若

---

① 吉藏:《法华玄论》卷二,《大正藏》第34卷,第381页下—382页上。
② 吉藏:《法华玄论》卷一,《大正藏》第34卷,第363页中。
③ 吉藏:《净名玄论》卷一,《大正藏》第38卷,第856页上。

默,并应般若。"①所谓"说"、"不说"都不是凡夫俗子的行为,而是从证悟"空"义的佛菩萨("圣")为度众生而"圣默然"、"圣说法",不论"圣默然"、"圣说法"都是契入"实相"的,若不契入"实相","说"、"不说"都与佛法无关。在三论宗佛学中,更推崇"圣默然",以为"圣默然"比"圣说法"更深入,因为"圣说法"尽管能契"实相",但毕竟还要借助于语言,总未免有些不高明。与"圣说法"相对的"凡说法",即非佛菩萨的"说法"就更等而下之了。吉藏将"圣默然"、"圣说法"称为"二辙",将"凡说法"、"圣说法"、"圣默然"称为"三阶",吉藏在《净名玄论》中通过文殊问疾于维摩诘的故事反复说明此"二辙"、"三阶"之义:

> 大论不二("不二"与"空"、"中道"的含义同等,是消除一切分别、对待的"实相"),凡有三品:一众人言于不二,未明不二无言,所谓下也;二文殊虽明不二无言,而犹言于无言,所谓中也;三净名虽默鉴不二无言,而能无言于无言,所谓上也。……要须体理无言,然后乃得应物有言耳,众人虽言于理,未明至理之无言,即未诣理也;文殊虽唱理无言,而犹言于至理,亦未称理;净名鉴理无言,而能无言于理,始诣理也。以如理无言,故能无言而言;称理无像,故能无像而像。众人未能如理无言,安能无言而言?未能如理无像,安能无像而像?故文殊之言浅,净名之默深,三阶之论,意彰于此。……若识理一教三,则有如符契。何者?众人以言泯法,未息泯法之言,则为浅也;文殊欲息泯法之言,故借言以止言,借言以止言犹未免于言,则为次也;净名欲息文殊之借言,故默显于无言,乃为极也。故教有三阶,而理无二辙。②

以上我们可以充分发现吉藏以为"圣默然"高于"圣说法",而"圣说法"又高于"凡说法",吉藏又引世亲、龙树之言强调"默然"的崇高地位:

---

① 吉藏:《净名玄论》卷一,《大正藏》第38卷,第856页上。
② 同上书,第853页中—下。

"天亲龙树盛许哑言。故云：汝证我法时，汝尔时自哑。"①但"默然"与"哑"并非凡夫之"默然"、"凡夫之哑"，而是"圣人"体悟实相所达到的究极境界之后，无法用语言表达其境界，方以"默然"、"哑"来"无说而说"。因此，"默然"、"哑"尽管一句话也未"说"，却已"说"尽了所有的"真理"。相反，如果是"凡夫"，不论其如何夸夸其谈，也不论其如何"默然"，却根本不能称其为"说"，因为"凡夫"所"说"都是废话，"说"了等于没说。因此，"夫论哑者，言而常哑；辨其言者，哑而常言。言而不哑，所谓凡夫；哑而不言，名二乘观。故至人缘观俱寂，而境智宛然，应愈动神愈静，智愈寂照愈明，宁以哑法目圣心，灰断榜玄道。"②"言而常哑"、"哑而常言"方是"圣人"；"言而不哑"的夸夸其谈、高谈阔论者为"凡夫"；"哑而不言"、"无话可说"的是"二乘"。由此可见，"圣默然"绝非一般以为一句话不说的那个样子，其中大有奥秘，如前所引"观实相理名圣默然"，其关键在于"默然"者是否证悟"实相"。"圣默然"高于"圣说法"，那么是否"圣默然"与"圣说法"二者的区分是截然的？"圣默然"一定高于"圣说法"？按三论宗佛学的一贯立场，并不能如此，因为一切皆因缘无有自性，不能断然以为"默然"高于"说法"，如上所引："说实相法名圣说法，观实相理名圣默然。从实相观，还说实相法；说实相法，还入实相观。故动静四仪，皆合实相，若语若默，并应般若。"③"默然"、"说法"二者只是就说法的形式上看，"圣默然"更完善，更能使人摆脱语言的纠缠，而在内容上则"若语若默，并应般若"，"同契实相"。否则执著于"圣默然"高于"圣说法"，便还是分别，还是有所执著，还是"二"。

"空"、"实相"、"不二之理"不可说，是整个佛教及三论宗的基本立场，但三论宗又进一步认为：如果执著于"可说"、"不可说"的界限，这无疑又是一种新的"执著"，与三论宗的"一切皆空"相背，也体会不到"圣默

---

①② 吉藏：《净名玄论》卷二，《大正藏》第38卷，第867页中。
③ 吉藏：《净名玄论》卷一，《大正藏》第38卷，第856页上。

然"、"圣说法"的真正含义。因此,三论宗由"名相是起累之根本"的说法一变,而大唱"文字即解脱","言即不二":"如天女之诘身子:汝乃知解脱无言,而未悟言即解脱。既云言即解脱,亦应解脱即言。言即解脱,虽言无言;解脱即言,虽无言而言;言而无言,非定有言;无言而言,非定无言。故非言非无言,亦非理非教,名心无所依,乃识理教意也。"①"言"与"无言"不可定执为"二",也不可定执为"理"不可说,"教"可说,因为这样便是"二见"、"分别",就不是解脱,不能证悟"实相"之理。因为"只言说文字即解脱,解脱不内、不外、不两中间;文字亦尔,不内、不外、不两中间,故文字即解脱","解脱"不能有"分别",有"分别"便不是"解脱",如果能悟"文字"也"不内"、"不外"、"不中间",没有任何"分别"、"执著","文字"即是"解脱",离开"文字"(名相、执著)之外,并无"解脱"、"实相"可言,因此吉藏又说:"子乃晓不二无言,而未悟言即不二。故教满大千而不言,形究八极而无像。故无言而言,虽言不言;无像而像,虽像不像,乃为一致。"②如此我们可以看到三论宗所说的"名相为生累之根本"与"文字即解脱"并不矛盾,二者的语境并不相同,前者从"名相"、"语言"的局限性而言,后者则从体证到"空"义之后,消灭一切差别对立而言。由此,吉藏又进一步认为所有佛教中总起来看有四种说法的方法:"经论之中,多备四门:一无言门,二有言门,三亦言亦无言门,四非言非无言门。"③其侧重点不同,都是"因机设教"的不同,并无决定的高下之分。其中"无言门"即"圣默然","有言门"即"圣说法","亦言亦无言门"则指"圣说法"中的"言"于"无言",而"非言非无言门"吉藏没有明确指出其内容:"今何故但有三门,而无第四门?答:余经四句,各有所由,今此三门,义无不摄。"④吉藏显然认为前三门已包含"非言非无言门",因为"圣默然"即是"非言门","圣说法"即是"非无言门",从另一方面来理解,如果执著于"圣默

---

① 吉藏:《胜鬘宝窟》卷上,《大正藏》第37卷,第5页中—下。
② 吉藏:《净名玄论》卷一,《大正藏》第38卷,第856页中。
③④ 同上书,第855页上。

然"、"圣说法"的差别,则"言"、"无言"都不能"契实相"、"应般若",所以只好否定它们说"非言非无言",这种理解尽管吉藏未明确指出,但还是符合其一贯立场的。

"可说"、"不可说"的区分在吉藏时代是极为盛行的,而最流行的见解就是认为"不二"之"真谛"是"不可说"的,而"二"之"俗谛"是"可说"的。吉藏于《净名玄论》特辟《说不说门》专门批判此种观点:"他但明世谛说,真谛不说;世谛是三假,三假故可说;真谛是四忘,四忘不可说。众师同此一解,更无异判。今问:世谛唯可说,不可令不可说;真谛不可说,不可令说,岂非定性义耶?"①"世谛定可说"、"真谛定不可说"是明显的"二见"、"分别",这是三论宗所不能容忍的,吉藏反问道:"可说之法与不可说,为一耶?为异耶?既言其一,则互相类,说类不说,相与皆说;不说类说,相与不说。若言可说异不可说,则应色异于空,空异于色。故进退二关,俱不可也。"②如果以为"可说之法"与"不可说之法"是"一",则不是"两法都可说"就是"两法都不可说",这样就造成两种错误:其一是"违宗负",即混同了"三假"、"四忘"、"空"、"有"的差别;其二是"二谛负",即丧失了"二谛"的划分。因为按三论宗的立场,所谓"一"即"自性"的"一",是没有任何条件的"同一",因此造成"空有"同一、"真俗不分"的错误:

> 若俗可说真亦可说者,便成二负:一违宗负,二失谛负。违宗负者,本立俗谛有三假,三假可说,真理即四忘,四忘不可说,故净名杜言,释迦掩室。今真则俗,俗既可说,真亦可说;俗既三假,真亦三假,何有四忘之宗?故名失宗负。二失谛负者,真既即俗,俗可说,真亦可说,即皆是俗,何有真谛?本有真谛,可有俗谛,既无真谛,宁有俗耶?故二谛俱失。③

---

① 吉藏:《净名玄论》卷六,《大正藏》第38卷,第895页上。
② 吉藏:《净名玄论》卷一,《大正藏》第38卷,第857页中。
③ 同上书,第857页上。

而相反,如果以为"可说之法"与"不可说"之法是"异",在三论宗看来,此"异"就是"自性"的"异",是没有任何条件的绝对的"差别",因此就造成"真与俗"的截然分开,即"色(俗)异于空(真)"、"空异于色",这显然是违背经论的,由此吉藏得出结论:"可说之法"与"不可说之法"不可说"一",不可说"异",这如同上文所述的"不可说之法"不可说其"有",不可说其"无"一样。既然"非一非异",那么三论宗又如何说"名相是生灭之累"、"文字即解脱"呢?三论宗对"可说"、"不可说"的立场是什么呢?三论宗佛学的最核心思想是"一切皆空",但不能执著于"空",否则"空"即非"空",同样"空"不可说,是三论宗的最基本原则。如上所述语言有局限性,语言总有一"对象"可说,这样"空"一经说出,便成"对象"之"空",此"空"便非"空",但如果执著于"空"不可说,则此"不可说"又成执著,失掉了"不可说"的本义,因此"可说"与"不可说"之间是"因缘不二"的关系,不能定执"可说",也不能定执"不可说",二者"非一非异",由其"非一非异"才能随缘而说"一"说"异",此"一"、"异"已不是吉藏所批判的无条件的绝对的"一"、"异",而是"依因待缘"的非自性的"一"、"异"。由此吉藏接下来反复论述真谛与俗谛的"可说"、"不可说"问题:"今总观真俗,具有四句:一世谛说真不说,二真说世不说,三但说,四但不说,此四句有多门。"①

其中"世说真不说"与"真说世不说"即是"异",而"真俗但说"与"但不说"即是"一",当然此"一"、"异"与上文所批判的"一"、"异"不同,是"相待"、"相对"的,不可执著的。

作为宗教,只有"圣默然"是无法存在与发展下去的,因此三论宗尽管有时更推崇"圣默然",但其佛学的重心仍然是"圣说法",不厌其烦地"说"个不停。如上所述,"说"是"不说"的"说",是"无名相中,强名相说","强名相说"的目的不是让众生执著于名相,而是由名相而悟"无名

---

① 吉藏:《净名玄论》卷六,《大正藏》第38卷,第895页上。

相"的"实相":"欲令因此名相悟无名相,盖是垂教之大宗,群圣之本意。"①吉藏将此"无名相中强名相说,令众生因名相而悟无名相"称为"垂教之大宗"、"群圣之本意",可见其高度重视此点。事实上,在三论宗看来,所谓佛教,无非是佛菩萨的"圣说法"而已,"圣说法"的目的是让人悟"无名相"的"实相",理解此点,是理解整个三论宗佛学的关键所在,三论宗整个佛学体系是在此一言说原则下展开的。吉藏将此一原则称为"无所得说",即"无名相中强名相说","不可说中假名说",是"不说"的"说",因此此"说"与"凡说法"根本不同,"凡说"的"说"不是"不说"的"说",而只是"名相"中的"名相"、"说"而已,仍然摆脱不了语言的限制,而"圣说法"的"说"令众生悟"不说"、悟"无名相":"法不可言而遂言,于无言者盖是无名相中假名相说,欲因假言令悟无言耳,故《净名》云:其说法者无说无示,其听法者无闻无得,当建此心然后说法也。"②"说"是"无所得"的"说","闻"是"无所得"的"闻",方能完成圣说法的任务,吉藏又以如来说教令"心"同"教"来说明此点:

> 又佛说教者令心同教,不令教同心。心以存相为根,教以无得为主。若心同教,教既无得,即心无所得乃名说教。若教同心,心既存相,即教成住著。但迷倒心终不弘教,故呵迦旃延云:无以生灭心行说实相法。若以生灭心说实相,实相成生灭;若实相心说生灭,则生灭成实相,故闻说生灭皆入实相门。但弘经之人多以教同心,不能令心同教,故信者难。③

众生之"心"都是"有所得",是"颠倒妄想",如来"说法"就是要让此"心"同"教","教"即"无所得"的"圣说法",同样如果说法之人,不能以"无所得"说,而以"有所得"说,则此就不是"圣说法",只能是"凡说法",

---

① 吉藏:《净名玄论》卷一,《大正藏》第38卷,第856页中。
② 吉藏:《法华玄论》卷一,《大正藏》第34卷,第362页上。
③ 同上书,第363页上。

即吉藏所说的"以生灭心说实相,实相成生灭",如此之"说",不成为"教",也无从说令"心"同"教"了。"有所得说"即堕入语言的牢笼中不能自拔,不能令人于"名相"悟"无名相",吉藏猛烈抨击此种"说法":"若有所得说法者,一害诸佛法身,二遍毁正教……如《涅槃》云:有所得者是魔眷属,夫论魔者欲灭佛法,有所得说佛法,故名为魔。"①

"圣说法"是"无所得说",是"强名相说"、"假名说"、"不说说",那么具体如何"说"才能做到"圣说法",不堕入语言的陷井中?吉藏认为只有采用否定的方法,不能说"是什么",而只能说"不是什么",因此三论宗佛学使用最多的词汇无不与"不"、"无"、"非"等否定语相联在一起,如"八不"、"百非"、"不二"、"四绝"等等。当然"非"、"不"、"绝"在语言的定义上并不完全一致,但从否定的立场上看,是一致的:"非与不及无,三名亦得通目一法,亦不无其异……虽异而为洗诸法,即明三字不异,还是一意。"②当然此种否定的说法也并非中观学及三论宗的独创,是大乘佛教的共同原则。③ 但三论宗否定的言说方式更具特色,这突出表现在其他佛教流派,包括中观学的否定言说方式一般都是一重否定,比较典型的即"非有"、"非无"、"非亦有亦无"、"非非有非非灭"的"四句否定句",但三论宗则继续否定,提出"单四句"、"坚深四句"、"重复四句"等重重否定,这是三论宗的一大特色。学者们一般都将此否定的言说方式称为"遮诠",与"表诠"相对,所谓"表诠"就是直接肯定地说"这是什么",而"遮诠"是否定的言说,即说"这不是什么",但否定的言说并非没有缺点,其中之一就很容易使"听者"转变为"肯定的言说",即由"遮诠"转为"表诠"。如最典型的例子是说"空",但不能直接说"空",只能通过"遮诠"来说"非有",但往往会以为"非有"是"是非有",有一"非有"存在,因此三论宗才会有重重否定的言说,说"非非有",乃至"非非非有"……可以无穷

---

① 吉藏:《法华玄论》卷一,《大正藏》第34卷,第362页中。
② 吉藏:《大乘玄论》卷二,《大正藏》第45卷,第25页上一中。
③ 参见姚卫群《佛教般若思想发展源流》,第30—35页,北京大学出版社,1996。

地说下去。其实按三论宗的本意,只说一重"非有"就足够了,但听者不能由此领悟非名相,所以只好再强名相说"非非有",如果听者能由此领悟"非有"的"空"义,即"有"、"无自性"的"因缘性空",便只此一句就够了,无需多重否定。此种重重否定的言说方式,冯友兰先生称之为"随说随扫",是非常形象恰当的。①

理解"随说随扫"的重重否定,对于理解三论宗佛学思想至为关键,其"二谛是教,不关理境"、"于二谛,教二谛"、"四重二谛"、"三种中道"等理论无不是此种原则的具体运用。

三论宗的语言观也是三论宗佛学的判教原则,三论宗认为所有经论无非是佛菩萨为度众生的"圣说法"而已,其最终目的无非是让众生证悟"无名相"的"实相",因此一切经论都没有高低优劣之分,甚至大小乘也无根本的差别,只有"因机设教"的不同而已。

2. "圣说法"与"二谛"

"在众多传统佛教概念中,吉藏最重视的无疑是'二谛'"②,吉藏曾著有专著《二谛义》,并认为三论宗所依的四部论(《中论》、《百论》、《十二门论》、《大智度论》)乃至全部佛法都是为了阐明"二谛"理论:"师(此应指兴皇法朗)云:此四论虽复名部不同,统其大归,并为申乎二谛,显不二之道。若了于二谛,四论则焕然可领。若于二谛不了,四论则便不明。为是因缘,须识二谛。若解二谛,非但四论可明,亦众经皆了。"③可见"二谛"在三论宗佛学中的地位,三论宗佛学的最后归宿是对"空"的证悟,但"空"义不可言说,必须借助"有"来显示、来言说,以便使众生因"有"而悟"空",这样"空"便是第一义谛,而"有"是"世谛"。当然这只是最简单的说法,三论宗的"二谛"理论极为复杂,后面我们将逐步讨论。

---

① 冯友兰:《中国哲学史新编》卷四,第240页,北京,人民出版社,1986。
② 廖明活:《嘉祥吉藏学说》,第125页。
③ 吉藏:《二谛义》卷上,《大正藏》第45卷,第78页上。

"二谛"理论,如"空"一样,也并非三论宗及中观学派的创造。英人渥德尔认为,"二谛"产生在部派佛教之时,是为了调和各部派对佛陀教义的不同理解及佛陀教义的前后不一致。① 在部派佛教与大乘佛教的典籍中,"二谛"思想经常出现,如《婆娑论》、《俱舍论》、《成实论》、《般若经》、《入楞伽经》、《大智度论》等。② 在中国,"二谛"理论伴随着般若学的传入而逐渐为佛学界所重视,在晋宋之际的六家七宗的学说,都是以"二谛论"标立篇名,如于法开著《惑识二谛论》,道壹著《神二谛论》,于道邃著《缘会二谛论》,僧温著《心无二谛论》,僧肇的《不真空论》是对"六家七宗"二谛论的一次总结。吉藏《中论疏》也是在讨论"二谛"问题时,引用"六家七宗"的说法,当然吉藏的目的是以"二谛"来讨论"空"义的问题,因为"二谛"与"空"本来就不可分离。六家七宗的"二谛"理论可以说是中国佛学"二谛论"发展的第一个阶段③,这一阶段的"二谛"论应该说并未超出印度佛教的"二谛"理论,而且在某些方面还受到"格义"佛学的影响。但认为此一阶段是"在魏晋玄学与佛学的合流中,玄学的'本''末'问题衍变为佛学的二谛论,二谛论大体上并没有超出玄学中'本''末'问题的藩篱,只是用不同的概念(如"即色"、"识含"、"幻化"、"缘会"等)来论证客观世界的虚妄不真,而最后归结于真实不变的本体",④这显然是有失偏颇的。首先,"二谛"理论是印度佛教中本来就有的范畴,绝非是玄学"本"、"末"问题的演变;其次,"二谛"理论所讨论的"空"、"无"与玄学的主题是根本不同的,按吉藏的理解,道安"本无"说,支道林的"即色"说,僧肇的"不真空"说,都是佛教"性空"说的正确阐述。冯友兰先生曾对此有过精辟的分析:"其实僧肇所解决的是佛学中的有、无问题,并不是玄学中的有、无问题。玄学中的有、无问题是就一般和特

---

① 渥德尔:《印度佛教史》,王世安译,第136页,北京,商务印书馆,1995。
② 印顺:《中观今论》,《妙云集》(中编之二),第205—230页。印顺:《空之探究》,第123—128页,台北,正闻出版社,1985。姚卫群:《佛教般若思想发展源流》,第24—30页,1996。
③ 侯外庐主编:《中国思想通史》卷四,第164页,北京,人民出版社,1980。
④ 同上书,第164—165页。

殊的问题说的,佛学中的有、无问题是就事物的存在说的,这两者并不是一回事。它们所用的名词相同,所以混为一谈,这是格义连类阶段常有的现象。"①

在晋宋之后,"二谛"理论仍然是南朝佛学讨论的重要内容,僧导著《二谛论》,智林著《二谛论》,显亮著《不空二谛论》,都是以"二谛论"标立篇名。周颙作《三宗论》,专论二谛。② 萧统作《解二谛义令旨》,也是专论二谛,其中录有王公大人和著名僧侣23人关于二谛的谘问以及他自己的回答。到了梁、陈二代,三论学与成实学抗衡,争论的一个焦点就是"二谛"论。③ 而此时中国佛学讨论的"二谛"理论,已超出印度佛教的原本的内容,有了重大的创造:"观印度西藏之学之言二谛,亦即此二谛见中道成中观,皆不再问此二谛更以何为体为根据之一问题,亦无二谛更以中道为体之说。"④而吉藏所说的"教二谛"、"于二谛"、"中道第一谛"及"四重二谛"等都可以说是对印度佛学"二谛"理论的新发展。

作为三论宗创始人的吉藏,其"二谛"思想正是来源于印度原有的经论及当时中国佛学界的"二谛"思想。吉藏佛学的一个特色之一便是注重经典与师承,这是宗派创立初期的共同倾向,寻求经典及师承的依据,来标榜本宗学说的正统性,批判其他宗派的非正统性,因而三论宗认为"四论"乃至所有经论都是为了阐述"二谛"思想,并特别强调《般若经》及《中论》二谛思想的重要性。"今第一明二谛大意也。然师道二谛义,多依二处:一依《大品经》,二依《中论》。今且依《中论》明二谛义。"⑤对《般若经》与《中论》,吉藏更重视《中论》:"所以依《中论》道

---

① 冯友兰:《中国哲学史新编》卷四,第220页。
② 周颙作《三宗论》明三种二谛义,即"空假名"、"不空假名"、"假名空"。
③ 参见侯外庐主编《中国思想通史》卷四,第165页。
④ 唐君毅:《吉藏般若思想之实相义》,《现代佛教学术丛刊》第45卷,第351页,台北,大乘文化出版社。
⑤ 吉藏:《二谛义》卷上,《大正藏》第45卷,第78页中。

二谛者,《中论》以二谛为宗,若了二谛,《中论》即便可明。为是义故,依《中论》说二谛也。《中论·观四谛品》云诸佛依二谛,为众生说法。"①"今且依《中论》文以辩之,论文云:诸佛依二谛为众生说法,一以世俗谛,二第一义谛也。"②《中论·观四谛品》有关"二谛"的偈颂,反复被吉藏所征引,三论宗的"二谛"理论也的确肇端于此:"诸佛依二谛,为众生说法,一以世俗谛,二第一义谛。若人不能知,分别于二谛,则于深佛法,不知真实义","若不依俗谛,不得第一义;不得第一义,则不得涅槃。"③三论宗的"教二谛"、"于二谛"的划分,及"二谛"相即的思想都是对此一偈颂的发挥。当然除了《般若经》、《中论》之外,《涅槃经》的"二谛"思想也为吉藏所重视。

在师承方面,吉藏主要继承摄山一系关于"二谛"的思想:"摄岭兴皇以来,并明二谛是教。"④"山门相承兴皇,祖述明三种二谛。"⑤"然师临去世之时,登高座付属门人:我出山以来,以二谛为正道,说二谛凡二十余种势。"⑥

3. "二谛是教、不关理境"

廖明活先生曾说:"吉藏二谛说的主旨总括起来不外是唯是教门,不关境理这八字。吉藏在阐述'二谛'的意义时曾作了许多复杂简别,其实也不过是这八字的申明。"⑦这一论断可谓把握了三论宗"二谛"理论的精髓。吉藏的这一思想,是继承摄岭兴皇大师而来的:

> 摄岭兴皇以来,并明二谛是教,所以山中师手本《二谛疏》云:二谛者乃是表中道之妙教,穷文言之极说。道非有无,寄有无以显道;

---

① 吉藏:《二谛义》,《大正藏》第45卷,第78页中。
②⑥ 同上书,第78页上。
③《中论·观四谛品》,《大正藏》第30卷,第32页下—33页上。
④ 吉藏:《二谛义》卷上,《大正藏》第45卷,第86页中。
⑤ 同上书,第90页下。
⑦ 廖明活:《嘉祥吉藏学说》,第135页。

理非一二,因一二以明理。故知二谛是教也。①

二谛者,盖是言教之通诠,相假之假称,虚寂之妙实,穷中道之极号。明如来常依二谛说法,一者世谛,二者第一义谛。故二谛唯是教门,不关境理。而学者有其巧拙,遂有得失之异。所以若有巧方便慧,学此二谛成无所得;无巧方便慧学教,即成有所得。②

按三论宗的观点,"二谛"是"教",不是"理",而佛说"二谛"的目的,就是使众生因"教"悟"理"。"理"是什么?"理"无疑是中国传统哲学的概念,在南北朝时逐渐为佛学家所运用,"盖周易原有'穷理尽性'之说,晋代人士,多据此而以'理'字指本体。佛教学人如竺道生,渐亦袭用,似至法瑶而其说大昌,用其义者不少。吉藏亦赞美其义'最长',但却无佛经明文,可作根据也。此于中国哲学理论之发展有甚深之关系,学者所当详研也。"③三论宗的目的就是要人达到"理",《三论玄义》曾说:

问:若内外并诃,大小俱斥,此论宗旨何所依据耶?答:若心存内外,情寄大小,则堕在偏邪,失于正理。既失正理,则正观不生;若正观不生,则断常不灭;若断常不灭,则苦轮常运。以内外并冥,大小俱寂,始名正理。悟斯正理,则发生正观;正观若生,则戏论斯灭;戏论斯灭,则苦轮便坏。三论大宗,其意若此。④

那么,三论宗的"理"、"正理"指的是什么?是一种"本体"吗?吉藏曾说:"体是理之异名。"⑤那么"体"又是什么?"诸法实相,言忘虑绝,未曾真俗,故名之为体。"⑥而所谓实相,"实相本亡言息虑,不知何以目之,强名为空。"⑦如此,吉藏所说的"理"就是"实相",就是"空",而

---

① 吉藏:《二谛义》卷上,《大正藏》第45卷,第86页中。
② 吉藏:《大乘玄论》卷一,《大正藏》第45卷,第15页上。
③ 汤用彤:《汉魏两晋南北朝佛教史》,第491页,北京大学出版社,1997。
④ 吉藏:《三论玄义》,《大正藏》第45卷,第6页下。
⑤ 吉藏:《大乘玄论》卷一,《大正藏》第45卷,第19页上。
⑥ 吉藏:《三论玄义》,《大正藏》第45卷,第7页中。
⑦ 吉藏:《法华玄论》卷一,《大正藏》第34卷,第363页中。

三论宗之"空"义是"毕竟空","因缘无自性空",此"空"绝非一般哲学意义上的"本体",如果"理"被领悟为"本体"即"有所得",就不是"理",那么这一个"理"(指前面被误解为本体之"理")就同样要被破除掉。然而由于吉藏这一"理"的概念,却使许多学者误以为三论宗最终是承认有"最高真理"、"最高本体"的。如侯外庐认为:"我们看到,四重二谛的推衍是由相对主义走向单纯的否定。这一推衍的过程本身便是一种不断进行否定、最后得出肯定的过程。把这一切可以言说有所依得的统统否定了,这才显"'言忘虑绝'的一个形而上学的怪物来,于是吉藏便指出:这是最高的真谛"①。"最后,以这种二谛论中,我们可以看到,吉藏对四重二谛的剖判是以一个虚无的、绝对的本体作为终点的。"②杨惠南先生《吉藏》一书认为:"很明显地,吉藏认为有唯一真实的'实相之理',这和龙树的说法完全不同。吉藏自认为是龙树的真传,但在许多地方却又与龙树的思想大相径庭,其真理观只是许多例子当中的一个。"③

三论宗之"理"又称"不二"之理:"今明二是教,不二是理。"④"而旧义明二谛是理者……非但失不二理,亦失能表之教。"⑤"不二之门,则中实之理,以一道清净,故云不二。"⑥在《净名玄论》中,吉藏特别花很大篇幅来论证此"不二"之理并非"本体"之意:

> 众师(指地论师、成实师、摄论师等)既云理不可言者,为有不可言之理,为无此理耶?答:有此不可言理,即名有句,何名绝四?若无此不可言理,则皆无所会,凡不可革,圣何由成?抚臆论情,二关之中,虽复绝言,终有绝言之理。既终有此理,终是有见,了何由得

---

①② 侯外庐主编:《中国思想通史》卷四,第 176 页。
③ 杨惠南:《吉藏》,第 130 页,台北,东大图书公司,1989。
④ 吉藏:《大乘玄论》卷一,《大正藏》第 45 卷,第 15 页中。
⑤ 同上书,第 23 页中。
⑥ 吉藏:《净名玄论》卷一,《大正藏》第 38 卷,第 855 页下。

道?又终有此理,而不可说其有无者,与犊子部我,有何异耶?犊子执我在第五不可说藏,今计真谛理法不可说在第五藏;彼执有我不可说,名为我见,今计有真谛理不可说,名为法见。若然者,乃具人法二见,不得两空,何道之有耶?①

在上段引文中,吉藏集中批判了有一"不可言说"之理的主张,如上引"诸法实相,言忘虑绝","理"不可说这一观点在当时的佛学界是十分流行的,三论宗同样也主张"理"不可说,但究竟是否实有一"理"不可说,还是没有"理"可说,这两种观点根本不同。吉藏认为,如果以为实有"理"不可说,这种主张如同小乘犊子部执"我"不可说一样,终是"有"见,不是"空"义,这种"理"按三论宗的立场,当然需要破斥。那么是否就绝对认为"没有此理"呢?吉藏也持反对立场,因为吉藏所说的"没有此'理'",只是针对某些人执著于"有"此"理"而说的,并不是说有一"无""理"存在。所以吉藏最后说:"又终有此理,不可说其有无。"此"理"便是超越"有无"的"空"义。因此,将吉藏的"理"理解为"本体",显然是一种"有所得"的"理",并非吉藏的本义,当然如果将"本体"这一概念也视为一种方便说法,那么说"理"是"本体"也未尝不可,并不违背三论宗的原则。

问题是,既然没有"不可言说"之"理",其"理"即"空",那么三论宗不厌其烦地论证"教二谛"、"于二谛"、"四重二谛"的意义何在?在三论宗看来,"二谛"理论的目的,恰恰就在于使众生领悟到"诸法因缘自性空"这一"性空之理",以完成其宗教解脱的任务。"理"虽"不可说",但为度众生,就必须"于无名相中,强名相说"。②"强名"说什么呢?既然"性空"之"理"不可说,就不能"强名"说"理",不能以"理"说"理","不可以月指月,应以指指月"。③"理"既然是"空",就不能直接说"空",必须用"以指

---

① 吉藏:《净名玄论》卷一,《大正藏》第38卷,第856页下—857页上。
② 吉藏:《二谛义》卷中,《大正藏》第45卷,第94页中。
③ 吉藏:《大乘玄论》卷一,《大正藏》第45卷,第15页下。

指月"的办法来"烘云托月",不直接说"空"是什么,而是说"空"不是什么,这便是"遮诠"①。用"遮诠"方法,就必须由"空"而先说"有","有"于众生是真理,所以"有"称"世谛",然后再说"空理"不是"有","空"于圣人是真理,所以"空"称为"第一义谛",让众生由"世谛有"而悟"第一义谛毕竟空",即由"教"而悟"理",此"世谛有"与"第一义谛空"便是二谛,此二谛是教,而"空"即是"理"。这便是《中论》中有关二谛的最初说法:"诸佛依二谛,为众生说法,一以世俗谛,二第一义谛。"②即"无名相中,假名相说,说有是凡谛,说空是圣谛,令其改凡学圣"。③

由"有"而悟"空",即由"教"而悟"理",此"理"即是二谛中之"第一义谛空",这是三论宗二谛理论的第一重说法,也是最初的说法。但是对大多数人来说,总认为是离"有"而实有一"空""理"可得,既然实有"空"理,按三论宗的立场,也就必然要承认实有"有"理,因为"空""有"相待而成,这样就将"二谛"理解为"二理",这种"二谛"是"空""有"二理的说法正是南北朝以来一些学派的主张。为此三论宗针对这种"二谛"是"理"的观点,而主张"二谛"是"教","有""空"二谛都是"教",而"非有非空"才是"理","非有非空"是"理","有""空"是"教"是三论宗最通常的说法:"道非有无,寄有无以显道,理非一二,因一二以明理。"④"假有假无是教,非有非无是理。"⑤"如来说有说无,为表一道,此之有无乃是道门,非是理。为是故明二谛是教,非是理也。"⑥

"二谛是教,不关理境"是三论宗整个二谛理论的核心:"然二谛是教义,若可了,二谛义即可解,三论文亦可解;若不了此义,二谛义即不

---

① 冯友兰:《中国哲学史新编》,卷四,第240页。
② 吉藏:《中论·观四谛品》,《大正藏》第30卷,第32页下。
③ 吉藏:《二谛义》卷上,《大正藏》第45卷,第90页上。
④ 同上书,第86页中。
⑤ 吉藏:《二谛义》卷下,《大正藏》第45卷,第109页中。
⑥ 吉藏:《二谛义》卷上,《大正藏》第45卷,第87页下。

可解,三论文则不可解。"①吉藏又将"二谛"是教,称为"理内二谛","二谛是理"称为"理外二谛":"理外二谛,即闻有住有,不表不有;闻无住无,不表不无;有无不能表理,不名为教。此即理外无理无教。理内二谛因缘有无,因缘有不有,因缘无不无,有无表非有无,故有无名教门。此即理内有教有理也。"②所谓"理内二谛"即是说"有"、"无""二谛"是"教":"有表不有","无表不无","有"、"无"本身都不是"理",只是为了表"非有"、"非无"之"理"。而所谓"理外二谛"即是说"有"、"无"二谛定是"有"、"无""二理",这样,"有"、"无"只是"有"、"无",不能表"非有非无"之"理",所以是"二谛"是"理",不能表"理",所以是错误的。因此吉藏接下来说:"学三论者,必须前得此语。"③他认为"理内"、"理外"二谛是"初章","初章者,学者章门之初,故云初章",④足可见吉藏对"二谛是教"的重视。在三论宗看来,只有"二谛是教",才能由"教"悟"理",由"教"悟"理","教"才称为"教","教"成为"教",才有"理"可言,只有"二谛是教",才能"理"、"教"具足。否则"二谛是理",只是"有教无理"⑤,而此"理"并非"空理",是"二理",是"有所得""二理",即"有"、"空"二理,"然今明二谛是教门,正为拨二理之见。彼埋二理见深,有此二理,终不可改。为是故明唯有一理,无有二理,何者?如来说有说无,为表一道,此之有无乃是道门,非是理,为是故明二谛是教非是理也。"⑥既然有"二理",则此"有理无教"之"理"便非"理"(此"理"指"空"),此"教"便非"教":

  彼明二谛是理,三假(因成假、相续假、相待假即"有")是世谛理,四绝(指绝除有、无、亦有亦无,非有非无四句,即"无")是真谛理。今明二谛是教,不二是理。故《经》云:文殊法常尔,法王唯一法,一切无畏人,一道出生死。又云:一切有无法,了达非有无。故

---

① 吉藏:《二谛义》卷上,《大正藏》第45卷,第86页中。
②③④ 同上书,第89页中。
⑤⑥ 同上书,第87页下。

知有无二是教，非有无不二是理，具有理教也。唯他有二无不二，则唯有教无理。可谓世间法者有字无义，一往如此，再往夺并无。何者？字本诠义，既无有义，字何所诠？故理教皆失。今明有无是教，表不有无理，此则有理有教，理教具足也。①

吉藏广泛征引经论，论证"二谛是教"：

《中论》云：诸佛依二谛为众生说法。《百论》亦尔，诸佛常依二谛，是二皆实不妄语也。《大品经》云：菩萨住二谛中为众生说法。又《涅槃经》云：世谛即第一义谛，随顺众生故说有二谛。以经明二谛是教。②

吉藏依据经论中的"依二谛""说法"，得出"说法"是"二谛"，即"因缘所生法，我说即是空，亦为是假名"中的"假名"，因为"因缘生法无自性"即"空"，"空"不可说，"非有非无"，必须"假名"说，此"假名"便是"二谛"，"二谛"是"假名"，"所以《华严》云：谛了分别诸法时，无有自性，假名说，故有无教谛，皆是因缘假名义也。"③那么根据"三是偈"，"假名"亦是"空"，亦是"中道"，那么"二谛"是否就是"空"、"中道"呢？在三论宗看来，"空"、"中道"虽是"理""境"，从说"教"的目的是为了"理"，而从证悟的境界是"境"。如上所述，"二谛是教，不关理境"，那么是否违背龙树"三是偈"的原则呢？在吉藏看来，并不违背"三是偈"原则，因为"教"与"理""境"是因缘不二的，相待而成，说"二谛是教，不关理境"，是针对有些学派将"二谛"本身当做"理"而说的，如果一定执著于"二谛是教"，那么"二谛"就不能表"理"，"二谛"不能表"理"，"二谛"便不是"教"，因而吉藏说："今明二谛是教，不定是教，表理则名教，

---

① 吉藏：《二谛义》卷上，《大正藏》第45卷，第87页下。
② 同上书，第86页中。
③ 吉藏：《二谛义》卷中，《大正藏》第45卷，第102页下。

所照则为境，宣智为智，无有定相。"①"禀二谛教，发生二智，教转名境。"②

"二谛是境"与"二谛是理"意思相同，"境"是从领悟"性空"之旨对"空"境的观照，"理"是从对"空"理的证悟而言，吉藏将"二谛是境"与"二谛是理"合起来批判，"二谛是理"不成立，"二谛是境"也就不成立。因此，吉藏没有专门批判"二谛是境"。

4. "教二谛"、"于二谛"

"二谛是教，不关理境"是三论宗独特的理论。"二谛是教"就必然导致这样一个问题：诸佛说法才有"二谛"，如果不"说"，就没有"二谛"。那么，佛"说"二谛的依据是什么呢？按三论宗的立场，佛说"二谛"最后的依据是"空"理，但"空"是"理"，不能直接用此"理"而说"二谛"，此"理"不是"二"，也"不可说"。为解决这一问题，三论宗继"二谛是教"的理论，又提出"于二谛"、"教二谛"的说法。

在《大乘玄论》卷一，吉藏自己设问：

> 问：若以五义二文证二谛为教者③，今亦以五难二文明二谛非教：一者若二谛是教者，佛说时即有，不说即应无二谛，若尔本以二谛生于二智，佛不说二即无二智，既无二谛，佛何所照有二智；二者若世谛是教，六度等行皆是世谛，佛不说世谛即无世谛，便无六度等行，若尔但有诠教法宝，便无涅槃法宝；三者二谛为境发生二智，二谛名境界法宝，若二谛是教，但有诠教法宝，亦无境界法宝，若言教生智故转名境者，佛不说教即无教可转，便无有境；四者若二谛是教，色等万法皆是世谛，世谛既是教者，色等万法亦应是教，若尔佛不说世谛，即无色等万法；五者世谛是教者，世谛唯有教火，应无实火用，若火唯是教，口中说火即应烧口。次二文证二谛非教。若言

---

① 吉藏：《二谛义》卷中，《大正藏》第45卷，第102页下，第97页下。
② 吉藏：《二谛义》卷上，《大正藏》第45卷，第87页下。
③ 指吉藏论证二谛是教的内容，见《大乘玄论》卷一，《大正藏》第45卷，第22页下—23页上。

真谛是教者，《经》云：有佛无佛性相常住，而教有佛方有，无佛即无，何即得常住。《经》云：十二因缘有佛无佛常自有之，故知世谛非教。①

《二谛义》卷上，吉藏也自己设问：

> 汝今明二谛是教，说法是教，二谛亦是教不？若二谛是教，即违论文。论文云：诸佛依二谛说法，那忽言二谛是教耶？②

以上种种问难集中在一点：如果说"二谛是教"，"教"即"言说"，那么，佛不言说，就没有"二谛"，如果没有"二谛"佛依据什么而"说"呢？而按照佛经"缘起性空"即是第一义谛，世间万法即是世谛，有佛无佛都是常在的，怎么能说佛说时有"二谛"，不说时无"二谛"呢？三论宗认为解决这一困难的关键在于分别"教二谛"、"于二谛"，"若识两种二谛，即五难自祛"。③ "谛有二种：一于谛，二教谛。于谛者，色等未曾有无，而于凡是有名俗谛，约圣是空名真谛。于凡是有名俗谛故，万法不失；于圣是空名真谛，故有佛无佛性常住。教谛者，诸佛菩萨了色未曾有无，为化众生故说有无，为二谛教。欲令因此有无悟不有无，故有无是教。而旧义明二谛是理者，此是于谛耳，于谛望教谛，非但失不二理，亦失能表之教。"④ 按三论宗的观点，谛有两种，一种是"于谛"，"于谛"是佛说与不说都存在的。"于谛"分两种，即"凡于谛"、"圣于谛"，"凡于谛"是本指世间万法于凡夫为"有"，"圣于谛"是指世间万法于佛为"空"，当然这是三论宗第一重"于谛"的说法。三论宗的说法的特点是"多重"，如果有人执著于"第一重"，就要说"第二重"以破"第一重"，这是"随说随扫"的"遮诠法"。⑤ 诸佛依此"二于谛"为众生说法，此"于二谛"就成为"教二谛"："有

---

① 吉藏：《大乘玄论》卷一，《大正藏》第45卷，第23页上—中。
② 吉藏：《二谛义》卷上，《大正藏》第45卷，第86页中。
③④ 吉藏：《大乘玄论》卷一，《大正藏》第45卷，第23页中。
⑤ 冯友兰：《中国哲学史新编》卷四，第240—241页。

两种二谛:一于谛,二教谛。于谛者,如《论》文:诸法性空,世间颠倒谓有,于世人为实,名之为谛;诸贤圣真知颠倒性空,于圣人是实,名之为谛。此即二于谛。诸佛依此而说,名为教谛也。"①"而今有二谛者,有二义:一者随顺众生故说有二谛,即教谛;二者于众生有二谛,即于谛也。然于教二谛,他家所无,唯山门相承有此义也。"②

因此,按三论宗的理论,所有佛教经论都是诸佛菩萨所说,因而都是"教二谛"。但佛菩萨说"谛"是有依据的,即"于二谛"。其中"于二谛"中的"圣于谛",即是三论宗所说的"空"理,即"第一义空"。这是三论宗所说的"于二谛、教二谛"理论的最初形态,三论宗进而又对"于二谛"分为"所依于谛"、"迷教于谛"。按三论宗的观点,诸佛依"于二谛"而说"教二谛",但众生迷悟不同:"如来说有无二谛为表不二之道。有方便者,闻二悟不二,识理悟教名教谛;无方便者,闻二住二,不识理迷教名于谛。"③此外,三论宗所讲的"于谛"并不是上面所说的佛菩萨说法所依的"于谛",而是指对"教二谛"的错误理解,听"二谛""教",便认为实有"二谛"可得,此时的"二谛"不能再称为"教二谛",只能说是"迷教于谛"。三论宗认为"迷教于谛"就是"二谛是理"的观点造成的:"而旧义明二谛是理者,此是于谛耳。于谛望教谛,非但失不二理,亦失能表之教。"④所以,"大师(当指兴皇法朗)云:于谛是失,教谛是得。何者言于谛失者,有于凡是实有,空于圣是实空,此空有于凡圣各实,是故为失也。言教谛为得者,如来诚谛之言。依凡有说有,有不住有,有表不有;依圣无说无,无不住无,无表不无。此则有无二,表非有非无不二,二不二,不二二。不二二则是理教,二不二则教理。教理应教,理教表理,理教二不二因缘是为得也。"⑤

---

① 吉藏:《二谛义》卷上,《大正藏》第45卷,第86页下。
② 吉藏:《二谛义》卷中,《大正藏》第45卷,第103页中。
③ 吉藏:《二谛义》卷上,《大正藏》第45卷,第79页中。
④ 吉藏:《大乘玄论》卷一,《大正藏》第45卷,第23页中。
⑤ 吉藏:《二谛义》卷上,《大正藏》第45卷,第78页下。

"于谛是失,教谛为得"是三论宗的基本立场,是其"二谛是教,不关理境"的进一步说明。吉藏以前的摄山三论学者都没有将"于谛"分为"所依于谛"、"迷教于谛",其所指的"于谛"都是指"迷教于谛"而说,其内容与"二谛是理境"的意思没有根本差别。吉藏则为了解决"二谛是教"所面临的理论难点,进而提出"所依于谛"的概念,认为"迷教于谛"当然是错误的,而"所依于谛"中的"圣于谛"则是正确的:"师云二于谛是失,今何得判二于谛有得有失耶?解云:汝言于谛并是失,是何处语耶?今明于谛皆失者,非是所依于谛皆失,乃是禀教成于,此于谛皆失……若尔此则有二种于谛:一者所依于谛,二者迷教于谛。所依于谛,有得有失;迷教于谛,二皆是失。"①吉藏不仅区别了两种"于谛",其实也区分了两种"教谛",即诸佛依"二于谛"说法,是"教谛";而众生听"教二谛"而因二悟不二理,此"教二谛"便是"所悟教二谛":"言迷教于谛别者,如来说有无二谛,为表不二之道。有方便者,闻二悟不二,识理悟教名教谛;无方便者,闻二住二,不识理迷教名于谛。"②有关三论宗的两种教谛与两种于谛的关系,表解如下:

```
                                      ┌ 俗谛—有(凡、失)
         俗谛—有(凡、失)→俗谛—有  ┤ 真谛—无(圣、失)
         真谛—无(圣、得)→真谛—无  └ (迷教于谛)
                      →
(所依于谛)       (所说教谛) ┌ 俗谛—有(凡、得)
                 (所说于谛) └ 真谛—无(圣、得)
                             (所悟教谛)
                             (所悟于谛)
```

由此表可以看到,三论宗认为:诸佛依"所依于谛"为众生说法,"所

---

① 吉藏:《二谛义》卷上,《大正藏》第45卷,第79页上—中。
② 同上书,第79页中。

依于二谛"中,于凡夫是失,于圣人是得,所说的法便是"所说教谛",所说教谛本身只是"说",并未有迷悟之分,因而也没有得失之别,众生听"所说教谛",由于迷悟不同,悟教便因此"所说教二谛"而悟得"不二之理",此时"所说教二谛"也就成为"所悟教二谛"。既然悟教成理,那么俗谛之有表非有,真谛之无表非无,非有非无是不二之理。因此,悟教二谛的真、俗二谛皆得。而迷教众生却因此"所说教二谛"成"迷教于谛",认为"所说教二谛"之有是实有,无是实无,不能因有无悟非有非无之理,既无理,也就无教,因此此"迷教于谛"皆失。"迷教于谛"就是"二谛是理","所悟教谛"就是"二谛是教"。

吉藏又将"所依于谛"称为"情智于谛","谓情真解于谛";将"迷教于谛"称为"两情于谛","两谓于谛":

> 于谛有两种:一两情二于谛,二情智二于谛。两情二于谛可解,何者?两情二于谛,从佛教起,明佛为众生说二谛教,众生不了,作空有两解,成两于谛,此于从教起也。问:情智二于谛何因得有耶?解云:一于但一,一于有二。一于但一者,凡夫颠倒,谓瓶衣等诸法为有,此瓶衣等物,有佛无佛,常于凡夫是有……一于二义者,即是诸贤圣真知诸法空为第一义。言二义者,就本迹两意以释之。本迹义,则诸佛出世故有,诸佛出世,知向颠倒诸法性空也;迹本义,则诸佛法身,本知颠倒性空。①

> 于谛从两情解为名,但此义有两种:一者得失判二于谛,有于凡实名为世谛,空于圣实名第一义谛。此有谓情有,此空真解空。谓情有为失,真解空为得,此就谓情真解判二谛也。……二者就两谓判二于谛者,如色未曾空有,凡谓色有,于凡是实名谛,圣谓色空,于圣是实名谛,此之有无,皆是谓情。故并皆是失。②

---

① 吉藏:《二谛义》卷中,《大正藏》第45卷,第93页上。
② 吉藏:《二谛义》卷上,《大正藏》第45卷,第86页下—87页上。

此上引文可以看到:"情智于谛"和"谓情真解于谛"内容完全一样,提法稍有不同,"情智"是"谓情真解"的简称,而其意义就是"所依二于谛"的另一种说法,"所依于谛"有"得"有"失"。而"两谓于谛"和"两情于谛"内容完全一样,提法稍有不同,"两情""两谓"全称便是"两谓情",只是简称的不同而已,而其所说的内容与上述的"迷教于谛"完全一致,都是从"教"而禀教成于的。在大多数情况下,三论宗所说的"于谛"是指"迷教于谛",所说的"教谛"则指的是"所说教谛"。但有时,吉藏也称"所说教谛"为"所说于谛",当然一旦"所依于谛"被说成"所说于谛",此时"于谛"也就能为"教谛"了。

在吉藏看来,有三种"于谛":

> 今佛直说二于谛,云何得解?答:今明佛说于谛有三句:一皆得,二皆失,三亦得亦失。言亦得亦失者,即是前二于谛,诸法于凡是有,此有为失,诸贤圣真知诸法空,此空为得,示其空有,令识得失,令其舍有学空改凡成圣也;二皆失者,二皆是于,故二皆失,于凡有,有既失,于圣空,空亦失,何者?诸法未曾空有,于凡谓有,于圣谓空,如一色未曾空有,有见之人谓色有,空观之人谓色空,一色于空有两缘成空有,故此空有并是失也;两皆得者,只知于二,即知不二,此下五句皆净,于缘二,岂是二?……从来只云二于谛皆失,不知有此三句,然此三句,有两种谛,前二句即于谛,后一句即教谛。①

此处吉藏划分了三种"于谛",其内容还是"所依于谛"(在上文中吉藏称之为"所说于谛")有得有失,"迷教于谛"皆失,所悟于谛(即是教谛)皆得,由"所依于谛"到"所说于谛"再到"所悟于谛",是一个向上发展的过程,吉藏称为一、二节转(其实是三节转):

> 如来所以说二于谛者,欲令众生一节转两节转。……一节转

---

① 吉藏:《二谛义》卷中,《大正藏》第45卷,第93页下—94页上。

者,说有于凡是谛,说空于圣是谛,作如此说者,令众生转有入空……两节转者,说有于凡是实,对有于凡是实,说空于圣是实名二于谛,既说空有于缘二,即知于二不二,说于二显不二……于二者,明非是二,非谓是非二,亦应须上扬,不得下抑,上扬则两离。何者?于二非是二则离二,非谓是非二,不著不二,此则悟非二非不二非偏非不偏清净正道也。然作如此说,于谛者即是教谛,何处别有教谛?只作如此目名于谛,即是教谛。即是依二谛说法,从来人闻师说于谛教谛,作二谛解,诵语鹦鹉喙鸱脚耳。今明,如向所明,无别教谛,说于即教也。①

此处,吉藏所说的"于谛"是"所迷于谛",并开三重"所迷于谛",其目的是使众生由"所迷于谛"达到"所悟教谛"。表释如下:

$$
\begin{cases} 于凡是实 \\ 于圣是空 \end{cases}
$$

第一重于谛　　　　　　→由凡入圣(第一重教谛)

↓

第二重于谛:凡圣皆是于→由有无入非有非无(第二重教谛)

↓

第三重于谛:二与不二亦是于→由二不二入非二非不二(第三重教谛)

此三重于谛说与三论宗的"三重二谛"、"四重二谛"的理论精神是一致的。

5. "二谛体"与中道"第三谛"

"二谛体"的提法,在印度佛学中并不存在,是中国佛学家的创造。②至吉藏时代,有关"二谛体"的各家学说"达十四家之多",③吉藏则依法朗

---

① 吉藏:《二谛义》卷中,《大正藏》第45卷,第93页中—下。
② 唐君毅:《吉藏般若学之实相义》,《现代佛教学术丛刊》第45卷,第350—351页,台北,大乘文化出版社,1979。
③ 吉藏:《二谛义》卷下,《大正藏》第45卷,第107页下。

的传承,重点批评三家之说,即①:

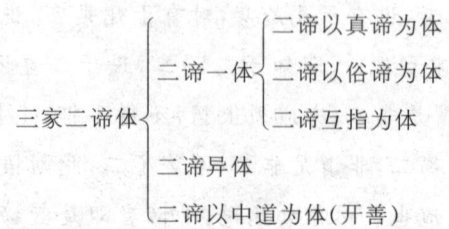

在吉藏看来,以上三家别开有五家,但总起来仍然不出三种:"一云真为体,二云俗为体,三云真俗各体。"(对开善的"二谛"以"中道"为体,吉藏认为是"二谛"以真为体的另一种说法,后详)这三种"二谛体",都没有跳出"二谛是理境"的偏执:"虽有三释,终不出二谛。真谛为体,则道理有此无为体。俗谛为体,则道理有此有为体。二谛异体者,有为俗体,空为真体,道理有二,则是二见众生。"②所谓"二谛体"是指"二谛"之"体",而"体是理之异名"③,其意思不外是说:佛说"二谛"教所依据的"理"是什么?在三论宗看来,"二谛是教,不关理境"。但其他学派却都认为,"二谛本身就是理境",这样就出现所谓"真谛以空理为体"、"俗谛以有理为体"的说法。在吉藏看来,这三种观点根本不值得一驳:"然虽有三家解释,二谛一体,二谛异体,此不足可简。"④在《大乘玄论》中,吉藏也曾一一驳斥:如果二谛一体,就有两种,或"二谛"以有为体,或二谛以"空"为体,但"既言有为体,是即有为理。然皆见理得道,今若以有为理,即见有得道,今圣人皆见空断结。"因此不能以有为体,如果二谛以空为体,则"空为体,有为用者,是即成一谛,何谓二谛?汝今指空当体,是即但空是谛有非谛,若空有俱谛,何得偏用一空为体?故不然。"如果二谛各有体,真谛以空为体,俗谛以有为体,则"二谛各有体,即应成两理。有

---

① 吉藏:《二谛义》卷下,《大正藏》第45卷,第107页下。
② 同上书,第108页下。
③ 吉藏:《大乘玄论》卷一,《大正藏》第45卷,第19页上。
④ 吉藏:《二谛义》卷下,《大正藏》第45卷,第108页上。

自有为理,空自空为理。硕反,何得辩其相即。"①在《三论玄义》中,吉藏也对"二谛一体、异体"进行了驳斥:若二谛一体,则"俗与真一,真真俗亦真;若真与俗一,俗俗真亦俗",导致真俗不分,如果二谛异体,则"《经》(《般若经》)云:色即是空,空即是色。若言各体,相即便坏。若有双即,便二体不成,故进退无通。"②

在三论宗看来,"理"即"因缘生法自性空"之"毕竟空"义,"空"是不二之"理",不能说其为"有",也不能说其为"空"(此"空"与作为"理"之"空"不同,是与"有"相对的,可言说的,不究竟的),所以在三论宗佛学中,更通常的说法是以"中道"作为"空""理"的更完善的说法。因而,三论宗认为"二谛不关理境",但却能表不二之理,以不二之理即中道为体:"所以明中道为二谛体者,二谛为表不二之理,如指指月,意不在指,意令得月。二谛教亦尔,二谛为表不二,意不在二,为令得于不二,是故以不二为二谛体。又今明二谛是教门,为通于不二,故山中师(法朗)云:开真俗门说二谛教,故二谛是教门。教门为通不二之理,故以中道不二为体也。"③吉藏认为"二谛以中道为体"这一理论出自龙树《中论》的"三是偈":"问:何处经文中道为二谛体也? 答:《中论》云:因缘所生法,我说即是空,亦为是假名,亦是中道义。因缘生法是俗谛,即是空是真谛,亦是中道义是体。"④在此,吉藏特别强调中道的地位,认为中道是高于"空""有"的,是非有非无的,不落两边的。其实按三论宗的最终说法,"空"、"假名"、"因缘"、"中道"是平等无差别的,并不存在谁高谁低的问题。但在三论宗的言说系统中,语言是有层次性的,本来一句"空"就可以了,但有人执著于"空",以为离"有"别有"空",因而才有第二层次的"非空非有"即中道的说法。因此"理"、"境",经常用"中道"来代替,以显示其言

---

① 吉藏:《大乘玄论》卷一,《大正藏》第45卷,第19页上。
② 吉藏:《三论玄义》,《大正藏》第45卷,第6页上。
③ 吉藏:《二谛义》卷下,《大正藏》第45卷,第108页中。
④ 吉藏:《大乘玄论》卷一,《大正藏》第45卷,第19页中。

说上的完善。中道为理,理非一二,然必假一二以明理,才由"非有非无之理"开出"有无二教"以表"不二之理",这是三论宗"二谛以中道为体"的基本含义。

有时吉藏也称此中道体为"第三谛",此"第三谛"即一实谛。吉藏认为开善虽然也曾主张"中道为二谛体",但开善却没有"第三谛"的说法。"今意有第三谛,彼无第三谛;彼以理为谛,今以教为谛;彼以二谛为天然之理,今明唯一实谛,方便说二;如唯一实乘方便说三,故言异。"①此一实谛相当于前面所说的"于二谛"中"所依于二谛中"的"圣于谛",即"诸法毕竟空于圣人是实"名"圣于谛",此"圣"于谛是指佛所悟的毕竟空义,是佛说法的根据。吉藏认为"三谛"之说,源于《仁王般若经》:"又《仁王经》云:三谛亦是不二为体,有谛无谛即是教,非有非无中道第一义谛,即是理也。"②"三谛"指有谛(俗谛)、无谛(真谛)、中道第一义谛。

上面所说的"二谛以中道为体"都是针对"教二谛"而说的,那"于二谛"呢?吉藏认为"于二谛"同样以中道为体。"次辩于谛不二为体者。道无有二,于二缘故二;既知于二,即显乎不二。故不二为体也。"③"约二妄情为二体尔,终无有两物,如眼病空花异空无花,故以一中道为体。"④当然此"二于谛"从言说层次上,不包括上面所提的作为"所依于谛"的"圣于谛",如同以"中道"为体,不以"空"为体一样,是言说上的方便。

当然在三论宗看来,"三谛"与"诸佛依二谛说法"并不矛盾:"常依二谛说法,不妨三谛,虽有三谛,不乖常依二谛说法。何者?今真俗是二谛,摄真俗二为世谛,不真俗为第一义。若尔,唯是二谛,故云诸佛常依二谛说法也。"⑤中道第一义谛是体,真俗二谛是用,因而如果在依"二谛说法"的言说层次上,可以说"中道第一义谛是真谛",而"真俗二谛都是俗谛"。

---

① 吉藏:《大乘玄论》卷一,《大正藏》第45卷,第19页中。
② 吉藏:《二谛义》卷下,《大正藏》第45卷,第109页上。
③ 同上书,第108页中、下。
④ 吉藏:《大乘玄论》卷一,《大正藏》第45卷,第19页下。
⑤ 吉藏:《二谛义》卷上,《大正藏》第45卷,第91页中。

吉藏又进一步认为,"中道第一义谛,亦是随众生说。何者?既非二,岂是不二?故《中论》云:若有无成者,非有非无成;有无既不成,非有非无何成?"①如果定然认为"中道第一义谛"是"体",是"理",那么这也成为执著,便背离"中道"之"体"。因此在《大乘玄论》中,吉藏认为"二谛以中道为体"只是"约第一重故作此语,至第二第三第四重,不可言一,不可言异"。②在言说的第一重上,可以说"二谛是以中道为体",即"二谛是一体",但在言说的第二重、第三重,乃至第四重,就不能这么说了。在第一重上,可以说假有假无是二谛,非有非无为中道,但这种言说也是有局限的,即中假师主张中道定是中道,"假非中,中非假",但按龙树"三是偈",中即假,并非离假另有中,吉藏为此于中道之中开为体中、用中,于假名之中开为体假、用假:"假有假无是用假,非有非无是体假;有无是用中,非有非无是体中。"③如此,在第一重言说层次上,"用假"、"用中",同样都是二谛,而"体假"、"体"同样都是"中道"二谛体。在言说的第二层次上,"体中"、"假中"都有了进一步的含义:"有无非有非无皆是用中用假,非二非不二方是体假体中。合有四假四中,方是圆假圆中耳。"④即:

第一重 { 有无(用中、用假)是二谛
　　　　 非有非无(体中、体假)是二谛体

第二重 { 有无、非有非无(用中、用假)是二谛
　　　　 非二非不二(体中、体假)是二谛体

当然按此逻辑还可有第三重、第四重,乃至无穷重,这与三论宗一贯的言说方法有关,与四重二谛、三种中道的精神一致。以上是三论宗"中道为二谛"体的基本内容。其思想与"二谛是教,不关理境"一脉相承。在当时主张"二谛是理"的成实师开善也主张"二谛以中道为体",吉藏认为开善的这一主张并不是他的发明,而是对摄山僧朗的误听而已。僧朗

---

① 吉藏:《二谛义》卷中,《大正藏》第45卷,第101页中—下。
② 吉藏:《大乘玄论》卷一,《大正藏》第45卷,第19页中—下。
③④ 同上书,第19页下。

在摄山讲三论,当时开善没有亲自去听,只是道听途说,得语不得意:"既不亲承音旨,故作义乖僻还以真谛为体也。"①吉藏认为中道为三种:世谛中道,真谛中道,二谛合明中道。而开善的"二谛以中道为体"的"中道"是指"真谛中道":"真谛中道为体,真谛中道还是真谛。"②真谛中道只是非有非无,而三论宗以二谛合明中道为体,是非真非俗,因此三论宗的"中道为体"高于开善的"中道为体"。我们可以看到,开善所说的"中道体"相当于上面吉藏所说的第一重,而吉藏所说的"中道体"相当于第二重,吉藏认为开善只是知第一重,并且执著于第一重,因此是错误的。当然这只是言说的不同而已,如果开善并不执著于第一重,那么第一重中道体也是正确的,吉藏本人也有第一重的说法。

6. "三种二谛"与"四重二谛"

三论宗的"三种二谛"、"四重二谛"最为学者所乐道③,其思想不过是"二谛是教,不关理境"、"教二谛,于二谛"的进一步发挥。无论第一重"二谛"还是第四重"二谛",如果能够使众生领悟此"二谛是教,不关理境",由此"说教二谛",而发生"二智",此时"二谛"即转为"境",不论"世谛"还是"真谛"都转为"中道"不二之"境",此"二谛"即是"教二谛",由此"教二谛"即能悟"不二之理",照"不二之境"。④ 但如果于此"二谛"不能发生"二智",以为此"二谛"即不是"不二之理",那么此"二谛"就成为"迷教于谛","二谛"便不是"中道",也不能转为"境",也无法悟"不二之理"。针对此种"二谛",只好不厌其烦地说第二重、第三重,乃至无穷重,使众生认识到"二谛是教,不关理境",进而因"教"悟"理",于名相中悟无名

---

① 吉藏:《二谛义》卷下,《大正藏》第 45 卷,第 108 页中。
② 同上书,第 108 页上。
③ 冯友兰:《中国哲学史新编》卷四,第 241—244 页;侯外庐:《中国思想通史》卷四,174—177 页;杨惠南:《吉藏》,第 178—187 页;廖明活:《嘉祥吉藏学说》,第 157 页。
④ "二智"与"二境"(即世谛中道、真谛中道)是同时产生的,"境"、"智"是"因缘不二"的,只有"二智"照"二境"或"二境"发"二智","二谛"才由"说教二谛"转为"悟教二谛","二谛"才转为"二境","二谛"是"教"(悟教二谛)是"智"是"境"是同时发生的。

相,因此"三种二谛"、"四重二谛"重重否定,其目的是令众生悟得性空之理,每一重"二谛"只是言说上的不同,相对于性空之理,并无高低的不同①,当然对于执著的众生而言,每一重"二谛"都反映了其修行的不同境界,这种境界也可以说是不断提高的,有高低上下的层次之别。

我们首先来探讨"三种二谛"理论,吉藏认为"三种二谛"是"山门相承兴皇,祖述明三种二谛",②其基本内容是:

> 第一明:说有为世谛,于无为真谛。第二明:说有说无,二并世谛,说非有非无不二为真谛;汝所问者,只著我家第二节二是世谛不二是真谛,我今更为汝说第三节二谛义。此二谛者,有无二,非有非无不二;说二说不二为世谛,说非二非不二为真谛。以二谛有此三种,是故说法必依二谛,凡所发言,不出此三种也。③

所谓"三种二谛",即第一种指有为世谛,无为真谛;第二种指有无为世谛,非有非无为真谛;第三种指二不二为世谛,非二非不二为真谛,表释如下:

```
          ┌ 第一种二谛 ┌ 世谛:有
          │           └ 真谛:无(空)           破凡夫
          │
三种二谛 ─┤ 第二种二谛 ┌ 世谛:有,无
          │           └ 真谛:非有非无         破二乘
          │
          └ 第三种二谛 ┌ 世谛:二(有,无),不二(非有非无)
                      └ 真谛:非二(非有非无)非不二(非有非无)   破有所得菩萨
```

---

① 杨惠南:《吉藏》,第180页,引《十二门论疏》的"又为渐舍,破众生病,故作四重",以证明他所主张的三论宗的"真理"观是有层次之别的,并认为三论宗主张有一最终"绝对真理"。我们不同意杨先生此说,因为按吉藏的学说,如果"第一重二谛"就使众生"闻教悟理",就不再需要第二重、第三重……但是由于当时的佛学界不能如此,执著于"第一重二谛"是"理",因此才针对这些执著而层层破斥,"四重二谛"是言说上的层次之别,不是"理"上的层次差别,因为言说只是教不是"理"。

②③ 吉藏:《二谛义》卷上,《大正藏》第45卷,第90页下。

吉藏认为这"三种二谛"都有经论的根据①,但此"三种二谛"在各个经论中是分散的,并非像三论宗这样将其按逻辑层次紧密联系在一起,因此"三种二谛"是三论宗的创造。吉藏认为三论宗之所以创造"三种二谛"理论,是为了破斥当时各种各样对"二谛"的错误理解,因此"三种二谛""并是渐舍义",②具体而言,第一种二谛是破斥凡夫的:"凡夫谓诸法是有,所以说诸法有为俗谛,空为真谛,正为破凡夫有见故,说有为俗空为真谛也。"令凡夫由"有"而入"空",但凡夫却不能领悟"二谛是教,不关理境",以为离"有"而实有"空"可得,此为"二谛是理"("有"理、"空"理),这样凡夫便成为"二乘"(声闻、缘觉),所以就需要有第二重(种)二谛:"第二重为破二乘人,二乘谓诸法空,沉空见坑故……凡夫著有二乘滞空,此之空有,并是世谛,若非空非有非凡非圣,乃是第一义。"说"非有非无"为真谛,是令"二乘人"能拨出"有无"之见,但"二乘人"却又将"遮诠"当"表诠"来理解,将"教"当"理"来理解,将"教"当"于"来理解,即将"非有非无"的"真谛教",当做"真谛理"来理解,此"非有非无"便不是"教谛",而成"于谛"(迷教于谛),以为离开"有无"而实有"非有非无"之理可得,于是"二乘人"又成为"有所得菩萨","有所得菩萨"较之二乘虽然进步,但仍然未能理解"二谛是教"。所以,须有第三重二谛:"第三重为破有所得菩萨,有得菩萨云:凡夫见有,二乘著空;凡夫沉生死,二乘著涅槃。我解诸法非有非无非生死非涅槃,为是故,明有无二非有无不二,生死涅槃二非生死非涅槃不二,并是世谛,若非真俗非生死涅槃,非非真俗

---

① 吉藏:《二谛义》卷上云:"又此二节二谛,并出经论。有为世谛,空为真谛,如《论》所明,故《论》云:有为世谛,此贤圣真知空为真谛也。二为世谛,不二为真谛,亦出《论》(此论与前同指《中论》)。《论》云:有无并世谛,故说第一义谛即无也(世谛有无为二,第一义即有无不二)。又《净名》云:我无我不二,是无我义。反即我无我二为我义,真俗亦尔也(世谛我无我为二,真谛我无我为不二)。二不二为世谛,非二非不二为真谛者,《华严》云:不著不二法,以无一二故,又《大论》(《大智度论》)云:破二不著一。若尔,故知非二非不二名为第一谛。"(《大正藏》第45卷,第90页下)
② 吉藏:《二谛义》卷上,《大正藏》第45卷,第90页下。

非非生死涅槃,乃是第一义谛也。"①此处吉藏将"非二非不二"转换为"非真非俗(非二)非生死涅槃(非二),非非真俗(非不二)非非生死涅槃(非非二)",其意义与上面所说"非二(非有无),非不二(非非有无)"是同义的,只是表达内容不同而已,是针对"有所得菩萨"执著于"有无"之外,别有"非有非无"之理可得,而破斥的,令其悟到"非二非不二",获得最后的解脱。当然如果此有所得菩萨仍然以为实有"非二非不二"之理可得,那么就需要第四重,乃至无穷重。

如果众生于三种"二谛"悟到"二谛是教,不关理境",而因"教"悟"理",那么三种二谛就都是"教谛",(所悟教谛)此三种"二谛"都是不需"废",不需要另有一重"二谛"去否定它,否则"三种二谛"都成"迷教于谛",都需废掉,另立新的"二谛"来否定它:"次就三种二谛中论废不废,明无方便三即废,有方便三即不废。"②所谓"有方便"、"无方便"即是有无"二智",领悟、不领悟"二谛是教,不关理境"。这是三论宗"三种二谛"理论的基本内容。

三论宗"四重二谛"理论,是在"三种二谛"之外,再加上第四重二谛:"此三种二谛皆是教门,说此三门,为令悟不三,无所得依始名为理。"③吉藏在此无疑是将"教"视为"世谛",将"理"视为"真谛",从而构成了三论宗的"四重二谛"之说,其内容与目的与"三种二谛"无别,也是为了破斥时"二谛"的各种误解,具体而言:

> 对毗昙事理二谛,明第一重空有二谛;二者对成论师空有二谛,汝空有二谛是我俗谛,非空非有方是真谛,故有第二重二谛也;三者对大乘师依他分别二为俗谛,依他无生分别无相不二真实性为真谛,今明若二若不二,皆是我家俗谛,非二非不二方是真谛,故有第三重二谛;四者大乘师复言:三性是俗,三无性非安立谛为真谛,故

---

① 以上引文见吉藏《二谛义》卷上,《大正藏》第45卷,第91页上一中。
② 吉藏:《二谛义》卷上,《大正藏》第45卷,第92页上。
③ 吉藏:《大乘玄论》卷一,《大正藏》第45卷,第15页下。

今明:汝依他分别二真实不二是安立谛,非二非不二,三无性非安立谛皆是我俗谛,言忘虑绝方是真谛。① 表解如下②:

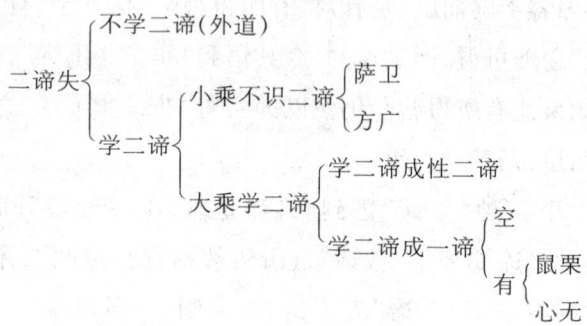

7. 对其他学派"二谛"理论的批判

"二谛"问题是南北朝时期佛学界讨论的焦点问题之一,有关当时的"二谛"之说异常复杂,吉藏曾对其一一破斥,以阐明自宗的"二谛"理论。《二谛义》及《三论玄义》、《大乘玄论》都曾详细批判各家"二谛"理论,总结起来,大致有如下几种:

四重二谛
- 第一重{世谛:有 / 真谛:空} 对凡夫及毗昙宗
- 第二重{世谛:有空为二 / 真谛:非有空之不二} 对《成论》师
- 第三重{世谛:有空之二与非有空之不二对立(或依他、分别性之二) / 真谛:非有空之二亦非有非空之不二(或依地、分别性之二为不二之真实性)} 对《摄论》师
- 第四重{世谛:一至三重二谛之教门(或三性与三无性) / 真谛:无依得之教理} 对《摄论》《地论》师

---

① 吉藏:《大乘玄论》卷一,《大正藏》第45卷,第15页下。
② 参见杨惠南《吉藏》,第18页下。

"不学二谛失二谛"专指外道,外道不学佛法,当然无从理解二谛:"外道不知诸法性空,不识第一义谛。既不知诸法性空,亦不知诸法于颠倒因缘有,不识世谛。"①具体而言,"有见外道迷于真谛,空见外道迷于世谛。"②

至于佛教内部,吉藏划为大、小二乘,小乘包括两种:萨卫(指说一切有部,《三论玄义》中称毗昙),方广(又称方广道人,指执著于"断灭空"的部派)。萨卫"明诸法性有,不知诸法性空;既不知性空,即不知诸法颠倒有。不知性空,不识第一义谛;不知颠倒有,即不识世谛也。"③而方广虽然也知"空"义,但却执著于"空",成断灭空:"闻大乘说起邪见,闻大乘说毕竟空,不知何因缘故空。若都毕竟空,云何分别有罪福报应等?若有罪福则不应空,推画空便起邪见也。既起空见,即不识世谛;既不识世谛,即不识第一义谛。又此空是邪见空,故二谛皆失也。"④吉藏将萨卫、方广的错误又称为"性有失二谛"(萨卫),"邪空失二谛"(方广),⑤吉藏认为所有小乘部派都同萨卫一样是"性有失二谛":"小乘五百部,各执诸法有决定性,闻毕竟空如刀伤心,此人失第一义谛。然既失第一义谛,亦失世谛。所以然者,空宛然而有,故有名空有,方是世谛;彼既失空,亦是迷有,故失世谛。故五百部执出如来二谛之外。"⑥又所有学大乘执著于空见的,也都称为方广道人:"学大乘者,名方广道人。执于邪空不知假有,故失世谛;既执邪空,迷于正空,亦丧真矣。"⑦"方广道人,谓一切诸法如龟毛兔角,无罪福报应,此人失于世谛。然有宛然而空,故空名有空,既失空有,亦失有空,如斯之人亦失二谛。"⑧

在《二谛义》中,吉藏又专门批判对中国佛学界影响最大的两个小乘

---

① 吉藏:《二谛义》卷上,《大正藏》第45卷,第83页中。
② 吉藏:《三论玄义》,《大正藏》第45卷,第11页中。
③④ 吉藏:《二谛义》卷上,《大正藏》第45卷,第83页下。
⑤ 同上书,第83页下,第84页上。
⑥⑧ 吉藏:《三论玄义》,《大正藏》第45卷,第11页中。
⑦ 同上书,第6页上。

学派:毗昙和成实,"不识二谛失二谛者,当世即数(毗昙)论(成实论)二人。"①认为毗昙执著于理事二谛,"毗昙亦明二谛义,谓十六谛理苦无常等为第一义谛,刀杖逼迫等事苦为世谛,彼就事理判二谛也。今明此判二谛倒,何者?理之与事并是世谛,诸法性空乃是第一义谛,无常等是世谛,谓是第一义谛。故云:闻世谛谓是第一义谛,是故堕在失处也。"②在三论宗看来,毗昙的苦无常之理,还是"有",不能是"空",所以根本谈不上第一义谛。而成实虽然讲"空",但成实之"空"不是毕竟"空",因此也谈不上第一义谛:"次成论闻世谛谓是第一义谛者,明诸法有为世谛,折法空(析)为第一义谛。今明:诸法有,折法空(析),并是世谛,何者?今就性空非性空以判二谛,性空为第一义谛,非性空为世谛。汝折法空(析)非性空,故是世谛,汝谓是第一义谛故堕在失处。"③

在大乘佛教中,吉藏又分两种:"然大乘失二谛,复有二种:一者学二谛成性二谛;二者学二谛成一谛。"④所谓"学二谛成性二谛",是指闻佛说二谛,便执著于世谛与第一义谛绝对分别,离世谛实有第一义谛:"学二谛成性二谛,亦一切失。闻二住二,不识不二。"⑤吉藏又引用法朗的话将此种"二谛失"称为"两橙解":"若是由来人二谛即有碍,三假为世谛,四忘为第一义谛。三假不得为第一义,四忘不得为世谛。第一义不得有名相,世谛不得无名相。所以大师云:彼作两橙解义。闻说诸法空,即内置真谛橙中;闻说诸法有,即内置世谛橙中。世谛不得空,真谛不得有。如此有无皆碍,碍故悉是世谛。"⑥这种学二谛成性二谛,也可以用来概括所有的"二谛失",因为学二谛之所以不正确就是不能体证二谛因缘的深义,不是执著于有(世谛),就是执著于空(第一义谛),或者执著于亦有、

---

① 吉藏:《二谛义》卷上,《大正藏》第45卷,第84页下。
② 同上书,第84页下—85页上。
③ 同上书,第85页上。
④ 同上书,第83页下—84页上。
⑤ 同上书,第84页中。
⑥ 同上书,第85页中。

亦空,如果能够体会到因缘空有无碍的深义,也就能体会到"诸佛菩萨无碍二谛,识如此等二谛故,知深佛法义"。① 因此,《净名玄论》卷六曾有这样的问答:"问:学佛二谛,云何得失?请为陈之。答:定性二谛为失,因缘假名二谛为得。"②

关于学二谛成一谛,也是定性二谛的产物,只不过不执著于它有真俗二谛,而是定执真俗二谛之中的一种,或执著于有谛或执著于空谛。学二谛成一空谛是指"诸法于颠倒有名世谛,诸贤圣真知性空名第一义谛,明颠倒有为非,诸法性空为是,何以故?诸贤圣真知诸法性空,故知诸法性空定是也。此人闻空故空,闻有亦是空,学二谛唯成一空谛也。"③ 在三论宗看来,这种二谛观只见"空"不见"有",此"空"便不究竟,因为究竟的"空"是"因缘有、无自性"而"空",并不是绝对的"空"。关于学二谛成一有谛又有两种:"一者即鼠喽栗二谛,二者心无义。"④ 此两种二谛我们已在第一章第一节中详细讨论了,此不赘述。不论学二谛成一空谛,还是成一有谛,都未能领会因缘二谛的正确含义。

此外,在三论宗的"四重二谛"以及"二谛一体"的理论中,也从另一角度批判了当时流行的种种"二谛"理论,我们已在上面的章节中详细讨论了。在《大乘玄论》中,吉藏曾列出自家与他家二谛的十种同异,即"理教异"、"相无相异"、"得无得异"、"理内外异"、"开覆异"、"半满异"、"愚智异"、"体用异"、"本末异"、"了不了异"。⑤ 当然此十种同异尽管内容各异,而其中最核心的仍然是第一条:"理教异"。有关"二谛是教,不关理境",其他九条都是第一条的派生产物,由于三论宗的二谛是教,因而是"无相"、"无得"、"理内"、"开"、"满"、"智"、"体"、"本"、"了",而他家二谛则是"相"、"得"(有所得之得,非得失之得)、"理外"、"覆"、"半"、"愚"、

---

① 吉藏:《二谛义》卷上,《大正藏》第45卷,第85页下。
② 吉藏:《净名玄论》卷六,《大正藏》第38卷,第891页下。
③④ 吉藏:《二谛义》卷上,《大正藏》第45卷,第84页上。
⑤ 吉藏:《大乘玄论》卷一,《大正藏》第45卷,第15页中—下。

"用"、"末"。

总体上,三论宗人认为他家二谛理之"失"无非两条:其一,不学二谛;其二,不识二谛是教。因此,对治的方法也有两步:第一学二谛;第二学"二谛是教,不关理境"。

三、无修无证与二智相即

三论宗的主要贡献是以般若中观扫荡群相,重新树立缘起性空、中道正观的佛法本义。可以说,三论宗的主要成就是在义理方面,而在具体的修行方法方面,与其义理方面的成就相比显然逊色。与天台宗智者大师不同,吉藏没有写过《摩诃止观》那样的专门探讨具体修行方法的著作。因此,《高僧传》中把智者列入禅僧,而把吉藏列入义学僧,使人感到似乎三论宗学缺乏修行论的内容。通过吉藏的著作,我们不难发现三论宗修行理论的独特之处,其中最为突出的是对般若法门的重视。般若法门即"无得正观",吉藏把无得正观的般若思想渗透到其他各种修行方法之中。

三论宗思想的核心是"空",对"空"的证悟便是解脱。而如何达到对"空"的证悟,便是三论宗的修行理论,而对"空"的证悟便离不开智慧,其中"二智理论"已体现出三论宗的修行论上的特色。由"境"发"智",由"智"说"教",再由"教"悟"理",由"理"发"智","教"转为"境",是三论宗的基本佛学框架。"智",也只能是"不二之智",在吉藏的著作中,常将"不二之智"称为"不二正观"、"无得正观"、"般若"。如此我们看到三论宗在传统佛学"戒定慧"三学中对慧的强调,在大乘佛学的六度中对般若的强调。

吉藏称"由教悟理,因理发智",但般若之智,不是世俗的智慧所能达到,对中道实相的证悟也不能仅仅凭依文解义就可获得。在注释《维摩经》时,吉藏特别强调对空的证悟不能仅仅靠理论的研讨,而必须把佛学理论与宗教实践结合起来:

> 深经者,谓方等了义,究竟之经也,一切世间难信难受微妙难见清净无染。非但分别思惟之所能得下。非但分别者,谓非智慧分别之所能得也。思惟之所得者,要由禅定,方乃得也。又要由正观,然后能得耳。非分别取相,思惟之所得也。①

这里吉藏认为般若之智不是思维分别所能获得,而要由禅定与正观才能达到。在禅定与正观之中,吉藏更重视正观。吉藏很少谈到具体的禅法,这是由三论宗重视慧的修行,而不拘于具体的修行形式所决定的。如吉藏《净名玄论》中,引用兴皇法朗的话证明此点:

> 又我师兴皇和上,每登高坐,常作是言:行道之人,欲弃非道求于正道,则为道所缚;坐禅之者,息乱求静,为禅所缚;学问之徒,谓有智慧,为慧所缚;复云习无生观,欲破洗有所得心,则为无生所缚;并是就缚之中,欲舍缚耳,而实不知皆是系缚。②

在法朗看来,所谓"坐禅"、"求道"、"智慧"、"无生观"等等当时流行的修行方法,都是"以缚舍缚",最终仍就要被"禅"、"道"、"慧"、"观"所系缚,不得解脱。因为根据龙树中观学,一切皆空,因此根本没有烦恼可断,也无佛道可修,不仅禅定是束缚,甚至连般若也是束缚。这些不是解脱,是否另有真正的解脱存在呢?吉藏认为,这种提问本身就是没有能够领会法朗的意思,仍然离烦恼而另寻解脱:

> 观问者之心,则离上缚外,别欲求解,便谓缚解为二。经(《涅槃》)云:明与无明,愚者谓二,则名为缚,何犹解脱耶?……考详问意,终有所求;则终有所缚,何犹解脱耶?此之一训,足晓玄悟,如其未了,今略示教门,前云有烦恼而断之令无,故于烦恼上,起有无新缚,若能了烦恼本不有今不无,则故惑自消,新病不起,毕故不造新,

---

① 吉藏:《维摩经义疏》卷六,《大正藏》第38卷,第989页中。
② 吉藏:《净名玄论》卷三,《大正藏》第38卷,第874页中。

名得解脱也。上云：舍烦恼不为烦恼所缚，欲求智慧为慧所缚，今若能愚智双弃，凡圣两舍，即是萧然无寄，名为解脱。"①

此两段引文充分表达了三论宗修行的基本原则，即"无修无证"的般若法门。在《金刚般若疏》中，吉藏更明确地表达了这一原则："今明修行亦与实相合行故，虽修万行而实无所行，虽无所行而常修万行，故行无所行，无所行故具二慧也。"②"一切凡夫未得道者皆由有所依著，波若正破众生有所依著，故说无依著之法。"③这一原则贯彻到三论宗修行的各个具体方法之中。

如关于出家，吉藏认为："家有二种：一者形家，谓父母妻子；二者心家，即是烦恼。"只有出心家才能算是真出家，但如果认为实有家可出，那还是有所得，还是执著，只有一切无所得才为真出家："谓有人能出，有家可出，家为过罪，出有功德，此皆有所得心，即是有为法，悉名为家，维摩破著心故。赞无为法，无为是果，出家为因，果既无为，因岂有著？若能萧然无寄，始是出家。"④又认为只有发菩提心才是真正的出家、受戒："小乘法中受十戒为出家，受大戒为具足。大乘发菩提心为出家，受菩萨戒为具足。又《净名》云：发菩提心，是则出家，是则具足。"⑤关于忏悔，吉藏认为只有般若才是真实忏悔："波若是真实忏悔故，诸大乘经辨真实忏悔皆依般若。如《普贤经》云：一切业障海皆从妄想生，若欲忏悔者端坐念实相。"⑥关于戒律，吉藏同样只重内心的真实清净，不重有形的戒律，他本人的行为也是不拘小节，遭到道宣律师的批评："然而爱狎风流，不拘俭约。贞素之识，或所讥焉。"⑦

---

① 吉藏：《净名玄论》卷三，《大正藏》第38卷，第874页中—下。
② 吉藏：《金刚般若疏》卷二，《大正藏》第33卷，第103页上。
③ 吉藏：《金刚般若疏》卷一，《大正藏》第33卷，第86页下。
④ 吉藏：《维摩经义疏》卷三，《大正藏》第38卷，第946页中、下。
⑤ 吉藏：《胜鬘宝窟》卷中之末，《大正藏》第37卷，第44页上。
⑥ 吉藏：《金刚般若疏》卷一，《大正藏》第33卷，第86页下。
⑦ 道宣：《续高僧传》卷一一，《大正藏》第50卷，第514页下。

三论宗无修无证的修行原则是其"缘起性空"的理论的必然要求,如果认为实有"空"可证,那么必须连"空"也要"空"掉,因为实有之"空",已不是"缘起性空"之"空"。三论宗在"二谛理论"中,有三种二谛、四重二谛之说,无非都是为了使人认识到真正的"空",二谛是对空的言说,而二智是对空的证悟,对空的证悟,必然要无修无证,否则依然是有所得,依然是"有"。

在无修无证的般若法门下,三论宗展开了二智理论的建设。

1. "二智"的含义

"二智"在三论宗佛学中有着重要的地位,吉藏在《法华玄论》、《净名玄论》、《大乘玄论》中都辟有专章,讨论"二智"问题。[①]"二智"与"二谛"、"二境"一起构成三论宗佛学的总体框架,简称为"境"、"智"、"教",由"境"发"智",由"智"说"教",再由"教"悟"理",由"理"发"智","教"转为"境",是三论宗的基本佛学框架,因此理解"二智"对理解三论宗佛学至为重要。正如吉藏所说:"然昔在江南著《法花(华)玄论》,已略明二智,但此义既为众圣观心法身父母,必须精究,故重论之,此义若通,则方等众经,不待言而自显。"[②]

"二智"在吉藏的著作中有各种不同的说法,比较常用的是"权实二智","波若、方便",也有时称为"慧、方便","实慧、方便慧","波若波罗密、沤和波罗密",其主要来源于《般若经》、《维摩诘所说经》、《法华经》、《大智度论》等大乘经论中的相关思想。当然,"二智"的关键不在于"二智"的名字问题,而在于含义。如果从三论宗佛学的最究竟处来说,"二智"只是"无分别中强分别说","无名相中强名相说",在佛陀的境界中,连"境"、"智"的分别都没有,如果有"智",也只能是"不二之智"。在吉藏

[①] 其中《净名玄论》(《大正藏》第38卷,第876页中—891页下)与《大乘玄论》(《大正藏》第45卷,第49页上—第63页上)有关"二智"的论述基本一致。本文在引文时,只注明《大乘玄论》的页码,《净名玄论》的页码从略。

[②] 吉藏:《大乘玄论》卷四,《大正藏》第45卷,第49页上。

的著作中,常将"不二之智"称为"不二正观"、"无得正观","波若"(此"波若"不是指与"方便"相对的作为"实智"的"波若",而是指权实尚未分化的"波若")。"智"是对"实相"(境)的证悟,也是佛说"二谛"(教)的目的,"智"本来非权非实,但为了让众生接受,就必须"但于不二而二,为众生故开于二智"。① 而"开""二智"的方法于经论中又各不相同,"二智"的定义也就随之不变化。在《法华玄论》中,吉藏初步对"二智"作了划分。

首先,他对大乘佛经中的四种"二智"的定义做了区分,列表如下②:

	实智	权智
般若教	照空	鉴有
净名教	内静鉴	外动用
法华教	照一实	照三
涅槃	照常住	鉴无常

其次,吉藏又按划分的标准分为七种"二智"③:

	实智	权智
空	观空	知空亦复空
有	身不疾 观身苦无我	身疾 处生死化物
空有	观空 照空二境审实不虚	鉴有 观空不证、涉有无着
福慧	慧	福
自化	自行	化他

最后,吉藏又就"三种二谛辨二智义"分为三种④:

---

①② 吉藏:《法华玄论》卷四,《大正藏》第34卷,第394页下。
③ 同上书,第395页上、下。
④ 同上书,第396页上。

	实智(真)	权智(俗)
第一重	照空	鉴有
第二重	照非空非有	照空有
第三重	照非二非不二	照二不二

在《大乘玄论》、《净名玄论》中,吉藏又进一步作了补充,首先将佛经中的"四种二智"扩大为"五种二智",增加了小乘的"三藏教二智"[①]:

	实智	权智
三藏教	鉴四谛之理	照事中之法
大品教	照真空	鉴俗有
净名教	应病授药	知病识药
法华	照一乘	鉴三乘
涅槃	照常住	鉴无常

其次,吉藏又总体上将"二智"分为十对[②]:

实智	权智
直照空有	行空不证、涉有不着
照空	涉有
内静鉴	外动用
般若	五度
照空	知空亦复空(能不证空)
知苦无常	不取灭
直知身病非故非新	不厌离
不疾之身	现疾之身
照非空非有不二	照空有
照非二非不二	照二与不二

[①] 吉藏:《大乘玄论》卷四,《大正藏》第45卷,第56页下。
[②] 同上书,第50页下—51页中。

综上,我们看到三论宗对"二智"的定义种类繁多,但我们仍然可以从总体上将其分为两大类:其一,从观照方面而言,"波若照诸法实相(空),方便能照实相诸法(有)",①这是三论宗"二智"的最主要用法。其他如"照非有非空不二为实,照空有为权","照非二非不二为实,照二与不二为权","照一乘为实,照二乘为权","照常住为实,鉴无常为权","鉴四谛之理为实,照常中之法为权",都可以归到此类。这说明在三论宗的修行(主要指观法)中,"照空"与"鉴有"同等重要。因为按三论宗的立场,如果只知观空,不知鉴有,那么很容易造成"实有空"的倾向,以为离开"有"而别有一"实体空"存在,因此只有能观照到"空有不二","虽毕竟空而宛然有,虽宛然有而毕竟空"才可以做到真正地"照空",真正地观照"中道实相"。其二,是从自行、化他的角度而言的,按大乘佛教的学说,成佛不仅要"自觉",还要"觉他";不仅要"自度",更要"度他",这样才能做到"觉行圆满",最终成佛。因而在三论宗看来,不论"照空"还是"鉴有"都是"自觉"、"自度"的方面,尚没有用此智慧设施方便,"出毕竟空,严土化人",因而"照空"为实,而"知空亦空,而不取证为权",就是要"出毕竟空,严土化人",而不为一己的解脱为究竟。其他如"内静鉴为实,外动用为权","照空有二境审实不虚为实,观空不证,涉有不著为权","照空为实,涉有为权","知苦无常实,不取灭为权"等意义都如此,而"观空"本身就是"自行",三论宗又称之为"慧","涉有"、"动用"、"不证"等是"化他",三论宗称之为"福",是从为最后成佛积累福德资粮而说的。当然第一类的"照空为实,照有为权"与第二类"自行为实,化他为权"的划分也是相对的,二者之间的联系是异常紧密的,如只有"观照"、"空有",才能"观空不证,涉有化他",因此又必须将此两大类统一起来,才能全面把握"二智"的内容。吉藏在《二谛义》中,在论述由"二谛"(教)产生"二智"时,也是这样划分"二智"的:

---

① 吉藏:《法华玄论》卷四,《大正藏》第34卷,第54页中。

了世谛第一义谛,发生方便实智名自利;了第一义谛世谛,发生实方便智名他利;具了真俗二谛,具生二智名共利也。二者菩萨自了真俗二谛,发生权实二智名自利,菩萨如实而悟,今还如实而说,令众生亦了真俗二谛发生权实二智名为他利,自他皆了二谛,皆生二智名为共利也。问:此两种二智何异耶?解云:初则就真俗判二智,后就自他内外判二智,前真俗判二智者,了世谛第一义谛,名方便实智;了第一义谛世谛,名实方便智,了二谛判二智也。后就自他内外判者,内自悟二谛名实智,外为他说二谛名方便智。①

此中"方便实智"即是"实智","实方便"即"权智","了世谛第一义谛"即"照空","了每一义谛世谛"即"鉴有","内自悟二谛"为"自行","外为他说二谛"为"化他"。

吉藏认为尽管"二智"有各种各样的说法,也都有其经典依据,但不能说哪一种"二智"比其他"二智"更高级、更正确,更不能因为各经论对"二智"的说法不同,而认为佛经之间存在着优劣长短。在《法华玄论》中,吉藏就指出:"佛经有种种之说,随人随义用之不得定执,如《须真天子波若经》下卷明二慧有三十许异可寻之也。"②并针对有人认为《法华经》只有两种二智(照三乘为权,照一乘为实;照近为权,照寿量佛复倍上数为实)的说法,用大段篇幅论证《法华经》也具有四种二智(三一二智,空有二智,动静二智,常无常二智)③。在《净名玄论》、《大乘玄论》中,又针对有人按"五时"判教的主张,将佛经中的"二智"也分为"五时二智"的理论进行驳斥:"五时之说四宗之论,乖文伤义,古已详之。今当略说,寻一经之内,具有五文,不待始终,方备诸智。"④具体论述了《般若经》、《净

---

① 吉藏:《二谛义》卷上,《大正藏》第45卷,第85页下。
② 吉藏:《法华玄论》卷四,《大正藏》第34卷,第395页下。
③ 同上书,第395页下—396页上。
④ 吉藏:《大乘玄论》卷四,《大正藏》第45卷,第56页下。

名经》《涅槃经》《法华经》都有"五种二智"①,并认为各经只是因机设教不同,同具五种二智,但侧重点不同而已:"问:若一经之内具诸智者,众经何别?答:诸大乘经,通为显道,道既无二,教岂异哉?但入有多门,故诸部差别。虽一经之内具含五种,而明义旁正不同。三藏一教,唯明事理权实,未辨余门二智;大品以空有为正,余义为旁;法花(华)三一为端,余皆泛辨;涅槃以常无常为正,余悉兼明。"②这一结论与三论宗的判教思想密切相关。

此外,在《净名玄论》《大乘玄论》中,吉藏又论述了兴皇法朗的"六重二智"理论,这一理论首先从"权"智中分出"方便"与"权"两种,这种划分来源于《般若经》与《净名经》对"权"的不同定义:

《大品》多明实慧方便,《净名经》多辨权实二慧。

问:权与方便有何异耶?

答:通即无别,皆是善巧之义。别而为言,方便则长,权语则短。今总明三句:一照实相为实慧,鉴万法为权;二静鉴万法为实,外反动为权;三就动用,以不疾之身为实,托病方丈为权。初照实相名为实慧,自余三门皆属方便故。权义短者,但取外示反动名之为权,故权是方便中之别用,所以言短。

问:权与方便既有短长,两实亦得尔不?

答:方便之实则长,权实则短。所以然者,方便既无所不为,实慧照无所不为而实无所为,是故长也;权智但是有中反动,实智是有中之静鉴,故权实则短。③

三论宗认为"权"是"方便"中的一种,因而"权智"本身分为"方便"与"权"两种。与此相应,"实智"中又开为"方便实"与"权实","方便"中又

---

① 吉藏:《大乘玄论》卷四,《大正藏》第45卷,第56页下—58页下。
② 同上书,第57页上—57页中。
③ 同上书,第58页下。

开为"实方便"与"权方便","权"中又开为"实权"与"方便权",就构成了所谓的"六重二智"。如此,三论宗之"六重二智"是于"二智"中更开"二智",其目的在于批判对"二智"的不究竟理解,即二乘的"实"、"方便"、"权",都是不圆满的、有缺欠的,因而相对于大乘"实"、"方便"、"权"来说,只能称之为"方便实"、"权方便"、"方便权"。

2. "二智相即"与"二智优劣"

有关"二智"之间的关系,在吉藏的著述中有很多论述,如"二智一体"、"般若为体、方便为用"、"般若、方便互有优劣"等。其中以《净名玄论》、《大乘玄论》中的"二智开合"最为代表。现综述如下:

第一,开二慧(智)。"如前所明,照诸法实相故名波若,照实相诸法称为沤和。如来内照此二故有二慧,佛从此二生故有父有母。"①之所以如此,是由于"波若为沤和之体,沤和是波若之用,体鉴实相,用照诸法,故开此二门,即智无不圆,照无不尽。若同照实相,并鉴诸法,即二境不分,两慧相监。"②般若为体,方便为用,是三论宗的一项基本原则,吉藏曾以"金"与"金上之巧"来形容般若为体,方便为用:

> 波若与方便本体是一,而随义有异。譬如金为种种物,此明权实一体约义分二,金喻波若,波若为体,金上之巧,譬于方便,方便为用。问:波若何故为体,方便何故为用?答:实相为本,波若照实相故,波若亦为本,所以为体。诸法为末,方便照诸法故,方便为用。问:何以知实相为本?答:《论》(《大智度论》)初卷云:三悉檀可破,第一义悉檀不可破。灭一切言语,过一切戏论,第一义悉檀即实相。《论》又云:除实相以外一切皆名为魔,故实相为本。又迷实相故有六道,悟实相即有三乘,故实相为迷悟之原,所以称本也。③

---

① 吉藏:《大乘玄论》卷四,《大正藏》第 45 卷,第 59 页中。
② 同上书,第 55 页下。
③ 同上书,第 53 页下—54 页上。

般若照实相,实相是迷悟之原,而所谓诸法实相即是空,由"照空"之后方能"鉴有",由"自行"之后,才能"化他",故般若为体、方便为用。吉藏又具体论述了"般若四力"、"方便三力"以明其体用关系。"般若四力"是指:"一者照实相,二者无所著,三者断诸惑,四者能导方便。"①而所谓"方便三力"指:"一有照境之功,二有不证空力,三起行之用。"②如此可见,"方便"无非是"般若"的进一步发挥,离开"般若","方便"也就不存在了,正如金为体,金上巧(如刀)为用一样,所以在三论宗佛学之中,"二智"是有所偏重的,"般若"较之"方便"更为重要一些。

第二,合二慧为般若。"明波若与沤和皆是波若。所以然者,波若为体,沤和为用。体即波若之体,用是波若之用,故皆名波若。"并举经论为证:"如来虽说《大品》九十章开于二道,皆称《摩诃波若经》,不以后为方便。故知二慧皆名波若;又如《论》(《大智度论》)云:以金为种种物,而即是金更无别体。"又认为在佛说六度之中,将"般若"与"方便"合为"般若",因为"余五度但明五种有行,不辨照知空有。今照空义属波若,知有义亦属波若,故知二慧皆名波若。"③合二智为般若,是从"体"归"用"。

第三,合权实皆名权。即摄"体"为"用","照有功用既名为方便,照空之巧,亦是方便。故二照同巧,即两皆方便。"并引《胜鬘经》为证:"《胜鬘》云:一乘大方便。一乘之中,若照空照有,说空说有,皆名方便,以悉是诸佛大善巧故。"④"般若"之中并非没有"方便",因为"照"本身就是"方便",因此都可以称为"方便"。如此可见,"二智"的划分在三论宗佛学之中并不是绝对的。

第四,非开非合。这是从究竟之处而言,根本就没有"二智"之分,既然由"不二之理"发生"不二正观",怎么会有"二智"呢?有"二智"就意味着分别、执著,就意味着还不是"正观",还未体证"实相"之境。因此,"正

---

① 吉藏:《大乘玄论》卷四,《大正藏》第45卷,第54页上。
② 同上书,第54页中。
③④ 同上书,第59页下。

观未曾有实,亦未曾是权,亦未曾开,亦未曾合。故云是法不可示,言辞相寂灭,佛不能行,佛不能到。而今有开合实权者,皆是无名相中,为出处众生故,明开合不同耳。"①一但众生禀"二谛教",发生"二智",同样如佛一样达到"是法不可示,言辞相寂灭"的地步,此"二智"也是"无名相"中强"名相"说的,如果要"说",就必须有"二",就必须有分别,才由"不二之观"开为"权实二智"。当然"开"仍然是有标准的,不是随意的:"通而言之,波若既照得名为慧,方便亦照亦得称慧。方便既巧,波若亦巧。但立此二名,欲相开避,隐显互说。波若显其照名隐其巧称,方便显其巧称隐其照名。所以然者,波若从实相境立名,又当其体,故显照隐巧;方便不从照俗境立名,但取巧用故显巧没照。又慧名照空,波若既是空慧,所以名慧,方便涉有不得名慧。"②"开避隐显"是三论宗区别"二智"的基本原则,由此原则,也可看出三论宗并不截然划分"二智"的界限,相反吉藏对这种"权实"二智绝然对立的观点进行了批判:"旧义波若不能照诸法,沤和不能照实相,虽复并观,智用恒别,即是格局圣心,对执二见。"③只见"二智"的分别,不见"二智一体"与"开合",此"二智"便是"二见",不能称为"智"。因此,有时三论宗称"般若"为"沤和般若","沤和"为"般若沤和",称"实"为"方便实","方便"为"实方便",以显示"二智"之间的相即关系。

既然"二智"本身的划分不是绝对的,因此尽管"般若为体,方便为用",但也并不能说"般若"永远优于"方便"。相反,在三论宗看来,"二智"互有优劣,有时"方便"要胜些。当然从根本处来讲,三论宗还是认为"般若"高于"方便"的。如以金巧为喻:"金虽是体,未作巧物,则金为劣也,制金为巧,即巧胜于金。"同样,"六地虽得波若之体,未得妙用,故波

---

① 吉藏:《大乘玄论》卷四,《大正藏》第45卷,第59页下。
② 同上书,第53页下。
③ 同上书,第55页下。

若则劣。至七地时,波若妙用,故称为方便胜也。"①之所以有般若劣于六地,方便胜于七地,是由于:"有是俗谛,离有即易,故波若巧劣。空是真谛,勉无即难,故方便即胜。又入实相观,不著于有,即勉凡夫地。即实相观而照诸法故不滞空,离二乘地。勉凡即易,故波若劣。超圣即难,故方便胜。所以有六七优劣义也。"②这是从修行的过程而言,"六地照空","七地鉴有",此"鉴有"具有进一步的意义,因为如果不"鉴有",很有可能于此时滞著"空",当然如果于"六地"滞于"空",此"空"便非"空",因而必须达到"空有"不二,才是"毕竟空"义。吉藏又于《净名玄论》、《大乘玄论》中开"二智长短门",专门讨论"二智"的长短优劣:"总论众经,具有四句:一实智长,权智短;二权长,实短;三俱长;四俱短。"③此种长短优劣的差别,在于"二智"所处的不同语言环境之中,具有不同的含义,类似的论述在三论宗佛学之中很普遍④。所谓实智长权智短,是以动静分二智,"静鉴空有为实故,实义即长;外反动为权,权但是有用,所以为短。"权智长实智短,是约鉴空为实,照有为权,分于二智,实智只是静鉴空义,所以是短,而权智照有,有动静两方面的意义,所以权智长。二智俱长,是就空有分二智,实智照动静皆空,权智照动静皆有,所以二智都长。二智俱短,只就有中分二智,内静鉴为实,外动用为权,二智都只是有,所以俱短。当然,吉藏这种划分也是一种随机的说法,并没涵盖所有"二智"的内容,有些说法也未免牵强,但从中可以看出三论宗对"二智优劣"的总的看法,吉藏也曾说过"如此二慧,无有优劣"⑤的话,因为在究极处,本没"二智"的划分,谈何"优劣"? 但在有区别的情况下,吉藏总体上比较重视"般若"。

吉藏也提到"二智体"的问题,在当时流行的看法是"二智"以心为

---

① 吉藏:《大乘玄论》卷四,《大正藏》第 45 卷,第 54 页上。
②⑤ 同上书,第 54 页下。
③ 同上书,第 58 页下。
④ 如"四句否定句"、"四重二谛"、"六重二智"、"二谛绝不绝"等都如此。

体,吉藏反驳道:

> 心为解惑体者,心与惑为一为异?若一断惑则应断心,心若不断,惑亦不断。又若一而断惑留心,何不断心而留惑耶?若惑断心不断,则心与惑异。若异者惑便非心,心是识虑惑应非情。又惑若异心,惑自是惑,心应不惑,若尔自是智知,心终不知。如此求心竟不可得,是则无心以何为二智体。①

此处吉藏采用了中观学派惯用的"双遣法",认为如果以为"心"是"二智"之体,"二智"能断惑,那么"心"便能断惑,"心"与"惑"之间必然"非一即异",但如果"心"与"惑"是"一",那么断惑的同时也就断心,心若断,不能称为"智"之体,事实上心不断,则"心"与"惑"便是"异",如果是"异","心"与"惑"没有关联,怎能断惑。因此,吉藏认为"心"不能作为"二智"之体,"心与惑一异故无有二智,诸佛菩萨了此心惑不见一异。既无一异则非心非惑,不智不愚亦不权不实,如是五句皆不可得。但于不二而二,为众生故开于二智,故二智以不二为体也。"②"不二为二智体"是吉藏的主张,作为"二智体"的东西,不能是有分别的、有所得的,因此所谓"二智体"就是指"不二之理",由"不二之理"生"不二之智",再由"不二之智"强开"二智",而其他如"心"等概念都是有分别、有实体的,因而不能称为"体"。

3. "二智即解脱"

"二智"之所以重要,在于"二智"能说教悟理,观照诸法实相,这是从"理教境智"这一框架来说的,如果从宗教修持上说,"二智"就是解脱。吉藏引用《净名经》所说的"智度菩萨母,方便以为父,一切众导师,无不由是生",称"二智为三世佛父母",没有"二智"便无"三世诸佛"。那么"二智"是怎样实现解脱的?在《净名玄论》卷四,吉藏曾自问自答:

---

① 吉藏:《法华玄论》卷四,《大正藏》第34卷,第394页中。
② 同上书,第394页中一下。

问：解脱云何即是二智？

答：二智无累，故称解脱。则此解脱，心行处断故，意不能思。言语又灭故，则口不能议。故知二智则解脱也。①

具体而言，首先"二智"能断"有无"二见，"有无是诸见根，障中道本。诸见根者，如因有无成断常，因断常生六十二见，故有无是诸见之根。若有无病生，则众病并生；有无若灭，诸患皆灭。"②"二智"能断有无，"有无"又是诸见之根，因而"二智"是解脱："波若斥其有见，方便破其无见，即显中道，远离二边，故前明实慧后辩方便。"③具体而言，凡夫被有见所缚，二乘被无见所困，都不能解脱，而"二智"破其"有无二缚"。又凡夫住有，不能观空。二乘入空，不能观有。空有俱缚故无解脱，以无解脱，故非不思议。今(二智)双斥二见，明非凡夫行非贤圣行，是菩萨行。虽有而常行空，虽空而常涉有，空有无碍，故名解脱也。④ 总之，三论宗的解脱是指对中道实相即"空"的证悟，而要观照空境，就必须生"不二之智"，般若照空境，即是解脱的完成，此时的"般若"即"不二之智"，"空境"即"不二之境"。但是往往此时，有些人容易以为实有"空"境可证，实有"般若"之智可得，因此尚须"不二之智"开为"权实二门"，以"般若"破其有执，以"方便"破其无执。如果有人再执著于"非有"、"非无"，就需要于"二智"中再开"二智"，即三论宗所谓的"六重二智"，这样"二智"可以有无穷重，当然三论宗重点还是论证一重二智。

其次，从断烦恼方面来讲，"二智"能断烦恼，因此能完成解脱。断烦恼得解脱是小乘佛教的一项基本原则，但大乘佛教则从不断生死而得涅槃的角度，认为如果实有烦恼可断，实有解脱可得，还是执著，还是烦恼，这是中观学派的基本观点。三论宗继承了大乘佛教中观学派的这一原

---

① 吉藏：《净名玄论》卷四，《大正藏》第38卷，第876页中。
② 《中观论疏》卷七，《大正藏》第42卷，第111页中。
③ 吉藏《大乘玄论》卷四，《大正藏》第45卷，第58页中。
④ 吉藏《净名玄论》卷三，《大正藏》第38卷，第873页中。

则,吉藏引用兴皇法朗的话说明此点:"又我师兴皇和上,每登高坐,常作是言:行道之人,欲弃非道求于正道,则为道所缚;坐禅之者,息乱求静,为禅所缚;学问之徒,谓有智慧,为慧所缚;复云习无生观,欲破洗有所得心,则为无生所缚;并是就缚之中,欲舍缚耳,而实不知皆是系缚。"①如前所述,在法朗的三论宗立场上看来,所谓"坐禅"、"求道"、"智慧"、"无生观"等等当时流行的修行方法,都是"以缚舍缚",最终仍就要被"禅"、"道"、"慧"、"观"所系缚,不得解脱。那么这些不是解脱,是否另有真正的解脱存在呢?吉藏认为:这种提问本身就是没有能够领会法朗的意思,仍然是以为离烦恼另有解脱:

观问者之心,则离上缚外,别欲求解,便谓缚解为二,《经》(《涅槃》)云:明与无明,愚者谓二,则名为缚,何犹解脱耶?……考详问意,终有所求。则终有所缚,何犹解脱耶?此之一训,足晓玄悟,如其未了,今略示教门。前云有烦恼而断之令无,故于烦恼上,起有无新缚。若能了烦恼本不有今不无,则故惑自消,新病不起,毕故不造新,名得解脱也。上云:舍烦恼不为烦恼所缚,欲求智慧为慧所缚,今若能愚智双弃,凡圣两舍,即是萧然无寄,名为解脱。②

此段引文表达了三论宗修行的基本原则,也是"二智"的作用,即"般若"破"有烦恼有束缚","方便"破"无烦恼无束缚",即破其"断烦恼"的"禅"、"道"、"观"、"智"之缚,才能使断烦恼不为断烦恼所缚,才能体会到"非有非无"、"缚解不二"的深义。

"二智"能破"有无"二见,能断烦恼,而不为"断烦恼"所缚。但如果有人因此执著于"二智"定能断"有无"二见,破"缚解"二执,那么此时的"二智"也出现问题,已不是原来的"二智"了。因此,三论宗接下来又提

---

① 吉藏:《净名玄论》卷三,《大正藏》第38卷,第874页中。
② 同上书,第874页中—下。

出"二慧缚"、"二慧解"的理论,从此也可看出三论宗的彻底"无所得",彻底"空"观的精神。

"二慧缚"与"二慧解"的提法也来自摄山的传统:"今且就山门,叙其得失,先示二慧俱缚,明非不思议。次辨二慧俱解,名不思议。"①所谓"二慧缚"是指将"权实二智"截然对应,权定是权,实定是实。是有自性的权,有自性的实;而未能认识到权、实二者的因缘无自性的方面,如此"二智",便是"二智(慧)缚":

二慧俱缚非不思议者。若有权可权,则有实可实。有权可权,不由实故权;有实可实,不由权故实。不由权故实,此实非权实;不由实故权,此权非实权。权非实权,权是自权;实非权实,实是自实。权是自权,权不得为实;实是自实,实不得为权。如此权实,各住自性,不得纵任自在无碍无方,故名为缚。以是缚故,非不思议,乃是凡夫二乘有所得断常二见,何名为诸佛菩萨之妙观哉?②

如果将"权实"二智看做是彼此对立的,那么,"二智"所破的"有无"二见便不能被破除,因为"般若"定破"有","方便"定破"无",而看不到"有"、"无"之间的因缘不二的关系,就仍然还是执著于离"有"别有"无"(空)可得,离烦恼别有解脱可得,此时"二智"仍然堕入上面所批判的"缚解为二"的窠臼。

所谓"二智解"是指能正确领会"二智"的含义,正确认识到"二智"因缘不二的相即关系,由"二智相即"才能"有无不二","有无不二"才能破除其"有无二见"、"缚解二缚":

次对失明得,辨是解脱不思议者。今明无权可权,则无实可实。无权可权,由实故权;无实可实,由权故实。由实故权,权名实权;由权故实,实名权实。权名实权,权不自权;实名权实,实不自实。权

---

①② 吉藏:《净名玄论》卷三,《大正藏》第38卷,第870页上。

不自权,则非权;实不自实,则非实。非权非实,始成权实;权实则实得为权,实权则权得为实。纵任自在无碍无方,故名解脱,解脱即不思议也。①

三论宗对"二智"关系的论述,与其对有无之辨的精神旨趣和论证方法是一致的,这也可看出三论宗佛学思想的统一性。三论宗的"有无"是因缘有无,由有故无,由无故有;有不自有,无不自无。只有这样才能由有无而达到"非有非无"的"中道实相"之空境。与此相应,三论宗的"权实二智"也是"因缘权实",由权故实,由实故权;权不自权,实不自实。这样才能由"权实"而悟入"非权非实"之"不二之智",由"不二之智"观"不二之境",由"不二之境"发"不二之智",从而达到"境智因缘不二"。

四、中道佛性与无得涅槃

1. 三论宗与佛性涅槃学说

自《涅槃经》传来之后,中国佛教的重心由般若学转向涅槃学,而当时的中国佛教界普遍认为般若之空与涅槃之有是对立的,因此如何将二者统一起来,使佛教学说保持统一性无疑是当时佛学界所面临的一个重大课题。而以弘扬龙树中观学为宗旨的罗什、僧肇并未做这项工作,因为他们生活的时代,《涅槃经》尚未传入中国。但罗什身后的弟子无不以研究《涅槃》为时尚,如罗什的弟子僧叡撰《喻疑》,以《般若》、《法华》、《泥洹》三经义理一致为释,指责有人怀疑《泥洹经》是伪造之说,强调"泥洹不变,佛有真我。一切众生,皆有佛性。"僧叡此说,实际上是坚持涅槃之有高于般若之空②,所谓《般若》与《泥洹》的统一,是认为般若之"空"必然要进一步发展到涅槃之"有","空"与"有"并不是平

---

① 吉藏:《净名玄论》卷三,《大正藏》第38卷,第870页上一中。
② 方立天:《魏晋南北朝佛教论丛》,第167页。

等的。僧叡之后,道生也曾游学于罗什门下,于般若实相之学有很深体会,并将实相说与涅槃之佛性说统一起来,倡言"法身无色"、"佛无净土"、"善不受报义",以般若学的"实相"义诠释涅槃的"佛性"义,在当时佛学界影响巨大,以至汤用彤先生称道生为佛学史上的王弼①。但道生的统一般若与涅槃,其侧重点仍然在于涅槃之"有",而不像般若学那样凸显"真空"②。道生之"实相"已不同于龙树中观学"实相"的毕竟空义,而具有了某种"本体化"的倾向③。在道生的判教中,《涅槃经》是要高于《般若经》的。④

吉藏自称其学说源自关河,承袭什、肇,在著述中也经常引用僧叡的论述。但在有关佛性问题上,吉藏的三论宗并没有继承僧叡的思路。至于道生,在三论宗的传承谱系中没有他的位置。因此,三论宗的佛性学说并没有走僧叡、道生的融合般若与涅槃的思路。事实上,三论宗的佛性学说,与僧叡、道生的佛性学说在旨趣上也是有很大差别的。这主要表现在,吉藏的"佛性说"是以"中道"为佛性,将涅槃学纳入中观学的系统当中,《涅槃经》并不高于《般若经》。

吉藏的三论宗也自称是"摄岭相承",摄山三论学对《涅槃经》的态度没有罗什后学那样积极,吉藏《涅槃经游意》曾叙述摄山于《涅槃经》的态度:"就摄山大师唯讲三论及摩诃般若,不开涅槃法华。诸学士请讲《涅槃经》……乃为道本有今无偈,而遂不讲文。至兴皇以来始大弘斯典。"⑤可见,摄山三论学直到兴皇法朗才大弘《涅槃经》,《涅槃经》才成为三论学的根本经典之一。兴皇讲涅槃,与当时佛学界普遍认为《涅槃经》以常住不变为宗不同,别开新解,以为《涅槃经》以"无所得"

---

① 汤用彤:《汉魏两晋南北朝佛教史》,第445页。
② 赖永海:《中国佛性论》,第64页。
③ 关于龙树中观学的"实相"的含义,本文以为是"缘起自性空"的别称,并没有任何"本体"的倾向,三论宗之"实相"义与此相一致。但有学者认为,龙树中观学之"实相"就是"本体"。
④ 方立天:《魏晋南北朝佛教论丛》,第160页。
⑤ 《涅槃经游意》,《大正藏》第38卷,第230页上—中。

为宗：

> 他明此经以常为宗，今初辨常者。乃倒写之用未是正意，常是药用，岂会开正宗？前药治前病，后药治后病。常是药用，常为宗者；无常是药，亦应以无常为宗。彼云：后药治后病，后药为后经宗。前药治前病，前药为前经宗。今明前药为前经宗，前经有无量种，岂得并以无常为经前宗？既不可无常为宗，后经宁得以常为宗？今对彼故以无得为宗。①

兴皇以为所谓"常"、"无常"都是因病授药的对治法门，其最后目的不是"常住不变"，而是证悟"无所得"的宗旨，这样摄山三论学就实现了以般若学诠释涅槃学的任务，并引《涅槃经》为证："我今依经文自云：无得者名大涅槃，故无所得此经宗也。"②并进一步认为："然无所得非但是此经宗，通是一切大乘之正意也。"③

兴皇法朗以"无所得"为《涅槃》经宗，为吉藏进一步发挥"中道佛性"奠定了理论原则，吉藏又自称其"中道佛性"的思想具体出处是"河西道朗、昙无谶"，"但河西道朗法师与昙无谶法师共翻《涅槃经》，亲承三藏作《涅槃义疏》，释佛性义，正以中道为佛性。尔后诸师，皆依朗法师义疏，得讲涅槃乃至释佛性义，师心自作各执异解，悉皆以《涅槃》所破之义以为正解，岂非是经中所喻解象之殊哉？虽不离象，无有一人得象者也，是故应须破洗。"④吉藏显然认为道朗与昙无谶共译《涅槃经》，真正体会到《涅槃经》佛性的真义，道朗并作义疏，阐发"中道佛性"的思想，但后人却不解道朗的本义，造成各种佛性异说。⑤

"无所得"与"中道"的精神是一致的，都是强调没有任何执著的彻

---

① ② 吉藏：《涅槃经游意》，《大正藏》第38卷，第232页中。
③ 同上书，第232页下。
④ 吉藏：《大乘玄论》卷三，《大正藏》第45卷，第35页下。
⑤ 吉藏《大乘玄论》卷三列各种佛性异执共十一家，吉藏曾对诸家佛性义逐一破斥，见《大正藏》第45卷，第35页中—37页上。

底"空"义,因此道朗的"中道佛性"与兴皇的"无所得"为《涅槃经》宗是一致的,共同构成了三论宗以中观学会通涅槃学的基本思路。三论宗的"中道佛性"说在《涅槃经》中也有提及,道朗就是依此经文阐发"中道佛性":

> 善男子、汝问云何为佛性者,谛听谛听,吾当为汝分别解说。善男子、佛性者名第一义空,第一义空名为智慧。所言空者,不见空与不空。智者见空及与不空,常与无常,苦之与乐,我与无我。空者一切生死,不空者谓大涅槃;乃至无我者即是生死,我者谓大涅槃。见一切空,不见不空,不名中道;乃至见一切无我,不见我者,不名中道。中道者名为佛性。以是义故,佛性常恒,无有变易,无明覆故,令诸众生不能得见,声闻缘觉见一切空,不见不空,乃至见一切无我,不见于我。以是义故,不得第一义空。不得第一义空,故不行中道。无中道,故不见佛性。①

从此段经文我们看到,《涅槃经》所谓的"中道佛性"是从声闻、缘觉只见"空"不见"不空",只见"无我"不见"我"的角度说的,其侧重点显然在于"不空"、"我"。《涅槃经》中的"中道"并不像中观学派那样把"离二边"或"不可得"贯彻到底,其"中道"主要体现在对世俗世界和涅槃境界的两种对立差别的综合性理解上,即对世俗世界要看到其无常、无乐、无我、无净,而对涅槃要看到其有常、乐、我、净,看到两方面才是中道,这种理解与般若中观派的无一例外的"离两边"或"不可得"是不同的,无例外的"离两边"或"不可得"在《大涅槃经》看来不是真正的"中道",不是"第一义",而是有些"二乘"的特性。② 而吉藏的"中道佛性"说与此并不相同,其"中道"是中观学"离两边"、"不可得"的"中道",即《涅槃经》中的

---

① 《大涅槃经》卷二七,《大正藏》第12卷,第523页中。有关《涅槃经》的佛性思想参见牟宗三《佛性与般若》,第179—257页,台北,学生书局,1977。
② 姚卫群:《佛教般若思想发展源论》,第241—242页,北京大学出版社,1996。

"中道佛性是贬斥语",而三论宗的"中道佛性"是"扫荡语"。① 吉藏如此理解"中道佛性"与他力图将《涅槃经》纳入中观学的系统的努力密切相关,也同他对南北朝各家佛性学说的总结相关。在南北朝时,佛性的"本有"与"始有"之说争论甚为激烈,吉藏提出"中道佛性"也是为了解决"本""始"佛性之争,即"中道佛性"非始有、非本有,重新树立"中道"的"无所得"的"空"义。

2. 中道佛性

如上节所述,三论宗的"中道佛性"说是吉藏对《大般涅槃经》的重新理解。因此,吉藏的"中道佛性"说与《大般涅槃经》的"中道佛性"说不尽相同。那么,三论宗的"中道佛性"的含义究竟如何呢?吉藏于《大乘玄论》中分不同的章节反复讨论"中道佛性"(亦称之为正因佛性),总括起来,大致有以下几个方面:非因非果论中道佛性、非本有非始有论中道佛性、非真非俗论中道佛性、非二非不二论中道佛性、非是非非论中道佛性、非理内非理外论中道佛性。

第一,非真非俗论中道佛性。这是吉藏在批判南北朝流行的十一家佛性之后提出来的正确的"正因佛性",他说:"问:破他可尔,今时何者为正因耶?答:一往对他则须并反,彼悉言有,今则皆无。彼以众生为正因,今以非众生为正因。彼以六法为正因,今以非六法为正因。乃至以真谛为正因,今以非真谛为正因。若以俗谛为正因,今以非俗谛为正因。故云非真非俗中道为正因佛性也。"②因此非真非俗为中道佛性,是针对有人以真谛为正因或以俗谛为正因而提出的。以真谛为佛性,意味着以

---

① 廖明活:《嘉祥吉藏学说》,第 237 页,台北,学生书局,1985。但廖接下来又认为吉藏的"中道佛性"是与《涅槃经》的佛性精神极相顺的。又在 205—206 页中说,《涅槃经》将"中道佛性"说成是兼有两方面的,是如牟宗三所说是"经义之质朴",并引《北本涅槃经》为证的,认为《涅槃经》亦非是把中道了解为兼备两端的。本文不同此说,因从总体上把握《涅槃经》,其总倾向是侧重于"贬斥语",至于吉藏以"扫荡语"解释"中道佛性"是他的创造,他并以为此"中道佛性"正确地把握了《涅槃经》的原义,以此完成以中观学诠释涅槃学的任务。
② 吉藏:《大乘玄论》卷三,《大正藏》第 45 卷,第 37 页上。

"空"为佛性,以俗谛为佛性,意味着以"有"为佛性,吉藏将十一家佛性义分为四类:

> 第一家以众生为正因。第二以六法为正因。此之两释,不出假实二义,明众生即是假人,六法即是五阴及假人也。次以心为正因,乃冥传不朽避苦求乐及以真神阿梨耶识,此之五解,虽复体用真伪不同,并以心识为正因也。次有当果与得佛理及以真谛第一义空,此四之家,并以理为正因也。①

吉藏认为这四类十一家中,最后一类四家中"前之两家,以当果与得佛之理为正因佛性者,彼言是世谛之理。次有两家,以真谛与第一义空为正因佛性者,此是真谛之理也。"②因此,所谓世谛理为正因佛性是指以"当果之理"与"得佛之理"为正因佛性。之所以吉藏称此两种佛性为"世谛之理"佛性,吉藏本人并没有交代,但我们从其二谛理可以分析出:"当果之理"、"得佛之理",是侧重于有"理"可得,有"果"可得,是从世俗立场有佛果、佛理可得上说的,因此称为"世谛之理"佛性。吉藏认为"当果"为正因佛性,古旧诸师多用此义,是佛性始有之义,而"若是始有,即是作法,作法无常,非佛性也"。③ 吉藏认为正因佛性不能说是由修行(作法)才有的,所以"当果之理"非佛性。"得佛理为佛性者,此是零根僧正所用,此义最长。"④但这种说法实无佛经印证,也无师资相传,不可信。以第一义空名为佛性,是"北地摩诃衍师"所用,如上节所引。《涅槃经》本身也有"佛性者,第一义空"的说法,但吉藏认为这是断章取义,因为《涅槃经》说"佛性者,第一义空"之后,"下文即言空者,不见空与不空名为佛性,故知以中道为佛性,不以空为佛性也"。⑤ 以真谛为佛性,是和法师小亮法师的主张,吉藏同样认为此说无师资相承,无经论印证,故不可信。⑥

---

① 吉藏:《大乘玄论》卷三,《大正藏》第45卷,页35下—36上。
② 同上书,第36页中—36页下。
③④⑤ 同上书,第36页下。
⑥ 同上书,第36页下。

在吉藏看来，以"第一义空"及"真谛"为佛性，意义相同，都是以真谛之理为正因佛性，吉藏在后面的"会教第九"中也说："佛性是二谛中第一义空不？若言是者，既言是空，那得以此为佛性耶？"①尽管吉藏只是将十一家佛性中的后四家分为世谛、真谛佛性，但如果按三论宗的"二谛理论"，其他几家都可划为世谛佛性一类，因为不论"众生"、"六法"、"心"都是"有"，而不是"空"。又根据三论宗的二谛理论，真正的"真谛"是中道第一谛。因此，十一家佛性，不管是"世谛"、"真谛"，只能说是"世谛"："通论十一家，皆计得佛之理。今总破得佛之理，义通十一解。"②

对"得佛之理"的破斥，吉藏分三个方面：其一，有无破。吉藏认为如果认为"得佛之理"是佛性，那么此"理"是有是无呢？如果是有，"有已成事，非谓为理"，理不能说是"有"；如果说无有此理，没有此理，又怎么能得解脱呢？因此说理有、无只能堕在两边。吉藏这种破斥方法是从中观家的立场出发的，认为如果说理，理就是有自性之理，说有、说无都是自性的有、无。但如果有自性，根据三论宗的原则，就不能说是"理"，只能是"事"。其二，三时破。这是借用龙树《中观》中破去来品中的方法："只问：得佛之理，为是已理为是未理，为是理时有理？若言已理，则理已不用，无复有理；若言未理，未理故未有；若言理时有理者，若法已成则是已，若法未有则堕未，故无别第三法称为理也。"认为如果有"得佛之理"，只有两种可能：已经得理、仍未得理。那么已经得"理"，此"理"已经过去了，不能再存在了；如果仍未得"理"，那么"理"就更不存在了；而所谓"正在得理"本不存在。其三，即离破。吉藏认为，此"得佛之理"与"空"如果是"即"的关系，那么"理"已是"空"，怎么还有"理"可得？如果说"空"与"理"相离，那么"空"与"理"是"二"，离"空"而有"理"。但三论宗认为缘起自性空才是不二之理，离"空"根本没有"理"，但如果以为"理"即是

---
① 吉藏：《大乘玄论》卷三，《大正藏》第45卷，第42页上。
② 同上书，第36页下。

"空",则将性空理解为理,那么就不应该说有"理"可得了①。

因此,吉藏在批判十一家佛性的世谛之理、真谛之理的佛性之后,提出三论宗的一贯立场:非真非俗为中道佛性。

第二,非因非果论中道佛性。在《涅槃经》中有"五种佛性"、"三种佛性"的说法,即"正因、缘因、了因"三因佛性与"正因、因、因因、果、果果佛性"五因佛性。如果说上面的"非真非俗中道佛性"是偏重于中道而发的,那么此"非因非果"则侧重于正因方面谈的。五因佛性是从十二因缘来说的:"所言因者,即是境界因,谓十二因缘也。所言因因者,即是缘因,谓十二因缘所生观智也。境界已是因,此之观智,因因而有故名因因,好体十二因缘,应是因因而有故名因因。……所言果者,即三菩提,由因而得故名为果。所言果果者,即是大般涅槃,由菩提故,得说涅槃以为果果。菩提即是智,涅槃即是断,由智故说断也。"②表解如下:

十二因缘(境)	——境界因	——是因非果
十二因缘所生观智(智)	——因因(缘因)	——亦因亦果
三菩提(智)	——果(了因)	——亦因亦果
大涅槃(断)	——果果	——是果非因

此四句,是前后相生的,前望后为因,后望前为果。因此,此四句可以合为三句(如上图):"一者是因非果,即是境界因。故《经》言:是因非果如佛性。二者是果非因,即是果果性。故《经》言:是果非因名大涅槃。三者是因是果,即如了因及三菩提,斯即亦因亦果,望后为因,望前为果。"③

以上是三句、四句总共四种佛性,再加上中道正因佛性,就是五种佛性。"三因佛性"就是"缘因"、"了因"再加上"正因佛性"。在吉藏看来,以上"四因佛性","因是傍因,果是傍果义。所以然者,因则异果,果则异

---
① 吉藏:《大乘玄论》卷三,《大正藏》第45卷,第36页下—37页上。
② 同上书,第37页下。
③ 同上书,第37页下—38页上。

因，岂非是傍义？故先言有因有因因，有果有果果，皆未是正因。若言非因非果，乃是正因耳。……故非因非果，即是中道名为正因，故以中道为正因佛性。"①吉藏认为"正因"佛性，不应"因"、"果"，否则就造成"因"、"果"之间的差别、对立。事实上，所谓佛性，不过有两种含义：一是指众生成佛的可能性，即"因佛性"。二是指众生成佛之后的体性，即成佛之后所达到的境界，即"果佛性"。在南北朝时众家师说不是执于"因佛性"，就是执于"果佛性"，争论不止。吉藏在"释名第八"中具体说道："第一解云：佛性两字皆是果名。佛名觉者，此故宜非因，性以不改为义，果体既常，所以不改也。因中暗识故非觉者，既其迁改不得名性，但众生必有当得此佛性之理，故言悉有佛性也。"这是认为佛性都指"果"而言，即"果佛性"。第二，"佛性者此是因中，难第一家云：《经》既言一切众生悉有佛性，云何言因中无有此名？因中众生，有觉义故是佛，有必当之理不改名性也。"此指佛性是从成佛的可能性而言，所以是"因佛性"。第三，"佛是果名，性是因名"，认为佛性是指成佛的体性，即是"果"，而"性"是指"众生必当得此之理不改，故名为性。性只是理，所以性是因中也"，这是说佛性既是"因佛性"，又是"果佛性"。②吉藏认为这三家的说法都是片面的"执著"，认为这三家义互相破斥，都不成立："一切诸师，释佛性义，或言佛性是因非果，或言是果非因，此是因果二义非佛性也。故《经》云：凡有二者皆是邪见。故知一切诸师，不知佛性，各执一边，是非诤论，失佛性也。若知因果平等不二，方乃得称名为佛性。故《经》云：非因非果名为佛性也。"③

"因果平等不二"是"非因非果"的中道正因佛性，其侧重点仍是"因"，即"正因"。为什么不说"非因非果"为中道正果佛性呢？吉藏对此

---

① 吉藏：《大乘玄论》卷三，《大正藏》第45卷，第38页上。
② 同上书，第38页中。
③ 同上书，第38页下。

解释道:"非菩提非涅槃乃是正果"①,因而"果有菩提涅槃则成二果,复有非菩提非涅槃名为正果(加上正因、缘因、了因),岂非六种佛性耶?答:亦得六种佛性,今则不尔。所以然者,但因中名为佛性,至果便成性佛。故在因但名为非因,在果则名为非果。只是一个非因非果,而今为辨佛性,故经为正因,所以但有五性不为六性也。"②吉藏认为说"非因非果"为"正果佛性",当然可以,但在言说上,谈佛性仍然侧重于"因":"佛性在因,性佛在果;故果因名佛性,因果名性佛。"③当然从根本上说中道佛性,是"非因非果"、"非佛性非性佛"的,既不是"正因"也不是"正果",但为了言说的方便,才姑且称之为"正因佛性"。

"中道佛性"、"非因非果",但若具体而言,在成佛的具体时间过程中,仍然不妨说"因"、"因因"、"果"、"果果"的具体四种佛性:"所以佛性非因非果,而说因说果,不因而因,开境智(十二因缘与十二因缘观智)故有二因,谓因与因因也,不果而果,开智断(菩提观智与涅槃)故有二果,谓果与果果。"④

第三,非本非始论中道佛性。由上所述,《涅槃经》的佛性有"因果"之分,因此传入中国之后,在南北朝佛学界引发了关于佛性本有、始有的争论:"佛性一名,古来有多义,而以成佛的可能性和佛的体性释佛性则是其中二义。本始二说则是各以其中一义为自己立论根据,进而去非难指责对方,故此造成两论相违又各持之有据。"⑤"本有说主要以因言佛性,始有说则望果说佛性。约因言佛性主要指理性,望果说佛性实则指性佛。"⑥如此可见,当时所争论的"本有"、"始有"就是上述的"因佛性"、"果佛性","佛性"、"性佛","成佛的可能性"、"成佛的体性"。吉藏也是这样来说明本始二论的:"问:佛性为是本有为是始有?答:《经》有两文:一云众生佛性,譬如暗室瓶瓮力士额珠贫女宝藏雪山甜药,本自有之非

---

①④ 吉藏:《大乘玄论》卷三,《大正藏》第45卷,第38页上。
②③ 同上书,第38页中。
⑤⑥ 赖永海:《中国佛性论》,第96页,上海人民出版社,1988。

适今也,所以《如来藏经》明有九重法身义;二云佛果从妙因生,责骥马直不责驹直也,明当服苏今已道臭,食中已有不净,麻中已有油,则是因中言有之过,故知佛性是始生。"①"本有"、"始有"在《涅槃经》都有经文,吉藏没有直接引用经文中的"因""果"之说,而是引用经文中的比喻说法,如"贫女宝藏"是本来就有的,而"麻中之油"并不是本来就有的,必须经过加工才能有"油","麻"不即是"油"。这也是中观学惯用的逻辑方法,即如果说"麻"中没有"油","油"由加工而成,则"油"是始有义;但如果说"麻"中本来没有"油",不论如何加工,也不会产生"油",那么"油"是本有义。这样本有始有互相破斥。所以中观学就因此得出结论,"油"是非本有非始有的。其实,中观学所设定的"本有"、"始有"是"自性"的"本有"、"始有",即"本有"是指从来就有,不存在别的条件就"本有","始有"意味着没有任何条件的"始有","本有"、"始有"是不能转化的。这种"始有",也就是从"果"上说的,即"麻"已产生"油",而"本有"是从"因"上说的,即"麻"中有产生"油"的可能性。但吉藏认为当时许多人就是将"因"与"果"定然分开,"因"不需要其他条件,本身就是"果";"果"不需要有"因"的条件,本身就是"果",也就是说,始有义认为"油"根本用不着"麻",离开"麻"同样有"油",本有义认为"麻"本身就是"油",用不着"加工"。

吉藏认为《涅槃经》说佛性始有、本有都只是随缘方便的说教而已,不可定执。但有人却作定执解:"一师云:众生佛性本来自有,理性真神阿犁耶识故。"②"第二解云:经既说佛果从妙因而生,何容食中已有不净,故知佛性始有。复有人言,本有于当故名本有。"③这样就产生"本有"、"始有"之争。吉藏认为:"一切诸人莫不纲罗于其中矣,若执本有则非始有,若执始有则非本有,各执一文不得会通经意,是非诤竞,作灭佛

---

①② 吉藏:《大乘玄论》卷三,《大正藏》第45卷,第39页上。
③ 同上书,第39页中。

法轮,不可具陈。"①吉藏具体指出地论师的本有、始有说:"但地论师云:佛性有二种:一是理性,二是行性。理非物造故言本有,行藉修成故言始有。若有所得心,望之一往消文似如得旨,然寻推经意,未必如此。何者?但大圣善巧方便,逐物所宜破病说法,何曾说言理性本有行性始有耶?"②地论师理性本有、行性始有之说也同因、果佛性一样,只是如来说法方便而已,真正的"中道佛性"是非本非始的:"今一家相传明佛性义,非有非无非本非始亦非当现。故《经》云:但以世俗文字数故说有三世,非谓菩提有去来今,以非本非始故,有因缘故,亦可得说。故如涅槃性品明:佛性本有,如贫女宝藏,而诸众生执教成病,故下文即明始有,故知佛性非本非始,但为众生说言本始也。……若能得悟本始非本始,是非平等始可得名正因佛性。"③

第四,如同三论宗的"中道"、"二谛"、"二智"都具有几重说法一样,"中道佛性"也有多重说法。

首先,是横竖两重中道佛性。针对众生是佛性,可以说"非众生是佛性",但"非众生义有浅有深。横论为药,则如向辨(即非众生是正因佛性)。竖则望道,只非众生等即是正因,若言是是非是,亦何者非众生而说众生乎?但非众生而说众生,此之众生岂可言其是有,岂可言其是无,岂可言其是亦有亦无非有非无耶?若识此众生者,何为问非正因,乃至六法真谛义亦如此,若彻了深悟,此则正因佛性义已具足。前是横论一重,此复是竖论一重,便成两重论正因义也。"④所谓横论,即简单地对他家说"众生是正因",而否定说"非众生即正因佛性",是从对治方面而谈的。而所谓竖论,即"非众生"不能定执为"正因佛性",因为"众生"本不可说其有无,不可说其"亦有亦无"、"非有非无",只有如此"非众生"非"非众生"才是正因佛性。

---

①② 吉藏:《大乘玄论》卷三,《大正藏》第 45 卷,第 39 页中。
③ 同上书,第 39 页中、第 39 页中—下。
④ 同上书,第 37 页上。

其次,体用平等不二是中道佛性。"因佛性"与"果佛性"的分别是"二",而非因非果是"不二",因此"不二二故二,则非二。故云二不二是体,不二二是用。以体为用,以用为体,体用平等不二中道,方是佛性。"①这是进一步对"非因非果"为中道佛性的超越,即"非中道非非中道"才是"中道佛性"。

再次,一切是非平等论中道佛性。三论宗在论中道时,曾有"一切皆是中"的理论,在论证佛性时同样有"一切皆是佛性"的主张,不能截然地说此是佛性,彼非佛性,这种定是定非是不符合中道精神的:

> 至论平等佛性之理,非空非不空,非有非不有,非法性非不法性,非佛性非不佛性也。以一切并非故,能得一切并是。何者?平等之理,以非空有,故假名法性;非不空有,故假名空有;以非法性,故假名佛性。……当知平等大道无方无住故,一切并非;无方无碍故,一切并得。若以是为是以非为非者,一切是非并皆是也;若知无是无非是无非无不非假名为是非者,一切是非并皆是也。②

三论宗认为,如果还执著于有是有非,那么仍然是非,还不能算是,只有达到无是无非的境界方是"是",所以"上来十一家所说正因,以是为是故,并非正因佛性。若悟诸法平等无二无是无非者,十一家所说并得是正因佛性。"③这种重重中道佛性反映了三论宗的一论立场,以为语言是有局限的,只能用"随说随扫"的遮诠方式言说,因而有重重中道佛性。这是从能化,即从佛菩萨教化众生的角度而言的。另一方面,从所化众生禀教的角度说,要将无所得的空义贯彻到底,不能停留于任何一种境界,所以"中道佛性"尽管有种种说法,但没有一种说法是究竟的:"然此

---

① 吉藏:《大乘玄论》卷三,《大正藏》第45卷,第39页中,第38页中一下。
② 同上书,第42页上一中。
③ 同上书,第42页中。

正义,终不复可定言故,或时呼为道,或时呼为中,或时呼为正因。若齐言而取,终亦不得。……此中无是故,当有以超然悟言解之旨,点此悟心以为正因,付此观心非言可述。"①如果能通过语言而悟得空义,则一切都是中道佛性,其中的关键在于"心"的迷悟。

最后,我们可以将三论宗中的道佛性的重重说法表解如下:

```
因佛性 ⎫ 竖  非因非果中道佛         ⎫ 竖  体用平等中道佛性  ⎫ 竖
       ⎬ ── 性(体、不二)          ⎬ ── (是、非二非不二)   ⎬ ── 是非平等中
果佛性 ⎭ 横  因佛性果佛性(用、二)   ⎭ 横  体、用(非、二不二) ⎭ 横  道佛性……
```

其中每一重相对前一重都是"竖"的,即由对前一重的否定而悟中道佛性。但由于言语的局限性,及众生有所得心,总将"竖"的言说理解为"横"的,即相对的、有执著的,如说"非众生"是佛性,如果理解成实有"非众生是正因佛性"就是"横"的,如果由此"非众生"而悟"非众生非非众生"即是"竖"的,但此"竖"的也容易变成"横"的,即实有"非众生非非众生"是佛性,于是才有下一重的"竖"的,这样可以有无穷重。

3. "众生无佛性"与"草木有佛性"

中道佛性在三论宗佛学中还有另外一层意思:理内理外有无平等无二。吉藏称"此重最难解"。② 何为理内理外?吉藏这样说道:

> 今先辨理内外次说有无。然由来亦言有理内外凡夫及内道外道,故信等五根未立者,理外行心名外凡夫;五根立者,理内行心名内凡夫。故言理内行心理外行心。既有此语,亦即是理内外义。但旧师等不甚分明,作此名教耳。《经》言:复次道有二种:一外二内。外道道者,无常无乐;内道道者,有常有乐。菩提解脱亦复如是。声闻菩提,无常无乐;诸佛菩萨所有菩提,常乐我净。解脱亦然

---

① 吉藏:《大乘玄论》卷三,《大正藏》第45卷,第39页上。
② 同上书,第40页上。

也。……又若言一切诸法有生灭者,皆是理外,悉属外道;若一切诸法无生灭者,皆是理内,则属内道。故今明:发心悟不生不灭,如般若中所辨,名为内道也,分理内外竟。①

如此我们可以看出吉藏所谓的"理内"指如实按佛法的要求(如"信等五根")修行,领悟一切诸法不生不灭毕竟空义,得常乐我净的菩提解脱,而"理外"指不依佛法修行,或虽修行却只领悟诸法生灭无常,不得毕竟空义,只证得声闻菩提果。② 而所谓"有无"是指"有无佛性"而言,即"理外有佛性理内无佛性"、"理内有佛性理外无佛性"。③ 吉藏首先论述"理内有佛性理外无佛性":

> 问:为理外众生有佛性,为理内众生有佛性耶?
> 答曰:问理外众生有佛性不,此不成问。何者?理外本自无有众生,那得问言理外众生有佛性不?故如问炎中之水,本自不曾有,何得更问炎中之水从何处来。是故理外既无众生,亦无佛性,五眼之所不见,故《经》云:若菩萨有我相人相众生相,即非菩萨。是故我与人乃至今人无有佛性,不但凡夫无佛性,乃至阿罗汉亦无佛性。以是义故,不但草木无佛性,众生亦无佛性也。④

此处,吉藏认为只有理内才有众生,理外没有众生,有众生才能谈有佛性,所以说"理内有佛性,理外无佛性"。这里,吉藏有一个前提:只有按"理"修行的"众生",才能称之为"众生",不按"理"修行的"众生"如同"有我相人相众生相,即非菩萨"一样,不能称为"众生","众生"是相对于"将成佛"而言的。关于"理内有众生,有佛性",吉藏又分"通"、"别"两说,"通"而言之则"不但众生有佛性,草木亦有佛性。此是对理外无佛

---

① 吉藏:《大乘玄论》卷三,《大正藏》第45卷,第40页上—中。
② 参见廖明活《嘉祥吉藏学说》,第263页。
③④ 吉藏:《大乘玄论》卷三,《大正藏》第45卷,第40页中。

性,以辨理内有佛性也。"①此说经论本无,道生唱"阐提成佛",而吉藏则说"众生无佛性"(理外)、"草木有佛性"(理内),无疑是又一新的发明:

> 问:众生无佛性草木有佛性,昔来未曾闻,为有经文为当自作?若众生无佛性,众生不成佛,若草木有佛性,草木乃成佛。此是大事,不可轻言令人惊怪也。

> 答:少闻多怪,昔来有事,是故《经》言:有诸比丘,闻说大乘,皆悉惊怪,从坐起去,是其事也。今更略举愚见以训来问。《大涅槃·哀叹品》中,有失珠得珠喻,以喻众生,迷故失无佛性,悟故得有佛性。故云:一阐提无佛性,杀亦无罪也。又呵二乘人如焦种,永绝其根,如根败之士,岂非是明凡圣无佛性耶?众生尚无佛性,何况草木,以此证知,不但草木无佛性,众生亦无佛性也。又《华严》明:善财童子,见弥勒楼观即得无量法门,岂非是观物见性即得无量三昧。又《大集经》云:诸佛菩萨,观一切诸法无非是菩提,此明迷佛性故为生死万法,悟即菩提……若一切诸法无非是菩提,何容不得无非是佛性?……《唯识论》云:唯识无境界,明山河草木皆是心想,心外无别法。此明理内一切诸法依正不二,以依正不二故,众生有佛性,则草木有佛性,以此义故,不但众生有佛性,草木亦有佛性也。②

所说"众生无佛性"是针对《涅槃经》中有"阐提不成佛"、"阐提成佛"等的说法。吉藏认为这并不矛盾,"阐提不成佛"是针对"众生"迷失佛性而言,是从"果"佛性而言,"阐提不成佛",从"因"佛性,即"阐提"最终能"悟"得佛性。如果从最终成就佛的体性,即"果佛性"来看,则一切众生都有佛性,而且草木也有佛性,如果成佛之后,还有草木(依)与佛(正)的差别,那么此种境界尚不是佛,必须达到"理内外一切诸法依正不二"才能是"佛",这样草木也就有佛性。当然,吉藏所说

---

① 吉藏:《大乘玄论》卷三,《大正藏》第45卷,第40页中。
② 同上书,第40页中—下。

"草木亦得成佛"并不是从"草木最后同有情众生一样都成佛",而是从成佛之后的境界而言,是"通"论。如果"别"论,则"不得然,何以故?明众生有心迷故得有觉悟之理,草木无心故不迷,宁得有觉悟之义?喻如梦觉,不梦则不觉。以是义,故云众生有佛性故成佛,草木无佛性故不成佛也。"①"别"论是从"个体"能否成佛而言,草木无心,没有迷悟之分,因此不能说草木也如有情众生一样最后成佛。在吉藏的学说中,"草木不成佛"与"草木有佛性"并不矛盾。这是就"理内有众生有佛性,理外无众生无佛性"而言,但吉藏认为这不能定执,尚有"理外有众生有佛性,理内无众生无佛性"之说:

> 第二明理外有佛性理内无佛性。如《般若经》云:如是灭度无量众生,实无众生得灭度者。《华严》亦云:平等真法界一切众生入,真实无所入。既言一切众生入,当知是理外众生入,而实无所入者,此入理内无复众生,故言实无所入,是知理外有众生故得入也。如是灭度实无度者,亦作此释,此至理内实无众生得灭度者。当知:理内既无众生,亦无佛性,理外有众生可度,故言理外众生有佛性也。②

此"理外"、"理内"是从"果佛性"的角度而言的,如果"理内"则"众生"都已成佛,已成佛,就不再是"众生"。如果从"因佛性"而言,即非"佛性"。相反,如果"理外",则"众生"尚未是佛,从"因佛性"而言,"众生"是"众生",所以"众生"有佛性。此处吉藏没有进一步就"理外"众生有佛性,区分为"有情众生有佛性"及"草木亦有佛性",因为此处是从个体成佛而言,不是从"果佛性"的境界而言,所以只谈"众生成佛",不谈"草木成佛"。

"理内有佛性"、"理外有佛性"都是随缘方便而已,并不是最终定论,二者也不是截然对立的:"然本有理内故说理外,理内既无理外岂复有耶?先

---

① 吉藏:《大乘玄论》卷三,《大正藏》第45卷,第40页下。
② 同上书,第40页下—41页上。

则为成交互辨义,故理外若无理内则有,理内若无理外则有,或时言内外俱有,或时说内外俱无。"这样,"理内理外"有无佛性可分四类:"理内有"、"理外有"、"理内外俱有"、"理内外俱无"。所以吉藏进一步说:"故内外有无不定,所以作此不定说者,欲明佛性非是有无故,或时说有,或时说无也。"①当然此"不定"只是从"非定"而说的,并不是定有"不定":

> 若言不定为是者,还复成定。定既非是,不定亦非,具如论破。但破定故言不定,有四句如前。若洗净已,复不定而为定,亦何得而无定耶?今只就不定为定者,有理外众生理外草木,有理内众生理内草木,定何者有佛性,何者无佛性耶?若不定为定说者,经中但明化于众生,不云化于草木,是则内外众生有佛性,草木无佛性。虽然至于观心望之,草木众生岂复有异?有则俱有,无则俱无,亦有亦无非有非无,此之四句皆悉并听观心也。②

所以说,"众生有佛性"、"草木无佛性"也是不定的、相对的。至于一阐提人能否成佛,也是不定的:"故《经》云:阐提人有,善根人无。善根人有,阐提人无。二人俱有,二人俱无也。"③吉藏对此并无详细讨论,但结合上文所引"迷故失无佛性,悟故得有佛性,故云:一阐提无佛性,杀亦无罪也……若一切诸法无非是菩提,何容不得无非是佛性?"④可以看到,阐提能否成佛,如同草木有无佛性一样,从"因佛性"而言,即从具备修行的善根而言,阐提未发菩提心,不能成佛,善根则已发菩提心,能成佛;若从"果佛性"而言,善根成佛之后,已无阐提,否则再有善根、阐提之分,便不是佛,所以阐提、善根都成佛;若再从"果佛性"而言,善根已成佛,不能再成佛,阐提未成佛,所以能成佛,这是"阐提有佛性,善根无佛性";若从最后究竟佛果而言,阐提、善根都不是"佛",都不具备佛性。如此可见,吉

---

①③ 吉藏:《大乘玄论》卷三,《大正藏》第45卷,第41页上。
② 同上书,第41页上—中。
④ 同上书,第40页中—下。

藏所说的"定"、"不定"之说，其对"佛性"要求的标准、尺度并不一样，所以有各种各样的说法。

最后，吉藏从"理内外"论证"中道佛性"："至于佛性非有非无，非理内非理外，是故若得悟有无内外平等无二，始可名为正因佛性。"①"中道正因佛性"不可称"有无"、"内外"。吉藏又认为："《涅槃论》云：众生有佛性非密，众生无佛性亦非密，众生即是佛乃名为密也。所以得言众生无佛性者，不见佛性故。佛性无众生者，不见众生故。亦得言众生有佛性，依如来藏故亦得言佛性有众生，如来藏为生死作依持建立故。"②众生与佛性之间的关系也是相对的，可以说"众生无佛性"（众生不见佛性）、"佛性无众生"（佛性不见众生），也可以说"众生有佛性"（众生有成佛的可能性）、"佛性有众生"（法身隐为如来藏，故有众生），也可以说"众生即是佛"（离众生无别佛）。

综上，可将三论宗"佛性"的"理内外有无"的内容列表如下：

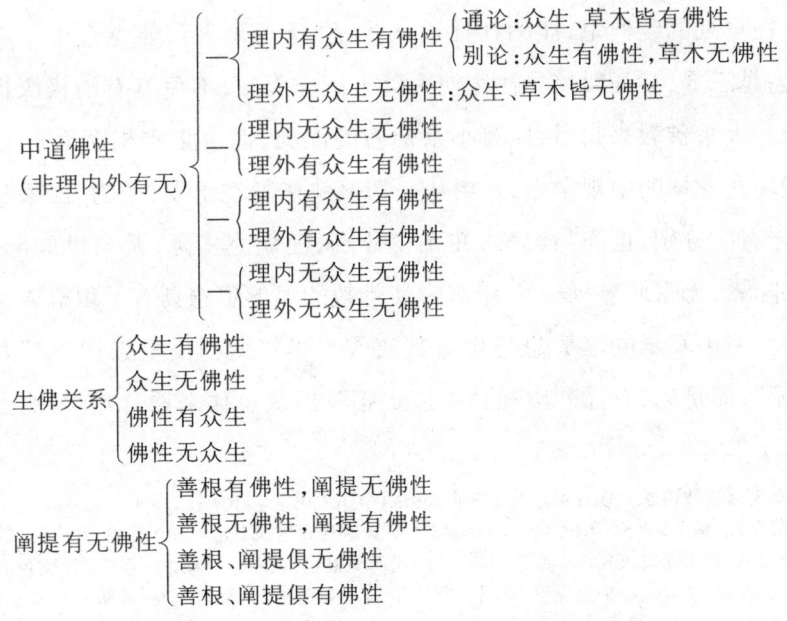

---

① ② 吉藏：《大乘玄论》卷三，《大正藏》第45卷，第41页中。

以上三表充分反映了三论宗佛性思想的特色,"中道佛性"、"非有非无非内外",只要随缘设教,因教悟理,则所有言说无非中道佛性,若禀教成迷,则所有言说皆非佛性,这与三论宗"一切皆中道"、"一切皆空"的思想是完全一致的。

4. 无得涅槃

任何宗教都有它所设定的彼岸世界。佛教将"缘起性空"作为理论核心,因此其彼岸的设定也较特别。佛教各派都以涅槃为最后归宿。佛教的各种学说都是为了说明和论证涅槃这一最高理想,在原始佛教中,涅槃寂静就成为佛教区别于其他外道的"三法印"之一。但涅槃这一概念并非佛教的创造,早在佛教产生前,古印度已有此概念,佛教产生后,便把涅槃作为佛教修行的最高宗教理想。在原始佛教那里,涅槃与世俗世界完全不同,"涅槃寂静作为佛教的最终理想境界,也被认为是宇宙万物的实相,进而还被视为是宇宙万物的真理"。①

在早期的经典里,涅槃往往被认为是"择灭无为",能令众生了断生死,超越三界,其涅槃境界往往使人落于沉空灭寂,不免具有消极厌世的倾向。大乘佛教兴起后,反对小乘佛教的涅槃,而主张实相涅槃②,这突出表现在龙树的中观学上,龙树从一切诸法毕竟空出发,认为"涅槃与世间,无有少分别,世间与涅槃,亦无少分别,涅槃之实际,及与世间际,如是二际者,无毫厘差别"。③ 中观学使佛教的涅槃思想具有了积极入世的精神。但中观学的涅槃思想也有其流弊。尽管龙树反复强调"空"并非"空无",而是离"有"离"空"的"中道实相",但从总体来看,中观学的涅槃

---

① 方立天:《佛教哲学》(修订本),第138页,北京,中国人民大学出版社,1990。
② 吉藏在《法华玄论》卷二中,对大小乘涅槃之差异有详尽的论述:大小之涅槃,凡有三义:一、本性寂灭非本性寂灭异。小乘之涅槃,灭生死而涅槃也,大乘之涅槃,生死本来涅槃也。二、断三界内外惑异。小乘之涅槃,唯断三界内分断生死而止,大乘之涅槃,并断三界外变异生死也。三、具众德不具众德异。小乘之涅槃,无身无智,故不具众德,大乘之涅具足身智人法,故具法身般若之众德。见《大正藏》第34卷,第375页下—376页中。
③《中论》卷四,《大正藏》第30卷,第36页上。

依然是从否定的方面立论,缺乏对佛教修行的最后境界的肯定的承诺,这从宗教信仰上不利于普通信仰的建立,在民间信众看来,如果连涅槃境界都是空的,修行的意义就难以体现,信徒们也难以理解佛陀居然仅活了八十岁。在印度佛教史上解决这一问题的是龙树之后的《涅槃经》,而《涅槃经》显然与中观学的涅槃思想有很大差异,已从"真空"转入"妙有"了。如张曼涛所言,"然此种(中观学的涅槃说)破除,只显出了诸法当体的空寂性,循此下去,则所谓涅槃,又只落于'现法的当体'而已,其另一面之永恒性,便不免忽略。忽略涅槃的永恒性,则对部派空见(经量部)之破又岂不等如不破么?因此,而需另一永恒性的涅槃观念来弥补只止于当体空寂之过失。此乃有'妙有'思想之出,循此观察,则知'妙有'观念的涅槃,它产生的意义和价值何在了。本经(《涅槃经》)承受此一思想,故涅槃之发展,亦即至此而大成。"①

如《大般涅槃经》就是以一位佛教徒纯陀的怀疑开始的。纯陀的怀疑是:"夫如来者,天上人中最尊最胜,如是如来,岂是行耶。"又云:"若是行者,为生灭法,譬如水泡速起速灭,往来流转,犹如车轮,一切诸行亦复如是。我闻诸天寿命极长,云何世尊是天中天,寿命更促,不满百年。""夫短寿者,不为沙门婆罗门等,男女大小之所敬念,若使如来同诸行者,亦复不为一切世间人天众生之所奉敬。"②应该说这反映了当时佛教界的基本情况,佛教不得不对涅槃的境界进行符合宗教信仰的解说。《涅槃经》正是适应这一需要而兴起的,《涅槃经》的中心教义是"一切众生悉有佛性,如来常住无有变易",反对把涅槃理解为"空",从肯定的立场,主张涅槃是"常、乐、我、净"的境界,认为"空者一切生死,不空者谓大涅槃,乃至无我者,即是生死,我者谓大涅槃"。③

中观学派的涅槃思想显然与《大涅槃经》的涅槃思想不同,罗什在译

---

① 张曼涛:《大般涅槃经中的涅槃思想》,载《华冈佛学学报》第2期。
② 《大般涅槃经》卷二,《大正藏》第12卷,第373页下—374页上。
③ 《大般涅槃经》卷二七,《大正藏》第12卷,第523页中。

介龙树中观学的时候,《涅槃经》尚未传入中国,罗什的学说基本上没有超出龙树的范围,僧肇《涅槃无名论》依然从中观学出发解释涅槃,而未提及《涅槃经》中的涅槃思想。但罗什的门下如道生、慧观等人,在罗什之后,大肆弘扬《涅槃经》,其中道生素有中土"涅槃圣"的美称,其思想与罗什之学已有很大差异,其基本立场是会通般若学与涅槃学,但其落脚点已不是般若之空,而是涅槃之有,故吉藏在《涅槃经游意》中考察三论宗的涅槃学时,没有提到道生、慧观。

三论宗接受《涅槃经》思想有一个过程,吉藏谈及关河三论宗对《涅槃经》的态度时,只提到河西道朗:"河西道朗法师与昙无谶法师共翻《涅槃经》,亲承三藏作《涅槃义疏》。"①在《大乘玄论》中,吉藏重点介绍的是道朗的"中道佛性"义,而道朗的涅槃思想如何,吉藏没有详细的介绍,只在《涅槃经游意》中有零星的字句,难以窥见全貌。在《涅槃经游意》中,吉藏指出,僧朗唯讲《三论》、《般若》,不讲《涅槃经》:"就摄山大师唯讲《三论》及《摩诃般若》,不开《涅槃》、《法华》。"但当时《涅槃经》甚为流行,僧朗门下一再劝请:"诸学士请讲《涅槃经》,大师云:诸人今解般若,那复令侬讲。复重请,乃为道本有今无偈,而遂不讲文。"足见三论宗风与《涅槃经》宗旨的差异,直到吉藏之师兴皇法朗,才"大弘斯典"。②当时佛教界普遍认为《涅槃经》要比《般若经》更为究竟,并认为《涅槃经》为了义经,《般若经》为不了义经。法朗却从般若学出发,认为《涅槃经》同样以"无所得"为宗旨:"我今依经文自云:无得者名大涅槃,故无所得此经宗也。"③吉藏继承了法朗的思想,在对涅槃问题的阐发上,坚持中观学的原则。

由此可见,三论宗在形成过程中,为了适应新的形势,不得不关注《涅槃经》的思想,从而使三论宗的涅槃思想与罗什、僧肇之学有了差异。但法朗、吉藏并不是以涅槃学代替般若学,而是以般若学会通涅槃学。

---

① 《大乘玄论》卷三,《大正藏》第45卷,第35页下。
② 《涅槃经游意》,《大正藏》第38卷,第230页上—中。
③ 同上书,第232页下。

三论宗创始人吉藏非常重视涅槃问题,在解释龙树《中论·涅槃品》为何放在《中论》的最后(《中论》最后三品为《涅槃》、《十二因缘品》、《邪见》)时,强调了涅槃的重要性:"外谓涅槃是安神之本宅,凡圣所同归。故肇师云:凡流于是乎交归,群圣于是乎冥会,诸方等经亦盛谈此说。故《法华》云:究竟涅槃常寂灭相,终归于空。是故最后论于涅槃。二者论佛出世大意,为令众生舍于生死得大涅槃,若尔必有生死者可舍,涅槃可得,斯理不差,决定有,故最后论之。"①

在三论宗佛学的究极处而言,涅槃与中道、空、实相、法身、真如、法界等都是同一个含义。因为这些概念都是语言道断、心行灭处的,没有任何分别的,在《中论疏·涅槃品》中,吉藏从涅槃的角度更加明确了这一点:

> 从因缘品至涅槃品,横绝百非竖起四句,名为诸法实相,即是中道,亦名涅槃者。以超四句绝百非,即是累无不寂,德无不圆;累无不寂不可为有,德无不圆不可为无。非有非无则是中道,中道之法名为涅槃。又德无不圆名为不空,累无不寂称之为空,即是智见空及以不空,亦名佛性。以众生横起百非竖生四见,隐覆实相故名为佛性。若知百非本空四句常寂,即佛性显称为法身。《楞伽经》出法身五名,谓真如法性实际法界法身。今论出五名,初名实相,次如法性实际涅槃。②

涅槃横绝四句,远离空有二边,是中道实相,又名法性、实际、法身、佛性、真如、法界等,这一思想是对龙树学说的继承。在《十二门论疏》卷一中,吉藏援引龙树《中论·涅槃品》来说明实相即涅槃:"《中论》云:诸法实相名为涅槃。"③又引龙树《大智度论》来说明空即涅槃:"《智度论》云:是空有种种名,谓无相无作寂灭离相法性涅槃等。"④龙树中观学强调

---

① 《中观论疏》卷一〇,《大正藏》第42卷,第154页下。
② 同上书,第160页上。
③ 《十二门论疏》卷一,《大正藏》第42卷,第177页上。
④ 同上书,第182页上。

涅槃与实相的一致,而《涅槃经》则强调了涅槃与佛性、法身的一致,在《涅槃经游意》中,吉藏以"五类一况释涅槃":"次举五类一况释涅槃。五类者,一法界,二法性,三法身,四般若,五佛性。一况即是虚空。"①同样表达了这一思想。吉藏也继承了《涅槃经》有关涅槃三德的说法,从涅槃三德的角度论述涅槃与法身、般若、解脱的一致:"兴皇师云:无感不应故云法身,无境不照名为般若,无累不尽故云解脱。"②

既然涅槃如同实相、中道、空一样是三论宗佛学的最高范畴,因此也必然是"言语道断、心行灭处",龙树中观学传入中国之后不久,中国僧人僧肇便著《涅槃无名论》阐发这一思想。其实涅槃无名的思想在印度佛学中早已存在,如龙树《中论》就有涅槃绝四句的说法。吉藏继承了僧肇《涅槃无名论》的观点:"故肇师云:涅槃者名为道也,涅槃无名强为立名,名为涅槃。"③

但在南北朝时期,并不是所有学派都主张涅槃无名的,在吉藏的时代关于涅槃是否可说的有种种看法,大致有三家:"古来明真谛与涅槃绝不绝凡有三说不同:一云二皆不绝,真谛有真如实际之名,涅槃有常乐我净之称,而言绝者,乃绝生死世俗患累之名,若见美妙之名则不绝。第二明二种皆绝,真如本自寂绝布微非名所及,涅槃亦尔,言语道断心行处灭也。第三师云:真谛绝涅槃不绝,是俗谛乃有则真义尚论,涅槃终是俗谛,是续待二假。庄严明涅槃二谛摄,开善明是俗谛摄,故不绝。"吉藏对此三家一一破斥:首先,他认为第一家主张真谛与涅槃都不绝名,显然是违背佛经的:"《经》云:涅槃非名强为之名。又云:非名非相非待非不待。云何言不绝耶?"而且与三论学的师承相违背:"又肇师依涅槃论明涅槃无名。云何涅槃不绝?斯则乖关河旧说,复违涅槃正文也。"第二家认为涅槃和真谛同样无名,吉藏认为也是错误的,因为吉藏根本反对把涅槃

---

①③《涅槃经游意》,《大正藏》第38卷,第235页上。
② 同上书,第237页上。

等同于真谛,所以反问:"若涅槃绝同真谛绝者,亦应涅槃同真谛顽。涅槃不可同真谛顽者,则涅槃不可同真谛绝。"第三家认为真谛绝涅槃不绝者,吉藏反驳道:"若真谛绝涅槃不绝者,真谛妙涅槃不妙,真谛空涅槃不空。二种皆空则二皆绝也,彼云真谛妙无涅槃妙有,二种有无虽异而是妙,既皆妙则应皆绝。"①

批驳完涅槃"有名论"的思想之后,吉藏又进一步认为仅仅理解"涅槃无名"尚且不够,还须达到"名即涅槃"。因为吉藏不仅认为涅槃不可说强名相说,甚至认为涅槃本来非有名非无名,连无名也是"强说"的:"故《经》云:大涅槃者不可得闻。何以故?非有为故,非无为故,非音声故,不可说故,故知非名。亦可得闻,以闻故,故知非无名,所以涅槃非名。所以涅槃非无名,强立名,非但强立名,亦强言无名。则非名非无名,施名施无名,亦非翻非无翻,强翻强无翻也。"②吉藏认为只有达到"涅槃非有名非无名"的地步,才真正做到"无名",这种"无名"我们可以用"中道无名"来称呼它。因此吉藏进一步论述"名即涅槃":"乃知涅槃无名未知名则涅槃也。""又此《经》下文云:如来涅槃非有为非无为非名不名非待不待,则是非绝非不绝,何得而绝不绝耶?"并再次引用《胜鬘经》的观点"又《经》云:乃知解脱无言未知言则解脱",不能"离文字说解脱相"。③

涅槃虽不可说,但不说又无法度众生,因此必须强名相说,而强名相说在吉藏看来有两种方法:一为"因缘名",即指有一定的原因或根据,如"因缘缘名如舍利弗也";二为"无因缘名",即没有任何的原因和根据,如"实不食油强名食油"。吉藏认为涅槃的立名便属于"无因缘名":"涅槃亦尔,无有因缘强名涅槃也。"但涅槃毕竟是佛陀为度化众生而设立的,因此必然要有一定的"因缘",这一因缘便是众生的生死轮回:"问:强为涅槃直名为对生死不对生死?解云:涅槃岂不对生死?故肇师云:出处

---

① 《涅槃经游意》,《大正藏》第38卷,第234页下。
② 同上书,第234页中。
③ 同上书,第235页上。

异号应物假名也。"既然是有缘而发,因此涅槃一名也应是"因缘立名",因此有此难:"难云:若尔则是因缘名,何谓无因缘名?"对此吉藏认为涅槃无法用任何语言来表达,所以应该是"无因缘立名":"解云:涅槃未曾名无名,未曾对不对,道因缘亦是强言因缘,一切强立名也。"①吉藏强调此点无非是想把涅槃的言说与世俗的语言区别开来而已。

既然涅槃不可说,那么所有的言说都无法描述涅槃的境界,因此必然得出涅槃绝四句的结论。龙树在《中论》中首先表达了这一思想:"涅槃不名有,有则老死相,终无有有法,离于老死相。"如果涅槃是有,则仍然有生死的果报(受):"若涅槃是有,云何名无受,无有不从受,而名为有法。"涅槃不是有,也不是无,因为"无"不是中观学所说的"空",是实有一"空"可得,因此还是"有"。因此,龙树说:"有尚非涅槃,何况于无耶,涅槃无有有,何处当有无。""是故知涅槃,非有亦非无。"但若执著于"非有非无是涅槃",便又陷入"有"见之中,"若非有非无,名之为涅槃,此非有非无,以何而分别。"执著于"非有非无"则同"有无"一样:"分别非有无,如是名涅槃,若有无成者,非有非无成。"青目解释为:如果有"非有非无"便有"亦有亦无",因为离开"有无"就没有"非有非无","是故涅槃,非非有非非无"。当然,此"非非有非非无"也同样不可执著,否则还须破斥,所以龙树接下来便说道:"如来灭度后,不言有与无,亦不言有无,非有及非无,如来现在时,不言有与无,亦不言有无,非有及非无。"②这就是著名的中观学派的"四句否定句"。

僧肇《涅槃无名论》也表达了这种思想:"肇公《涅槃论》破非有非无云:若有此非有无则入有摄,若无此非有无则入无摄,故唯见有无无两非也。"③吉藏在注释《中论·观涅槃品》时,继承了龙树、僧肇有关涅槃离四句的思想,并作了重要的发挥,除解释龙树、青目的驳斥以外,并将此四

---

① 《涅槃经游意》,《大正藏》第38卷,第235页上。
② 《中论》卷四,《大正藏》第30卷,第35页下。
③ 《中观论疏》卷一〇,《大正藏》第42卷,第158页上—中。

句所破斥的对象一一列出。有些是印度的学派,而大多数是吉藏借注释《中论》以阐发自家学说,破斥当时的佛教学说,这些学说主要有成实、地论、摄论等学派,如成实师开善等(吉藏称其为"中假师")主张"非有非无为涅槃","亦是立涅槃山二谛外名非有非无"。摄论师主张"无住涅槃有两解,皆是非有无"。地论师主张"法界体非有无"①。吉藏认为这几家学说都未能领会龙树学的精神,仍然执著于实有"非有非无"可得。为此,吉藏将龙树的四句否定句发展为"三种四句":

> 问四句有几种:答《净名玄义》明十种四句。② 今略出三:一者单明四句,如此文说,生死涅槃一切有,生死涅槃一切无,亦有亦无,非有非无;二复明四句,有有有无名之为有,无有无无名之为无,亦有有有无,亦无有无无名亦有亦无,非有有有无,非无有无无名非有非无;三重复四句,有四句名之为有,无四句名之为无,亦有四句亦无四句名亦有亦无,非有四句非无四句名非有非无。今求此三种四句不可得,乃名实相涅槃也。③

即:

单四句 ┤ 涅槃是有
　　　　 涅槃是无
　　　　 涅槃是亦有亦无
　　　　 涅槃是非有非无

复四句 ┤ 涅槃是有(有有有无)
　　　　 涅槃是无(无有无无)
　　　　 涅槃是亦有(有有有无)亦无(无有无无)
　　　　 涅槃是非亦有(有有有无)非亦无(无有无无)

重复四句 ┤ 涅槃是有(有四句)
　　　　　 涅槃是无(无四句)
　　　　　 涅槃是亦有(有四句)亦无(无四句)
　　　　　 涅槃是非亦有(有四句)非亦无(无四句)

---

① 《中观论疏》卷一〇,《大正藏》第 42 卷,第 158 页上。
② 《净名玄论》"十种四句"见《大正藏》第 38 卷,第 857 页中—859 页上。
③ 《中观论疏》卷一〇,《大正藏》第 42 卷,第 160 页上。

在吉藏看来，以上三种四句均不可得，乃为实相涅槃。当然按三论宗的言说方式，还可再列更多的四句。在《涅槃经游意》中，吉藏叙述了他的老师法朗对涅槃的凡圣、常无常、隐覆、半满的思想："大师于此明四双八只义：一凡圣、二常无常、三隐显、四半满。"①

（1）凡圣

既然龙树佛学主张涅槃是"非有非无"，横绝百非竖绝四句，很自然就会得出世间与涅槃的平等无二思想。小乘佛教认为，涅槃是与世间决然不同的彼岸世界，固然与其主张的"空"义有关，小乘主张"析法明空"，认为在"有"之外别有"空"可得，因此其对空的证悟的涅槃境界是与世俗间根本不同的，其宗教精神固然浓厚，但却充满个体的解脱，而多少忽略了宗教的慈悲广大的精神。龙树以"缘起性空"为宇宙万物的根本法则，那么出世与入世、涅槃境界与世俗境界也就没有什么根本的不同之处："涅槃与世间，无有少分别；世间与涅槃，亦无少分别。""涅槃之实际，及与世间际，如是二际者，无毫厘差别。"青目解释说："诸法实相即是涅槃。"②吉藏结合各种经论，充分地发挥了龙树的这一思想，认为既然涅槃生死平等无别，那么涅槃绝四句，同样生死也绝四句。有人听到涅槃绝四句，便认为四句之外实有涅槃可得，吉藏认为这还是"二见"，不是涅槃："或闻上出世间人法绝于四句，言世间人法在于四句，若尔还是世出世二见，若是二见即成生死。"因此，"非但出世人法绝于四句，世间人法亦绝四句。能如此悟即是涅槃耶。"③

法朗继承了龙树的这一思想，认为涅槃本来非凡非圣："言凡圣者，涅槃实不开凡圣。"只是佛为度化众生，"但住大涅槃能建大义，或时为凡，或时化圣。""或时为凡"，指"佛初出世间同凡夫事"，佛陀和众生一样有生老病死，"乃至槃马拥力等具同凡事"，法朗认为这便是"以凡

---

① 《涅槃经游意》，《大正藏》第38卷，第230页下。
② 《中论》卷四，《大正藏》第30卷，第36页上。
③ 《中观论疏》卷一〇，《大正藏》第42卷，第158页下。

覆圣"。"或时化圣"指"今日教起明久已,圣人方便便现为此事",即佛陀只是为了度众生而化为凡夫,这便是"以圣开凡"。之所以有"凡圣之说",法朗认为:"初为缘未堪不得说是圣,但得说是凡,则凡覆圣;今始得说道我本是圣人,以圣开凡,故前覆今道开也。"但不论凡圣都只是方便说教,不可执著于此。以为"以凡覆圣"便是实有"一圣""为凡所覆";"以圣开凡"便是"却除于凡别有圣出"。如果这样,便背离三论宗的空有不二的毕竟空的思想。对此,法朗批判道:"今明不尔。昔本来是圣,为缘未堪不得说为圣,唯得说为凡。隐圣道不得说名之为覆,岂别有一圣可覆。今只道昔凡则是圣诳之为开,岂别有凡可除圣可开耶?"①

凡圣本来不二不别,只是于缘开凡圣二说,"开覆"、"显隐"都是因缘而起,因此,"开无所开"、"覆无所覆"、"隐无所隐"、"显无所显"。

(2) 常无常

有关涅槃是常是无常的问题,龙树《中论·观涅槃品》同样以"四句否定句"的形式予以破斥:"何有常无常,亦常亦无常,非常非无常。诸法不可得,灭一切戏论,无人亦无处,佛亦无所说。"②《涅槃经》传入中国之后,主张涅槃是常的观点甚为流行,以至出现以《涅槃》贬斥《般若》的情况。兴皇法朗以"无所得"为涅槃经宗,奠定了三论宗以般若会通涅槃的基本原则。吉藏直接继承了法朗的这一思想,在《涅槃经游意》中,详细地阐述了法朗对涅槃是"常"是"无常"问题的观点:

> 从来云:如来之身非凡圣,是圣涅槃之法,是常非无常。今为对此故明如来之身非凡非圣,凡圣悉是如来善巧。涅槃非常无常,常无常皆涅槃方便,何者共耶?常病重故设无常之药,众生执有为涅槃故设无。身心皆尽乃为妙极,物情不了便谓佛身无涅槃

---

① 《涅槃经游意》,《大正藏》第38卷,第230页下。
② 《中论》卷四,《大正藏》第30卷,第36页上一中。

断灭。①

"常"与"无常"都是方便说教,是对治法门,"涅槃非常无常,常无常皆涅槃方便",不可执著,"常病重故设无常之药,众生执有为涅槃故设无"。"为对无常故设常住",若无常与无常的执著,则"左右除病","执病若尽在药皆除",如果没有执著则说"常"与"无常"都可令众生开悟:"非常非无常,常无常具足也。""故今教为对无常故设常住,则左右除病,迭代破执,执病若尽在药皆除,涅槃之法竟何所有?虽无所有而无所不有,虽无所不有而无所有。有无既尔,常无常亦然。非常非无常,常无常具足也。"②

(3) 隐显

常与无常只是言说上的开覆不同,这也涉及法身与如来藏的隐显问题。法朗、吉藏认为,法身与如来藏"更无有二,只是隐显之名。隐法身故名如来藏,显如来藏故名法身",认为如来藏是"隐",但只是相对于法身的"显"而说的;同样,法身的"显"也是相对于如来藏的"隐"而说的,并非有一实体可"隐"可"显":"今明只迷故名隐名藏,岂尚别有此体可隐?只悟故名显,名法身无体可显。迷故名隐,隐无所隐。悟故名显,显无所显。只迷因缘故隐,悟因缘故名显。"③

(4) 半满

当时流行的观点认为《涅槃经》讲"常、乐、我、净",而《般若经》讲"空",因此认为《般若》为半教、不了义教,《涅槃经》是满教、了义教:"他云:昔无常为半,今常为满。此有种种计不同,或云般若已上法华以来是无常半教,唯涅槃常住乃为满字难(云云)。""又彼明常无常云:断明义,生死无常不通常,涅槃常不通无常。乃至金刚心无常不通常,佛果常不通无常。如此一握无常,一握是常。无常一握既半,常是一握亦半。今

---

① 《涅槃经游意》,《大正藏》第38卷,第230页中—下。
② 同上书,第230页下。
③ 同上书,第231页下。

一家有时对此牵生死无常至佛果常,牵佛果常至生死无常。令彼两处互通,无常边亦满,常边亦满。"①常无常都满,既是对治语、方便说,便不存在了义、不了义的区别,不能执著于常与无常的截然对立。半满思想与"常无常"思想一致,是从判教的角度立论的。

法朗、吉藏对涅槃之"凡圣"、"隐显"、"常无常"、"半满"思想的论述,是三论宗的缘起性空、中道实相思想在解脱论上的充分体现。

五、经论平等与唯悟是宗

1. "一切经论平等"的判教原则

三论宗创建之初,印度各种不同的佛教学说基本上都已译介到中国,这些学说都有各自所依的经典根据,对佛法的理解不尽相同,因此形成了当时学派林立、异说纷呈的局面。面对众多佛教典籍,如何判摄佛法,是当时佛教界最为迫切的问题,判教思想便应运而生。

三论宗的根本精神是"一切皆空",而"空"无法言说,只能非名相强名相说,强名相说便要分别说,分别说便要开真俗二谛,说"有"谈"空",令人由"有"入"空"。但不论是"有"是"空",都是言说的方便。因此,"二谛是教,不关理境",佛菩萨所说的一切法都是"教",绝不能把"教"当做"理",只有众生以"无所得"的精神领悟"教",才能悟"理"。因此在三论宗看来,一切"教"都是佛菩萨的因机说法,由此三论宗必然得出各种经论一律平等、不存在高下优劣之分的判教原则,吉藏通过一段问答来阐发了这一原则:

> 问:经论何故语言或出或没或开或合不分明一途示人耶?
> 答:圣人非不能一途分明示人,而今出没之言者此有深意。以众生本来执著难动,以是因缘系属于魔,生死不绝苦轮常转不悟正道。今若复作一途定说,更增其住着所以不定出没,动其生死根栽

---

① 《涅槃经游意》,《大正藏》第38卷,第231页下—232页上。

令得迥悟正法,故不定之说为益厚矣。若学者定执经论一文以成一家之义为谬甚矣。①

吉藏认为佛之所以说法有各种差异,并不是由于他们的教义不同,而是由于众生根基的不同,因机设教而有种种差异,在究竟上佛之说教是没有差异的。这与三论宗"二谛是教,不关理境"的思想是一脉相承的,三论宗的判教理论就是在这一原则下组织起来的。三论宗的佛学家在中国佛学史上,以"善辩"著称,如《三论玄义》、《中观论疏》、《百论疏》、《十二门论疏》等三论宗经典都处处破斥异说,岂不与一切经论都平等的原则相背?

问:三论学者恒弹破有所得义,云何今并用众家异说耶?

答:兴皇大师制《释论序》云:领括群妙申众家之美,使异执冰销同归一致。以此旨详之,无执不破无义不摄,巧用无非甘露拙服皆成毒药,若专守破斥之言,斯人未体三论意也。

问:云何巧用?云何拙服?

答:若能心无所得,言无所住,如空中种树虚里织罗,如幻如化,随病随人者,设行产业之事无非大般涅槃,并应正法波若名巧服矣。与此相违即名拙服。此意已如辨宗中释之。又龙树出世制作大意者,要先破洗一切有所得病,令毕竟无遗。莫问大乘小乘内道外道,有文作义及无文构造,凡心有一豪依得,言有一句定相,皆悉洗之令毕竟净,然不净既去净亦无留也,如是五句令言穷虑息,然后始得于无名相中强名相说。虽强名相说,说不动无说。故《宝积》叹云:能善巧分别诸法相,于第一义而不动。又《经》云:善哉世尊,不动真际为诸法立处。若能于一切义皆如此用之,始是龙树大乘论耳。不尔者还同旧执,若留一豪心住著者,退无损于烦恼,

---

① 《仁王般若经疏》卷上,《大正藏》第33卷,第314页下。

进不弘于佛法也。①

此段引文中,吉藏认为所有"教"都是佛菩萨的因机说法,三论宗之所以广破异说,不是破斥佛菩萨的说教,而是破斥对佛菩萨所说之"教"的种种误解。因为尽管"二谛是教",但闻法之人总是将"二谛"之"教"理解为"二谛"之"理",以有所得心来理解佛法,因此法朗才说"使异执冰销同归一致",如果执著于"破斥","未体三论意也"。吉藏进一步举"巧用"、"拙服"为喻,说明佛菩萨说法的根本精神是一致的,只是由于众生闻法的迷(巧用)悟(拙服)不同,才产生"甘露"、"毒药"的分别,若能以无所得心闻法(巧用),则"设行产业之事无非大般涅槃",只有做到此点,"始是龙树大乘论耳"。

各种经论平等的原则特别体现在三论宗对待唯识宗的态度上。在吉藏的著述中,曾批判当时的各种唯识家的学说,但只是指责他们误解无著、世亲的原义,而从未批判过无著、世亲的学说,相反在吉藏的著述中,经常援引《摄大乘论》、《法华论》、《佛性论》等唯识系的论点来证明自家学说。吉藏是一代义学高僧,熟悉各种经论,虽然唯识系的论点与中观学不同,但当时佛学界都相信大乘论为菩萨所著,而且有经典的根据,不可不信。"问:诸大乘经所明及中百大乘论等所辨此可信受,如唯识摄大乘及法华论等必可信耶?答:此论同是婆薮所造,付法藏中天亲有其人,是故可信。"但仅仅如此并不能说明问题,吉藏进一步认为在思想深层中观与唯识的论旨一致:"又观其义意,与大乘经论语言虽异而意不相违,是故可信也。"②

吉藏不否认唯识论是大乘论③,而且认为只有领会大乘论的根本精

---

① 《法华玄论》卷四,《大正藏》第34卷,第391页中。
② 同上。
③ 冉云华认为,在南北朝隋唐时代,中国佛教徒尚没有能力对印度大乘佛学提出批判,而只是抬高大乘,批判小乘,这是当时宗派建立之初的基本情况。见冉云华《论中国佛教核心思想的建立》,载《中华佛学学报》第13期。

神,才可以讲大乘经:"依大乘论以通方等,盖是释经之弘轨通教之本宗也。"并认为,"大乘论者凡有二种:一通解大乘,谓《中》《百》《十二门》《地持》《摄大乘论》等;二别释一部,谓《大智度论》《地论》《金刚波若论》《法华论》等。具解通别二论者始鉴大乘旨趣,可讲大乘经也。"①当然,吉藏所强调的大乘论仍然是以龙树论典为最高依据,上文所说唯识与"大乘经论"不相违中之"论"显然是指龙树论。如在《胜鬘宝窟》中,吉藏便以龙树论解读《胜鬘经》,如:"欲见此旨,当寻龙树正观论也。"②

在《维摩经义疏》中,吉藏从"境"、"智"、"教"这一三论宗佛学基本框架出发,认为虽然佛菩萨适化无方,施教非一,但同以"不二之理"(即"空")为本:"由体不二之理故,起无二之智;由无二之智故,能适化无方;以适化无方故,施教非一;施教非一故,称谓不同。则知不二之理为立名之本。"③此不二之理称为"空",或称为"佛性"、"涅槃"、"中道"、"般若"、"法身"等,吉藏认为所有经论都是为说"一理":"如《法华》云:三世诸佛略明五乘,广则八万法藏,虽有广略不同,而意唯为显一理,教乎一人。"④

吉藏也通过佛说教是"令心同教"而非"令教同心"来说明此点。所谓"教",本着三论宗的思想,乃指佛菩萨的方便言说,此方便言说"以无得为主",即令众生领悟"空"义,而所谓"心",指众生的"分别心"。因此,"心以存相为根"。在三论宗看来,"若心同教,教既无得即心无所得乃名说教;若教同心,心既存相即教成住著,但迷倒心终不弘教",但"弘经之人多以教同心,不能令心同教。故信者难,此岂虚哉?"⑤

闻"教"悟"理",即"令心同教",也即领悟"二谛是教";相反,若闻"教"不悟"理",即"令教同心",也即执著"二谛是理"。而所谓闻教悟理之理,在吉藏看来是所有经论都在阐发的不二之理,那么既然佛只说"一

---

① 《法华玄论》卷一,《大正藏》第34卷,第364页上。
② 《胜鬘宝窟》卷下之本,《大正藏》第37卷,第72页下。
③ 《维摩经义疏》卷一,《大正藏》第38卷,第913页中。
④ 《胜鬘宝窟》卷上之本,《大正藏》第37卷,第4页下。
⑤ 《法华玄论》卷一,《大正藏》第34卷,第363页上。

理",为何众生得悟不同?吉藏认为,尽管佛菩萨的说法是完全一致的,即佛以"一音"说法①,但众生由于根基不同,产生种种异解:"今说大乘,何以得小果者?说是其一但受悟不同所得果异。如《净名》云:但佛以一音演说法,众生随类各得解。又释云:如来布慈悲云,雨实相雨,大根大茎受其大润,小根小茎受其小润,悟在物根不在法也。"②因此,佛说法的目的无非使众生透过经论文字,觉悟同一真理,只是要根据说教对象而有所差异,吉藏通过佛陀的傍正两种说法来论述此点:

> 但众经皆有傍正二义。《波若》广破有所得明无依无得为正宗,佛性一乘为其傍义。《法华》广明一因一果为其正宗,无所得及佛性为其傍义。《涅槃》广明佛性常住,为斥无常之病为其正宗,一乘及无所得为其傍义。又众经逗缘不同互相开避,《波若》已广明无所得实相故法华不明之,未广说一乘因果,故广明之。《法华》已明一乘因果,故《涅槃》不广明之,未广明佛性常住,故广说之。又唯是一道三义说之,无境不照义故名波若,真极无二义称为妙法华,常恒不变义目为涅槃。又在菩萨心故名波若,在佛心故名萨波若,具在佛菩萨心故名一乘。又须领众经显道无异而作异名说之,如《大品》作波若之名,不作一乘及佛性之目,《法华》作一乘之名,不作波若佛性之称,乃至涅槃亦然。③

所谓"正"即正面的说明,所谓"傍"即附带的说明。吉藏认为一切佛经都有傍正两种说法方式,《般若》正说无得而旁说一乘佛性,《法华》正说一乘而傍说佛性无所得,《涅槃》正说佛性而旁说一乘无得,因此《般

---

① "一音"说法的观念在佛教教学里有悠久的历史,大众部就曾主张佛陀"以一音演说一切法",参见《异部宗轮论》,《大正藏》第49卷,第15页中。吉藏之前的菩提留支、鸠摩罗什都有这种判教思想,吉藏继承了罗什、留支的这一观点。参见廖明活《地论师、摄论师的判教学说》(《中华佛学学报》第7期)一文对"一音"判教思想的起源与发展的详细说明。
② 《仁王般若经疏》卷上二,《大正藏》第33卷,第328页中。
③ 《法华玄论》卷三,《大正藏》第34卷,第388页中—下。

若》、《法华》、《涅槃》并无高低优劣之别,"众经显道无异而作异名说之"。而且,各佛经也为了避免互相重复而各有侧重,"众经逗缘不同互相开避"。当然吉藏有关经论平等的具体论说有所谓四门显密、旁正、顿渐之说。

对佛而言是诸经同说一理,因此"法无定相",对众生而言则是同悟一理,因此"唯悟是宗":"若以悟而言,禀斯异说各蒙益者,则众师释无可为非。若闻而不悟,则众师无可为是。一师之意唯贵在于悟耳,宜以悟为经宗,无论同异也。"①

既然"二谛是教",那么便应不可执著于语言文字,也不应把佛教经典当做教条。吉藏认为即使某种学说符合经论,但未能使所化的众生闻"教"悟"理",即未能"对症下药",也要弃之:"假设符经闻而不悟,于缘非药则应弃之。"相反,即使"释背佛经,闻而受道则成甘露,理应须录"。如此,我们看到吉藏视各种经论本无优劣之分,关键在于能否"于缘设药"、"因机说法"。因此,吉藏才有"甘毒无定,唯悟为宗"、"法无定相,唯悟是宗"的结论,并认为"法无定相,唯悟是宗"是"众圣之本怀,经论之宗领"。"以此而推用悟为宗,斯判宜允,此非但欲通一教乃总贯众经也。"②吉藏认为这一思想"非但会理亦有诚文",并广引经论为证:

> 故《大经》云:一切诸法无有定相,若有定相,是生死相,是魔王相,非佛法相。以无定相,是故如来非道说道,道说非道,常说非常,非常说常,法若有定,是应说是,非应说非,而是非反论真伪互说者,故知法无定相,唯悟是从。又《诤论》中云:我诸弟子闻是说已不解我意,虽领正言乃成邪说。又《中论》云:一切实一切非实,亦实亦不实,非实非非实,了者于四句皆是佛法,不了者四句皆是魔法。又《释论》云:不得般若方便力,故学阿毗昙门堕有见中,学空门堕无见中,学昆勒门堕空有见中,学非有非无堕愚痴论;得般若方便学此四

---

①②《法华玄论》卷二,《大正藏》第34卷,第381页上。

句不堕四见。又《文殊问经》云:十八及本二皆从大乘出,无是亦无非,我说未来起斯二十部,皆是如来赴缘方便,闻皆得道故无非大乘。又《大集经》云:虽有五部皆不妨如来法界及大般涅槃。又求那三藏师偈云:诸论各异端,修行理无二,偏执有是非,达者无违诤也。①

既然"法无定相,唯悟是宗",那么何故三论宗处处破斥他说?吉藏解释道:

  问:若于缘取悟无不契道,论中何故显正破邪?
  答:为缘不悟是故破邪,如其契道无非正说也。
  问:若唯悟为宗,子前何故评其得失耶?
  答:若领先通无俟今问,如其未晓更为析之。大判前言凡有三辙:一者于缘并悟则众释无非;二者闻悉失迷则异说无是;三者自有于此即悟于彼生迷,则此说成正彼言为邪。故法无定相,显在于兹,唯悟是宗,事彰今说也。②

此段问答充分表达了三论宗之所以喜好辩论,无非是为了说明"唯悟是宗",若能令众生得悟,则所有学说都是正确的,若不能令众生得悟,则所有说教都是错误的。

2. 对四宗、五时判教的批判

吉藏从三论宗一切诸法皆无自性的角度,阐述了佛教经论平等的判教原则,这与南北朝时期的佛学主流是不一致的。自《涅槃经》传入以后,中国佛学的基本倾向是抬高涅槃、贬低般若,由此也造成了三论学的分化,集中体现在判教上。当时佛教界流行的判教主张,在北方由于地论师的盛行而抬高《华严》,在南方涅槃师与成实师则推崇《涅槃》,二者共同的倾向便是贬低般若,其中最为著名的判教思想是慧观的"二教五时"判教。吉藏重点批判了慧观的五时判教,以发挥三论学的根本精神:

---

① 《法华玄论》卷二,《大正藏》第34卷,第381页上—中。
② 同上书,第381页中。

> 言五时者，昔涅槃初度江左，宋道场寺沙门慧观仍制经序，略判佛教凡有二科：一者顿教，即华严之流，但为菩萨具足显理。二者始从鹿苑终竟鹤林，自浅至深，谓之渐教，于渐教内开为五时：一者三乘别教，为声闻人说于四谛，为辟支佛演说十二因缘，为大乘人明于六度，行因各别得果不同，谓三乘别教；二者般若通化三机，谓三乘通教；三者净名思益赞扬菩萨抑挫声闻，谓抑扬教；四者法华会彼三乘同归一极，谓同归教；五者涅槃名常住教。①

慧观的判教代表了南北朝时期中国佛学界的基本倾向，即中国佛学开始了由般若学向涅槃学的转向。佛学界普遍认为《般若》只谈性空，不讲妙有，是不了义的佛经。而《涅槃》讲妙有，谈常乐我净，是义经。《华严经》由于记载了佛陀初成道后，向根基最明利的学人开示其所证得的真理，并详细描述菩萨修行的阶位，因此也被视做了义的经典。所谓"顿教"，专指《华严经》中佛陀对众生的直接的教学方法，即"为菩萨具足显理"；所谓"渐教"，是指佛陀从鹿苑初转法轮到鹤林入灭之间"自浅至深"、"循序渐进"的种种说教。对顿渐之说，吉藏作了批判，认为佛陀从初成道到鹿园到涅槃都说无量菩萨作佛，并无循序渐进之说，而且佛初成道时已说涅槃，佛涅槃时说涅槃经也是报佛说法②，因此不应说《涅槃》为渐《华严》为顿，因此不可说只有华严时是顿说，涅槃时为渐说：

> 又《释论》云：佛于鹿园说法，无量菩萨得无生法忍，无量菩萨得一生补处现身作佛，岂可言鹿园但小乘耶？又《大经》云：我初成道亦有菩萨已曾问我是甚深义，即初后皆说涅槃，不应言涅槃是渐而华严是顿。又《像法决疑经》云：或有见我入于涅槃，或有（疑脱

---

① 《三论玄义》，《大正藏》第 45 卷，第 5 页中。
② 当时普遍认为《华严经》是报身佛舍那所说，而《般若》等经为化身佛释迦所说，由此断定《华严》高于《般若》，吉藏在《华严经游意》中引用兴皇法朗的观点论证报佛与化佛"非一非异"，从而说明《般若》诸经与《华严》并无根本差别。参见吉藏《华严经游意》，《大正藏》第 35 卷，第 1—4 页。

"见")我是报佛为百千释迦之所围绕。若尔不应言《华严》是初成道时顿说至涅槃时不说,是故渐顿不成也。①

慧观进而把"自浅至深"过程中所开示的教说,依其出现的时序及其主旨,区分为五时和五种教,并把当时在中国最流行的《般若经》、《维摩经》、《法华经》和《涅槃经》分别判属第二时的三乘别教、第三时的抑扬教、第四时的同归教和第五时的常住教,从而厘定它们在佛陀教学整体中的位置。吉藏首先引"三经三论"证明五时判教之说是违背经论的:

> 但应立大小二教,不应制于五时,略引三经三论证之。《大品经》云:诸天子叹曰:我于阎浮见第二法轮转。龙树释云:鹿苑已转小轮,今复转大法轮。《法华经》云:昔于波罗捺转于四谛,今在灵鹫山说于一乘。《涅槃经》云:昔于鹿林转小,今于双树说大,故知教唯二门无五时也。《智度论》云:佛法有二:一者三藏,二者大乘藏。《地持论》云:十一部经名声闻藏,方等大乘名菩萨藏。《正观论》云:前为声闻说生灭法,次为菩萨说无生灭法。以经论验之,唯有二藏无五时矣。②

吉藏认为《大品般若经》、《法华经》、《涅槃经》、《地持经》、《大智度论》、《中论》都只说佛法分大小二乘,却无五时之说,因此慧观所谓的"五时"之说没有经典上的根据。不仅五时之说没有经典上的依据,而且在理论上也难以成立:"五时之说非但无文,亦复害理。"吉藏认为根据世亲《法华论》主张"一乘是佛性之异名",根据《大智度论》主张"波若是涅槃异名佛性别称",以此推之不得局以五时限之四教也。③ 这与三论宗的一切经论平等的判教原则是一致的。吉藏分别对五时之教的每一教从义

---

① 《法华玄论》卷三,《大正藏》第34卷,第384页上—中。
② 《三论玄义》,《大正藏》第45卷,第5页中—下。
③ 《法华玄论》卷三,《大正藏》第34卷,第388页下。

理上进行了驳斥,具体如下:

(1) 三乘非别教

所谓"别教",按慧观的说法是指佛根据众生根基不同,而对声闻人说四谛,对辟支佛演说十二因缘,对大乘人明六度,各有差别,因此为"别教"。但吉藏认为声闻、缘觉、菩萨都是同证"四谛"、"无生"而得解脱,有共通之教,不可说别教:"若言第一名三乘别教,是义不然。依毗昙宗,三乘则同见四谛,然后得道。就成实义,但会一灭方乃成圣。据大乘宗,同契无生,然后隔凡,是则初教亦通。何以言别?"①

(2)《大品》非三乘通教

"三乘通教"之说其实质是贬斥《般若经》的地位,认为《般若经》是声闻乘、缘觉乘、菩萨乘所共修的法门,而《涅槃经》、《法华经》、《华严经》则只对大乘菩萨所说,因此要高于《般若经》。这一观点显然与三论宗的立场相冲突。吉藏根据《大智度论》"般若不属二乘,但属菩萨"的思想,指出般若有两种:一种是"摩诃般若",唯菩萨所得,不属二乘;另一种则以实相之境名为般若,三乘同观。之所以有三乘通教之说,是由于"经师不体二种之说"②。

在《法华玄论》中,吉藏提到有人认为:"《涅槃》《胜鬘》明一乘佛性,《波若》不然。"因此,《般若经》与《涅槃经》、《胜鬘经》相比是不了义的经典:"《波若》未明常故知浅也。"对此,吉藏认为《般若经》也谈常、乐、我、净四德,岂无有佛性常住之说:"《摄大乘论》引《波若》云:乘有三种:因乘缘乘果乘。果乘者谓常乐我净,若尔《波若》以明四德云何非常,但人不解经意谓言无常耳。"③而且龙树《大智度论》中明确说《般若经》最胜:"引《释论》辨十种大经明《波若》最胜,既胜《法华》岂浅《涅槃》等耶?"何况《般若经》明三乘同学般若,而《涅槃经》也曾明三乘同观中道,若《般若

---

① 《三论玄义》,《大正藏》第45卷,第5页下。
② 同上书,第5页下—第6页上。
③ 《法华玄论》卷三,《大正藏》第34卷,第383页上。

经》为三乘通教,则《涅槃经》也同样是三乘通教:"若《涅槃》正明佛性,复有同明三乘观中道者,《波若》正明教菩萨法亦劝三乘同学波若,此义应齐云何非例?"①

吉藏说般若最胜,并不是为了说明《般若经》高于其他佛经,而是要扭转当时贬低《般若》的倾向。当时贬低《般若》的还有天台宗,天台智顗虽然也反对四时五宗之说,但却抬高《法华》贬低《般若》,认为《法华经》会三归一,开权显实,要高于只破不立的《般若经》。这显然与三论宗的精神相背,因此吉藏极力证明《法华》、《般若》互有优劣:

> 《法华》《波若》互有胜劣,若为声闻人明二乘作佛,则《法华》胜《波若》为劣。若为菩萨明实惠方便,则《波若》胜《法华》劣。所以然者,《波若》六十六品辨于实惠,无尽品已去二十四品明方便惠。此二惠是为十方三世诸佛法身父母,故《净名经》云:智度菩萨母,方便以为父,一切诸导师,无不由是生。既广明法身父母,故于一切方等经中最为深大。余经不正明此义,故不及《波若》。又《波若》广明实相,故于众经中最为深大。所以然者,三乘得道及以断惑并忏悔重罪,此之三义悉依实相,而《波若》正广明实相,故三义得成,余经不正明实相,故有劣《波若》,是以两经互有优劣。②

吉藏认为若就二乘作佛这一点,《法华》优于《般若》,但若就二智(实慧、方便慧)而言,《般若》更胜《法华》。究其实质,《法华》是《般若》异名,同是正观平等大慧,同明众生成佛,只是说法的对象不同:"《波若》《法华》同是正观平等大慧,显道无异故云法华是波若异名也。是以《论》云:波若是一法佛说种种名,随诸众生力为之立异字,今但约教为人故有差别,波若教明直往菩萨作佛,法花教明回小入大菩萨作佛。经约人不同

①《法华玄论》卷三,《大正藏》第34卷,第383页上。
②《法华游意》,《大正藏》第34卷,第646页上。

而作佛无异。"①

针对有人认为《般若经》未明二乘作佛,是不了教,因此劣于法华,指出《般若》非一时一地说,"初分未明二乘作佛,故与《法华》异。后分明菩萨不退显有一无二,与《法华》大同,故不相违也。"②

当然主张般若与法华一致是三论学的一贯传统,罗什门下的僧叡也持此说:"作此释竟,复见关中僧叡《小品经序》,盛判二经优劣将余意同。叡公言《波若》照也,《法华》实也,论其穷理尽性,夷明万行,则实不如照,取其大明真化,解本无三,照不如实,是故叹照则《波若》之功重,美实即《法华》之用高。考关中此文深见论意妙得经旨也。"③僧叡认为在穷理尽性方面,《般若》之照为胜,而在真化解本(最终成佛)方面,《法华》为胜。吉藏无疑继承了僧叡此说。

(3)《净名》非抑扬教

所谓"抑扬教"即赞扬菩萨抑挫声闻,贬斥小乘而高扬大乘。吉藏不同意此说,认为如果《净名经》是抑扬教,那么《般若经》也同样是抑扬教,因为《般若经》也同样贬斥二乘,弘扬大乘:"次云《净名》是抑扬教者,是亦不然。《大品》呵二乘为痴狗,《净名》贬声闻为败根,挫小既齐,扬大不二。何得以《大品》为通教,《净名》为抑扬?"④

在《维摩经义疏》中,吉藏提到开善智藏认为《净名经》是五时之中的第三时抑扬教,而招提慧琰则认为《净名经》与《般若经》一样,是四时教中的第二时三乘通教。吉藏认为二人虽有差别,但都认为此《经》没有说明常住之理,因此是不究竟完满的:"此《经》明果犹是无常,无常辨因未得尽理,故义非极满,教为半字耳也。"吉藏对此也作了详细批评,认为《净名经》中《方便品》有"诸仁者是身无常甚可患厌,当乐佛身"。此佛身即是法身,法身即是常住。《弟子品》中有"佛身无漏,诸漏已尽,佛身无

---

①②《法华游意》,《大正藏》第34卷,第646页中。
③《法华玄论》卷三,《大正藏》第34卷,第385页下。
④《三论玄义》,《大正藏》第45卷,第6页上。

为,不堕诸数",也是法身常住之意。因此,说《净名经》不究竟是错误的。但吉藏又认为"法身非有为非无为,即是非常非无常,体绝百非,形备万德,乃为究竟法身,常与无常,皆是对治之用",①显然吉藏依然是从中观学立场看待常与无常的,其论证《净名经》也有常住思想,无非是为了说明《净名经》与《涅槃经》是平等的。

(4)《法华》不是同归教

判《法华》为同归教,其用意同样是为了贬低《法华经》,即《法华》只是会三归一,未明佛性法身常住,因此只是同归教而已,依然是不了义教:"但在五时之说,虽辨同归,未明常住。"吉藏不同意此说,以世亲《法华论》为依据作了批评:"而天亲之《论》释《法华》初分,有七处佛性之文,解后段寿量品,辨三身之说,斯乃究竟无余,不应谓为不了之教。"②当然吉藏认为法华也明佛性,似乎给人感觉吉藏倾向于只有说涅槃常住才算了义之教,其实吉藏同样认为涅槃常住之说与般若性空一样,因此认为《般若》也谈佛性,《涅槃》也讲空义,但由于当时佛学界普遍认为般若之空不究竟,因此吉藏才极力证明《法华》、《般若》都明空义。

(5)《涅槃》非常住教

吉藏在证明《法华》也明常住的同时,也反对把《涅槃》定为常住教,之所以如此,是因为吉藏认为一切经论都是平等的,都是对空义的方便言说,并不能说涅槃明常住就是了义教。其实不论常与无常都是方便说法,都是对治法门,涅槃本身是不可用常无常来说明的:"然常与无常皆是对治用门。若论涅槃,体绝百非,理超四句,旧宗但得用门未识其体,故亦失旨也。"③

吉藏批判江东四时、五时判教,主要是为了抬高《般若》,至少要使

---

① 以上引文均见《维摩经义疏》卷一,《大正藏》第38卷,第908页下—第909页上。
② 《三论玄义》,《大正藏》第45卷,第6页上。吉藏在《法华游意》中,以十种文义详尽论述了《法华经》也阐发佛性思想,详见《大正藏》第34卷,第642页上—中。
③ 吉藏在《涅槃经游意》中,对此有更为详尽的说明。

《般若》不低于《涅槃》、《华严》、《法华》(抬高《法华》的是天台智者)。我们看到对此吉藏基本上采取两种方式：其一主张《般若》也谈一乘、佛性，也有常住之理，因此《般若》非不了义经；另一方面主张涅槃、佛性、常住也还只是方便言说，真正佛法是不可言说的，是非常非无常的。

慧观的判教影响巨大，"自五时已后，虽复改易，属在其间"。① 其他诸家判教都是在慧观的基础上略有不同："宋道场寺惠观法师著《涅槃序》明教有二种：一顿教即《华严》之流，二渐教谓五时之说。后人更加其一，复有无方教也，三大法师并皆用之。爰至北土还影五教制于四宗。"② 江南佛教在慧观的基础上又加一无方教，北方佛教则仿五时立四宗之说，其基本精神在吉藏看来是一致的。如对北方地论师的"四宗五宗"之说，吉藏评价道：

> 问：北地诸地论师明四宗五宗等说，是事云何？
>
> 答：此皆影四五时教故作是说耳，五时既不成四宗自废。又菩提留支此云道希，其亲翻《地论》但明半满。留支是地论之宗，即知半满有本，而依四宗无根，而辄信深不测其所以也。③

吉藏认为地论的判教是以慧观五时为基础的，五时不成，四宗五宗也就不能成立。因为所谓四宗五宗同样是将佛的说教按深浅分为几种，其中同样是贬低《般若》，抬高《华严》与《涅槃》："北土彰于五时，立四宗教，谓因缘假名不真及真。"所谓"因缘宗"指毗昙学的"四因六缘"之说，"假名宗"指成实师的"三假"之说，"不真宗"指《般若经》的"一切皆空"说，"真宗"则指《华严》与《涅槃》的"佛性常住"之说④，显然地论师的判教与慧观判教在本质上是一致的，因此才有"五时既不成四宗自废"之说。吉藏又以菩提留支是地论祖师，却只主张二藏之说，而无四宗五宗之说，

---

① 《三论玄义》，《大正藏》第 45 卷，第 5 页中。
② 《法华玄论》卷三，《大正藏》第 34 卷，第 382 页中。
③ 同上书，第 384 页下。
④ 详见廖明活《地论师、摄论师的判教学说》，载《中华佛学学报》第 7 期。

以反驳地论师的判教思想。

"后人更加其一复有无方教"指江东佛教又在慧观的顿教、渐教之外，又加一无方不定教（无深无浅）：

> 若江东诸师三种分教：一者顿教，谓佛初出世顿说深理也；二者渐教，谓从浅至深也；三者无方不定教谓深浅无定也。①

> 南土人云：教有三种，一顿教，二渐教，三无方不定教。顿教，谓《华严》之流。渐教，从趣鹿苑乃至涅槃，五时次第，目之为渐。三无方之教，出前二种之外，即《胜鬘》尊经是也。故此《经》过《大品》，包《法华》，与《涅槃》齐极，虽以一乘为体，而显言常住，故得与《涅槃》理同，虽说一体三归，而以一乘为致，故包《法华》之说，既义适两教，故属无方。又是别应于机，非双林之说，故异《涅槃》。②

> 偏方不定教，为中根人，如《夫人》与《金光明》等经是。③

吉藏认为无方不定之教不仅没有经论的根据，而且之所以有"不定之教"，是相对于渐教的由浅入深次第相生而言的，渐教不能成立，无方之教也不能成立，龙树世亲等都只立大小二藏，都无无方之说：

> 无方之言，经论无据，不应立之。又不应立无方教，所以然者，如以《大品》为第二时，诸余《波若》皆属第二时者，以《涅槃》为第五时，诸余常经皆属第五时，但应以类摄经，不应以无方收教。若言相生者为次第，不相生者为无方者，安知八部《波若》并皆相生耶。又五时是相生之言捡既不成，况有不相成为无方教。又龙树天亲俱以类而分大小，呵梨法胜以例而开三藏，不应立无方教也。④

吉藏对五时四宗的批判是其一切经论平等的判教原则的体现，也是

---

① 《仁王般若经疏》卷上一，《大正藏》第33卷，第315页中。
② 《胜鬘宝窟》上之本，《大正藏》第37卷，第5页下。
③ 《弥勒经游意》，《大正藏》第38卷，第269页上。
④ 《法华玄论》卷三，《大正藏》第34卷，第384页中—下。

对三论宗缘起性空佛学思想的集中阐扬。

4. "二藏"、"三轮"、"四门"的判教学说

(1) 二藏

吉藏反对四宗五时的判教学说的一个重要依据便是佛法只有大小二乘之分,而无五时四宗之别。如在《法华玄论》中,吉藏广泛引用经论以证明佛法只有大小二藏之分,而无三教之说:

> 《释论》云:佛法有二种,一者大乘藏,二者小乘三藏。又云:佛法有二道,一者声闻道,二菩提萨埵道。前约法分两,后就人开二。又《释论》云:佛灭后迦叶与阿难结集三藏,文殊弥勒亦与阿难结集摩诃衍藏。《大经》云:字有二种,一半字,二满字,为声闻说半字,为菩萨说满字。又云:诸大众凡有二种,一求小乘,二求大乘,昔于波罗捺为声闻转小法轮,今始于此拘尸那城为诸菩萨转大法轮。又《法华》云:昔于波罗捺转生灭小轮,今至鹫山转无生灭大轮。又《法华》明二种教,一教声闻,二教菩萨。教声闻者如雇之除粪,教菩萨者如付穷子财,从付财已去皆是教菩萨,又唯有草庵及以大宅,唯有中道化城及以宝所。又《摄大乘论》明声闻法,菩萨法。声闻法但断惑障,菩萨法断惑智二障。又《地论》明二藏与《释论》同。又《净名》云:菩萨法藏所摄,则知有声闻法藏所摄。又《中论》云:声闻法入第一义道,摩诃衍入第一义道。又一切经初皆列二众,一小乘众,二大乘众。如是等处处经论但明大小二乘,故唯有二种法轮不应立三教也。又以理推之众生根有二种,一堪受佛道,二不堪受大道,堪受大道为说佛乘名为大乘,不堪受者为说小乘。故知但应有二,不应立三也。①

以上引文中,吉藏反复说明佛法只有两种,对大乘根基之人说大乘法,对小乘根基说小乘法,小乘法也称为半教、声闻道、声闻法藏等,大乘

---

① 《法华玄论》卷三,《大正藏》第34卷,第382页中—下。

法也称满教、菩提萨埵道、菩萨法藏等,此即三论宗的二藏之说。吉藏的这一思想源于菩提流支对半满之教的划分:"今依菩提流支直作半满分教:若小乘教名半字名声闻藏,大乘名满字名菩萨藏,今寻诸经论斯言当矣。"①"从菩提流支度后至于即世,大分佛教为半满两宗。亦云声闻菩萨二藏,然此既有经论诚文,不可排斥。"②吉藏继承了菩提流支的观点,并进一步发挥,认为大乘以不二为宗,在因果上主张无作四谛,是大根大行之教;而小乘在理上只明人法二空,在因果上主张有作四谛,是小根小行之教:"所言小乘半教者,若明其至理,但人法二空,语其因果但说有作四谛,斯乃教不尽宗语不极义,说称小根进成小行有所缺德,名之为半,故云小乘名声闻藏。大乘满字教者,若明其理,至极平等无得正观不二为宗,语其因果即说无作四谛,斯乃教称大乘宗语极圆旨,说称大根进成大行具足无缺,名之为满,故云大乘名菩萨藏也。"③

吉藏虽然同意菩提流支的大小乘的划分,但却又认为不能截然地区分大小乘,真正佛法既然都是"一乘",同说"一理",同度"一人",因此真正佛法是"非大非小",为说法方便,适缘不同,才强说大小乘:"但众生闻于二藏,则起大小二心。然须知至道未曾小大,赴大缘故而强名为大,随顺小缘故假名为小,欲令因此大小,了悟至理非大非小。然既不住于两是,岂可心存于二非,识此大宗,则三藏无失。"④《中论疏》中也说:"然至道未曾大小,但赴大小两缘故明大小两教,今因此大小以悟非大非小。"⑤"正道未曾大小,为众生故说于大小。"⑥《净名玄论》中也说道:

又此《经》所兴明解脱者,正明释迦一期出世,大小凡圣有所得

---

① 《仁王般若经疏》卷上一,《大正藏》第33卷,第315页中—下。
② 《胜鬘宝窟》卷上之本,《大正藏》第37卷,第6页上。
③ 《仁王般若经疏》卷上一,《大正藏》第33卷,第315页下。
④ 《胜鬘宝窟》上之本,《大正藏》第37卷,第6页上。
⑤ 《中观论疏》卷一,《大正藏》第42卷,第14页上。
⑥ 《中观论疏》卷一〇,《大正藏》第42卷,第160页中。

人诸缚,悉令得解脱,原如来出世,赴缘施教,本令悟不凡不圣不大不小不二法门。而有凡圣大小者,皆是非凡非圣非大非小,故能凡能圣能大能小耳,虽有凡圣,不动无凡圣,大小亦然。①

(2) 三轮

吉藏的判教学说中也曾提到过三种法轮：

> 欲说三种法轮,故说此《经》(《法华经》)。言三种者：一者根本法轮,二者枝末之教,三者摄末归本。根本法轮者,谓佛初成道《华严》之会纯为菩萨开一因一果法门,谓根本之教也。但薄福钝根之流不堪于闻一因一果故,于一佛乘分别说三,谓枝末之教也。四十余年说三乘之教陶练其心,至今《法华》始得会彼三乘归于一道,即摄末归本教也。②

吉藏尽管反对四宗五时之说,但他也承认佛陀说法针对众生的根基不同而有种种差异。三轮之说反映了释迦一生说教的三大阶段,即佛陀初成道为菩萨开讲《华严经》,称"根本法轮",但由于听众根基较浅,无法领悟释迦的说教,因此释迦于一佛乘开讲三乘之道以度化众生,称为"枝末法轮",到众生根基成熟后释迦开讲《法华经》,开权显实,会三乘为一乘,因此称为"摄末归本法轮"。与"二藏"一样,在三论宗的判教体系中,"三轮"是佛陀因机设教而有的差别,不能认为"三种法轮"在本质上存在着高低深浅的不同。

(3) 四门

四门判教也体现了三论宗各经论一律平等的判教原则,在《法华游意》中,吉藏认为共有三种"四门判教"。

第一,顿渐四门：

---

① 《净名玄论》卷四,《大正藏》第38卷,第875页中。
② 《法华游意》,《大正藏》第34卷,第634页下。

>一顿而非渐,则初成道为诸菩萨说华严教也。二渐而非顿,谓人天及二乘教也。三亦渐亦顿,即《大品》教也,为菩萨说《大品》,大品于菩萨为顿,以《大品》中具足明一切大乘法故。《信解品》云:佛敕我等说最上道,修习此者当得成佛,故名为顿,而命小人说于大法,为入一乘方便故,于小乘人名为渐也。四者非渐非顿者,上之三句并是教门,因此教门欲显无言之道,不可论其渐顿也。①

此顿渐四门与吉藏所批判的四时五宗的顿渐不同,慧观等人只将佛法判为顿、渐二种,而吉藏却认为有顿、渐、亦渐亦顿、非渐非顿四种,显然吉藏认为顿渐只是方便说法而已。

第二,显密四门:

>总明经论显密者,大明一化凡有四门:一显教菩萨不密化声闻,即华严教也。大机已熟故显教之,小器未堪不宜密化,故罗烈(列)珍玩正为宗亲,穷子蹲地未堪授珍宝故。二显教声闻不密化菩萨,即三藏教也。诱引将顺正为二乘,更遣余人,不密化菩萨。三显教菩萨密化声闻,即波若教也,严土化人正教大士,付财命说密化小心。四显教菩萨显化声闻,即法华教也,大士疑除故显教菩萨,罗汉作佛故显化声闻。此之四门即是次第,三句属菩萨藏收,显教声闻不密化菩萨属三藏教摄,然《华严》《大品》及以三藏当教明义唯有一辙,《法华》结会始终是则具足四门。②

所谓"显教",即明确的、直接的说教,而所谓"密化",即隐晦的、间接的教化,吉藏此显密四门也是为了说明各经论所说的道理是平等的,只不过说教的方式有"显密"不同:《华严经》是对大根基人(大乘菩萨)说法,因此是"显教菩萨不密化声闻",三藏教即小乘教只对小乘人说法,因

---

① 《法华游意》,《大正藏》第34卷,第644页下—645页上。
② 同上书,第645页上。

此是"显教声闻不密化菩萨",《般若经》及《法华经》以前所有大乘经①,都不仅对大乘人说大乘法,而且密说小乘人学大乘法,因此是"显教菩萨密化声闻",而《法华经》开权显实,认为大乘、小乘皆可作佛,因此是"显教菩萨显化声闻"。

第三,旁正四门:

> 总谈一化复有傍正四门:一正显真实傍开方便则《华严教》也,为诸菩萨说究竟因果故正显真实,夫为菩萨必须化物故,亦令大士知三乘是权,故傍开方便。二正闭方便正隐真实,则三藏教也,不明三乘是权故正闭方便,不显唯有一乘故正隐真实。三者正显真实傍闭方便,则《波若》等教,明大乘究竟故正显真实,未开三乘是权故傍闭方便。四正开方便正显真实,即《法华》之教,以辨三乘是权故正开方便,明唯有一乘故正显真实。②

显密是从佛说教的对象(小乘、大乘)而言有四门不同,而旁正四门是从佛说法的内容上,即真实(实)与方便(权)。所谓"真实"即只说成佛一乘,所谓"方便"即不说一乘而三乘;所谓"正",指正面说出,所谓"旁"即附带说明。吉藏认为,《华严经》对诸菩萨说究竟因果,即是一佛乘,因此是正显真实,而又说三乘是权,因此又是傍开方便。三藏教只说小乘教,既不正面说一乘真实,也不正面说三乘是权,因此是正隐真实、正闭方便。《般若经》虽然说明大乘是究竟,但未开三乘是权,因此是"正显真实傍闭方便"。《法华经》则既辨三乘是权,又明唯有一乘,因此是"正开

---

① 吉藏在《三论玄义》中也谈到显密四门,其中把大品到法华之间的所有教学都判为"显教菩萨密化二乘":"问:若乃皆是菩萨藏者,《华严》《般若》《法华》《涅槃》,此四何异? 答:须识四句,众经焕然。一但教菩萨不化声闻,谓《华严经》也。二但化声闻不教菩萨,谓三藏教也。三显教菩萨密化二乘,《大品》以上《法华》之前诸大乘教也,命小乘人说于大法,谓显教菩萨,密示此法,以为己任,如付穷子财,谓密化声闻也。四显教声闻显教菩萨,法华教也,菩萨闻是法疑网皆已除,化菩萨也,千二百罗汉悉亦当做佛,化二乘也。四句之中,三义属菩萨藏内开之,但化二乘为三藏教矣。"见《大正藏》第45卷,第5页下。
② 《法华游意》,《大正藏》第34卷,第645页上—中。

方便正显真实"。旁正四门同样表达的是各种佛经根本精神一致,只是说法的方式上有旁正之别,在内容上有权实之分,而根据三论宗的一贯立场,真正的佛法是不可言说,非权非实、非旁非正的。即:

旁正四门 { 正显真实傍开方便:华严
正闭方便正隐真实:三藏正明小乘傍及佛乘
正显真实傍闭方便:般若等正明大乘傍及小乘
正开方便正显真实:法华

第三章 三阶教

三阶教是中国佛教中非常特殊的一个宗派,在历史上曾经有"第三阶宗"、"三阶宗"、"普法宗"等等名称,隋唐文献中对于修学"三阶佛法"者也称之为"三阶学者"、"三阶禅师"、"三阶僧"等。从它在隋唐时期发展的基本情况看,完全符合隋唐佛教宗派成立的基本条件。尽管受到各方面的压制,但三阶教仍然存在绵延了近三百年之久,甚至比公认为中国佛教"八宗"的三论宗、法相唯识宗延续的时间都要长久一些。然而,此宗因屡受朝廷及佛教其他宗派的抵制,终于在历史上销声匿迹,不为后人所知。日本学者矢吹庆辉在欧洲研究敦煌古写本时发现三阶教文献,乃依之写成《三阶教の研究》一书,于1927年正式出版,此书实为三阶教研究的开山之作。从此,三阶教的面目始显露于世。从佛教中国化的角度考察,可以说,三阶教是非常典型的佛教"过度"中国化的例子。

第一节 三阶教的形成

三阶教的创立者是隋代僧人信行(540—594)。成立宗派的基本标志是信行进入隋都,并在京师建立弘扬自己独特思想和修行方法的"专属"寺院之"别院"。依据这个标准,可以将三阶教成立的具体时间暂定为隋开皇九年(589)之后的几年内。以下从信行的生平事迹及其门下弟子以及三阶教的基本典籍等方面对三阶教的形成作一概述。

一、信行与三阶教的成立

为何会在隋朝出现三阶教这样一个独特的佛教宗派？答案很多，但末法意识的流行不能不说是根本原因。北魏太武帝和北周武帝两次大规模的惨烈的灭除佛教的运动，使得有识之士对于佛教的生存环境以及中国佛教僧团自身所蕴藏的堕落、腐败与追随王权等现象，有了深切的反省与愤慨。在反省意识日益增强的情形之下，翻译过来的印度佛教经典上所说的五浊恶世的末法思想，便很容易引起他们的共鸣和更深层次的忧虑。因此，在隋代以至唐代佛教的大部分时间中，中土僧众都是在末法意识的督促下从事弘教活动的。天台宗、三阶教、净土信仰的流行以及净土宗的创立、发展，无不是中土僧众末法救世情怀的反应。然而，相比于天台宗、净土宗的隐晦，三阶教的末法意识更为显明，教义也更为极端，因此其境遇也就更为曲折。

从三阶教的创立过程来看，信行的个人努力几乎是决定性的因素。这可以从信行的早期经历看出来。

现存信行最早的传记资料要数隋费长房在《历代三宝纪》中的简短记载以及唐初道宣《续高僧传·信行传》。《历代三宝纪》对于信行的早期事迹仅寥寥数语，其文说："行，魏州人。少而落采，博综群经，蕴独见之明，显高蹈之迹，与先旧德解行弗同。"①道宣《续高僧传·信行传》对此有所增益，其文说：

> 释信行，姓王氏，魏郡人。其母久而无子，就佛祈诚，梦神擎儿告云："我今持以相与。"寤已，觉异常日，因即有娠。及行之生也，性殊恒准。至年四岁，路见牛车没泥牵引，因悲泣不止，要转乃离。或

---

① 费长房：《历代三宝纪》卷一二，《大正藏》第49卷，第105页中。

值犊母分离,或有侵欺之事,生知平分不憙爱憎。八岁既临,标据清敏,懁慧奇拔。尝有书生问曰:"尔今何姓?外家何姓?"答曰:"此王彼孙。"生因调曰:"何不氏饭乃姓孙?"行应声曰:"饭能除饥不除渴,孙能饥渴两相除,故氏孙而非饭也。"其随机谲对,皆此之类。①

这里记载说,信行生来即与佛教有缘,且生性聪慧。饶有趣味的是,费长房、道宣的传文中都只字未提信行出家的时间和皈依师。然道宣却在其著《续高僧传·释慧瓒传》中透露了有关信行出家受戒的情形,其文说:"沙弥信行,重斯正业,从受十戒。瓒不许之,乃归瓒之弟子明胤禅师,遵崇行法。晚还邺相,方立部众。"②依照此文记载,信行本来欲皈依慧瓒受沙弥戒,但慧瓒不接纳,信行最后皈依了慧瓒的弟子明胤禅师。而"晚还邺相,方立部众",应该是指信行后来至相州,方才有了自己的徒众,独立发展。而在此之前,信行应该是在慧瓒门下修行弘法。而参照现存材料也可大致坐实此说。

现存敦煌文献中有一篇信行写给相州知事的书信。其文说:"信少小患心劳损,由是不堪坐禅,亦不堪讲诵。自从十七以来,求善知识,至今四十八岁,积满卅二年。"此信的写作时间是隋开皇七年(587)正月十日。文中的"十七以来"应该是指自己 17 岁以来,"至今四十八岁"是指他当年 48 岁。"求善知识"是否如有些学者所理解的出家的代名词呢?因为《续高僧传·慧瓒传》提及信行请求皈依慧瓒禀受十戒之事,因此可以借助于对慧瓒行历的考察确定这一问题。

根据《续高僧传·慧瓒传》等文献的记载可以确定,慧瓒生于东魏天平二年(535),圆寂于隋大业三年(607)九月,俗寿 72 岁。道宣记载说:

释慧瓒,俗姓王氏,沧州人。壮室出家,清贞自远,承禀玄奥,学慕纲纽。受具已后,偏业毘尼,随方听略,不存文句。时在定州,居

---

① 《大正藏》第 50 卷,第 559 页下。
② 道宣:《续高僧传》卷一六,《大正藏》第 50 卷,第 575 页中。

于律席。讲至宝戒,法师曰:"此事即目,卒难制断。如何?"瓒闻之,私贱其说。时幞中有钱三百,乃掷弃之。由是卒世言不及利。周武诛剪,避地南陈,流听群师,咸加芟改。①

此中所说,慧瓒"壮室出家",而"壮室"一语大致等同于现在的成年的意思,时间跨度在 20 余岁至 30 岁之间②。如此,慧瓒出家的时间应在 557—565 年之间。而这一时间段,信行的年龄为 17—25 岁之间。而《续高僧传·慧瓒传》又记载说:"周武诛剪,避地南陈,流听群师,咸加芟改。"而北周并吞北齐是在建德六年(577)。此前,周武帝已在自己的辖地灭除佛教。此年,周武帝入邺城,在原北齐境内推行禁佛之令,以致在北齐文宣帝时达到隆盛的佛教也遭到北周武帝残酷的蹂躏。禁佛后,北方寺像几扫地悉尽,僧众多逃奔江南及北方大山之中隐藏。武帝殁后(578),宣帝、静帝先后继位,佛教才得以复兴。这一时段,慧瓒及其僧团由常住之地定州(今属河北)转移至"南陈"。经初步查考,在今河北沧州有南陈屯乡,而慧瓒又恰好是沧州人,因而慧瓒及其弟子避难之所应在沧州境内。

现在的问题有二:一是道宣在《续高僧传·慧瓒传》中所说信行是在慧瓒弟子明胤禅师处受的沙弥戒是否可信?二是在周武法难中信行是否仍然与慧瓒及其门下弟子在一起?要准确回答这两个问题,目前发现的资料尚不充足。如上文所叙述,信行自叙自己 17 岁求善知识,而慧瓒自己出家时间较晚,因而信行与慧瓒的年龄差别不大,如此使得许多学者不大愿意采信信行是在慧瓒门下弟子出家的记载。但是,值得注意的是,如下文将叙述的《慧瓒传》中说信行"晚还邺相,方立部众"是符合事

---

① 道宣:《续高僧传》卷一六,《大正藏》第 50 卷,第 575 页上。
② 一般而言,"壮室之年"是指 30 岁。但古人关于年龄的说法比较虚,也有将 20 余岁笼统地称之为"壮室"的例子。譬如《续高僧传·志超传》就记载说:志超之"二亲恃超更无兄弟,虽述其志,常用抑之,望嗣宗族,遂从儒流,遍览流略,年垂壮室,私为娉妻。……年二十有七,投并州开化寺慧瓒禅师。"(道宣:《续高僧传》卷二〇,《大正藏》第 50 卷,第 591 页下—592 页上)

实的,尤其是信行后来创立的修行方法与慧瓒所提倡的头陀行非常相似。

关于慧瓒之宗尚,《续高僧传·慧瓒传》记载说:

> 引摄学徒,安居结业,大小经律,互谈文义,宗重行科,以戒为主;心用所指,法依为基。道闻远流,归向如市。故其所开悟,以离著为先;身则依附头陀行兰若法,心则思寻念慧,识妄知诠。①

依照这一记载可知,慧瓒及其门下,以严格执行戒律为主(慧瓒最初传承的就是律学),以禅律并重为特色,尤其是以头陀行著称于世。这三个特色中的后两个都与信行所倡的三阶佛法有非常明显的相似性。而如果《慧瓒传》的记载是确实可信的话,那么我们就可以说,信行继承了慧瓒的宗风而加入了自己独创的思想和修行方法。

《续高僧传·慧瓒传》又记载,在隋初,慧瓒带领其弟子"返迹东川,于赵州西封龙山,引摄学徒,安居结业"。②而"徒侣相依,数盈二百。绳床道具,齐肃有仪。辗转西游,路经马邑,朔代并晋,名行师寻。誉满二河,道俗倾望。秦王俊作镇并部,弘尚释门,于太原蒙山置开化寺,承斯道行,延请居之。"③隋文帝于仁寿三年(603)为献后所立的禅定寺修建之后,邀请其驻锡该寺,后又邀其住于终南山龙池寺。慧瓒于大业三年(607)九月圆寂,而此时信行已经圆寂14年了。

在敦煌发现的有关三阶教的文献中,都未发现能够确定信行师承关系的材料。这与隋唐其他宗派显著不同。根据《慧瓒传》的记载,仁寿年慧瓒至京师,而此时信行已经圆寂,信行的弟子于此时活动最盛。在此情形之下,信行的弟子们大概不想将三阶僧团建基于慧瓒的法脉之上。

关于信行思想、修行方式的独立发展,正如《续高僧传·慧瓒传》所说是在相州完成的。但信行至相州的时间难于考实,可略过不提。而关

---

① 道宣:《续高僧传》卷一六,《大正藏》第50卷,第575页上—中。
②③ 同上书,第575页上。

于信行在相州传教的过程,日本学者有若干说法。譬如常盘大定提出了宝山寺是"三阶教的发源地"的说法。然而仔细考察相关证据,便可发现这是不可能的。常盘大定的唯一证据就是此寺现存的石刻有末法思想的特色。现在的安阳灵泉寺保存有两处石窟。一处是由道凭主持修造的,开始时间为东魏武定三年(545),第二年四月凿成,隋代后称其为"大留圣窟"。这一石窟是用来坐禅修行的。修造此窟时灵裕已经至道凭门下。另一处"大住圣窟"是由灵裕法师主持开凿于隋开皇九年(589),此窟内右方所刻的《大集经月藏分中》五百年文,窟外壁刻《大集经月藏分中·法尽灭品》、佛名等,都属于当时宣扬末法思想的重要依据。大概因为这与三阶教很类似,而被常盘大定认定为三阶教遗存。道宣在《灵裕传》中记载灵裕撰有《大集疏》八卷,而查考灵裕的生平即可见出,灵裕与信行没有任何直接的关系。信行尽管与灵裕有一段时日同在相州,但信行并不住于道凭、灵裕所在的宝山寺。

尽管存世资料不多,但从现有若干记载中已经能够大致见出信行在相州时期创教的大致过程和实际成效。

先看传世文献的记载。费长房《历代三宝纪》如此叙述信行:

> 蕴独见之明,显高蹈之迹,与先旧德解行弗同,不令声闻兼菩萨行,舍二百五十戒,居大僧下,在沙弥上。门徒悉行方等结净,头陀乞食,日止一餐。在道路行,无问男女,率皆礼拜,欲似《法华》常不轻行。①

费长房的这一记载应该说是最早对三阶教宗旨的概括,当时距离信行圆寂仅仅五年。此中对信行与"旧德解行"不同之处的概括有:第一,修行者舍弃了作为比丘标志的"二百五十戒",从而身份成为居比丘之下而在沙弥之上的佛教信众。这一类型不在一般所说的"七众"之中。第二,修行方面遵循大乘,行头陀行,严格执行日食一餐的规定。第三,于道路中

---

① 费长房:《历代三宝纪》卷一二,《大正藏》第49卷,第105页中。

礼拜所有男女人众。关于此中所说的"舍二百五十戒"之语,道宣也有一记载:"后于相州法藏寺,舍具足戒,亲执劳役,供诸悲敬,礼通道俗,单衣节食,挺出时伦,冬夏所拟,偏过恒习。"①二者所记大致不差,只是道宣补充了舍戒的地点。

关于相州法藏寺,资料颇为缺乏。唯《续高僧传·明赡传》记载:释明赡"投飞龙山应觉寺而出家焉。师密异其度,乃致书与邺下大集寺道场法师令其依摄,专学《大论》。寻值法灭,潜形东郡。隋初出法,追住相州法藏寺。……开皇三年,敕召翻译,住大兴善。众睹德望可宗,举知寺任,辞而不免。便纲管之。"②这位僧人专宗《大智度论》,隋初住于相州法藏寺,而开皇三年(583)奉诏至京师大兴善寺,后任此寺住持。从现存敦煌文献可知,开皇三年至开皇七年,信行在相州光严寺。如此可知,信行在法藏寺的时间应该在开皇三年之前。而且,此寺所住僧众宗趣非一,信行并不一定占据主导地位。

现存的敦煌文献《信行遗文》中,记载了信行在相州的几件事。开皇三年,信行在相州光严寺,发愿为皇帝、诸师父母乃至一切众生,施舍身命财物、建立礼佛、转经、众僧、众生、离恶、头陀、饮食、食器、衣服、房舍、床坐、灯烛、钟呗、香、柴炭、洗浴十六种无尽藏行,"愿施无尽,日日不断",直至成佛为期。开皇七年(587),信行写信给相州知事,其文曰:

> 相州光严寺沙门信行,白州知事檀越:"信少小患心劳损,由是不堪坐禅,亦不堪讲诵。自从十七以来,求善知识,至今四十八岁,积满卅二年,唯得相州光严寺僧慧定、相州严净寺僧道进,魏州贵乡县党孙浪彪下王善行、赵州瘿陶县党王凤邕下王善性等四人,誓愿顿舍身命财,直到成佛。修行上事,相续不断。此既有助王国,饶益群生,乞为奏闻,赐垂听许,谨曰。"

---

① 道宣:《续高僧传》卷一六,《大正藏》第50卷,第560页上。
② 道宣:《续高僧传》卷二四,《大正藏》第50卷,第632页下。

这一份书信极其重要,它透露出了信行在此时已经建构出独特的思想体系以及独树一帜的修行方法。尤其重要的是,已经有了"相州光严寺僧慧定、相州严净寺僧道进、魏州贵乡县党孙浪彪下王善行、赵州瘿陶县党王凤邕下王善性等四人"同道。

相州光严寺,是北齐开国之君高洋为禅僧僧稠所建,位于邺城西南八十里龙山(今河南省安阳市西20公里的水冶镇南)之阳。《续高僧传·僧稠传》记载:"天保三年,下敕于邺城西南八十里龙山之阳,为构精舍,名云门寺,请以居之。"①关于此寺名称的来源,此传又说:"初敕造寺面方十里,令息心之士问道经行。稠曰:'十里大广,损妨居民,恐非远济,请半减之。'敕乃以方五里为定,使将作大匠纪伯邕缔构伊始,邕集诸乡邑问此地名,忽闻空中大声答曰:'山林幽静,此处本号云门。'重问所由,了无一人知者。帝闻异之,因从空响焉。今名'光严寺'是也。"②光严寺早先的寺名是云门寺,后来改名为光严寺。道宣还叙述了此寺在周武帝灭法后以及隋初的情形,其文说:"齐灭周废,以寺赐大夫柳务文。文又令其亲辛俭守当将家入住。有神怒曰:'何敢凌犯须陀洹寺?'而俭未几便卒。隋初兴复,奄同初构,六时禅忏,著声寰宇。大业之末,贼所盘营,房宇孑遗,余皆焚荡。余以贞观初年陟兹胜地,山林乃旧,情事惟新,触处荒凉,屡兴生灭之叹。周睇焚烬,频暗黍离之非。传者亲阅行图,故直叙之于后耳。"③

由此可见,光严寺是僧稠法脉所系,尽管不能就说此寺中的所有僧众都属于此法系,但信行大弟子僧邕确实是其争取过来的。根据记载,僧邕"年有十三,违亲入道,于邺西云门寺依止僧稠而出家焉。稠公禅慧通灵,戒行标异。即授禅法,数日便诣,稠抚邕,谓诸门人曰:'五停、四

---

① 道宣:《续高僧传》卷一六,《大正藏》第50卷,第554页中。
② 同上书,第555页上。
③ 同上书,第555页中。

念,将尽此生矣.'仍往林虑山中,栖托定门,游逸心计。"①林虑山位于今林州市西部,当时有几座著名寺院。北周吞并北齐,武帝发动毁佛运动,僧邕又逃入白鹿山深林之中,"避时削迹,饵饭松术,三径斯绝,百卉为群,麋鹿伏其前,山禽集其手。"白鹿山位于今日河南辉县西五十里,因为有石状为鹿形,远视皎然独立,故以白鹿名之。在隋代初年,信行知晓僧邕遁世幽居,"遣人告曰:'修道立行,宜以济度为先,独善其身,非所闻也。宜尽弘益之方,照示流俗。'乃出山与行相遇,同修正节。"②开皇九年(589)信行应召入京,僧邕相随同至京城。

将上述史料参照其他证据可引申出几点重要推论:第一,僧邕出家皈依僧稠的时间是北齐天保六年(556),而其离开云门寺至林虑山的时间大约不会早于僧稠圆寂的乾明元年(560)四月。当然这是从常理上推论的,也许会有例外。第二,僧邕在周武帝灭法时期避难于白鹿山,而在隋初因信行遣人相邀就答应出山跟随之,这至少说明两个问题,一是二人原本不但相识且交情匪浅,二是信行在此前已经表现出特立独行的风格,而且这些做法深获僧邕的钦佩。信行只比僧邕年长3岁,出家时间也不比僧邕早且僧邕本来之师僧稠更是声名显赫。由上述两点,结合信行早期若干可考事迹,可以推知,信行由定州至相州的时间是在周武帝灭法事件发生之前,而令信行声名鹊起的"革命性"事件应该是在法藏寺舍弃具足戒之事,信行也由此开始了自己特立独行的"建宗"之历程。至于此事发生的具体时间,已发现的文献都未记载,是否在周武帝灭法之后也难于断定。现存《故大信行禅师铭塔碑》有文说:

> 于是法师净名、禅师僧邕,徒众等三百余人,凤以禅师为善知识,三业追逐二十余年,俱怀出世之基,共结菩提之友,恒欲碎骨于香城之下,投身于雪岭之间,生死莫由,死将为礼,遂依林葬之法,敬

---

① 道宣:《续高僧传》卷一九,《大正藏》第50卷,第583页下。
② 同上书,第584页上。

收舍利,起塔于尸陀林下。

如果根据此说,僧邕跟随信行的时间应该在隋兴之前,表面上就与道宣《续高僧传·僧邕传》所说隋兴佛法之后僧邕才出山的说法相左。而实际上,二说应该是相互补充的。僧邕正式跟随信行确实是在隋初,而且应该是在开皇七年信行给相州知事写信之后,准确地讲,应该是在写信之后至开皇九年离开相州至京师之间。如此一来,信行才会在信中未提及僧邕,这也从另一角度说明,信行与僧邕早已相识。当然也有可能,僧邕已是信行弟子,但未参加信中所说的发愿之事。然从一般事理上观之,后者的可能性微乎其微。

将上述考辨综合起来,可以作出这样的结论:第一,信行受戒出家(沙弥戒)是在定州慧瓒门下,授受具足戒的时间、地点难详知,但笔者倾向于也是在定州慧瓒处授受的,因为慧瓒是当时著名的律师,《续高僧传》中有不少僧众至定州受具足戒的记载。第二,尽管信行及其门下后来不肯提及信行于慧瓒处受戒、受学的经历,但不可否认,信行以头陀行作为三阶佛法的核心之一,与慧瓒的门风应有一定的渊源关系。道宣似乎在此模仿了古代正史的传统写法,隐讳地对信行师承作些交代。第三,诚如道宣在《续高僧传·慧瓒传》中所说,信行到相州之后才有别立部众的机会,并且经过多年卓绝努力,初见成效。第四,信行标新立异的"革命性"应该是舍弃具足戒,这一点就将自己的做法与同样修头陀行的慧瓒一系作了明显区分,从不住寺院、出行礼拜所见所有人等的做法,都与此有直接关系。这一事件及其效应,可以作为三阶佛法教义、修行体系正式形成的标志。第五,在相州时期,信行已经编定出了论述自己教义体系的著作,并且已经写定流通。第六,尽管如此,仍然不能轻易说在相州时期信行已经形成了以自己为核心的三阶教僧团。如前所引两条材料,《故大信行禅师铭塔碑》说净名、僧邕等徒众300余人,跟随信行20余年,而另一条信行写给当时相州知事的信中仅仅提到光严寺僧慧定、严净寺僧道进以及王善行、王善性两位居士。从两种材料的文体特性以及形成文本的内在诉求来揣摩,前者不免会夸饰,后者则应该会内敛一些。综合考虑,基本可以肯定,信行在相州时期未能建立起规模宏大的三阶教僧团,以现代的标准来说,最多是一个独特的"弘法小组"。

总而言之,相州时期的信行,在当代学者公认的独立宗派的条件上初步具备了独特的教义、修行方法以及核心的信仰者三方面,但作为宗派最核心的支撑条件——属于自己的寺院以及排他性的法系,都是在进入隋都长安之后完成的。信行在京师传教之所以很顺利,与当时的左仆射高颎的鼎力护法有密切的关系。

高颎,字昭玄,渤海蓨(今河北景县)人。17岁那年,他被北周齐王宇文宪召入王府为记室,在征服北齐的战争中建立功勋,成为北周名臣。早在掌握北周朝政之时,杨坚就多方笼络高颎。北周大象二年(580),北周名将、相州总管尉迟迥起兵反对杨坚篡位,关东各地纷纷响应。在平定这次反叛的战争中,高颎指挥军队于邺城大败尉迟迥军,尉迟迥自杀。杨坚获得禅让立隋之后,拜高颎为尚书左仆射,兼纳言,进封渤海郡公。开皇初年,文帝采纳了高颎取陈之策:"江北地寒,田收差晚,江南土热,水田早熟。量彼收获之际,微征士马,声言掩袭。彼必屯兵御守,足得废其农时。彼既聚兵,我便解甲,再三若此,贼以为常。后更集兵,彼必不信,犹豫之顷,我乃济师,登陆而战,兵气益倍。又江南土薄,舍多竹茅,所有储积,皆非地窖。密遣行人,因风纵火,待彼修立,复更烧之。不出数年,自可财力俱尽。"①如此一来,江南人心惶惶,经济凋敝。开皇九年,隋文帝令晋王杨广举兵伐陈,高颎为元帅长史。此战"三军谘禀,皆取断于颎"②,十日之内即占领建康。不仅如此,作为当朝丞相的高颎,在隋初的政治、经济、文化等建设中也作出了卓越的贡献。

然而,作为开国元勋的高颎也遭到史称性多疑忌的隋文帝的猜疑,皇后独孤氏又推波助澜,晋王杨广更是对高颎恨之入骨。种种原因导致

---

①②《隋书》卷四一《高颎传》,北京,第1181页,中华书局点校本。

高颎于开皇十九年被文帝免去官职,后又被废为平民。对于高颎,唐初编定的《隋书·高颎传》有一评价:"颎有文武大略,明达世务。及蒙任寄之后,竭诚尽节,进引贞良,以天下为己任。苏威、杨素、贺若弼、韩擒等,皆颎所推荐,各尽其用,为一代名臣。自余立功立事者,不可胜数。当朝执政将二十年,朝野推服,物无异议。治致升平,颎之力也。论者以为真宰相。及其被诛,天下莫不伤惜,至今称冤不已。所有奇策密谋及损益时政,颎皆削稿,世无知者。"①评价颇高。

高颎本身信奉佛教,加之隋文帝对佛教有特殊的感情,因此他对隋初佛教的发展起到了重要的推动作用。表现在三阶教的兴起方面,最重要的是他将信行举荐给文帝,促使朝廷下诏邀请其至京师长安传教。信行至京师,高颎又请其驻锡于舍施自家宅第修建的真寂寺内。关于真寂寺的修建,唐初法琳著《辩正论》中有专条。《隋上柱国尚书左仆射齐国公高颎造真寂寺及积善尼寺》记载:

> 朝政之事,知无不为;其位弥高,其心弥下。皇隋建极,实有殊功,而善达世间,早知幻化,存心出要,笃志香城。至于七觉花台,三明宝殿,琉璃梵宇,码磌禅龛,奈苑祇园,竹林檀阁,游者忘返,一一留人。凡是名僧,海内大德,慧崇禅师、道彦法师等,并感其敬信,同起伽蓝;又延信行禅师别起禅院。五众云聚,三学星罗,道俗归依,莫斯盛也。又造积善尼寺,颇亦严华。②

此中所说的慧崇禅师、道彦法师未见于其他史籍,而文中所说的"延信行禅师别起禅院"是很准确的。道宣《续高僧传·信行传》说:"开皇之初,被召入京。仆射高颎邀延住真寂寺,立院处之。"③所谓"别起禅院"就是在寺院之内专门修造一分院供信行及其徒众驻锡弘化。至于信行至

---

① 《隋书》卷四一《高颎传》,第1184页。
② 法琳:《辩正论》卷四,《大正藏》第52卷,第519页中。
③ 道宣:《续高僧传》卷一六,《大正藏》第50卷,第560页上。

京师的具体时间,《续高僧传·僧邕传》说:"开皇九年,行被召入京。乃与邕同来,至止帝城,道俗莫匪遵奉。"①

信行于开皇九年(589)至京师,开皇十四年正月圆寂,短短五六年时间,他的传教工作卓有成效,基本奠定了作为独立宗派的基础。第一,取得了上层统治者的认可和一定程度的崇信。第二,撰著完备了诠释宣扬其教义的著述《对根起行》、《三阶集录》等。《续高僧传·信行传》记载,信行"乃撰《对根起行》、《三阶集录》及山东所制众事诸法,合四十余卷。援引文据,类叙显然,前后望风,翕成其聚。"②第三,建立了固定的属于自己派系的寺院(分院),仅在京师就有化度寺、光明寺、慈门寺、慧日寺、弘善寺五所。第四,信行祖师地位得以确立。关于前两个部分,留待后文再叙述论证。在此将后面两条作些论述。

关于信行在京师的弘法寺域,道宣在《续高僧传·信行传》中记载:信行"又于京师置寺五所,即化度、光明、慈门、慧日、弘善等是也。自尔余寺赞承其度焉。"③对于这一记载,今人多有误解,一些著述将此五寺作为三阶教的专属寺院看待,而准确地理解应该是在这五所寺院中另外建立三阶禅院且与寺院的其他部分以隔障分开而已。化度寺即是前述真寂寺,未知何时改名,但在隋末大业时期已经如此称呼。而光明寺、弘善寺都是隋初建造的。《辩正论》有《隋上柱国尚书左仆射越国公杨素造光明寺》条,但未记录具体时间。④ 唐段成式《塔寺记》记载:"常乐坊赵景公寺,隋开皇三年置,本曰弘善寺,十八年改焉。"可见,弘善寺建造于开皇三年,开皇十八年改名为赵景公寺。慈门寺位于长安南门之西,是"隋开皇六年刑部尚书万安公李圆通所立"⑤。根据唐代韦述《两京新记》记载,慧日寺也是开皇六年所建。这五座寺院中,在唐代仍然有三阶教僧

---

① 道宣:《续高僧传》卷一九,《大正藏》第50卷,第584页上。
②③ 道宣:《续高僧传》卷一六,《大正藏》第50卷,第560页上。
④ 法琳:《辩正论》卷四,《大正藏》第52卷,第519页下。
⑤ 宋敏求:《长安志》卷一〇,《宋元方志丛刊》第1册,第125页,北京,中华书局版。

人在其中活动,如唐末段成式在叙述原弘善寺的设置时写道:景公寺"三阶院西廊下,范长寿画西方变及十六对事宝池,池尤妙绝,谛视之,觉水入深。壁院门上,白画树石,颇似阎立德。予携立德行天词粉本,验之无异。"可见,此时此分院的名称仍然是"三阶院"。而化度寺的三阶教活动在唐代一直较为兴盛,然此寺中的僧人也并非都是三阶僧。

关于上述五所寺院中非三阶僧的互动情形,证据很多。以隋代为例。《续高僧传·智教传》记载:"释智教,雍州人,习诵众经,意存禅观。昼则寻读,夜便坐默,萧散无为,不存世累。住弘善寺,闲居综业。仁寿中年,起塔秦州之永宁寺,下敕令送。……教还本寺,综业终年。"①此位僧人是以诵经坐禅为修行宗趣的。《续高僧传·法彦传》记载:"开皇十六年下敕以彦为大论众主,住真寂寺,镇长引化。"②这位僧人属于弘扬《大智度论》的论师,大业三年(607)圆寂于真寂寺。诸如此类的例子很多,兹不多言。而信行奠定的这一模式成为隋唐时期三阶教立寺的普遍模式。

经过信行在京师不懈地努力,以信行为核心的三阶教僧团初步建立起来了。唐初史籍记载:"三阶禅师等,咸以信行禅师是四依菩萨。"③"四依"即《维摩诘经》所言维摩四依:"依于义,不依语。依于智,不依识。依了义经,不依不了义经。依于法,不依人。"④三阶典籍中多次出现"邪四依"的说法以显己义,如《三阶佛法密记》卷上曰:"四者谓邪四依:一依人不依法;二依语不依义;三依识不依智;四依不了义经不依了义经。"⑤信行驳斥教界说:"所引经等说法,俱名邪魔六师外道经法,不依法唯依人,不依义唯依语,亦名绮饰文辞,亦名庄严文饰。"在信行看来,凡不遵循"依根起行"之三阶佛法之人都是"邪四依"者,唯有他才是"四依菩萨"。

---

① 道宣:《续高僧传》卷二六,《大正藏》第 50 卷,第 671 页下。
② 道宣:《续高僧传》卷一〇,《大正藏》第 50 卷,第 505 页中一下。
③ 怀感:《释净土群疑论》卷三,《大正藏》第 47 卷,第 48 页上。
④ 鸠摩罗什译:《维摩诘所说经》卷三,《大正藏》第 14 卷,第 556 页下。
⑤《大正藏补编》第 26 册,第 303 页。

可见三阶教内正是这样崇信教主的。而《故大信行禅师铭塔碑》等文献将信行称之为"善知识",其文说:"于是法师净名、禅师僧邕、徒众等三百余人,夙以禅师为善知识,三业追逐二十余年。"现存的三阶教僧、俗的墓塔铭文中,也屡屡提及其"善知识"。如建于唐高宗总章三年(670)的《道安禅师塔记》有文说:"以总章元年十月七日,迁形于赵景公寺禅院,春秋六十有一。又以三年二月十五日,起塔于终南山鸱鸣追信行禅师塔后,志存亲近善知识焉。"赵景公寺即弘善寺,"赵景公寺禅院"即"三阶禅院"。此中所说的"亲近善知识"是指圆寂后建塔于信行塔旁,"善知识"是指信行。原来,信行于开皇十四年(594)正月四日圆寂后,弟子净名、僧邕等三百多人,依林葬法,收其舍利起塔于至相寺旁,弟子裴玄证为其撰《舍利塔铭》。三阶教教徒殁后,无论僧俗,依惯例也埋葬于信行的墓塔左右,后来于其地建了信行塔院,称为百塔寺。这就是一般所说的"林葬法"。

具备了上述要素,可以说三阶教已经成为中国佛教中成立时间仅次于天台宗的宗派。

二、信行的弟子及法脉传承

如上文所述,截至信行圆寂,信行门下相随徒众有三百余人。信行在相州时最早的追随者是"相州光严寺僧慧定、相州严净寺僧道进、魏州贵乡县党孙浪彪下王善行、赵州瘿陶县党王凤邕下王善性等四人"。这四人不见于现存资料。作为信行门下的掌门人,僧邕也是于相州跟随信行的。《故大信行禅师铭塔碑》提到法师净名、禅师僧邕"夙以禅师为善知识,三业追逐二十余年",可知净名也是信行早期弟子之一,唯无其他资料可参。此外,直接从信行受教的,还有西京慈门寺的本济、光明寺的慧了、真寂寺的慧如、相州慈润寺的灵琛、慈门寺的孝慈等。

慧了(?—656)从信行受业,后得唐太宗礼遇,特命大臣肃瑀等和他谈论佛法,是唐初一个博学的三阶教僧,其事迹可参见《金石续篇》卷五《慧了法师塔铭》。

灵琛,为相州慈润寺僧,似为信行初期弟子之一,贞观十二年(628)圆寂,有《塔铭》①存世,可资证明。

慧如(？—618)师事信行,因坐禅有得,为徒众所推敬。武德初卒于真寂寺。

唐僧详撰《法华传记》记载了慈门寺僧孝慈,"年可五十。幼少已来,依投信行禅师,说三阶佛法,以修苦行。常乞食为业,六时礼忏。著粪扫衣,随所至处,说三阶佛法,劝诱朦俗。每说三阶佛法时尝言,不合读诵大乘经典。若读诵者,入十方阿鼻地狱,急须忏悔。"②

信行塔铭的撰者裴玄证,也是信行的重要弟子,信行的著述多由他记录成书。他的小传附于《信行传》后。道宣记载说：

> 有居士逸民河东裴玄证制文。证本出家,住于化度。信行至止,固又师之。凡所著述,皆委证笔。末从俗服,尚绝骄豪。自结徒侣,更立科网。返道之宾,同所击赞。生自制碑,具陈己德。死方镌勒,树于塔所。即至相寺北岩之前三碑峙列是也。③

由此可见,他本是僧人,后来跟随信行舍弃僧人身份,"自结徒侣,更立科网",似乎是以居士的身份弘扬三阶法。从其碑石位于前列的情况看,他在信行门下地位相当重要。

一般而言,信行门下贡献最大的两位弟子是僧邕和本济。

僧邕(543—631),山西介休人,俗姓郭。少入乡庠习业,能通经史。年有十三,违亲入道,于邺西云门寺依止僧稠而出家焉。后来跟随信行,信奉三阶法。开皇九年(589)信行应召入京,僧邕相随同至京

---

① 参见《八琼室金石补正·灵琛禅师灰身塔铭》。
② 僧详：《法华传记》卷九,《大正藏》第51卷,第92页中。
③ 道宣：《续高僧传》卷一六,《大正藏》第50卷,第560页中。

城。在此之后，僧邕"典其徒众，隐太白山"。① 开皇十四年，在信行圆寂之后第二日，僧邕回到京师真寂寺，"纲总徒众，甚有住持之功"②，实际上是接替信行教宗的掌门人。隋文帝开皇二十年(600)，也许由于隋文帝下诏限制三阶教的发展，僧邕一度又回到太白山传教。僧邕于唐贞观五年(631)十一月十六日，在化度寺圆寂，世寿89岁。僧邕不仅得到佛教信徒的崇信，而且还获得了朝廷的褒奖，在隋末唐初是一位很有影响的僧人。僧邕圆寂后，唐太宗"崇敬情深，赠帛为其追福。以其月二十二日奉灵魄于终南山，遵邕之遗令也。门徒收其舍利，起塔于行之塔左。邕风范凝正，行业精严，卑辞屈己，体道藏用，及委质寒林，悲缠朝野。"③ 僧邕碑铭由左庶子李百药制文，率更令欧阳询书写，可见其影响非同一般。

本济(562—615)，太原(山西)介休人，俗姓宋。自幼聪慧，通晓经史大义。出家后，博览三藏，深解佛法玄旨。开皇元年，时登十八，受戒出家。《续高僧传·本济传》记载：

> 会信行禅师创开异部，包括先达，启则后贤，济闻钦咏，欣然北面承部，泻瓶非喻，合契无差。以信行初达，《集录》山东。既无本文，口为济述，皆究达玄奥。及行之亡后，《集录》方到。济览文即讲，曾无滞托。虽未见后词，而前传冥会。时五众别部敬之重之，着《十种不敢斟量论》六卷，旨文清靡，颇或传之。自是专弘异集，响高别众。以大业十一年九月十二日卒于所住之慈门寺，春秋五十有四。弟子道训、道树式奉尸陀，追建白塔于终南山下，立铭表德。④

从所引文字看，本济是信行至长安之后皈依的弟子。

---

① 唐临：《冥报记》上，《大正藏》第51卷，第588页中。
②③ 道宣：《续高僧传》卷一九，《大正藏》第50卷，第584页上。
④ 道宣：《续高僧传》卷一八，《大正藏》第50卷，第578页上—中。

《续高僧传·本济传》又记载，本济之弟善智也是信行的及门弟子。道宣说：

> 善智，天纵玄机，高步世表。祖师信行，伏膺请业，酌深辩味，妙简缁铢，入室邻机，精穷理窟。尝以四分之一用资形累，通夏翘足，摄虑观佛，诚策勤之上达也。信行敬挹风猷，雅相标致，时众咸悦，可谓以德伏人者焉。撰《顿教一乘》二十卷，因时制仪，共遵流世。以大业三年卒，弟子等附葬于信行墓之右焉。①

此中文字表达，容易引起误解。"祖师信行"是以信行为祖师之义，而"信行敬挹风猷"等句恰好体现了三阶僧团"普敬法"的特色。

关于信行的第二代弟子，见于记载的很零碎。唯《续高僧传·德美传》蕴涵了十分丰富的信息。此传中涉及四位三代三阶教僧人，并且较为详细地叙述了"无尽藏"的具体运作过程。

释德美(584—647)，俗姓王，清河临清人。年少时就喜欢演唱赞呗，"十六辞亲投诸林野，广访名贤，用为师傅。年至十九方蒙剃落，谨敬谦恪，专思行务，虽经论备阅，而以律要在心。故《四分》一部，薄通宗系。"②德美出家初期以研习《四分律》为己任。"开皇末岁，观化京师受持戒检，礼忏为业，因往太白山，诵《佛名经》一十二卷，每行忏时诵而加拜，人以其总持念力，功格涅槃。太白九陇先有僧邕禅师，道行僧也，因又奉之而为师导，从受义业，亟染暄凉。后还京辇，住慧云寺，值默禅师，又从请业。默即道善禅师之神足也，善遵承信行普功德主。"③从文中看，德美皈依僧邕的地点在太白山，而至京师又跟从三阶教信行的再传弟子慈云寺默禅师。从这一事实推测，也许因为僧邕未在京师的缘故，德美才会皈依默禅师习三阶教。这里涉及的三阶教僧是：

---

① 道宣：《续高僧传》卷一八，《大正藏》第50卷，第578页中。
② 道宣：《续高僧传》卷二九，《大正藏》第50卷，第696页下。
③ 同上书，第697页上。

信行第一代弟子僧邕、道善,道善的弟子默禅师,而传主德美先是皈依僧邕,后又皈依默禅师,从其继承的事业来看,应该列入信行的第三代弟子。此篇传记较为详细地叙述了默禅师、德美两代三阶教僧人在隋唐之际于京师以"无尽藏"方法奉行社会福利事业的规模和过程,其具体内容在下文当再行分析。

《德美传》说德美"承默十有余年","故自开皇之末,终于大业十年,年别大施,其例咸尔。默将灭度,以普福田业委于美,美顶行之。"①在默禅师圆寂之后,德美继承了其师的"无尽藏"事业。从这些记述推测,默禅师圆寂于大业十年(614)。

德美于唐初于长安会昌寺创立三阶院。《德美传》说:

  武德之始,创立会昌,又延而住,美乃于西院造忏悔堂,像设严华,堂宇宏丽,周廊四注,复殿重敞。誓共含生,断诸恶业,镇长礼悔,洁净方等。凡欲进具,必先依凭。荡涤身心,方登坛位。②

这是指其建立了三阶僧受戒之前作忏仪的场所。关于会昌寺的建立,《续高僧传·空藏传》也有一记载:"唐运既兴,崇缮法宇,有敕于金城坊建会昌寺,并请大德十人,度僧五十人,永用住持。以藏行德夙彰,又请住焉。"③在唐初,朝廷修建大寺,选择高僧常住,一向很庄重,也被当做一种礼遇。《德美传》未明确说其入选"十大德"而进住会昌寺。但能在皇家新建的寺院中别立三阶教的活动场所,也足以说明德美在唐初影响颇大。贞观十一年(637)十二月二十,德美于会昌寺圆寂,春秋六十三,"乃送于南山鸱鸣塠,后又收骸于楩梓谷起塔,弟子等树碑于会昌寺,侍中于志宁为文。"④此中所说葬地即信行等三阶教僧塔林。

---

① 道宣:《续高僧传》卷二九,《大正藏》第50卷,第697页上。
② 同上书,第697页中。
③ 道宣:《续高僧传》卷二八,《大正藏》第50卷,第689页中—下。
④ 道宣:《续高僧传》卷二九,《大正藏》第50卷,第697页中—下。

关于本济的弟子，《续高僧传·本济传》中仅提到两位。《续高僧传》记载：在本济圆寂之后，"弟子道训、道树式奉尸陀追建白塔于终南山下，立铭表德。……训有分略之能，树丰导引之说，当令敷化，宗首莫与俦之。时暂举筵，道俗云合，声策感敬，后恐难寻迹矣。"①从道宣叙述的语气推测，似乎二位当时依然健在。

此外，唐初至法门寺建立三阶禅院的惠恭也是信行的第三代或者第四代弟子。

法门寺惠恭之名，不见于现存僧传。1987年于法门寺塔基地宫之石壁中出土一方残碑，名《法门惠恭大德之碑》②，从碑文看，惠恭是一位三阶教僧人。出土之碑亦未载其生卒年份。然而，据碑载惠恭禅师"年廿三，还居此寺"及"贞观之末，沐浴舍利"推断，其于贞观二十一年前当已至法门寺。而其生年有证据表明，可定为隋大业四年（608）至唐武德元年（618）之间。此碑立于永昌元年（689），时惠恭禅师仍然健在。据碑文，惠恭大德俗姓韦氏，"髫龄之年，已堕僧数"。髫龄，即童年，一般为5—10岁之间。"年甫十四，依慈门寺道场审禅师听受三阶佛法"。惠恭依从审禅师为师，大概在武德末年。此时信行弟子本济的徒弟道训、道树仍在慈门寺传播三阶教。惠恭于慈门寺"苦行精诚，年逾十载"。然细观碑文，惠恭似乎于此十年当中又从另一禅师习禅三载。碑文称："……禅师者，佛法之机衡，幽途之炬烛。心滋有待，智入无端。名称普闻，众所知识。"此段落颇费思量。从语气看，不像是对审禅师的赞语。因其特意标示法号，另起称呼，似指另一禅师为妥。下文复云："稽首接足，亲承问道，摄念归依，习禅三载。"因前已讲过皈依审禅师之语，故再言"归依"必指另一僧无疑。那么，这另一禅师指谁？有两种可能：一指本济弟子道训或道树；二可能指化度寺僧邕。惠恭移住法门寺后，"上士稽首，中

---

① 道宣《续高僧传》卷一八，《大正藏》第50卷，第578页中。
② 下文引用的《法门惠恭大德之碑》碑文以及详细分析，参见杨维中《唐初三阶教大德惠恭行历及其佛学思想》，载《经典诠释与中国佛学》，北京，宗教文化出版社，2006。

庸归命",影响逐步扩大。数年后,惠恭觉得"惠日明代,非开寂灭之域,遂别安禅院,清净住持"。至此,方才与三阶教僧不与别宗僧人杂居的规定相合。三阶禅院的建立,说明法门寺三阶教僧人已有了相当数量,信徒已较广大,且于法门寺佛事中占据相当地位。是为惠恭法门寺站稳脚跟的标志。

显庆元年(656),高宗敕令法门寺僧惠恭、意方主持整修佛塔,并"施绢三千匹",以为供养。1987年出土于法门寺塔下地宫中室右壁顶部的惠恭"支提之塔"残碑,仅碑铭尚存,文曰:"大唐岐州岐阳县法门寺检校佛塔大德惠恭支提之塔"。由此可证,唐高宗曾敕封惠恭为"检校佛塔大德"之号。至永昌元年(689),惠恭大德于法门寺内立碑,时年70岁左右。立碑之举费解处有二:一是碑文之叙述人称;二是立碑动机。碑铭称为"[法]门惠恭[大]德之碑",碑尾又署"法门寺僧惠恭树",文内又有不少颂扬溢美之辞。从碑刻署名看,应为自我立碑。这种自我颂扬的做法甚为罕见,与信行弟子裴玄证的做法相仿。

武周时期的净域寺有三阶僧法藏。释法藏,俗姓诸葛,苏州吴县人。12岁出家,伏膺净域寺钦禅师。法藏对于信行之教旨"守而勿失,作礼奉行",以为"镕金为象,非本也;裂素抄经,是末也。欲使贱末贵本,背伪归真,求诸如来,取诸佛性。三十二相、八十种好,众生对面而不识,奈何修假以望真?"①净域寺法藏亦得武后崇信,"如意元年,大圣天后闻禅师戒行精最,奉制请于东都大福先寺检校无尽藏。长安年又奉制请检校化度寺无尽藏。其年又奉制请为荐福寺大德。"②有学者③误以为"检校"为"检抄"之意,似乎武后曾下令大规模地清理三阶教寺院的"无尽藏",实则是一种管理职务。法藏于开元二年(714)十二月十九日圆寂,春秋七十八。

————————
①② 田休光:《法藏禅师塔铭并序》,《全唐文》卷三二八,第3329页,中华书局影印本,1983。
③ 参见汤用彤《隋唐佛教史稿》,第198页,北京,中华书局,1982。

综合言之,信行圆寂之后,三阶教的影响是逐步扩大的。信行在京师于五所寺院建立了三阶禅院,至唐初以及高宗、武周时期,长安以及周边地区设有三阶教禅院的寺院越来越多,如法门寺、慈悲寺、净域寺等等。

从现存的史料看,唐代的开元、贞元时期是三阶教兴盛的时期,著名的三阶教僧人很多,但记载都较为简略,在此不予赘述。

三、三阶教的典籍

关于三阶教的教典,隋唐经录的记载颇有差别。① 最初记载者是隋费长房,他在《历代三宝纪》卷十二中记载:"《对根起行杂录》三十二卷,《三阶位别录集》三卷,右二部合三十五卷,真寂寺沙门释信行撰。"② 唐初道宣在《续高僧传·信行传》卷十六记载:"乃撰《对根起行》、《三阶集录》及山东所制众事诸法,合四十余卷。"③ 而在《大唐内典录》卷十记载:"隋朝真寂寺沙门释信行撰《三阶集录》将四十卷;《对根起行杂录集》三十五卷,《三阶位别录集》四卷。"④ 从道宣的表述看,《三阶集录》似乎是信行所撰集的三阶佛法著述的总称。另外,道宣在《续高僧传·本济传》中曾经将信行在相州编集的著述总称为《人集录》。

唐高宗时期的唐临所撰《冥报记》在信行传中记载:信行于相州"乃钞集经论,参验人法所当学者,为三十六卷,名曰《人集录》。开皇初,左仆射齐公,闻其盛名,奏文帝,征诣京师,住公所造真寂寺。信行又据经律,录出《三阶法》四卷。"⑤ 而同书在惠如传下加注说:真寂寺"此寺,临外祖齐公所立。常所游观,每闻舅氏说云尔。"⑥ 赞助信行的隋丞相高颎是

---

① 关于此论题,参见杨曾文《信行与三阶教典籍考略》,载《世界宗教研究》1995年第3期。
② 费长房:《历代三宝记》卷一二,《大正藏》第49卷,第105页中。
③ 道宣:《续高僧传》卷一六,《大正藏》第50卷,第560页上。
④ 道宣:《大唐内典录》卷一〇,《大正藏》第55卷,第332页上。此书卷五的记载与此略有差异。
⑤ 唐临:《冥报记》卷上,《大正藏》第51卷,第788页上。
⑥ 同上书,第788页下。

唐临的外祖,而唐临所说又与费长房、道宣所记大致相同。因此,完全可以肯定,信行的著作为两种,即《对根起行杂录集》以及《三阶位别录集》,前者应该是在相州编集而成的经典的总称,也称之为《人集录》,后者则是至长安之后编成的,也称之为《三阶法》或《三阶佛法》。

关于信行的著述记载混乱是由《大周刊定众经目录》开始的。《大周刊定众经目录》卷十五在"伪经目录"下记录如下:"《三阶集录》一部四卷,《三阶集录》一部二卷,《大乘验人通行法》一卷,《对根浅深发菩提心法》一卷,《末法众生于佛法内废兴所由法》一卷,《对根浅深同异法》一卷,《学求善知识发菩提心法》一卷,《广明法界众生根机法》一卷,《略明法界众生根机法》一卷,《世间出世间两阶人发菩提心法》一卷,《十种恶具足人回心入道法》一卷,《行行同异法》一卷,《当根器所行法》一卷,《明善人恶人法》一卷,《就佛法内明一切佛法一切师外道法》二卷,《三十六种对面不识错法》一卷,《根机普药法》二卷,《十大段明义》二卷,《大乘无尽藏法》一卷,《毗发愿法》一卷,《人情所行行法》一卷,《大众制》一卷。"①此后有一说明:

> 右三阶杂法二十二部二十九卷。奉证圣元年恩敕,令定伪经及杂符箓等遣送祠部进内。前件教门既违背佛意,别构异端,即是伪杂符箓之限。又准圣历二年敕,其有学三阶者,唯得乞食、长斋、绝谷、持戒、坐禅,此辄行皆是违法。幸承明敕,使革往非,不敢妄编在于目录,并从刊削以示将来。②

这一条说明,信息很丰富,也很受三阶教研究者重视。首先,著录的三阶教典籍达22部,但总卷数仅仅29卷。第二,记载了武后两次下诏禁断三阶教之事。第三,这是隋唐经录中首次将三阶教典籍列入"伪经录"之中。

---

① 明佺等:《大周刊定众经目录》卷一五,《大正藏》第55卷,第474页下—475页上。
② 同上书,第475页上。

据唐代智升《开元释教录》卷十八记载有三十五部四十四卷,其名目如下:

《三阶佛法》四卷(《内典录》云三阶别集四卷者,即此是)

《十大段明义》三卷(《长房录》云《三阶别集》三卷者即此是)

《根机普药法》二卷(《大周录》中除此之外,更有《三阶集录》二卷者误)

《三十六种对面不识错法》一卷(《明一切三十六种对面不识错》)

右三阶法都有四部,初是四卷三阶,次是三卷三阶,三是两卷三阶,后是一卷三阶,后之三本入《集录》数。

《大乘验人通行法》一卷

《对根浅深发菩提心法》一卷(上加"明诸经中"四字)

《对根浅深同异法》一卷(同前加四字)

《末法众生于佛法内废兴所由法》一卷(上加"明诸经中对根浅深"八字)

《学求善知识发菩提心法》一卷(明世间五浊恶世界末法恶时十恶,众生福德下行于此四种具足人中谓当三乘器人,依诸大乘经论,学求善知识学发菩提心,一卷)

《广明法界众生根机法》一卷(广明法界众生根机上下起行浅深法)

《略明法界众生根机法》一卷(略明法界众生根机上下起行浅深法)

《世间出世间两阶人发菩提心法》一卷(明诸大乘修多罗内世间出世间两阶人发菩提心同异法)

《世间十种恶具足人回心入道法》一卷(明十种恶具足人内最恶人回心入道者断恶修善法也)

《行行同异法》一卷(明世间出世间人行行同异法)

《当根器所行法》一卷（明佛灭度第二五百年以后一切最大颠倒最大邪见最大恶众生当根器所行法）

《明善人恶人多少法》一卷（明佛灭度一千五百年以后善人恶人多）

《就佛法内明一切佛法一切六师外道法》二卷（就一切佛法内明一切佛法六师外道法同异）

《明大乘无尽藏法》一卷

《明诸经中发愿法》一卷

《略发愿法》一卷

《明人情行法》一卷

《大众制法》一卷

《敬三宝法》一卷（明诸经中对根起行浅深敬三宝法）

《对根起行法》一卷（明一切众生对根上下起行法于内有五段）

《头陀乞食法》一卷（依诸经论略抄头陀乞食法）

《明乞食八门法》一卷

《诸经要集》二卷

《十轮依义立名》二卷（大方广十轮经学依义立名）

《十轮略抄》一卷（大方广十轮经入集录略抄出）

《大集月藏分依义立名》一卷（大集月藏分经明像法中要行法人集录略抄依义立名）

《大集月藏分抄》一卷（大集月藏分经明像法中要行法人集录略抄出）

《月灯经要略》一卷

《迦叶佛藏抄》一卷（明一切出家人内最恶出家人断恶修善法如迦叶佛藏经说）

《广七阶佛名》一卷（观药王药上菩萨经佛名一卷）

《略七阶佛名》一卷

已上三阶法等于中多题"人集录"字,其广题目具如脚注。①

其实,智升说得很清楚,所谓上述三十五部四十四卷,其实就是两部书,即《三阶佛法》和《人集录》,前者是四卷,其余的都算入《人集录》之中。由此可见,《大周录》之后三阶教典籍数量的增多是将《人集录》分割抄写流通的缘故。

关于前述经录的这些著录,智升有一评论:

> 右《三阶法》及《杂集录》,总三十五部四十四卷,隋真寂寺沙门信行撰(《长房录》云总三十五卷,《内典录》云都四十卷,《大周伪录》但载二十二部二十九卷,并收不尽。其《三阶兴教碑》云四十余卷,而不别列部卷篇目。今细搜括具件如上)。②

智升所说的《三阶兴教碑》是指中宗神龙二年(706)越王李贞撰写的《信行禅师兴教碑》。依照智升的叙述,《人集录》应该是由若干小部经典组成。现在的问题是,《大周录》和《开元释教录》所记载的这些小部经典的名称是一开始就有的,还是以后逐渐增加题目单独流通的?

现存的敦煌三阶教文献中有一种被称之为《人集录都目》的文献,标号为 P.2412R2 号,列出了三阶教经典的题名。尤其是近年来发现于陕西淳化县的金川湾石窟遗址被考订为三阶教石窟。根据张总等的考辨,此石窟东壁所刻为信行编集的三部经,分别是《明诸经中对根深浅发菩提心法》一卷、《明诸大乘修多罗中世间出世间两阶人发菩提心同异法》一卷、《大集月藏分经略抄出》一卷;西壁所刻为信行编集的经典,是《七阶佛名经》。这四部经典的名称都见于上引智升的著录中。至于此石窟形成的时间,学者依据此石窟"西壁《金刚经》等下存有两行施主题名,是任'左戎伟兵曹参军'的某官员书写布施。由于此官职仅存在于龙朔二年至咸亨元年间,所以此窟的年代约可断定在公元

---

① 智升:《开元释教录》卷一八,《大正藏》第 55 卷,第 678 页中一下。
② 同上书,第 678 页下。

662年至670年之间。"①这一时间也是唐临写成《冥报记》的时间。综合这些材料基本可以断定，《人集录》至少在唐初时期已经以不同"经"题的单行本流传。

尽管三阶教典籍于唐末之后散失不传，幸赖敦煌遗书以及日本古寺中保存了不少抄本。近百年来，日本学者在恢复校刊三阶教典籍方面作出了卓越的贡献。依据现在的整理研究，基本复原了《三阶佛法》的原貌，而《人集录》的大部分也得以恢复。将敦煌三阶教文书与日本古寺所藏的三阶教文献汇总，总共排列出41种文献。此"四十一种文献是现存的或者可认为现存的三阶教抄本的全部。其中，有同一文献分为数种抄本而重复收录的现象。因此，将这些抄本再作整理的话，现存三阶教文献的数目则为二十九件完本或残卷。"②如果对这些文献进行细致的研究对照，有可能恢复《人集录》的基本面目。

第二节 三阶教的基本教义及三阶僧的行持

关于信行三阶佛法的基本内容，唐临的《冥报记》有一概括颇为精审："其大旨，劝人普敬，认恶本，观佛性，当病授药，顿教一乘。自天下，勇猛精进之士，皆宗之。信行尝头陀乞食，六时礼拜，劳力定心，空形实智而已。"③可见，"普敬"和"观佛性"以及"头陀行"是其基本的内容，此外还有"无尽藏"的社会服务体系。本文则从"对根起行"与"普敬之法"、三阶教的经典观以及"无尽藏"、头陀行等方面来概述三阶教的基本教义以及三阶僧人的行持。

---

① 张总：《陕西新发现的唐代三阶教刻经经窟初识》，见《唐代宗教信仰与社会》，第172页，上海辞书出版社，2003。
② [日]西本照真：《敦煌抄本中的三阶教文献》，《戒幢佛学》第2卷，第203页，长沙，岳麓出版社，2002。
③ 唐临：《冥报记》卷上，《大正藏》第51卷，第788页中。

一、"对根起行"与"普敬之法"

三阶教有两个基本的理论前提:一是"对根起行",二是时当"恶世",这两条构成了三阶教义的基本依据。唐释怀感在《释净土群疑论》卷四中说,信行"禅师立教之意,以当根佛法为宗"。① 隋费长房也说,其"虽曰对根起行,幽隐指体标榜"②,这些概括都抓住了三阶教的核心。

信行认为,众生的根性随时不同,因此每一时代就须有适合该时代众生的佛法,而不能一成不变地代代相沿。化度众生时,最重要的原则是依据各时代众生之根性,而教以适当的法门,此即所谓"习当根之业"③,也就是应病予药。信行按照"时"、"处"、"人"三类将释迦成佛以来的佛教分为三个阶段,即所谓"三阶"。

从"时"言之,《三阶佛法密记》卷上说:

> 时别有三:佛在世,佛自主持佛法,位判是第一阶时;佛灭度后一千五百年以前,由有圣人及利根正见成就凡夫主持佛法,位判当第二阶时;从佛灭度一千五百年以后,利根凡夫,戒定慧别解别行,皆悉邪尽,当第三阶时。

可见,信行是把佛在世的时期划为第一阶,把佛灭度后的一千五百年以前的"正法"、"像法"时期划为第二阶,佛灭度后的一千五百年之后划为第三阶。从"处"言之,处有净土、秽土之分。净土是第一阶一乘所依的世界,秽土是第二阶三乘及第三阶世间众生所依的世界。从"人"言之,第一阶是最利根的一乘,包括持戒正见与破戒不破见两种根机;第二阶是利根正见成就的三乘,包括戒见俱不破和破戒不破见两种根机;第三阶则为戒见俱破的世间颠倒众生的根机。信行以为,当时时值末法,处

---

① 怀感:《释净土群疑论》卷四,《大藏经》第47卷,第50页中。
② 费长房:《历代三宝记》卷一二,《大正藏》第49卷,第105页下。
③ 李百药:《化度寺故僧邕禅师舍利塔铭》,《全唐文》卷一四三。

于秽土,人皆破戒破见,故属第三阶。第三阶佛法内唯有一切行坏、体坏、戒见俱破、颠倒一切一种众生。这就是信行对于当时佛法所面对的时世的判定。在《三阶佛法密记》卷上中,信行通过"就行明时"、"就病明时"、"就法明时"数方面的衡定,第三阶众生都是"纯邪无正位"。

依据"对根起行"的原则,信行以为"佛所说经务于济度。或随根性,指人示道。或随时宜,因事判法。今去圣久远,根时久异。若以下人修行上法,法不当根,容能错倒。"[1]因此,三阶教认为,第一阶根机之众生,学一乘法;第二阶根机之众生,学三乘法;而处于五浊恶世的第三阶众生,则只能学"普真普正佛法"即"普法"。日本道忠所著《净土群疑论探要记》卷六曾经引述信行《三阶集录》中的说法:

> 第三阶若学普法,不堕爱憎,不谤三宝,唯有纯意无有损坏。此"普"亦名生盲众生佛法。譬如生盲不分众色,普法亦尔。于一佛乘及三乘法,不论是非,普能信故。于诸贤圣及一切凡夫,莫辨胜劣,俱归敬。

在现存的敦煌卷残卷《对根起行法》中,也有相同的论述:"问曰:同是佛法,何因普法学之纯益无损,别法学之即损益俱有?何义?答:因根别故。有二义:一普法无病,二别法就根。"因此之故,第三阶根机的末法众生,要想得到解脱,信一位佛、念一种经、学一种法,是不行的。甚至"若学一切名相别真别正佛、读经、诵经、讲律、讲论、归僧、度众生、断恶、修善、解行、求善知识、与出家人做师僧、上座、寺主、法师、律师、论师、禅主及章疏问答人"等等,不但都不能得到解脱,而且"俱名邪魔六师外道"。[2]必须"普归一切佛尽,归一切法尽,归一切僧尽"[3],必须正学一切普真普正佛法,才能真善成就。为了强调"普法"的意义,信行还提出了所谓"法

---

[1] 唐临:《冥报记》卷上,《大正藏》第51卷,第788页中。
[2] 敦煌本《三阶佛法》卷三,第4页,《大藏经补编》第26册,第270页,台北,华宇出版社,1986。
[3] 敦煌本《对根起行法》,第4页,《大藏经补编》第26册,第329页。

界七普":"普凡普圣、普善普恶、普邪普正、普大乘普小乘、普空普有、普世间普出世间、普浅普深。"①一言以蔽之,所谓"普法"之"普"就是普遍归敬一切,甚至包括处于五浊恶世中的三阶众生。

依据《对根起行法》所载,三阶佛法主要有三项内容:"普敬"、"认恶"和"空观"。"普敬"是先礼敬众生之本体,从而普敬一切具有如来藏的众生。"认恶"是体认第三阶众生之颠倒错谬,也就是体认一切利根空见有见众生,行坏体坏,戒见俱破。"空观"是体认所学一切解行之毕竟空寂而无所得。上述法门的实质在于,不论一乘、三乘之是非,不承认一切圣贤凡夫之胜劣的区别,普遍皈依大小乘,普遍皈依一切根机的众生。这种"普敬"之法来源于《维摩诘经·香积佛品》:

> 菩萨成就八法,于此世界行无疮疣,生于净土。何等为八?饶益众生而不望报,代一切众生受诸苦恼,所作功德尽以施之,等心众生谦下无碍,于诸菩萨视之如佛,所未闻经闻之不疑,不与声闻而相违背,不嫉彼供不高己利,而于其中调伏其心,常省己过不讼彼短,恒以一心求诸功德。是为八法。②

信行为此"八法"找到了佛性论依据,于是将其改造为:

> 一切八种佛法:一者,如来藏佛性;二者,普真普正佛法;三者,无名相佛法;四者,以圣法中拔断一切;五者,悉断一切诸语言道佛法;六者,一人一行佛法;七者,无人无行佛法;八者,五种不忏尽佛法。③

信行在这里所说的"八法",其核心是"一人一行佛法"。"一人者,自身唯是恶人;一行者,唯《法华经》说常不轻菩萨唯行一行。"④明知其为恶众

---

① [日本]矢吹庆辉:《三阶教之研究》,第475页,东京,岩波书局,1927。
② 鸠摩罗什译:《维摩诘所说经》卷下,《大正藏》第14卷,第553页中。
③ 敦煌残本《三阶佛法》卷三,第9页,《大藏经补编》第26册,第274页。
④ 敦煌本《对根起行法》,第25页,《大藏经补编》第26册,第351页。

生,仍然须敬拜他们。何以故？三阶教认为,一切法是从唯一的如来藏展开的,所有的人都具备如来藏佛性,因此一切人都无有差别,应该将所有人都当做如来藏佛、佛性佛、当来佛而归敬。这种"普佛"思想必然成为对一切人不分爱憎轻重的普敬思想。其理论根基是"当果佛性论",但却是加以曲解而套用的。敦煌残卷《普法四佛》中说：

> 所谓正因佛性,言一切法界众生通凡及圣皆有此性,一切诸佛菩萨亦同有此性。从极果立名,故名佛性。然此佛性非因非果,在因名因,在果名果……佛性义者,与法界常果收法界常因,故名佛性。从佛果向因,总收尽,故名佛性。①

从众生皆可成佛的果位观之,众生本具成佛之因性。因此,从极果立名、以果收因,则含生皆具佛性,皆是佛。既然众生均具佛性,那么不管其善恶、根机多么不同,一律平等,了无差别。因此,修三阶佛法之人必须普敬一切众生。众生"虽现无量恒沙功德,当来具足恒沙功德,举真无别"②,因此敬"人"就是敬佛、敬如来藏。三阶教经过这样一种看似合理的思辨,即为其"普敬"之法找到了理论支点。其实,成佛的可能性并不等于现实性,作为本来的如来藏并不等同于具有如来藏的个体。这种有意的混淆扭曲,导致了宗教实践的某种"异端"色彩。这也是三阶教之所以被当时其他教派视为"邪法"的原因之一。

与隋唐大多数佛教宗派的情形类似,三阶教也吸收了唯识学的理论来说明如来藏佛性说。敦煌残卷《普法四佛》中说："如来藏体性真实,于一切名相作而不作,故亦名阿赖耶识。"此"真实"之如来藏为诸法相之本体。换言之,"法界名相依如来藏住,如一切波依于水故。由有如来藏故,有法界名相。"③"心"与"法相"是非一非异的关系。《普法四佛》对此

---

① 敦煌残本《普法四佛》,第5页,《大藏经补编》第26册,第423页。
② 敦煌本《对根起行法》,第31页,《大藏经补编》第26册,第357页。
③ 敦煌残本《普法四佛》,第1页,《大藏经补编》第26册,第419页。

解释说：

> 法界名相即是如来藏体，相外无别体故，如一切波即是其水，波外无水故。但法界名相由一切善恶业生故，不由如来藏起。如来藏功能作用周遍法界，与一切名相作依持建立本。然如来藏异于一切名相，唯藏是体，名相非体故。①

从现存三阶教典籍看，信行的思想受《大乘起信论》影响很深，如信行所说："心性不动，亦无所依，无形无相，名解脱相；圆满不动，空如如相；若觉心空，名空入门，更无思想门，心性起无作门。知心无碍，本非系缚，名解脱门；心寂灭，名涅槃门；心无变异，名真如门。"②总之，"此一心法，随义立名，无住无本"。③"心"是纯净无染、圆满不动的本体。因此，"一切圣心为圣道"④，只是由于众生于"无心法起分别名烦恼"⑤，才将世间诸法认定为实有。

应该注意，信行对于"识"、"智"也有较为独特的说法。尽管有时其典籍亦将如来藏自性清净心等同于阿赖耶识，但也同时说"就理心二本说，藏即理，世识即心也。藏为真也，识为俗也。""藏识海常住，境界风所动。种种诸识浪，腾跃而转生。"⑥这里，"藏"即如来藏，"藏识"即第八识。而《对根起行法》中又有"性八识"、"智八识"的说法。其文说："性八识，本识幡真成妄，对缘作六七。……本识者，即如来藏佛性是；对缘识者，于内有二种：一者，对缘随染识；二者，自心缘不觉识。"⑦此处所说的"对缘随染识"指第六识，"自心缘不觉识"指第七识。与"性八识"相对应的是"智八识"，其文说："智八识者，本识覆妄成真，名之为真。与内有二种：一者，治惑智；二者，对缘不染智。治惑智者起惑□，幡愚成智。对缘

---

① 敦煌残本《普法四佛》，第1—2页，《大藏经补编》第26册，第419—420页。
②③④⑤ 敦煌本《信行口集真如观起序》卷第一，第5页，《大藏经补编》第26册，第410页。
⑥ 敦煌残本《普法四佛》，第2页，《大藏经补编》第26册，第423页。
⑦ 敦煌本《对根起行法》，第29页，《大藏经补编》第26册，第355页。

不染智者,有二种:一者,对缘不染智;二者,废缘谈体智。"①此"智"中,与六识对应的眼、耳、鼻、舌、身、意皆为"对缘不染"的"六智识"。"废缘谈体智"名为第七智,即"眠睡不觉,由有智在"②。在此,三阶教义认为,阿赖耶识也具有妄性,可"幡真成妄",具生起功能。而"智八识"则是纯净无妄的,可"幡愚成智"。即便是通常被说成为"妄"的六识,也可由"性六识"转为"六智识"。从一些材料看,信行似乎将"识"看成一体两面,因而转识成智乃是在同一本体上完成的。

在前述佛性思想的基础上,三阶教义认定,佛有两种:"一者,以当真佛,以真摄应,佛义具足尽……二者,以当应佛,以应摄真。"三阶教皈依的佛有五种,即"真佛"、"应身佛"、"形像佛"、"邪魔佛"(外道诸神、佛菩萨所变应身)、"普真普正佛"。而"普真普正佛"又有四种,即"如来藏佛"、"佛性佛"、"当来佛"、"佛想佛",即所谓"普法四佛"。依三阶教教义所说:一切迷于现实的众生,从其本有可以为佛的可能性即如来藏或佛性来看,都是佛,因此一切众生即为"如来藏佛"和"佛性佛";众生这种可能性开发实现之时,众生便成为佛,因此一切众生都是"当来佛"。对一切众生皆作佛想,因此一切众生都是"佛想佛"。由于世界众生无不为佛,因此"四佛"("如来藏佛"、"佛性佛"、"当来佛"、"佛想佛")实际是一"普佛",这就是普佛思想。

关于"普佛"的实质,如唐道镜、善道共集的《念佛镜》中说:"三阶法中,见形象及以诸经不多恭敬,为是泥龛。四生众生是真佛故,所以恭敬。"③对此,《念佛镜》反驳说:"云何三阶难云:一切形象是泥龛,食来不合吃。一切牛驴是真佛,食来即合吃。一切形象是泥龛,衣服供养不合著。一切众生是真佛,昆虫上得衣。云何合著?一切众生是真佛,不合损。一年之中损生无头数,杀佛之罪如何除得?一切众生是真佛,身合

---

①② 敦煌本《对根起行法》,第29页,《大藏经补编》第26册,第355页。
③ 道镜、善道:《念佛镜》卷末,《大正藏》第47卷,第127页上。

安置胜妙处？自身既在好房舍，佛在下恶处，岂成平等？"①也许这些指责，有其夸饰之处，但说三阶教的"普佛"思想是将归敬对象由佛菩萨像转移到了"众生"上，大概不会大错。

二、三阶教的经典观及其失误

信行明确地反对读经、诵经、讲经，当然这里指的是"别派"之经，而并不包括三阶教的典籍在内。对于佛经、义理的疏远是三阶教最大胆、最具反传统色彩的主张和做法。敦煌残卷《三阶佛法》卷三中说，"若学一切名相、别真别正佛、读经、诵经、讲律"等等，"俱名邪魔外道"。唐释怀感在《释净土群疑论》中也说：

> 如三阶禅师等，咸以信行禅师是四依菩萨，于诸大乘经中撰集《三阶集录》言："今千年已后第三阶众生唯合行普真普正佛法，得生十方佛国。若行别真别正佛法及读诵大乘经等，即是不当根法，堕于十方地狱"。②

信行对于读诵佛经的态度很是决绝，就连载有三阶教僧人所信奉的"常不轻菩萨"事迹的《法华经》也一概反对诵持。这一点也被大部分后继者所继承。如唐代僧孝慈就是很好的一例：

> 慈门寺僧孝慈，年可五十。幼少已来依信行禅师，说三阶法，以修苦行。常乞食为业，六时礼忏，着粪扫衣，随所住处，说三阶佛法。劝诱朦俗，并说三阶佛法。时常言："不合读诵大乘经。读诵者，入十方阿鼻地狱。急须忏悔。"后于一时在岐州说三阶佛法，于时有一优婆夷持《法华经》，又劝有缘同持《法华经》。其禅师劝彼持《法华经》优婆夷等言："汝等持《法华经》，不当根机，合入地狱。"劝令

---

① 道镜、善道：《念佛镜》卷末，《大正藏》第47卷，第127页中。
② 怀感：《释净土群疑论》卷三，《大正藏》第47卷，第48页上。

舍诵。①

另外,武周时期的净域寺法藏也是如此。法藏对于信行之教旨"守而不失,作礼奉行",并且以为"镕金为像,非本也;裂素抄经,是末也。欲使贱末贵本,背伪归真,求诸如来,取诸佛性。三十二相、八十种好,众生对面而不识,奈何修假以望真?"②

其实,信行不是反对信众读诵经典,而是要将信众读诵的内容转移到三阶佛法上来。三阶教典籍是信行抄录共约四十种佛经编写而成的。对于这一问题,信行有一说明:

  问:"抄出三阶佛法,为经中有,故抄出?为经中无,故抄出?若尔,何失?若经已有,何须抄出?若经中无,何须抄出?"

  答:"有同有异。同故得抄出。异有三义:一者,所为人不同。二者,所说法不同。三者,为人说法广略、兼正不同。佛为第一阶、第二阶上根人说出世义,微细、浅近,真身、应身,一乘、三乘、大乘、小乘,普、别俱说。为第三阶位上邪见成就不可转人说世间义,不为说真实法出世义。今正为第三阶位前人说出世义,兼为第一阶、第二阶下根人同说普正普真佛法。又广、略不同。佛广说为第一阶、第二阶,略说第三阶。今广说第三阶,略说第一阶、第二阶。故须别为第三阶人抄略广说普正普真佛法。"③

信行以为,佛所说经、所说法主要是针对第一阶、第二阶众生,虽也有针对第三阶众生而宣讲的,但却仅仅涉及"世间义",未说"真实法出世义"。因此,有必要将佛经中专门为第三阶众生而讲的经文摘抄出来,加以新的阐释,号称"别为第三阶人抄略广说"。正因为信行想以自己所摘抄出的典籍代替佛经,所以信行自己大量抄经却反对别人抄经、诵经,日本所

---

① 怀信:《释门自镜录》卷上,《大正藏》第51卷,第806页中。
② 田休光:《大唐净域寺法藏禅师塔铭并序》,《全唐文》卷三二八。
③ 敦煌本《三阶佛法密记》卷上,第11—12页,《大藏经补编》第26册,第297—298页。

传《三阶佛法》卷四有云:"于佛经内,抄前抄后,抄后着前,前后着中,中着前后,当知如是诸恶比丘魔伴侣。"

关于信行对待佛陀经教的态度,唐代佛教界除了前文已经论述的以轮回报应故事来反击之外,怀感《释净土群疑论》中也有理论性较强的批驳。如怀感针对三阶教强调信行"四依菩萨"的身份而相对降低阿弥陀佛的接引度化众生之功的嫌疑而强力反驳说:

> 又法藏比丘,如经所赞,是大菩萨十地圣人,非是地前三贤大士。此即悲智具足,广摄众生,如何发大誓愿,接引有缘极恶众生,令生净土。乃唯以别法发愿,救兹第二阶人,不普法立誓,遂除第三阶者?(三难)为是第三阶人,竟无往生之分?法藏为同败种而愿不摄彼耶?(四难)为是亦合难得生,而法藏不能解垂其普教救彼第三阶者,除而不取其人耶?(五难)为复解而不说,惜法不教众生,悲心不及此人,不摄令生净土也?(六难)为是虽具悲智,直为此类难化成,我今不能度彼,付与信行禅师?(七难)为是第三阶者,菩萨无缘,唯有弘诲禅师有缘,偏能救度?且夫大唐内逢禅师之教者,可得生于西方,东西二洲五天竺国三千刹土百亿四天下第三阶众生无逢禅师之教者,将何以生净土也?①

这一段反驳,其核心是:"而子但欲赞禅师于上圣之上,抑世尊于凡下之下。"这当然是佛教主流所不能接受的。

对于信行以自己抄录的经集来代替佛经的做法,怀感也作了较为详细而有力的批驳。怀感说:

> 又佛为第二阶众生说观经等教,三千世界第二阶人依此教门修行,悉得生于净土。佛不为第三阶众生别说普经一卷,诸佛同舒舌证法藏大士,复不别发普愿,为此第三阶人。百亿四天下所有三阶

---

① 怀感:《释净土群疑论》卷三,《大正藏》第47卷,第45页下。

众生，不逢《三阶集录》普不得生净土。虽复读诵众经，不是四依菩萨，难解采拾普教，咸悉流浪娑婆，故知佛可为三阶众生别说《普经》一卷，令无信行禅师之处众生生于西方。世尊不说此经，深成大失也。又《无量寿经》是于别教，大师以慈悲经道灭尽特留住世百年，何因普教当末运，不留普法化生？别教教非恶时，乃留别经损物，大悲救苦之主，岂宜如此逗机？①

这一段讽刺挖苦，怀感的态度跃然纸上。怀感又说："而信行禅师更能垂巧方便，陈于普真佛法，救得第三阶人，即慈悲胜于释迦，智慧过无量寿，即于无上调御翻成有上世尊，无等等者便成过等正觉，即信行禅师乃应胜佛者也。"②总而言之，"若言普法非佛所说，故禅师是说诸佛不说之经，度诸佛不度之者，禅师非佛，何能说经耶？又何因言，依诸大乘经撰集《三阶级集录》？若诸大乘经有普教别教，普不言道留，乃是今时佛法，别教经言止住，而学不当根，反大圣之慈悲，异如来之化导。既无圣教，孰辨正邪？"③怀感坚定地说："劝诸学流，审谛圣旨，勿得自误，复误余人，令诸大乘微妙经典绝行于世。将为毒药，是地狱因，灭正法眼，何其颠倒？可伤之甚！"④

如果将信行及其三阶教对待佛经的态度与后来的六祖慧能联系起来，信行的做法的意义就可以充分凸现出来了。但是，其结局却是如此不同。信行基本上是失败了，而慧能及其弟子却成功地将禅系由《金刚经》传宗改为《坛经》传宗。其中的经验和教训都是值得认真总结的。

不过，也许由于反对者的刺激，唐代的三阶僧对于佛经的态度似乎有所变化。有两个例子可资说明。第一个例子是1987年发现的唐永昌

---

①② 怀感：《释净土群疑论》卷三，《大正藏》第47卷，第46页上。
③ 同上书，第48页 a。
④ 同上书，第48页 c。

年树于法门寺的《法门惠恭大德之碑》①，第二个则是金川湾石窟的刻经。

《法门惠恭大德之碑》的碑阴刊刻了《佛遗教经》、《般若心经》，且在碑文中明确言及目的在于"昭其未悟"，碑文有云："道存□□，□执油于副墨"；"理归微渐，见法雨于临墀"；"寂静律仪，则睹文齐相；澄清等忍，则观义忘言"。此可看作其刻经的理论宣言。其中，最后一句论"相"与"文"、"言"与"义"的关系，认为可以借助文字观相，也可凭借言悟义，不过最终须得意忘言而已。第一句中，"副墨"指文字，源于《庄子·大宗师》："南伯子葵曰：'子独恶乎闻之？'曰：'闻诸副墨之子。'"第二句中，"墀"意为高台，在此指讲台、讲堂。这样看来，惠恭的意思很明确，尽管其道隐微难言，但完全可通过文字得其真意，亦可于讲经、诵经中得其旨归。正因为如此，惠恭于碑文中写道："碑若天工，字凝神运，密严显迹，含性招训。"不过，惠恭为何专刻《佛遗教经》和《般若心经》呢？可能有三条原因：一是，这两部经都很短小，便于纳于一石；二是，《遗教经》讲"以戒为师"，《般若心经》讲"般若空观"，"戒"与"空观"均为三阶教义所重；三是，这两部经都是唐初教界及朝廷所重。

陕西淳化县金川湾石窟西壁刻有《金刚经》和《法华经》全文。而如前所述，此石窟的其他部分内容则刊刻的是信行所集的经籍和《大方广十轮经》。将前文所举的孝慈劝阻信徒念诵《法华经》的批评相对照，此中的变化亦可见矣。

三、"舍戒归俗"及"头陀行"

三阶教僧人最突出的特征是其舍弃具足戒，以及由此导致的不同于其他僧人的特殊形态。如前所述，信行早在相州时期就舍弃了具足戒，其身份在比丘之下沙弥之上。尤其是，三阶僧团似乎是僧与"俗"（优婆

---

① 下文引用的《法门惠恭大德之碑》碑文以及详细分析，参见杨维中《唐初三阶教大德惠恭行历及其佛学思想》，《经典诠释与中国佛学》。

塞、优婆夷)结合在一起的。

也有一些证据表明,三阶僧团中居士占据了重要地位。譬如敦煌文献《信行遗文·传道书简》中,信行明确地将两位在家信徒与两位出家师并列:

> 自从十七以来,求善知识,至今四十八岁,积满卅二年,唯得相州光严寺僧慧定、相州严净寺僧道进,魏州贵乡县党孙浪彪下王善行、赵州瘿陶县党王凤邕下王善性等四人,誓愿顿舍身命财,直到成佛。修行上事,相续不断。此既有助王国,饶益群生,乞为奏闻,赐垂听许,谨曰。

再如敦煌所传《三阶佛法》卷二说:"又一切空见有见众生,莫问出家、在家,但能依佛教者,皆得出世。何以故?准依摩诃衍经论第十三卷内说,宁出家犯戒,后作出世因缘。准依宝梁经第一卷、迦叶经第一卷等说,于一切出家人内有犯戒者,畏受他一切信施。和南、礼拜等,最大多罪故,返戒还俗。从此以后,毕竟永得出世,验之所以得知,唯除为修道难易不同故,明胜劣不在其限。"

而信行至京师直接影响到本来已在真寂寺为比丘的裴玄证舍戒成为居士。道宣记载说:"证本出家,住于化度。信行至止,固又师之。凡所著述,皆委证笔。末从俗服,尚绝骄豪。自结徒侣,更立科网。"[①]由此可见,他本是僧人,后来跟随信行舍弃僧人身份,以居士的身份弘扬三阶法。

另外,敦煌出土的《三阶教某禅师行状》的描述也是一个确切的舍弃具足戒的例子。文中的禅师说:"不得将死人衣塔下过,除为浣染香熏,应当学。死人衣者破戒死尸也,破戒不合彼圣人袈裟者塔也,行者若除浣财色,染于圣道,急须戒定惠,闻思修香熏,始可得入袈裟之下,应当学。"当时即有晋州一僧,返戒还俗也。

三阶僧的修持,具有鲜明的自家特色。这来源于信行对于佛教原本

---

① 道宣:《续高僧传》卷一六,《大正藏》第 50 卷,第 560 页中。

的修行方式的继承与变革。据现存的《信行遗文》可知，三阶教为末法众生确定的修行方式有四方面："一、行四种不尽行，日日不断地礼佛、转经、供养众生与供养众僧。二、随喜助施。三、依十二头陀，常行乞食。四、依《法华经》行不轻行。"①修行上述四大类法门时，必须日日不断，精进以赴，不断地诵经、布施、苦行等，直到成佛为止。此中，第一、第四两种构成"普敬"的内容，如唐代文献中又如此概括："三阶法中，见形象及以诸经，不多恭敬，为是泥龛。四生众生是真佛故，所以恭敬。"②三阶教对于经像有独特的看法，不主张拜佛而是拜众生。"一切形像是墁龛，食来不合吃。一切牛驴是真佛，食来即合吃。一切形像是墁龛，衣服供养不合着。一切众生是真佛，昆虫上得衣。"③第二种构成"无尽藏"之行，留待下文集中论述。在此，对"头陀行"作一简要叙述。

"十二头陀"即修治身心、除净烦恼尘垢之十二种梵行。"头陀"是苦行的意思。第一，"阿兰若处法"，即远离聚落，住空闲寂静处。第二，常行乞食，即于所得之食不生好恶念头。第三，次第乞食，即不择贫富，次第行步乞食。第四，受一食法，即日仅受一食，以免数食妨碍一心修道。第五，节量食，即于一食中节制其量，若恣意饮啖，腹满气涨，妨损道业。第六，中后不得饮浆，即过中食后不饮浆，若饮之心生乐著，不能一心修习善法。第七，著弊纳（衲）衣，若贪新好之衣，则多损道行之追求。第八，但三衣，但持安陀会、郁多罗僧、僧伽梨三衣，不多亦不少。第九，冢间住，即住冢间，见死尸臭烂狼藉火烧鸟啄，修无常苦空之观，以厌离三界。第十，树下止，效佛所行，至树下思惟求道。第十一，露地住，即坐露地，使心明利，以入空定。第十二，但坐不卧，若安卧，虑诸烦恼贼常伺其便。

信行竭力提倡"头陀行"，现存文献中有不少论述。他在《三阶佛法》卷二将其称为"得苦善"的方法，信行要求三阶教徒就应乞食为生，通过

---

① 此据蓝吉富先生的概括。见其主编的《大藏经补编》第26册，第211页"附录"。
② 道镜、善道：《念佛镜》末，《大正藏》第47卷，第127页上。
③ 同上书，第127页中。

乞食来治"贪心",修持忍辱及慈悲、少欲知足的精神,说乞食有助于修习禅定,可得到很多利益功德。① 他说:"我今乞食,不食僧食及以斋食;不食僧食,僧事不干,不受请唤,不与一切道俗亲友往来,不为世人所缚,是名解脱。"在"常乞食"之外,还有"次第乞食"(不拣贫富,按门户次序乞食)、"一坐食"(一日一食)、"节量食"、"过中不饮浆"、"常坐不卧"、"随敷坐"(到处可铺垫而坐)、"冢间坐"、"树下坐"、"露坐"(在空地露天坐)、"纳(衲)衣"(用别人舍弃的破旧衣服缝制衣服穿,也称粪扫衣、弊纳(衲)衣)、"但三衣"(除常用的大衣"僧伽梨"、中衣"郁多罗僧"、内衣"安陀会"之外,不应有他衣)。此即佛教的十二头陀行,只不过把其中的"在阿兰若处(远离城乡的僻静之处)"改为"随敷坐"。"十二头陀"意为12种可令修行者去掉烦恼的苦行方法。三阶教虽强调苦行,但却反对到远离社会的山林僻远之处修行,因为"一切三宝等,于一切聚落内最多故",当然与其倡导的"普敬"法是一致的。从唐代一些文献的叙述看,三阶僧是普遍实行这一规定的。如《念佛镜》中的归纳说:"三阶法中,不坐僧床,不吃僧食。"又说:"三阶法不许入寺。"②

关于三阶僧的修持,在留存不多的文献中,《续高僧传·德美传》是最珍贵的文献。此文用了很大篇幅叙述德美从事"无尽藏"活动的经历。在结尾又概括地叙述了德美的修持,其文如下:

> 又年经秋夏,常行徒跣,恐蹈虫蚁,慈济意也。或行般舟,一夏不坐。或学止过,三年不言。或効不轻,通礼七众。或同节食,四分之一。如斯杂行,其相纷纶。即目略舒,差难备举。生常辍想,专固西方,口诵弥陀,终于命尽。③

这里所说的修持方法,有坐禅、有头陀行的内容,也有"普敬"七众——比

---

① 参见杨曾文《三阶教教义研究》,载《佛学研究》1994年年刊。
② 道镜、善道:《念佛镜》末,《大正藏》第47卷,第127页上。
③ 道宣:《续高僧传》卷二九,《大正藏》第50卷,第697页中。

丘、比丘尼、沙弥、沙弥尼、式叉摩那、优婆塞、优婆夷的内容。唯一具有不同于信行祖师的地方就是念阿弥陀佛往生西方。而典型的三阶信徒是以地藏菩萨为首先信仰对象的。

四、三阶教的"无尽藏"理论及其实践

"无尽藏"是佛教组织专为支持和发展佛教事业而储藏的财产和物资。其含义如隋净影慧远在《大乘义章》卷十四中所说:"德广难穷名为'无尽',无尽之德包含曰'藏'。"①此做法起源于印度。据《有部毗奈耶》卷二十二"出纳求利学处"的记载,比丘为修补伽蓝而接受无尽施物,然因佛陀曾禁止比丘转售施物,遂将受施之物置于房库中,后施主发现寺院未作修缮,即有所责难,比丘将此事禀告佛陀,佛陀遂指示:若为修补伽蓝,可将无尽施物辗转生利。而《维摩诘经·佛道品》则有"以祐利众生,诸有贫穷者,现作无尽藏"②的说法。这些都为中土佛寺建立类似的尝试提供了合法的依据。另外,一般认为,南北朝时期流行的"伪经"《像法决疑经》中的相关说法,也成为中土建立"无尽藏院"的根据。此经强调集体布施的功德说:"若复有人,多饶财物,独行布施,从生至老不如复有众多人,不问贫富贵贱若道若俗,共相劝他,各出少财,聚集一处,随宜布施贫穷、孤老、恶疾、重病困厄之人,其福甚大。"③因此,中土至迟在南北朝时期就有了"无尽藏"这样的组织,如僧佑《出三藏记集》卷十二说梁武帝造《十无尽藏记》。"无尽藏"的设置目的原在社会救济,即以信众喜舍之财作为基金,在发生饥馑时,借给贫民,借贷时不须立字据,利息极低,且以不定期限方式归还。因此,很受贫苦民众欢迎。

三阶教的创宗者信行就是依据上述说法,将设立无尽藏院作为其弘法的核心之一。尽管无尽藏院并非三阶教的首创,后来佛寺"无尽藏"施

---

① 慧远:《大乘义章》卷一四,《大正藏》第44卷,第742页。
② 鸠摩罗什译:《佛说维摩诘经》卷中,《大正藏》第14卷,第550页中。
③ 《大正藏》第85卷,第1336页中。

也并非全部都是三阶教所为,但是"无尽藏"确实也是三阶教的特色或者标志之一。

在现存的三阶教典籍中,有两篇直接涉及"无尽藏",即《无尽藏法略说》、《大乘法界无尽藏法释》。在《无尽藏法略说》中,信行指出:"无尽藏种子多少者,法别有两:一者,田无尽,所谓供养佛、法、僧及众生,日日常不断是。二者,种子无尽,此明能施人,日日布施,相续不尽,是无尽藏。"在《无尽藏法释》中,信行又说:"一、以无尽藏物施贫下众生,由数得施故,劝发善心,即易可得。二、教贫穷人,以少财物同他菩萨无尽藏施,令其渐发菩提之心。"这是说,对于受施的人来说,由于多次得到布施,激励其发善心即大为便利;而对于布施的人来说,则可以通过布施使其逐渐地发菩提心。这是将"无尽藏施"规定为信众修行的途径之一。三阶教还特别强调,布施不应该仅仅是个人的独自行为,而需要成为集体的事业。因此,三阶教要求每位修行者的思想和行为都必须融化到"无尽藏行"之中,每天至少要"舍一分钱或一合粟",富裕者也可"日别施钱四十分"或"日别施钱十六分"。通过这样的方式,三阶教将传教活动与个人的修行活动紧密地结合了起来。

关于"无尽藏施",从其具体规定看,也并非完全是物质布施。如在《无尽藏法略说》中,信行将其归纳为十六类:

> 一者,学供养佛无尽,礼佛等是。二者,学供养法无尽,转经等是。三者,学供养僧无尽,莫问持戒犯戒,曾供养者是。四者,学供养众生无尽。五者,学总明离一切恶无尽。六者,学总明修一切善无尽。七者,学施香无尽。八者,学施光明无尽,灯烛是。九者,学施洗浴无尽。十者,学施音声无尽,钟呗等是。十一者,学施衣服无尽。十二者,学施房舍无尽。十三者,学施床坐无尽。十四者,学施食器无尽。十五者,学施炭、火无尽。十六者,学施饮食无尽。

这十六类中,前六种大致属于"法布施"的范畴,后面十种则属于僧众修行弘法所需的用品。关于最后一种"饮食无尽",文中另有详细规定:"食无尽者,事别多种:一者,粳米。二者,糯米。三者,面。四者,油脂。五者,粟米。六者,小豆。七者,大豆。八者,柴。九者,作食人。十者,盐酢。十一者,蜜。十二者,姜椒。十三者,胡麻。十四者,酪。十五者,瓜菜诸杂果等。"此中,"作食人"即至寺院为信众等做饭的人。

关于"无尽藏"的用途,过去研究寺院经济的学者喜欢将其当做"高利贷"活动来解释评价,其实是一种误解,其出发点是将这一事物仅仅当做纯粹的盈利活动。唐韦述撰《两京新记》卷三"化度寺无尽藏院"条说:

> 寺内有无尽藏院,即信行所立。京城施舍,后渐崇盛。贞观后,钱帛金绣,积聚不可胜计。常使各僧监藏,供天下伽蓝修理。燕、凉、蜀、赵,咸来取给。每日所出,亦不胜数。或有举便,亦不作文约,但往至期还送而已。

公元 978 年成书的《太平广记》卷四九三则证明了《两京新记》中的资料,并且作了某些具体澄清:

> 化度寺置无尽藏,贞观之后,舍施钱帛金玉,积聚不可胜计。常使此僧监当,分为三分:一分供养天下伽蓝增修之备,一分以施天下饥馁悲田之苦,一分以充供养无碍。士女礼忏,阗咽舍施,争次不得。更有连车载钱绢,舍而弃去,不知姓名。①

这两则材料都提及了"无尽藏"的三种用途:其一,供增修天下佛寺。其二,充作救济贫困之资财。其三,作为举办法会供养僧众的斋品。而从实际用度看,长安化度寺的无尽藏施舍范围,东至河北、河南,西至甘肃、四川。不仅如此,三阶教还不时地举办类似于印度"无遮大会"的覆盖全国的普施大会。贞观二十三年(649),京师无尽藏院举行无尽藏施,普施供养全国僧俗。则天武后如意元年(692),又于大福先寺举行无尽藏施。

---

① 《太平广记》卷四九三,第 4047 页,北京,中华书局,1961。

长安年间(701—704)、景龙二年(708)、景龙四年(710),化度寺分别举行无遮大会,普施全国僧俗。

上述"无尽藏"的三项用度中,最受当时社会和朝廷以及现今学者所诟病的是第二种。从上述记载看,充作信众民用的资财,并不一定要有真正的"文约",到期之后归还与否以及归还多少全凭自觉。这中间的信誉全赖佛教信仰去支撑。因为花费信徒布施的钱物而不知回报,无异于种下恶报的种子,会招来恶报。因此,凡是这种借用,若有可能,信徒一般都会归还,而且依照信仰的要求还会超过当初所取之钱物。这样,在名义上便形成了类似于民间的借贷行为,而且因为归还的钱物可能大大超值,所以被朝廷和民间目之为"高利贷"也是可以理解的。如唐玄宗在其诏书中说:"闻化度寺及福先寺三阶僧创无尽藏,每年正月四日,天下士女施钱,名为护法,称济贫弱,多肆奸欺,事非真正,即宜禁断。"[①]"六月丁亥,诏化度寺无尽藏:财物、田、宅、六畜并宜散施京城观寺。先用修理破坏尊像、堂殿、桥梁。有余入常住,不得分与私房。从贫观寺给。"[②]此诏中所言"多肆奸欺,事非真正"成为后来指责"无尽藏"及其类似活动的常用语。当然这样的指责也与某些寺院以及某些僧人的不恰当行为有关,如南宋人士陆游在其所著《老学庵笔记》卷六中就说过:"今寺僧辄取库质钱取利,谓之长生库,至为鄙夷。"洪迈《夷坚志》卷四十九亦有寺院放款取息,以存款买度牒的记载,其文云:"永宁寺罗汉院,萃众童行本钱,启质库,储其息,以买度牒,谓之长生库。鄱阳并诸邑无问禅律,悉为之。院僧行政择其徒智禧,主掌出入。庆元三年四月二十九日,将结月簿,点检架物,失去一金钗,遍索厨柜不可得,禧窘甚云云。"对于这样的指责,固然可能是事实,但并不能因此而全盘否定佛教"无尽藏"对于佛教本身发展的积极作用以及对于社会的救济扶贫帮困作用。这就如同

---

① 玄宗:《禁士女施钱佛寺诏》,《全唐文》卷二八。
② 玄宗:《分散化度寺无尽藏财物诏》,《全唐文》卷二八。

我们并不能因为有少数僧人犯戒,就说所有僧人都犯戒一样。

上述所引有关三阶教"无尽藏"的文献略显琐碎,而道宣《续高僧传·德美传》较为详细地描述了德美与其师两代三阶僧经营无尽藏的过程和方法,很值得详细地分析一番。

德美之师是慧云寺的默禅师,道宣叙述说:

> 故默之弘奖福门,开悟士俗,广召大众,盛列檀那,利养所归,京辇为最。积而能散,时又珍重。常于兴善千僧行道,期满俵奉,人别十缣,将及散晨,外赴加倍。执事惧少,依名付物。默闻告曰:"何有此理,不成僧义?必若约截,凡圣难知。但当供养,不虑虚竭。"库先无贮物出散,之晨及设大会,七众俱集。施物山积,新旧咸充。时又钦之,谓其志大而致远,故使灵祇冥助也。不然谁能睹斯不惧耶?故自开皇之末,终于大业十年,年别大施,其例咸尔。①

根据此中所说,默禅师常住慧云寺,而受邀至大兴善寺举行类似于印度的无遮大会。此中应注意的是,默禅师所说的充分信任信众之觉悟的"无为"的管理方法。

此中又说:"默将灭度,以普福田业委于美,美顶行之。故悲敬两田年常一施,或给衣服,或济糇粮。及诸造福处多有匮竭,皆来祈造,通皆赈给。又至夏末,诸寺受盆,随有盆处,皆送物往。故俗所谓普盆钱也。"② 关于此中所说的"普福田业"、"悲敬两田",一般可以理解为寺院中所设立的收容、救济贫病大众以及孤苦老人的福利机构,前者称之为"悲田坊",后者称之为"敬田坊",而"敬田坊"也承担供养三宝的任务。过去一般将其看做唐长安年间才出现的,其依据是《唐会要》卷四十九"病坊"中的记载:"悲田养病,从长安以来,置使专知。"③ 其实,这句话的意思是,至长安年之后,政府在寺院办的悲田坊派驻"专使",其设置应该更早。而三阶教僧人所从事的

---

①② 道宣:《续高僧传》卷二九,《大正藏》第50卷,第697页上。
③《唐会要》卷四九,第1010页,上海古籍出版社,2006。

"无尽藏"事业可能是这一事业的最好实践者。从默禅师、德美禅师的实践来看,至迟在隋开皇末三阶教就已开始这样做了。唐玄宗开元五年(717),宰相宋璟认为悲田养病是佛教内事务,国家不应设官。但是他的建议并未被唐玄宗所接受。"开元五年,宋璟奏悲田乃关释教,此是僧尼职掌,不合定使专知。玄宗不许。"开元二十二年(734),唐玄宗下令"京城乞儿,悉令病坊收养,官以本钱收利给之"①,于是养病坊兼官办孤儿院,经费也由国家官本放贷的利息提供。德美先在慧云寺,后来"往住禅定,斯事无殆",他住于禅定寺仍然在从事"无尽藏"事业。

道宣于文中又记载了德美"饭僧"的一则轶事。其文说:

> 大业末岁夏,召千僧七日行道。忽感异人形服率然来,告美曰:"时既炎热,何不打饼以用供养?"美曰:"面易办也。人多饼坏,何由可致?"便曰:"易可办耳。且溲三十斛面,作两日调,饼不坏也。"即随言给,但云多办瓮水,槽多贮冷水。明旦将设,半夜便起打面揿案,鼓动人物。僧俗聚观,惊乱眼耳。须臾打切面已。将半命人煮之,随熟内水,自往搅之。及明行饼,皆讶紧韧,抽拔难断,千人一饱,咸共欣泰。试寻匠者,通问失所。余有槽瓮中饼,日别供僧乃尽,限期一无烂坏。②

这里说的是德美亲自参与打饼,并且经人指点掌握了特殊的技巧。

尽管设置或者重视"无尽藏"并非专属三阶教,譬如隋代嘉祥吉藏也曾经将寺院的财施充"十无尽藏",委付昙献,资于悲敬。③ 上引陆游、洪

---

① 参见《唐会要》卷四九"病坊",第1010页。
② 道宣:《续高僧传》卷二九,《大正藏》第50卷,第697页中。
③ 道宣:《续高僧传》卷一一《吉藏传》说:"时有昙献禅师,禅门钲鼓,树业光明,道俗陈迹,创首屈请,敷演会宗,七众闻风,造者万计,隘溢堂宇,外流四面。乃露缦广筵,犹自繁拥。豪族贵游,皆倾其金贝。清通道侣,俱慕其芳风。藏法化不穷,财施填积,随散建诸福田。用既有余,乃充十无尽藏,委付昙献,资于悲敬。逮仁寿年中,曲池大像,举高百尺,缮修乃久,身犹未成,仍就而居之,誓当构立。抽舍六物,并托四缘。旬日之间,施物连续,即用庄严,岿然高映。故藏之福力能动物心。凡有所营无非成就。"《大正藏》第50卷,第514页)

迈所说也不属于三阶教派。但是,可以肯定,三阶教比其他佛教宗派更重视"无尽藏"的作用。因为从信行开始就将"无尽藏施"作为末法众生得到解脱的必要条件和方法。三阶教通过"无尽藏施",一方面壮大了寺院本身作为弘法所依的物质资源储备,另一方面也起到了巨大的动员民众的作用。譬如见于历史记载的几次由三阶教寺院举办的类似于印度的无遮大会,其他宗派是无法实施的。

　　从修持上说,三阶僧人最有特色的就在于"头陀行"、"舍戒归俗"以及"无尽藏"的实践等等。然而,需要特别强调,单凭实践"头陀行"和"无尽藏"并不能确定其三阶僧的身份,因为这两方面在非三阶教僧人中也不乏其人其事。这就是前文否定相州宝山寺为三阶教发源地的最主要依据。而将数者结合起来,并且承认信行的"教主"或者"祖师"地位,这些条件都具备,才能最终确定其三阶僧的身份。换言之,作为三阶僧的修持特征就在于将数者同时系于一身。从这个角度说,武周时期的"禁断令"确实抓住了根本,如"又准圣历二年敕,其有学三阶者,唯得乞食、长斋、绝谷、持戒、坐禅,此外辄行皆是违法"。① 简单对照即可知,武则天所允许恰恰是三阶僧与其他僧人所可能共有的修持方法,而将上述三阶僧所特有的修持方法除去,将不再是严格意义上的三阶僧人。而在日常方面,三阶僧的突出做法是不与其他僧人混居,而总是"别院居住",而玄宗开元年的"禁断令"恰恰针对的是这一要害。

第三节　三阶教的历史际遇

　　在分析三阶教之历史际遇之前,首先需要对于佛教"主流"的含义作出界定。所谓佛教"主流",即一个时期最为引人注目且获得僧俗各界认可的佛教发展的基本方向。可以姑且以下述要件来衡定:其一,官方是

---

① 明佺等:《大周刊定众经目录》卷一五,《大正藏》第55卷,第475页上。

否认可。其二,佛教界上层僧众及其派别是否认同其为"佛教"之正途。其三,这一发展方向是否能够在较为长远的历史时期获得某种正面的评价。从隋唐佛教宗派来看,略早于三阶教的天台宗以及稍迟一些的三论宗,都在上述三个层面获得支持,因而是名副其实的佛教"主流"的重要组成部分。而三阶教的历史际遇起伏多变,总体上完全不具备上述三个要件。然而,从上文对于信行创立宗派的过程的叙述分析已经可知,信行起先在京城之外传教,其后进入京城一度获得了朝野重臣的支持,然而如后文所述,在信行圆寂仅6年之后,隋文帝下诏禁断三阶教的传播。从此,尽管三阶教的后继者一如既往地力图进入佛教"主流",却始终未获成功。

一、教内对于三阶佛法的议论

从现存的文献中已经可以看出,信行所创立弘扬的三阶佛法在当时就引起了很大争议,如隋代费长房就说过:"信行此途,亦是万衢之一术也。但人爱同恶异,缘是时复致讥。"①而从唐临《冥报记》的一段记述中亦可见出当初的争议情形,其文曰:

> 信行尝头陀乞食,六时礼拜,劳力定心,空形实智而已。每坐禅说法,常见青衣童子四人持花立侍。尝与徒众在堂中坐禅,众人忽闻奇香,光照堂内。相共怪异,谘问信行。信行令问弟子僧邕、惠如。邕曰:"向见化佛从空中来至禅师前,摩顶授记。"如云:"亦摩邕顶授记。"余状与邕说同。后邕典其徒众隐太白山,一旦谓众僧曰:"当与师等还京。"众敬邕皆从之,即下山。夜宿武功,未明便发,谓众曰:"师等努力,今暝必须入城。"日没至漕上,闻鼓音,叹曰:"城门闭矣。"遂宿于逆旅。至昏时,悲泣曰:"无所及矣。"众问其故,不答。明早入城,至真寂寺,而信行昨夜昏时气绝。寺僧怪问邕来,答曰:

---

① 费长房:《历代三宝记》卷一二,《大正藏》第49卷,第105页中。

"在山遥见多人持香花幡盖,从西来入开远门,向真寂寺。邕疑禅师欲去,故来也。昨夜昏时,见禅师导从西去,顾与邕别。故知不及也。"初,京城诸师有疑信行法者,至是相与议。据《付法藏经》,若人通身,过去闻正法故。于是共观信行头骨,两耳正通。乃皆惭悔信服。初,信行徒众居京城五寺,后虽侵广,今犹号五禅寺。①

唐临于文中夹注说:"老僧及临舅说云尔。"可见,这些为三阶教辩护的说法在唐初仍然在流传,传播者定然是三阶教信徒或者是三阶教的同情者。不过,唐初的道宣在记述信行的事迹时并未采纳这些传闻,他在《信行传》中评论说:

> 初,信行勃兴异迹,时成致讥。通论所详,未须甄别。但奉行克峭,偏薄不伦。至于佛宗,亦万衢之一术耳。所著集记并引正文,然其表题立名无定准的。虽曰对根,起行幽隐,指体标榜,语事潜沦,来哲傥详,幸知有据。开皇末岁敕断不行,想同箴勖之也。②

应该说,道宣的评价还是温和公允的。而智升则在《开元释教录》中说:"信行所撰,虽引经文,皆党其偏见,妄生穿凿。既乖反圣旨,复冒真宗。"③显然几乎完全否定了信行的学说和修行方法。不过与怀感所著《释净土群疑论》、怀信《释门自镜录》论说三阶教的言辞相比较,智升的说法并不算最尖锐的。

唐代时期,天台、华严、净土、唯识宗都不约而同地反对三阶教。其中以净土宗和天台宗最为激烈。净土宗方面有怀感《释净土群疑论》、怀信《释门自镜录》,天台宗方面主要是《法华经传记》等,以下略作引述论说。

在留存的唐代涉及三阶教的文献中,以怀感的《释净土群疑论》的评

---

① 唐临:《冥报记》卷上,《大正藏》第51卷,第788页中—下。
② 道宣:《续高僧传》卷一六,《大正藏》第50卷,第560页中。
③ 智升:《开元释教录》卷一八,《大正藏》第55卷,第679页上。

述反驳最为详尽。譬如,怀感设一提问曰:"诸余大德容可误解经文,信行禅师说是四依菩萨,宁容于此圣教亦有错解?"①此下有一大段很长的文字批驳信行的谬解,其中详细者如"然此一释便招七难"②等等,兹嫌繁不录。怀感结论性的话语是:信行"禅师宗途,引文解义,常与圣教一倍相违,下愚未敢见其能处也"。③

与怀感《释净土群疑论》中从教义方面判定三阶教的谬途不同,怀信的《释门自镜录》记录了有关三阶教的许多不利的传闻。如其文曰:

> 慈悲寺僧神昉,少小已来听学《十轮经》,精勤苦行,特异常人,着粪扫衣,六时礼忏,乞食为业,每讲《十轮经》,常说众生不合读诵大乘经,读诵者堕地狱。毕至命终时,生身被地狱火烧,傍身有黑烟气。于时济法寺僧思简亲见此事,信知断学般若,必有恶征见身立验。神都福先寺僧某乙,于一时中忽然命终,遂于业道中见信行禅师作大蛇身,遍身总是口。又见学三阶人死者,皆入此蛇身口中,莫知去处。④

在此书中,怀信叙述三阶教僧人慈门寺僧孝慈,劝令信徒舍诵《法华经》,"遂有数个优婆夷舍持《法华经》,于禅师处众中忏悔持《法华经》罪。其元首劝持《法华经》优婆夷,情中不忍,遂于大斋日禅师为众说三阶佛法。当此之时,座下万人已来。其优婆夷于大众中烧香发愿言:'若某乙持《法华经》不称佛意,愿某乙见身着恶病,令大众共知持《法华经》得此罪报。又愿生身陷入地狱,愿众同见。若某乙持《法华经》称顺佛意,愿禅师亦尔。'当此优婆夷发愿之时,其禅师被神打,失音不语。西高座上唱《集录》者,亦失音不语;更有五个老禅师亦失音不语。其先舍诵《法华经》数人因此便发心诵《法华经》,更生殷重。"⑤这一记载,针对的是三阶

---

① 怀感:《释净土群疑论》卷三,《大藏经》第47卷,第414页中。
② 同上书,第44页下。
③ 同上书,第47页下。
④ 怀信:《释门自镜录》卷上,《大正藏》第51卷,第806页中—下。
⑤ 同上书,第806页中。

教对于读诵佛经的坚决阻止。从下文可知,三阶教是依《法华经》中的常不轻菩萨为修行楷模的,但却不允许其信徒读诵《法华经》,而代之以信行编集的有关三阶佛法的《集录》。前引文中说"西高座上唱《集录》者,亦失音不语",针对的就是这一做法。

针对三阶教既依据《法华经》,又不允许其徒读《法华经》的做法,唐代大概流传了许多针砭这一做法的报应故事,唐临《冥报记》就收录了若干传闻。如文曰:

> 京城真寂寺沙门慧如,少精勤苦行,师事信行。信行亡后,奉遵其法。隋大业中,因坐禅修定,遂七日不动。众皆叹异之,以为入三昧也。既而慧如开目,涕泣交流。僧众怪问之,答曰:"火烧脚痛。"待视疮毕,乃说。众逾怪问。慧如曰:"被阎罗王请。行道七日满,王问:'须见先亡知识不?'如答曰:'欲见二人。'王即遣唤一人,唯见龟来,舐慧如足,目中泪出而去。更一人者,云罪重不可唤,令就见之。使者引慧如至狱门,门闭甚固。使者唤守者,有人应声。使者语慧如:'师急避道,莫当门立。'如始避而门开,大火从门流出,如锻铁者一星迸着如脚,如以被拂之。举目视门,门已闭讫,竟不得相见。王施绢三十匹,固辞不许,云:'已遣送后房。'"众僧争往后房视之,则绢在床矣。其脚烧疮大如钱,百余日乃愈。武德初卒。①

此文中似乎暗示的是信行等三阶教大师。《法华经传记》卷八《绛州孤山西河道场僧》中又记载说:

> 绛州有孤山西河,造立堂舍,多树林木,颇得山居形胜处也。永徽年中,有二人僧同房而住。一人名僧行,行三阶佛法。一人名僧法,行法华三昧。二人要契:"若先亡者,必告生处,如昔无著、世亲。"后僧行先亡,虽思慕之三年,无示告生处。堂有观音像,断食祈

---

① 唐临:《冥报记》卷上,《大正藏》第 51 卷,第 788 页下。

誓，必有感应。僧法断食五日，在堂不出户外。至五日夜，梦有一沙门谓法曰："汝执取我裳角，将见僧行生处。"即执裳角，须臾至地狱，猛火炽燃，不可亲近，铁网七重而覆其上，铁扉四面闭甚固。百千沙门犯净戒、不调身心者，在中受苦。沙门谓防守罗刹曰："此中有沙门僧行不？"答："有。"又曰："欲见。"答："不可见。"沙门语罗刹："昔同行思慕而来。我等佛子，汝如何固惜。"答："若欲见，随意即见。"时，罗刹以锋贯黑炭，示之曰："此是僧行也。"僧法见黑炭流泣："沙门释子，如何受重苦？愿欲见昔形。"时，罗刹唱活，宛如平生，但身体烧烂，谓法曰："吾昔贡高恣犯，汝将救吾苦。"法曰："如何救之？"答："为造《法华经》。"法曰："如何造？"答："一日之中，以可毕其功。"法曰："贫道岂可一日中毕？"答："吾苦不可忍，刹那难过。非一日猛利行，焉得苦息？"尔时，罗刹嗔呵，以锋贯之，投地狱中。法随前沙门而出。梦觉，即日舍衣钵资，雇书生四十人，一日写之，供养礼拜。

其夜又梦前沙门来告："僧行早离地狱苦，近生第二天。"①

上述引文中，以轮回报应说来批驳信行及其三阶教教义，显然将其归之于谤佛、谤佛法的高度，这不仅仅是不能进入佛教主流的问题，其显然是将三阶教当做了"邪说"来看待的。而法相唯识宗的窥基以及华严宗的智俨、法藏等都从自己宗派的立场批评了三阶教，论调较为温和，但不认同三阶教的立场是一致的。

唐代唯识宗的实际创立者窥基在《西方要决释疑通规》中也对三阶教教义，特别是三阶教对于弥陀净土信仰的批评作了较为详尽的批驳。可以通过此文管窥三阶教与诸宗之间的分歧所在。

窥基于"第一疑"项下罗列的是三阶教的说法，其文说："众生流浪，苦事悉经，推究此因，皆由起邪三毒。今者专心念佛，愿往西方，邪毒转增，岂非倒见？何者？娑婆浊界，理合常居，特生厌舍，即邪瞋矣。西方

---

① 僧详：《法华经传记》卷八，《大正藏》第51卷，第86页下。

净土,圣者堪游,不揆下凡,发愿生彼,即邪贪也。所以然者,皆为无明,即邪痴障也。此之三毒,内积心田。设令念佛,感神鬼魔,如何得往净土受生?"①这是说,三阶教认为娑婆世界的众生三毒炽盛,不可能仅仅依靠念佛除去三毒,就连往生西方本身就是三毒的体现。此后,窥基以"通曰"起首,对其做了批驳,兹略。

第二疑是:"业道如秤,善恶必酬。感生已来,造恶非一,如何不受,直往西方?设欲往生,岂不为障?"这是说,众生自从无始以来,造恶业无数,怎么能不承受其果就直接往生西方呢?对此窥基批驳说:"夫造业者,苦乐之报定生。既同凡愚,久积罪因,非谬不委,感今人报,恶业为断不耶?若言已断,今即无恶可除。如其未灭,受生因何不障?三阶行者,悯然而言:'受此生时,诸恶未断。由人业胜,恶不能遮。善报既终,苦果当受也。'更应示云:恶虽未断,人业胜故,不废招生。净业转强,焉能起碍?何者?三归五戒,有漏善因,倒想所牵,入母胎藏,此之劣行,恶所不遮,故得人身。罪已无力,无始正行,及今发心,誓尽苦原,当来作佛。精勤克念,愿生西方。报尽之期,慈悲善友,哀矜护念,使住正心,圣众现前,特生渴仰,乘兹胜因,往彼岂难?勿得怀疑,不修净业。"②由此段文字可见,三阶教与其他宗派的最大分歧在于娑婆世间的"人身"所具之恶是否能够于"此身"除掉的问题。三阶教认为在此身不能除掉恶业,受此恶业阻碍,以此生是不可能往生西方的。而窥基则持相反的看法。

第三疑是:"准今修行,学普为宗。别念弥陀,乃成曲见,翻为障道,不免轮回。何不舍别行,以随修其普?"这一条是说,此世间的"三阶众生"只能修行"普法",而想以念弥陀的方法解脱,只能徒生障碍,不能免于轮回六道。而窥基则反驳说:"仰寻普行,为益极深。大智通贤,方能措意。力微智浅,难以辄行。大圣随机,遣修别行,称根性故,于理无伤。

---

① 窥基:《西方要决释疑通规》卷一,《大正藏》第47卷,第108页上。
② 同上书,第108页上一中。

假别为因,修成普业。"①这一反驳表面看,似乎是抬高了甚至"赞美"了信行所倡的"普行"为"大圣"根机者所为,而不合于当下的众生。然而这一批驳是以其人之道反治其人之身的招数,因为信行之所以倡导"普法",其核心就是"对根起行"。而窥基此说颇有釜底抽薪之效。

第四疑:"夫欲修道,先识苦因,寻苦之原,皆由恶业。起恶之境,在此娑婆,不逢众圣性相之理,造诸恶业,数量无边。一切众生,凡有二种:一者实报,二者应形。言实报者,体唯佛性,相即普亲,由迷体故,妄生贪恚,如来藏上,横起痴心。约相虽殊,普亲无别。隔生不识,妄起爱憎。恒于佛性父母,缘行杀盗淫等。三乘圣众,愍念众生,应体同凡,生盲不识,遂怀轻抑,增长恶缘。由昔不知,乃生倒想。今得启悟,对境思愆,已作恶除。当过不起,但于此方忏谢,罪尽可除。厌此欣西,岂亡怨结?"②这是三阶僧人怀疑净土信仰的第四个理由,核心是娑婆世界的众生妄起爱憎,不识"三乘圣众"之"应体"(即前文所说之"应形"),而妄怀轻视和贬抑,其罪性只有一忏悔才能除去。而单单凭借对于此世间的厌弃而试图生于西方,其心中蕴涵的烦恼未除,这一目标绝不会达到。对此,窥基则以为,"已作之愆,特生重悔,当生过恶,誓不更为。专念佛名,及修诸行,回生净土,如救头然。此界沈沦,吟嗟失路,且安神极乐,果证无生。自行既成,翻归五浊;大悲化物,等济群机。勿停一途,不进别径,但须运心动念先为业对怨酬,愿舍苦因,同生妙乐,彼皆领受,遂舍怨嫌。"③窥基以为,可以通过上述途径方法,除去罪业。

第五疑:"方今之际,去圣时遥,下品凡愚,正合礼忏地藏菩萨。当今有缘,理可专称,并念三宝。弥陀净土,上行人修。第二阶根,能得生念。今既时当浊恶,性欲卑微,那得辄行上人之法?上学下法,迂会稽留。下起上修,障道受苦。法根不会,岂得成功?"④这是说,弥陀净土是第二阶

---

①② 窥基:《西方要决释疑通规》卷一,《大正藏》第47卷,第108页中。
③ 同上书,第108页下。
④ 同上书,第108页。

众生之所修,现今的众生属于第三阶下劣根机,以此根机而修净土属于"下人"行"上人"之法,必不会成功。窥基则广引佛经证明,此说没有根据。兹从略。

从上述分析可知,至少至唐初,佛教界最难于接受的是三阶教对于当时"时"、"处"、"机"的判断。其他宗派并不认同生当恶世且所造恶业非得忏悔、认恶等方法才可以除去这一基本教义。而对三阶教的这一判断,朝廷以及士大夫必然同样反感。

二、隋唐朝廷对三阶教的态度

与佛教界的决绝立场相比较,隋唐朝廷的态度确实耐人寻味。现存记载表明,三阶教在成立之后的一百年中,先后有三位皇帝六次下诏"禁断"。

第一次是隋文帝时代,距离信行圆寂仅仅六年。关于此次禁断,隋费长房的《历代三宝纪》中有一条夹注(并非自注):"开皇二十年,敕断不听流行,想同篋勖。"①而唐初的道宣沿袭了这一说法:"开皇二十年敕断不听行,相同篋勖。然其属流广,海陆高之。"②

关于这一禁断发生的背景,日本学者将其与高颎于开皇十九年(599)被罢官贬为平民联系起来,认为属于隋文帝有意株连。尽管不能完全排除这种可能性,但此说显得牵强。《续高僧传·法彦传》记载:

> 齐公高颎访道退方,知彦声绩,乃迎至京邑。……住真寂寺,镇长引化。仁寿造塔,复召送舍利于汝州。四年,又敕送于沂州善应寺。……彦传业真寂,道俗承音。左仆射高颎,奉以戒法,合门取信。于今不倾,并彦之开济。以大业三年卒于所住,春秋六十

---

① 费长房:《历代三宝记》卷一二,《大正藏》第 49 卷,第 105 页下。
② 道宣:《大唐内典录》卷五,《大正藏》第 55 卷,第 278 页上。

余矣。①

这位僧人属于弘扬《大智度论》的论师。从其表述看,此位僧人与高颎及其家人的关系比之于信行可能更近。无从知晓"于今不倾,并彦之开济"这句话是道宣自己的评论还是道宣所依据的原始材料之语,但考之于事实则可知,隋文帝对于高颎没有如晋王杨广般的仇恨。《隋书·高颎传》记载,在免除高颎官职之后,"上幸秦王俊第,召颎侍宴。颎歔欷悲不自胜,独狐皇后亦对之泣,左右皆流涕。上谓颎曰:'朕不负公,公自负也。'因谓侍臣曰:'我于高颎胜儿子,虽或不见,常似目前。自其解落,瞑然忘之,如本无高颎。不可以身要君,自云第一也。'"其后又有人密报谗言,有人建议杀掉高颎,文帝说:"去年杀虞庆则,今兹斩王世积,如更诛颎,天下其谓我何?"于是除其名使其为平民。"颎初为仆射,其母诫之曰:'汝富贵已极,但有一斫头耳,尔宜慎之!'颎由是常恐祸变。及此,颎欢然无恨色,以为得免于祸。"②高颎被隋炀帝于大业三年(607)借故杀死,诸子徙边,但并未满门抄斩。从上述事实可知,文帝对于高颎这样的开国元勋,既然不忍心杀死,也就不存在"恨乌及屋"地将仇恨转移三阶教上,何况法彦作为高颎全家禀受戒法的皈依师,此后还得到过文帝垂顾呢?

隋文帝的这次禁断,几乎没有什么作用,僧邕、本济等人照旧在京师传教。而智升将其原因归结为"其徒既众,蔓延弥广,同习相党,朋援繁多。隋文虽断流行,不能杜其根本。"③"箴勖"即"警告"之意,可见隋文帝并未想断其根本。如前所述,隋文帝开皇二十年(600)的下诏,使得僧邕一度又回到太白山传教。但是,僧邕不久又回到了京师真寂寺,而且京师中仍然有三阶教僧人在活动,如《续高僧传·德美传》中所说,三阶教的寺域实际上仍然在扩大。如前所述,德美在唐初又在新建立的会昌寺

---

① 道宣:《续高僧传》卷一〇,《大正藏》第50卷,第505页中—下。
② 《隋书》卷四一,第1183页,北京,中华书局校本,1973。
③ 智升:《开元释教录》卷一八,《大正藏》第55卷,第679页上。

建立了三阶教的基地。

武周时期先后两次下诏禁断三阶教,据《大周刊定众经目录》记载:

> 奉证圣元年恩敕,令定伪经及杂符箓等遣送祠部进内。前件教门既违背佛意,别构异端,即是伪杂符箓之限。又准圣历二年敕,其有学三阶者,唯得乞食、长斋、绝谷、持戒、坐禅,此外辄行皆是违法。幸承明敕,使革往非。不敢妄编,在于目录,并从刊削以示将来。①

这一段记载,前者是说依照朝廷的政令,将"伪经"送祠部处理,后者则是朝廷下诏对于三阶教法事活动范围的限制。对于上文所说证圣元年(695)的敕令是否完全是针对三阶教,笔者颇为怀疑。《宋高僧传》卷二所附《明佺略传》有文:

> 有沙门明佺者,不知何许人。出家隶业,悉在佛授记寺。尤善毗尼,兼闲经论。天册万岁元年,敕令刊定经目。佺所专纂录,编次持疑。更与翻经大德二十余人,同共参正,号曰《大周经录》焉。②

此中说得很明确,天册万岁元年武则天下令编纂新的经录。《大周刊定众经目录·序》则说:"我大周天策金轮圣神皇帝陛下……绍隆之意,与金刚而等坚,弘誓之心,共虚空而比大。圣情以教为悟本,法是佛师,出苦海之津梁,导迷涂之眼目,务欲令疑伪不杂,住持可久。乃下明制,普令详择,存其正经,去其伪本。"③此序文所用文句与前述同书卷十五附赞于三阶教典籍之后的文字意思相同,而证圣元年九月即改元为天册万岁元年。由此互证,基本可以断定,不存在武皇于证圣元年专门下诏禁止三阶教典籍的问题。而圣历二年(699)下敕限制三阶教的活动,应该是真实发生过的。然对照三阶教的修行与弘法活动的内容可知,其限制的主要对象并不多。如果以去除法来理解诏令,即可知禁止的是"普敬法"

---

① 明佺:《大周刊定众经目录》卷一五,《大正藏》第55卷,第475页上。
② 赞宁:《宋高僧传》卷二,《大正藏》第50卷,第719页中。
③ 明佺:《大周刊定众经目录》卷一,《大正藏》第55卷,第372页下。

和"无尽藏行"。项目不多，却击中要害。可见，朝野最为诟病的是三阶教的这两方面的修为。

武周时期的两次禁断也没有起什么大的作用，原因仍然在于朝廷并未真正地下决心禁断。现存的《大唐净域寺法藏禅师塔铭并序》记载，法藏禅师曾经得到武后的尊敬，"如意元年，大圣天后闻禅师戒行精最，奉制请于东都大福先寺检校无尽藏。长安年奉制请检校化度寺无尽藏。其年又奉制请为荐福寺大德。"①宋赵明诚《金石录》卷五内记载直接标明"周信行禅师碑"者达六通，而越王李贞一人可能撰写了两通碑文，其中一通标明为"周信行禅师碑"，一通标明为"唐信行禅师碑"，后一通撰于神龙二年(706)，时为唐中宗复位的第二年。另外，《瑜伽法镜经》为三阶僧师利伪造。据经末题记，作景龙元年(707)室利末多三藏翻译，沙门师利笔受缀文，参加详定的有昭文馆学士沈佺期、薛稷等11人。从这些事实看，三阶教于这一时期仍然很有市场，并且在上层也有不少崇信者，如越王李贞以及昭文馆学士沈佺期、薛稷等等。关于此次禁断，日本学者认为应该与越王李贞谋反有关。这一说法牵强的程度更甚于前说。因为越王李贞谋反发生在垂拱四年(688)，距离武周两次下禁断诏近者7年、远者已达11年。武则天如果真的因恨越王而想禁断三阶教，为何不在当时采取行动呢？

与前三次相比，唐玄宗的三次下诏禁断似乎有一些实际的内容。唐玄宗开元元年(713)下《禁士女施钱佛寺诏》，对三阶教所创设的无尽藏开始取缔，禁止信徒对它施钱。开元九年(721)，玄宗又下《分散化度寺无尽藏财物诏》：

> 化度寺无尽藏财物、田宅、六畜，并宜散施京城观寺。先用修理破坏尊像、堂殿、桥梁，有余入常住，不得分与私房，从贫观寺给。仍令御史张樽与礼部侍郎崔据、京兆尹孟温礼取元奏数，拣京城大德

---

① 田休光：《大唐净域寺法藏禅师塔铭并序》，《全唐文》卷三二八。

戒行灼然者共检校,量事均融,处置讫奏闻。诸州长官及按察司所察钱物,以委州使准此共勾当,散配处分讫申所司。①

这次下诏针对的是化度寺的无尽藏。如诏书所说,朝廷命令将化度寺的财物、田宅、六畜等,分散与京城观寺,以修理被破坏的佛像及堂殿桥梁,有余归化度寺常住所有。《开元释教录》记载:

> 开元十三年乙丑岁六月三日,敕诸寺三阶院并令除去隔障,使与大院相通,众僧错居,不得别住,所行《集录》悉禁断除毁。若纲维纵其行化诱人而不纠者,勒还俗。②

尽管唐玄宗的诏令稍显严厉,但仍不是彻底禁断。而更重要的原因在于,唐玄宗的"禁断令"仅仅在于下令三阶僧人不得单独居住,并且不得大规模"行化",对于当时的三阶教僧人并未强制改变教籍,也更未强迫还俗。

到了唐代宗、德宗时代(762—804),三阶教又有复兴的迹象,特别是德宗贞元年间(785—804),可视为三阶教最后活动的时期。据日本所传古写本《贞元释教录》卷二十八记载,当时京城内五十五寺各有三阶禅院,其住持相续达二百余年,僧尼二众有千人以上,都奉三阶教法。贞元十六年(800),化度寺僧善才等还状请三阶教籍入藏,并且仍然能够获准,于是信行的《三阶集录》等三十五部四十四卷,又被圆照编入《贞元新定释教目录》。这些三阶教籍从《开元录》的伪目中被解放出来,列入经录的正目③。但现存宋、元、明三本《贞元释教录》此段已被后人删除。根据13世纪时日僧道忠(?—1281)《释净土群疑论探要记》的记载,《贞元录》中确实曾经有三阶教籍四十四卷存在。

---

① 参见《全唐文》卷二八,第322页,中华书局影印本,1983。
② 智升:《开元释教录》卷一八,《大正藏》第55卷,第679页上。
③ 参见(日)龙谷大学藏《贞元录》卷三〇,蓝吉富主编《大藏经补编》第26册,第445—448页。

三、三阶教绵延不绝

如果将上述朝廷的四次"禁断"连续起来,三阶教的生存环境应该是很恶劣的。但实际上,三阶教却一直存在,直至贞元年间,京城内仍然有五十五座寺院有三阶禅院,僧尼二众也有千人以上。在古代专制社会中,"禁"而不断,绵延三百多年,且并未完全转入"民间"(即秘密传播的民间宗教),这可算很奇怪的事情。但是,如果将上述禁断时期朝廷对于三阶教的某些待遇以及三阶教的若干发展联系起来看,唐代朝廷的态度就可以明了了。隋唐时期除唐玄宗真正地想限制三阶教以及唐武宗想从根本上灭除佛教之外,其他的皇帝并未真正地、切实地压制三阶教,基本上采取听之任之的态度,有时甚至会给若干三阶教僧人一些奖励,如唐太宗朝的僧邕、唐高宗朝的惠恭、武周时期对于信行的旌表以及德宗时期允准将三阶教典籍收入藏经录等等。对于朝廷最为担心的"无尽藏",各代皇帝态度也各不相同。如唐述《两京新记》载,化度寺无尽藏院"贞观之后,钱帛金绣,积聚不可胜计,常使名僧监藏"。武周时期则委任净域寺法藏检校化度寺无尽藏。而唐玄宗则明确下诏取缔化度寺无尽藏。不过,与当时其他教派所得到的奖励、扶持相比较,隋唐朝廷也并未采取什么扶持措施。三阶教是对于两次灭法的直接反应。这种对于"末法"的现实状况的描述,反映了社会动乱、佛法遭劫的情形。一旦政治形势得到稳定,国泰民安,这种描述对于统治者来说,无疑构成一种诽谤、诬蔑。因此,引不起统治者的好感。另一方面,信行以"普法"标榜宗门,将其他派别一律视为"别派",特别是对佛经的疏远,引起佛教内部普遍的反对。唐代许多史籍中,都载有三阶教僧人遭恶报的传闻,就是证明。随着佛教各宗派的形成、壮大,压制三阶教成为各宗题中应有之意。从这个角度说,与其将三阶教的衰落甚至消亡的主要原因归之于朝廷的禁断,毋宁归之于佛教内部的反对浪潮。而这一浪潮的兴起,其根本原因在于三阶教义已经不大适应当时现实的需要。正是教内的强烈反对,推动了朝廷对三阶教态度的转变。武后的禁断令,很大程度上是出于其他宗派僧人的推动,而并非出自武则天的本意,其令未能行之深广,即能说明问题。即便是颇为严厉的开元年间禁断令,也未能阻止三阶教的继续流传。唐德宗甚至允许将三阶教典籍编入《贞元录》。三阶教之所以能够在教内一片反对和朝廷的四次"禁断"声中延续了数百年,并且有所发展,最根本的原因在于朝廷并未产生坚决禁断之心,其态度一直摇摆不定。直至遭到"会昌法难"的打击,三阶教方才显出衰落的迹象。但直至唐末,三阶教仍然在流传,不过影响与规模肯定大不如前。如段成式在其所著的《酉阳杂俎》卷六及《酉阳杂俎续集》卷五在讲到当时寺院情况时,屡屡提到"三阶院西廊下"、"三阶院门外"、"辞三阶院"等等说法,这表明至少在唐懿宗时期三阶教在各地寺院中依然享有"别立三阶院"的特权。三阶教并未因为唐玄宗的限制和"会昌法难"的打击而完全消亡。此外,与隋唐其他佛教宗派一样,在8—13世纪,三阶教在日本和高丽得以传播。

综上所述,与隋唐佛教其他宗派相比较,三阶教最突出的历史际遇有三:其一是其他宗派中人对其的批评,准确地说应该够得上"攻击"的层次。其二则是隋唐朝廷的数次查禁。然而,在这样的生存环境中,三阶教竟然顽强地存在了三百多年。其三则是唐代之后的历史的遗忘和忽略,以至于至近代敦煌藏经洞文献被日本学者发现研究之后,我们方才知晓原来隋唐时期还存在着这样一个佛教宗派。尽管现今治佛学者大多知晓三阶教的曾经存在,但人们常常说隋唐八大宗派,而并不将三阶教包含在内。如此种种,是否能够说明,无论是在隋唐时期,还是近代以来,三阶教始终未曾进入佛教主流之中呢?

按照时间的先后,隋代信行创立的三阶教应该是仅次于天台宗的第二个佛教宗派。尽管从延续时间上看,三阶教比三论宗、唯识宗持续时间都要长。但是,三阶教却屡遭佛教主流的拒纳。隋唐时期,三阶教遭到多次禁令,但却屡禁不绝。一边似乎是朝廷所宣布的"异端",一边却以公开态势绵延不绝。从"异端"而言,三阶教的际遇与宋代之后的"民间宗教"截然不同。在某种意义上说,三阶教是一个进入佛教主流的失败尝试。从上述分析可见,三阶教是非常典型的佛教"过度"中国化的例子。将其与同时产生的天台宗及其后产生的禅宗的历史际遇相比较,就会较为容易地发现佛教中国化的"域限"之所在。

与稍早一些的天台宗相比,三阶教的做法和教义显得很不合时宜。同样是对于末法时期的反应,因为其对于社会和公众所显现的"末法"特征表述得很隐晦,天台宗教义就易于引起公众和社会的广泛共鸣。而奠基在"第三阶众生"之判断基础上的三阶教,对于"末法"的现实状况的描述,反映了社会动乱、佛法遭劫的情形。一旦政治形势得到稳定,国泰民安,这种描述对于统治者来说,无疑构成一种诽谤、污蔑,引不起统治者的好感。

依三阶教的"普佛"思想,一切迷于现实的众生,从其本有可以为佛的可能性即如来藏或佛性来看,都是佛,因此一切众生即为"如来藏佛"和"佛性佛"。众生的这种可能性开发实现之时,便成为佛,因此一切众生都是"当来佛"。对一切众生皆作佛想,因此一切众生都是"佛想佛"。由于世界众生无不是佛,因此"四佛"实际是一普佛,这就是普佛思想。这一说法,确实可以作为近代"反传统派"批评本觉思想时所说的"众生已然是佛"①的一个真切的实例。其实,当时各宗对于三阶教的拒斥,很大程度上与其"普佛"思想和做法密切相关。

对于佛经、义理的疏远是三阶教最大胆、最具反传统色彩的主张和

---

① 吕澂在《试论中国佛学有关心性的基本思想》一文中说:"印度佛学对于心性明净的理解是侧重于心性不与烦恼同类。它以为烦恼的性质嚣动不安,乃是偶然发生的,与心性不相顺的,因此形容心性为寂灭、寂静的。这一种说法可称为'性寂'之说。中国佛学用本觉的意义来理解心性明净,则可称为'性觉'之说。从性寂上说人心明净,只就其'可能的'、'当然的'方面而言;至于从性觉上说来,则等同'现实的'、'已然的'一般。这一切都是中印佛学有关心性的思想所有的重要区别。"(《吕澂佛学论著选集》,第 1147—1148 页,山东,齐鲁书社,1990)

做法。信行明确地反对读经、诵经、讲经,当然这里指的是"别派"之经,而并不包括三阶教的典籍在内。其实,信行不是反对信众读诵经典,而是要将信众读诵的内容转移到信行所编集的《三阶佛法》等典籍上来。如古人所说,三阶禅师都以信行禅师为"四依菩萨",颇有以祖师崇拜代替佛菩萨信仰的色彩。如果将信行及其三阶教对待佛经的态度与后来的南宗禅联系起来,信行的做法的意义就可以充分凸现出来了。但是,其结局却是如此不同。信行基本上是失败了,而慧能及其弟子却成功地将禅系由《金刚经》传宗改为《坛经》传宗。这是值得深思的。

尽管无尽藏院并非三阶教的首创,后来佛寺"无尽藏施"也并非全部都是三阶教所为,但"无尽藏"确实也是三阶教的特色或者标志之一,从信行开始就将"无尽藏施"作为末法众生得到解脱的必要条件和方法。这一做法,在隋唐时期颇为朝野所关注,它对于三阶教也是一把双刃剑。一方面使得其颇有群众基础,另一方面也为朝廷所担心和防备,也为隋唐佛教主流所不允。不过,唐代后期,特别是宋代佛教寺院经济的发展,使得类似于此的"长生库"或曰"质库"成为寺院从事金融借贷以及社会救济活动的一种普遍形式。这似乎也可以看作三阶教这一做法的历史回响。

从上文的分析可见,隋唐时期除唐玄宗真正地想限制三阶教以及唐武宗想从根本上灭除佛教之外,其他的皇帝并未真正地、切实地压制三阶教,基本上采取听之任之的态度。从这个角度说,与其将三阶教的衰落甚至消亡的主要原因归之于朝廷的禁断,毋宁归之于佛教内部的反对浪潮。而这一浪潮的兴起,其根本原因在于三阶教义已经不大适应当时现实的需要。正是教内的强烈反对推动了朝廷对三阶教态度的转变。

第四章 唯识宗

从历史的顺序而言,由玄奘创立的法相唯识宗是唐代佛教建立的第一个宗派。因为创宗者玄奘、窥基师弟长期住于长安大慈恩寺,故通称为"慈恩宗"。此宗崇奉印度大乘佛教中从弥勒、无着、世亲相承而下,直到护法、戒贤的瑜伽一系的学说,以《瑜伽师地论》为本且以《百法明门论》、《五蕴论》、《显扬圣教论》、《摄大乘论》、《杂集论》、《辩中边论》、《二十唯识论》、《三十唯识论》、《大乘庄严经论》、《分别瑜伽论》为支的所谓"一本十支"为典据,阐扬法相、唯识的义理,因此又称"法相宗"或"唯识宗"。一般而言,与隋唐其他宗派(如在其之前的天台宗以及在其之后形成的华严宗、禅宗)相比较,唯识宗继承印度佛教的比重稍大一些,但其并非一无创造,譬如玄奘的"三类境"说以及窥基及其弟子的"理佛性、行佛性"说等等,都是极富创造性的学说。另一方面,玄奘在印度的活动说明,他的佛学创造其实已经融入印度佛学之中了,在某种程度上已经是印度唯识学的组成部分。因此,与其将这一宗派的佛学思想当做印度佛学的直接移植,毋宁将其当做印度唯识学在中国的继续发展。一个最为明显的证据就是护法对于《唯识三十颂》的解释,其完整形态的文本是直接传授给玄奘的。以下先分析说明唯识宗的形成与发展,接着分析介绍法相唯识宗的基本教义。

第一节　唯识宗的"宗经"、"宗论"及其主要内容

玄奘在天竺所学以瑜伽行派为主干,尽管其回国之后的翻译内容涉猎广博,但核心内容仍然是瑜伽行派经典。以玄奘翻译为标志,瑜伽行派的绝大部分典籍已经引入中土。以这些经典为基础,在中土建立一个以"移植"为基本方法的唯识宗派的条件已经完全成熟了。本章对唐代法相唯识宗最为注重的《解深密经》、《瑜伽师地论》、《成唯识论》作些分析介绍。

一、《解深密经》

《解深密经》是印度瑜伽行派最重要的宗经,也是中国唯识宗最重视的宗经。瑜伽行派最核心的论典《瑜伽师地论》全文引述了此经。

1. 《解深密经》的汉译本及其结构

《解深密经》共有四种汉语译本:第一,《相续解脱经》一卷或两卷,刘宋元嘉十二年(435),中印度僧求那跋陀罗在江宁县东安寺译出,相当于唐译本《解深密经》的最后二品。第二,《深密解脱经》五卷十一品,后魏延昌二年(513),北印度僧菩提留支(道希)在洛阳译出。第三,《解节经》一卷四品,陈朝真谛译出。第四,《解深密经》五卷八品,唐贞观二十一年(647)玄奘在西京弘福寺译出。上述四译中,后魏、唐二本是全译,其中尤以玄奘本最为完善。下文的介绍以玄奘译本为依据,不涉及其他译本间的比较。

本经属中期大乘经典,以解释佛陀自内证的甚深秘密妙义而名为《解深密经》。其内容分为八品,即《序品》、《胜义谛相品》、《心意识相品》、《一切法相品》、《无自性相品》、《分别瑜伽品》、《地波罗蜜多品》、《如来成所作事品》。

关于本经的结构,如以"境"、"行"、"果"来划分,则第二品至第五品明"境"之深密,第六品至第七品明"行"之深密,第八品明"果"之深密。如果依照瑜伽行派教义来划分,则可分为五部分:第一,胜义谛,即《胜义谛相品》。第二,本识论,即《心意识相品》,论述"八识"。第三,二谛三性义,即《胜义谛相品》、《一切法相品》、《无自性相品》。第四,专论"瑜伽观行"次第和菩萨"行地",即《分别瑜伽品》和《地波罗蜜多品》。第五,专讲如来三身(境界),即《如来成所作事品》。

2. 胜义谛

《胜义谛相品》辨"胜义谛"之相。全品分为四层次阐述"一切法无二"的道理。

第一层次,解甚深密意菩萨解答如理请问菩萨所提出的胜义谛"无二"、"离言"的道理。胜义谛不是相待语言所能表示的,必须超越语言概念才能证得。如经所说:"一切法者,略有二种:一者有为,二者无为。是中有为非有为非无为,无为亦非无为非有为。"如经所说:"有为非有为非无为,无为亦非无为非有为。"所谓"有为"、"无为",不过世尊为帮助愚遣除执著而证得离言法性的方便施设,此言教本身并非胜义。

第二层次,佛陀正式为法涌菩萨说胜义谛是圣者内自所证、无相所行、不可言说、绝诸表示、绝诸诤论。经文说:

> 我说胜义是诸圣者内自所证;寻思所行,是诸异生展转所证。是故,法涌,由此道理当知胜义,超过一切寻思境相。复次,法涌,我说胜义无相所行;寻思但行有相境界。是故,法涌,由此道理当知,胜义超过一切寻思境相。复次,法涌,我说胜义不可言说;寻思但行言说境界。是故,法涌,由此道理当知,胜义超过一切寻思境相。复次,法涌,我说胜义绝诸表示;寻思但行表示境界。是故,法涌,由此道理当知胜义,超过一切寻思境相。复次,法涌,我说胜义绝诸诤论;寻思但行诤论境界,是故,法涌,由此道理当知,胜义超过一切寻

思境相。①

此处认定:"寻思"是众生展转所证,"寻思"只在"有相境界"、"言说境界"、"表示境界"、"诤论境界"起作用。而胜义谛则是"诸圣者内自所证","胜义是"无相所行"、"不可言说"、"绝诸表示"、"绝诸诤论"的。总之,胜义谛不是凡夫众生所能寻思的。

第三层次,佛陀为善清净慧等说"胜义谛"与诸行相是"非一非异"的关系。如经说"若胜义谛相与诸行相都无异"②,则有凡夫见谛、证涅槃、成就无上菩提的过失。而如果"胜义谛相与诸行相一向异",则圣者证得的诸法实相,获得的安隐涅槃,则有不能除遣有为相、不能断除相缚及粗重缚,甚至不能成就菩提的过失。又胜义是清净的、无差别的,诸行相是杂染的,有差别的,所以非一;胜义谛是诸行无我相、共相,所以非异。因此,"胜义谛相与诸行相都无有异,或一向异,不应道理。"③

第四层次,佛陀为善现(须菩提)等说"胜义谛"是遍一切一味的平等相。如经中所说:"是胜义谛,此清净所缘,于一切蕴中是一味相,无别异相。如于蕴中,如是于一切处中,乃至一切道支中,是一味相,无别异相。是故,善现,由此道理当知,胜义谛是遍一切一味相。"④这就是说,胜义谛具有普遍的、平等的、无差别的特征。如果胜义谛有差别,则必然由因所生,有生则有灭。有生灭就不是胜义谛了。

3. 八识说

《心意识相品》的特殊重要性在于首次提出了"一切种子心识"的观念。此品由广慧菩萨请问心意识秘密善巧道理开始,世尊则借此宣说了八识甚深的教义。

对于此品名称的含义,唐代新罗僧人遁伦《瑜伽论记》卷二十说:

---

① 玄奘译:《解深密经》卷一,《大正藏》第16卷,第689页下—690页上。
② 同上书,第690页中。
③ 同上书,第691页上。
④ 同上书,第691页下—692页上。

> 心、意、识义,自有通别,别名心意识者,赖耶是心,以能集起三界生死色心性故;末那名意,以与六识为同时根,生六识故;六识名识,以对六境分别强故。二通名心意识,谓八识中一一皆有集起名心、能生名意、了别名识故。①

这是说,心、意、识这三个名称可以有"通"、"别"两种理解。从"别"的角度看,心是"集起"的意思,指阿赖耶识,阿赖耶能贮藏一切现象的潜能,并由此潜能产生出现实的活动来;意是"能生"之意,指"第七识"能直接引生前六识的现实活动;识是"了别"之意,即能观察分析存在现象,这是指前六识,因为前六识具有对现象进行感知和分析的功能。而从"通"的角度看,三个名称都可以通指八个识,因为一切心识都具有贮藏精神活动潜能的功能,所以一切心识都可以称作"心";一切心识又都能引发现实活动,所以它们都可以称作"意";最后,一切心识又都有观察分析的功能,所以都可以称作"识"。

不过,当代学者不太接受遁伦的上述解释,认为《解深密经》中尚无明显的"八识"概念,因为它没有提到第七"末那识"的存在。因此,大多数学者认定,经中所谓"心意识"只是"一切心识"之意。

经中佛说:"广慧,当知,于六趣生死,彼彼有情,堕彼彼有情众中,或在卵生,或在胎生,或在湿生,或在化生,身分生起,于中最初一切种子心识成熟,展转和合,增长广大。依二执受:一者,有色诸根及所依执受。二者,相名分别言说戏论习气执受。有色界中具二执受,无色界中不具二种。"②此中是说,"一切种子心识"是一切生命的所依,依持于"一切种子心识",一方面现起根身器界以及相、名、分别、言说、习气。

此品又说:"此识亦名阿陀那识。何以故?由此识于身随逐执持故,亦名阿赖耶识。何以故?由此识于身摄受、藏隐,同安危义故。亦

---

① 遁伦:《瑜伽论记》卷二〇,《大正藏》第42卷,第773页上。
② 玄奘译:《解深密经》卷一,《大正藏》第16卷,第692页中。

名为心。何以故？由此识，色、声、香、味、触等积集滋长故。"①这是对第八识的解释，然后直接言说"六识"，经文中未曾出现末那识的字样。但是，由阿赖耶识现起前六识，这一说法奠定了唯识学"能变"思想的基础。

《心意识相品》接着说："广慧！阿陀那识为依止、为建立故，六识身转，谓眼识、耳、鼻、舌、身、意识。此中有识，眼及色为缘，生眼识，与眼识俱随行，同时、同境、有分别意识转；有识，耳鼻舌身及声香味触为缘，生耳鼻舌身识，与耳鼻舌身识俱随行，同时、同境、有分别意识转。广慧！若于尔时一眼识转，即于此时唯有一分别意识，与眼识同所行转；若于尔时二三四五诸识身转，即于此时唯有一分别意识，与五识身同所行转。"②前五识中任何一识的生起，都要以阿陀那识为根本依止，第六意识为分别依，同时还要有"根"和"色"为缘，在一定时间内，如果"眼识"的这些条件具备了，眼识就会生起。其他五识都是如此，五识条件都具备，则五识同时生起。

此后，经中也出现了瀑流等譬喻："譬如大瀑水流，若有一浪生缘现前，唯一浪转；若二若多浪生缘现前，有多浪转，然此瀑水自类恒流，无断无尽。又如善净镜面，若有一影生缘现前，唯一影起；若二若多影生缘现前，有多影起，非此镜面转变为影，亦无受用灭尽可得。如是，广慧！由似瀑流阿陀那识为依止为建立故，若于尔时有一眼识生缘现前，即于此时一眼识转；若于尔时乃至有五识身生缘现前，即于此时五识身转。"③

4．三性与三无性

《一切法相品》由德本菩萨请问诸法相善巧的道理。此品的内容是唯识学中最重要的"三性"的道理。世尊宣说三相"遍计所执相"、"依他起相"、"圆成实相"。关于"遍计所执相"，此经的解释是："谓一切法名假

---

① ② 玄奘译：《解深密经》卷一，《大正藏》第16卷，第692页中。
③ 玄奘译：《解深密经》卷二，《大正藏》第16卷，第692页中—下。

安立,自性差别,乃至为令随起言说。"①而"诸法依他起相"的解释是:"谓一切法缘生自性,则此有故彼有,此生故彼生,谓无明缘行,乃至招集纯大苦蕴。""圆成实相"的解释是:"谓一切法平等真如,于此真如,诸菩萨众勇猛精进为因缘故,如理作意无倒思惟为因缘故,乃能通达,于此通达渐渐修集,乃至无上正等菩提方证圆满。"②

一般来说,"三性"说最先出现在此经中,此经的特色在于只从"杂染"说依他,依"不变"立圆成实。而此说也指明修证的方法,如此品所说:"若诸菩萨能于依他起相上,如实了知无相之法,即能断灭杂染相法;若能断灭杂染相法,即能证得清净相法。"③由此,"三性相"的修证次第是:先认识到遍计所执相的空无,于依他相上去除遍计所执相;进而断除杂染的依他起相,由此证入清净的圆成实相。

《无自性相品》解释的是"三无性",即"相无性"、"生无性"和"胜义无性"。应该特别注意的是,此经所说的"三性"与"三无性"之间的关系。如经中说:

> 然由有情于依他起自性及圆成实自性上,增益遍计所执自性故,我立三种无自性性。由遍计所执自性相故,彼诸有情于依他起自性及圆成实自性中,随起言说。如如随起言说如是如是,由言说熏习心故,由言说随觉故,由言说随眠故,于依他起自性及圆成实自性中,执著遍计所执自性相,如如执著如是如是,于依他起自性及圆成实自性上,执著遍计所执自性。④

总之,"三无性"依"三性"而安立:依遍计执相立相无性,由相本无,但有假名言安立;依依他起相立生无性,由缘生法无自然性,又缘生非胜义为胜义无性;依圆成实立胜义无性,由胜义是无我法性所显。由此所

---

①② 玄奘译:《解深密经》卷二,《大正藏》第 16 卷,第 693 页上。
③ 同上书,第 693 页下。
④ 同上书,第 694 页中一下。

谓一切法无性，但无凡夫所执我法性及外道之自然性，非谓一切都无性也。又一切诸法无生无灭、本来寂静、自性涅槃，是依相无性及胜义无性说的：由遍计所执相本无所有，而圆成实相法尔如是。

《无自性相品》的一个重要内容就是"种性"说。此品说："诸声闻乘种性有情，亦由此道此行迹故，证得无上安隐涅槃。诸独觉乘种性有情、诸如来乘种性有情，亦由此道此行迹故，证得无上安隐涅槃。一切声闻、独觉、菩萨，皆共此一妙清净道，皆同此一究竟清净，更无第二。我依此故，密意说言唯有一乘，非于一切有情界中，无有种种有情种性，或钝根性，或中根性，或利根性有情差别。"① 在此，《解深密经》提出了有情种性差别，并说明趣寂声闻不能成佛。如经中说："若一向趣寂声闻种性补特伽罗，虽蒙诸佛施设种种勇猛加行方便化导，终不能令当坐道场证得阿耨多罗三藐三菩提。何以故？由彼本来唯有下劣种性故，一向慈悲薄弱故，一向怖畏众苦故。由彼一向慈悲薄弱，是故一向弃背利益诸众生事；由彼一向怖畏众苦，是故一向弃背发起诸行所作。我终不说一向弃背利益众生事者，一向弃背发起诸行所作者，当坐道场能得阿耨多罗三藐三菩提，是故说彼名为一向趣寂声闻。"②

不过，与《楞伽经》相比较，《解深密经》的"种性"说显得质朴一些。

5. 观行、十地及佛果

《解深密经》第六《分别瑜伽品》和第七《地波罗蜜多品》的内容是宣说"观行"和菩萨修行的阶位，第八品《如来成所作事品》是讲佛果。

《分别瑜伽品》：佛陀为慈氏菩萨开示瑜伽止观。主要内容包括修习止观的依住、止观所缘四种境事，获得止观的方法，随顺止观的作意，止观二道一异，止观的单修与双修，止观的种类差别，止观中的止相、举相、舍相，修习止观菩萨如何知法知义，修止观中遣除法相的方法，止观所摄

---

① 玄奘译：《解深密经》卷二，《大正藏》第 16 卷，第 695 页上。
② 同上书，第 695 页上一中。

诸定,止观的因果作业,止观诸障差别,止观能证菩提的过程,修习止观菩萨善知六处能引发广大威德,无余依灭受等。总之,此品全面介绍了大乘瑜伽止观法门。

《分别瑜伽品》是从"四种所缘境事"开始讨论瑜伽修行的:"一者,有分别影像所缘境事。二者,无分别影像所缘境事。三者,事边际所缘境事。四者,所作成办所缘境事。于此四中几是奢摩他所缘境事?几是毗钵舍那所缘境事?几是俱所缘境事?"①此四种,"有分别影像所缘境事"是"观"的境界,可以分别抉择。"无分别影像所缘境事"是"止"的境界,"止"是心专注一处,不起分别。"事边际所缘境事"有"尽所有性"和"如所有性","尽所有性"从外延观察诸法,如缘五蕴等;"如所有性"从内涵实质观察诸法,如缘七真如等。"所作成办所缘境事"是修行成就时所缘境界。四种所缘在修行过程中,前二种通"地"前,进入"地"上则有三种,成就佛果后,四种都能具备。

在言说修行时,慈氏菩萨问佛说:"世尊,诸毗钵舍那三摩地所行影像,彼与此心当言有异,当言无异?"佛告诉慈氏菩萨说:"善男子!当言无异,何以故?由彼影像唯是识故。善男子!我说识所缘,唯识所现故。"②这是说,修习瑜伽止观者在"定"中所见到的种种影像,都是"识"的显现,不离自心。

慈氏菩萨又问:"世尊,若诸有情自性而住,缘色等心所行影像,彼与此心亦无异耶?"佛回答说:"善男子,亦无有异,而诸愚夫由颠倒觉于诸影像不能如实知唯是识,作颠倒解。"③但定中境界是唯心所现,凡夫所见"影像"也是"唯识所现"。

经中较为具体地讲解了"止观"修行的方法。

《地波罗蜜多品》的内容是佛陀为观自在菩萨宣说十一地及六度。

---

① 玄奘译:《解深密经》卷二,《大正藏》第16卷,第697页下。
② 玄奘译:《解深密经》卷三,《大正藏》第16卷,第698页上—中。
③ 同上书,第698页中。

观自在菩萨对佛说："世尊！如佛所说菩萨十地,所谓极喜地、离垢地、发光地、焰慧地、极难胜地、现前地、远行地、不动地、善慧地、法云地,复说佛地为第十一,如是诸地几种清净？几分所摄？"佛则告诉观自在菩萨说："善男子！当知诸地四种清净,十一分摄。云何名为四种清净能摄诸地？谓增上意乐清净摄于初地；增上戒清净摄第二地；增上心清净摄第三地；增上慧清净于后后地,转胜妙故,当知能摄从第四地乃至佛地。善男子！当知如是四种清净普摄诸地。"①这是全品的纲要。此后则揭示了"八种殊胜"、十一地中所对治的二十二愚十一种粗重以及地上菩萨修行"六度"的内容。

此品的最后一项内容是辨析如来所说"一乘"的含义。如观自在菩萨对佛说："世尊！如世尊说：若声闻乘,若复大乘,唯是一乘,此何密意？"佛告诉观自在菩萨说："善男子！如我于彼声闻乘中,宣说种种诸法自性,所谓五蕴或内六处、或外六处,如是等类；于大乘中,即说彼法同一法界,同一理趣故,我不说乘差别性。于中或有如言于义妄起分别,一类增益,一类损减,又于诸乘差别道理谓互相违,如是展转递兴诤论。"②此说是瑜伽行派论定"一乘"与"三乘"关系的经典依据。

《解深密经》最后一品《如来成所作事品》主要内容是世尊为曼殊室利菩萨解说如来成办的种种事业,即"佛果"。全品内容有十二部分：

首先,经中指出,"声闻、独觉所得转依"不名法身,只能名为"解脱身"。"法身"唯佛果所证,非二乘所得。

第二,宣说佛依法身所起之化身,佛告曼殊室利菩萨说："善男子！一切如来化身作业,如世界起一切种类；如来功德众所庄严,住持为相。当知化身相有生起；法身之相无有生起。"③这是说,如来生起之相,但由化身而说。以佛法身是"体",化身是"用",化身依止法身,变现而起,作

---

① 玄奘译：《解深密经》卷四,《大正藏》第16卷,第703页中。
② 同上书,第708页上。
③ 同上书,第708页中—下。

种种化身事业,如八相成道等。

第三部分宣说"如来言音差别",第四部分宣说"如来心生起相",第五部分讲"如来化身有心无心",第六部分讲如来所行与如来境界的区别,第七部分讲如来八相成道之相,第八部分讲如来为诸有情作缘之差别,第九部分讲如来法身与二乘解脱身的不同,第十部分讲如来威德住持有情相,第十一部分讲净土与秽土何事易得、何事难得的问题。

此品的最后一部分是全经的"流通分"。如经中说:"善男子!此名如来成所作事了义之教,于此如来成所作事了义之教,汝当奉事。"

二、《瑜伽师地论》

无论在印度瑜伽行派那里,还是在中土法相唯识宗那里,《瑜伽师地论》都是最重要的立宗宝典。此部论典,部头巨大,义理复杂,熟读不易,因而在唐代唯识宗诸师中,仔细研习者不多,从影响上不及《成唯识论》,窥基及其后继者也更重视《成唯识论》。然而,近代以来复兴法相唯识学的学者们最重视的却是此论典。本节先叙述分析《瑜伽师地论》翻译、注疏情况,再依照论本身的顺序叙述分析其内容,最后则从唯识教义体系的角度对此论的思想贡献作些概括性分析。

1.《瑜伽师地论》的翻译及中土注疏

根据《大慈恩寺三藏法师传》卷一所说:玄奘"法师既遍谒众师,备餐其说,详考其理,各擅宗途,验之圣典,亦隐显有异,莫知适从,乃誓游西方,以问所惑,并取《十七地论》以释众疑,即今《瑜伽师地论》也"。[①] 而《大唐故三藏法师行状》又说:玄奘"请戒贤法师讲《瑜伽论》,同听者数千人,如是听《瑜伽》三遍"。[②] 由这些记载可见,玄奘西行的目的之一是求取此论原本,他在天竺跟随戒贤学习过三遍。

---

① 《大慈恩寺三藏法师传》卷一,《大正藏》第 50 卷,第 222 页下。
② 《大正藏》第 50 卷,第 261 页下。

关于玄奘翻译此论的年月,《大慈恩寺三藏法师传》记载:贞观二十年(646)"春正月甲子,又译《大乘阿毗达磨杂集论》,至二月讫。又译《瑜伽师地论》。"①《开元录》卷八记载:"贞观二十年五月十五日,于弘福寺译经院译,至二十二年五月十五日毕。沙门灵会明浚等笔授。"②但是《瑜伽师地论》卷一后序却说:"至二十一年五月十五日,肇译《瑜伽师地论》。论梵本四万颂,颂三十二言。凡有五分,宗明十七地义。三藏法师玄奘敬执梵文,译为唐语……至二十二年五月十五日绝笔,总成一百卷。"③《瑜伽论记》也记载:"奉诏于弘福寺,以贞观二十一年五月十五日肇译此论,至二十二年五月十五日绝笔解坐。"④《瑜伽师地论略纂》云:"自正法东渐,年载极遥,虽闻《十七地论》之名,不知十七者何也。《地持》但是菩萨一地。《决定藏论》是决择分初。自余汉土皆未之有。大师以贞观二十二年,于北阙弘法院方始翻之。"⑤

上述文献中关于《瑜伽师地论》百卷翻译完成的年月的记载一致,但开始年代有二说。如果将贞观二十年和二十一年玄奘进行的翻译工作排列起来即可知,贞观二十年闰三月二十九日完成《大乘阿毗达磨杂集论》十六卷后,如不算入《瑜伽师地论》的翻译,则当年的翻译工作有空档。而贞观二十一年三月一日开始翻译《摄大乘论释》十卷,此至二十三年六月十七日才完成。而二十一年五月十八日至七月十三日,翻译完成《解深密经》五卷。从时间档期来看,二十年五月十五日开始似乎合理些。此外,此论达百卷,而二十一年五月至二十二年五月只有12个月,时间也许不够长。综上考虑,以贞观二十年五月十五日开始翻译最为可能。

关于《瑜伽论师地论》百卷译场参译僧的分配,依《后序》所述,具体

---

① 《大慈恩寺三藏法师传》卷六,《大正藏》第50卷,第254页上。
② 智升:《开元释教录》卷八,《大正藏》第55卷,第556页中。
③ 《大正藏》第30卷,第283页下—284页上。
④ 《大正藏》第42卷,第311页中。
⑤ 窥基:《瑜伽师地论略纂》卷一,《大正藏》第43卷,第1页下。

403

人员如下:

承义笔受:弘福寺沙门灵会、灵隽、智开、和仁,会昌寺沙门玄度,瑶台寺沙门道卓,大总持寺沙门道观,清禅寺沙门明觉。

证梵语:弘福寺沙门玄谟。

正字:大总持寺沙门玄应,大总持寺沙门道洪,实际寺沙门明琰,宝昌寺沙门法祥,罗汉寺沙门慧贵,弘福寺沙门文备,栖严寺沙门神泰,法讲寺沙门道深。

论序还记载了各卷受旨缀文的具体承担者:

《本地分》,自"五识身相应地"至"无寻无伺地",十卷,普光寺沙门道智。自"三摩呬多地"至"修所成地",十卷,普救寺沙门行友。声闻地,自"种姓地"至第二瑜伽处,九卷,玄法寺沙门玄颐;声闻地,自第三瑜伽处至独觉地,五卷,真谛寺沙门玄忠。菩萨地、有余依地、无余依地,十六卷,福众寺沙门靖迈。

《摄决择分》,三十卷,大总持寺沙门辨机。

《摄释分》、《摄异门分》,四卷,普光寺沙门处衡。

《摄事分》,十六卷,弘福寺沙门明浚。

在玄奘完整地翻译《瑜伽师地论》之前,此论有不少异译。在玄奘之前的译本有:

第一,《菩萨地持经》十卷,北凉中印度三藏昙无谶于姑藏译,414—426年间译出。此为《瑜伽师地论》最早的译本,是《瑜伽师地论》"本地分"中菩萨地的别译,但是缺少菩萨地最后的《发正菩提心品》。

第二,《菩萨戒本》一卷,北凉天竺三藏昙无谶于姑藏译。与前经同时译出,是《瑜伽师地论》第四十卷"本地分"中《菩萨地戒品》第十之一后半及同第四十一卷《菩萨地戒品》第十之二的别译,作为授戒之用者。

第三,《菩萨善戒经》九卷,宋罽宾三藏求那跋摩译。431年译出,与前述《菩萨地持经》的内容大致对应,只是另有《序品》。

第四,《优婆塞五戒威仪经》一卷,宋罽宾三藏求那跋摩译。431年译出,是《菩萨戒本》的异译,其不同处在于经末附加优婆塞五戒的威仪。

第五,《十七地论》五卷,梁真谛译。对于《十七地论》,《略纂》述曰:"正法东渐,年载极遥,虽闻《十七地论》之名,不知十七者何也。"

第六,《十决定藏论》三卷,梁天竺三藏真谛译。548—556年间译出,相当于玄奘译《瑜伽师地论》第五十一卷《摄决择分》中"五识身相应地意地"之一至第五十四卷"五识身相应地意地"之四的别译。

此外,玄奘还有与此论有关的几种单行本:其一,《菩萨戒本》一卷,贞观二十三年(649)七月译出,是《瑜伽师地论》第四十卷末数行及第四十一卷的别译。其范围与昙无谶译的《菩萨戒本》及求那跋摩译的《优婆塞五戒威仪经》的前半几乎一致。其二,《菩萨戒羯磨文》一卷,与前同年译出。全文由三品所成,《授戒羯磨》第一、《忏罪羯磨》第二、《得舍差别》第三。"授戒羯磨第一"是接续《瑜伽师地论》第四十卷"本地分"中《菩萨地戒品》第十之一后半的一部分,以及第四十一卷《同戒品》第十之二的一部分者。"忏罪羯磨第二"是抄译第四十一卷的一部分者。"得舍差别第三"是抄译第四十卷前后一部分者。其三,《王法正理论》一卷,亦与《菩萨戒本》同年翻译,是《瑜伽师地论》第六十一卷《摄决择分》中有寻有伺等三地之四的别译。

最后应指出,不空翻译的《佛为优填王说王法政论经》一卷,与玄奘译《王法正理论》大同小异。

现存的此论注疏有:第一,《瑜伽师地论释》一卷,最胜子等诸菩萨所造,唐高宗永徽元年(650)二月一日玄奘于大慈恩寺翻经院奉诏译,晖法师笔受。第二,《瑜伽师地论略纂》十六卷,窥基撰述。第三,《瑜伽论劫章颂》一卷,窥基著。第四,《瑜伽论记》四十八卷,又称为《瑜伽伦记》,新罗遁伦集撰,是《瑜伽》百卷完备之注疏。第五,《瑜伽论增贺记》七卷,日本增贺造。

此外,敦煌文献中也有不少与本论有关的文献。

2.《瑜伽师地论》论题含义及其结构

根据学者研究,《瑜伽师地论》的梵名有两个,一个含义是"瑜伽行地",一个含义是"瑜伽师地"。"瑜伽"的意译可为"修行"、"修习行"、"寂静修习"、"相应行"、"观行"等,也可解释为瑜伽实践者即"瑜伽师"。①

"瑜伽"的基本字义是"连结",可引申为"将心连结于一境"的修行。这本来是共通于印度宗教界的修行方法之一,然弥勒、无著等论师赋予其独特的含义,因而成为佛教的修行方法。关于"瑜伽"的具体内容,最胜子所造《瑜伽师地论释》有文字说:"一切乘境、行、果等所有诸法,皆名瑜伽,一切并有方便善巧相应义故。"②此中的"相应"即指"法随法行",如《瑜伽师地论》卷三十八说:"云何菩萨法随法行……当知此修略有四相:一者,奢摩他。二者,毗婆舍那。三者,修习奢摩他毗婆舍那。四者,乐修奢摩他毗婆舍那。"③菩萨"法随法行"是"止观"之行,也就是"瑜伽行"。

根据《瑜伽师地论释》的概括,有四种"瑜伽":第一,境瑜伽:"谓一切境,无颠倒性,不相违性,能随顺性,趣究竟性。与正理教,行果相应故,名瑜伽。"④第二,行瑜伽:"谓一切行,更相顺故,称正理故,顺正教故,趣正果故,说名瑜伽。"⑤第三,果瑜伽:"一切果,更相顺故,合正理故,顺正教故,称正因故,说名瑜伽。"⑥第四,教瑜伽:"如是圣教,亦名瑜伽,称正理故,顺正行故,引正果故。"⑦

所谓"瑜伽师"在瑜伽行派的含义,可以包含三乘行者乃至诸佛如来,也就是通指"因位"与"果位"。《瑜伽师地论释》说:"三乘行者,由闻思等,次第习行如是瑜伽,随分满足,展转调化诸有情故,名瑜伽师。或诸如来,证瑜伽满,随其所应,持此瑜伽,调化一切圣弟子等,令其次第修正行故,名瑜伽师。"⑧可见,声闻、缘觉、菩萨三乘行者,习行瑜伽,并且

---

① 参见印顺法师《说一切有部为主的论书与论师之研究》等。
② 玄奘译:《瑜伽师地论释》卷一,《大正藏》第30卷,第883页下。
③ 玄奘译:《瑜伽师地论》卷三八,《大正藏》第30卷,第504页上。
④ 玄奘译:《瑜伽师地论释》卷一,《大正藏》第30卷,第883页下。
⑤ 同上书,第884页上。
⑥ 同上书,第884页中。
⑦⑧ 同上书,第884页下。

以此所习调化众生,也名瑜伽师。三乘所证瑜伽并不完满,而如来所证瑜伽完满,并持此瑜伽调化一切圣弟子等,使其次第修正行。因此,如来也称为瑜伽师。

关于"地",《瑜伽师地论释》也有详细解释:第一,"境界"为"地":"地谓境界,所依所行,或所摄义。是瑜伽师,所行境界故名为地,如龙马地,唯此中行,不出外故。"第二,以瑜伽"处所"为"地":"或瑜伽师,依此处所,增长白法,故名为地,如稼穑地。"第三,以"智"为"地":"或瑜伽师地所摄智,依此现行,依此增长,故名为地,如珍宝地。"第四,以"受用"为"地":"或瑜伽师,行在此中,受用白法,故名为地,如牛王地。"第五,以如来智为"地":"或诸如来名瑜伽师,平等智等行在一切无戏论界、无住涅槃瑜伽中故,是彼所摄,故名为地。"①第六,"十七地"总摄所有瑜伽师为"地"义:"或十七地,摄属一切瑜伽师故,如国王地,是故说名瑜伽师地。"②

总之,为欲证得"瑜伽师地",故说此论,名"瑜伽师地"。而《瑜伽师地论》一百卷,由五大部分组成。根据《瑜伽师地论释》、《瑜伽师地论略纂》、《瑜伽师地论记》整理,如下所示:

一、《本地分》,第一卷至第五十卷,略广分别十七地义。

二、《摄决择分》,第五十一卷至第八十卷,略摄十七地中深隐要义作决择阐述。

三、《摄释分》,第八十一卷至第八十二卷,略摄解释十七地中诸经仪则。

四、《摄异门分》,第八十三卷至第八十四卷,略摄十七地经中诸法名义,略摄释之。

五、《摄事分》,第八十五卷至第一百卷,略摄十七地三藏中众要

---

① 玄奘译:《瑜伽师地论释》卷一,《大正藏》第30卷,第884页下—885页上。
② 同上书,第885页上。

事义。

从上述所述可知,此论五分的第一分与"十七地"直接相关,而后面四部分是对第一部分的解释。而论题的命名也是以第一分来命名的。对此,《瑜伽师地论释》解释说:"就初立名,故无有失。又一切法,无不皆是瑜伽师地,以瑜伽师用一切法为依缘故。此中存略,且说十七。又十七地,具摄一切文义略尽。后之四分,皆为解释十七地中诸要文义故,亦不离瑜伽师地。由是此论,用十七地以为宗要。虽复通明诸乘境等,然说论者,问答抉择诸法性相,意为菩萨,令于一切皆得善巧,修成佛果,利乐无穷。是故此论,属菩萨藏阿毗达磨,欲令菩萨得胜智故。"①此中除揭示了"五分"之间的关系外,特别强调后面"四分"的解释主要偏于菩萨乘解释"十七地"。

3.《本地分》十七地

《本地分》所言的"十七地",窥基以"境"、"行"、"果"三相来归纳。欧阳竟无在《瑜伽师地论叙》中作具体划分:"境"摄九地,五识及意称"境体",一切皆以识为体故。寻伺三地称"境相",上下粗细别故。"等引"及"非等引","有心无心"称"境用",定散隐显别故。"行"摄六地,闻、思、修三称之为"通行",因为此三慧修行遍涉一切故;声闻、缘觉、菩萨称之为"别行",因为随机修法成自乘故。果摄二地,即"有余"、"无余",此称为"通果"。下文则依据此说简要叙述十七地的内容。

(1)境摄九地

此论所说的"五识身相应地"、"意地"、"有寻有伺地"、"无寻唯伺地"、"无寻无伺地"、"三摩呬多地"、"非三摩呬多地"、"有心地"、"无心地"共"九地",属于"境地"。

关于"五识身相应地",《瑜伽师地论释》卷一有一总体解释:"言五识身相应地者,谓眼等根,是眼等识不共所依,眼等不为余识依故;又是亲

---

① 玄奘译:《瑜伽师地论释》卷一,《大正藏》第30卷,第885页上。

依,眼等利钝,识明昧故。又同时依,必俱有故,非如意等。由是五识用眼等根标别其名。"①此中明确说明了"五识"是以"眼根"为"不共所依"、"亲依"、"同时依"。关于称之为"身"的缘由,《瑜伽师地论释》卷一说:"由所依根有形碍故。又必不离所依身,故犹如身受故,名为身。又复身者,依义体义,如六识身;六识身等依五识身,建立此地,故名相应。"②

《瑜伽师地论》卷一分为五个方面解释:"云何五识身相应地?谓五识身自性、彼所依、彼所缘、彼助伴、彼作业。如是总名五识身相应地。"③而"五识身"则指眼识、耳识、鼻识、舌识、身识。论中分别从自性(各自体性)、所依(生起的依赖条件)、所缘、助伴(各各相应的心所)、作业(业用)五个方面来辨别眼识、耳识、鼻识、舌识、身识。如关于眼识的解释:第一,"云何眼识自性?谓依眼了别色。"即了别"色"境的意思。第二,"彼所依者:俱有依,谓眼。等无间依,谓意。种子依,谓即此一切种子执受所依异熟所摄阿赖耶识。如是略说二种所依。"④即包含眼根与意根及一切种子阿赖耶识。第三,"彼所缘者:谓色,有见有对。此复多种。略说有三;谓显色、形色、表色。"⑤以三种色为所缘。第四,"彼助伴者:谓彼俱有相应诸心所有法。所谓作意、触、受、想、思,及余眼识俱有相应诸心所有法。又彼诸法,同一所缘、非一行相,俱有相应一一而转。又彼一切各各从自种子而生。"第五,"彼作业者:当知有六种。谓唯了别自境所缘,是名初业。唯了别自相、唯了别现在、唯一刹那了别。复有二业。谓随意识转、随善染转、随发业转。又复能取爱非爱果,是第六业。"⑥其余四识叙述的理路也是如此,具体不赘述。

总之,五识身相应地,就前五识的五方面说:自性,是了别色、声、香、味、触五境。所依,是五根与意根及一切种子阿赖耶识。所缘,是五境。助伴,是俱有相应的心所。作业,是了别自境。

---

①② 玄奘译:《瑜伽师地论释》卷一,《大正藏》第30卷,第885页下。
③④ 同上书,第279页上。
⑤⑥ 同上书,第279页中。

关于"意地",《瑜伽师地论》说:"云何意地?此亦五相应知。谓自性故、彼所依故、彼所缘故、彼助伴故、彼作业故。云何意自性?谓心、意、识。心:谓一切种子所随依止性,所随依附依止性;体能执受,异熟所摄,阿赖耶识。意:谓恒行意及六识身,无间灭意。识:谓现前了别所缘境界。彼所依者;等无间依,谓意。种子依,谓如前说一切种子阿赖耶识。彼所缘者:谓一切法,如其所应。"①意地,就第六、第七、第八三识说,也有五方面:自性是心、意、识,所依是意及一切种子阿赖耶识,所缘是一切法如其所应,相伴是具有相应的五十三种心所,作业有共、不共业,和前五识相同的是共业,特殊的是不共业。论中又以"色聚"、"相应"、"平等"等十门以解释"意地"之用。如此等等,"意地"实际包含的是"心"、"意"、"识",即"意识"、"末那识"、"阿赖耶识",因为它们都是以意根为生起的所依。

关于"寻有伺"等三地,所谓"寻"是(思或慧)于所对境的粗略推求;"伺"是(思或慧)于所对境的详细审察。在"欲界"及"色界"的"初静虑"的根本定和它的未至定,都有"寻"、"伺",是为"有寻有伺地"。"静虑"中间即在"初静虑"和"第二静虑"间的中间定,只有"伺"而无"寻",是为"无寻唯伺地"。第二静虑以上"七地"的根本定及近分定,都无"寻"、"伺",是为"无寻无伺地"。《瑜伽师地论》分为五门叙说:其一,界施设建立:由数(三界)、处(三界处在)、有情量(有情身量高低)、有情寿(寿命长短)、有情受用(苦乐、饮食、淫欲之受用)、生(三种欲生及三种乐生)、自体(四种不同的所得自体)、因缘果等八相组成。其二,相施设建立:由寻伺体性、行相、等起、差别、抉择、流转等七相组成。其三,如理作意施设建立:由如理作意相应寻伺依处、事、求、受用、正行、声闻乘资粮方便、独觉乘资粮方便、波罗蜜多引发方便等八相组成。其四,如理作意施设建立:此部分广辩十六种外道的思想差别,是研究古代印度哲学的重要资料。其

---

① 玄奘译:《瑜伽师地论》卷一,《大正藏》第30卷,第280页中。

五,杂施设建立:说明三种杂染,谓烦恼杂染、业杂染、生杂染。

"三摩呬多(等引)地",是指行者静坐时远离昏沉和掉举所引发的"胜定",论中说明了静虑的种种差别、安心、作意以及修习静虑的注意事项及方法等。具体有五方面:其一,总标,有静虑(四静虑)、解脱(八解脱)、等持(空、无愿、无相三三摩地等)、等至(五现见、八胜处、十遍处、四无色、无想、灭尽定等等至)四种三摩呬多。其二,安立,只此等四种是三摩呬多地,欲界的心一境性不在其内。其三,作意差别,有了相作意等七种根本作意及缘法作意等四十种作意。其四,相差别,有所缘相、因缘相、应远离相、应修习相四种相,又有自心相、外相、所依相等三十二种相。其五,略释诸经宗要,依经总释解脱等三种定义。

"非三摩呬多地",即修定中未能如法,一切散乱,自性不定,有十二种相,这两地总摄一切"定"、"非定位"所有诸法。

关于"有心地"和"无心地",则从五个方面辨别"有心"与"无心"的不同。云何有心地?云何无心地?谓此二地,俱由五门应知其相。一、地施设建立门;二、心乱不乱建立门;三、生不生建立门;四、分位建立门;五、第一义建立门。

(2) 行摄六地

第十"闻所成地"至第十五"菩萨地"属于"行"之"地"所摄。

第十"闻所成地",是指从闻所生之解文义慧及与慧相应的"心"及"心所"等。论文中广辩"五明"——内明处、医方明处、因明处、声明处、工业明处。五明概括了世、出世间一切知识,菩萨必须学习和精通这些内容,才能广济群生。

第十一"思所成地",指如何如理思维,观察诸法。

第十二"修所成地",则叙述修行的条件及所得的果。有四处七支说明:其一,修处所,为投生的处所及根身没有缺陷。其二,修因缘,包括说法、闻法及正确的发心动机。其三,修瑜伽,指出修习瑜伽种种能治、所治法。其四,修果,由修习瑜伽得世、出世间定慧果实。

第十三声闻地，广明声闻种姓发心、修行、得果的一切。

第十四独觉地，由五相说明：一、独觉种姓；二、独觉道（修行的法）；三、独觉习（证果的方法）；四、独觉住（身心安住处）；五、独觉行（自利利他的行为）。

第十五菩萨地，广明菩萨种姓发心、修行、得果的种种方法。论中用持、相、分、增上意乐、注生、摄受、地、行等十法予以概括说明。"十法"又归纳为"四处"来说明：

第一"持瑜伽处"，以《种姓》等十八品说明之，具体内容又包括：其一，说明菩萨的种姓为成就佛果的依因，在五种姓中最为殊胜，菩萨发心的自性、行相、所缘、功德最胜。其二，菩萨应该具备的七种知识——自利、利他的途径，世间、出世间的真理，诸佛菩萨的威力，成就有情的方法，自我圆成佛果的道路，无上佛果的妙境。其三，菩萨的修学法门——六度、四摄、供养三宝、亲近善知识、修四无量、大乘三十七菩提分法等种种利乐有情功德事。

第二"随法瑜伽处"，有《相品》、《分品》、《增上意乐品》、《住品》说明之。《相品》说明菩萨具备的五大特征——哀愍、爱语、勇猛、舒手惠施、能解甚深入理密意。《分品》说明速证佛果的四种法门：善修事业（六度行门）、方便善巧（于十二处具足方便善巧，能作自他义利）、饶益于他（依四摄法门）、无倒回向（所修法门都能回向无上菩提）。《增上意乐品》说明菩萨对有情应有的态度——七相怜愍、十五种增上意乐、十事应知。《住品》说明菩萨发心行菩萨道的十二种住及其特征、修习的时间和所断的惑障等。

第三"持究竟瑜伽处"，有《生品》、《摄受品》、《地品》、《行品》、《建立品》说明之。《生品》辨别菩萨受生的形式及动机有五种不同——为除众生灾患而生、随着有情种类受生、所感殊胜正报生、所感殊胜依报生、最后生。《摄受品》说明摄受有情的六种方法。《地品》说明随前"十三住"建立七地：种姓地（种姓住）、胜解行地（胜解行住）、净胜意乐地（极欢喜住)、行正行地(增上戒注增上心注三种增上慧注有加行有功用无相住)、决定地(无加行无功用无相住)、决定行地(无碍解住)、究竟住(最上成满菩萨住、如来住)。上述七地反应了菩萨修行的七个过程。《行品》总括一切菩萨地的行门为四种,即十波罗蜜多行、菩提分法行、神通行、成熟有情行。《建立品》叙述诸佛具有一百四十种不共法——三十二大丈夫相、八十随好、四一切种清净、十力、四无畏、三念注、三不护、大悲、无忘失法、永害习气及一切种妙智等。同时说明诸佛感得一百四十种不共法的因缘。

第四"持次第瑜伽",有《正等菩提心品》阐述菩萨修学次第。

(3) 果摄二地

"有余依地"和"无余依地"叙述佛果之"地",论中各以"三相"说明之。

此论所说的"有余依地"即"有余依涅槃地"。论中说:"谓有余依地,除五地一分,谓无心地、修所成地、声闻地、独觉地、菩萨地;除一地全谓无余依地,所余诸地,名有余依地。是名地施设安立。"①这是说,除无心地、修所成地、声闻地、独觉地、菩萨地等五地中的少分,无余依涅槃所余的诸"地",称作有余依涅槃境界。

"有余依地"有四寂静:其一,苦寂静,当来苦毕竟不生。其二,惑寂静,诸烦恼毕竟不生。其三,业寂静,不造恶,修习诸善。其四,舍寂静,六恒住,于六根门,不喜不忧,安住上舍,正念正知。具体地说,阿罗汉等住无学地,具四寂静,有少分"依",因此称其为有余依地,此地即是二乘无学身中有漏无漏诸法总为自性,如来虽无真实身心有漏余依,而有变化似有漏依,因此从"化相"上说,如来也得说名"有余依地"。

"依"也即有漏所依,略有八种:第一,施设依,谓五取蕴。人依五蕴中假用言说,施设我及众生,各各不同,有如是生类、如是种姓、如是名

---

① 玄奘译:《瑜伽师地论》卷五〇,《大正藏》第30卷,第576页中—下。

字、如是苦乐寿夭等,称为施设依。由依此故,施设假者,名种姓等。第二,摄受依,谓七摄事,即自父母、妻子、奴婢、作使、僮仆、朋友、眷属。指人依于父母、妻子、奴婢等,以为我所摄受,故称摄受依。第三,住持依,谓四种食。这是指人依段、触、思、识四种之食,则能摄养诸根,住立支持,故称住持依。第四,流转依,谓四识住,十二缘起。人依五蕴中受、想、行、识四心,起诸烦恼业因,流转三界生死,故称流转依。第五,障碍依,诸天魔,指诸天魔外道,随有修善法处,即往其前,为作障碍,故称障碍依。第六,苦恼依,谓诸欲界。指人依于欲界,领受一切忧苦,不生厌离之心,故称苦恼依。第七,适悦依,谓诸定乐,指人依诸禅定,静息思虑,身心湛寂,得法喜乐,故称适悦依。第八,后边依,谓阿罗汉相续诸蕴。

进入此地的修行者,"当言与一种依,一向相应,谓后边依。与六摄受事,不共相应;与流转依,与障碍依,一向全不相应。与所余依,非相应非不相应。是名依施设安立。"①此中说,"有余依"与"后边依"完全相应,与"摄受依"中最后一位"眷属"相应,与"流转依"、"障碍依"全不相应,与除上述以外的"依"非相应非不相应。

此论所说的"无余依地"即"无余依涅槃地"。论中也以"地施设安立"、"寂灭施设安立"、"寂灭异门安立"三方面来说明。

关于此"地施设安立",论说:"谓先所除五地一分,当知即此无余依地所摄,谓无心地、修所成地、声闻地、独觉地、菩萨地。"②这是说,上述"有余依地"除去五地的"一分"也就是无余依地。

关于此地"寂灭施设安立",论中分为"寂静寂灭"和"无损恼寂灭"两方面来说明。关于"寂静寂灭",论中说:"谓先于有余依地获得触证四种寂静,今无余依涅槃界中,亦有最胜四种寂静。一、数教寂静,二、一切

---

① 玄奘译:《瑜伽师地论》卷五〇,《大正藏》第30卷,第577页上。
② 同上书,第577页中。

依寂静,三、依依苦寂静,四、依依苦生疑虑寂静。"①关于"无损恼寂灭",论中说:"谓与一切依不相应,违背一切烦恼诸苦流转生起,转依所显真无漏界。"

关于"寂灭异门施设安立",论中说:"当知此中寂灭异门有无量种。谓名为常,亦名为恒,亦名久住,亦名无变,亦名有法,亦名舍宅,亦名洲渚,亦名救护,亦名归依,亦名所趣,亦名安隐,亦名淡泊,亦名善事,亦名吉祥,亦名无转,亦名无垢,亦名难见,亦名甘露,亦名无忧,亦名无没,亦名无炽,亦名无热,亦名无病,亦名无动,亦名涅槃,亦名永绝一切戏论,如是等类,应知说名寂灭异门,是名寂灭异门施设安立。"②这一部分罗列的是有关"无余依寂灭"的不同名称。

4."摄抉择分"等四分的内容

如果"本地分"是《瑜伽师地论》主体部分的话,此论的后四部分是对"本地分"的补充解释。经过学者的研究,二者大多一致,但也有细节方面的差别。尤其重要的是,当代学者通过对这一部分内容的详细研究,发现此论保存了许多佛经最初流通形态的资料。在此,依照论典本身的顺序大致分析说明这一部分的基本内容。

"抉择本地分"是对"本地分"所说的除缘觉地之外的"十六地"的重新解释。

《瑜伽师地论》卷五十一至五十四解释"五识身相应地意地"。在八识中,着重谈了阿赖耶识,从八个方面证实阿赖耶识的实有,谓依止执受、最初生起、有明了性、有种子性、业用差别、身受差别、处无心定、命终时识。这八个方面,假如离开阿赖耶识,都无法成立。又以四相建立流转,谓阿赖耶识的所缘境界、相应心所、与转识的依赖关系、诸识的同时俱起;一相建立还灭,即谓阿赖耶识的转依。

---

① 玄奘译:《瑜伽师地论》卷五〇,《大正藏》第30卷,第577页中。
② 同上书,第577页下。

此部分还详细辨析"不相应行法"、"五十一心所"以及"六种善巧"——蕴善巧、界善巧、处善巧、缘起善巧、处非处善巧、相善巧。

《瑜伽师地论》卷五十八至六十一解释"有寻有伺"等三地：接续"本地分"的内容，对"杂染施设建立"作进一步的说明。杂染有三：一、烦恼杂染：即烦恼的自体、烦恼的种类、烦恼的修断、烦恼的对治。二、业杂染：广明十不善业。三、生杂染：叙述三界有情及出世圣者种种受生差别、招感生死的原因、有情界中的种种痛苦，并指出作国王的道理和上中下士的不同。

《瑜伽师地论》卷六十二至六十三上卷解释"三摩呬多地"，指出众生不能证得心一境性的原因，引用解释了《随身念经》的内容。

《瑜伽师地论》卷六十三第二部分解释"三摩呬多地"，说明不能入定的原因及对治方法。

《瑜伽师地论》卷六十三第三部分解释"有心地"，用五相说明诸心差别：其一，依世俗道理建立诸心差别。其二，胜义道理建立诸心差别，概括诸识为二种，即阿赖耶识和转识。其三，胜义道理建立能依差别，以阿赖耶识为所依，末那识为能依，说明了阿赖耶识、末那识、意识的含义和作用。其四，胜义道理俱有差别，八识的俱、不俱起。其五，胜义道理建立染净差别，阿赖耶识、末那识在三性中的性质，与烦恼相应不相应，诸烦恼种的对治。

《瑜伽师地论》卷六十三第四部分解释"无心地"，阐明在缘阙、作意阙、未得（下界人未得上界定心）、相违（苦乐受不同时）、断故（修道者已断的贪心）、灭故（无想定、灭尽定）、已生等七种情况下"心"不得"生"。

《瑜伽师地论》卷六十四解释"闻所成地"。内容有三：其一，广辨皈依，考察所皈的对象、皈依的种类、能皈依者的资格、皈依者应有的正行、皈依者所能获得的功德。其二，由六种理门略释圣教，即"真义理门"、"证得理门"、"教导理门"、"远离二边理门"、"不可思议理门"、"意趣理门"。其三，造论六因，包括欲令法义当广流布；欲令种种信解有情，由此因缘能入正法；为令失没种种义门重开显故；为欲略摄广散义故；为欲显发甚深义故；欲以种种美妙言词生净信故。

《瑜伽师地论》卷六十五至六十六解释"思所成地"，说有四种"思议"，即"事思议"、"有非有思议"、"因果思议"和"乘思议"，特别说明如何"如理思议"诸法的假实与有无。又各以五相建立"有见"、"有漏"、"有染"、"世间"、"有为"、"所缘"诸法差别。

《瑜伽师地论》卷六十七上解释"修所成地"的十六种修行方式。

《瑜伽师地论》卷六十七下至七十一解释"声闻地"，以五难来成立无种姓，辨析十种声闻，引用《月喻经》论证声闻所具的四种净妙法（具戒、具德、柔和、善法），指出比丘往信徒家里要先断除三种烦恼（结亲友家随烦恼、家悭随烦恼、有染心而行法施随烦恼）。解释《伐地迦经》所说的声闻要对染净诸法善巧——应遍了知染净所依、杂染、清净三处。略说四谛法门，用"摄"等十三门抉择本地分律仪相应相，又以六十四门杂说境行果相。

《瑜伽师地论》卷七十二至八十上解释"菩萨地"。

在抉择"本地分"的《发心品》、《自利利他品》时，叙述菩萨的十种发心、四种恒常随护心、九种正行，对五种有情众起邪行名无哀愍，五种无堪任性有情。在抉择《真实义品》时，分析了"五法"、"三自性"，"五法"即相、名、分别、真如、正智，"三自性"即遍计所执自性、依他起自性、圆成实自性。在抉择《威力品》、《成熟品》、《菩提品》、《力种姓品》时，以五因缘说明菩萨威德不可思议，有十法行能令菩萨成熟有情，叙述了大阐提五种相（自性、功能、加行、转、还）、六相略摄如来功德（圆满、无垢不动、无等、能作有情利益事业、功能）等。抉择《布施品》时，以施、戒、见、心、语、智、垢七种清净来说明菩萨惠施乃能清净。抉择《持戒品》时，分析说明了三聚净戒等。在抉择《菩萨功德品》时，指出有十种颠倒道能证得一百四十种不共佛法，引《解深密经》除《序品》外的所有内容，来论证大乘境行果的理论依据，证明大乘佛教是真佛说。

《瑜伽师地论》卷八十下解释"有余依地及无余依地",分"离系"等十四门来说明之,并有四个问答解释"住有余依"及"无余依涅槃"的声闻的境界。

《瑜伽师地论》卷八十一至八十二"摄释分"解释"十七地"有关诸经,特别是《阿含经》的说法和解释的仪则,第一部分解释说法应知的五分,其次说明解经的六义。具体内容从略。

《瑜伽师地论》卷八十三至八十四"摄异门分",解释经内中名义差别。分为"白品"与"黑品"。"白品"即"善法",用四偈说明。"黑品"即"不善法",用一偈说明。

《瑜伽师地论》卷八十五至卷一百"摄事分"抉择三藏要义:第一,契经事。第二,毗奈耶事。第三,摩怛理迦事。

吕澂先生在《杂阿含刊定记》指出,《瑜伽师地论》抉择契经的摩怛理迦(本母),是依《杂阿含经》的次第而造。印顺法师《杂阿含经论合编》将"摄事分"与《杂阿含经》作了对照合刊,可知"摄事分"与《杂阿含经》有直接的渊源。

5. 阿赖耶识

《瑜伽师地论·本地分》在"五识身相应地"和"意地"都涉及阿赖耶识,在"摄抉择分"又作了辨析。

《瑜伽师地论》卷一在解释"五识身相应地"时,已经将五识的所依之一界定为"种子"。如关于眼识的"所依",论中说,其"俱有依"是眼,"等无间依"是"意"。此外还有"种子依","谓即此一切种子执受所依,异熟所摄阿赖耶识"。[①] 在解释"意地"时,更是明确了阿赖耶识的地位。

《瑜伽师地论》卷一说:"云何意自性?谓心、意、识。心谓一切种子所随依止性,所随性,体能执受,异熟所摄阿赖耶识。意谓恒行意及六识

---

① 玄奘译:《瑜伽师地论》卷一,《大正藏》第30卷,第279页上。

身无间灭意。识谓现前了别所缘境界。"①而"意地"的"所依"则是"等无间依"是"意","种子依"则是"前说一切种子阿赖耶识"。

在《瑜伽师地论》卷二有一段文字专门论述种子识。其文说："此一切种子识,若般涅槃法者,一切种子皆悉具足。不般涅槃法者,便阙三种菩提种子,随所生处自体之中,余体种子皆悉随逐。是故欲界自体中,亦有色、无色界一切种子。如是色界自体中,亦有欲、无色界一切种子。无色界自体中,亦有欲、色界一切种子。"②这可以理解为此种子识可以在三界中流转。如文说："又种子体无始时来,相续不绝。性虽无始有之,然由净、不净业差别熏发,望数数取异熟果,说彼为新。若果已生,说此种子为已受果。由此道理,生死流转,相续不绝,乃至未般涅槃。"③

卷二说,种子乃有多种差别之名,即"所谓名界,名种姓,名自性,名因,名萨迦耶,名戏论,名阿赖耶,名取名苦,名萨迦耶见所依止处,名我慢所依止处。如是等类差别应知。"④并且重要的是,此论已经涉及"转依"与种子之间的关系："又般涅槃时已得转依,诸净行者转舍一切染污法种子,所依于一切善无记法种子。"⑤

《瑜伽师地论》"摄抉择分"有一段文字补充了上文未曾言及的阿赖耶识存在的证明问题。卷五十一说："由八种相证阿赖耶识决定是有:谓若离阿赖耶识依止,执受,不应道理;最初起,不应道理;有明了性,不应道理;有种子性,不应道理;业用差别,不应道理;身受差别,不应道理;处无心定,不应道理;命终时识,不应道理。"⑥以下对其说作一分析说明。

《瑜伽师地论》成立阿赖耶识的第一"相"的理由是,如果没有阿赖耶识,"执受"就不能成立,一般简称为"执受相"。论中以五因说组成"执受相"说明阿赖耶识是存在的。

---

① 玄奘译:《瑜伽师地论》卷一,《大正藏》第30卷,第280页中。
② 玄奘译:《瑜伽师地论》卷二,《大正藏》第30卷,第284页上一中。
③ 同上书,第284页中。
④⑤ 同上书,第284页下。
⑥ 玄奘译:《瑜伽师地论》卷五一,《大正藏》第30卷,第579页上。

第一因是："谓阿赖耶识先世所造业行为因，眼等转识，于现在世众缘为因。如说根及境界作意力故，诸转识生，乃至广说。是名初因。"①这里将阿赖耶识当做众生先世所造业的承担者，并且说它于现在世的众多"缘"为"因"而"转"为"识"。此论"本地分"于"意地"详细给予过说明。

第二因是："又六识身，有善、不善等性可得，是第二因。"②此中是说，"六识"中可得的"善"与"不善等性"证明阿赖耶识是存在的。

第三因是："又六识身，无覆无记，异熟所摄，类不可得，是第三因。"③这是说，阿赖耶识是异熟果，无覆无记异熟所摄，唯此异熟可许执受，而前六识是从异熟生，非是异熟，故前六识不能执受。

第四因是："又六识身，各别依转，于彼彼依，彼彼识转，即彼所依，应有执受；余无执受，不应道理。设许执受，亦不应理，识远离故，是第四因。"六识体都是各自依托各自根身流转的，如眼识依于眼根，耳识依于耳根，乃至意识依于意根，因此前六识没有遍满所依，只有阿赖耶识能遍满执受根身。

第五因是："又所依止，应成数数执受过失。所以者何？由彼眼识，于一时转，一时不转；余识亦尔，是第五因。"④前六识是有间断的执持根身，而有情一期生命中，必须有赖耶存在，从有情受生至命终，无间断地不离有情身心，令有情身心不坏。

《瑜伽师地论·摄抉择分》论证赖耶存在的第二"初起相"的原文是："若无阿赖耶识，最初生起不应道理。谓有难言：若决定有阿赖耶识，应有二识俱时生起。应告彼言：汝于无过妄生过想。何以故？容有二识俱时转故。所以者何？且如有一俱时欲见，乃至欲知，随有一识最初生起，不应道理。由彼尔时作意无别，根境亦尔。"⑤

关于这一段话的背景，唐遁伦在其《瑜伽伦记》中解释说："若有第八

---

① 玄奘译：《瑜伽师地论》卷五一，《大正藏》第30卷，第579页上。
② 同上书，第579页上—中。
③④⑤ 同上书，第579页中。

执受依止可得,若无第八依止执受不可得。今若准解,应言若有第八最初生起可得,若无第八最初生起不可得者,是言便失。"①他又说:"此相非正建立,但因外难,便破小执,建立自宗。"②窥基大师在《瑜伽师地论略纂》中也说:"论云何故若无阿赖耶识,乃至识不俱转。此第二因,非正建立第八识。但因外难便破小执,建立自宗。"③可见,这一段话确实不是从正面来论证阿赖耶识存在的,而是在驳斥小乘佛教错误论题的基础上说明必须认定阿赖耶识确实存在。

上述"问难"的核心在于是否允许"诸识并生"。俱舍家不许识并起,他们认为如果承认有阿赖耶识,则有诸识并起的过失。大乘唯识家却认为诸识是可以并起的,即五识起时,意识必起。意识起时,五识不必起。诸识既然可以并生,所以小乘的担心便是多余的,既如此,又为什么不许阿赖耶识存在呢?

《瑜伽师地论·摄抉择分》论证赖耶存在的第三"明了相"是紧接上面"初起相"而来的。其原文说:"若无诸识俱转,与眼等识同行意识,明了体性不可得耶?谓或有时忆念过去曾所受境,尔时意识行不明了,非于现境意现行时,得有如是不明了相,是故应许诸识俱转,或许意识无明了性。"④此中说,诸识不并生是没有道理的,因为如果诸识不并生,则意识不能明白地了知曾忆境。

第四"种子相"的原文是:"谓六识身辗转异故。所以者何?从善无间,不善性生,不善无间,复善性生,从二无间无记性生,劣界无间,中界生,中界无间,妙界生,如是妙界无间,乃至劣界生,有漏无间,无漏生,无漏无间,有漏生,世间无间,出世生。出世无间,世间生。非如是相有种子性,应正道理。又彼诸识长时间断,不应相续长时流转。"⑤此是说,六

---

① 遁伦:《瑜伽师地论记》卷一三,《大正藏》第42卷,第594页上一中。
② 同上书,第594页上。
③ 窥基:《瑜伽师地论略纂》卷一三,《大正藏》第43卷,第171页上。
④ 玄奘译:《瑜伽师地论》卷五一,《大正藏》第30卷,第579页中。
⑤ 同上书,第579页中一下。

转识有转易和有间断,如意识前念可能是善的,但后念也许就有可能是恶的,这是世间的事实,众生就是在这善善恶恶的心念中承受着六道轮回;同时,六转识又是有间断的,如在睡眠、闷绝等情况下,六识就暂不起现行。而作为种子的所依必须具备恒常相续不断的性质,不仅是指一生的相续不断,而且是指生命轮回不已的相续,这只有唯识学的第八阿赖耶识具备此等性质。种子的存在一定有所依,而所依只有第八阿赖耶识能承担,故阿赖耶识一定存在。这也是在反驳小乘佛教的前提下成立己说的。如窥基《瑜伽师地论略纂》说:"以小乘中计六转识,能持于种。"①遁伦《瑜伽师地论记》也说:"第四相中,意谓经部师等计六转识能持于种。"②

第五"业用相",《瑜伽师地论》原文是:"若无诸识俱转,业用差别不应道理,谓若略说有四种业:一、了别器业。二、了别依业。三、了别我业。四、了别境业。此诸了别刹那刹那俱转可得,是故一识于一刹那有如是等业用差别,不应道理。"③此是从"业用"即功能和作用来说明阿赖耶识的存在。

第六"身受相":"若无阿赖耶识身受差别,不应道理。谓如有一,或如理思,或不如理,或无思虑,或随寻伺,或处定心,或不在定,尔时于身诸领受起非一众多种种差别,彼应无有,然现可得,是故定有阿赖耶识。"④如果无阿赖耶识的存在,有情众生的感受就缺乏稳定感等。

第七"无心定相"的证明。《瑜伽师地论》说:"若无阿赖耶识处无心定不应道理,谓入无想定,或灭尽定,应如舍命识离于身,非不离身,如世尊说:'当于尔时识不离身故。'"所谓"无心定"是指"无想定"和"灭尽定",在此"定"中,前六识暂灭而不起作用,前六识既然暂灭,如果如小乘所言有情身心中仅有前六识,则入此无心定的行者,在入定之中应没有

---

① 窥基:《瑜伽师地论略纂》卷一三,《大正藏》第 43 卷,第 171 页中。
② 遁伦:《瑜伽师地论记》卷一三,《大正藏》第 42 卷,第 594 页中一下。
③④ 玄奘译:《瑜伽师地论》卷五一,《大正藏》第 30 卷,第 579 页下。

心识存在。既无心识存在,此时行者应无有精神,如同草木,或者说如同死人,而现实的情况却不是如此。有鉴于此,必须说一定有阿赖耶识的存在。

第八"命终相"的证明。《瑜伽师地论》说:"何故若无阿赖耶识,命终时,识不应道理。谓临终时,或从上身分识渐舍离,冷触渐起,或从下身分,非彼意识有时不转。故知唯有阿赖耶识能执持身。此若舍离,即于身分冷触可得,身无觉受,意识不尔。是故若无阿赖耶识,不应道理。"①有情一期生命终结的时候显现出的这些相状说明阿赖耶识是存在的。

与后期的论典相比较,《瑜伽师地论》八相论证阿赖耶识存在的理路似乎并不完善,但其精华也被后来的论典,如《摄大乘论》、《成唯识论》等继承、发挥。

6. 三性

在瑜伽行派教义体系中,"三性"、"三无性"说是其教义的最核心部分。对此,此论在全文引用《解深密经》相关内容的基础上,也有较为详尽的说明分析。

《瑜伽师地论》卷十三《本地分中闻所成地第十之一》先列出了三性名目:"复有三种自性,谓遍计所执自性、依他起自性、圆成实自性。复有三无性性,谓相无性性、生无性性、胜义无性性。"②这一段话是在言说菩萨所应证成的"真实义"时候出现的,与此文相接的文字是:"复有远离二边处中观行,谓离增益边、离损减边。复有四种真实,谓世间所成真实、道理所成真实、烦恼障净智所行真实、所知障净智所行真实。复有四寻思,谓名寻思、事寻思、自性假立寻思、差别假立寻思。复有四如实遍智,谓名寻思所引如实遍智、事寻思所引如实遍智、自性假立寻思所引如实遍智、差别假立寻思所引如实遍智。"③而"三种自性"则与这一修证方法

---

① 玄奘译:《瑜伽师地论》卷五一,《大正藏》第30卷,第579页下。
② 玄奘译:《瑜伽师地论》卷一三,《大正藏》第30卷,第345页下。
③ 同上书,第345页中。

构成一种相应关系。

《瑜伽师地论》卷六十四解释说:"云何非安立真实?谓诸法真如圆成实自性,圣智所行,圣智境界,圣智所缘。云何增益边?谓诸法自性略有三种:一、遍计所执自性。二、依他起自性。三、圆成实自性。遍计所执自性者,谓诸所有名言安立诸法自性,依假名言数数周遍,计度诸法而建立故。依他起自性者,谓众缘生、他力所起诸法自性,非自然有,故说无性。圆成实自性者,谓如前说。"①这一段文字,揭示了"三性"与证得"圣智"的菩萨修行方法之间的关系。

依照《瑜伽师地论》的解释,"远离二边"而"处"于"中观行"的途径即与"三自性"密切相关。"若于依他起自性或圆成实自性中,所有遍计所执自性妄执,当知名增益边。所以者何?此自性中彼自性有,不应理故。"②可见,"遍计所执自性妄执"即是"增益边"。

但是,"损减边者,谓于依他起自性及圆成实自性诸有法中,谤其自相,言无所有。"③这就是说,尽管从究竟上说,"诸法"并无"自性",但如果不承认"遍计所执自性"也是特殊的"有",则堕入"减损边"。"如是真义理门,由远离二边理门,应随决了。"④可见,"非安立真实"的证得必须以"三性"为依托。而《瑜伽师地论·摄抉择分》也是如此说的,如卷七十三有文说:"如是于真实义分中,已说事决择。若欲了知真实义者,于三自性复应修观。"⑤此后便以几卷的篇幅解释三性。

与大多数瑜伽行派经典先说"三性"后说"三无性"不同,《瑜伽师地论》卷七十三是先说"三无性"后说"三性"的。原因在于"三无性"是与菩萨地所证的"真实"相关联,而"三性"则与众生界相关联。

《瑜伽师地论》卷七十三在解释完"五事"之后,插入一偈颂:"总举别

---

① 玄奘译:《瑜伽师地论》卷六四,《大正藏》第30卷,第656页中—下。
②③ 同上书,第656页下。
④ 同上书,第653页下。
⑤⑥ 玄奘译:《瑜伽师地论》卷七三,《大正藏》第30卷,第703页上。

分别,缘差别依止,亦微细执著,如名等执性。"⑥ 对此,遁伦在《瑜伽论记》中解释说:"七门者,总举是第一,别分别第二,缘是第三,差别第四,依止第五,微细执著六,如名等执性七。景云:此七门内,初三门通分别三性,后四门唯分别遍计所执性。"①遁伦依据此顺序解释《师地论》卷七十三后半卷对"三性"的解释。依照"景法师"所说,初三门涉及三性,后四门则仅仅辨析遍计所执性。限于篇幅,本著不打算采用逐次论述的做法,而是以现代思维习惯拣选几个重要问题作一些论述。

卷七十三有一问:"世尊依何密意,说一切法皆无自性?"回答是:"由依彼彼所化势力,故说三种无自性性:一、相无自性性。二、生无自性性。三、胜义无自性性。云何相无自性性?谓一切法世俗言说自性。云何生无自性性?谓一切行众缘所生,缘力故有,非自然有,是故说名生无自性性。云何胜义无自性性?谓真实义相所远离法,此由胜义说无自性性。"②《瑜伽师地论》于此处,追溯到修行方法:"如观行苾刍,于大骨聚生假胜解,不能除遣。于此骨聚胜义无自性相,恒无间转。如是应知胜义无自性性。此中五事,非由相无自性性故,说无自性;然由生无自性性故,胜义无自性性故,随其所应说无自性。谓相、名、分别、正智,皆由二种无自性性;真如不由无自性性说无自性。是故世尊依此密意于伽他中说如是言:我说一谛,更无第二。"③此中的"一谛"即"不二"之真理,二谛则指世俗谛和胜义谛。至于立"三无性"的意图,如论中的问答:"世尊依何密意说一切法等于虚空?答:亦依相无自性性说如是言。问:世尊依何密意说一切法皆如幻等?答:依生无自性性、胜义无自性性说如是言。问:世尊依何密意说等随观色乃至识有无常耶?答:依相无自性性说如是言。"④

一言以蔽之,世尊之所以说"有圣出世间谛"等等能解脱之道,都是

---

① 遁伦:《瑜伽师地论记》卷一九,《大正藏》第42卷,第758页下。
② 玄奘译:《瑜伽师地论》卷七三,《大正藏》第30卷,第702页中。
③ 同上书,第702页中—下。
④ 同上书,第702页下。

"依于一切无自性性或不依于无自性性说如是言"。如此,"三无性"揭示了如何由"相"、"名"、"分别"到"正智",最后再到"真如"的修行门径。如论中的问答:"问:如是五事,何缘最初建立其相,乃至最后建立正智?答:若无其事施设于名,不应道理,故此次第施设于名。由此名故,施设自性,施设差别,故此次第,施设分别。由分别故,或分别相,或分别名,或俱分别。由此三法,显杂染品次第圆满。从此乃容修清净品,谓即观彼所有杂染诸法真如。由正智故,能正观察,能得清净。"①

关于设立"三性"的目的,《瑜伽师地论》卷七十三有几处解释。首先,"应知三性"的究极目的是为了明了"五法"的本质。如论中所说:"问:遍计所执自性缘何应知?答:缘于相名相属,应知。问:依他起自性缘何应知?答:缘遍计所执自性执,应知。问:圆成实自性缘何应知?答:缘遍计所执自性于依他起自性中毕竟不实,应知。世尊于余经中说缘不执著遍计所执自性应知此性者,依得清净说,不依相说。今此义中当知依相说。"②这里要特别强调的是,佛经中有说"缘不知著遍计所执自性"而可知"性"的语句,但那是从"清净"而言的,而在此所说的"三性"之间的"缘"是从"相"而言的。

《瑜伽师地论》卷七十三如此界定"三性":"云何遍计所执自性?谓随言说依假名言建立自性。云何依他起自性?谓从众缘所生自性。云何圆成实自性?谓诸法真如,圣智所行,圣智境界,圣智所缘,乃至能令证得清净,能令解脱一切相缚及麁重缚,亦令引发一切功德。"③这一定义与卷十三所说一致。

关于遍计所执自性,卷七十三在第四"差别门"下分为"遍计义自性"、"遍计名自性"、"遍计杂染自性"、"遍计清净自性"、"遍计非杂染清净自性"五种作了分析说明。

----

① 玄奘译:《瑜伽师地论》卷七三,《大正藏》第30卷,第703页上。
②③ 同上书,第703页中。

关于"遍计义自性"又分为四种:"一、遍计自相。二、遍计差别相。三、遍计所取相。四、遍计能取相。遍计自相者,谓遍计此事是色自性,乃至此事是识自性,此事是眼自性,乃至此事是法自性。遍计差别相者,谓遍计此色是可意,此色是不可意,此色是非可意非不可意。此色是有见,此色是无见。……遍计所取相者,谓遍计此色是眼所取,此是耳鼻舌身意所取;又复遍计此受想行识是欲界意所取,此是色界意所取,此是无色界意所取。此是不系意所取。遍计能取相者,谓遍计此色是色能取,此色是声香味触能取;又复遍计此受想行识是色能取,此是声香味触法能取。"①对此,遁伦《瑜伽论记》卷十九解释说:"忽见一物,由不了其名,分别其事。不同《摄论》依输遍计金等。"②由此可见,所谓"义自性"实际可略同于今日所说"观察"以及"观察"之后的"审视"。

关于"遍计名自性",论说有二种:"一、无差别。二、有差别。无差别者,谓遍计一切法所有名。有差别者,谓遍计此名为色,此名为受,此名为想,此名为行,此名为识,如是等类无量无数差别法中各各别名。"③此中的"名",大略可以以名词概念来理解。

关于"遍计杂染自性",论中解释说:"谓遍计此色有贪有瞋有痴,不能远离贪瞋痴系。又与信等一切善法而不相应。又复遍计此受此想此行此识有贪有瞋有痴,不能远离贪瞋痴系。又与信等一切善法而不相应。"

关于"遍计清净自性",论中解释说:"谓与上相违,当知其相。"④此即是说,与上述四种"自性"相违背的就是"遍计清净自性"。

而关于"遍计非杂染清净自性",论中解释说:"谓遍计此色是所取,此是能取。此受想行识是所取,此是能取。又于一切无记法中遍计所有无记诸法。"对于"能取"、"所取"的辨别与染、净无关,所以说"非杂染清

---

① 玄奘译:《瑜伽师地论》卷七三,《大正藏》第30卷,第703页中—下。
② 遁伦:《瑜伽师地论记》卷一九,《大正藏》第42卷,第759页下—760页下。
③④ 玄奘译:《瑜伽师地论》卷七三,《大正藏》第30卷,第703页下。

净自性"。

《瑜伽师地论》卷七十三第五"依止门"专门解释遍计所执自性,分为两层,其一是"五依",其二是"二执"。

"五依"如下:第一,"依名遍计义自性"的含义是:"谓遍计此色事名有色实性。此受想行识事名有受想行识实性。"第二,"依义遍计名自性"的含义是:"谓遍计此事名色或不名色,此事名受想行识或不名受想行识。"第三,"依名遍计名自性"的含义是:"谓不了色事,分别色名而起遍计。不了受想行识事,分别受想行识名而起遍计。"第四,"依义遍计义自性"的含义是:"谓不了色名。由不了名分别色事,而起遍计。不了受想行识名。由不了名分别受想行识事而起遍计。"①第五,"依二遍计二自性"的含义是:"谓遍计此事是色自性名之为色。此事是受想行识自性名受想行识。"②

"二执"即"加行执"和"施设执"。"加行执"又有五种:"一、贪爱加行故。二、瞋恚加行故。三、合会加行故。四、别离加行故。五、舍随与加行故。"而"施设执"有二种:"一、非文字所作。二、文字所作。非文字所作者,谓执此为何物,云何此物,此物是何,此物云何。文字所作者,谓执此为此物,此物如是或色,乃至或识,或有为或无为,或常或无常,或善或不善,或无记如是等。"③

《瑜伽师地论》卷七十三在第六"微细执著门下"将遍计所执自性又分为五种:"一、于无常常执。二、于苦乐执。三、于不净净执。四、于无我我执。五、于诸相中遍计所执自性执。"④此依照字面大致可解。

《瑜伽师地论》卷七十四有两颂解释三性。第一颂是:"摄无性知等,密意等所行,通达与随入,差别依为后。"⑤《瑜伽论记》卷二十解释说:"第二颂有九门,摄是第一,无性第二,知等是第三,密意等第四,所行第五,

---

① 玄奘译:《瑜伽师地论》卷七十三,《大正藏》第30卷,第703页下。
② 同上书,第703页上。
③④ 同上书,第704页上。
⑤ 玄奘译:《瑜伽师地论》卷七十四,《大正藏》第30卷,第704页下。

通达第六,随入第七,差别第八,依止第九义。"①

第一"摄"讲的是"三性"与"五法"(五事)之间的关系。答案是:遍计所执自性都非五法所摄。第二依他起性则属于相、名、分别、正智四法所摄。圆成实性则属于真如所摄。正如玄奘弟子遁伦已经注意到的,《瑜伽师地论》的此说与玄奘所翻译的许多经典的说法并不一致,反倒与真谛翻译的《佛性论》和《三无性》所说相同。这说明真谛所学所传并非如奘门所说为"误译误解"。

《瑜伽师地论》卷七十四第二"无性门",约彼三性辨三无性。论中说:"由相无自性性故,遍计所执自性说无自性。由生无自性性故及胜义无自性性故,依他起自性说无自性,非自然有性故,非清净所缘性故。唯由胜义无自性性故,圆成实自性说无自性。何以故？由此自性,亦是胜义,亦一切法无自性性之所显故。"②

《瑜伽师地论》卷七十四第三"知等门",论中回答的是"三种自性,几应遍知"的问题,答案是"一切",并且一个"永断",一个"应证得"。遁伦解释说:"依他是染,有不实体,故应永断。圆成应证。"③

第四"密义门"是说:"谓诸如来秘密语言及诸菩萨随无量教秘密语言,所有要义,皆由如是三种自性应随决了。"④此后的问答举了"经中说无生法忍"等例子,如文说:"由三自性而得建立,谓由遍计所执自性故,立本性无生忍;由依他起自性故,立自然无生忍;由圆成实自性故、立烦恼苦垢无生忍。当知此忍无有退转。"⑤

第五"所行门",论文的含义有:其一,遍计所执自性"非智所行,以无相故"。其二,依他起自性"是二智所行,然非出世圣智所行"。其三,圆成实自性"唯圣智所行"。

第六"通达门":诸"观行"者通达遍计所执自性、依他起自性、圆成实

---

① 遁伦:《瑜伽师地论记》卷二〇,《大正藏》第42卷,第760页下—761页上。
②④⑤ 玄奘译:《瑜伽师地论》卷七四,《大正藏》第30卷,第705页上。
③ 遁伦:《瑜伽师地论记》卷二〇,《大正藏》第42卷,第761页下。

自性之时,"若以世间智而通达时,当言行于相。若以出世智而通达时,当言行于无相。"①

第七"悟入门":若观行者如实悟入遍计所执自性时,即随入圆成实自性。观行者随入圆成实自性时,已经除遣依他起自性。

第八"差别门",有三个问题:其一,关于遍计所执自性的种数:"随于依他起自性中施设建立自性差别所有分量,即如其量,遍计所执自性亦尔。是故当知遍计所执自性无量差别。又于依他起自性中,当知有二种遍计所执自性执:一者,随觉。二者,串习习气随眠。"其二,依他起自性的种数:"当知如相品类差别。复有二种依他起自性:一、遍计所执自性执、所起;二、即彼无执、所起。"其三,圆成实自性的种数:"于一切处、皆一味故,圆成实自性无有安立品数差别。"②

第九"依止门",有三个问题:其一,遍计所执自性依止三事,即相、名、分别。其二,依他起自性依止遍计所执自性执及自等流。其三,圆成实自性依止的是"无所安住,无所依止"。

此外,《瑜伽师地论》卷七十四还有一颂来说明三性:"若无有作业,微细等无体。生执等了知,染苦喻分别。"③对此,遁伦《瑜伽师地论记》卷二十解释说:"下解第三颂有十一门。若无有第一,作业第二,微细等第三,无体第四,生是第五,执等第六,了知第七,染八,苦九,喻十,分别十一。"④长行解释将第八、第九合为一,因此后文只有十门。

第一"无有门",如果没有三性会如何,也就是三性存在的理由:其一,若无遍计所执自性,"于依他起自性中,应无名言,无名言执。此若无者,应不可知杂染清净。"其二,若无依他起自性,"不由功用,一切杂染,皆应非有。此若无者,应无清净而可了知。"其三,若无圆成实自性,"一

---

① 玄奘译:《瑜伽师地论》卷七四,《大正藏》第 30 卷,第 705 页上。
②③ 同上书,第 705 页中。
④ 遁伦:《瑜伽师地论记》卷二〇,《大正藏》第 42 卷,第 762 页中。

切清净品皆应不可知"。①

第二"作业门",即成立三性之用:其一,遍计所执自性有五业:"一、能生依他起自性;二、即于彼性能起言说;三、能生补特伽罗执;四、能生法执;五、能摄受彼二种执习气粗重。"②其二,依他起自性五业:"一、能生所有杂染法性;二、能为遍计所执自性及圆成实自性所依;三、能为补特伽罗执所依;四、能为法执所依;五、能为二执习气粗重所依。"其三,圆成实自性之"业","亦五,由是二种五业对治生起所缘境界性故"。

第三"微细门",遍计所执自性"当言微细。如微细,难见难了。当知亦尔。"依他起自性"当言是粗,然难见难了"。圆成实自性"当言极微细。如极微细,极难见,极难了,当知亦尔。"

第四"无体门",有三问答:三自性中,一个是无体能转有体,即遍计所执自性;有体能转有体、无体,即依他起性;有体而非能转,即圆成实性。

第五"生是门",此中说,遍计所执自性"不生能生于生",依他起自性是"生、能生生不生",而圆成实性是"非生、不能生生及不生"。对此,遁伦《瑜伽师地论记》卷二十解释说:"遍计所执本来无生,故言不生;而能生依他,故云生生。依他起性是生法,能生依他及遍计所执也。……圆成实性以止息义故,不论能生。"

第六"执无执门",有三问答:其一,遍计所执自性执、无执相,有二种:"一、彼觉悟执或无执;二、彼随眠执或无执。若由言说假立名字、遍计诸法决定自性,当知是名彼觉悟执。若善了知唯有名者,知唯名故,非彼诸法有决定性,当知是名于彼无执。若未拔彼习气随眠,当知于彼有随眠执;乃至未舍习气粗重。若永断已,当知无执。"③其二,依他起自性执、无执相,"若由遍计所执自性觉悟执故,复遍计彼所成自性;是名初

---

① 玄奘译:《瑜伽师地论》卷七四,《大正藏》第 30 卷,第 705 页中—下。
② 同上书,第 705 页下。
③ 同上书,第 705 页下—706 页上。

执。若善了知唯有众相,不遍计彼所成自性;是名无执。若于相缚未永拔者,于诸相中有所得时,名第二执。若于相缚已永拔者,于无相界正了知故,于相无得,或于后时,如其所有而有所得;当知无执。"其三,圆成实自性"无有执。此界非执安足处故。若于此界未得未触未作证中,起得触证增上慢者,当知即是遍计所执及依他起自性上执。"

第七"了知门",有三问答:其一,对遍计所执自性,"当正了知唯有其名、唯遍计执、无相无性、无生无灭、无染无净、本来寂静、自性涅槃、非过去非未来、非现在、非系非离系、非缚非解脱、非苦非乐、非不苦不乐,唯是一味遍一切处皆如虚空。以如是等无量行相,应正了知遍计所执自性。"其二,对于依他起自性,"当正了知一切所诠有为事摄。云何一切所诠事耶?所谓蕴事、界事、处事、缘起事、处非处事、根事、业事、烦恼事、随烦恼事、生事、恶趣事、善趣事。"①其三,对于圆成实自性,"当正了知如先所说差别之相。所谓真如、实际、法界,如是等类无量差别。复当了知所余差别;谓无形色、不可睹见、无所依住、无所攀缘、不可显现、不可了别、不可施为、不可宣说、离诸戏论、无取、无舍,如是等类差别无量。"②

第八"染门",遍计所执自性"自非染、能令他染",依他起性"唯自染",圆成性"自清净,令他清净"。③

第九"喻门",遍计所执自性以虚空为喻,依他起自性以如害、如怨为喻,圆成实自性以无尽大宝伏藏为喻。

第十"分别门",有四问答:其一,遍计所执自性由依他起自性故遍计。其二,依他起自性由因缘故依他。其三,圆成实自性"由一切烦恼众苦所不杂染故,又由常故"④而圆成实。其四,辨无分别智。根据遁伦的解释,此义与《摄论》中"无分别智五相"相近。文中先有五层问难。"一者,若由无作意故者,经说无分别智与如理作意相应,而言无作意故,不

---

① 玄奘译:《瑜伽师地论》卷七四,《大正藏》第30卷,第706页上—中。
②③④ 同上书,第706页中。

应道理。又若无作意故名无分别智者,熟眠、狂醉成此智过。二者,若由超过彼寻伺分别故名无分别智者,二禅已上诸心心法应是无分别智。彼若是者,即违教说三界心法皆是分别。三者,若由无所有故者,云何此慧不成非心耶?四者,若由是彼愚钝性者,云何此慧不成色性及非贯达相耶?五者,若由于境作微细加行者,便谤此智离加行相。"①而《瑜伽师地论》的回答是:"于所缘境,离加行故。此所缘境,离有无相诸法真如,即此亦是离诸分别。由先势力所引发故,虽离加行,若于真如等持相应妙慧生时,于所缘相能现照取。是故此慧名无分别。"②

此后,《瑜伽师地论》引用了《解深密经》除《序品》之外的内容,自然包括此经有关三性和八识的教义。此处从略。

三、《成唯识论》

从上述叙述分析可见,瑜伽行派的"宗经"《华严经》、《解深密经》在事关瑜伽行派基本教义的若干论述中也存在细节方面的差异,而三大论师的唯识论典也存在不少不一致的地方。正缘于此,玄奘在印度求取经典回来之后的最重要的努力方向就是建构一个严整的教义体系。他最重要的步骤就是翻译出《成唯识论》,并允许窥基等弟子以此论为核心建构宗义。从这个意义上说,印度瑜伽行派宗论"一本十支"之"一本"是《瑜伽师地论》,而法相唯识宗之"一本"就是《成唯识论》。

1. 《唯识三十颂》与《成唯识论》的汉译

《唯识三十颂》是世亲晚年的作品。他在作完颂,未来得及撰写注疏就圆寂了。此后出现了许多批注此颂的论师。玄奘到印度取回了《唯识三十颂》及其十家注疏原本,并且将《论颂》与批注翻译成一本,即成《成唯识论》。关于《唯识三十颂》和《成唯识论》的翻译问题,事实基本是清

---

① 遁伦:《瑜伽师地论记》卷二〇,《大正藏》第42卷,第764页下。
② 玄奘译:《瑜伽师地论》卷七四,《大正藏》第30卷,第706页下。

楚的。但目前学术著作中对有些细节的叙述仍然存在不少差别，因此稍作考辨。

需要强调的，《唯识三十颂》是玄奘单独翻译出来的，并非是从《成唯识论》中抽绎出来的。如《开元释教录》卷八记载："《唯识三十论》一卷，见《内典录》，世亲菩萨造，贞观二十二年五月二十九日于弘福寺翻经院译，沙门大乘光笔受。"①道宣《内典录》和《开元释教录》都说，《唯识三十颂》是玄奘于贞观二十二年（649）五月十九日翻译完成的。可见，先有《唯识三十颂》的翻译，后有《成唯识论》的糅译。

此外，经过研究，大多数学者认为真谛翻译的《转识论》是世亲《唯识三十颂》的释本。但真谛门下弟子，包括玄奘及其弟子都未曾说及。

包括《唯识三十颂》在内的瑜伽行派经典翻译出来后，奘门弟子将己说奉为新译，将真谛等南北朝时期翻译的同类经典称之为"旧译"且大加批评。但近代以来，特别是在梵文《唯识三十颂》以及安慧《唯识三十论释》发现之后，对于玄奘翻译的《唯识三十颂》的质疑之声便喧嚣尘上。

1922 年，法国人莱维在尼泊尔皇家藏书中发现梵文《三十颂释》写本，他从其题尾上得知此为安慧论释。1925 年，他将世亲《三十唯识论》梵本与安慧释论合刊为一书，一时引起国际佛学界注目，研究者很多，总体结论对玄奘的译本产生颇多不满。如吕澂先生在《安慧三十唯识释略抄》中说："唐译《唯识三十颂》，杂入科文征起，盖是《成唯识论》摘出。文意与护法解说最符，疑即一家传本，以无佐证，未能定也。得安慧论而后晓然译本之果为别传。不宁唯是，凭借梵本颂法推勘唐翻，又见译文尚不尽实，所谓别本真相，乃另有在焉。"②吕先生认为，玄奘翻译的《唯识三十颂》是护法系一家"传本"，不一定与世亲原本一致。

重视新发现的梵文本《唯识三十颂》的学者，相信可以凭借此本"推

---

① 智升：《开元释教录》卷八，《大正藏》第 55 卷，第 555 页下。
② 《吕澂佛学论著选集》（一），第 145—146 页，济南，齐鲁书社，1990。

想世亲颂本之原文",但也承认"安慧所传颂本为古学本,不必即当世亲原文,但推想原文亦必与是最近"。① 吕先生并作了论证。他认定,真谛翻译的《转识论》"译义虽多乖违,但依安慧论勘之,此其作当在前出",也即《转识论》是早于安慧释本的《唯识三十颂》释文的,因而"所释本颂,必近于原文。今以安慧颂本相较,如出一手。"② 吕澂的结论是:"今世亲《三十颂》原本虽不可见,然从安慧颂本仍能想像得其大概。"③

在几种《唯识三十颂》本参照研究之后,现今的不少学者不但怀疑玄奘翻译的《成唯识论》护法系解释的权威性,也怀疑玄奘所依据的《唯识三十颂》原梵文以及由此梵本翻译出来的《唯识三十颂》是否与世亲的原意相符合。如吕澂就相信,可以凭借现今所发现的这些梵文文献再参照藏文译本"探求世亲颂文之古义"。

对于玄奘译本与现今发现的梵本的异同,吕澂说:此《唯识三十颂》用首卢迦体,八言一句,二句一行,二行一颂,用韵短长一一有则。由于颂文体裁的限制,有时省文,有时增字,有时倒缀名目,如此等等,都是韵文"屈曲立言"的结果,自然不如散文顺畅。而玄奘译本译为五言,"又难恰同颂本,乃愈违原意矣。今勘唐翻,详颂文之所略,损颂文之游词,顺理成章,于诵读虽便,而其增损失当处亦不少。"④ 如此等等,都属于在总体上肯定玄奘译本为优的情形下,对其短处持批评态度。

目前这一讨论还在进行,能否作出公允的结论,笔者很怀疑。上述文献的发现,固然可以增加我们对于世亲唯识学"真相"或"原貌"的全面理解,也有助于我们更好地把握玄奘在窥基协助下改编糅译《唯识三十颂》各家解释成为一书的具体情况。但想通过这些文献研究达到上述目的,几乎是幻想。以这些研究来否定玄奘译本或者批评玄奘三藏译错了或者解释错了,甚至说玄奘有意曲解,都显得结论远远大于证据。因为

---

①②《吕澂佛学论著选集》(一),第147页。
③ 同上书,第148页。
④ 同上书,第146页。

现今发现的梵文传本都是晚于玄奘译本所依之原本的,依据后起版本来评估玄奘的译文,都是事出有因、查无实据而已。

关于《成唯识论》的翻译时间,《开元释教录》卷八记载说:"《成唯识论》十卷,见《内典录》,护法等菩萨造,显庆四年闰十月于玉华寺云光殿译,沙门大乘基笔受。"①而有关《成唯识论》糅译的实情,在下节再作论述。

2.《成唯识论》的宗旨

此处须论述两个层面的问题:一是世亲作《唯识三十颂》的目的,二是《成唯识论》的宗旨,而二者是紧密联系在一起的。

关于世亲撰写《唯识三十颂》的动机,《成唯识论》卷一有一解释:"今造此论,为于二空有迷谬者,生正解故。生解,为断二重障故,由我法执,二障具生。若证二空,彼障随断。断障,为得二胜果故。由断续生烦恼障故,证真解脱。由断碍解所知障故,得大菩提。又为开示谬执我法迷唯识者,令达二空。于唯识理如实知故,复有迷谬唯识理者,或执外境如识非无,或执内识如境非有,或执诸识用别体同,或执离心无别心所。为遮此等种种异执,令于唯识深妙理中,得如实解,故作斯论。"②根据窥基的注疏,上述文字可分为三层:"一、安惠等,欲显论主为令生解断障得果,所以造论。二、火辨等意,明论主令达二空,悟唯识性,所以造论。三、护法等,明造本论,破诸邪执,显唯识理。"③二者对照可知,《成唯识论》的上述文字可能是将安惠、火辨、护法等论师在各自批注中的文字组合在一起而成的。而窥基自己概括说:"然此三师并为人、法,虽三义别,二意造论。"④此中的"二意"大概是指"人空"、"法空"。也就是说,世亲作颂的最终目的是为了指出一条证得"二空"的方法。

作为颂文的批注,《成唯识论》的目的自然是将《唯识三十颂》的义理

---

① 智升:《开元释教录》卷八,《大正藏》第55卷,第556页下。
② 玄奘译:《成唯识论》卷一,《大正藏》第31卷,第1页上。
③④ 窥基:《成唯识论述记》卷一,《大正藏》第46卷,第234页中。

完全展现出来。对此,窥基在《成唯识论述记》卷一中有一叙述分析:"爰有护法等十大菩萨,澄情七畔,激河辨而赞微言;游神八藏,振金声而流妙释。净彼真识,成斯雅论,名曰《成唯识论》,或名《净唯识论》。义苞权、实,陵鹫巘而飞高;理洞希夷,掎龙宫而腾彩。总诸经之纲领,索隐涵宗;括众论之菁华,掇奇提异。风飞三量,而外道靡旗;泉涌二因,则小乘乱辙。故以仪天地而齐载,孕日月而融明,岂只与潢河争流,雷霆竞响而已?"①此中除提及常见的《成唯识论》论题之外,还有《净唯识论》的论题。

对于论题,窥基解释说:其一,以"成唯识"为核心解释,"'成唯识'者,举宏纲,旌一部之都目。复言'论'者,提藻镜,简二藏之殊号。'成'乃能成之称,以成立为功。"其二,"唯识"的含义:"唯识所成之名,以简了为义,唯有识大觉之旨隆,本颂成中道之义著。唯谓简别,遮无外境;识谓能了,诠有内心。识体即唯,持业释也。识性识相,皆不离心。心所、心王,以识为主。归心泯相,总言唯识。唯遮境有,执有者丧其真。识简心空,滞空者乖其实。所以,晦斯空有,长溺二边。悟彼有空,高履中道。"其三,"《三十本论》名为唯识,藉此成彼,名成唯识。唯识之成,以彰论旨。"②此中的"成"是"成"《三十颂》的宗旨。

3.《成唯识论》的结构及基本内容

作为护法系解释《唯识三十颂》的注释,《成唯识论》自然是以《唯识论颂》的体系为顺序展开的,但在具体问题的阐述方面有所侧重,有所拓展。《成唯识论》共十卷,以《唯识三十颂》本身的顺序解释瑜伽行派教义。

一般认为《唯识三十颂》没有"序分",而《成唯识论》则加了一颂和长行解释,其中的长行解释世亲造《唯识三十颂》的目的,其文字已见上文所引。

"正宗分"的第一部分是"破执",也就是破除"我"、"法"二执。这一

----

①② 窥基:《成唯识论述记》卷一,《大正藏》第46卷,第229页上。

内容主要在卷一以及卷二的上半部分。在树立唯识道理之前，先破除"人我执"和"法我执"，以显示离心之外"我"和"法"都不可得。这一部分解释的是《唯识三十颂》下述几句："由假说我法，有种种相转。彼依识所变。"①卷二的下半部分列出了"三能变"的名目，并对其含义作了初步解释，即《三十颂》中的"此能变唯三，谓异熟、思量，及了别境识"。②

上述内容相当于《唯识三十颂》中"正辨唯识相"部分，此后则是"广辨唯识相"的内容。

第二卷的剩余部分和第三卷的内容都是对于"初能变"即第八识的论证说明，解释了八识的"自相"、"因相"、"果相"，全面论述了"种子"的问题，尤其是论中所讲的"见分"、"相分"、"自证分"和"证自证分"以及诸家在这一问题上的分歧。第四卷和第五卷的前半部分是对于第二能变即末那识的论证说明。第五卷后半部分至第七卷前半部分是就第三能变即前六识的论证说明，特别是论说了"心所"说。

第八卷解释的是《唯识三十颂》第十七颂至二十四颂的内容。其中，第十七颂突出的"一切唯识"是瑜伽行派的总纲。此外，这一部分论述了五位百法、四缘说以及三自性、三无性等瑜伽行派的核心教义。对于"三无性"的解释延续到了第九卷。

上述内容是"唯识相"的内容。如上所述，一般说《唯识三十颂》第二十五颂为"唯识性"的内容，但《成唯识论》论说时仍然是将其连缀在"三无性"之内解释的。

第九卷后面部分和第十卷解释《唯识三十颂》的最后五颂，属于"唯识果位"的内容，即修行五位。

《成唯识论》是以护法系为核心糅译各家学说而成的，因此论文大体上是以护法一系的注书为基础，而以难陀、安慧等说为对照的，相同的都从略，不同者则以"有义"字样存其异说。这常常是将余家不正确的说法列

---

①② 玄奘译：《成唯识论》卷一，《大正藏》第31卷，第1页上。

前，而将护法的简别和所得的正确结论居后，以表示正宗之所在。十师异义很多，古人曾经举出二十一则。重要者有：第一，如种子说——难陀主新熏，护法主亦本有亦新熏。第二，关于诸识结构，安慧只说"自证"一分，难陀说识有"见分"、"相分"，护法说诸识应有"见分"、"相分"、"自证分"、"证自证分"四分。第三，关于诸识的"俱有依"（即诸识生起时的重要增上缘），难陀说眼等五根即是种子，五识以俱时意识为"依"；安慧说五识也依五根为依；护法说五根通于"现行"，五识并以五根，第六、七、八识为"依"。第四，关于第七末那识所缘之法，火辨解为缘第八识的"见分"、"相分"，难陀解为缘第八的"识体"和它的相应诸法，安慧解为缘第八识和它的种子，护法解为只缘第八识的"见分"，如此等等不同的解释很多。

总之，对于唐代唯识宗来说，《成唯识论》的重要性再怎么强调都不过分。可以说，从渊源上说，玄奘得之以戒贤进而上溯至世亲、无著、弥勒诸位论师。而护法的学说，除《成唯识论》之外，玄奘另外译出他所撰的《广百论释》，后来义净又译出其《观所缘论释》和《唯识二十论释》（即《成唯识宝生论》），这些都可资进一步研究法相唯识宗学说的渊源及其变化。

第二节　唯识宗的创立

玄奘西行求法归来，通过翻译经典和传授学徒等方面的工作，将当时印度唯识学的最新成果介绍到中土，最终创立了以佛教义学见长的法相唯识宗。玄奘在翻译佛典的过程中，为中国佛教培养了一代精通唯识、因明学说的高僧，特别是其高徒窥基继承光大其学说，留学僧人圆测将玄奘之学传播到新罗国，对于唯识学说广泛传播产生了深远影响。说玄奘是法相唯识宗的创始人，是由于他把法相宗的主要经典都翻译成汉语并作了初步的宣传；说窥基是法相宗的实际创始人，是因为窥基在玄奘所奠定的基础上，扩大了这一宗派的理论影响。公正地说，法相唯识宗是玄奘、窥基两代高僧共同努力创立的。

一、玄奘与唯识宗的创立

依照现今学术界、佛教界的普遍认识，玄奘西行的时候，中国佛教已经处于学派佛教与宗派佛教交替发展的时期。玄奘先后礼拜了12位老师，但其中并不包括被认定为佛教宗派的天台宗僧人，也没有礼拜三论宗的祖师吉藏为师。玄奘西行的动机之一，就是出于消弭学派佛教差别诠释所带来的混乱。回国之后，他全身心地投入到佛教经典的翻译活动中，在其弟子们的继续努力下，终于创立了一个新的佛教宗派。

玄奘在国外之时，中土佛教界存在和发生的争论，在其翻译过程中不可避免地表现出来了。历史上传说，道宣甚至包括法藏都曾经参与过玄奘译场①，但因故退出。其中的原因之一就是，南北朝时期地论学派、摄论学派所传承的唯识之学与玄奘传回国内的护法系唯识之学在若干问题上有重大差别。玄奘将这种差别彰显出来，并且极力证明自己所传播的学说才是瑜伽行派的"正义"。这一排外性的学说体系的强化本身就是建立宗派的方法。这是玄奘为法相唯识宗立宗所奠定的基础。另一方面，玄奘以自己所具有的个人魅力和良好的政教关系以及精进的努力，为法相唯识宗的成立建立了一个广阔的平台。尽管现在的学术界倾向于认定法相唯识宗是玄奘与窥基共同创立的，这主要是由于玄奘在其有限的生命存在中未曾有时间进行创立宗派的"宗派活动"，但玄奘大师在成立唯识宗上的卓越贡献是不可磨灭的。

玄奘回国之后，得到了两代皇帝太宗李世民和高宗李治的尊敬和大力支持。高宗时期已经掌握朝廷实际权力的武后，也对玄奘很尊重。可以说，玄奘回国之后，得到唐王朝最高统治者以及朝廷重臣的崇信。借

---

① 参见赞宁《宋高僧传》卷五《法藏传》。法藏出生于贞观十七年（643），玄奘大师圆寂时，法藏年仅22岁，且尚未出家，《宋高僧传》记载显然有误。但此资料可反映当时新旧译之间的竞争与冲突。

助于这一良好的政教关系,玄奘不但能够顺畅地翻译出大量的佛教经典,而且为其推崇的学说的传播开辟了广阔的道路。

在玄奘回国译经之时,产生于隋代的天台、三论宗甚至三阶教都处于活跃期。道宣也在长安研习律本,逐渐形成了南山律的传承体系。作为一位佛教大师,玄奘归国之后具有的社会地位在当时的佛教界是无与伦比的。凭借此形势,创立一个独立的宗派应该是没有什么困难的。尽管现在还不能完全确证玄奘内心是否持有明确的"宗派意识",但他的翻译以及翻译中的宣讲经论活动,都无疑灌注了他在印度所学以及对于佛法的抉择与诠释。

玄奘去印度17年,除去中途往来的两三年以外,游学时间长达14年。一般以为,玄奘正式修学是在那烂陀寺戒贤门下的5年,以及最后在杖林山胜军处的2年,因为从这两位大师那里他学到了梦寐以求的瑜伽行派学说。戒贤是被当时人看作护法的嫡传的,而胜军又是从安慧受学的。在唐人著述中,就时常拿胜军的名字和难陀并举,现存的安慧著书所说又很多与唐人所知道的难陀学说相混同,大概胜军这一家是继承难陀、安慧两系的,自然和戒贤立说有异了。① 胜军擅长《唯识抉择论》,玄奘当然认真地跟随胜军学习过。到了那烂陀寺,戒贤就让玄奘给大众解说。可见,玄奘兼收并蓄了胜军和戒贤的学说。

此外,在大乘佛学中与瑜伽行派对峙的《中论》和《百论》学说,玄奘也先后在北印度及那烂陀寺反复学习了好多遍。对于小乘的学说,如"有部"的《杂心》、《婆沙》、《俱舍》各论,玄奘在国内就研究有素,而于入印途中,经过"有部"流行的各地,他都充分利用机会学习。对于"有部"以外的"大众"、"正量"、"经部"等派的学说,玄奘也旁搜博探,备闻无遗。

尽管玄奘在印度广博研习大乘佛教各派经论以及小乘各部学说,但他很明确地以瑜伽行派护法系为核心统摄佛教教义。"他对大乘佛学的

---

① 参见吕澂《慈恩宗》,《中国佛教源流略讲》附录,第337页,北京,中华书局,1979。

看法是以为龙树、无著的两家前后没有异辙的。这显然依着护法的议论,通过无著学说去理解龙树,也就是将无著学看作龙树以后进一步的发展,或者说经过了中间分歧而重新得着辩证的统一。"①

关于玄奘在印度融合"空"、"有"两宗的事实,以吕澂先生的考证最为翔实。在游学初期,玄奘于鹫岭北听到了《广百论释》的解说,就觉得很有契合而随闻随译。此论释玄奘在永徽初年又翻译了一次,大概是润饰旧稿而成,并非彻底的重译。在此论释的最后一品有一大段对中观家的辩论,解释有关二谛的疑难,代表了护法对于空宗的反驳。

相传清辨与护法由于见解不同,而想与护法面决是非,但护法避而不见。在《广百论释》中,护法对与清辨的歧见作了书面响应。中观与瑜伽行派的分歧主要在于对"二谛"的解释不同。中观家是用"一重二谛"来作权衡的,以为瑜伽说"俗谛"是"无"而"真谛"是"有",中观却说的是"俗有真无",二者根本不同;而瑜伽行派则以为"二谛"也有层次,到了"见道"阶段以后,在实证中间的"俗谛"是方便施设,随顺真实的,也就是真实的具体显现。由这样的理解来沟通中观、瑜伽学说,就可以见出二者是殊途同归的。后来,玄奘在那烂陀寺依据护法的这一看法著述《会宗论》,破斥师子光对瑜伽行派的指责,融会中观、唯识。

与融会大乘佛教不同,玄奘对待小乘学说,特别是对于当时得势的"正量部",加以激烈批评,作了《制恶见论》一千六百颂,评破此部学者般若毱多(智护)的异说,而阐明了唯识的真义。此论虽然不传,但其核心"真唯识量",传说在十八日无遮大会上没有人能改动一字,是佛教史上的佳话。

至于玄奘以独到的见解对印度佛学作出的贡献,则主要在于他学成将返之时(约当641年),连续用梵文写出了三部论著——《会宗论》、《制恶见论》和《三身论》。这些论著都曾传诵一时,发生了影响,《续高僧

---

① 参见吕澂《中国佛教源流略讲》,第337页。

传·玄奘传》、《慈恩传》、《古今译经图记》等备载其事,稍后的《开元释教录》卷八还据以作了扼要的叙述：

> 初,那烂陀寺大德师子光等立《中》、《百》论宗,破《瑜伽》等义。奘曰:"圣人作论终不相违,但学者有向背耳。"因造《会宗论》三千颂,融会《瑜伽》、《中》、《百》之旨。先有南印度王灌顶师名般若毱多,明正量部,造《破大乘论》七百颂。奘申大乘义破之,名《制恶见论》,千六百颂。诸师咸曰:"斯论穷天下之勍寇也,何敌当之!"又东印度拘摩罗王因奘通化,初开信门,请问诸佛何所功德。奘赞如来三身利物,因造《三身论》三百颂以赠之。王曰:"未曾有也!"顶戴归依。——斯之三论,义府幽奥,五印度境盛传流布。是知道风昭著,德行高明,学蕴三冬,声驰万里。印度学人咸仰盛德,既曰经笥,亦称法将,小乘学徒号奘为"木叉提婆",唐言"解脱天";大乘法众号"摩诃耶那提婆",唐言"大乘天"。斯乃高其德而传徽号,敬其人而议嘉名。①

的确,玄奘三论所发挥的思想,对于当时印度佛学的阐扬有其重要意义,而玄奘最后获得很大的荣誉也是与三论的写作分不开的。可惜这三部论都没有翻译流传,仅仅留下了一些零星资料,它们的主要内容如何,现在只能作简单的推论了。

玄奘去印度的目的之一就是寻求统一佛学的途径。他回国之后,自然将这一意图贯彻到翻译活动中去了。从这一角度观之,玄奘的翻译就是他展现自己所学以及宏愿的过程。因此,他的翻译实际上也可以看作是创立宗派的过程。正如吕澂先生所总结的,"慈恩宗学说的特色,首先在于所用资料的完备和精确,这不能不归功于玄奘的翻译。"②

玄奘在去印度之前,就怀疑旧传的《俱舍》、《地论》、《摄论》等所说的

---

① 智升:《开元释教录》卷八,《大正藏》第 55 卷,第 558 页上一中。
② 吕澂:《中国佛学源流略讲》,第 339 页。

理分宗途,教有隐显,使人莫知所适,其中一定有错误。所以他回国后的翻译从根本上解决了这些问题。从贞观十九年(645)到永徽元年(650)的6年间,他从瑜伽学的"一本十支"论书穷源尽委地介绍了地论、摄论说的真相。这期间最重要的一大部译籍就是《瑜伽师地论》一百卷。不过玄奘所理解的瑜伽学说是经过唯识一阶段发展了的。尤其是到了戒贤以后,导入了"法界"范畴,发挥了"转依"精义,要用大乘来涵盖小乘,就不只是原来那样简单的大小次第的看法了。这些见解具体表现在《佛地经论》里面,此论即以戒贤的注解为依据①。他译完了《瑜伽师地论》以后,随即翻译出《佛地经论》,无疑是替瑜伽学说作了一个总结。这样的翻译顺序,体现了玄奘统一中土唯识学于一系的意旨。

另外,玄奘俱舍学说与毗昙学所反映的问题,也通过翻译给予根源性的解决。这是从永徽二年(651)到显庆四年(659)共9年翻译的着力处。此期大部译本是《俱舍论》和《大毗婆沙论》等有关论典,译本的数量在四百卷以上。然而,玄奘所学的俱舍学说,也是经过后世所发展了的。他翻译《俱舍》的同时就译出敌对的《顺正理论》及《显宗论》,这说明了俱舍学说在"正理"、"显宗"的评破下应该多少有订正的。当时作论者世亲因转入大乘无意于此,便把这一工作留给西印度学人讲究《俱舍论》的德慧师弟去做。玄奘门下的新旧两系神泰、普光和法宝等对于《俱舍》的解释会发生种种分歧的意见,就导源于玄奘的传译与真谛的系统有所差别。

玄奘译场的"宗派化"倾向,也反映在其弟子与执守先前所学的助译僧之间的此消彼长。玄奘第一期译场参与者大多是各地各学派的义学高僧,后来这批人逐渐淡出,而由年轻的完全接受玄奘教诲的弟子代替。神昉、嘉尚、普光、窥基等奘门四哲的出现,标志着玄奘的着眼点已经发生了转移,窥基的入场,更加强化了这一做法。以《成唯识论》的翻译为肇端,于短短的五六年间,就以《成唯识论》为中心,吸取了护法《广百论

---

① 吕澂先生通过比较西藏的译本得出这一结论。参见《慈恩宗》,《中国佛学源流略讲》附录。

释》和戒贤等《佛地经论》的精华,而又贯穿着《辨中边论》所说的"中道"精神,形成了严密的教义体系。吕澂先生经过研究得出结论:这时候,玄奘的翻译因学说而来的变动原本的地方最多,如《大般若经》的翻译也深深地染上"唯识说"的色彩。

玄奘忙于翻译,无暇自己著述,因此他的思想资料大多散见于其弟子的各种著述之中。譬如《瑜伽师地论记》卷十九就记载有玄奘对于"三性"的解释:"且如奘法师出《三性义章》,最明为好。彼立三性以三门分别:一、情事理门。二、尘识理门。三、染净通门。"[①]此外,还有备受重视的"三类境",更是玄奘在印度有关经论基础上的重大创造。这两大内容在后面专门论述此宗教义的章节中再作论述。而应该强调的是,现今的唯识宗研究并未完全将涉及玄奘口义的文献作一全面普查,遑论研究了。这应该是以后学术界努力的方向。

二、玄奘的著述

玄奘大师的著述几乎没有完整地流传下来,甚至文献中也仅有几部著述著录。他在印度撰述的三部论典,尽管未曾流传下来,但无论对中国佛教还是对印度佛教来说,都是弥足珍贵的精神财富。在我国去印度求法的高僧中,能穷究精微并发抒创见,给予印度佛学以一定影响且在印度佛教史上占有一席之地的,古来仅仅玄奘法师一人而已。[②]

1.《会宗论》

《会宗论》是玄奘奉命撰写的以和会中观与瑜伽行派争端的作品。

印度大乘佛学的显著分裂,是由清辨所引起的。他在所著《中观心论释思择焰论》第五品(《入决择瑜伽师真实品》)里指名道姓地痛驳瑜伽宗义。当玄奘到达那烂陀寺时,寺中早已形成了两派对峙。玄奘师事的

[①] 遁伦:《瑜伽师地论记》卷一九,《大正藏》第42卷,第758页下。
[②] 参见吕澂《玄奘与印度佛学》一文,黄夏年主编《中国的现代著名学者佛学文集》之《吕澂集》,北京,中国社会科学出版社,1995。下文参考此文处甚多,未一一注出。

戒贤是瑜伽行派护法的嫡传,而持反对议论的师子光则属于中观派清辨一系。他们各趋极端的见解,在那烂陀寺似已无人再作调和之想了。

玄奘到此寺,与师子光当面辩论。《慈恩传》卷四说:

> 时大德师子光先已为四众讲《中》、《百》论,述其旨破《瑜伽》义。法师妙闲《中》、《百》,又善《瑜伽》,以为圣人立教,各随一意,不相违妨;惑者不能会通,谓为乖反;此乃失在传人,岂关于法也?愍其局狭,数往征诘,复不能酬答,由是学徒渐散而宗附法师。①

辩论几次,师子光哑口无言,徒众离散。但这次辩论仍然是从不同处着眼的,玄奘接着还作了会通,写成《会宗论》。《慈恩传》在前段引文之后又说:

> 法师又以《中》、《百》论旨,唯破遍计所执,不言依他起性及圆成实性,师子光不能善悟,见论称"一切无所得",谓《瑜伽》所立圆成实等亦皆须遣,所以每形于言。法师为和会二宗言不相违背,乃著《会宗论》三千颂。论成,呈戒贤及大众,无不称善,并共宣行。师子光惭赧,遂出往菩提寺。②

据此,好像玄奘简单地应用"三性"的观点就和会了两派,这显然是说得不够全面的。因为《瑜伽》的三性理论,清辨早在他的著作里就反复驳斥了。瑜伽宗徒如护法等也曾作过辩解,但并未得着定论。玄奘与空宗辩论,自然需要提出新的论证才能取胜。很遗憾,文献阙载。吕澂先生指出,可从护法的《广百论释》里得到启示③,可谓的论。

护法《广百论释》最后一品《教诫弟子品》有一大段涉及"三性"的辩难,依圆测所传,它正是清辨和瑜伽宗徒的对论。圆测说,对于"三无性"的解释,"西方诸师分成两释:一者清辨,其遣三性,以立为空。即说空

---

① 《大正藏》第50卷,第244页中—下。
② 同上书,第244页下。
③ 参见《中国佛学源流略讲》,第338页。

理,以为无相。具如《掌珍》。二者护法,但遣所执,以为无相。如《深密》等三无性中。清辨、护法,皆依三种无自性,亦以为无相。由斯真谛、慈恩三藏各依一宗。真谛三藏,如其次第,具遣三性,立三无性。……真谛大同清辨,而差别者,清辨菩萨立而无当,真谛师意存三无性,非安立谛。二、慈恩三藏,但遣所执,不遣二性,情有理无,理有情无,二义别故。又三无性,如其次第,即说三性,为三无性。故《三十唯识》言,即依此三性,立彼三无性。具如《成唯识》、《深密经》等。是故清辨、护法二菩萨,各依自宗,以释此经。"①

关于《广百论释》卷十对"三性"的论述,圆测分为三师:"一、瑜伽学徒立依他有。二、清辨菩萨说依他空。三、护法菩萨双破两执。故彼《论》中云,第一瑜伽学徒,以理标宗云:分别所执法体是无,因缘所生法体是有。由斯感果,轮回三有。或修加行,证三菩提。……第二,清辨释此经云:名是遍计所执,义是依他起性。名于其义非有故无,义随世间非无故有。"②对于护法的见解,圆测记载说:"双破空有两执,建立中道。依他起性,非空非有。故彼复云:如是等类,随见不同,分隔圣言,合成多分,互兴诤论,各执一边。既不能除恶见尘垢,讵能契当诸佛世尊所说大乘清净妙旨?未会真理,随己执情,自是非他,深可怖畏。应舍执著空有两边,领悟大乘不二中道。"③由此可见,护法会通中观、瑜伽行派的方法是重新解释"中道"。

对护法的这一看法,玄奘大为欣喜。他在鹫岭北初次听讲此论时,即大感兴趣,随听随译,还自庆成功,作了两个偈颂。《大乘广百论释论》卷十结尾说:

三藏法师于鹫岭北得闻此论,随听随翻,自庆成功,而说颂曰:"圣天护法依智悲,为挫群邪制斯论。四句百非皆殄灭,其犹劫火燎

---

① 圆测:《仁王经疏》卷,《大正藏》第33卷,第360页中。
② 同上书,第360页下。
③ 同上书,第361页上。

纤毫。故我殉命访真宗,欣遇随闻随译讫。愿此速与诸舍(含)识,俱升无上佛菩提。"①

这几乎是表示他不顾生命的危险来到印度求法,就以得闻护法之说而感到满足。因此,他在调和两派的论著中,很可能以此来作指导。作为护法嫡传弟子的戒贤,对玄奘大加赞赏,再自然不过了。

唐靖迈在《古今译经图纪》卷四附有玄奘小传,谈到此论时就说:玄奘"并造《会中论》,融会《瑜伽》、《中论》之微旨,以静大乘之纠纷"。② 靖迈将论名写作《会中》,不一定就是笔误,可能依据他的所知,论文的主要内容是以"中道"理论来作会通的。

《会宗论》在那烂陀寺流行之后,一时间曾平息了中观、瑜伽之争,但并非两派从此就再没有争论了。据义净所传,玄奘离开了那烂陀近30年,他那番议论的影响依然存在,大家仍认为两派立说各据一意,不必互相是非。所以义净在所撰《略明般若末后一颂赞述》中说:"瑜伽则真有俗无,以三性为本;中观乃真无俗有,实二谛为先。……既识分纲,理无和杂,各准圣旨,诚难乖竟。"③可见,中观学与瑜伽行派的会通并非易事。但这一争论在中土的表现却是另外的形态。单就隋唐佛学来说,以为二者可以会通的观点占据上风。在某种程度上,玄奘创立的唯识宗自然走的是会通之路,而其后起的华严宗更是以圆融的方法来会通中观和唯识。

2.《制恶见论》

玄奘撰写《制恶见论》的目的是受命与小乘佛教学者辩论,由此也成就了玄奘在印度的最大传奇,千古传颂。

关于《制恶见论》的写作与传播经过,《续高僧传·玄奘传》、《行状》、《慈恩传》等都有较为详细的记载,且大同小异。今引《行状》文字给予说明。

---

① 《大正藏》第30卷,第250页上—中。
② 靖迈:《古今译经图纪》卷四,《大正藏》第55卷,第367页上。
③ 《大正藏》第40卷,第783页上—中。

《大唐故三藏玄奘法师行状》记述说：

> 先有南印度王灌顶师名般若毱多，明正量部义，造《破大乘论》七百颂。时戒日王因讨贼行次，乌荼国小乘师等，保重此论，取以示王，并请与大乘击论。王许，遂作书与那烂陀寺，差四大德善大小宗及外道经者，可诣行所拟共小乘外道论义。正法藏乃差海惠、智觉、师子光及法师为四人，应王之命。未发问，复有顺世外道，来求论难，书四十条义，悬于寺门，法师遣取立论，唤外道共论，往复三四番。婆罗门点无所说。先有契，屈者斩首相谢。外道请依先约。法师曰："我沙门释子，当不害昆虫，况杀人乎？"外道欢喜，请终身给侍。闻者无不称庆。①

这一段文字叙述了此事的原委。先有小乘正量部学者、南印度摩腊婆国王师般若毱多作《破大乘论》七百颂，东印度的乌荼国小乘信徒即用其大乘信众挑战。当时中印度的统治者戒日王恰好带军队路过，乌荼国的小乘学者请求戒日王派大乘师前来辩论。戒日王于是请那烂陀寺派遣四位大德来乌荼国辩论。海惠、智觉、师子光及玄奘法师入选。在要成行时，恰有顺世外道向佛教学者挑战，玄奘应命与外道辩论，折服外道。此位外道自愿侍奉玄奘。于是，玄奘与其一起准备前往乌荼国，"乃访得彼论披寻，数处有疑。谓所伏婆罗门曰：'汝会听此义不？'答曰：'会听，我于时善。'法师遣说一遍，备得其旨。遂寻其谬，即申大乘义破之，为一千六百颂，名《制恶见论》。将呈戒贤及德众，咸悉称善曰：'以此穷窍，何敌不已？'法师善得彼宗，乃放所伏婆罗门，随意所之。"②这就是《制恶见论》写作的过程。

写完此论，玄奘并未如约前往乌荼国，而是受邀至拘摩罗王处。"时，戒日王闻法师在拘摩罗王处。惊曰：'我频请不至，何因在此？'发使

---

① 《大正藏》第50卷，第217页上—中。
② 同上书，第217页中。

语拘摩罗王:'送支那法师来。'王知戒日钦恋,令严象车二万乘船三万艘。法师溯殑伽河,以赴王所。至羯未唱祇罗国,王见法师,顶礼双足,散无量花。赞颂讫言曰:'弟子先遣请法师,何为不来?'法师答:'当奉命时。听受未了,不获参王。'"①国王于是请玄奘入行宫,陈诸供养。

戒日王看了玄奘所造《制恶见论》很高兴,对其门师等弟子说:"光既出,萤烛夺明。师等所宝之宗,他皆破讫,试救看。"小乘诸僧没有敢言者。王说:"师论太好。在此诸师,并皆信伏。恐余国小乘外道,尚守愚迷。望于中印度曲女城,为师作一会。命五印度沙门婆罗门外道等,发显大乘,使其改耶从正,不亦大哉!"②

根据《大唐西域记》卷五的记载,此会是一年一度专门讨论佛学的集会,其年恰逢五年一度的无遮大会会期,于是两会就合并举行了,唐人因此称它为"九旬大施",也称其第一阶段为"十八日无遮大会"。此会约集了十八国国王和各国的大小乘学者、婆罗门、耆那教徒等,连同那烂陀寺的一部分僧众,共六千余人。《行状》如此叙述大会的情况:

> 王先令造殿,容千余人,于中安尊像,陈香花音乐,设食行施讫。请法师升座,标举论宗,命诸众征击。竟十八日,无一人敢问。王赞叹,施法师银钱三万、金钱一万、上氎衣一百具。又令大臣将法师袈裟,巡众告唱云:'支那法师论胜。十八日来,无敢问,并宜知之。'诸众欢喜,为法师各立美号,大乘众号为摩诃那那提婆,此云大乘天。小乘者号为木叉提婆,此云解脱天。烧香散花,礼敬而去。自是德音遐振。③

这些记载,是真实可靠的。当代学者以为说会期十八天中无人发问有些夸张,其实这话是有所指的。

窥基《成唯识论述记》记载:"此即南印度罗罗国正量部僧名般若毱

---

① ③《大正藏》第50卷,第217页中。
② 同上书,第217页下。

多,此名惠藏,安惠之学徒,三代帝王师,造七百颂诽谤大乘,论中作如此说。"①而后"戒日王三度往唤般若毱多,欲令共我大师论议,辞不肯来。一度辞不能乘马,一度辞舆热,复将母象往迎,即辞年老。遥叹大师深生敬伏,但以智穷海性,学尽玄源,故所出言千古模范。"②如果将这一说法与上述记载参照可知,这一法会本来的起因是惠藏所作的《破大乘论》,但在戒日王召集大会时,惠藏却三请而不露面,因此才有玄奘回国之后转述由弟子写下来的十八日无敢问者的记述。

由于主角不愿出场,不得已而由慧天等代替。《慈恩传》卷七载有玄奘在永徽五年(654)回答印度普提寺小乘宗师慧天的一封信,其中就说:

> 昔因游方在彼,遇曜光仪,曲女城会,又亲交论。当对诸王及百千徒众,定其深浅。此立大乘之旨,彼竖半教之宗,往复之间,词气不无高下。务存正理,靡护人情,以此遞生凌触。罢席之后,寻已豁然。今来使犹传法师寄申谢悔,何怀固之甚也!③

从这段文字,可以看出大法会上不单慧天曾有异言,且一般小乘信徒也是反复辩论过的。只是玄奘的主张终于说服了会众,而留下深刻的影响,所以在他离印十年之后慧天还向他表达惭愧的心情。

《制恶见论》的内容可能很广泛。《古今译经图纪》卷四说:"然彼小乘爱洎外道,各构异论,诽毁大乘。法师遂造《制恶见论》,制十八部小乘,破九十五种外道。"④可见,此论是对所有小乘佛教及其外道对大乘佛教之攻击的总反驳。可惜,原文未曾翻译过来,全貌已不可知。据现存资料,仅仅考辨以下内容:

第一,玄奘《制恶见论》的宗旨是以瑜伽行派的立场对于小乘佛教非议大乘的反驳。此据窥基《成唯识论述记》的相关记载即可看出。

---

① 窥基:《成唯识论述记》卷四本,《大正藏》第43卷,第351页上。
② 同上书,第351页中。
③ 《大慈恩寺三藏法师传》卷七,《大正藏》第50卷,第262页上。
④ 《古今译经图纪》卷四,《大正藏》第55卷,第367页上。

窥基在解释《成唯识论》卷三"阿陀那识甚深细,一切种子如瀑流。我于凡愚不开演,恐彼分别执为我"①时说:

> 述曰:若起分别我法二执,凡堕恶趣,愚障圣道。凡无圣道故,愚圣可生故,故各偏义说。恐有此过故,我世尊不为开演。然不为说,凡愚第七识恒缘第八,执为我法二见亦生。何故不为凡愚等说?此即南印度罗罗国正量部僧名般若毱多,此名惠藏,安惠之学徒,三代帝王师,造七百颂诽谤大乘,论中作如此说:是佛说者何故相违?拨大乘理为非善说。此不达义,谓不为说其第七识但生俱生我见,不生恶趣,未障圣道。若为说时,便增烦恼,所知分别我、法二见。第六者起障生圣道,便生恶趣,故不为说。何开第七俱我见也?此唯有覆,彼不善故。前为说别,而汝不知俱生、分别二惑过失,妄为此难。此即大师于《制恶见》中有此分别,西方师等咸皆宗仰。②

在上引文字后,窥基又叙述了玄奘于戒日王召集的无遮大会上辩论的情况。窥基说:

> 然观凡、愚俱愚法故,故不为说。若不愚,法虽决定性,亦为说之。然后有难"如外道等,虽为不说有阿陀那,亦有分别我法障生,此何不为说"者,不然。彼妄计我沉沦恶趣,冀其修无我而得断除。今更为说,返增重病。彼便执为实体别有,分别我法,深增恶趣,故不为说。虽有种姓可闻信解,根未熟故,亦不为说。如一乘法信根若熟,即便为说。此中约全五姓作论,非约少分,故不说言。虽有种姓,根未熟者,生诽谤故,不为他说深细等义。③

值得注意的是,所引用的一"难"——"如外道等,虽为不说有阿陀那,亦有分别我法障生,此何不为说",不见于《成唯识论》。是否有可能引自玄

---

① 玄奘译:《成唯识论》卷三,《大正藏》第31卷,第14页下。
② 窥基:《成唯识论述记》卷四,《大正藏》第43卷,第351页上—中。
③ 同上书,第351页中。

奘《制恶见论》所转引的惠藏《破大乘论》原文呢？

第二,《成唯识论述记》卷四在解释《成唯识论》卷三"真异熟识极微细故,行相所缘,俱不可了,是引业果一期相续,恒无转变,是散有心,名生死心"①时,窥基说:"我今此识既非转识,体极微细,生死虽有,行相所缘,俱不可知。非同龟识,可知之识,故六转识违于正理。此中所以惛昧为因,解生死时无转识义,诸贤共禀,众教同说。次难陀论师等无量论师正法藏,胜军师等时以为住,恒用阐扬,殊增智虑,名光月氏,誉美方今。无识之俦,同遵南指。唯我大师至生微破,及其披此更益前非。如次论下及《制恶见》中正陈其义。今诸释既备,胜义云集,群贤叙之盛当所指。"②由这一例子可知,玄奘《制恶见论》也论述了"异熟识"的转舍问题。

第三,《制恶见论》引用《大乘庄严经论》所举成立大乘为佛说的七种理由,而对每一理由各别作了七个比量广为论证。对于这一问题,吕澂在《玄奘与印度佛学》一文中说:"现存窥基的《成唯识论述记》批注那七种理由的大段里也有一些比量,或即出于玄奘之所立亦未可知。"③笔者遵从这一指引,仔细对照了《大乘庄严经论》、《显扬圣教论》、《成唯识论》,证实吕先生的推测是有道理的。

《庄严经论》卷一说:"成立大乘略有八因:一者不记,二者同行,三者不行,四者成就,五者体,六者非体,七者能治,八者文异。"④窥基在《成唯识论述记》卷四本中说:"今《庄严论》说有八因,依勘梵本但有七种。此中第五有无有因,彼别离之故为八种,本合为一。长行有七故字,皆是彼文。"⑤窥基在对第一"不记"解释完毕之后说:"此下和上《制恶见》等一一皆有七个比量。"⑥经过对勘窥基《述记》,找出了以下比量:

---

① 玄奘译:《成唯识论》卷三,《大正藏》第31卷,第16页下—17页上。
② 窥基:《成唯识论述记》卷四,《大正藏》第43卷,第364页。
③ 黄夏年主编《近现代著名学者佛学文集》之《吕澂集》。
④ 玄奘译:《庄严经论》卷一,《大正藏》第31卷,第591页上。
⑤ 窥基:《成唯识论述记》卷四,《大正藏》第43卷,第352页中。
⑥ 同上书,第352页下。

其一:"应立量云:诸大乘经若是坏正法者说,佛先应记。——宗也。汝说自法内广坏正法者所起等故。——因也。如正法灭事等。——喻也。"①

其二:"又诸大乘经,定非自法内广坏正法者说。佛先不明记故,如增一等。"②

其三:"如小乘者造谤大乘论,佛虽不记,非广坏正法者说,如疥癣故。"③

其四:"应立量云:师子中虫自食其肉教,非定授我记。不分明记故。如记汝驴披师子皮教等。"④

耐人寻味的是,窥基《成唯识论掌中枢要》卷二中,有下述文字:

先不记中,又有三量。一云:"若大乘是住自法内为广坏正法说,佛应先记。无功用智佛恒有故。如灭法事。"又恒正勤守正法故,又知未来智无著碍故。又有一量云:"有法如前法,云佛应先分别记荊,后时坏正法者所等起故。如正法灭事。"并驴披师子皮教,有七比量。⑤

这一段话中所说的三个比量,第一个与《述记》中的第一个相似,几个字的差异不排除传抄错误所致。第三个比量与《述记》的第四个对应。而第二个比量是《述记》中未曾出现的。

唐代来华的新罗僧太贤在《成唯识论学记》卷三中说:"述曰:释中有七,此初因也。"⑥此中"述"是指窥基的《成唯识论述记》,因此下文实际上是以窥基《述记》为主,参照圆测的相关著作照抄综合而成的。笔者在太贤对于"初因"即"不记"项下找到如下比量:

---

① 窥基:《成唯识论述记》卷四,《大正藏》第43卷,第352页中。
②③④ 同上书,第352页下。
⑤ 窥基:《成唯识论掌中枢要》卷二,《大正藏》第43卷,第635页中。
⑥ 太贤:《成唯识论学记》卷三,《续藏经》第50册,第66页中。

> 测量云：大乘佛说。乐大乘者，许契经中先不预记坏者说故。如《增一》等。①

> 基云：诸大乘经若是坏法者说，佛应先记（宗也）。汝说自法内（简外道）。广坏正法者（简小乘）。所起等故（已上因也）。如正法灭事（喻也）。②

将二者对照可知，窥基《述记》中未曾标出作者的第二个比量与太贤标为圆测所作的比量颇为接近。而第一个比量则被标注为窥基作。

上述材料中，有四个方面值得注意：其一，窥基反复强调玄奘法师《制恶见论》中引用了《庄严经论》中的"七因"说并制作七比量来论述大乘是佛说以反驳小乘师。其二，经过检索仍未发现窥基《述记》和《枢要》中所引用的几个比量的出处，按照一般原则应可视为窥基所作，而太贤似乎就是如此看待的。但是，其三，太贤所记载的圆测的一比量与窥基《述记》中所记颇多相似。其四，最值得注意的是，窥基《枢要》在引述了三个比量之后，特别加了一句"有七比量"，此正可与他在《述记》中所说"此下和上《制恶见》等一一皆有七个比量"③相应。综合言之，吕澂推测窥基在《述记》这一部分所记载的比量出自玄奘《制恶见论》是有道理的。

第四，玄奘在反驳"正量部"内心可以亲缘外境如手取物一般等观点时，阐明了"带相"说。

窥基在《成唯识论述记》卷七记载：

> 我之大师，戒日大王为设十八日无遮会时，造《制恶见论》遂破彼云："汝不解我义，带者是挟带义，相者体相，非相状义。谓正智等生时，挟带真如之体相起，与真如不一不异，非相非非相。若挟带彼

---

① 太贤：《成唯识论学记》卷三，《续藏经》第50册，第66页中。
② 同上书，第66页中—下。
③ 窥基：《成唯识论述记》卷四，《大正藏》第43卷，第352页下。

所缘之已以为境相者，是所缘故。若相言体，即有同时心、心所之体相，亦心挟带而有。虽有所托，然非所虑故，非所缘缘故。相者，相分义，或体相义。真如亦名为相，无相之相。所以经言：'皆同一相，所谓无相。'"①

《破大乘论》从"带相"角度抨击大乘教义。它以为按照大乘的说法，在一般情况下，心所了解到的只是自心变现的影像。但大乘家又说到了真实的智慧亲证境界的实相时，就不容再有影像介于其间。这岂非自相矛盾，恰好证明带相之说是根本就不能成立的吗？据说，《破大乘论》提出这一非难，曾使大乘学者无从回答而沉默了12年，直到玄奘作《制恶见论》才得以解救。玄奘以为带相说原来包括两种情况：一般心思因变现境像而说为带相，这样的"带"是变带，"相"是相状；至于亲证实相，就由挟持俱起而成带相，"带"是挟带，而"相"是体相。因此，情况虽然不同，但不妨都说"带相"，唯识理论依旧不可动摇。玄奘强调了"以不离为唯"的说法，使陈那的带相唯识理论达到更加完善的地步。其后，陈那一系，隐然成了瑜伽行派的正宗，不能说玄奘的阐扬对其没有影响。

最后，"真唯识量"是《制恶见论》的重要内容。关于这一比量，窥基《因明入正理论疏》卷二记载说："且如大师周游西域，学满将还。时戒日王，王五印度，为设十八日无遮大会，令大师立义，遍诸天竺简选贤良，皆集会所，遣外道、小乘，竞申论诘。大师立量，时人无敢对扬者。"②玄奘所立的比量就是："真故极成色，不离于眼识。——宗。自许初三摄，眼所不摄故。——因。犹如眼识。——喻。"这一比量不但在印度影响很大，传至中土在玄奘弟子中也引起充分讨论，有多种不同的理解。甚至玄奘的弟子新罗顺璟法师归本国之后，即"破三藏比量，作决定相违过也。量云：'真故极成色，是有法。定离于眼识，有故。——宗。因云：自许初三

---

① 窥基：《成唯识论述记》卷七末，《大正藏》第43卷，第500页下。
② 窥基：《因明入正理论疏》卷二，《大正藏》第44卷，第115页中。

摄,眼识不摄故。同喻:如眼根。'即寄此比量与慈恩来,请为解释。"①窥基作了反驳,《因明入正理论疏》也有记载。

3.《三身论》

关于《三身论》的撰写经过,现存有关玄奘的传记资料都有所叙述。《行状》记载:当时与玄奘辩论失败后,帮助玄奘阅读《破大乘论》的外道,辞别玄奘后,"往东印度,向拘摩罗王谈法师之德。王闻甚悦,发使来请。王使再三,乃去。是时正欲归还,已并装束。那烂陀大德及徒众,咸皆劝住。法师念此经论少阙,本意取以流通,不能建某宿心,确然不许。于是辞别,将经像,赴拘摩罗王所。其国先来未行佛法,多信外道婆罗门教。法师至此,异党云囗②,请王击论,验其胜负。法师妙辨既开,邪徒草靡,王加崇重,卑词请问诸佛功德,愿示所由。法师为王述赞如来三身利物,因即为造《三身论》三百偈。王乃欢未曾有,顶戴受持。"③依据这一记载推测,此论是赞颂佛德的著述。

《三身论》完全失传,几乎没有保存下来可供探求的线索。当今学者只能依照瑜伽行派论典对于佛三身的论说来推定玄奘此文的观点。玄奘翻译的瑜伽行派论典中,对佛三身论述最多的是《佛地经论》,因而吕澂先生试图通过《佛地经论》的内容来叙述推测《三身论》的内容。

玄奘到那烂陀寺时,此寺中的高僧如戒贤、光友等依据《佛地经论》义,将三身和唯识四智理论结合起来,已有新发展。这些论师还以其新说相标榜,光友(即波罗颇蜜多罗)于唐初来华翻译之时,即曾透露过这一点。当翻译《大乘庄严经论·菩提品》说到三身之处时,他特别添加了转识成智之说(现对勘梵、藏本,此处原无其文),并矜为新异。因此,李百药为此论译本作序就说:

其《菩提》一品最为微妙。转八识以成四智,束四智以具三身,

---

① 从芳述:《百法论显幽钞》卷二末,《续藏经》第48册,第252页上。
② 《续藏经》本作"屯",《续藏经》第88册,第372页上。
③ 《大正藏》第50卷,第217页中。

详诸经论所未曾有,可谓闻所未闻,见所未见!①

借此可以看到佛地论师有关三身学说的特点。玄奘是继承其学的,他在作《三身论》时自然会据以发挥,因而对于传播其说有较大贡献。

三、窥基与唯识宗的创立

玄奘译经传法十几年,门下弟子云集,俊杰贤才如林。而专事述作、弘扬其瑜伽唯识之学、光大其门庭的,举世公认的是窥基。如古人所说的"奘师为瑜伽唯识开创之祖,基乃守文述作之宗"②,此可谓确论。在糅译《成唯识论》的过程中,窥基所展现出的特立独行,在奘门弟子中是最为突出的。这也正是窥基被称为"慈恩法师"而成为举世公认的唯识宗中土"二祖"的原因。

1. 窥基生平事迹

窥基(631—682)的生平事迹,除《宋高僧传》本传记载较为详细外,其余资料散见于各种文献中,如《出家箴》、《成唯识论掌中枢要》、《大唐大慈恩寺法师基公碑》、《大慈恩寺大法师基公塔铭并序》、《法华传记·唐大慈恩寺窥基》、《广清凉传·释窥基法师》等。下文依据这些资料,参照当代学者的研究成果,对窥基的生平行历作一简述。

(1) 窥基出家因缘

现存史籍中,关于窥基出家过程的细节之记载,歧义很多。重要的有:"三车和尚"之诬、出家为沙弥的住寺、受具足戒的时间、入玄奘译场的时间,如此等等,都需要辨析。而其家世虽然明确,但其父的生平却不清楚。

窥基,戒名大乘基,俗字洪道,俗姓尉迟,宗出鲜卑族尉迟部,祖籍山西省朔州善阳(今山西省朔州市),后居京兆长安(今陕西省西安市)。祖尉迟罗迦为隋代州西镇将,父尉迟宗为唐左金吾将军、松州都督、江由县

---

① 《大正藏》第 50 卷,第 589 页下。
② 赞宁:《宋高僧传》卷四,《大正藏》第 50 卷,第 726 页中。

开国公,母亲河东裴氏,伯父即唐开国功臣鄂国公尉迟敬德。因其著述常题名"基"或"大乘基",特别是现存的塔铭等未曾出现"窥基"的法号,因而引起后人的怀疑。如汤用彤先生说《开元释教录》始作窥基[1],吕澂先生说:"'窥'字是宋人加上去的,原名'基'上是何字,不详。"[2]问题可能出在赞宁的一段话:"名讳上字多出没不同者,为以《慈恩传》中云:奘师龙朔三年于玉华宫译《大般若经》终笔,其年十一月二十二日,令大乘基奉表奏闻,请御制序。至十二月七日,通事舍人冯义宣。由此云灵基。开元录为窥基。或言乘基,非也。彼曰大乘基,盖慧立、彦悰不全斥,故云大乘基,如言不听泰耳。犹谨遣大乘光奉表同也,今海内呼慈恩法师焉。"[3]赞宁于此罗列了大乘基、灵基、乘基等等说法,现今通行本《大唐故三藏玄奘法师行状》所用的两处"窥基"用例,今人怀疑是唐以后改的。而赞宁所引《慈恩传》卷十的文字确实也有版本作"乘基"。

史籍中记载,窥基的父亲为唐初的开国公,但其生平却没有多少记载。窥基在《成唯识论掌中枢要》卷一中说:"基夙运单舛,九岁丁艰。自尔志托烟霞,加每庶几缁服,浮俗尘赏,幼绝情分。至年十七,遂预缁林,别奉明诏得为门侍。"[4]这段话跨度很大,但属于窥基自述,弥足珍贵。然而,此文中关键词句的真实含义颇费捉摸。如"九岁丁艰"确切含义不明,究竟是其母亡故,还是其父亡故,难于确定。窥基自述至亲亡故之事,是在表达后来出家的原因,从他所说"自尔志托烟霞,加每庶几缁服,浮俗尘赏,幼绝情分"来看,亲人亡故对其打击很大,使其幼小时就未曾享受"情分",因而对远离尘世、身披"缁服"抱有向往之念。17岁时,他得以剃度成为沙弥。

然而,蹊跷的是,后世以"三车和尚"的传闻来叙述窥基出家的因缘。《宋高僧传·窥基传》记载说:

---

[1] 汤用彤:《隋唐佛教史稿》,第148页,北京,中华书局,1982。
[2] 吕澂:《慈恩宗》,《中国佛学源流略讲》附录。
[3] 赞宁:《宋高僧传》卷四,《大正藏》第50卷,第726页中。
[4] 窥基:《成唯识论掌中枢要》卷一,《大正藏》第43卷,第608页中。

> 奘师始因陌上见其眉秀目朗,举措疏略,曰:"将家之种,不谬也哉!"脱或因缘,相扣度为弟子,则吾法有寄矣。复念在印度时计回程次,就尼犍子边,占得卦甚吉。师但东归,哲资生矣,遂造北门将军,微讽之出家。父曰:"伊类麁悍,那胜教诏?"奘曰:"此之器度,非将军不生,非某不识。"父虽然诺,基亦强拒,激勉再三,拜以从命。奋然抗声曰:"听我三事,方誓出家,不断情欲、荤血、过中食也。"奘先以欲勾牵,后今(令)入佛智,佯而肯焉。行驾累载,前之所欲。故关辅语曰:"三车和尚"。即贞观二十二年也。①

上引文字是关于"三车和尚"的较为完整的记载。南宋祖琇撰《隆兴编年通论》卷十三所记与赞宁的叙述又有差别:

> 初,法师奘公于西域得一童子,敏悟绝伦,因携之诣宗。宗呼基出拜,奘使诵所著兵书且数千言,奘数目童子。及基诵毕,奘绐之曰:'此古书耳。'宗未之信,奘令西域童子复诵之,不差一字。宗大怒,以基窃古书罔己,将杀之。奘就丐出家。基曰:'听我御荤、色、晚膳,即从出家。不然宁伏剑死,不为饿死。'奘爱其俊而许之,遂从入道。②

祖琇此书编写于南宋隆兴二年(1164),晚于赞宁《宋高僧传》。对于"三车法师"的说法,耐人寻味的是,赞宁在叙述完这一"故事"之后说:"基自序云'九岁丁艰,渐疏浮俗'。若然者,三车之说,乃厚诬也。"③可见,赞宁确实看到一些文献记载了这件事,但他不大相信。

笔者没有查阅到唐代文献记载此事。如唐李又撰《大唐大慈恩寺法师基公碑》记载:

> 玄奘法师哀像教侵微,佛灭之久。先游天竺,大俘真记,训译属授,必待其人。以师天假至聪,幼入深慧,钟鼓亏宫而闻外,桃李不言

---

① 赞宁:《宋高僧传》卷四,《大正藏》第50卷,第725页中一下。
② 祖琇:《隆兴编年通论》卷一三,《续藏经》第75册,第127页上。
③ 赞宁:《宋高僧传》卷四,《大正藏》第50卷,第725页下。

而自蹊,乃请于鄂国,求以为弟子,方托以金牒之言,传其玉箱之荗。遂特降恩旨,舍家从释。①

而唐李宏庆撰《大慈恩寺大法师基公塔铭并序》记载:

> 道身长六尺五寸,性敏悟,能属文,尤善于句读,凡经史皆一览无遗。三藏法师奘者,多闻第一,见道,颇加竦敬曰:"若得斯人,传授释教,则流行不竭矣。"因请于鄂公。鄂公感其言,奏报天子,许之。时年一十七。既脱儒服,披缁衣,伏膺奘公。未几而冰寒于水矣。②

这两种文献都是唐代朝臣所写。其中,李宏庆对撰文经过有一叙述:

> 大和二年二月五日,异时门人安国寺三教大德赐紫法师美林,见先师旧塔摧圮,遂唱其首,率东西街僧之右者,奏发旧塔,起新塔,功未半而疾作。会其徒千人,尽出常所服玩,洎向来纂敛金帛,命高足僧令捡,俾卒其事。明年七月十三日,令捡奉行师言,启其故塔,得全躯。依西国法,焚而瘗之,其上起塔焉。又明年十月,赍行状,请宏庆撰其铭。予熟闻师之本末,不能牢让。③

大和二年为828年。

也许有人会说,上述碑记、塔铭未曾记载"三车"之说,是因为其文性质不允许,但应该注意的是,玄奘见到的并非窥基的父亲尉迟宗,而是"伯父敬德鄂国公"。赞宁称此说为"诬",着眼点也在于认定"九岁丁艰"为丧父。吕澂先生在《中国佛学源流略讲》中说:"他在晚年讲《法华经》,和天台家有了正面的冲突,以致他对于经喻三车为实的解释,也被论敌们歪曲了来诬蔑他为三车法师。这是说他外出的时候有饮食、女眷的后乘相随,完全不守清规;其实不是这一回事。"④《释氏稽古略》提及时人称

---
① 《续藏经》第88册,第381页下。
② 同上书,第381页中。
③ 同上书,第88页上—中。
④ 吕澂:《中国佛学源流略讲》,第344页。

其学派为"三车法相显理宗慈恩教"①，"三车"当指他在法华观上主张"三车说"，日本学者的研究也印证了这一说法更可能近真。

《宋高僧传·玄奘传》："至年十七，遂预缁林。及乎入法，奉敕为奘师弟子。始住广福寺，寻奉别敕选聪慧颖脱者，入大慈恩寺，躬事奘师，学五竺语，解纷开结，统综条然。闻见者，无不叹伏。凡百犍度跋渠，一览无差，宁劳再忆。"②窥基17岁时，为贞观二十二年（648）。此年，在玄奘的请求下，唐太宗下诏令天下诸州寺院各度5人，玄奘所在的弘福寺度50人。窥基应该是在这一次剃度为沙弥的。奇怪的是，赞宁说窥基开始住广福寺，当代学者直接改为弘福寺。窥基在《成唯识论掌中枢要》自述说："至年十七，遂预缁林，别奉明诏得为门侍。"③其暗示说，自己得以成为玄奘法师的"门侍"是经过皇帝批准的。这是符合唐代佛教管理制度的，僧人的寺籍要经过官方核准，而跟随玄奘的僧人都要由皇帝下诏确定。由此可见，窥基刚出家为沙弥，需要接受各方面的训练，而玄奘这时在弘福寺译经，作为沙弥的窥基不大可能立即跟随玄奘。至于窥基何时成为玄奘的"门侍"，有一些线索可寻。

仔细揣摩赞宁所说"寻奉别敕选聪慧颖脱者，入大慈恩寺，躬事奘师，学五竺语"，其后"年二十五应诏译经"，可见25岁之后，窥基才正式参与翻译工作。一般而言，做沙弥几年并且年满20岁之后即可受大戒成为比丘，但窥基受具足戒的时间也有不明确的地方。赞宁说窥基的"法腊无闻"，而依《佛祖历代通载》所记，永徽五年（654）"特旨，度沙弥窥基为大僧，入大慈恩寺，参译经正义"④，这年窥基23岁。将这些材料结合起来可推知，窥基大概是在23岁时入住慈恩寺，成为玄奘"门侍"的，几年之后参与了翻译活动。

---

① 《释氏稽古略》卷三，《大正藏》第49卷，第816页下。
② 道宣：《续高僧传》卷四，《大正藏》第50卷，第725页下。
③ 窥基：《成唯识论掌中枢要》卷一，《大正藏》第43卷，第608页中。
④ 《佛祖历代通载》卷一二，《大正藏》第49卷，第577页上。

《缁门警训》卷二录有《大唐慈恩法师出家箴》,全文如下:

舍家出家何所以?稽首空王求出离。三师七证定初机,剃发染衣发弘誓。去贪瞋除鄙悋,十二时中常谨慎。炼磨真性若虚空,自然战退魔军阵。勤学习寻师匠,说与同人堪倚仗。莫教心地乱如麻,百岁光阴等闲丧。踵前贤学先圣,尽假闻思修得证。行住坐卧要精专,念念无差始相应。佛真经十二部,纵横指示菩提路。不习不听不依行,问君何日心开悟。速须救似头然,莫待明年与后年。一息不来即后世,谁人保得此身坚?不蚕衣不田食,织女耕夫汗血力。为成道业施将来,道业未成争消得。哀哀父哀哀母,咽苦吐甘大辛苦。就湿回干养育成,要袭门风继先祖。一旦辞亲求剃落,八十九十无依托。若不超凡越圣流,向此因循全大错。福田衣降龙钵,受用一生求解脱。若因小利系心怀,彼岸涅槃争得达。善男子汝须知,遭逢难得似今时。既遇出家披缕褐,犹如浮木值盲龟。大丈夫须猛利,紧束身心莫容易。倘能行愿力相扶,决定龙华亲授记。①

(2) 入玄奘译场

《宋高僧传·玄奘传》等都记载,窥基 25 岁正式进入玄奘译场,参与佛典翻译,时为高宗显庆元年(656)。

窥基进入玄奘译场,担任笔受,译出的经典有:

《成唯识论》十卷,显庆四年(659)闰十月于玉华寺云光殿译。

《大般若经》六百卷,龙朔元年(661)正月一日至三年十月二十三日于玉华寺译出。

《辩中边论颂》一卷,龙朔元年五月一日,于玉华寺嘉寿殿译。

《辩中边》三卷,龙朔元年五月十日,于玉华寺嘉寿殿译,至三十日毕。

《唯识二十论》一卷,龙朔元年六月一日,于玉华寺庆福殿译。

《异部宗轮论》一卷,龙朔二年七月十四日于玉华寺庆福殿译。

---

① 《大正藏》第 48 卷,第 1051 页中。

《阿毗达磨界身足论》三卷,龙朔三年六月四日,于玉华寺八桂亭译毕。

由此可知,窥基进入玄奘译场三年之后方才有机会担任笔受,起点就是《成唯识论》的翻译。而在玄奘的大弟子中,在此年之前,普光为笔受二十五次,嘉尚三次。由显庆五年(660)开始至玄奘圆寂期间,玄奘共译出经典十三部(其中《阿毗达磨发智论》二十卷于显庆三年开始翻译,完成于显庆五年),窥基参与笔受六部。可见,窥基在奘门后来居上,承担重任,是在显庆四年(659)开始的。

关于《成唯识论》的翻译时间,《开元释教录》卷八记载说:"《成唯识论》十卷,见《内典录》,护法等菩萨造,显庆四年闰十月于玉华寺云光殿译,沙门大乘基笔受。"①而有关《成唯识论》糅译的实情,窥基于《成唯识论掌中枢要》卷一中说:

> 初功之际,十释别翻,昉、尚、光、基四人同受,润饰、执笔、捡文、纂义,既为令范,务各有司。数朝之后,基求退迹,大师固问,基殷请曰:"自夕梦金容,晨趋白马,英髦间出,灵智肩随。闻五分以心祈,揽八蕴而退望,虽得法门之糟粕,然失玄源之淳粹。今东出策赉,并目击玄宗,幸复独秀万方,颖超千古,不立功于参糅,可谓失时者也。况群圣制作,各驰誉于五天,虽文具传于贝叶,而义不备于一本,情见各异,禀者无依。况时渐人浇,命促惠舛,讨支离而颇究,揽初旨而难宣。请错综群言以为一本,揩定真谬,权衡盛则。"久而遂许,故得此论行焉。大师理遣三贤,独授庸拙。②

依据此说,玄奘本来欲将解释《唯识三十颂》的十家论书全部译出,神昉、嘉尚、普光、窥基分别担任笔受工作,但窥基不久心生退意,因为他认为各家解说有异,全部译出会使汉地读者不知所从,掌握不到适切意旨。窥基的看法颇合于中土人士的思维惯性,玄奘经过思考同意了这一

---

① 智升:《开元释教录》卷八,《大正藏》第55卷,第556页下。
② 窥基:《成唯识论掌中枢要》卷一,《大正藏》第43卷,第608页下。

设想。于是玄奘决定以护法一家为中心而统合其他各家论说,并由窥基独自担任笔受工作。这就是《成唯识论》十卷本的由来。窥基的著述中未曾标出具体翻译时间,而《开元释教录》记载的显庆四年(659)闰十月可能是完成时间。

玄奘带回的十家《唯识三十颂释》是各自流通的。关于获得十家论释的因缘,在现存的文献中有数条记载。

《慈恩传》卷二说:"有大德毗腻多钵腊婆(此云调伏光,即北印度王子),好风仪,善三藏。自造《五蕴论释》、《唯识三十论释》。因住十四月,学《对法论》、《显宗论》、《理门论》等。"①调伏光显然也精通《唯识三十颂》,也撰有《唯识三十论释》,但糅译入《成唯识论》中的十家中没有他。

窥基在《成唯识论掌中枢要》卷一中叙述了护法为《唯识三十颂》作论释的事情,其文如下:

> 后有护法等菩萨,赏玩颂文,各为义释。虽分峰昆岫,疏干琼枝,而独擅光辉,颖标芳馥者。惟护法一人乎?菩萨果成先劫,位克今贤,抚物潜资,随机利见,春秋二十有九。知息化之有期,厌无常以禅习,誓不离于菩提树。以终三载之年,禅礼之暇,注裁斯释。文迈旨远,智旷名高。执破毕于一言,纷解穷于半颂。文殊水火,则会符胶漆;义等江湖,则疏成清浊。平郊弭弭,耸层峰而接汉;堆埠峨峨,夷穿窿以坦荡。俯钻邃而无底,仰寻高而无际。疏文浅义,派演不穷,浩句宏宗,陶甄有极,功逾千圣,道合百王。时有玄鉴居士,识凤鸡之敛羽,委麟龙之潜迹。每磬所资,恒为供养,深诚固志,物竭积年。菩萨诱掖多端,答遗兹释。而试之曰:"我灭之后,凡有来观,即取金一两。脱逢神颖,当可传通。"终期既渐,奄绝玄导。菩萨名振此洲,论释声超彼土。有灵之类,谁不怀钦?朝闻夕殒,岂悋金

---

①《慈恩传》卷二,《大正藏》第 50 卷,第 232 页上。

壁？若市趋贤，如岳迭货。五天鹤望，未辄流行。①
此处叙述了护法撰写论释的经过。文中似乎是说护法29岁皈依佛门，后用了3年时间撰写了《三十颂释》。护法将此著保存在一位居士处。玄奘到印度后，"居士记先圣之遗言，必今贤之是属，乃奉兹草本，并《五蕴论释》。大师赏翫，犹睹圣容，每置掌中，不殊真说。自西霏玉牒，东驰素马，虽复广演微筌，赏之以为秘决。及乎神栖别馆，景阻炎辉，清耳目以渊思，荡心灵而绎妙。"②于此可见，这一本著作是玄奘在印度独得之秘。

关于《成唯识论》的成因，可以借助窥基自己的叙述作一总结："此论也，括众经之秘，苞群圣之旨。何滞不融？无幽不烛，仰之不极，俯之不测，远之无智，近之有识。其有隐括五明，披扬八藏，幽关每权，玄路未通，嘱犹豪毳岳盈，投之以炎烁；霜冰涧积，沃之以煨景。信巨夜之银辉，昏旦之金镜矣。虽复本出五天，然彼无兹糅释，直尔十师之别作，鸠集犹难，况更撼此幽文，诚为未有。斯乃此论之因起也。"③其实，此论以一种特殊的方式完成，特别是窥基在其中所起的作用，都足以说明早在此时他就已经以鲜明的宗派化理路来设计自己弘扬瑜伽行派的道路。而窥基之所以能够在奘门弟子和众多参与玄奘译场的僧人中脱颖而出，并且被当做慈恩宗的二祖，这一气质和胆略恐怕是首要原因。

（3）独立弘教立宗

玄奘于唐高宗麟德元年（664）圆寂于玉华寺，译业中止。窥基时年33岁，回到大慈恩寺继续从事著述。由麟德元年至永淳元年（682）共18年，窥基独立地弘扬自己所学，维护了玄奘所持护法系唯识学的完整性与纯正性，为唯识宗的繁荣作出了卓越贡献。窥基独立弘教18年，以地域变迁为线索可分为三个时期。

第一时期，慈恩寺初期，即窥基由玉华寺扶柩回长安。在其师葬礼

---

① 窥基：《成唯识论掌中枢要》卷一，《大正藏》第43卷，第608页上—中。
② 同上书，第608页中。
③ 同上书，第608页下。

之后,驻锡慈恩寺。这一时期大致7年多,窥基的大部分著述应该是于此时完成的。从情理上推测,这七八年时间,正是窥基大显身手、夯实唯识宗根基、培养弟子的辉煌时期。但现存文献中,记载的事情不多。

第二时期,东行弘教时期。这一时期,窥基离开长安向东,到达太原、五台山以及定州。然而,关于他离开长安的原因,从古至今一直猜测不断,确实是难解之谜。

窥基《说无垢称经疏》卷六附有《后记》,其文如下:

> 基以咸亨三年十二月二十七日,曾不披读古德章疏,遂被并州太原县平等寺诸德迫讲旧经。乃同讲次,制作此文,以赞玄旨。夜制朝讲,随时遂急,曾未覆问。又以五年七月,游至幽明蓟地,更讲旧经,方得重览。文虽疏而义密,词虽浅而理深,但以时序忽迫,不果周委言。今经文不同之处,略并叙之,诸德幸留心而览也。①

此文明确说,窥基于咸亨三年(672)在今太原平等寺宣讲鸠摩罗什翻译的《维摩诘经》,而至咸亨五年则在今河北保定宣说《无垢称经》。

窥基在太原宣讲《维摩诘经》的平等寺,文献失载,但入唐日本僧人圆仁在《入唐求法巡礼行记》卷三中记载,窥基曾经在童子寺宣讲过"唯识"。其文说:"从石门寺向西上坂,行二里许,到童子寺。慈恩基法师避新罗僧玄测(即圆测——引者注)法师,从长安来,始讲唯识之处也。"童子寺位于并州(今山西省太原市西南近郊),始建于北齐天保七年②,在唐代时期赫赫有名。《法苑珠林》卷十四记载:"唐并州城西有山寺,寺名童

---

① 窥基:《说无垢称经疏》卷六,《大正藏》第38卷,第1114页上。
② 2005—2006年,考古工作者发掘了太原市童子寺遗址,发掘面积500平方米,发掘清理了前廊北部建筑遗址、南部建筑遗迹和佛阁内部遗迹。根据报道,有几点新收获:其一,前廊北部建筑遗址年代略晚,约在唐晚期或者更晚些,其性质可能属于僧房。其二,南部建筑遗迹性质不明,但在前廊东南角发现了台阶,可知是由南部进入佛阁前廊的。其三,从佛阁内墙雕刻的北齐千佛像,可以明确佛阁最早建于北齐。除了大佛外,阁内崖壁也雕刻千佛。其四,发掘表明大佛经历两次大的重修,这与前廊唐代两次重修是一致的。其五,佛阁毁于火灾,据童子寺明碑记载,童子寺宋金毁于兵火,可以推知佛阁毁弃在宋金时期。其六,出土数量较多的佛、菩萨等石刻造像。

子,有大像,坐高一百七十余尺。皇帝崇敬释教,显庆末年巡幸并州,共皇后亲到此寺。及幸北谷开化寺,大像高二百尺,礼敬瞻睹,嗟叹希奇。大舍珍宝、财物、衣服。并诸妃嫔内宫之人,并各捐舍。并敕州官长吏窦轨等,令速庄严,备饰圣容。并托龛前地,务令宽广。还京之日,至龙朔二年秋七月,内官出袈裟两领,遣中使驰送二寺大像。其童子寺像披袈裟日,从旦至暮,放五色光,流照崖岩,洞烛山川。"①唐高宗和武后至童子寺时,窥基在玉华寺协助玄奘翻译佛典。

敦煌文献中发现了一首诗《题童子寺五言》:"西登童子寺,东望晋阳城。金川千点绿,汾水一条清。"由于这首诗抄写于"大唐三藏题西天舍利塔"的后面,而许多学者都认为此中的"大唐三藏"是指玄奘法师②。如果确实如此,窥基前往童子寺的动机也就顺理成章了。

关于窥基的这次太原之行,赞宁写入了一则传闻:"一云:行至太原传法,三车自随。前乘经论箱帙,中乘自御,后乘家妓女仆食馔。于路间遇一老父,问:'乘何人?'对曰:'家属。'父曰:'知法甚精,携家属偕,恐不称教。'基闻之,顿悔前非,翛然独往。老父则文殊菩萨也。此亦厄语矣。随奘在玉华宫,参译之际,三车何处安置乎?"③赞宁一边将其载入僧传,一边说这是小说家言,其苦衷大概是当时保存下来可供入传的可信的东西太少了。

---

① 道世:《法苑珠林》卷一四,《大正藏》第 53 卷,第 392 页上。
② 见敦煌 S.373 号。此卷子共分两个部分,前面部分抄录的是后唐庄宗李存勖诗五首。在李存勖的第五首诗《题幽州石经山》后面,紧接着抄录了五首诗。其中第一首题为《大唐三藏题西天舍眼塔》,第二首题为《题尼莲河七言》,第三首题为《题半偈舍身山》,第四首题为《题童子寺五言》,第五首题为《题中岳山七言》。正因为第一首有"大唐三藏"四字,各家著录之时,均拟题作"唐玄奘诗五首"。陈尚君辑《全唐诗续拾》,将此五首诗径归之玄奘名下,但没有说明理由。尽管从署名和内容来看,不能排除这五首诗是玄奘所作的可能性。但是,由于原诗毕竟没有写明玄奘的名讳,而在唐代,名讳前被冠以"大唐三藏"的法师数以十计,故"大唐三藏"是否指玄奘,迄今尚无定论。然而,宗舜法师《"大唐三藏"说》一文考证很严谨。依据此文,基本可以确定此卷子所署"大唐三藏"应指玄奘三藏。正如宗舜法师指出的,这些证据只能肯定此诗在敦煌文献中被当做玄奘的诗抄写,是否真的是玄奘三藏所写尚难确定。
③ 赞宁:《宋高僧传》卷四,《大正藏》第 50 卷,第 726 页上。

离开太原,窥基即游历五台山,时间在咸亨四年(673)。关于窥基东行,宋代清凉山大华严寺沙门延一重编《广清凉传》记载得最详细:

> 于三藏大师终后数年,来游五台山,礼文殊菩萨,于花岩寺西院安止。法师常月造弥勒像一躯,日诵菩萨戒一遍,愿生兜率,求其志也。感通之应,绰然可观。又复亲书金字《般若经》毕,有神光瑞云,萦拂台宇,辉耀函筒,曰:"我无坚志,灵应何臻?"从游山讫,旋之京师慈恩寺。①

上述引文的要点是:窥基在玄奘圆寂几年之后前往五台山,并且住于华严寺西院,于此寺造弥勒造像一躯,由其亲自以"金字"书写《般若经》。写经完毕,即回长安住慈恩寺。

《古清凉传》卷上记载:

> 中台上,有旧石精舍一所,魏棣州刺史崔震所造。又有小石塔数十枚,并多颓毁。今有连基迭石室二枚,方三丈余,高一丈五尺。东屋石文殊师利立像一,高如人等;西屋有石弥勒坐像一,稍减东者,其二屋内花幡供养之具,毡荐受用之资,莫不鲜焉。即慈恩寺沙门大乘基所致也。基,即三藏法师玄奘之上足。以咸亨四年,与白黑五百余人,往而修焉。或闻殊香之气,钟磬之音。其年,忻州道俗,复造铁浮图一,高丈余。送至五台,首置于石室之间。②

此书是唐朝蓝谷沙门慧祥所撰,此书纪年的下限是调露二年(680),也有学者推测此书大致成书于唐高宗永隆元年(680)至弘道元年(683)。由此书的记载可知,窥基于唐咸亨四年在五台山中台顶,率众五百修造此"石室"及文殊、弥勒造像。

从唐宋文献记载来看,窥基在玄奘圆寂之后曾经在五台山驻锡是确

---

① 《大正藏》第 51 卷,第 1119 页上。
② 同上书,第 1094 页上。

定无疑的。现在的问题是具体时间,是一次还是两次。

明代镇澄编的《清凉山志》卷三记载:

> 永隆中,基来游台山,栖铣托一载。有诏旋京。将行,有异僧出林,止之曰:"法师报缘殆尽,何不就终于此而欲他行?"基曰:"吾宿缘在彼。"异僧曰:"师善行,明年来会。"基行。华严寺行者疑问异僧曰:"彼师何人。"异僧曰:"弥勒弟子也。"异僧入林,行者追之,竟无所见。基至长安,明年,永淳改元。临终谓徒曰:"十方刹海,游戏之场,生死涅槃,等间戏具,兜率故苑,吾将归矣。"言讫而蜕,世寿五十有一。御制像赞,而伤悼焉。

这一叙述,很可疑。其一,这一记载晚出,且不见于《广清凉传》和《古清凉传》。其二,《清凉山志》尽管标注的是窥基永隆年(680—681)至五台山,但文中并未说及这是窥基第二次来五台山。总之,仅仅依据《清凉山志》的记载,不能确定窥基于永隆年又至五台山,不能排除《清凉山志》误解史料且将后世衍生出的传闻记入志书的可能。

关于窥基这次东行,赞宁《宋高僧传》卷四《窥基传》也叙述到窥基离开长安至五台、太原等地弘教的情况。其文说:"后躬游五台山登太行,至西河古佛宇中宿",后于此地造《弥勒上生经疏》。此中所说的"西河"不知所指。传文也说及窥基"至太原传法",又"东行博陵,有请讲《法华经》,遂造大疏焉"。① 赞宁的这一叙述颇显杂乱无章。博陵于唐代隶属定州,位置约在今日河北定州市,在五台山的东方。而太原在五台山的西南方向。从这几处的地理位置推测,似乎应该是先渡黄河,经潼关,过蒲州,历平阳,至太原,再经忻州,来到五台山,栖宿于华严寺西院,最后至定州。当然这是按照现今的最经济、最方便的路向去理解。现存五台山方面的史料,都说窥基是从五台出发回到长安的,但如参照上引窥基

---

① 赞宁:《宋高僧传》卷四,《大正藏》第50卷,第726页上。

《说无垢称经疏·后记》所说"又以五年七月,游至幽明蓟地"①等可知,窥基于咸亨四年到五台山,待的时间不太长,最多一年有余,至少咸亨五年(674)就前往河北了。

窥基于咸亨五年七月在"蓟地"宣讲《维摩诘经》,并且修改《说无垢称经疏》。而窥基自己所撰的《法华玄赞》卷十最后有一段文字说:

> 基以谈游之际,徒次博陵。道俗课虚,命讲斯典,不能修诸故义,遂乃自纂新文,夕制朝谈,讲终疏毕,所嗟学寡识浅,理编词殚,经义深赜,拙成光赞。兢兢依于圣教,懔懔采于玄宗,犹恐旨谬言疏,宁辄枉为援据。此经当途最要,人谁不赞幽文?既不能默尔无为,聊且用申狂简,识达君子,幸为余详略焉。仍为颂曰:已采众经要行理,略赞一乘真法义。片言契实施群生,愿共速成无上果。②

现存的版本是将上引文字编入正文的。

窥基在博陵停留了一段时间,又回到了长安,住于慈恩寺,具体时间不详。这是窥基独立弘法的最后几年。

尤其应注意的是,《法华玄赞》后的"跋文"说:

> 调露二年九月,在西京大慈恩寺翻经院智论师房,写落后之书,弘绎师之雅迹,势大王之高操,美小王之媚好。在书数定,仍不在心,别未期间,忽焉迁化,神虽逝矣,余风尚存。每讲疏给,屡伤追念,唯愿乘斯福善,三会初登,藉此熏修,方上品泛真如海,游波若船。悲苦有情,智涅槃乐,穷无穷界,尽无尽生,咸灭苦因,俱登乐果。③

此文未署作者的名字。但仔细揣摩文中的语气和叙述的内容,笔者断定此文的作者只能是窥基。文中的"弘绎师之雅迹"、"别未期间,忽焉迁化"、"每讲疏给,屡伤追念"等等,都应该理解为窥基对于恩师的怀念的

---

① 《大正藏》第38卷,第1114页上。
② 窥基:《法华玄赞》卷一〇,《大正藏》第34卷,第854页上。
③ 同上书,第854页中。

表达。调露二年为 680 年,此年八月已经改元永隆,而此文仍然沿用旧年号,也是可以的。从上述引文推测,调露二年九月窥基尚在慈恩寺。而永隆年仅首尾两年,即永隆元年(680)八月至二年十月,在如此短的时间内,窥基又至五台山"栖铣托一载",似乎不大可能。

永淳元年(682),窥基示疾,至十一月十三日,圆寂于慈恩寺翻经院,春秋五十一。以其年十二日四日,葬于樊村北渠,祔三藏奘师茔陇焉。太和四年(830)七月,迁塔于平原。根据赞宁《宋高僧传》记载:迁塔时,"大安国寺沙门令俭检校塔亭,徙棺见基齿,有四十根,不断玉如。众弹指言:'是佛之一相焉。'凡今天下佛寺图形,号曰'百本疏主'。"① 赞宁说,当时有高宗或者玄宗所制像赞流行。可见,在当时朝野信众中,窥基备受尊崇。

赞宁于《窥基传》后如此评价窥基法师:

> 性、相义门,至唐方见大备也。奘师为瑜伽唯识开创之祖,基乃守文述作之宗。唯祖与宗,百世不除之祀也。盖功德被物,广矣!大矣!奘苟无基,则何祖张其学乎?开天下人眼目乎?二师立功与言,俱不朽也。然则基也,鄂公犹子,奘师门生。所谓将家来为法将,千载一人而已。故《书》有之:厥父菑厥,子乃肯播,矧能肯获。其百本疏主之谓欤?!②

这一评价很公正,慈恩宗确实是玄奘、窥基二人共同建立的,玄奘为"祖",窥基为"宗"。唯识宗以及玄奘的思想有赖于此才得以流传开来,并且延续至今。与窥基对于玄奘的全方位继承不同,有许多奘门弟子以及曾经一度跟随玄奘学习的"学僧",囿于昔日所学"古唯识学",对玄奘所传承的护法系唯识学采取了敬而远之的态度,有些甚至直接批评玄奘所传护法系学说。尽管当代学者喜欢说窥基是"宗派"之见,但"佛教宗

---

① 赞宁:《宋高僧传》卷四,《大正藏》第 50 卷,第 726 页中。
② 同上书,第 726 页中—下。

派化"的途径就是差异化和在固守"师说"基础上的诠释性创新。从这个角度说,真正继承玄奘事业的弟子,最突出的是窥基。作为"奘门"之"正统",窥基是得之自然的。

2. 窥基的著述

在玄奘门下,窥基勤于记述,长于疏释。参译之际,凡玄奘有所宣讲,窥基均详作记录,并加疏释,撰为述记。史载玄奘每于黄昏二时讲新译经论,译寮僧伍竞造文疏、笔记、玄章并行于世。而窥基记述释文最勤,功亦最著。窥基《唯识二十论述记》称:"我师不以庸愚,命旌厥趣,随翻受旨,编为《述记》。每至盘根错节之义,叙宗回复之文,旨义拾释,以备提训,更俟他辰。"[1]因此,窥基之作大多亲受于玄奘,玄奘的意旨多保存于他的著作中,后来玄奘圆寂后,时人多以他的记释为依据和标准。尽管有些记释后出,他也是以当初听讲记录为根据的。如窥基《杂集论述记》"归敬颂"中说:"微言咸绝杳无依,随昔所闻今述记。"[2]

关于窥基的著述,汤用彤考证出能知其名的著作四十八部,现存二十八部[3]。现根据汤用彤的考证,作分类排列:

第一类,佛经注疏:

《说无垢称经疏》六卷,现存四卷。

《法华经略记》一卷。

《妙法莲花经玄赞》十卷,现存。

《法华音训》一卷。

《法华为为章》一卷,现存。

《法华经文科》一卷。

《般若心经幽赞》二卷,现存。

《般若心经略赞》一卷。

---

[1] 窥基:《唯识二十论述记》卷一,《大正藏》第43卷,第978页下。
[2]《续藏经》第48册,第1页下。
[3] 汤用彤:《隋唐佛教史稿》,第148—150页。

《大般若理趣分述赞》三卷,现存。

《金刚般若赞述》二卷,现存。

《金刚般若玄记》一卷。

《金刚般若经论会释》三卷,现存。

《药师经疏》一卷。

《十手经疏》三卷(或二卷)。

《六门陀罗尼经疏》一卷。

《观无量寿经疏》一卷。

《阿弥陀经疏》一卷,现存。

《阿弥陀经通赞》三卷,现存。

《胜鬘经述记》二卷,现存。

《弥勒上生经疏》(亦名《瑞应疏》)二卷,现存。

《弥勒下生成佛经疏》一卷。

《天请问经疏》一卷,现存敦煌本。

第二类,论典注疏:

《摄大乘论抄》十卷。

《辩中边论述记》三卷,现存。

《百法论玄赞》一卷,现存。

《百法明门论决颂》一卷。

《观所缘缘论疏》一卷。

《杂集论述记》(亦名《对法钞》)十卷,现存。

《瑜伽略纂》十六卷,现存。

《瑜伽论劫章颂》一卷,现存。

《唯识二十论述记》二卷,现存。

《成唯识论述记》二十卷,现存。

《成唯识论掌中枢要》四卷,现存。

《成唯识论料简》(亦名《唯识开发》)二卷,现存。

《成唯识论别抄》十卷,现存一、五、九、十共四卷。

《因明入正理论疏》六卷,现存。

《因明正理门论述类记》一卷。

《婆沙论钞》,卷数不明。

《俱舍论疏》十卷。

《异部宗轮论述记》一卷,现存。

第三类,个人著述:

《大乘法苑义林章》七卷,现存。

《二十七贤圣章》一卷。

《见道章》一卷。

《西方要诀释疑通规》一卷,现存。

《弥陀通赞示西方要义》一卷,现存。

《西方正法藏受菩萨戒法》一卷。

《胜论十句义章》一卷。

《出家箴》一卷,现存。

上述四十八种著作中,日本学者望月信亨认为《阿弥陀经通赞》三卷为伪作,境野黄洋认为《金刚般若赞述》二卷、《阿弥陀经疏》一卷、《西方要决释疑通规》一卷也并非窥基所撰。判定为伪托的标准是窥基对待弥陀净土信仰的态度当不致如斯,这些著作中对弥陀净土的看法与窥基其他著作中的表述有重大差异。

窥基著述颇多,涉及面很广,而以瑜伽唯识之学为重点,举凡玄奘所译的有关经论都有注释,并且对照真谛旧译经论加以解释评判。在这些著述中,窥基以护法一系学说为重心解释印度瑜伽行派经典。他不仅提议编译了以护法注释为主的《成唯识论》,而且再三注释此论,有关《成唯识论》的注释就有四种,部头多达三十六卷。其中《述记》二十卷,为所有释著中卷数最多者。《别抄》也有十卷之多,《掌中枢要》四卷,《料简》三卷。

窥基也注释玄奘所译的二部因明论典,一为《因明入正理论疏》六卷(亦有八卷本),一为《因明正理门论述类记》一卷,对因明学多有发展。

3. 窥基佛学思想提要

窥基的佛学思想异常丰富。然而,由于学术界一直以为唯识宗是以移植印度瑜伽行派为特色的,加之对于印度瑜伽行派的真实面目,特别是流派发展并未完全搞清楚,因此现存于窥基著作中的哪些内容是承袭印度佛教的,哪些又带有若干独创性的,都无法进行清晰界定。另外,玄奘大师没有专门著述论述自己的思想,其许多思想创造也有赖于窥基著述得以保存。现在的问题是,很难分清楚窥基著述中的哪些思想来源于玄奘,哪些又是窥基自己的独创。出于上述原因,当代学术界严重低估了窥基的思想贡献,加之后来流传的对窥基僧格的诋毁性传闻,更加模糊了窥基的真实面目。在笔者看来,窥基在唯识宗教义体系化、系统化方面的贡献,截至目前在汉传佛教系统中仍然是后无来者的。换言之,如果没有窥基的著书立说,如果没有窥基的不懈努力,印度的瑜伽行派思想是不可能发展为中土的慈恩宗的。鉴于窥基的思想与唯识宗基本教义的高度重合,下文只能采取"举要"方式列出窥基最为独特的思想贡献的若干方面,窥基的体系化思想留待下章论述唯识宗基本教义时再行分析。

(1) 四重二谛

"二谛"在佛学中一般指真谛和俗谛,前者又名"胜义谛"、"第一义谛"或"空谛",后者又名"世谛"、"世俗谛"或"有谛"。二谛理论,印度大乘佛教都讲,但诸派所言略有不同。窥基在《成唯识论掌中枢要》卷上本中说过,唯识性可以从两方面去理解:"一、依三性;二、依二谛。"① 依"三性"解释"识性",容下再述。在此首先以窥基的"四重二谛"说来透析唯识宗独特的理体观。

"四重二谛"的名目,三论宗吉藏用过,天台宗也用过。但窥基却是

---

① 窥基:《成唯识论掌中枢要》卷上,《大正藏》第43卷,第614页上。

依自宗之经典为理据论证己说的。窥基综合《瑜伽师地论》卷六十四、《显扬圣教论》卷六所言的"四种世俗"义及《成唯识论》卷九所说的"四种胜义"为一体,而将二谛开为四重,形成了颇具特色的唯识"四重二谛"说。窥基先将世俗谛与胜义谛各自开列为四重,再依照"二谛有无体异、事理义殊、浅深不同、诠旨各别故"①,将二谛开为四重:名事二谛、事理二谛、浅深二谛、诠旨二谛。《成唯识论掌中枢要》卷上本则分三类将其组合成三十九句,"如是二谛合有三十九句唯识性"。② 这样的组合极其繁琐,恐冗长而姑略之,在此仅就窥基在论说"四重二谛"时所贯穿的"真理"之相对性原则和真如"分立"说作些分析。

世俗谛,据窥基看应作"隐显谛",隐是"隐覆空理",显是"有相显现",如同把手巾结束扎作兔子等物,本来的手巾相被掩覆而兔子的相状显现。从世俗的角度看,"有如实有,无如实无,有无不虚,名之为谛"。③世俗谛有四重:第一,世间世俗谛。"世间世俗者,隐覆真理,当世情有,堕虚伪中,名曰世间。凡流皆谓有,依情名假说,名为世俗。"④此等假法,只是众生迷情所生的妄相,堕虚伪之中,所以叫作世间;世人都说其为实有,因此依俗情安立名字,姑且称之为世俗谛。而实际上,只有假名而并无实体,所以应准确称其为有名无实谛。第二,道理世俗谛。"道理世俗者,随彼彼义,立蕴等法,名为道理。事相显现,差别易知,名为世俗。"五蕴、十二处、十八界等法,依主观、客观诸法的义理将其汇总分类而区别为蕴、处、界等,因之叫作道理;事相差别易知,因之叫作世俗谛。第三,证得世俗谛。"证得世俗者,施设染净因果差别,令其趣入,名为证得。有相可知,名为世俗。"这里是说,佛以方便安立知、断、证、修的苦、集、灭、道四圣谛,阐明迷情、染净的因果差别,令行人依此趣入而证得圣果,

---

① 窥基:《大乘法苑义林章》卷二《二谛义》,《大正藏》第45卷,第287页中。
② 窥基:《成唯识论掌中枢要》卷上,《大正藏》第43卷,第614页下。
③ 窥基:《大乘法苑义林章》卷二《二谛义》,《大正藏》第45卷,第287页下。
④ 同上书,第288页上。以下三处引文同。

因此叫作证得；有因果的相状可知，所以叫作世俗谛，准确言之则为方便安立谛。第四，胜义世俗谛。"胜义世俗者，妙出众法，圣者所知，名为胜义，假相安立，非体离言，名说世俗。"此重世俗谛是说二空所显之真如是圣者之智慧所内证，为欲随顺引发这种智解，依世俗安立名言，因之而称其为胜义世俗谛；因为真如并非方便施设，而言说真如之名言实为假名，所以此亦称之为假名安立谛。在诠释了四重世俗谛后，窥基大有深意地说道："第一俗体，假名安立，后三俗体，有相安立。"①他将评破的矛头主要指向了"假名安立"之第一俗谛，而对其余三重"有相安立"之世俗谛的评破稍作收敛。窥基将真如之理列入胜义世俗谛，显然软化了真如离言之立场。

窥基认为，胜义谛有境界、道理两种意义。四重胜义谛，"第四胜义，多分依于道理名义，废诠谈旨，非境界故。前三胜义，境界名义。"②窥基所开的四重胜义谛是：第一，世间胜义谛。"世间胜义者，事相粗显，犹可破坏，名曰世间；亦圣所知，过第一俗，名为胜义。"③这一胜义谛是圣者超越第一重俗谛而证得的境界，有体有用，不同于只有名而无体无用的假法，所以叫作胜义谛，也叫作体用显现谛。第二，道理胜义谛。"道理胜义者，知、断、证、修因果差别，名为道理；无漏智境，过前二俗，名为胜义。"此重胜义谛乃圣者超越前二俗谛，是依知、断、证、修的因果差别而安立的，所以名之为"道理"；是殊胜无漏智的境界，所以叫作胜义谛，也叫作因果差别谛。第三，证得胜义谛。"证得胜义者，圣智依诠，空门显理，名为证得；凡愚不测，过前三俗，名为胜义。"此重胜义谛是圣者超越前三俗谛，依言诠而显现二空真如之理而证得的凡愚难测的理体，所以称其为证得胜义谛，亦叫依门显实谛。第四，胜义胜义谛。"胜义胜义者，体妙离言，回超众法，名为胜义；圣智内证，过前四俗，复名胜义。"前

---

① 窥基：《大乘法苑义林章》卷二《二谛义》，《大正藏》第45卷，第288页中。
② 同上书，第287页下—第288页上。
③ 同上书，第288页上。以下三处引文同。

述的二空所显之真如还是由言诠来说明的,这里的胜义胜义谛即指真如、一真法界。真如理体是超绝言诠的不可安立法,是圣者无分别智自内所证,超越了前四重世俗谛,所以叫胜义胜义谛,也叫作废诠谈旨谛。

在诠释完四重胜义谛后,窥基总结说:"前三胜义,有相故安立。第四胜义,无相非安立。初之一俗,心外境无,依情立名,名为世俗。第二俗谛,心所变事;后之二俗,心所变理。施设差别,即前三真;其第四真,唯内智证,非心变理;随其所应,即是三性。"①在此,窥基说明了标立"四重二谛"的理论原则。第一俗谛是依"情"(即妄执)立名的,实际上外境本来就是"无";第二俗谛是指由"心"所变现出来的"事",当然此"事"仅具"假有"地位;第三、四两种俗谛则是由"心"所变现出来的"理"。胜义谛中,前三真谛是"施设差别",即以"名言"形式存在的"相对真理",第四真谛则唯有圣者内心所独知,不是心所变现的理,而是"废诠谈旨"、不可言诠的究极真理。在这一整然有序的排列中,窥基对第一世俗谛评破最力:"第一世俗,有名无体,俗中极劣,无可过胜,假名安立,唯俗非真。"②同时,窥基对第四胜义谛则赞美有加:"第四胜义,体妙离言,不可施设,真中极胜,超过一切,唯真非俗。"至于其余三俗谛和三胜义谛则处于上述"两极"之间而具"相对真理"地位。窥基说:

> 第四,胜义不能自胜,待于四俗故名胜义。故前三真,亦名为俗。第一世俗不能自俗,待于四真名为世俗,故后三俗,亦名为真。第一胜义,待一俗名胜。第二胜义,待二俗名胜。第三胜义,待三俗名胜。第四胜义,待四俗名胜。第一世俗,待四真名俗。第二世俗,待三真名俗。第三世俗,待二真名俗。第四世俗,待一真名俗。

在窥基所设定的逻辑层次中,处于低层次的"谛"相对于高层次的"谛"则为"俗",相对于更低层次的"谛"则亦可为"真"。比如"后三俗"相

---

① 窥基:《大乘法苑义林章》卷二《二谛义》,《大正藏》第45卷,第288页中。
② 窥基:《大乘法苑义林章》卷二,《大正藏》第45卷,第293页下。以下二处引文同。

对于胜义谛为"俗",但相对于第一世俗谛则"亦名为真"。窥基在此阐释的"真理的相对性"原理与中观学所言之二谛是大相径庭的,与吉藏所言"四重二谛"意欲以"绝于四句"诠释真如理体以及将二谛归结为第三谛——非真非俗的中道的说法也是有区别的,窥基有明显偏于"真谛"的倾向。窥基说:"第四世俗待一真名俗故,若有俗时,亦必有真。若有真时,亦必有俗。俗是真家俗,真是俗家真。有俗亦有真,无真亦无俗故。非遣依他而证圆成实,非无俗谛可得有真,真俗相依而建立故。"①可见,如果用中观学派所言的"四句"衡量,唯识宗之二谛确实是落于第三句"亦实亦非实"和第四句"非实非非实"上了。

窥基在设定"四重二谛"时还贯穿了"有相"、"无相"与"安立"、"非安立"两种考虑。所谓"安立"即方便施设之义,仅具相对之存在价值,"非安立"指最究极的、实际存在的真理。窥基以为"四种俗谛,皆是安立";"第四胜义是非安立。故前三真,亦是安立。"②既然四俗三胜义谛均是"安立",当然是可以言诠的;既然可用语言言说,当然是有相状可寻的。这样一来,窥基实际上将中观学所坚持的真如不可言诠的立场作了大幅度的修正。可言诠之"理"是证得"离言真如"的必要阶梯。这一阶梯便是从"后之二俗,心所变理"始,直至胜义胜义谛,总共有六级。与这一"分位"说相近,唯识宗亦将"无为法"分为六种,即虚空无为、择灭无为、非择灭无为、不动灭无为、想受灭无为、真如无为,这也是渐进式、阶梯式的"分位"系列。此外,"七真如"说也堪称典型。《成唯识论》卷八说:

> 一、流转真如,谓有为法流转实性;二、实相真如,谓二无我所显实性;三、唯识真如,谓染净法唯识实性;四、安立真如,谓苦实性;五、邪行真如,谓集实性;六、清净真如,谓灭实性;七、正行真如,谓道实性。此七实性圆成实摄,根本、后得二智境故。随相摄

---

① 窥基:《大乘法苑义林章》卷二,《大正藏》第45卷,第294页上。
② 同上书,第293页中。

者,流转、苦、集三,前二性摄,妄执杂染故。余四皆是圆成实摄。①

从"实性"即本质来看,七真如都属于圆成实摄,真如是佛、菩萨根本智和后得智的境界。从性相来看,因其妄执烦恼的缘故,流转、安立、邪行三真如属于遍计所执性和依他起性摄;实相真如、唯识真如、清净真如、正行真如都是圆成实性摄,属于"离言真如"范畴。

(2) 五种唯识

窥基在《大乘法苑义林章》卷一论述"唯识体"时说:"然总遍详诸教所说一切唯识,不过五种。"②这一理论被称之为"五唯识",实际上是对经论中宣说的唯识学体系的一种归纳。

第一,"境唯识"。窥基引用《阿毗达磨经》说:"鬼、傍生、人、天,各随其所应,等事心异故,许义非真实。"窥基总结说,经典中的这些说法都是说"唯识所观境者,皆境唯识"。③也就是,六道众生"所观"之"境"都是"唯识"。窥基又说:"诸教中就义随机,于境唯识种种异说。"窥基将经典对于"境唯识"的教说归纳为六类。

第一类"依所执以辨唯识"。此以《楞伽经》所说为代表,窥基总结说:"由自心执著,心似外境现。以彼境非有,是故说唯心,但依执心虚妄现故。"

第二类"依有漏以明唯识"。窥基以《华严经》为例来说明:"《华严经》说三界唯心,就于世间说唯识故。"

第三类"依所执及随有为以辨唯识"。窥基举《唯识三十颂》来说明:"由假说我法,有种种相转。彼依识所变,依识自体起见、相分,二执生故。"④

第四类"依有情以辨唯识"。窥基以《维摩诘经》来说明:"《无垢称

---

① 玄奘译:《成唯识论》卷八,《大正藏》第 31 卷,第 46 页下。
②③ 窥基:《大乘法苑义林章》卷一,《大正藏》第 45 卷,第 259 页下。
④ 同上书,第 259 页下—260 页上。

经》云,心清净故有情清净,心杂染故有情杂染。"①

第五类"依一切有无诸法以辨唯识"。窥基举《解深密经》的"诸识所缘唯识所现"来说明。

第六类"随指事以辨唯识"。窥基举《阿毗达磨契经》的"颂"来说明:"鬼、傍生、人、天,各随其所应。随指一事,辨唯识故。"②

上述六类是从六个不同角度来说明"境唯识"的内容的。

第二,"教唯识"。窥基说:"由自心执著等颂,《华严》、《深密》等说唯识教者,皆教唯识。"③这是说,《华严经》、《解深密经》等经典都属于"教唯识"。

第三,"理唯识"。窥基举《唯识三十颂》中的一颂来说明:"是诸识转变,分别、所分别。由此彼皆无,故一切唯识。"窥基说:"如是成立唯识道理皆理唯识。"

第四,"行唯识"。窥基说:"菩萨于定位等颂,四种寻思如实智等,皆行唯识。"这是说,《唯识三十颂》中有关菩萨修行阶位的内容以及菩萨修行中的"智慧"等都是"行唯识"。

第五,"果唯识"。窥基举圣言量来说明。如《佛地经》说:"大圆镜智,诸处、境、识皆于中现。"又《如来功德庄严经》说:"如来无垢识,是净无漏界,解脱一切障,圆镜智相应。"《唯识三十颂》也说:"此即无漏界,不思议善常。安乐解脱身,大牟尼名法。"窥基说:"如是诸说唯识得果,皆果唯识。"④

窥基总结说:"此中所说五种唯识,总摄一切唯识皆尽。"不过,"理义尽者,唯第五教,总说一切为唯识故。"⑤这是说,尽管从上述五方面可以将唯识的道理归纳殆尽,但唯有第五"果唯识"才是"理义"圆满的。

---

①② 窥基:《大乘法苑义林章》卷一,《大正藏》第45卷,第259页下—260页上。
③④ 同上书,第259页下。
⑤ 同上书,第260页上。

(3) 唯识境行果

《大乘法苑义林章》卷一在揭示了"五种唯识"之后,窥基又说:"或束为三:谓境、行、果。如《心经赞》具广分别。"①而在《般若波罗蜜多心经幽赞》卷一中,窥基说:"复有三:一境。二行。三所得果。犹昔不知真妄境界,起烦恼等因,受众苦。今正翻彼故,亦有三:由此最初应审观境,既知善恶修断行成,因、行既圆,果德便证。诸佛圣教虽复无边,说修行门不过三种,故修行者应依此学。"②依据此说,如果存在一个唯识学的体系的话,其只能归结为"修行门",而诸佛所言圣教,归根到底不出"境"、"行"、"果"三种。因此,以"唯识境"、"唯识行"、"唯识果"三方面概括唯识宗教义,也是窥基很看重的。下文就依据窥基《般若波罗蜜多心经幽赞》卷一所论述,对于窥基的概括作些分析论说。

对于"唯识"的所观境界,窥基解释说:"谓初观察:从缘所生一切色心、诸心所等,似空花相,诳惑愚夫,名依他起。愚夫不了于斯妄执为我,为法,喻实空花,性相都无,名计所执。依他起上我法本空,由观此空所显真理,譬若虚空,名圆成实。诸所知法,不越有无,无法体无,但可总说名计所执,横遍计心之所执故,有法体有理,应分别。诸有为法名依他起,缘生事故。一切无为,名圆成实,法本理故。或有漏法名依他起,性颠倒故;诸无漏法名圆成实,非颠倒故。"③此处是从"三性"入手去"观"的,属于此引文前所提示的"略说"部分,须以窥基在其他著述中的归纳补充理解才是。

关于"唯识行",窥基说:"知境界已应修正行:一因闻所成。二因思所成。三因修所成。此三虽通福慧二种一切功德。然行根本甚深纲要,胜义易入,应时无等。离诸过者,遍观详审,唯识为最。渐悟顿悟小乘大乘,无不依说此深理。……《智度论》说:菩萨复作是念:三界所有,皆心

---

① 窥基:《大乘法苑义林章》卷一,《大正藏》第45卷,第260页上。
② 窥基:《般若波罗蜜多心经幽赞》卷上,《大正藏》第33卷,第526页上—中。
③ 同上书,第526页中。

所作。以随心所念，皆悉得见。以心见佛，以心作佛，心即是佛，心即我身。心不自知，亦不自见。若取心相，悉皆无智。心亦虚妄，皆从无明出。因是心相，即入诸法实相。故唯识观最为第一：识者心也。由心集起，彩画为主，独立唯名，摄所余法。唯言为遮所执我法离心而有，识言为表因缘法性皆不离心。显法离心，决定非有，名为唯识。非谓一切，唯一识心，更无余物。善友恶友诸果诸因，理事真俗，皆不无故。计所执性，唯虚妄识。依他起性唯世俗识，圆成实性唯胜义识。是故诸法皆不离心。"①这一段话是从"中观"之"观"诸法实相说到《华严经》的"心佛及众生，此三无差别"以及"一切从心转，心造诸如来"等，最后引申出最为殊胜的"唯识观"。

窥基在《般若波罗蜜多心经幽赞》卷一叙述"唯识行"时说："今详圣教所说唯识，虽无量种，不过五重，即"遣虚存实"、"舍滥留纯"、"摄末归本"、"隐劣显胜"、"遣相证性"。此即一般所说的"五重唯识观"，此后当论说。

关于"修行果相"，窥基说："有漏修者，能感世间一切妙果。无漏修者，永灭诸障，得大菩提，穷尽未来广生饶益。此说别得，若互相资，容得一切。"②应该注意的是，窥基在此强调说，修行唯识观所带的"果"，可从有漏和无漏角度两层面去说明。

以上是窥基《般若波罗蜜多心经幽赞》对于"唯识境行果"的简略说明。此书还从"广修"去说明唯识修行，"此亦有三：一、所学处。二、修学法。三、能修学。最初应知所学之处，次应依彼如是而学，然后方成能修学者，故三皆是菩萨行摄。"③综观此著所说，窥基实际上将大乘菩萨行的几乎所有内容以瑜伽行派学说作了重新组织。文繁，姑且略之。然其在此内容论说完毕之后总结时又说："如上所说若所学处，若所学法，若能修学，皆菩萨行。勇猛炽然，依前修学，不见行相，是名为行。"④此后

---

① 窥基：《般若波罗蜜多心经幽赞》卷上，《大正藏》第33卷，第526页中—下。
②③ 同上书，第527页下。
④ 窥基：《般若波罗蜜多心经幽赞》卷下，《大正藏》第33卷，第535页上。

的文字中有三点内容属于窥基的创新。

窥基所撰《般若波罗蜜多心经幽赞》贯穿始终的一个介绍方法是,处处以"胜义空者"和"如应者"的对照来解释此经。前者大概是指中观学者或中土三论宗学者对此经的解释,后者则是窥基自己所持的观念。在叙述"此所行法云何名深"时,窥基做了对照:

> 胜空者言,妙理玄邈,不可思议,二乘不能晓,凡夫所不测,故名为深。

> 如应者言,真谛智境,超言议道,非喻所喻,微妙难知。备三无上,具七大性。体业利乐一切殊胜,白法溟海妙宝泉池,非大菩提为法界主,无由相称,故所修学皆名为深,应勤趣证。

此后又有文说:"或此一切诸菩萨行,真如实相,难可圆证,智慧观照,难可获得。诠教文字,难可悟说。万行眷属,难可成就。有空境界,难可通达。以慧为首,余性或资,皆名般若,故并名深。"[①]此中镶入了窥基所极力主张的"五般若"思想。

关于"五般若",《心经幽赞》卷上有一解释:"般若慧义,古释有三:一、实相谓真理。二、观照谓真慧。三、文字谓真教。今释有五,第四眷属,谓万行;第五境界,谓诸法。福智俱修,有空齐照,寻诠会旨,究理解生,慧性慧资,皆名般若。能除障习,证法真理,众德之首,万行之导。虽独名慧,摄一切法。"[②]这一思想,虽说不是窥基最先提炼出来的,但是他在几部著作中都以此解释般若,并且以此将自宗的般若思想与三论学区别开来。

更值得注意的是,窥基对于修行唯识观的"时"的解释。

"胜空者"说:"若依世俗,信学修证,求照达空。若依胜义,悟法体

---

① 窥基:《般若波罗蜜多心经幽赞》卷下,《大正藏》第33卷,第535页上。
② 窥基:《般若波罗蜜多心经幽赞》卷上,《大正藏》第33卷,第524页上。

空,修行般若。事绪究竟,总名为时。"①而"如应者"则认为:"无上菩提,广大深远,非少积因,可能证获。于前所说十二住中,若日夜等时分算数,一一住中经多俱胝百千大劫,或过是数,方证方满。若以大劫超过一切算数之量,总经于三无数大劫方得证满。经初无数大劫于一行中修一行,故证极喜住。经第二无数大劫于一行中修一切行,证无功用无相住,以意乐净决定勇猛,后经第三无数大劫一切行中修一切行,证如来住。此常精进非不尔者,若上勇猛如翘足等。或有能转众多中劫或多大劫,决定无转无数大劫,故知因位决定经三无数大劫修行圆满方证菩提,五种彼岸皆能到故。"②依据此中所说,"如应者"是以"修五般若三劫分位"来说明《瑜伽师地论》所说的"十三住果位"的。对此,窥基总结说:"或随自心变作,分限事绪,究竟总立时名。若达空时,唯正智证。既修学位,通摄所余,独觉利根,尚经百劫,况求作佛无多劫因?"③由此可见,唯识宗所说的修行成佛,需要累劫方才可以完成。

第三节 唯识宗的基本教义

以第一节所述经典为基本依据,玄奘、窥基两代佛学大师创立了既大同于印度唯识学的基本面貌,又在许多方面迭有创新的法相唯识宗。法相唯识宗基本教义可从四个层面去归纳:其一,以八识为内容的"心识论";其二,以"识变说"为基础的"唯识无境"论;其三,以"识体、理体两分"为特色的佛性论;其四,以"转识成智"为归趣的"五重唯识观"。以下分而论之。

一、五位百法

唐代以来,人们都习惯于将玄奘所建立的佛教宗派称之为"法相唯

---

① 窥基:《般若波罗蜜多心经幽赞》卷下,《大正藏》第33卷,第535页上。
② 同上书,第535页上—中。
③ 同上书,第535页中。

识宗"。由于这一缘故,人们常常以"法相"和"唯识"来总结印度瑜伽行派的教义和修持方法。"法相"是指世间所有一切存在(包括精神层面的存在和物质层面的事物)的相状。"相"有"相貌"、"义相"、"体相"等三层含义。"相貌"是指人的感官以及意识能够分辨的各种存在的行状,"义相"是指人的意识能够分别、思维、判断的"相状","体相"是指诸法所具有的本质性的"相状"。印度瑜伽行派将一切法分为五位一百种,简称为"五位百法",玄奘则接受了这一学说。

中土法相唯识宗遵从世亲《百法明门论》而列"心法"八、"心所有法"五十一、"色法"十一、"不相应行法"二十四、"无为法"六,总计一百种。"五位"中,前四为"有为法",统称为"杂染法";后一为"无为法",也称"清净法"。

"五位百法"是唯识宗以宗教解脱为旨归,对世间之物质、精神现象以及出世境界所有"法"的概括和归类。唯识宗将"五位百法"大而分之为杂染的"有为法"和纯净的"无为法",并且以第八藏识所蕴藏的有漏种子和无漏种子作为染、净二类法之所以生成的最终依据。这样,万法的生起和还灭,众生的迷与悟,都可以从"识"的转变上给予说明。这就是"法相"与唯识的真正联系所在。

下文依据《百法明门论》、《成唯识论》对"一切法"作些简要介绍。

1. 心法

印度瑜伽行派将"心法"列于首位,是因为此宗认为,一切法中,"心"最殊胜。唯识宗将八识中的阿赖耶识当做世间万法之所以生起的最终依据和众生世、出世的承担主体,众生或轮回于烦恼生死世界,或证悟涅槃,都取决于"心法"。

一百法内,第一类是"心法",称之为"八大心王"。前六大心王是眼识、耳识、鼻识、舌识、身识、意识,第七心王即末那识,第八心王即阿赖耶识。

"心法"可表解如下:

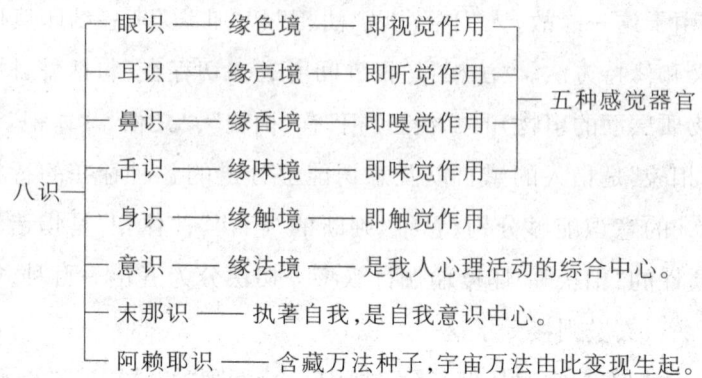

2. 心所有法

"心所有法"是指心的作用、功能，佛教认为这些内容属于"八识心王"所有，因此称之为"心所有法"，简称"心所"、"心数"。关于"心所"与"心王"的关系，唯识学强调三个方面："恒依心起"、"与心相应"、"系属于心"。"恒依心起"及"系属于心"是说"心所法"永远依托"心法"而生起，并且"心法"永远为"主"，"心所法"为"仆从"；"与心相应"则是说"心所法"和"心法"必须同时生起，二者所依之根、所缘之境，其自证分必须相同。这些"心所"，随着顺违之境，而起爱憎善恶之心，助成"心王"的活动、功能。而"心王"本身无善恶，不能单独造作，必须与"心所"相应，方才能够活动，生起功能，以造作善恶之业。这八识心王，每一个"心"好比是一位国王，既然是"王"，不能没有臣属辅佐，所以"心所"就好比是国王的臣属。

"心所"有五十一位，分为六组，分述如下：

第一，遍行心所。"遍行"是周遍起行的意思，是指这类心理活动遍于"三性"（即善、恶、无记）及八识、九地（菩萨修行阶位）等等之中，凡有"心法"生起，遍行五法都与之相应俱起。"遍行心所法"有五个：

(1) 触："触"是接触，五根与五境接触而生识，根、境、识结合就名为"触"。《百法明门论解》说："令心、心所触境为性，受、想、思等所依为业。"这是说，"触"的特性就是使"心"、"心所"与"境"发生接触，"触"的这一功能是其成为"受"、"想"等"心所"的所依。另外,"触"与"作意"的先后也可以置换。

(2) 作意:"作意"就是注意,因根、境、识的结合而引起注意,或先注意而生起"触"。《成唯识论》说:"谓能警心为性,于所缘境引心为业。"① 可见,"作意"有两重义:一是"警觉",二是"趣境"。现代心理学称之为"注意"。

(3) 受:"受"是感受,指心识接纳、顺从、违反等"境"而产生的心理感受。"受"有三种,领纳顺境名"乐受",领纳违境名"苦受",领纳非顺非违境名"舍受"。若再加"忧"、"喜"二受,就称为"五受"。

(4) 想:"想"是认识作用、思维活动。《成唯识论》说:"于境取像为性,施设种种名言为业。"② 这是说,"想"的特性就是于一切相上生起分别,再经过一番思考后以语言或言语的形式表达出来,譬如说,这是水杯,那是笔等。

(5) 思:"思"是造作的意思。《成唯识论》说:"令心造作为性,于善品等,役心为业。"③ "思"有三种,即"审虑思"、"决定思"、"动发胜思",它对于是非、善恶须筹量其可行不可行,决定之后,驱役自己的心,产生邪正、善恶等等心理活动。

第二,别境心所。窥基《大乘百法明门论解》说:"言别境者,别别缘境而得生故。所缘之境则有四:乃所乐之境、决定境、曾习境、所观境,各缘不同,故云别境。"④ 这一类型的心理活动与"遍行心所"攀缘同一境不同,以其所缘之境各各不同,因而称"别境"。"遍行心所"是心识生起时,"五心所"相继生起。而"别境心所"是专对某种特别情况,继五遍行心所之后,个别生起。"别境"所缘之境有四种,即"欲"缘"所乐境","胜解"缘"决定境","念"缘"曾习境","定"缘"所观境",而"慧"则是在这四境之中

---

①②③ 玄奘:《成唯识论》卷三,《大正藏》第31卷,第11页下。
④ 窥基:《大乘百法明门论解》卷一,《大正藏》第44卷,第47页下。

拣择而生起。"别境心所"五个如下：

(1) 欲：《成唯识论》说：欲是"于所乐境，希望为性，勤依为业"。①"欲"就是希望，对外境的希望追求，对所爱境，希望必合；对所恶境，希望必离。因此，希求就有了善恶、染净之分，希望成佛作祖，当然是净欲；追求财、色、名、食、睡，就是染欲。

(2) 胜解："胜"是"殊胜"的意思，"解"是"见解"的意思，对外境起决定性的理解就是"胜解"。

(3) 念："念"是指类似于"记忆"的心理活动。《成唯识论》说："于曾习境，令心明记，不忘为性，定依为业。"②即是对经历过的事明记不忘，叫做"念"。

(4) 定："定"是三昧，也翻译为"正定"。《成唯识论》说："于所观境，令心专注不散为性，智依为业。"③简单地说，"心注一境"而不散乱，叫做"定"。

(5) 慧："慧"是智慧，智慧能断除疑惑。《成唯识论》说："于所观境，简择为性，断疑为业。"④这种"慧"是由"定"而发，所以对于善恶是非能取得决定性的简择。佛教所讲的"慧"与日常生活领域中所说的"智慧"略近而仍然有所不同。

第三，善心所。从道德标准看，包含世俗道德和佛教道德两个层次，但以前者为主，因而此"善"是用其狭义，而不是"善恶三性"之"善"。"善"与"恶"相对，凡是性离厌恶，顺益世人者，叫做"善"。"善心所法"有十一个：

(1) 信：对善法能了知而实信，对佛法义理能坚定信仰，即称之为"信"。这样的"信"有三种：一是"信实"，即信实事和实理。二是"信德"，信功德及道德。三是"信能"，信善恶之业的能力。

---

① 玄奘：《成唯识论》卷五，《大正藏》第31卷，第28页上。
②③ 同上书，第28页中。
④ 同上书，第28页下。

(2) 惭(3) 愧:简单地说,"惭"与"愧"都是羞耻的含义,现代汉语已经完全同义,不大提及二者的区别。关于这两种"善心所"的区别,在解释"法相"类典籍中,也是众说纷纭。《俱舍论》卷四对"惭"、"愧"举出二释:第一释是说,因崇敬诸功德及有德者而产生的心理活动称之为"惭",恐怖罪恶的心理活动称之为"愧"。第二释是说自省所造之罪恶而产生羞耻之心为"惭",以自己所造之罪面对他人时引以为耻为"愧"。此说即以"惭"、"愧"都属于羞耻之心,但由对自己与对他人而分别为二。《成唯识论》卷六则并取《俱舍论》的两种解释,认为"惭"为先尊重自身,而后崇重贤者与圣者,并崇敬"佛法";"愧"是由世间之力,即由于他人之讥谤或律法之制裁,而轻拒暴恶。这是主张羞耻为"惭"、"愧"二者的共同义,而崇善与拒恶则分别为"惭"、"愧"的区别所在。

(4) 无贪:"贪"即"贪爱",贪著世间财色名利,非分追求,非义而取,称之为"贪";反之以己所有,惠施于人,广行布施,则称之为"无贪"。

(5) 无瞋:"瞋"即"恨",逆境当前,不能忍受,恼恨于心,生起恚恨,就称之为"瞋"。反之,慈愍待人,不做恶行,则称之为"无瞋"。

(6) 无痴:"痴"即愚昧不明,是非不分,起诸邪见,谤无因果。"无痴"则是指有智慧,明达事理,主要是指明确理解四圣谛、八正道、十二缘生等佛教的道理。

(7) 勤:"勤"又名精进,"精"是"不杂"的意思,"进"是"不退"的意思。对于为善断恶,修持佛法,勇猛前进,即称之为"精进"。

(8) 轻安:"轻"即"轻快"的意思,"安"即"舒坦"的意思。这是指修禅定时使身心得到轻适安稳的境界。

(9) 行舍:"行"是五蕴中"行蕴"中的"行","舍"是舍弃,舍弃"行蕴"中的昏沉掉举,使心平等正直。《成唯识论》卷六说此心所具有平等、正直、无功用等三种作用。

(10) 不放逸:"放"的意思是放纵,"逸"的意思是安闲。关于"不放逸",《成唯识论》说:"精进三根,于所断修,防修为性,对治放逸,成满一切世出世间善事为业。"①也即以此对治放逸。

(11) 不害:"害"即损害、戕害的意思。关于"不害",《成唯识论》说:"于诸有情不为损恼,无瞋为性,能对治害,悲愍为业。"② 可见,"不害"相当于慈悲,与人以乐,拔人以苦。

第四,烦恼心所。窥基《成唯识论述记》卷一说:"烦是扰义,恼是乱义,扰乱有情,故名烦恼。"③可见,"烦恼"可简要解释为纷扰混乱的心情。此处的"烦恼心所"是指六种"根本烦恼心所"。

(1) 贪:又称为"贪欲"、"贪爱"等,简称为"爱"、"欲",指欲求各种欲望的满足欲,追求名声、财物等等,没有餍足的心理活动。"贪"通于三界,其中"欲界"之贪,称为"欲贪",其性不善;"色界"、"无色界"之贪,称为"有贪",其性有覆无记。

(2) 瞋:指对于众生产生的怨恨的心理。《成唯识论》卷六将其解释为对违背己情之有情众生生起憎恚,使身心焦热苦恼,不得平安。"瞋"唯属"欲界"所系之"烦恼","色界"、"无色界"则无。"贪"是从喜爱之对境所起,"瞋"则从违逆(不顺心)之对境所起。

(3) 痴:指愚昧无知、不明事理的心理活动。与"无明"、"无智"同。

(4) 慢:指恃己之长,傲慢自负。比较自己与他人之高低、胜劣、好恶等,而生起轻蔑他人之自恃之心,称为"慢";亦即轻蔑、自负之意。佛教中,"慢"有种种分类,"七慢"、"八慢"、"九慢"较为常见。

(5) 疑:是指对迷悟因果之理,犹豫而无法决定的心理活动,也就是对佛教真理犹豫不决之心。

(6) 恶见:指违背佛教义理的错误见解。"恶见"又分为"身见"、"边执见"、"邪见"、"见取见"、"戒禁取见"等"五见":

① "身见"即"我见",指执著有实我的谬见,对于非我法妄计为"我"。

---

①② 玄奘译:《成唯识论》卷六,《大正藏》第31卷,第30页中。
③ 窥基:《成唯识论述记》卷一,《大正藏》第43卷,第235页下。

"我见"又可分"人我见"、"法我见"两种。"人我见"即"我执",是指一切凡夫不悟人身乃是"色"、"受"、"想"、"行"、"识"五蕴的虚假和合,而执持有"常"、"一"、"主宰"的"实我"。"法我见"即"法执",指声闻、缘觉二乘之人,不悟诸法的空性,而执一切法各有其实在体性。

②"边执见"即"边见",即偏于一边的恶见。如有人固执人死之后为断灭,没有后世,叫做"断见"或"无见"。又有人固执人死之后仍是为人,猪、马、牛、羊死后仍是为猪、马、牛、羊,叫做"常见"或"有见"。这些执断执常的见解,都偏于一边,不合中道,故名"边见"。

③"邪见",指不正确的执见,主要指否认佛教所讲的四谛以及因果的道理者。持"邪见"者以为,世间无可招结果的原因,也没有由原因而生的结果,因此主张恶不足畏,善也不足喜。这些理论见解就是"邪见"。

④"见等取见",是指执著于身见、边见、邪见等非理之见。有为法在修行过程中是必须断除的。相反,执著此有为法并且以为其最殊胜,这样的心理活动称之为"见取"。

⑤"戒取",又称"戒取见"、"戒盗见",指就戒禁(戒律、禁制)所产生的谬见,以非因为因,非道为道。如见牛狗死后生天,乃学牛狗之所为,食草啖粪,修非因非道之行,执迷此即生天解脱之因。此等妄见称为"戒禁取见"。

第五,随烦恼心所。指伴随、依托根本烦恼而起的烦恼,其体性与根本烦恼相同。由于发生作用的宽狭不同,随烦恼又可分为三类(以下具体描述参考了徐绍强《论五位百法的思想底蕴》一文):

其一,小随烦恼①。共有十种:

(1)忿,由瞋引起的对于当前于己不利的众生或事物充满愤怒的心理,可导致动用物质手段加以回报的行为。

(2)恨,继忿而来的厌恶、憎恨心理,也由瞋引起,可导致报复。

---

① 参见徐绍强《论五位百法的思想底蕴》,载《世界宗教研究》1999年第4期。

(3) 恼,由瞋引起的用粗暴的语言给对象以伤害的心理活动。

(4) 覆,由无明引起的隐瞒掩盖自己的过错恶业的心理活动。

(5) 诳,由贪和痴共同引起的为图取名利或达到某种目的而用虚假的言行来欺骗他人的心理及其表现。

(6) 谄,由贪和痴共同引起的隐藏名利的动机,巧舌如簧以掩饰自己过错、惑乱他人的心理及其表现。

(7) 骄,由贪引起的对于自己的优越属性沾沾自喜的骄傲心理。

(8) 害,由瞋引起的损伤他人的冷酷心理。

(9) 嫉,由瞋引起的对于他人比己优越的属性不能忍受的嫉妒心理。

(10) 悭,由贪引起的不愿意将财物等施与他人的吝啬心理。

其二,发生作用的涉及面稍宽,遍不善心,称中随烦恼。有两种:

(1) 无惭,对于自己所做的过错不以为耻的心理。

(2) 无愧,对于他人就自己的过错而发表的非议不以为耻的心理。

其三,其作用的涉及面最广,遍行染心,故称大随烦恼。有八种:

(1) 不信,不相信,对于佛、法、僧三宝具有的清净功德怀着不相信的心理,会引起懈怠的出现。

(2) 懈怠,对于修善断恶不尽努力的懒散心理。

(3) 放逸,由贪、瞋、痴和懈怠的结合而引起的放纵贪逸,不修善法、不断烦恼的自弃心理。

(4) 昏沉,由痴引起的对于对象的各种属性模糊不清的心理现象。

(5) 掉举,由贪引起的不能专注一境的浮躁心理。

(6) 失念,对于曾经历过的事情和所修善法不能保持清晰的记忆,会进一步引起散乱。

(7) 不正知,对对象错误认识的心理活动。

(8) 散乱,由贪、痴、瞋引起的使主体处在意识流状态的发散式心理。这里对"大随烦恼"的解释较为简要,详细解释请参见前文"末那识"的部分。

第六,不定心所,也称"不定地法"。因其在识(即心法)、性质、界三者均不能单独确定,而需取决于同何种"心法"、"心所法"发生联系,因此如此命名。"不定法"有四种:

(1)"睡眠",指心处于暗昧、不由自主的状态,比通常所说的睡眠之所指略广些。

(2)恶作,即悔,对所作的业感到后悔。悔通三性,如对所作恶业感到后悔就是善性,对所作善业感到后悔就是恶性,对所作无记事相感到后悔就是无记性。

(3)寻(4)伺。"寻"指对事理的粗浅思考,"伺"即伺察,指对事理的细密深入的思考。关于"寻"、"伺"心所的定义,《成唯识论》指出:"寻谓寻求","伺谓伺察"。关于此二心所的差别,按《成唯识论》的说法是:"寻"属"不深推度",而"伺"属"深推度"。此处,"寻求"与"伺察"都是观察、思索的意思,而"推度"则是推断、推理的意思。所以,此二心所的功能是判断、推理。

3.色法

"色法"之"色"有"变坏"、"质碍"、"示现"等义。所谓"质碍"是说此类"法"要占据一定的空间位置,此空间为一"法"所占有,在同时就不会被另一法所占据(此即"方所示现"的意思)。"变坏"的含义是指"色法"非坚住而是刹那灭坏。"质碍"与"变坏",都是色法的特征。唯识学中的"色法"包摄极广,既包含客观物质世界,又包含对象化的意识和精神"实体"。唯识宗认为,"色法"不能单独存在,它是心法和心所法的变幻显现,并非真实的存在。

"色法"包含"根身"、"器界"以及"法处所摄色"等三类十一种。"根"即眼根、耳根、鼻根、舌根、身根等"五根"。"器界"是前五识的疏所缘或本质。对于器界,一般只能从前五识的亲所缘相分来说明器界,就是从"色尘"、"声尘"、"味尘"、"香尘"、"触尘"等五方面来说明,可以说器界乃是这"五尘"的总和。此外,唯识学将非由五根领纳收摄、唯由意识领略的无本质的"色法"全部归入"法处所摄色"之中。"五根"和"五尘"的解释姑且略之,在此仅对"法处所摄色"作些说明。

"法处所摄色"之"摄"是包含、统属的意思。① "法处所摄色"有下面五种法处所摄色:

(1) 极略色,指构成有质碍的物质现象的极微即最小不可分割的单位——原子。

(2) 极迥色,指构成无质碍的物质现象的极微。

(3) 受所引色,即无表色,指由身、口二业引生在体内的一种无形的、不能显现于外的物质现象。

(4) 遍计所起色,指由主观虚构出的各种物质形象,如龟毛、兔角等。

(5) 定所生色,指禅定体验中出现的各种物质现象。

4. 心不相应行法

"不相应行法"也就是与"心王"、"心所"、"色法"等都不相应的"法",因而又称"心不相应行法"。因为它既不著善又不著恶,因此与"心法"、"心所法"、"色法"都不同。

(1) 得,一切法造作成就而不失去。"得"有"获"与"成就"两种。"获"是指未曾得到或得到之后已经失去但现今又重新得到,"成就"是指已经得而至今相续不失。

(2) 命根,指生命、生命之持续力,或众生与生俱来的生命机能或原理。依《俱舍论》所述,命根即是"寿"。此命根能使有情于一期之间的暖(体温)、识持续不断。

(3) 众同分,众生的共性或共因。

(4) 异生性,指凡夫异于圣人的原因或依据在于没有证得佛法。

以上四种不相应行法,可用以说明众生与佛法之间两种根本不同的关系及其结果:证得佛法,就不再会造业,也就没有了来世的转生,命根

---

① 参见徐绍强《论五位百法的思想底蕴》,载《世界宗教研究》1999 年第 4 期。

就有限,此一主体与其他众生的共性即"众同分"也将消失;未证得佛法,命根无限,"众同分"也将保持。

(5) 无想定:即使一切心识活动全部停止,以求证得无想果所修之禅定。与"灭尽定"并称为二无心定。此"定"为凡夫及外道所修,即彼等误信色界第四禅"无想天"的果报为真悟境。

(6) 灭尽定,是指灭尽"心"、"心所"而住于无心位之定的一种修行境界。此"灭尽定"则为佛及解脱之阿罗汉远离定障所得,是以现法涅槃之胜解力而修入的。圣者远离无所有处之烦恼,其"定"之境地可喻为"无余涅槃"之寂静;因此入无心寂静之乐者,乃依修此"定",即可生"无色界"的第四"有顶天"中。

(7) 无想事(果),由修持无想定而得的生于无想天的果报。在无想天中,所谓的心、心所都已消失,生命处于无想的状态中。

以上三种不相应行法,是用来表示佛教及外道在实践停止思想活动的禅定方面的差别。

(8) 名身,即积集"名字"、"名目"等抽象的、精神性之身。

(9) 句身,"句"是诠表事物之义理,"身"是"集合"的意思。若集合诸句,构成一完整思想,即称为"句身"。

(10) 文身,构成名身、句身等书面语言的文字或字母。

以上三种不相应行法,是就语言文字的作用而作的分别。

(11) 生,事物现象的产生、出现。

(12) 住,事物产生以后的相对稳定状态。

(13) 老,事物的质在发生变化。

(14) 无常,事物现象的消失。

上述四种不相应行法,说的是有为法发展的四大阶段。

(15) 流转,事物现象生灭相续、循环不止。

(16) 定异,善或恶的因果互相差别而不混乱。

(17) 相应,因果现象的相互依存性。

(18) 势速,一切有生灭的事物现象其变化迁流非常迅速。

(19) 次第,一切有生灭的事物其发展变化有着一定的次序或规则。

(20) 方,事物现象存在的空间及方位。

(21) 时,与——事物现象存在的空间相伴而有的时间。

(22) 数,数目,——事物现象在计量方面的标志。

(23) 和合,指事物现象共处于一定具体的因果关系中,相互依存。

(24) 不和合,指事物现象没有处于具体的因果关系中,彼此没有关联。

上述十种不相应行法,表示有为事物现象在无限的因果联系中的一些特点及其相互关系。

5. 无为法

六种无为法如下:

(1)"虚空无为",是用虚空来比喻一真法界的空性。真如佛性量同虚空,没有妄想、没有杂染,尽管现一切相,起诸般妙用,而无丝毫执著,宛如虚空一样无所作为,因此称之为"虚空无为"。这种"无为"实际上是指用功修行,进入无修、无得、无证的境地,圆满了一真法界的神用。

(2)"择灭无为",是以无漏之智选择相应的法门,断掉种种障碍,灭掉种种杂染,从而体现真理、证入菩提。此"法"是权教菩萨用的分断分证法,教下叫做"无明分分破,法身分分证",不像大乘圆顿菩萨是圆断圆证的。

(3)"非择灭无为",是指实教菩萨不用选择某种方法来分断无明,而是如实观照。就是观照法性本来寂灭、本来无为、本来如此,并不是选择某种法门,经过修炼,方变得无为的。所以,"非择灭无为"和上面的"择灭无为"是完全相反的。"择灭无为"是要选择某种佛法来修证,从而断掉诸种障碍、杂染,方证得无为。"非择灭无为"是法性本来如此、本自寂灭、本来无为,完全不须选择某种法门来修证而成,故名"非择灭无为"。

(4)"不动无为",是指功夫修到离开了"三禅天"、进入"四禅天"的境界后,没有欢喜、快乐等等来动摇其身心,而且水、风、火三灾对其也奈何不得,故名"不动无为"。它是小乘圣人所证得的"有余涅槃"。

(5)"受想灭无为",是"四空天"的"无所有处"。受想不行,通灭尽定,而不是无出、无入的大乘定,故名"受想灭无为"。"受想灭无为"和"不动无为"均属二乘人所证境。

(6)"真如无为",是众生的理体和佛性。它本来非真非妄,不变不易,法尔如此,因此称之为"真如无为"。

"五位百法"的表解如下:

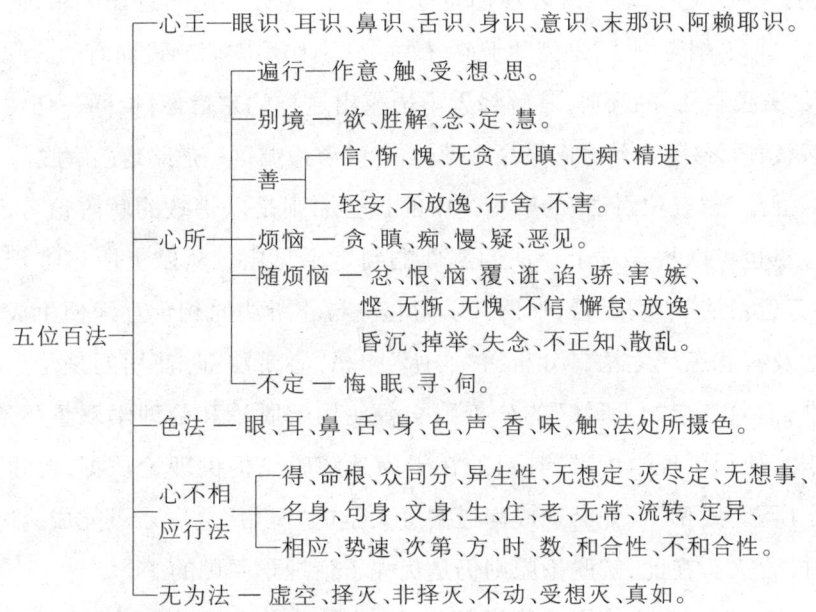

6. 法相与唯识

近代以来,一直有人在讨论"法相"之学与"唯识宗"的关系。也有人主张,"法相"之学与"唯识"不同宗。其实,"法相"是唯识观的重要组成部分,而"五位百法"不但与唯识学的核心教义"唯识无境"等密切相关,而且与唯识宗的"观行"完全一致。换句话说,"五位百法"不但是唯识学教义的一个重要环节,而且是唯识宗修行观的组成部分。其本质可以这样概括:"五位百法"是唯识宗以宗教解脱为旨归对世间之物质、精神现象以及出世境界等等所有"法"的概括和归类。

"五位百法"将"心法"列于首位,是因为此宗认为:"一切法中,心法最胜。是故经言,心净故众生净,心染故众生染。由此心故,或著生死,或证涅槃,以胜用强,是故第一明其心法。"①唯识宗将八识中的阿赖耶识当做世间万法之所以生起的最终依据,以及众生轮回世间并且得以出世的承担者(主体)。众生或轮回于烦恼生死世界,或证悟涅槃,都取决于"心法"。"心所有法"是指心的作用,"心起即起,心无则无"。唯识学中的"色法"包摄极广,既包含客观物质世界,又包含对象化的意识和精神"实体"。"心不相应行法"是借助于前三法的分别作用虚假施设而有的。凡是涉及"五位百法"的经典,其解释无不透露出这样的宗旨:对世间一切法的理解、领悟,最终必然导向最高真理,必然能够遵循这一道路走向解脱。

灌注于"五位百法"的解释之中的核心原则是以佛教的解脱论考虑,这一点也可以从其对于百法的属性的判定中见出。从以上所述唯识宗对"五位百法"的判定看,唯识宗以为心法与心所法的相合互缘便生成了染法及善恶三性之法。分析善"心所"和恶"心所法"时使用的是伦理学标准,而对其余"心所法"的分析则交替使用解脱论和伦理学双重标准。唯识宗使用伦理学标准,其目的在于为其解脱论提供理论依据,但也蕴涵了所谓"成佛"首先必须成为道德意义上的"圣者"之后才可能成为"觉者"的含义。在此,解脱论原则仍是优先于伦理学原则的。

依照唯识学之解脱论标准,"无为法"是非善非恶的,它超越了善恶的分别,因而是纯净的,不能将其简单归于"善性"。中土诸师有意将伦理学之"善"与解脱论之"净"混合使用,在"善性"中列入了"无漏善法"及"胜义善"等名目,其依据大概是《俱舍论》卷十三之所论。不过,此论所遵为小乘的有部学说,故其"善性"并非大乘之终极解脱境界。在《大乘百法明门论》中,世亲是严格使用善、不善(恶)、无记等三性标准的,"无

---

① 大乘普光:《大乘百法明门论疏》卷上,《大正藏》第44卷,第53页中。

为法"只以"净"(用中道观表述则为"非净非不净")言之。"无为法"属解脱之涅槃界,只有"圣人"方可了知,但唯识宗以为:"无为之法相难了知,若不约法以明,何能显示?故能依色、心、心所有法、心不相应行四法之上显示无为。"①这是说,"无为法"并不能离开有为四法而存在,转舍"有为法","无为法"就自然显现。

二、"八识"说与"唯识无境"

唯识宗思想体系的基本命题是"万法唯识"、"唯识无境"。从哲学角度考察,此"识"既是认识的主体,又是万物得以存在的本体依据。正因为除了"识"的"分别"功能及"变现"过程之外,并无真实的、实在的"外境"存在,因此"唯识无境"方可以成立。那么,这一妄识本体又是如何变现出现象世界的呢?从唯识学的总体加以把握,大致有两种密切相关的思路,即"识变说"和"种子熏习说"。此两种理路目标均指向"唯识无境"如何可能成立。仔细辨析,"识变说"较偏重于论证本体与现象的关系,"种子说"则兼顾染净诸法的生起与还灭。而中土的玄奘、窥基则在此基础上补充了"三类境"说给予深化。

1. 八识

与其他佛教宗派持眼、耳、鼻、舌、身、意"六识"说不同,唯识宗在"心法"问题上,持独特的"八识"立场。唯识宗所言之"八识"均指众生之"心"。不过,依其功能差别而有三类之别,"第八名心,集诸法种,起诸法故;第七名意,缘藏识等,恒审思量为我等故;余六名识,于六别境粗动间断了别转故。"②心、意、识中,第八识是本识,即识体,其余七种皆由第八识转生,故称转识。唯识宗认为,世间万物作为虚假不实的存在,"有种种相转,彼依识所变"③。这里是说,因为有"识"的存在,所以才有世间万

---

① 大乘普光:《大乘百法明门论疏》卷上,《大正藏》第44卷,第53页下。
② 玄奘译:《成唯识论》卷五,《大正藏》第31卷,第24页下。
③ 玄奘译:《成唯识论》卷一,《大正藏》第31卷,第1页上。

象的存在和现起。

第八识有三相,即三条主要特征:"自相"、"果相"、"因相"。"自相"指阿赖耶的"自体"之相,是第八识最核心的规定。阿赖耶,意译为藏识,"藏"有三义:能藏、所藏、执藏。因为此识能贮藏七转识诸法的种子,因此第八识也可名"能藏";此识之中所受七转识现行所熏习的种子及"法尔本有"之种子便叫"所藏";此第八识又恒常被第七识执持为"我",因而第八识亦相应潜藏此"我执",故亦可名"执藏"。藏识虽具此三义,但以"能藏"为最重要,"第八识摄藏诸法,是种子识,名阿赖耶"①,而"异熟"是第八识的果相。《成唯识论》说:"此是能引诸界趣,生善、不善业异熟果故,说名异熟。"②"异"为不同,"熟"是成熟。此义旧译为"果报",指第八识所藏之"业识"可因不同时、不同类而成熟果报之体。此中之"异熟"可有三种情况:由因至果时间不同,称"异时而熟";由因至果必有变易,称"变异而熟";由因至果性质不同,称"异类而熟"。窥基释之说:"真异熟具三义:一、业果,二、不断,三、遍三界。"③"业果"意为前世造业,今世感果,或今世造业,来世感果,略近于"异时而熟"。"不断"意谓轮回不息,直至成佛,与"变异而熟"相同;"遍三界"意为所感果报遍通欲界、色界、无色界,此略近于"异类而熟"。不过,在现象世界中,果报之相状非常复杂,仅仅以上述三类单独分析是不够的。唯识学者之所以如此言之,无非是为了以"时"、"变"和"类"三类范畴的组合来说明因果报应的遍在性和涵摄性。一切种,是第八识的"因相",因为此识"能执持诸法种子,令不失故",所以"名一切种"④。依此种子能生起一切诸法现行果故,因此第八识乃诸法现行之原因,故可名此持种功能为"因相"。此"三相"中,"因相"和"果相"最终须融摄统一于"自相"之中,换言之,第八识之"自

---

① 窥基:《成唯识论述记》卷四,《大正藏》第43卷,第350页下。
② 玄奘译:《成唯识论》卷二,《大正藏》第31卷,第7页下。
③ 窥基:《成唯识论掌中枢要》卷上,《大正藏》第43卷,第629页下。
④ 玄奘译:《成唯识论》卷二,《大正藏》第31卷,第7页下—8页上。

相"乃其"因相"和"果相"的总和,因为"此即显示初能变识所有自相,摄持因果为自相故"①。

第七识为末那识,意为"意识"。与第六识意识同名,但含义不同。为了区别二者,特用音译。《成唯识论》卷四说:"此名何异第六意识?此持业释,如藏识名,识即意故,彼依主释,如眼识等,识异意故。"②所谓"持业释"及"依主释"是梵文词的结构方式和解释方法。"持业释"所及之词两个词根是对等关系,用现在的语法术语讲叫"联合词组",如藏识就可依此解释为"藏"即"识"。"依主释"所及之词两个词根为主、谓关系,用语法术语讲叫"主谓词组",如"眼识"可依此而释之。这样看来,第七识之"意识"意思为意即识,而第六识之"意识"系依"意根"而有"识"。换言之,第七识并无"实体"作为其所依,而是于动态活动中生成的。

前六识为眼识、耳识、鼻识、舌识、身识、意识。此六识是随根得名,并且分别缘取色、声、香、味、触、法六境,随境取名,分别称为色识、声识、香识、味识、触识、法识。《唯识三十颂》第十五颂说:"依止根本识,五识随缘现,或俱或不俱,如涛波依水。"③此中,"根本识"指第八阿赖耶识。因为一切法的种子都蕴藏于阿赖耶识之中,因此唯识宗认为五识都是依止于阿赖耶识,并且是随着外缘而显现起用的。关于第六识"意识",唯识学认为,每一前五识生起时,并非单独起用,必定有一相应意识显起,《瑜伽师地论》卷一将之命名为"五心"。其文曰:"由眼识生,三心可得,如其次第,谓率尔心、寻求心、决定心。初是眼识,二在意识。决定心后,方有染净。此后乃有等流眼识。"④率尔心,五识第一刹那接触某一事物之心;寻求心,即推寻追求之心;决定心,寻求之后起判断作用之心;染净心,指对于对象产生好恶等感受;等流心,即心识的持续状态。从这个角度,第六意识又分为"五

---

① 玄奘译:《成唯识论》卷二,《大正藏》第31卷,第7页下。
② 玄奘译:《成唯识论》卷四,《大正藏》第31卷,第19页中。
③ 玄奘译:《成唯识论》卷七,《大正藏》第31卷,第37页上。
④ 玄奘译:《瑜伽师地论》卷一,《大正藏》第30卷,第280页上。

俱意识"和"不俱意识"两种。与前五种同时俱起的意识称为"五俱意识"，不与前五识同时俱起而单独生起的意识称为"不俱意识"。前者用现代心理学术语言之近于"知觉"，后者则近于"想象"。

从上述分析中，可以明显看出第八识的关键地位。藏识既然是其余七识的"所依"，当然就可以将其看作众生的心体。唯识学认为第八识中蕴藏了染净不同的两种种子，即有漏和无漏种子，而唯识古学与唯识宗对第八识之性质的认定却大相径庭。唯识古学将第八识作为真妄和合识看待，唯识宗将阿赖耶识所执之有漏种子的功能看作"主"而将无漏种子看作"客"。在此，应该特别指出，从种子角度看，第八识乃无覆无记性摄，因而其染净性仅仅呈现为一种潜质。如果以真如为所缘，则为"净"；如果以有为法为所缘，则为"染"。这仅仅是问题的一方面。另一方面，如果从唯识宗经典所言有漏种子为"主"、无漏种子为"客"的染"主"净"客"模式观之，阿赖耶识之"染"性潜质便成了主流。从这个角度上说，仍可将第八识看作妄识(妄心)。从这个角度而言，完全可以将唯识宗的阿赖耶识定为"妄识"。

至于其余七识，由于均是以阿赖耶识为"所依"的，自然全是妄染的了。具体而言，第七末那识是以第八识为所缘而执持"我"为实有。这是妄执，因而是有覆无记的。它与第八识的区别在于，第八识之"体"是"真有"，因而不是"有覆"，而第七识并无自体而妄执第八识之自体而为"体"，因而它是有覆无记性的。前六识——眼识、耳识、鼻识、舌识、身识，分属五种感觉，第六意识则起综合感觉、知觉和思维活动的功能。《成唯识论》卷五说，前六识以"了境为性相"，"'善不善俱非'性摄"。"俱非者，谓无记非善不善"，①这就是说，不能单独就心法角度判定前六识的"三性"，而要视其所缘而定。"此六转识，若与信等十一相应，是善性摄；与无惭等十法相应，不善性摄；俱不相应，无记性摄。"②这就是说，前六识可通于"三性"，但具体判

---

①② 玄奘译:《成唯识论》卷五,《大正藏》第31卷,第26页中。

摄则须视外缘——即心所法、色法等之性质而定。

2."三能变"

从变现功能而言，唯识宗所言之"八识"，可分为三种即三能变。《唯识三十颂》说："由假说我、法，有种种相转，彼依识所变。此能变唯三，谓异熟、思量，及了别境识。"①"异熟"是初能变，即第八阿赖耶识；"思量"是二能变，即第七末那识；"了别境识"是三能变，即前六识：眼识、耳识、鼻识、舌识、身识、意识。三能变中，第八识是本识，即识体，其余七种皆由第八识转生，故称转识。唯识宗认为，世间万物作为虚假不实的存在，是由"识"所变现出来的。换言之，有"识"方才有世间诸法的存在、现起。

唯识宗以为，世间诸法之所以现起、存在，其最终根源就在于第八识即初能变。因此，第八识的"自体"虽是"一"，但其功能、其面貌是多种多样的。正如《成唯识论》所说："然第八识虽诸有情皆悉成就，而随义别立种种名。"②既然可"随义立名"，这样各经典、各家所言不一便是可以理解的了。《成唯识论》举出七个异名，窥基在《成唯识论掌中枢要》卷下中举出十八个异名。在此以《成唯识论》为准略见第八识之功能，其文说："或名心，由种种法熏习种子所积集故。或名阿陀那，执持种子及诸色根令不坏故。或名所知依，能与染净所知诸法为依止故。或名种子识，能遍任持世、出世间诸种子故。此等诸名通一切位。或名阿赖耶，摄藏一切杂染品法，令不失故，我见爱等执藏以为自内我故。此名唯在异生有学、非无学位不退菩萨，有杂染法执藏义故。或名异熟识，能引生死、善不善业异熟果故。此名唯在异生、二乘、诸菩萨位，非如来地，犹有异熟无记法故。或名无垢识，最极清净无漏法所依止故。此名唯在如来地有，菩萨、二乘及异生位持有漏种可受熏习，未得善净第八识故。"③此中之"七名"依修持之位而有三种情形：其一，"心"、"阿陀那"、"所知依"、"种子

---

① 玄奘译：《成唯识论》卷一，《大正藏》第31卷，第1页上。
②③ 同上书，第13页下。

识"四名通用于凡夫、二乘、菩萨和佛果位,因为其涵含染、净两种不同性质的诸法之"因",所以如此。其二,"阿赖耶识"、"异熟识"二名只适用于凡夫、二乘和菩萨位,而于佛果位尽须断除。其三,"无垢识"仅仅用于极清净的如来地,仅作诸无漏法的依止。从三类"异名"看,第八识之性质非常复杂。唯识学欲于第八识上建立世、出世间法的依止,但有为、无为二法又是染净对立的,而作为其共同的依止必须同时具备两种潜质才行,因此之故,唯识学认为第八识中蕴藏了染净不同的两种种子,即有漏和无漏种子,有为、无为诸法分别以其为依止。唯识宗遵循有漏种子为"主"、无漏种子为"客"的染"主"净"客"模式,将此识定为"妄识"。这一变化便于说明世间诸法的现起,使其妄识本体论得以建立。从这个意义上讲,初能变其实就是唯识宗所立的现象世界之本体。

第二能变为末那识,意为"意识"。此末那识之功能,如《唯识三十颂》第五颂所言:"次第二能变,是识名末那,依彼转缘彼,思量为性相。"① 此中,"依彼转"句是说第七末那识是以初能变为所依止的。"依"是"依止"义;"转"为"流转"义,即相续、转现的意思。唯识宗认为阿赖耶为依,故有末那转,意思是说,此末那识只有"依"止"彼"第八识方能生起,同时第七识又以第八识为"所缘"而"恒审思量",执第八识为"我"。这样,众生的"自我意识"便依之而建立起来了。末那识的主要特征是"恒审思量",亦即不停顿地起思虑作用。"思量"功能,八个识均有,但前五识是非"恒"非"审",第六识是"审"而非"恒",第八识是"恒"而非"审",第七识则是亦"恒"亦"审"的思量计度。

第三能变包括六种:眼识、耳识、鼻识、舌识、身识、意识。这六识又可区分为两大类,即前五识和第六识。唯识宗认为五识所依之五根有二类:一者叫"扶尘根",即感觉器官;二者叫"净色根",依止"种子"而生,故名"净色"。《成唯识论》卷四在引用《观所缘论》的偈语"识上色功能,名

---

① 玄奘译:《成唯识论》卷四,《大正藏》第31卷,第19页中。

五根应理。功能与境色,无始互为因"之后解释说:"彼颂意言,异熟识上能生眼等色识种子,名色功能,说为五根,无别眼等。种与色识常互为因,能熏与种递为因故。"①相对于"扶尘根",唯识宗更看重"净色根"的生起功能。此宗认为第八识上有能够产生眼等"色识"的种子,这种种子就叫"色功能"。此种"功能"即别分而为"五根"。由此"根"而产生的五识与种子互为因而依存。第六意识分为五俱意识和不俱意识两种。前者与五根同时俱起,亦称明了意识,因为其能够明了缘取相应的外境。后者则单独生起。第三能变之六识"了境为自性故"②而名之为"了境能变"。此中之"境"为何?唯识宗自有其特殊的定义,下文当详述。

上述八识之"三能变"最根本者为初能变,因为"阿赖耶为依,故有末那转。依止心及意,余转识得生"③,这是说第二能变和第三能变均以第八识为依止。由于第八识中蕴藏种子,因而第八"识生变似义、有情、我及了"④。也就是说,第八识现起作用之时,能够"变"现出类似于色等的外境(即"义")、五根身("有情")以及第七末那识("我")和能"了"别外境的前六识。这就是唯识宗所讲的"识变论"的大意。

心体所蕴藏的有漏种子乃是世界生成的根本依据,用唯识学术语讲即"所知依";用现代语言讲,此"心体"即为本体,诸法即世界万物为"现象"。而此有漏种子乃是由熏习产生的。经熏习产生的种子储藏在第八阿赖耶识之自体中,它有能生自果的功能。前念之种子生后念之种子,前灭后生、自类相续,有如瀑流,昼夜不息,这叫作"种子生种子"。种子在众缘和合的条件下又能生起各自的现行,这叫"种子生现行"。当其生起现行之际,在强盛势用的种子生起的刹那,此种子再在第八识之中熏习各自种子,这叫作"现行熏种子"。在这种理论演绎过程中,唯识宗相

---

① 玄奘译:《成唯识论》卷四,《大正藏》第 31 卷,第 19 页下。
② 玄奘译:《成唯识论》卷五,《大正藏》第 31 卷,第 26 页中。
③ 玄奘译:《成唯识论》卷四,《大正藏》第 31 卷,第 20 页下。
④ 玄奘译:《辨中边论》卷上,《大正藏》第 31 卷,第 464 页下。

当重视名言种子和名言熏习的独特作用,其用意若何,值得认真研究。

种子,从熏习角度言,可称之为"习气",又可称其为功能,这是因为它有亲生自果的潜能及因缘相合而现行成熟异熟果的功用。《瑜伽师地论》卷五十二称:"云何略说安立种子?谓于阿赖耶识中,一切诸法遍计自性妄执习气,是名安立种子。"①这就是说,遍计所执性在阿赖耶识中留下的习气就是种子。《成唯识论》卷八则说:"此虽才起无间,即灭无义,能招当异熟果,而熏本识起自功能。即此功能说为习气,是业气分熏习所成,简曾、现业,故名习气。如是习气辗转相续至成熟时,招异熟果。"②这里简要地说明了种子(习气、功能)与异熟果的互因互熏的复杂关系。种子是由熏习产生的。那么,什么是熏习呢?《成唯识论》卷二说:"如是能熏与所熏识,俱生俱灭,熏习义成。令所熏中种子生长,如熏苣藤,故名熏习。"③窥基释曰:"熏者,击发义。习者,数数义。由数熏发有此种故。"④又曰:"熏者,发也,或由致也;习者,生也,近也,数也。即发致果于本识内,令种子生,近令生长故。"⑤合此诸解释,熏习乃指能熏法与所熏法俱时和合,由能熏法刺激所熏法,令未生的种子生长起来,令已生固有的种子增长壮大。由此可见,能熏与所熏两方面之俱时和合乃熏习得以发生的先决条件。唯识宗因之而对能熏法、所熏法成立的条件进行了分析,得出了四个前提。

所熏之法的四个条件是:第一,坚住性。被熏之法,必须是从无始以来乃至究竟之终了,其性质一类相续不断,无有变异,并且须有能执持习气的能力。第二,无记性。"若法平等,无所违逆,能容习气,乃是所熏"⑥,而第八藏识之有漏种子是无覆无记,对善法、恶法均不拒斥,可以

---

① 玄奘译:《瑜伽师地论》卷五二,《大正藏》第30卷,第589页上。
② 玄奘译:《成唯识论》卷八,《大正藏》第31卷,第43页上。
③ 玄奘译:《成唯识论》卷二,《大正藏》第31卷,第10页上。
④ 窥基:《成唯识论述记》卷一,《大正藏》第43卷,第242页中。
⑤ 窥基:《成唯识论述记》卷三,《大正藏》第43卷,第312页下。
⑥ 玄奘译:《成唯识论》卷二,《大正藏》第31卷,第9页下。

成为所熏。第三,可熏性。受熏之法须是独立自在且其性须是"虚疏"的。《成唯识论》所说"若法自在,性非坚密,能受习气,乃是所熏"①,正是此意。第四,与能熏共和合性。若与能熏同时、同处而不即不离,便有可能成为所熏法。这一条件规定,每一众生只能受自己前七识之熏习而不能受他人前七识之熏染;前念与后念识刹那生灭,不处于同一时间,亦不能受熏。唯识宗特别提出上述四条件是为了标立第八阿赖耶识之唯一的所熏法地位。心所法、无为法及前七识均不具备上述四条件,因此唯有藏识心体方才是所熏法。

能熏法的四条件如下:第一,有生灭。能熏之法必须是有为生灭的,有刹那刹那的转变方才可能有能熏的作用。无为法因其常恒不变而没有生长习气的作用,不可能成为能熏,此点大异于《大乘起信论》。第二,有胜用。窥基将其分作"能缘胜用"和"强盛胜用"两层进行论说。② 第三,有增减。"若有胜用,可增可减,摄植习气,乃是能熏。"③ 若无增减,便无熏习之作用。第四,与所熏和合而转。作为能熏之法,除具备以上三个条件外,还须与所熏法同一时、同一处相应和合,不相隔离,方才可能有能熏作用而熏生种子。唯识宗之所以标明上述"能熏四义"是为了说明全部具备上述能熏法条件的,唯有前七识转识及彼心所法。

经过对所熏法、能熏法诸条件的分析,唯识宗以为所熏法唯有第八阿赖耶识,能熏法即前七转识(心法)及彼之心所法。这样能熏、所熏之和合,亦即主体、客体之结合而发生作用,熏习便可发生。前念种子可生后念种子,亦可生现行,现行又可熏习形成种子而储存于阿赖耶识中,这就构成了"三法二重因果"。"三法"即能生的旧种子、种子熏成的现行、现行熏成的新种子;二重因果即种子熏现行、现行熏种子。这样的能熏、所熏之因果结合,世间诸法就在七转识和第八识的辗转相熏中产生出来

---

①③ 玄奘译:《成唯识论》卷二,《大正藏》第31卷,第9页下。
② 窥基:《成唯识论述记》卷三,《大正藏》第43卷,第313页下—第314页上。

了。在此应该特别指出，唯识学的世间诸法并非哲学中通常所言的客观事物。此"有"或"法"实际指的是由人们虚妄计度所产生的"名言"世界或曰意义世界。这一结论可以从唯识宗对种子、熏习的分类及对因能变、果能变的诠释中看出来。

唯识宗从不同角度对种子作了分类，如按其变现的事物来分，有共相和不共相的区别；按其性质来分，则有有漏和无漏种子两类。以无漏种子释佛性是唯识宗的特色。有漏种子又可分为"名言种子"和"业种子"两类。前者略近于现代语言哲学中的"语词"，后者则近于呈心理状态的"意言"。"语词"指有"形质"的概念、命题、判断及其"言语"活动的依仗，"意言"则指众生行为造作的潜能。"业种子"之"业"系造作之意，因而由善恶造作所熏的种子就叫"业种子"。这是与第六识相应的"思心所"依身、口、意三者所造作的善、不善诸业，在阿赖耶识中，熏习与第六识相应的思种子而成。蕴藏于心体中的"业种子"实际上是"业报"轮回的承担主体，伦理道德意味强烈。再追究一步，这种"业种子"是以什么状态储藏于心体中呢？从其形成看，它既由"思心所"熏成，而"思"是以"名言"为媒介而进行的，因此"思种子"之自体本是"名言"，但以其功用不一，能生自果——善思种子生善种，恶思种子生恶种，并且能助它类的赢劣无记种子令生现行，故同一思种子随其功用不同而有不同的名称。约生自果一方面来说，叫"名言种子"，约自助它类种子生现行方面来说，叫"业种子"。这样看来，有漏种子虽可分为二，但核心仍是"名言种子"。

唯识典籍对熏习的种类具名不一，但均将"名言熏习"列于首位。《摄大乘论》立三种熏习，即"名言"、"我见"及"有支熏习"。《成唯识论》说："诸习气总有三种：一、名言习气，谓有为法各别亲种。……二、我执习气，谓虚妄执我、我所种。我执有二：一俱生我执……二分别我执……三、有支习气，谓招三界异熟业种。有支有二：一有漏善……二诸不善。"[1]将"我见

---

[1] 唐玄奘译：《成唯识论》卷八，《大正藏》第31卷，第43页中。

熏习"并入"名言熏习"而成"名言"及"有支"二种熏习,这恰好与有漏种子之二分——"名言种子"、"业种子"相契合,又与"等流习气"与"异熟习气"的说法相一致。中土之唯识宗沿袭了《成唯识论》的这一说法且作了发挥。窥基说:"因我执故,相分之中亦熏五蕴种,即名言熏习。由熏我执种令自、他别,故别立之也。"①这是说,因为第六、第七识"我执"之"见分"熏成色、受、想、行、识五蕴种子的相分,阿赖耶识执持此五蕴种子就会产生"我"为实体的"错觉"。窥基以为五蕴种子是以"名言"形态蕴藏于阿赖耶识中的,有时为了强调"我"他之区别而分开言之,实际上二者均可合并于"名言熏习"中。唯识宗又将"名言"及"我执习气"合为"二取习气",此说法与"名言熏习"大致相同。《成唯识论》颂文说:"由诸业习气,二取习气俱。"②释文曰:"此颂所言业习气者,应知即是有支习气,二取习气应知即是我执、名言二种习气,取我、我所及取名言而熏成故,皆说名'取'。"③窥基解释道:"即取我执及取名言以为境界而熏所成,二种习气皆名为'取'。'取'此二故名为'取',非此二种体自能熏可名'取'也。"④我执、名言二种习气本身并不叫"取",而是众生以第七识误将"我、我所"及"名言"执为实存的境界而熏习成种,蕴藏于阿赖耶识中。此种子一经因缘和合又起"现行"而组成了对象化的语言及其意义世界。由上述引文可知,唯识宗之所以将我执、名言习气合称为"二取习气",是因为"我"及"名言"本身并无"自性",也不是真实存在,二者都是因虚妄计度的"执取"方才产生的。窥基此言明显地将主体的自我意识、语言及其意义世界之"客观性"的根基完全抽掉了。从心体与"名言"的关系看,"唯识"在一定程度上可以推演成"唯言"。因为在唯识学看来,"识"的形态就是"名言"而已。

---

① 窥基:《成唯识论述记》卷八,《大正藏》第43卷,第517页上。
② 玄奘译:《成唯识论》卷八,《大正藏》第31卷,第43页上。
③ 同上书,第43页中。
④ 唐窥基:《成唯识论述记》卷八,《大正藏》第43卷,第517页下。

"名言种子"及"名言熏习"可分为两种：一者，表义名言；二者，显境名言。《成唯识论》卷八曰："名言有二：一、表义名言，即能诠义、音、声差别；二、显境名言，即能了境心、心所法。"①窥基对二者作了明确界定："因名起种，名名言种。一切熏种皆由心、心所。心、心所熏种，有因外缘，有不依外。不依外者，名显境名，若依外者，名表义名。"②唯识学认为，"名言种子"是凭借"名"而由心、心所互熏而产生的。在这一熏习过程中，凡是对"外缘"有所依赖的，叫"表义名言"熏习；凡是不依赖外缘的，叫"显境名言"熏习。窥基在此所说的"外缘"是有特定含义的，仅仅指"能诠之法"。此"法""令因起执，流转生死，带此胜用为缘而熏故，立表义名言熏习。又一切法名为先故，想名在于内发，诠召法胜，但说依名不说依境。"③窥基以为，一切"法"，其"名"先于本身而存在，由于众生内心对"名"的"想"才使"法"有了胜用。因此，窥基立"表义名言"且将其生起的条件规定为"能诠之法"作为"外缘"，其目的是为了取消"表义名言"的客观性。窥基明确地将"五境"即色、声、香、味、触，排除于"外缘"之外。《述记》中有这样一则问答："问曰：如缘五境而熏种等亦依外缘，何不别说因义熏习？答：境非胜缘，因境而心熏，但是显境所摄。"④此处将以"五境"为缘的"名言熏习"归之于"显境名言"。而"显境名言"熏习是以前七转识之能了境的心、心所法的"见分相"为主体的，"此见分等实非名言，如言说名，显所诠法。此心、心所能显所了境如彼故，名之为名，体非名也。名体是彼不相应行故。"⑤窥基先将"五境"列入"显境名言"之所缘，后又说此"名言"是以"不相应行法"为其"体"即自性的。合此二种说法，可能应该这样理解：前七转识之见分是以"色法"为其相分而熏成"显境名言种子"，此"种子"是以"表像"形式储藏于阿赖耶识中的。此"表像"可以姑且"名之为名"，但"名体"却是"心不相应行法"而非"境"本

---

① 玄奘译：《成唯识论》卷八，《大正藏》第31卷，第43页中。
②④ 窥基：《成唯识述记》卷八，《大正藏》第43卷，第516页下。
③⑤ 同上书，第517页上。

身。这样的叙述很晦涩,通俗地讲,所谓"显境名言"可能指心识对于所观察、感受到的"境"的语言描述,而描述的直接对象是内心中遗存的"心相",间接对象则是外境。

唯识宗之立种子熏习说,是为了说明其"识变"理论。全面阐释种子现行生起万相观念的,是因能变、果能变之说。《成唯识论》称:"能变有二种:一、因能变,谓第八识中等流、异熟二因习气。等流习气由七识中善、恶、无记熏令生长,异熟习气由六识中有漏善、恶熏令生长。二、果能变,谓前二种习气力故,有八识生,现种种相。等流习气为因缘故,八识体相差别而生,名等流果,果似因故。"①在此,等流习气指"名言种子",异熟习气指"业种子"。窥基这样解释等流习气:"等谓相似,流谓流类。即此种子与果性同,相似名等;果是彼类,名之为流。即从等所流,从因为名,故名等流,即等之流,依士释也。即名言熏习种子是等流之习气,名等流习气。"②"等"为相似,"流"为相续,世间之法各有其因果,而其因果性又是相似而相续不断的,这就是"等流"。也就是说,从"名言种子"能生与其性质相似的"果"来看,"名言种子"也可称之为"等流习气"。与"名言习气"之相继不断、同类相生不同,"业种子"有"异时而熟"、"变异而熟"、"异类而熟"的含义。"异熟种子""感第八识酬引业力恒相续故,立异熟名;感前六识酬满业者,从异熟起,名异熟生。"③尽管唯识学将"名言种子"和"业种子"都作为变现万相的依据,但对其作用大小的估价是不同的。唯识师将"等流习气"作为因缘种子,而将"异熟习气"作为增上缘种子,前者系"因能变"的主因,后者仅仅是辅因。有了这两种"习气"充当"因能变",方才有八识之生起及由八识显现出来的种种事相。用唯识学术语表述就是"等流习气"和"异熟"之"因"现行而产生果法,而"果能变"也即自证分变现产生见分和相分。

---

①③ 玄奘译:《成唯识论》卷二,《大正藏》第31卷,第7页下。
② 窥基:《成唯识论述记》卷二,《大正藏》第43卷,第298页下。

分析至此，唯识宗的结论便清楚了：对象世界及其显现乃是众生之见分产生相分的结果，而其本体依据则是作为心体的第八识，究底而言则是此心体所蕴藏的"名言种子"。这样，在唯识师看来，正是众生心体（阿赖耶识）所蕴藏的"名言种子"之现行方才有了虚妄分别而假立的外在世界。唯识宗着力所否定的并不是纯粹的物质世界，而是由"语言"及其意义构成的世界。这是与其所持的宗教解脱向度密不可分的。所谓"转依"就是从"名言"及其妄计所成的意义世界脱离，而显现出被遍计所执的错误认识所遮蔽的真如实性。

3."四分"及"三类境"

为了更细致地论"识变论"，唯识宗在"三能变"基础上立"四分"说。"四分"即相分、见分、自证分和证自证分。唯识师对此有不同解释。据《成唯识论述记》记载，安慧仅立自证分，难陀立见分和相分，陈那立见分、相分、自证分，护法则立"四分"。玄奘传承护法之说而倡的"四分"说成为中国法相唯识宗的共识。玄奘法师在印度时为了平息"见、相同种异种"之争而提出了"三类境"的说法，进一步完备了"唯识无境"的论证过程。这是中土僧人对于佛学思想的重大贡献，使"四分"说更趋严密。

唯识宗认为，八识起了别、思量作用时，其诸识自体必定起四种差别，这种差别叫"四分"，"分"是分限区域的意思。《成唯识论》说："似所缘相说名相分，似能缘相说名见分。"[①]"相"的意义是相状，也就是外界事物映现于认识主体之前的相貌形态。唯识宗认为，作为识所缘对象的这种"相状"并非实有而是虚假非实，乃识所变现的影像，故称其为"似"。"见"是照知之义，指对于境相认知分别的功能，例如眼识别色、耳识别声、鼻识别香等，八识之见分各自以自身所缘之境为对象，能够各别照了事、理，所以称其为"见"。八识的相分各不相同。前五识的相分相当于我们所说的感觉对象，包括色、声、香、味、触五尘。第六识的相分是六

---

① 玄奘译：《成唯识论》卷二，《大正藏》第31卷，第10页上。

尘,即除前五尘外再加法尘。第七末那识的相分是阿赖耶识的见分,第八识的相分则是根身、器界、种子。

相分和见分所依的自体是自证分,《成唯识论》卷二说"相、见所依自体名事,即自证分"①,正是此意。"自"指"见分","证"是证知,"自证分"指证知见分的作用,相当于诸识之主体。进一层确证自证分之作用的叫证自证分,即是从自证分更起"能缘"的作用返照自证分。但证知这个证自证分的仍是自证分。也就是说,此第三分、第四分互为能证、所证,故不必再立其他"分"。

唯识宗又把心的能缘、所缘作用分作能量、所量、量果三量。"量"意为量度,心识能量度境相的作用叫作能量,被心识所量度的境相叫作所量,而量果是量度已成后的效果。唯识宗以三量配合"四分"以说明认识的过程:第一,见分缘取相分。唯识宗认为,人们的认识直接所面对的并不是客观的对象,而是识体上变现出来的相、见二分。认识过程进行之时,以相分为所量,见分为能量,自证分为量果。而除五识所缘的"相分"之外,其余诸识之相分均不排除主体的执持变现作用。第二,自证分缘取见分。这是认识主体对认识能力及其所为做的第一层次的反思审定。当其进行时,以见分为所量,自证分为能量,证自证分为量果。第三,证自证分缘取自证分。这是认识主体自身的自我反省,当其进行时,以自证分为所量,证自证分为能量,复以所量自证分为量果。第四,自证分缘取证自证分。这是认识主体反过来对主体的反思系统进行的反省审定,当其进行时,以证自证分为所量,自证分为能量,复以所量证自证分为量果。将此四个阶段联系起来可以看出,唯识宗并不将其关注重点放在认识主体如何形成对客观事物的正确反映上,而是深入细致地探究认识主体的心理过程。但由于其侧重的偏差,特别是以"相分"为认识活动的起点,以主体的个体感受性的差异为根由而得出"境不离识"的结论,从而

---

① 唐玄奘译:《成唯识论》卷二,《大正藏》第31卷,第10页中。

使得人类的认识活动变成了对由识变现出的"内境"的认识。由玄奘所阐发的"三类境"之论,使唯识宗的这种"唯心论"倾向进一步加深了。

唯识师坚持认为,"境"尽管有一部分是可能有"质碍"的,但其所依的"相分"仍然是第八识中所藏的种子。换言之,若无"种子",此"境"便不能被"识"所证实其确实存在。既然不能被证实,那么此"境"就是"假有"或根本不存在。然而,当玄奘去印度时,当时印度佛学对于"见、相"二分是同一种子所生还是不同种子所生发生争论。据慧沼《成唯识论了义灯》卷一记载,当时有三种意见:第一种意见认为,见、相二分应该是相同种子所生;第二种意见认为,见、相二分是不同种子所生;第三种意见认为,相分和见分有时是相同种子所生,有时是不同种子所生。这是第一层面的情况。还有第二层面的问题,即见、相二分虽然是不同种子所生,但是见、相二分的性质可以相同,也就是说"有种别性与见同,或复性同而系种别,或复相分性随见质判性不定,或虽有质相、见同生不生本质由此不定"①等四种情况。合此二层面,此一争论涉及相分和见分与种子的关系及见、相二分本身的性质两方面的问题。为了统一这些不同见解,玄奘法师作过这样一颂:"性境不随心,独影唯从见,带质通情本,性种等随应。"②在此,玄奘将"识"之对象——境分为三类:性境、独影境、带质境。

性境指具有真实体性的境界。窥基将其定义为:"诸真法体名为性境,色是真色,心是实心。"③慧沼曰:"何名性境?从实种生,有实体用,能缘之心得彼自相,名为性境。"④综合二说,可归纳出性境的三种特征:其一,从自体各别的真实种子生起;其二,有实体实用,不像虚构之空花、兔角等体、用皆无;其三,各守自性,不随从能缘心,而能缘心亦不改变性境的性质而仅取其自相而识别它。例如眼识等前五识及五俱意识的见分

---

① 慧沼:《成唯识论了义灯》卷一,《大正藏》第43卷,第677页下。
② 窥基的《成唯识论掌中枢要》、《大乘法苑义林章》及慧沼的《成唯识论了义灯》均载有此颂。慧沼言此颂为玄奘撰。日本传说其为窥基作,恐难尽信。
③ 窥基:《成唯识论掌中枢要》卷上,《大正藏》第43卷,第620页上。
④ 慧沼:《成唯识论了义灯》卷一,《大正藏》第43卷,第678页上。

所缘取的色、声、香、味、触等五境,第八识的见分所缘取的种子、器界、根身,如此等等,都是性境所包含。不过,相分、见分不同种的性境,虽然是从"真色"而有,但是"真色"仍须变现为"相分"才能被识所缘取。《宗镜录》解释说:"真色、真心俱是所缘,所变相分俱名性境。或能缘心而非妄执分别构画,名为真心。真心缘彼真色等境所变相分,方名性境。若心缘心所变相分,相分无实但带质故。性者,体也。体性是实,名为性境。"①依此释,性境仍是相分,不过"真心"在"构画"此"相"时,妄执即想象、虚构的成分少一些罢了。这是一方面。另一方面,作为见分的"心"对此"相分"的影响力受到了一定的限制,这就是"性境不随心"的意思。依照窥基②和慧沼③的解释,"不随心"的情况有四种:其一,此境是非善非恶的无记性,不随从能缘心的善恶而起变化,这叫"性不随";其二,不随从心而系属于同一"界",这叫作"界不随";其三,由于相、见别种,所以性境不随从心而跟从同一种子生,这叫"种不随";其四,第八识的见分是异熟性,而其所缘取的五尘之相分却和它不同,这叫"异熟不随"。从这四种"不随"中,玄奘注意到了作为认识对象的"境"之客观实在性,但却从唯识学立场对其进行了有利于"唯心论"的解释。

　　独影境指由能缘心之强分别力变现而无客观实在性的境界。窥基称:独影境"皆是随心,无别体用,假境摄故,名为独影"。④ 慧沼解释说:"能缘心但独变相,无别本质。"⑤《宗镜录》曰:"独影者,独者单也,单有影像而无本质故。相名独,如缘龟毛、石女等相;或虽有质相分,不能熏彼质种,望质无能,但有假影,亦名为独,如分别心缘无为相及第八识心所相。及余准此知。"⑥ 从这些解释可以看出,独影境就是由见分的妄分别所变现出来的相分。此相分与能缘的见分属于同一种子所生,所以其

---

①⑥ 延寿:《宗镜录》卷六八,《大正藏》第48卷,第798页下。
② 窥基:《成唯识论掌中枢要》卷上,《大正藏》第43卷,第620页上一中。
③⑤ 慧沼:《成唯识论了义灯》卷一,《大正藏》第43卷,第578页上。
④ 窥基:《成唯识论掌中枢要》卷上,《大正藏》第43卷,第620页中。

相分没有实在的体用和本质。此境可分为两种：其一为"无质独影"。此境在客观上完全不存在，只是众生主观上的颠倒计度所变现的影像，如龟毛、兔角、梦境等；其二为"有质独影"。它虽然有本质，但由于此"本质"为"不生法"（真如法界），所以相分仍然不能仗托其生起，如第六识缘取无为法就不会生起相分。这一情状也可以将其作为独影境。总括而言，独影境是由见分的虚妄构画而变生的相分，因为相分本身没有自己的种子，只能从属于见分，故称为"独影唯从见"。

带质境指主观能缘心所缘取的境界，虽然有可以依托的本质，然而变现出的相分却与此境的自相不符。窥基解释说："带质之境，谓此影像有实本质，如因中第七所变相分得从本质，是无覆无记等；亦从见分是有覆所摄，亦得说言从本质种生，亦得说言从见分种生，义不定故。"①慧沼曰："能缘心缘所缘境，有所仗质而不得自性。此之相分判性不定，或从能缘心，或从所缘境。种亦不定，或质同种，或见同种，或复别种，名带质通情本。"②综合二释可以这样理解，能缘之心缘所缘之境时，此时的相分（境）可以是依仗本质而生，但并不依此"质"而得此"相"。这种相分（境）性质不定，或从属于能缘之心，或从属于所缘之境。种子亦不定，或与其"质"同种而生，或与见分同种而生，或与见分别种而生，这就是"带质通情本"之义。"情"指主观作用的见分，"本"指客观的本质。因此，带质境具有两个特征：其一，客观对象的相分必定是本质存在；其二，主观能缘的见分不得直观境之自相。带质境之所以能成立，赖于玄奘对于"带"义的新诠释。据《成唯识论述记》③载，"带"有二义：一是挟带，二是带似。能缘心缘取此境的本质时，挟带着此"质"或带似此"质"而异相的分别，依靠识之自力变现一种和此"质"的自相不符的境界，这便是带质境。如第七识以第八识的见分为本质变起"我法"的相分，所缘取的本质并不是

---

① 窥基：《成唯识论掌中枢要》卷上，《大正藏》第43卷，第620页中。
② 慧沼：《成唯识论了义灯》卷一，《大正藏》第43卷，第678页下。
③ 窥基：《成唯识论述记》卷七，《大正藏》第43卷，第500页下。

"我法"。但是因为它没有转易间断一类,相续无常似常,所以与无明相应的第七识误认作实我而缘取。它确实有本质可托,不是完全由能缘心的分别而生,因而和独影境不同。然而其所托的本质虽然有实体的性境,所起的相分却和它的自相不符,因而此"境"与性境亦不同。① 总而言之,带质境确实是依托本质而有,所以不是"唯从见";也并非仅仅依照本质原样反映,所以也不是完全"不随心"。它一方面可判依从能缘之心,另一方面也可判依从本质,因而其"性"有两面,种子、界系也有两面。具体而言,带质境是在见分的妄情和本质的性境之间所起的一种相分,其共通"情"与"本"的情形有三种:其一,性通情本。即带质境的善、恶、非善非恶的"三性"不定,例如第七识缘取第八识之见分而生之"相分",可以随从本质(第八识)判定其为无覆无记,也可以随从见分判它为有覆无记性所摄。其二,种通情本。即带质境因为本质和相分并起而形成的境界又熏成相分和本质的种子,所以可以说它是从本质的种子生,也可以说是从见分的种子生,当然也可以说二者共生。其三,界通情本。此相分的界系,可以随从见分说,也可以随从本质判定。

将境分作三类,只是玄奘从类型学原理上作的分判,要概括复杂多变的宇宙万有,仅使用性境、独影境、带质境三个范畴是不够的。为了使其更有涵盖性,玄奘法师在此偈颂的第四句"性种等随应"中,特意说明相分与见分在性质、种子等方面之同、别,以及三类境在复杂的认识过程、识变过程中的组合情形,必须依照以上说明的几种关系,具体地分析判定,不能一概而论。

唯识宗以"四分"论与"三类境合"起来说明唯识学的基本原理。八识各别的自体各各变现出见、相、自证及证自证分;而作为识变的最终成果及认识对象的相分,与其主体——见分又具有三种不同的关系,即"三类境"。总括而言,境乃由识变现,因此认识活动也就是主体对于识自体

---

① 参见黄忏华撰"三类境"辞条,《中国佛教》第4册,第376页,北京,知识出版社,1987。

所变现出来的相分的认识。唯识宗的境不离识即唯识无境之说大旨便是如此。

4. "唯识无境"及"唯识九难"

《唯识三十颂》第十七颂是这样论证万法唯识的："是诸识转变,分别所分别;由此彼皆无,故一切唯识。"①"是诸识"指前面所述的三能变之八识及其相应的心所。主体对于心、心所的自体生起缘用,名为"转"。诸识的自体转变,就会有"能缘之用"与"所缘之用"的分化。因而心法要起作用,也即识要起认识作用必具"能缘"与"所缘"两个条件才有可能实现。这样的"能缘"即相分,"所缘"即见分。此中见、相二分是"所转变",而"能转变"就是诸识的自体。诸识虽然有能变、所变之分,但二者并无别体,体、用只是相对而言之,实际是依体起用的,"用"不能离"体"。此颂中,"分别"是能缘的见分,"所分别"是能缘的相分;这里的"见分"是主体的自主活动,它以能缘之心所变的境相即"相分"为认识对象而作种种的了别、思量活动。唯识师认为,诸法虽多,但不出"能缘"、"所缘"两种,但"所缘"并不能离开"能缘"而独存,须有"能缘"方有"所缘"。如果没有"能缘",也就是说,如果主体之识不生认识作用,世间便无一"法""存在"。因此,唯识宗通过上述的"识变论"说明:万物都是"识"所变现,若离开心识,本来无一"物"。颂文"由此彼皆无"一句中,"彼"指有为法。既然世间万有仅仅是能缘、所缘的见、相二分而已,那么一切诸法并非离识而存在,"一切唯识"之命题便可归结出来了。

经过识变说、种子说及四分论、唯识九难等一系列近乎繁琐的推演,唯识宗推出了唯识无境原理。玄奘高足窥基这样解析"唯识"之含义："唯谓简别,遮无外境;识谓能了,诠有内心。识体即唯,持业释也。识性、识相,皆不离心。心所、心王,以识为主。归心泯相,总言唯识。唯遮

---

① 玄奘译:《成唯识论》卷七,《大正藏》第31册,第38页下。

境有,执有者丧其真;识简心空,滞空者乖其实。所以晦斯空有,长溺二边;悟彼有空,高履中道。"①总体而言,"唯识"之义有三层:其一,以"唯"而遮外境,证成境无识有;其二,识体即唯("唯"与识体为一而非二),识相及认识功能皆不离此"识体";其三,境虽无而非有,识虽有而仍空,不可定执其"两边",而应取"中道"。那么,何谓"识体"?这是其中的关键。

近代以来,中外学者依据留存于世的唯识梵文原本与奘译对照研究,发现"唯识"二字原文为"vijñaptimātrd","译成中文应是'唯表'。mātrd 的意思是'唯',vijñapti 的原意是有所表或有所呈现,由语根'知'(vij)而作使役结构,表示使它令知。"②而"vijñaptimātrd"另一近义词"vijñā",佛典一直当做"识"义来用。玄奘将二者同译为"识",而使"唯识"的含义发生了些许变化。依据日本学者的研究,"vijña"的意思有三层:(1) 认识主体:甲．精神主体;乙．认识作用的基体(器官);(2) 认识作用;(3) 认识的结果(内容)。然而,作为动词的"vijñapti"则只有后两项内容。③ "玄奘把'vŪñaptimātrd'译作唯识,是与另一字'Vijñamātrd'的意义相混淆了。Vijña 的意思是"识",或称心识,亦即能知心,以外部世界作对象,也就是能知的主体;窥基即以此义来解释"④唯识。现在的问题是,玄奘将"识"的名词态与动词态之二词均译为汉文"识",是误译?还是另有深意呢?这是值得思索的。如前所述"Vijña"含有"识"之物质器官之义,尽管亦有主体之认识作用(能力)之义在内,但二层面合解则易于将主体之能力落定于物质器官上。因此,为避免如小乘佛教的过于对"根"之作用的看重,法相唯识宗特别将"根"分作"扶尘根"与"净色根"两种,认为能起认识作用的不是由于物质的生

---

① 窥基:《成唯识论述记》卷一,《大正藏》第 43 卷,第 229 页中。
② 霍韬晦:《绝对与圆融》,第 232 页,台北,东大图书公司,1986。
③ 胜吕信静:《唯识说的体系之成立》,《世界佛学名著译丛》第 67 册《唯识思想》,第 126 页,台北,华宇出版社,1986。
④ 霍韬晦:《绝对与圆融》,第 232 页。

理组织,而主要是非物质性的净色根。① 然而,"净色根"却不是实体性存在,而是"以有发生五识用故,比知有根。以果比因故。"② 换言之,净色根是一种动态性作用,其与第八识之种子起现行有关连。这样,净色根直接来源于识体。唯识之"唯"并非指八识之总体,而是专指第八识。因此,玄奘将"识"之名词义与动词义合而为一体,③实际上提醒学人,不能将此识体作为静态的单纯性存在,第八识其实是一个静中有动、动中有静的动态性存在。因而,第八识有许多异名、许多侧面,而这些异名、侧面都只是其存在的有限展示。有学者试图在种子、功能及心识、阿赖耶、阿陀那等名中排比出核心范畴以作"本体",也有学者将唯识学看作双重本体论或多层次本体论,这些都将唯识师对第八识的描述与识体本身割裂开来了。玄奘将"唯识"与"唯表"译为一个词——"唯识",可以看作是把第八识动态化描述之努力的一部分。

唯识学是在反对教内、教外各种肯定外物存在的思想中逐步完善起来的,为了反驳各种对"唯识无境"理论的驳难,《唯识二十论》设"七难",《成唯识论》设"九难"予以补充论证,力图使其更能够批驳敌论。此处所说的"难"为"问难"之意,是佛教内部论辩时的提问方式。此处所言"九难"是唯识学对"敌对方"所提"问难"的概括。因为这些"难"有可能为当时反对、怀疑"唯识"理论者所提出,因此从唯识师的回答中更能见出唯识论的理论实质。

《成唯识论》卷七设的"九难"为:(1) 唯识所因难;(2) 世事乖宗难;(3) 圣教相违难;(4) 唯识成空难;(5) 色相非心难;(6) 现量违宗难;(7) 梦觉相违难;(8) 外取他心难;(9) 异境非唯难。以上"九难"从涉及范围言,又可分为三大类:其一,涉及宗教本身的"圣言量"问题,即唯识所依经典及

---

① 参见任继愈《法相宗哲学思想专论》,见《汉唐佛教思想论集》,第159—160页,北京,人民出版社,1994。
② 窥基:《成唯识论述记》卷四,《大正藏》第43卷,第383页上。
③ 此是否为玄奘所"误"译,尚可商榷。因为护法系释论梵文不存,现今学者以安慧释论对照研究,尚有局限。也有这样的可能,至戒贤时,此二义已合一了。

有违圣典(早期)处,此包含第一难和第三难;其二,唯识论与现实经验的矛盾,包含第二难、第五难和第六难;其三则是唯识理论本身的疑难环节,涉及第四、七、八、九难。以下则依照《成唯识论》本身的顺序略作分析。

第一,"唯识所因难"。

这里所说的"因"是沿袭的意思,也就是追问唯识的成立有没有经教的依据。唯识论师引六经,以四比量而证成之。所引的六部经典是《华严经·十地品》、《解深密经》、《楞伽经》、《维摩经》、《阿毗达摩经》、《大乘密严经》。此外,还有四个比量,此处从略。

第二,"世事乖宗难"。

唯识学归根到底来源于禅修经验,因而必然在某些方面与人的感觉经验相反。世界万有在空间、时间上及实用上似乎是真实存在的,因为众生就因凭于三者而生存着。缘于这些生活经验,就有"世事乖宗难"的四层发问:第一,处所决定:万有若非实有境,那么"识"为何不于"一切处"发生而只发生于特定之处呢?第二,时间决定:若外界世象非实用,那么"识"为何不发生于"一切时"而只发生于特定的时间区段呢?第三,有情不决定:众生同视一境而都可见,并非一人独见,由此可知心外有实境,否则应该各人所见不同。第四,作用是实:若万法唯识而如梦中事,为什么我们日常的事却是有实用的?而无境的唯识为何会变现出实用性来呢?

以上四层反诘,直指唯识论的要害,唯识师用"梦"作喻给予回答。世亲说,心外虽然没有实境,但是场所、时间、作用仍然可以是一定的,正如梦中之事虽非实有,但其空间、时间可以固定,梦中境界在人身体中仍能产生惊悸、流汗、遗精等作用。这一论证,在今天看来不是很有力。因为现代心理学已经明确区分了幻觉与"实际"感知之间的质的差别,二者由此变得没有任何可比性。但是在古代,古人并未能从理论上将其区别开来,因而唯识师这一手,真还能驳倒对方。至于众生为何可同见一境,唯识师用"业感"之理给予说明。心外虽无实境,但因众生自、他相似之业所感,故互为增上缘而缘同一境界,所以所见可以一致。这一解释,同样是佛教内部所公认的。

第三,圣教相违难。

有人问难:如果没有心外实有的色法,为什么世尊在《阿含经》中说有六根、六尘"十二处"呢?唯识师回答说:其实这六根、六尘,仍是依托内识所变现。世尊为了要破众生的我执,证得我空,因而宣说眼等六根和色等六境内外处的教法。这与为遮除断见(外道计众生死后断灭)说有"中阴身"续于死后一样,都是随宜的方便而说,并非说其实际存在。为化导执著实法的众生,证得法空,才又说这唯识之教。

第四,唯识成空难。

有人问难:若一切法空,这"唯识性"岂不是也空了吗?唯识师回答说:"唯识心"不空。因为唯识的真如性不是所执的法。也就是说,依内识所变的似有外法,众生妄计为实,然而以理推征,实不可得,所以说是法空。这并不是说离言正智所证的唯识实性也是无。如果"唯识性"也没有了,那就没有俗谛。俗谛若无,真谛也就没有了。因为真不自真,待俗而真;俗不自俗,待真而俗;真俗二谛,是互相对待而建立的。如果有人不承认二谛,那就是"恶取空"!诸佛都说,没有法药可以治疗这种人的空病。由此可知,诸法有"遍计所执性"的空,也有"圆成实性"的"不空"。这里所说的"唯识性"就是后面将要讲到的"圆成实性"(由阿赖耶识所转依而成的智慧)。唯识学成立"唯识无境"的同时,也在坚持"唯识性"的真实存在。

第五,色相非心难。

有人问难:"色法"是有质碍的,"识"是无质碍的。如果"色法"也是以识为其本体,为什么在缘境的时候,好像有色相显现出来,而这些色相也是前后一类坚住,没有变异也没有间断呢?

唯识师回答说:这是无始以来,名言熏习的势力所生起之故,可以给杂染、清净等法作为依托的处所。如果没有这个依托的处所,也就没有颠倒的迷执,当然也就没有杂染法及清净法。因此诸识缘境,也有似色相的显现。《摄大乘论》有一颂文:"乱相及乱体,应许为色识,及与非色识,若无余亦无。"①此颂的意思是说:无论是所变"乱相"的色相,及能变"乱识"的心体,都是前面所说的色相和心识;假使没有所变的"乱相",也就没有能变的"乱识";没有能变的"乱识",也就没有其余的"乱相"。所以,"乱相"、"乱体"、"能变"、"所变",都不离识。

第六,"现量违宗难"。

唯识学是最注重"现量"在理论建构中的作用的。一般地说,现量近于感觉,是感官与外物直接接触后产生的。但是,唯识学中屡屡使用的现量概念并非指此。《因明入正理论》说:"此中现量,谓无分别。若有正智于色等义,离名、种等所有分别,现现别转,故名现量。"②这是对现量所下的定义,专指"离此名言分别、种类分别"等一切概念的思维活动,"现现别转"则可名现量。概括而言,唯识师认为,具有概念思维成分的有分别现量是似现量,即虚假的感觉,只有不加入思维活动、不能用语言表述出来的纯粹感觉即无分别现量才是真现量。而此无分别现量其实只是"直觉"。

当有人问道:色等外境,因这些现量的缘故,可以分明证知。若无外境,则为何缘现量色等之时,而有觉知呢?唯识师于是套用自己的现量定义解释说:五识证知现量时所涉及的对象,只是心内的相分而非外境;将境执为实有的是第六意识的妄分别,而不是现量。也就是说,五识在各自"了别"色、声、香、味、触五尘时,只是一刹那而起的直觉在起作用,而此直觉的对象只是五尘各自个别的相分而不是境之全体。以境之全体作为相分而识别的,是第六识。第六识由于虚妄计度而将外境执为实有。但是依照唯识学之定义,以"名言、种类分别"为特征的了别、思量并

---

① 玄奘译:《摄大乘论本》卷中,《大正藏》第31卷,第138页下。
② 玄奘译:《因明入正理论》卷一,《大正藏》第32卷,第12页中。

非真现量,因此第六识所执之外境当然是虚假之存在了。此外,唯识师除以上证据外,又结合其轮回思想作了说明。唯识宗以为,识因妄分别而有执取外境为实的功能,而外境(色相等)之所以似乎有形体是因为众生从无始以来一直妄执的结果,而且由于辗转熏习故,使色相等境得以生起。若除此妄执,外境自然仍旧归于无。

第七,梦觉相违难。

有人问难:假如我们醒的时候,所见的色境都同梦境一样,也是不离于识,那从梦中醒来的人,知道梦中境界全是虚假,是唯识的幻境。为什么我们在醒来的时候,不知道所见的山河大地是虚假的,是唯识所变的呢?

唯识师回答说:梦境之中,人并不能知道其妄,只有梦醒之后方才知晓梦境非实。对于唯识无境的道理也可以这样理解,凡愚众生不知外境非实、离心无境,那是因为他们尚在生死长夜之中而未梦醒,若到了豁然大觉之时,自然成悟而理解唯识的道理。到了"觉醒"之时分,不单证成"唯识"之理,更为重要的是,此"识"已转依为"智"了。这实际上是说,我们现在所见的境界也是这样,在没有证到佛果的时候,不能自知是唯识所变。到了成佛之后,才能够知道未证佛果以前,是恒常的处在梦中,所以佛才说众生生活在世间为生死长夜,不能了知色境是唯识所变。

唯识宗在其论证中,很注重对个体之心识活动的研究,其唯识无境理论确实是偏于个体性而立的。正由于此,便有了"外取他心难"和"异境非唯难"。

第八,外取他心难。

有人问难:外界的色等五境,实无自体,因为它是内识所变,不是内识所缘之境。但是他人的心识,在自心之外实有,怎么说它不是自识所缘呢?他人之心是不能成为自心之能缘的,为何又说有"他心智"呢?

唯识师回答说:他心同样是自心所缘的境,所以有"他心智"。但他心不是自心的亲所缘,自心只是缘他心的相分。换言之,自心缘他心并非缘心外实境,而是缘心中所现起的他心影像,因而他心仍不出"心"的范围。这里,又产生了一个疑问:虽不是亲缘外境,但在自心之外,若有他心的异境,唯识又怎能成立呢?

以上的回答,若单单从个体与他心智之关系而言,似乎可以成理。但是仍然未能说明除却个体之外,他"识"仍存在的情况下,唯识道理如何成立的问题。这是对唯识学重个体、重主体之失的尖锐反诘。不得已,唯识师又只得使用完全归纳法加以论证、弥补了。唯识师回答说:所谓唯识,不是单独一个人的心识,十方世界无数的凡夫、无量的圣者,都在其内。虽然有无量数的凡夫圣者,但众生个个都是"唯识"的,离心之外,一法一物都不存在。每一个体都证成"唯识",那么唯识的道理何愁不能成立呢?

第九,异境非唯难。

有人问难:既然离开自己心识之外有他人心识之境,怎么可以叫做唯识呢?

唯识师回答说:奇怪呀,哪有像你这样固执的人处处生疑呢?岂是唯识的教理,但说我一人有识呢?假如是唯我一人有识,怎么会有十方凡圣,和尊卑因果,色、心的种种差别呢?谁来说法,谁来听法,更有谁来求法呢?"唯"字的意趣,是唯遮愚法二乘及一切凡夫、他们所执定那离开识外的"实有色境"。

这一疑问,涉及唯识学对于"外境"的否认程度以及成立唯识无境道理的意趣。《成唯识论》承认,在自己的心之外,"他者"也有"心识"存在,而且作为"心"的对象的"境"也有"不随心"的"性境"。如前文所说,唯识宗承认包含客观事物在内的"性境"也有不容"心识"去构画的一面。这种背景下,使得此宗之外的学者很容易得出唯识无境的道理并不周延的结论。《成唯识论》的第八、第九个问难最终的回答是:"唯"字的意趣,是唯遮愚法二乘及一切凡夫所执持的离开识外的"实有色境"。这说明,唯识宗的所有学说都是为最终的解脱成佛服务的。凡夫错误的"我执"、

"法执"是唯识学对治的关键。

归根究底,为了对治烦恼障、所知障才有唯识无境的学说。

三、种子说

在隋唐佛教诸宗中,一反"众生皆有佛性"思潮而倡"五姓各别"、"一分无性"说的,唯有法相唯识宗。传说玄奘离印回国前曾担心言"一阐提"不能成佛、无人仰信,因此"愿于所将论之内略去无佛性之语"①。这个想法遭到其师戒贤的斥责,玄奘于是忠实地将其学说传播于中土。其实,戒贤的斥责是有道理的,玄奘之所以遵从其语并非仅仅慑于师威。殆至瑜伽行派发展到护法时代,第八识之妄染性已经确立,"五种姓"说已经成为这一学派理论体系的有机部分。在此情况下,若欲完整地、忠实地弘扬其说,当然不能舍去"五种姓"的说法。至于慈恩宗的传宗非久,则是另外一个问题。果然,"五种姓"说一经传入就引发了激烈的争论。首先发难的是曾充任玄奘译场证义的灵润,其后玄奘弟子神泰主"五姓"说救慈恩义,驳斥灵润;法宝又造《一乘佛性究竟论》批"五姓"说,主"一性"说;慧沼则撰《能显中边慧日论》救"五姓"说。争论双方各据经论,站在各自的立场立说,很难说服对方。为弘扬、维护己说,除了大量引证利于己说的佛教经论(即教证)之外,法相唯识宗还着力强调两方面的理据:其一,以种子说判定种姓之别;其二,倡理佛性、行佛性之分,以所证之理即真如为理佛性,以能证之体即种子(有漏与无漏种子)为行佛性,以图会通"众生有性"与"五姓各别"说。

1. "种姓"与"种子"

唯识宗竭力主张五种种姓之别是与立第八识即藏识为本体密切相关的,而阿赖耶识之所以称为藏识是因为其蕴藏了万法之种子。以种子诠释种姓,是唯识宗的独特立场,也是分析唯识宗如何分疏心性与佛性

---

① 详见遁伦集释《瑜伽师地论记》第十三之下,《大正藏》第42卷,第615页上。

之关联的理论前提。

种姓又称种性,为梵语译词。因为印度文化公认属于某个种族的人必然具有共同的性质,所以种姓和性质这两个词的含义本来就有相通的地方。译成中文后,二词便通用而无区别了。因此,五种姓便时常称为五种性,甚而可略称为"五性"。唯识学典籍从佛性角度将众生作不同层面的分类的理趣是一致的,但具体表述却不同。《解深密经》说:"一切声闻、独觉、菩萨皆共此一妙清净道,皆同此一究竟清净,更无第二。我依此故,密意说言,唯有一乘,非于一切有情界中无有种种有情种性,或钝根性,或中根性,或利根性有情差别。"①这里是说,声闻、独觉、菩萨三乘均秉有相同的"清净妙道"即佛性本体,从此而言唯有一乘,但这并非说众生没有种种差别。此经基于此,将声闻又分作两种:"一向趣寂声闻"和"回向菩提声闻"。前者以追求个人的灰身灭智为目标,被认为是定性的声闻;后者是已经解脱烦恼障,进而欲转向菩提以求解脱所知障,但目标是否能够实现需视因缘条件而定,因而被称为不定性的声闻。从《解深密经》的论述看,四种性的划分主要依据主体的能动性即众生的根机而定,并未将之与众生之本性或佛性挂钩。《瑜伽师地论》在卷三十七、卷五十二里两次举出"住声闻种姓"、"住独觉种姓"、"住佛种姓"和"住无种姓"等四种种姓;同书卷八十一又举出"不定种姓"的名目。这样,五种姓之名目已粗具规模,只是有待于整合与论证。

把五姓之说汇集起来的经论有《楞伽经》、《佛地经论》和《庄严经论》。七卷本《楞伽经》说:"有五种种姓。何等为五?谓声闻乘种姓、缘觉乘种姓、如来乘种姓、不定种姓、无种姓",②并且将"无种姓"的一阐提分为两种:一种是诽谤大乘经而断了一切善根的一阐提;一种是菩提一阐提,由于其发愿要救助的众生永远度不尽,同时亦知一切法本是涅槃,

---

① 玄奘译:《解深密经》卷二,《大正藏》第16卷,第695页上。
② 实叉难陀译:《大乘入楞伽经》卷二,《大正藏》第16卷,第597页中。

故用不着入涅槃,这类无种姓实际上是十足的如来乘种姓。《佛地经论》说:"无始时来,一切有情有五种性:一、声闻种性;二、独觉种性;三、如来种性;四、不定种性;五、无有出世功德种性。如余经论广说其相,分别建立前四种性,虽无时限,然有毕竟得灭度期,诸佛慈悲巧方便故,第五种性无有出世功德因故,毕竟无有得灭度期。"①所谓"声闻种性"指当佛之世因闻佛声教而觉悟的一类众生,他们只悟四谛之理,断见、思二惑而求证阿罗汉果。"独觉种性"指独自观察十二因缘之理而悟道之众生,可证得辟支佛果。"如来种性"即如来乘种性,又因如来乘也名菩萨乘,故亦称菩萨乘种性,此种种性可断烦恼、所知二障,证我、法二空妙理,悲智双运,自利利他,定能证得菩萨乘或佛果。"不定种性"不同于以上三类种性之具确定性和方向性,其可得果位依修行之状况而游移。所谓"无种性"是唯识学最起诤论之处。"无种性"亦称"一阐提",此类众生虽能修习世间的善业,证得人或天的有漏果报,但却永远不能成佛。

何以如此分类呢?唯识宗是将其与众生所具种子的差别性联系起来加以说明的。《瑜伽师地论》说:"问:此种姓名有何差别?答:或名种子,或名为界,或名为性。"②窥基在《成唯识论述记》中解释道:"性者体也,姓者类也,谓本性来住此菩萨种子姓类差别。"③在此,"界"是"因"之义,"性"是相对稳定的体性之义。唯识学以为,各别的众生所具备的体性是有差别的,对其差别性作分类疏理便可将其分作五种种性。由于众生的本体是第八阿赖耶识即藏识,而藏识之所以立名是因为其含摄了生起万法的种子。从这个意义上,第八识亦可称为种子识,种子也可称之为众生之本体。不过,此中所谓种子只是一种潜在的势力即功能,种子与外缘相合而起"现行"便成就、生起诸法。唯识宗以种子释种姓,预设、内涵了以众生之心性说明成佛可能性的理论路向,很值得注意。

---

① 玄奘译:《佛地经论》卷二,《大正藏》第26卷,第298页上。
② 玄奘译:《瑜伽师地论》卷二一,《大正藏》第30卷,第395页下。
③ 窥基:《成唯识论述记》卷九,《大正藏》第43卷,第556页上。

种子者,乃"本识中亲生自果功能差别"①也。这是唯识宗对"种子"的标准定义。种子之所以能有"亲生自果功能",是因为它满足了以下六个条件:其一,刹那灭,"谓体才生,无间必灭,有胜功力,方成种子。"②作为诸法本体的种子的自体必须是有为刹那生灭之法,因为有生灭才能有转变;有转变才能有果法之起。其二,果俱有,"谓与所生现行果法,俱现和合,方成种子。"这是说,种子之所以存在,是因其有生果之功能,有功能必须有"现行",二者必须俱时和合,因果同时,相依而起。其三,恒随转,"谓要长时一类相续至究竟位,方成种子。"作为本体的种子既要刹那灭和果俱有,又要自类相生、持续不断而至佛果位方才转易,能够满足这一条件的唯有第八识。其四,性决定,"谓随因力,生善恶等功能决定,方成种子。"善、恶及无记三种不同性质的种子只能产生与各自性质相应的现行果法,不能有丝毫杂乱。其五,待众缘,"谓此要待自众缘合,功能殊胜,方成种子。"种子虽有生现行之法的功能,但只是潜能,仍然须等待适合其现行的众缘和合,方能发挥生起果法的作用。其六,引自果,"谓于别别色、心等果,各各引生,方成种子。"③这是说,种子生果法遵循自类相生,色法、心法各别不相紊乱的规律,色法种子唯引生色果现行,心法种子唯引生心法现行。这六个条件是唯识宗对于其设定的心性本体的说明,也是其论证五姓各别的理论基础。

关于种子如何决定种姓差别,唯识学有种种不同解释。《瑜伽师地论》卷五十二有段很重要的论述,为此学派所重。其文说:"云何略说安立种子?谓于阿赖耶识中,一切诸法遍计自性,妄执习气,是名安立种子。然此习气是实物有,是世俗有,望彼诸法不可定说异不异相,犹如真如,即此亦名遍行粗重。问:若此习气摄一切种子,复名遍行粗重者,诸出世间法从何种子生?若言粗重自性种子为种子生,不应道理。答:诸

---

① 玄奘译:《成唯识论》卷二,《大正藏》第31卷,第8页上。
②③ 同上书,第9页中。

出世间法从真如所缘缘种子生,非彼习气积集种子所生。"①在此,种子又被分为两种:一是"习气积集种子",二是"真如所缘缘种子"。对于前者,唯识师理解较一致。对于后者则有歧义,有将其径直称为"真如种子"者,这为护法系唯识学所不允。将"真如所缘缘种子"解为"真如种子",并且将识体即第八识定义为真妄和合识,这是唯识古学的主张。唯识宗依从的是护法系的解释。护法对其作了两点修正:其一,所缘缘"假名种子",是因为真如虽非生灭法,原非种子,但当入见道位的圣智显前时,此智以真如为所缘缘而生起,因而将此所缘缘假定为种子。其二,所谓种子是亲因缘之义,在见道位,以真如为所缘缘的无漏种子得生出世无漏的诸法,相对于智种乃立真如所缘缘的名字。其实,简单而言,护法系之唯识学坚持了种子与真如理体的区分。这一点后面当详论,在此只强调一点,唯识宗是将作为众生之体的种子分作"习气积集所生"的有漏种子和"真如所缘缘"的无漏种子两类,并且以有漏与无漏种子之矛盾统一的状况判定五种种姓。《瑜伽师地论》接着说道:"问:'若非习气积集种子所生者,何因缘故建立三种般涅槃法种性差别补特伽罗,及建立不般涅槃法种性差别补特伽罗?所以者何?一切皆有真如所缘缘故。'答:'由有障无障差别故。若于通达真如所缘缘中,有毕竟障种子者,建立为不般涅槃法种性补特伽罗。若不尔者,建立为般涅槃法种性补特伽罗。若有毕竟所知障种子布在所依,非烦恼障种子者,于彼一分建立声闻种性补特伽罗,一分建立独觉种性补特伽罗。若不尔者,建立如来种性补特伽罗,是故无过。'"②在此,问者说,一切众生皆有"真如所缘缘",从真如言应是平等无差别的,若不从习气积集种子找原因,五种姓之说恐怕难于成立。答者则以有障、无障的差别性给予解释。这一段问答是建立在真如遍在于众生的前提之下的。尽管众生皆有"真如所缘缘",但由于在心理上有非常严重的迷执——即"毕竟障种子"非常强盛,障碍著无漏种

---

①② 玄奘译:《瑜伽师地论》卷五二,《大正藏》第30卷,第589页上。

子起现行,此类众生就是"无有出世功德种姓",亦即"一阐提"、"无种性"。若有"毕竟所知障种子"而没有"烦恼障种子"的众生,一部分建立声闻种性,一部分建立独觉种性①。再进一层,所知障和烦恼障种子均没有的,就是如来种性;除此而外,在上述数种之中摇摆难定者可列入"不定种性"。应该特别指出,种子在唯识学上只是一种潜能和可能性,因此这里所说的有漏与无漏、烦恼障与所知障种子、毕竟障种子,也是就潜能方面及其修行实践的现行对治方面立论的。至于"一分无性"之证成,除此处之理由外,尚有其他证据,下面当论及。

以种子的种类及存在情状分析、划定众生的类别,界定众生成佛的可能性,是唯识学的一大创见,而以无漏种子界定佛性是在此基础上的进一步深化。

2. 佛性与"无漏种子"

玄奘、窥基建立的唯识宗与菩提流支、真谛所传的唯识古学的最大区别在于对第八识的看法上,这一分歧直接制约了各自对佛性的见地。唯识宗以妄染的阿赖耶识为本体,虽然又将种子从属性上分为有漏与无漏两种,但仍然坚持第八识中无漏种子的存在并不影响识体的妄染本性。《摄大乘论》明确说:"此闻熏习种子所依,云何可见?乃至证得诸佛菩提?此闻熏习,随在一种所依转处,寄在异熟识中与彼和合俱转,犹如水乳。然非阿赖耶识,是彼对治种子性故。"②《成唯识论》亦说:"诸无漏种,非异熟识性所摄故,因果俱是善性摄故,唯名为善。"③此中,"闻熏习种子"指无漏种子,"异熟识"是第八识之异名。《摄大乘论》认为,众生之无漏种子寄存于阿赖耶识中且与此识和合俱转,但其本身并不是阿赖耶识,二者是非一非异的关系。此论之"水乳"喻有不恰切之处,既然交融则水乳难分,何言"对治"?《成唯识论》则明确宣称,诸无漏种子非第八

---

① 听闻佛说法者为声闻种姓,师心独悟者为独觉种姓。
② 玄奘译:《摄大乘论本》卷上,《大正藏》第31卷,第136页下。
③ 玄奘译:《成唯识论》卷二,《大正藏》第31卷,第8页上。

识所摄，它只是寄存托居而非阿赖耶识自体的组成部分。修行者修至法云地的末段中转依成佛，无分别智显起，将有漏纯染的阿赖耶识舍弃，而以无漏种子取而代之并转识成智，众生由此证得佛之法身。

唯识宗将识体规定为纯粹妄染，明显接受的是小乘有部的心性本不净的心性论模式。有部的这一模式虽可方便地解释众生染心之如何可能存在，但对于净心如何生起却无法给予妥帖的说明。唯识学也同样面临这一理论困难。于是对于无漏种子如何可能存在便有了不同的说法。由于唯识学以无漏种子释佛性，因此对于无漏种子的讨论也是对佛性问题的探讨。唯识学关于种子的来源有三种不同的说法，即本有论、新熏论与亦本亦新论。玄奘、窥基创立的唯识宗袭用护法系的亦本亦新论。

本有论是以护月论师为代表的。他主张八识中所摄藏的一切有漏、无漏种子，皆是法尔本有的，并非可由熏习而来。经论中虽有"能熏法"熏习种子的说法，但此"能熏法"只能提供缘力促进种子令其增长，并非能于种子之外熏习产生新的种子。护月论师引用《无尽意经》、《阿毗达磨经》、《瑜伽师地论》等经论的说法以证明其说。特别是《瑜伽师地论》所说"诸种子体，无始时来性虽本有，而由染净新所熏发"①，"地狱成就三无漏根，是种非现"②，是较直接的经证。

力主新熏论的是难陀论师。他认为一切种子都是从现行熏习而得，无漏种子也不例外。这种熏习是从无始以来即已进行的，所以无漏种子

---

① 此为唐玄奘译《成唯识论》卷二对于《瑜伽师地论》之义的概括引用，见《藏要》第4册，第591页。《瑜伽师地论》原文如下："又种子体无始时来，相续不绝，性虽无始有之，然由净不净业差别熏发，望数数异熟果，说彼为新。若果已生，说此种子为已受果。由此道理，生死流转，相续不绝，乃至未般涅槃。"(《瑜伽师地论》卷二,《大正藏》第30卷，第284页中)

② 此为唐玄奘译《成唯识论》卷二对于《瑜伽师地论》之义的概括引用，见《藏要》第4册，第592页。《瑜伽师地论》原文如下："生那落迦成就几根？答：八，现行、种子皆得成就。除三所余，或成就，或不成就。三约现行不成就，约种子或成就，谓般涅槃法或不成就，谓不涅槃法。余三现行故，不成就；种子故，成就。如生那落迦趣，于一向，苦傍生饿鬼当知亦尔。"后三种亦现行成就。(《瑜伽师地论》卷五七,《大正藏》第30卷，第615页上—中)"那洛迦"为地狱众生的音译。

也是从无始以来就寄存于第八识中的。不过,就难陀论师言,无漏种子最初的来源(即起点)是由善有漏的闻熏习所成。这就是说,无漏的最初一念是从有漏之善性产生的。后来的护法系对这一点大为不满。难陀论师依据己见,对前引"地狱成就三无漏根,是种非现"之文引用《瑜伽师地论》卷五十二关于"种姓分类之因"的说法加以会通。他认为,从《瑜伽师地论》所言看,有情种姓的差别不是依据无漏种子的本来有无而建立,而是依烦恼、所知二障之可断与否而建立。因此,说无漏种子新熏而非本有,与经论并不相违。《瑜伽师地论》说"地狱众生成就三无漏种"是依据当来烦恼可断,种子可以新熏而生,并不是说地狱众生现在即有无漏种子自体的存在。

唯识宗拥戴的护法论师是个折中派。他将有漏种子和无漏种子都划分为两类,一是本有的,一是新熏的。护法论师看到,所传经论中既有利于本有论的经证,又有利于新熏论的经证,如果偏于一端,就难免与经教相违。从会通诸经而言,倡种子亦本有亦新熏,也是必要的。除此之外,护法论师还批评了本有论者与新熏论者各自带有的理论失误。在护法看来,护月论师的唯本有,明显地与唯识学中的前七转识与第八识互为因果的理论相违。《阿毗达磨经》有一颂言:"诸法于识藏,识于法亦尔,更互为果性,亦常为因性。"[①]这里,"诸法"指前七转识,"识"指阿赖耶识。在唯识宗看来,前七转识与阿赖耶识是互为能藏、所藏的,二者互为因果。一方面,可以说是转识藏于阿赖耶识中,转识是所藏,阿赖耶识是能藏,这样一来,阿赖耶识就是前七转识的种子和所依。作为种子,阿赖耶识中所藏的善、恶、无记三性种子能作前七转识现行的亲因;作为所依的现行态的本识能作转识的持种依和增上缘,也就是说,转识必定依根方得以生起,所以只有在阿赖耶识执持根身的条件下,转识方才可以现

---

① 《阿毗达磨经》,又作《阿毗达磨大乘经》,梵本、藏译本、汉译本俱不存,仅于瑜伽派之论书中,曾被援引或述说。此处所引之偈颂在玄奘译《成唯识论》卷二、《摄大乘论本》卷上中都有引用。

行诸法,这是偏于阿赖耶识一方而言的。另一方面,阿赖耶识亦深藏于转识之中,阿赖耶识为所藏,转识是能藏。这能藏的诸法与所藏的阿赖耶识也有两层关联:一是现法长养彼种,也就是转识作为能熏,作为亲因缘,能不断地滋养阿赖耶识中原有的本有种子;二是于后法摄植彼种,也就是说,转识作为能熏,作为增上缘,能帮助阿赖耶识中的名言无记种子发生现行而感异熟果。综合两种角度,阿赖耶识与转识互为果性,也互为因性。阿赖耶识为彼转识种子之现行所依,阿赖耶识是因,转识是果;转识能长养摄植彼阿赖耶识种子,转识为因,阿赖耶识为果。护法以为,若偏执于本有或新熏一方,实际上只能说明以上两层因果的各自一层,而不能完整地说明阿赖耶识与转识的互为因果性。而这一性质恰恰是唯识学中成立熏习义与阿赖耶识执持种子义的关键。如果种子只有本有而没有新熏,那么现行就不能作为能熏因了。依此而论,众生依法修行到转依成佛之时,无漏种子虽然可以在最初一刹那之时生起现行,但却不能持续下去。因为种子是刹那生灭的,新新顿起,才生即灭。灭掉之后,现行如果不能同时新熏,那么无漏种子何以能接续而不断呢?所以,护法认为护月论师之本有论不能成立。

在护法看来,难陀论师唯论新熏的主张也有一致命失误,它使无漏种子无因可缘。唯识学以为,无漏种子起现行必须有无漏种子作为亲因。若是没有本有的无漏种子,众生修行到最初无漏心应该生起现行之时,如果这一无漏心从来没有存在过,这最初无漏的"一念心"从何生起呢?新熏论者的解决方法是让无漏之"一念心"依有漏善心生起,唯识宗是坚决反对的。《成唯识论述记》中有一"量"说:"若有漏生无漏,应无漏生有漏,许漏、无漏得相生故,如有漏善生于无漏。"①如果许可无漏可以作为有漏的因,佛陀是无漏,也应当生有漏而还原为众生,这是万万不允许的结论。但如果无漏为有漏因,那么有漏也应为无漏的因。这样一

---

① 玄奘译:《成唯识论述记》卷二,《大正藏》第43卷,第306页下。

来，无漏既无因缘就不能生起。在此，唯识宗用反证法证明了新熏论者的过失所在，其中贯穿了一条重要的原则，即有漏种子生有漏现行，有漏现行熏习有漏种子，无漏种子生无漏现行，无漏现行熏习无漏种子，两种序列隔离分明，不能混为一谈。这是护法系唯识学的方法论原则，玄奘、窥基等中土唯识宗僧人是袭用不疑的。正是从这一立场出发，唯识宗诸师对《摄论》中带有"新熏"色彩的文字作了有利于己说的解释。

在批驳、权衡本有、新熏论的得失之后，护法系唯识学作出了本有、新熏俱有的结论。《成唯识论》说："种子各有二类：一者，本有，谓无始来异熟识中法尔而有生蕴、处、界功能差别。世尊依此说诸有情无始时来有种种界，如恶叉聚，法尔而有。余所引证广说如初。此即名为本性住种。二者，始起，谓无始来数数现行熏习而有。世尊依此说，有情心染净诸法所熏习故，无量种子之所积集。诸论亦说染净种子由染净法熏习故生，此即名为习所成种。"①在此应当说明，引文中所用的"本性住种"及"习所成种"与《瑜伽师地论》卷三十五所说"本性住种姓"与"习所成种姓"②含义略近，可以互相阐发。《成唯识论》所说指种子而言，"本性住种"指本有种子，"习所成种"指新熏种子。《瑜伽师地论》将种性分为先天种性与后天种性两种情况，但论说未详。《成唯识论述记》说："无漏种未增长位，名本性住姓；后增长已，名习所成姓。有漏亦尔。本有未熏增，名本性住种；后熏增已，名习所成。"③唯识宗以本有、熏习相结合而论种子，但又坚持同类种相因而生的原则，因而对于众生是否皆有无漏种子发生了怀疑。在他们看来，若言众生皆有无漏种子，那就会使经论中所言"一阐提"之说无有着落。为了既与"一切皆成"说相调和，又能坚持自家"一分无性"之说，中土唯识宗诸师在沿用无性阐提没有无漏种子的说法之外，又提出了理佛性、行佛性之理据以圆成诸说，这可以算作对印

---

① 玄奘译：《成唯识论》卷二，《大正藏》第31卷，第8页下。
② 玄奘译：《瑜伽师地论》卷三五，《大正藏》第30卷，第478页下。
③ 窥基：《成唯识论述记》卷二，《大正藏》第43卷，第605页上。

度唯识学的一大创发。

3. "识体"、"理体"与"一分无性"

所谓"一分无性"论是说,有一类"一阐提"众生即使累世修行也不能成佛。但是,关于"一阐提"有无佛性,经论中有不同说法。然而,自从竺道生首倡"一阐提"也有佛性,特别是北本《涅槃经》流行以后,"一切众生悉有佛性"的思想已经风行。在此情况下,法相唯识宗仍旧想坚持"一分无性"论,自然就需要提出新的理据出来。

窥基首先在"一阐提"的定义上寻求突破,其文说:"第五性合有三种:一名一阐底迦,二名阿阐底迦,三名阿颠底迦。一阐底迦是乐欲义,乐生死故。阿阐底迦是不乐欲义,不乐涅槃故。此二通不断善根人,不信、愚痴,所覆蔽故,亦通大悲菩萨大智大悲所熏习故。阿颠底迦名为毕竟,毕竟无涅槃姓故。此无性人亦得前二名也。前二久久会当成佛,后必不成。"①《入楞伽经》有二种阐提的说法,但又说其也有"以佛威力故,或时善根生"②的可能。窥基为了会通《楞伽经》等诸经的此类说法,在二种阐提之外再加一种"毕竟毕竟无涅槃性"以成"一分无性"之说。看似可通,实际少有说服力。倒是他提出的理佛性、行佛性之说,可算作有所创发。

窥基在《唯识枢要》卷一说明三种阐提之别时说:"一、因成果不成,谓大悲阐提;二、果成因不成,谓有性断善阐提;三、因、果俱不成,谓无性阐提。"③在此段话之后,窥基接着有句结语:"总而言之,涅槃据理性及行性中少分一切唯说有一。"从其上下文看,理佛性似乎指"因",行佛性似乎指"果"而言。此"因"到底指真如抑或种子,难于确言。但"果"指佛果则是明确的,如"有姓断善阐提"尽管断灭善根,但因为佛力加持而生善根,因而仍旧可以成就佛果。窥基弟子慧沼则将这两个概念加以明确

---

① 窥基:《成唯识论掌中枢要》卷上,《大正藏》第43卷,第610页下—611页上。
② 实叉难陀译:《入楞伽经》卷二,《大正藏》第16卷,第597页下。
③ 窥基:《成唯识论掌中枢要》卷上,《大正藏》第43卷,第611页上。

界定,在《能显中边慧日论》中将议论中心放在理佛性与行佛性有无必然相应的关系上,所论自然就深了一层。

　　唯识宗五种姓论及其"一分无性"说一经提倡,便遭天台、华严诸宗的反对。两种心性思想的差异是明显而深刻的,其根本处在于唯识宗将众生之心性与真如理体加以分离,使得众生之本识只作为有为法的本体而不作无为法的体性。无为法是以理体即客观真理为自体的。既然真如理体并非有为法之本体,那么其自然是"凝然"而不能随缘的。天台、华严宗诸中国化的佛教宗派与唯识宗在真如观上的差异,其根本原因在于是否将真如作为本体。唯识宗以藏识即种子识为本体,真如只是客观真理之代名词,众生只要修得此理体便可成佛。真如理体作为理佛性遍在于众生,因此从理论上每位有情众生均有成佛的可能性。这是唯识宗也认可的。① 但实际上,由于有一类众生心性本体中未含有足以引发真如理体的无漏种子,因而从结果上言此类众生永远无法成佛。这就是中土唯识宗津津乐道的理佛性皆有,行佛性阿颠底伽(阐提)独无的主张,使佛与众生的关系有了一定程度的疏离。天台、华严及禅宗在各具特色的"心、佛、众生是三无差别"的立场上,当然会对其提出批评。此外,还有一个难解的理论问题,即无漏种子虽是法尔本有且可经熏习而增强,但唯识宗坚持阿赖耶识识体妄染而无漏种子呈"客居"状态而不能改变识体的性质。从心性论角度看,接受的是有部的心性本不净的模式,而这一理论模式最大的理论难点就在于如何说明本不净的心如何可能变为净。唯识宗坚持无为法生无为法、有为法生有为法的割裂立场,唯一可以联系二者的是有为识体所贮藏的无漏种子。心体之无漏种子如何可以舍弃识体而"转依"至真如法界确实是一大疑难。有学者将此"转依"质疑为有为法生无为法,

---

① 大致而言,玄奘所传印度护法系唯识学是以无漏种子为佛性的,此佛性"客居"于藏识之中。由于坚持真如与正智的区分,所以严格地说,此一唯识学统中,真如并不是佛性。窥基以真如为"理佛性",在某种意义上,改变了护法系唯识学的佛性观,因此本文才作如此概括。

也是有道理的。

尽管如此,作为层级化了的唯识宗之种姓论,对于众生可证果位的可能性之分类评估,有过于确定而失掉佛教众生平等的大悲精神之嫌。特别是预设"无种性"即使累世修行亦难于成佛,作为一种宗教理论,未将所有众生摄纳其中加以抚慰,在强化道德的惩戒功能的时候,客观上也减低了对信徒的吸引力。这是一方面。然而,若换一个角度论之,五种姓理论在心性论方面也有足于启示后学者,最突出的是将众生本身的根机和潜能当做关注的重心所在,实际上是将众生之心性状况看作其能得何种果位的判定标准。这种分析方法和理论旨趣,比那些只强调众生平等的成佛可能性而忽略众生本身所包含的个体差别性,从理论内涵上要显得更为全面而丰富。学界向来惯于以后来的历史接受状况论其理论得失,当然是有些道理的,也能说明一些问题。但如果仅仅囿于这一角度而不扩大视野,对于唯识宗就有些不够公允、客观了。

四、转依论

在玄奘所传唯识学中,心体与理体是两个不同的概念。理体即清净法界,亦即真如、法性;心体即第八阿赖耶识,即藏识、种子识。第八识之中蕴藏的无漏种子既是众生解脱的根据,也是联结心体和理体的中介。唯识学的"三性"、"三无性"学说,一方面是对"识"之体性的描述,另一方面又具有联结心体与理体的特别意义。"三性"中依他起性最为关键,在某种意义上依他起之最终的根据是阿赖耶识,此识体所蕴藏的有漏、无漏种子正是遍计所执性与圆成实性之所以形成的根源。通过依他起性,唯识宗将心体与离言之心性(真如)之转依关系揭示了出来。同样,"相名五法",一方面是对世间诸法所作的一种分类说明,另一方面此五法之间的关系也蕴涵了心体与理体之间的差别与联系。与中土的"性宗"相同,唯识宗同持不可言诠的"离言真如"立场,窥基创发的"四重二谛",其目的正是试图以此将心体与理体紧密地联系起来。

"转识成智"是唯识宗将其心性论落实于解脱论层面的必然结果。凡夫不知外境非实、离心无境的道理,若明了"唯识无境"之理,并且转变所依,就可实现"转识成智"而解脱成佛。唯识宗以四缘论证"转识成智"如何可能,前二属于主观方面的条件,后二属于"客观"方面的条件。将唯识的宗旨贯彻于修行实践层面则有两大法门:一是"五重唯识"的观法,二是"唯识五位"的修行位次。这一解脱修行法门与五种姓的佛性论、种子熏习说以及转依的四缘说等等,相互贯通。其中所贯注的成佛之机须内因、外缘齐备的观念,与隋唐佛教其他宗派只注重"心解脱"而不论外缘的理念相比,更为重视主观、客观二者皆须同时变革,具有更为积极的意义。

1. "三性"与"三无性"

"三性"也称之为"三自性"、"三相",包括遍计所执性、依他起性、圆成实性。对于这一学说可以从不同角度去理解,在此仅仅从"识性"的角度作些分析。世亲《唯识三十颂》有云:"由彼彼遍计,遍计种种物;此遍计所执,自性无所有。依他起自性,分别缘所生。圆成实于彼,常远离前性。故此与依他,非异非不异,如无常等性,非不见此彼。"①这是唯识"三性"的经典定义,意蕴丰富。以下分而释之。

关于遍计所执性,《成唯识论》卷八解释说:"周遍计度,故名遍计,品类众多,说为彼彼。谓能遍计,虚妄分别。即由彼彼虚妄分别遍计种种所遍计物,谓所妄执蕴、处、界等,若法若我,自性差别。此所妄执自性差别,总名遍计所执自性。"②这是说:一般人由于普遍观察思量而生虚妄分别,误将现象执为实有。凡夫妄执五蕴、十二处和十八界为实有,认为宇

---

① 玄奘译:《成唯识论》卷八,《大正藏》第31卷,第45页下。
② 同上。

宙万有和"我"都是独立存在的,这就是"遍计所执自性"。而由"遍计所执性"执为实有的现象界"真相"如何呢?《显扬圣教论》卷六道破了其奥秘:"遍计所执自性者,谓依名言,假立自体。为欲随顺世间言说故。"[1]原来,凡夫执为真实存在的现象界实际上只是语言及其意义的世界,是人为施设而非客观本有的。

护法又将"遍计所执自性"分作三门:"能遍计之识"为第六意识和第七末那识,"所遍计"是一切"依他法","遍计所执"是实我、实法。此三门用现代哲学术语讲,第六意识和第七末那识是遍计所执的"主体","所遍计"是其"对象客体","遍计所执"则是对象化的认识即"意义世界"。综合此三门,唯识宗所说的"遍计所执自性"就是把以名言组成的认识对象当做了各具自性差别的客观实在且执为实有。唯识宗认为,这样所得的认识是不正确的、虚妄的认识,是由于不了解因缘和合、唯识所变的现象的本然真相而生起的对现象的主观的、虚妄的解释,这完全是一种"语言"的虚构,即"名言戏论"。

关于依他起性,依据《成唯识论》卷八的解释说:"众缘所生心、心所体及相、见分,有漏、无漏,皆依他起,依他众缘而得起故。"[2]此中"众缘"指"因缘"、"等无间缘"、"所缘缘"、"增上缘",尤指作为因缘的阿赖耶识所摄藏的种子。唯识宗以依他起自性说明事物为"幻有"。

依他起自性既然是依仗因缘和合而生起,当然是"非实"的。但是,相对于遍计所执性而言,也有"实"的一面,因而依他起性是"假有"、"幻有"。对于这种"二重性",《摄大乘论》用两种依他起性来说明:"一者,依他熏习种子而生起故;二者,依他杂染清净性不成故。由此二种依他别故,名依他起。"[3]此文中的前者是指依仗因缘而生起的依他起,后者是说这种依他起本身的性质并不是固定的杂染或清净,它们如果

---

[1] 玄奘译:《显扬圣教论》卷六,《大正藏》第31卷,第507页中。
[2] 玄奘译:《成唯识论》卷八,《大正藏》第31卷,第46页中。
[3] 玄奘译:《摄大乘论本》卷中,《大正藏》第31卷,第139页下。

被虚妄分别所"分别"而成为遍计所执性,就是纯杂染的;如果依无分别智而起,即成圆成实性,这就是清净的。这样的解释实际上是将依他起性看作染、净二分,"染分"就是以虚妄分别为缘所生起的有漏杂染之法,"净分"则是以圣智为缘所生起的无漏清净之法。不过须注意,染分之相是依他起自性的"现实相",而净分相只是其"可能相",真正的清净相是圆成实性。

所谓圆成实性是由人空、法空所显的圆满成就的诸法实性,也即诸法平等的真如,它是周遍的、常住的、真实的,也是无相可执、可得的。虽无相可得,以此为所缘却能对治遍计所执和染分依他起性。《成唯识论》卷八解释说:"二空所显圆满成就诸法实性,名圆成实。显此遍常,体非虚谬。"[①]可见,"圆成实性"就是"唯识实性",是唯识派的终极境界,认识到此"圆成实性"即达至成佛境界。《成唯识论述记》卷九说"圆成实性"有三条特征:"一、圆满。二、成就。三、法实性。具此三义,名圆成实。"[②]可见,圆成实性就是"六种无为法",亦即真如。它是超言绝虑、不可言诠的佛之体性,也是唯识宗惯用的"心性"一语的含义。

唯识学"三性"的关键是依他起性,它是联结遍计所执性与圆成实性的中间环节。遍计所执是执"依他起法"为"实有"。已如前述,熏习是以阿赖耶识为主体而发生的,遍计所执性虽是以第六、第七识为主体的,但作为次级"能变"的第六、第七识仍是以"初能变"藏识为依据的,因而遍计所执性乃是立足于依他起性之上的虚妄分别。另一方面,圆成实性同样也是立足于依他起性的,《成唯识论》卷八明确说:"此即于彼依他起上常远离前遍计所执,二空所显真如为性。"[③]这就是说,在依他起性上剔除虚妄分别的遍计所执性便可证成以真如为内容的圆成实性。《成唯识

---

①③ 玄奘译:《成唯识论》卷八,《大正藏》第31卷,第46页中。
② 窥基:《成唯识论述记》卷九,《大正藏》第43卷,第454页上。

论》卷八说："三种自性皆不远离心、心所法。"①而心法、心所法均是以阿赖耶识为依据的。我们说"三性"中依他起性为关键，正是缘于在某种意义上依他起之最终根据是阿赖耶识，此识体所蕴藏的有漏、无漏种子正是遍计所执性与圆成实性之所以形成的根源。这样，通过依他起性，唯识宗便将心体与离言之心性（真如）之转依关系揭示了出来。三性之间是非一非异关系，既不是异也不是"不异"，因为三性均是以依他起性为根基的藏识为其本体依据的。

唯识学有一个特点，就是"三自性"与"三无性"结合在一起。唯识家以为，世间万法（一切事物）中都有三自性，一切事物中也同时有"三无性"。"三自性"说明有（非空），"三无性"说明空（非有），而唯识的终极道理则归之于非空非有的中道。

第一，"相无自性"：此是依"遍计所执性"而安立的，以遍计所执之法假名安立，因而称之为"相无自性"。这是说，一切众生，以妄心于因缘所生之事物，计度有我有法的我相法相，这就成了我执与法执，亦即是遍计所执性。遍计所执之法，如见绳误以为是蛇，而心识浮起蛇相，其相并非实有，因此称之为"相无性"。

第二，"生无自性"：此是依"依他起性"而安立的。一切诸法，由于仗因托缘而生起，而依他而起之法既由因缘和合而有，则"缘起性空"，并无实性可知，其中并无实体，因此称之为"生无性"。

第三，"胜义无自性"：这是依"圆成实性"而安立的。"圆成实性"即是真如，真如为圆为常，为一切有为法的实性，是绝对的、永恒的理体，为我、法二空所显，自然没有自性。

唯识宗立"三自性"、"三无性"，目的在于显示非空非有的唯识中道观。而唯识中道的理论根据，是建立在《辩中边论》两首颂上的。颂文是："虚妄分别有，于此二都无，此中唯有空，于彼亦有此。故说一切法，

---

① 玄奘译：《成唯识论》卷八，《大正藏》第31卷，第46页下。

非空非不空,有无及有故,是则契中道。"①以上颂文的意思是说:"能取"者是眼、耳、鼻、舌、身、意六识,"所取"者是色、声、香、味、触、法六境,而此两者,都是由于识的虚妄分别而有,实际上这二者都是"无","能取"和"所取"都是空。而此"空"也是以识的虚妄分别而有。究极而说,一切事物,有为无为,不是不存在,因而说其"非空";但这样存在并不是真正的存在,因而说其"非不空"。非空非不空,就是中道。

上文主要是依据《成唯识论》等印度论典对"三性"、"三无性"的解释,而现存的窥基等奘门弟子也有一些解释留存下来。下文略作引述。

关于"三性",遁伦在《瑜伽论记》中解释说:"七门者,总举是第一,别分别第二,缘是第三,差别第四,依止第五,微细执著六,如名等执性七。景云:此七门内,初三门通分别三性,后四门唯分别遍计所执性。"②这一解释针对的是《瑜伽师地论》卷七十三的偈颂:"总举别分别,缘差别依止,亦微细执著,如名等执性。"③经过查阅,《瑜伽师地论记》卷十九此后对于"三性"的解释确实是遵循这一顺序的,再仔细阅读《瑜伽师地论》的原文可知,这七门其实解释的是《瑜伽师地论》卷七十三、七十四解释"三性"时所遵循的逻辑结构。如此则可知,引文中"景云"所说的"初三门通分别三性,后四门唯分别遍计所执性"也指的是《瑜伽师地论》的前三层次(初三门)全面解释了"三性",后四门则集中解释了遍计所执性。

在"七门"解释中,遁伦又大段引述了"奘法师"、文备法师的解释。遁伦又说:"三性之义,古来大德种种解释,乃有多途。且如奘法师出《三性义章》,最明为好。彼立三性以三门分别:一、情事理门,二、尘识理门,三、染净通门。"④有学者认为,此中的"奘法师"是指道奘,但经过从遁伦此著中的用例以及上下文的细节考察,应该是玄奘。

第一门的含义是:"执有人、法定性之境,名遍计所执;因缘之事名依

---

① 玄奘译:《辩中边论颂》,《大正藏》第31卷,第477页下。
②④ 遁伦:《瑜伽师地论记》卷一九,《大正藏》第42卷,第758页下。
③ 玄奘译:《瑜伽师地论》卷七三,《大正藏》第30卷,第703页上。

他,无相等理名圆成实,是故论云:'迷藤执蛇,名遍计所执;四尘藤体,是依他;藤蛇空理,名圆成实。'"①这是说,执人法定性的境是遍计所执性,因缘事是依他,而圆成实性是遍计所执性的无相性和依他无生等理。

第二门的含义是:"境名遍计所执,识为依他,无相无生是圆成实,是故论主不取识为遍计所执,取识变异为无我等尘名遍计所执。"此门是说,依他为识,而由识所变异出的"境"为遍计所执性。

第三门的含义是:"染为遍计所执,净为圆成实,依他性者,即通染净,故论云:'若缘遍计所执此识应成染,若缘圆成实此识应成净,是故染为遍计所执,净为圆成实,能染依他即通染净。'"

第三门中"染"为遍计所执,"净"为圆成实,依他通于染、净。遁伦在上文之后说:"既有三门,依《瑜伽》文,但初门是,余二即非,以新译经论上下但有情事门。"②这是说,《瑜伽师地论》只讲第一门,而且"新译"即玄奘所翻译的经论中未涉及后两门。遁伦后面的文字又说:"《摄大乘》中世亲释论云何会释?解云:新译世亲释论文未必有。设有此文,并是情有名遍计所执,因缘事法为依他。言'不取识为分别识性,识所变异无我等尘无而似有为分别性'者,虽有色等事法,据唯识门并名为识,故云'不取识为分别也,取识所变无我等尘无而似有为分别'者,即是无我计我,无定实法执有定法,还是情有名为遍计。言染境名遍计所执者,所执无体能生染心,故名为染,非谓有其染法为所依体。"③这一立场,认定真谛所翻译的《摄大乘论》世亲释涉嫌误译。

2. 三性与五法

唯识学"三性"的关键是依他起性,它是联结遍计所执性与圆成实性的中间环节。遍计所执是执依他起法为"实有",如《成唯识论》言:"遍计所执其相云何?与依他起复有何别?有义,三界心及心所由无始来虚妄

---

①② 遁伦:《瑜伽师地论记》卷一九,《大正藏》第42卷,第758页下。
③ 同上书,第758页下—759页上。

熏习,虽各体一而似二生,谓见、相分即能、所取。如是二分情有理无,此'相'说为遍计所执。"①已如前述,熏习是以阿赖耶识为主体而发生的,遍计所执性虽是以第六、第七识为主体的,但作为次级"能变"的第六、第七识仍是以"初能变"藏识为依据的,因而遍计所执性乃是立足于依他起性之上的虚妄分别。另一方面,圆成实性同样也是立足于依他起性的,《成唯识论》明确说:"此即于彼依他起上常远离前遍计所执,二空所显真如为性。"②这就是说,在依他起性上剔除虚妄分别的遍计所执性便可证成以真如为内容的圆成实性。《成唯识论》说:"三种自性皆不远离心、心所法。"③而心法、心所法均是以阿赖耶识为依据的。我们说"三性"中依他起性为关键,正是缘于在某种意义上依他起之最终根据是阿赖耶识,此识体所蕴藏的有漏、无漏种子正是遍计所执性与圆成实性之所以形成的根源。这样,通过依他起性,唯识宗便将心体与离言之心性(真如)之转依关系揭示了出来。三性之间是非一非异关系,既不是异也不是"不异",因为三性"无别体故,妄执缘起,真义别故"④,三者均是以依他起性之藏识为其本体依据的。

从"三性"理论明显可见唯识宗是将"一切法"分作"名言"之法与离言之真如(无为法)两部分,这一点亦可从"相名五法"之分类及其与"三性"的关系上见出。

五法又称为五事,佛教中所指不一,此处特指相、名、分别、正智、如如(真如)五法,故加一限定而称之为"相名五法"。"相"指事物的相状。《三无性论》解释说:"相者,谓诸法品类为名句味所依止。"⑤这是从"名"之对象客体而定义"相"的。可见,唯识宗所言之"相"并不能简单地以客观事物待之,而只能以"表象"解释。而此"表象"不仅指客观事物反映于

---

① 玄奘译:《成唯识论》卷八,《藏要》第4册,第732页。
② 同上书,第733页。
③ 同上书,第734页。
④ 同上书,第738页。
⑤ 真谛译:《三无性论》卷上,《大正藏》第31卷,第868页上。

意识中者,亦指纯主观的"心相"。"名"指概括、描述事物的"名言",《三无性论》明确解释为:"名者,即是诸法品类中名句味也。"①将"名"解释为今日习用的语言文字或逻辑学所言的概念、判断,均无不可。"分别"指对"相"、"名"诸法生起分别心而产生的虚妄之念,具体而言则指心法和心所法,因为此二法是能起分别作用的,故称其为"分别"。"正智"指能通达真如的智能,"如如者,谓法空所显圣智境界无分别智者。由此智故,一切圣人能通达如如。"②"真如"即无为法,《瑜伽师地论》说:"真如谓法无我所显,圣智所行,非一切言谈安足处事。"③唯识宗的真如亦指圆成实性。值得注意的是,关于五法与三性的关系,唯识典籍并未给出一致的说法。《瑜伽师地论》卷七十四、《显扬圣教论》卷六说:依他起性摄相、名、分别、正智,圆成实性摄真如,遍计所执性不摄"五法"。《辩中边论》卷二说:"名摄在遍计所执,相及分别摄在依他,圆成实摄真如、正智。"④《大乘入楞伽经》说:依他起性只摄分别,遍计所执摄相、名,圆成实摄正智、真如。《摄大乘论世亲释》卷五则说:"名"属于依他起性,"名"所诠义是遍计所执性。以上四种说法看似杂乱,实际隐含着两个重要问题:第一,究竟应该如何估价相、名的相对"真实性"? 第二,正智应该归于离言之圆成实还是归于依他起之"净分"? 唯识宗是赞成《瑜伽师地论》和《显扬圣教论》之说的。遍计所执性和依他起性对"识"的真实性的否定程度是不同的,前者是完全的"虚妄",后者则是"假有"而有相对的"合理性"。如《成唯识论》卷八所说:"遍计所执,妄安立故,可说为假,无体相故,非假非实。依他起性,有实有假,聚集相续,分位性故,说为假有;心、心所、色从缘生故,说为实有。若无实法,假法亦无。假依实因而施设故。圆成实唯是实有,不依他缘而施设故。"⑤从这一理论考究,以上

---

① ② 真谛译:《三无性论》卷上,《大正藏》第31卷,第868页上。
③ 玄奘译:《瑜伽师地论》卷七二,《大正藏》第30卷,第696页上。
④ 玄奘译:《辩中边论》卷二,《藏要》第3册,第29页。
⑤ 玄奘译:《成唯识论》卷八,《藏要》第4册,第738页。

关于相、名、分别、正智的四种归摄是有不同理论意义的。《中边论》和《入楞伽经》将"名"归入遍计所执性，对语言的拒斥更坚决些。而《楞伽经》将"相"列入遍计所执性，似乎也可以看做"唯心"化程度更深一些。同样逻辑，唯识宗认同《瑜伽师地论》的说法，认为遍计所执性不摄"五事"而将相、名、分别、正智都归之于依他起性，很可说明唯识宗对于语言相对合理性的肯定。特别是将"正智"归于依他起性，在一定程度上软化了"智"与言的绝对分离立场。此外，世亲对"名"的解释也是大有深意的。将"能指"的"名"归属于依他起性，而将"所指"的"义"归摄于遍计所执性，显然试图在保持视语言为施设假有的立场之下，进一步抽空"名言"之对象的"客观性"。

总之，从"识性"的角度考察，唯识宗的"三性"说可以看做对心体与理体的关系所作的理论说明，也是为其"转识成智"理论提供的理论前提。

如唐代遁伦在《瑜伽师地论记》记载说："备云：凡辨三性经论不同，且略分别作九门解。"此文所说的文备应该是唐初的摄论学者，曾经参与了玄奘的翻译活动，从其所引用的经文根据来看，应该不属于玄奘的弟子。文备的九门应该是当时唯识学派所传播的三性说的总概括。

第一至第四门针对的是"五法"——相、名、分别、如如、正智与"三性"的关系，其文说：

一、名、义净门，如《中边论》说：诸法名者是分别性，唯由义执名为实，所目法者是依他性，四种清净是真实性；二、义名净门，如《摄论》说：所目义是分别性，谓依名执名下，义为实能，目名是依他性，故论云："显名是依他，显义是分别"，四种清净是真实性；三、尘识门，如《楞伽经》说：五法藏中，相、名二种名分别性，妄想一种名依他性，正智如如名真实性。四、情事理门，如《佛性论》说：分别性者于五事中不摄，以情计有而无事体故，相、名、分别、正智四法名依他，真如一法名真实性。①

其中，第一门实际上罗列的是《中边分别论》的说法，第二门罗列的是《摄大乘论》的说法，第三门罗列的是《楞伽经》的说法，第四门罗列的是《佛性论》的说法。

文备的第五至第七门是以"染"、"净"来论说三性，其文说："五、末本净门，如《摄论》说：一切染法是分别性，阿赖耶识是依他性，四种清净是真实性；六、情染净门，如《摄论》中引《毗佛略经》说，如偈云：幻等颂依他，说无颂分别，说四种净，当知是真实；七、染通净门，如《摄论》中引《阿毗达磨经》，如金藏立等喻。"②这三门都是依据《摄论》而来的。

文备的第八门是就四谛来说明"三性"的，其文说："八、谛理通门，如《中边论》及《涅槃经》说四谛皆通三性。"第九门是："九、通别相门，如《三无性论》及《显扬论》说，能言所言相名通三性，能言、所言、摄属性是遍计所执性，执著相是依他起性，无执著相是真实。"③这是就"能言"、"所言相"来说明三性的。

遁伦说："今依此论，就第四情事理门将五事摄于三性。《成唯识论》亦存此门，显无杂乱。"④这是说，《瑜伽师地论》卷七十三、七十四是就上述第四门来解释三性之体的。

应该指出，此处的"九门"解释属于"经学"系统的固有格式的延续，并不必一定将其说成是在印度经论基础上的大创造。

3. 转依与四智

"转依"，简单地说，就是转变所依。唯识宗将妄染的藏识作为诸法之所依，亦即本体，因而"依他起"之"体"也就是阿赖耶识，"转依"也就是转变八识之遍计所执自性而依于圆成实自性。这是对"转依"的简单解

---

① 遁伦：《瑜伽师地论记》卷一九，《大正藏》第 42 卷，第 759 页上。
② 同上书，第 759 页上—中。
③④ 同上书，第 759 页中。

释。若全面地说开去,则须从"能转道"、"所转依"、"所转舍"及"所转得"等四个层次去分析。

第一,能转道,指能转除烦恼、所知二障而转得二果的智体。又可将其分为二类:其一,能伏道,此即以"加行"、"根本"、"后得"三智消伏二障的潜力使其不能再起显著作用。其二,此即以无漏的根本、后得二智彻底断除二障的种子、习气。

第二,所转依,即指转依的承担主体,包含"能转之智"和"所转之识"。其又可分两层言之:其一,持种依,能持种者唯有第八识,因而以藏识为所依。其二,迷悟依,唯有真如可作为所依。

第三,所转舍,即被转变舍弃的东西。此也有二:其一,所断舍,即指"烦恼障"、"所知障"的种子。其二,所弃舍,是指非障的有漏法及无漏法的劣小的种子,虽不是障碍真如之体而无须断舍,但当转持的第八识转为纯净圆明的时候,其识体已不任持这些有漏种子和劣小的无漏种子,因而它们将被自行弃舍。

第四,所转得,即是转依之所得。也有二层解释:其一,所显得,即指"大涅槃"。其二,所生得,即指"大菩提"。"转依"之二种所得,大涅槃是佛教修行解脱生死轮回的最高境界,菩提主要指由八识转依而成的"四智"。

综合上述四义,所谓"转依"即是将作为众生之心体的妄识转变成与"识"相对应的"智",即所谓"转识成智",亦即将以识体为所依转换成以"智体"为所依,转依之果便是菩提和大涅槃。

"四智"又称"四智心品",全称"四智相应心品"。其意为:与四智相应的一聚心、心所,是菩提的四种德性,亦是佛的四种智慧,是转变有漏的第八识、第七识、第六识及前五识如其次第而获得的无漏的"大圆镜智"、"平等性智"、"妙观察智"及"成所作智"。

关于转有漏的第八阿赖耶识聚所得的"大圆镜智",《佛地经》解释说:"大圆镜智者,如依圆镜,众相影现,如是依止如来智镜,诸处、境、识众像影现。"①这是说,此智无间无断,穷未来际,犹如大圆镜能映现众多的色像。《成唯识论》引用此经义而发挥说,"大圆镜智"远离一切我执、所执及一切所取、能取的分别,能缘的外在事相以及所缘的内境都微细难知,并且不愚迷、不忘失所缘境界;此"心品"所现一切境相,性相清净,远离一切有漏的杂染,为一切纯净无漏功德的种子,能现能生自受用的佛身、佛土及其余三智的影像。

关于转杂染的末那识聚所得的无漏之"平等性智",《成唯识论》解释说,此智远离我执、法执,观染净诸法、自他有情,悉皆平等,由此安住于无住涅槃,并且与大慈大悲之心所常相应,随十地菩萨之所乐示现他受用的佛身、佛土等影像,此智又是妙观察智的不共所依,并周遍缘取一切真俗境界。

关于转有漏的第六意识聚所得的无漏之"妙观察智",《成唯识论》解释说,依持此智则能善观察一切诸法的自相(特殊性相)和共相(一般特征),并且无碍自在任用而为,又摄藏无量陀罗尼(经咒)门、三摩地(定)门及六度、三十七菩提分、十力、十八不共法等无量功德;诸佛依于此智,能于众生及菩萨之大会聚中,现显一切自在作用,转大法轮,断世间一切疑惑,令诸有情皆获利乐。因为依此智周遍观察一切法的自相、共相皆无障碍,所以它也是周遍缘取一切境界的。

关于前五识聚所得的无漏之"成所作智",《成唯识论》解释说,此"成所作智"是为方便利乐地前菩萨及二乘、凡夫等一切有情,周遍一切十方世界示现种种无量无数不可思议的变化身、土等三业,成就诸佛本愿所作的八相成道等事。

上述"四智"作为转依之所得——"菩提"的四种德相,乃是诸佛所成的四种胜用,而此"用"之体乃是真如,涅槃境界则是离染的真如性即圆成实性。

---

① 玄奘译:《佛说佛地经》,《大正藏》第16卷,第721页中。

就其体性而言,"涅槃"与"真如"并无分别,都是诸法的真实体相。二者的不同方面则主要有二:其一,从言教的角度,真如是诸法的真实本性,而涅槃则是诸佛自内(心体)转依所悟得的心理境界;其二,转依后诸佛总揽的一切法唯是无漏功德,唯是菩提之大用,因而诸佛依此所得"四智"住于生死救度众生,这也就是唯识宗"四种涅槃"义中之最高者——"无住处涅槃"。《成唯识论》说,佛断除所知障而证得菩提,解除了对生死之厌和对涅槃之喜,以宏阔智慧住于生死世间永远救度众生。其不住于涅槃,故称"无住处涅槃",救度众生而有利乐之情,但其心常寂,故称涅槃。

4. 四缘具足

明确了"转识成智"的诸层面含义,便可以顺次考察唯识宗所论"转依"之如何可能实现。此中问题甚多,择要言之则有二:一是无漏种子的"亦本亦新"论;二是"正闻熏习"使无漏种子增长的修行实践。前者属先验的前提,后者则系后天的主观努力。这样的主、客观两方面的结合,唯识宗便认为转依是完全可能完成的。在此,将此宗以四缘理论对于"转识成智"的说明作一介绍。

依据唯识宗的四缘理论,"四缘"具足而"数数"熏习便可完成"转依"。

所谓"四缘"指"因缘"、"等无间缘"、"所缘缘"、"增上缘"。如前文所述,唯识宗以为,一切法的生起必凭借四缘,四缘具足,种子才可能生起现行。"转依"是否可能实现完全可以从这四个方面去分析。唯识宗以四缘论证"转识成智"如何可能,前二属于主观方面的条件,后二属于"客观"方面的条件。不过,因为"等无间缘"是专就心法与心所法之和合方面说的,作为"转依"主体的众生是必然具备的,因而不必赘述。在此仅就其余三缘略作分析。

法相唯识宗是以无漏种子释佛性的,因而转识成智的"因缘"当然就是无漏种子。

如前文所叙述,印度唯识学就无漏种子的来源有三种见解,唯识宗接受的是护法、戒贤系的"亦本亦新"论。在法相唯识宗看来,纯净的无漏种子寄存在妄染的阿赖耶识之中,既不为它的自体涵摄,也不为它所吞噬,而是暂时"寄居"。正因为此无漏种子只是寄存而非融摄,并且此无漏种子并不改变阿赖耶识的性质即自体相,因此它才可能在转依历程中舍弃阿赖耶识性之时,无漏种子不但未被舍弃,反而得以代替有漏种子之地位而成为主体。这是一方面。

另一方面,玄奘、窥基等唯识宗诸师接受了印度护法系的"亦本亦新"说以解释无漏种子的来源问题。《成唯识论》卷二说:"由此应信有诸有情,无始时来有无漏种,不由熏习,法尔成就。后胜进位,熏令增长,无漏法起,以此为因;无漏起时,复熏成种。"①这一解释较为精巧。它将无漏种子之最初一念归结为众生本来就有,而又坚持熏习可使无漏种子增长的见解。前一层是转依如何可能的逻辑前提,因为唯识宗是以同类种子方有可能相生为逻辑规则的,所以必然碰到无漏种子最初一念的来源问题。

为了避免"熏习"论的无穷追溯,必须确立此"本有"的立场。然而,这样又有一个问题产生了:既然众生本有无漏种子,为什么他们仍然是众生而不是佛呢?唯识宗认为,这是因为在有漏位的众生,"智"的势力远远弱于"识"的力量;而向无漏位过度的众生,其"智"的势力则远远大于"识"的力量。这也就是说,众生虽然本来就蕴涵无漏种子,但由于其势弱小不能现起,因此其识性仍是杂染的。而无漏种子之现起的最大障碍则是烦恼、所知二障。

所谓"烦恼障"指凡夫妄执"实我",所谓"所知障"即妄执"实法"。此二障"体虽无二,而用有别",二者均是以有漏种子为所依,但作用各不相同,"烦恼障"障碍涅槃,"所知障"障碍菩提。由于此二障势用强盛,单靠

---

① 玄奘译:《成唯识论》卷二,《大正藏》第31卷,第9页上。

"本有"的无漏种子并不足于战胜它们,仍然须通过不间断的熏习以增强无漏种子的势用。而无漏种子为对治此"二障"而进行的持续熏习,除了以此"因缘"为首要条件外,还必须有其他三缘的配合。

"转依"须具备的另一条件是"所缘缘"。唯识宗以为,"转依"之时,正智缘彼真如而构成"所缘缘"。唯识学讲道"种子"是特意列出"真如所缘缘种子"作为解脱成佛的依据。

唯识宗强调:其一,所缘缘"假名种子",是因为真如虽非生灭法,原非种子,但当入"见道位"的圣智显前时,此智以真如为"所缘缘"而生起,因而将此"所缘缘"假定为种子。其二,所谓种子是亲因缘之义,在"见道位",以真如为所缘缘的无漏种子得以生出世无漏的诸法,相对于智种乃立"真如所缘缘"的名字。

"真如"无相可睹,为何能作为"所缘"?玄奘法师释之曰:"'带'者是挟带义,'相'者体相,非相状义。谓正智等生时,挟带真如之体相起,与真如不一不异,非相非非相。"玄奘认为:"'相'者,相分义,或体相义,真如亦名为相无相之相。所以,经言,皆同一相,所谓'无相'。"正因为真如以无相为其"体相",所以唯识宗才可将所缘缘分为两种:"一是有为,即识所变名内所虑;二是无为,真如体不离识名所虑托。"①在此,正智之所缘为"性境"。这是说,正智以真如为所缘而构成所缘缘,但"心"并不改变真如的"体相",亦即正智"挟带"而非"变带"真如之体相。"转依"所须之"所缘缘"义如上述。

唯识宗以"正闻熏习"作为"转依"之"增上缘"。所谓"增上缘",唯识宗列为"增上缘"的"正闻熏习"是指听闻佛的说法,逻辑上包含文字经教和师徒言说宣讲,但主要是指直接聆听佛的说法。如《摄大乘论》所说:"谓世尊说,依他言音及内各别如理作意,由此为因正见得生。"②这就叫

---

① 窥基:《成唯识论述记》卷七,《大正藏》第43卷,第500页下。
② 玄奘译:《摄大乘论》卷上,《大正藏》第31卷,第136页中。

作"最清净法界等流正法",实际上指的是具有正智的佛所言说确定的教法,正如印顺法师所说:"正闻熏习的来由,是因为听闻最清净法界的等流正法。三乘圣法从此生的法界,是本性清净而离染显现的,所以叫清净法界。世尊远离二障,亲证这离言说相,不像小乘的但离烦恼障,所以最为清净。因大悲心的激发,怜悯救度一切苦恼有情,就从内所自证的清净法界,用善巧的方法,宣说出来。这虽不是法界,却是从法界流出,是法界的流类。"①《摄大乘论》持种子新熏立场,所以特别强调听闻熏习在"转依"中的重要性。唯识宗力主种子"亦本亦新"论,所以对于听闻熏习之胜用的重视程度有所降低。值得注意的倒不是这些差别,而是唯识学特别地将听闻的"客体"限定为佛的说法,明显地意味着将解脱的希望寄托于佛出现于世间。《成唯识论》所说的"由圣道力断彼障"②就已暗指佛之力用,《摄大乘论》则明确表明"得逢事无量诸佛出现于世"③。这种"他力"解脱的倾向,实际上将此"增上缘"起作用的可能性降低到了最小的程度,因为逢佛出世的因缘极为难得。

从"四缘"的角度分析,唯识宗所谓"转识成智"的可能性可由以下四环节构成:(1)众生本有的无漏种子;(2)众生之"心法"、"心所法"的无漏"熏习"功能;(3)以真如法界为所缘的可能性;(4)诸佛现世,众生听闻佛之说法的可能性。以上四者,前二属于主观方面的条件,后二属于"客观"方面的条件。主观方面的条件,解脱个体经过努力还是能够具备的,而"客观"方面的条件则并非轻易能够具足。因此,唯识宗所提倡的转识成智之路是艰难而漫长的,是典型的"渐门"。

5. 五重唯识观

"五重唯识观"是简择一切法而渐次实证唯识之理的观行法门,它包含了遣虚存实识、舍滥留纯识、摄末归本识、隐劣显胜识、遣相证性识。

---

① 印顺:《摄大乘论讲记》,第138—139页。
② 玄奘译:《成唯识论》卷一〇,《大正藏》第31卷,第56页上。
③ 玄奘译:《摄大乘论本》卷中,《大正藏》第31卷,第142页中。

这是窥基按照《摄大乘论·入所知相分》的框架,结合《解深密经》、《瑜伽师地论》和《成唯识论》的义理组织而成的。五重唯识观的核心是"唯识三性观",即"简去"(此为"唯"的本义)遍计所执性而执持圆成实性,如《成唯识论》卷九所释:遍计所执性,唯虚妄识;依他起性,唯世俗识;圆成实性,唯胜义识,是故诸法皆不离心。窥基由此义理而将"唯识三性观法"开为从粗至细的五重观法,是为"五重唯识观"。此五重观法"所观体"是"以一切法而为自体,通观有、无为唯识故"①,这是包含一切诸法即有为、无为法在内的;"能观体"则是"以别境慧而为自体"②。也就是说,"五重唯识观"是指对所观之境界即一切法为对象,简择分别、断除疑惑以去妄存真,证得"唯识性"——圆成实性。以下依照窥基《大乘法苑义林章·唯识义林》及《般若波罗蜜多心经幽赞》所论略加评述。

第一重,遣虚存实识。窥基《般若波罗蜜多心经幽赞》卷上说:"遍计所执唯虚妄起,都无体用,应正遣除。观依他、圆成诸法体实,二智境界,应存为有。如有颂言:'名事互为客,其性应寻思。于二亦当推,唯量及唯假。实智观无义,唯有分别三。彼无故此无,是则入三性。'遣者,空观对破有执。存者,有观对遣空执。今观空有而遣有空。有空若无,亦无空有。以彼空有相待,观成纯有纯空,谁之空有?故欲证入离言法性,皆须依此方便而入。非谓空有皆即决定,证真观位非有非空,法无分别,难思议故。说要观空方证真者,谓即观彼遍计所执我法空故,入于真性。真体非空,此唯识言,既遮所执;若执实有,诸识可唯。既是所执,亦应除遣。诸处所言一切唯识,二谛、三性、三无性、三解脱门、三无生忍、四悉檀、四嗢拕南、四寻思、四如实智、五忍观等,皆此观摄。"③"遣"即排遣,"虚"即虚妄执著,"实"指圆成实性。这是先就诸法之三性以空、有相对而确立遍计所执因其"空"而需"遣",依他、圆成因其"有"而需"存"。遍

---

① 窥基:《大乘法苑义林章》卷一,《大正藏》第45卷,第258页中。
② 同上书,第259页上。
③ 窥基:《般若波罗蜜多心经幽赞》卷上,《大正藏》第33卷,第526页下—527页上。

计所执的实我实法,皆从心之虚妄分别而生起,体、用都不实,所以应当遣其为"空"。依他起性是依托众缘而生起的事相,是后得智的境界,圆成实性是圆满成就的真实体性,是根本智的境界,此二者都不离识,所以应当暂时将其当做"有"。这是第一重空、有相对的观法。

第二重,舍滥留纯识。窥基《般若波罗蜜多心经幽赞》卷上说:"虽观事理皆不离识,然此内识有境有心。心起必托境界生故,但识言唯,不言唯境,识唯内有,境亦通外,恐滥外故,但言唯识。又诸愚夫迷执于境,起烦恼业,生死沉沦,不解观心,勤求出离,哀愍彼故,说唯识言,令自观心,解脱生死,非谓内境如外都无。由境有滥舍不称唯,心体既纯留说唯识。故契经说:'心意识所缘,皆非离自性,故我说一切,唯有识无余。'余经复说三界唯心,制一处等皆此观摄。"①这是说,依他起的八识中,有相、见、自证、证自证四分,相分是所缘境,后三分是能缘心,心存于内,境则内、外皆有,所以只说"唯识"而不言"唯境"。不过,所谓外境只是遍计所执,亦即独影境,所以尽管其为"外境",但却是识所变而并无实体。既然作为相分的内、外境均为识所涵摄或为识所变,因而修习唯识观时恐心境杂滥无法正观,就可舍去所缘之相分,专门观习见分、自证分和证自证分。这是心、境相对的第二重观法。

第三重,摄末归本识。窥基云:"心内所取境界显然,内能取心作用亦尔。此见、相分,俱依识有。离识自体,本、末法必无故。"②窥基引用《三十颂》"由假说我法,有种种相转。彼依识所变,此能变唯三"③以及《成唯识论》所说"谓识体转似二分,相、见俱依自证起故"④来作论证。唯识宗以为,见、相二分都是依自证分生起,是所变,故称其为"末";自证分则是能变,是"体",是"本"。若离开作为"本"的自证分,就没有作为"末"

---

① 窥基:《般若波罗蜜多心经幽赞》卷上,《大正藏》第33卷,第527页上。
② 窥基:《大乘法苑义林章》卷一,《大正藏》第45卷,第258页下。
③ 玄奘译:《成唯识论》卷一,《大正藏》第31卷,第1页上。
④ 同上书,第1页上一中。

的相、见二分,所以摄末归本即是摄用归体,只就在自证分观察唯识理。这是体、用相对的第三重观法。

第四重,隐劣显胜识。窥基曰:"心及心所俱能变现。但说唯心,非唯心所。心王体殊胜心所,劣依胜生,隐劣不彰,唯显胜法。"①八识的自体分各有心王和心所的分别。而"心"是所依,是主;心所是能依,是臣。所以说,心王为胜,心所为劣,只说唯心而不说唯心所。如此而隐蔽心所彰显心王,只集中于心王之自体观察唯识理。这是王、所相对的第四重观法。

第五重,遣相证性识。窥基《般若波罗蜜多心经幽赞》卷上说:"识言所表,具有理、事。事为相用,遣而不取。理为性体,应求作证。故有颂言:'于绳起蛇觉,见绳了义无。证见彼分时,知如蛇智乱。'余经说心自性清净,诸法贤圣,皆即真如,依他相识,根本性故。又说,一谛、一乘、一依、佛性、法身、如来藏、空、真如、无相、不生不灭、不二法门、无诸分别、离言观等,皆此观摄。"②这是说,八识心王的自体是依他起的事相,而其"体性"则是我、法二空所显的圆成实性。"遣相证性"就是遣除依他起性的事相证得圆成实性的真如理体。这就是事、理相对的第五重观法。

以上所述的"五重唯识观"是唯识宗悟解证成"唯识理体"的五个层次,其由浅入深,层层递进,渐入精髓。如窥基在《般若波罗蜜多心经幽赞》卷上所总结:

> 如是所说空有、境心、用体、所王、事理,五种从粗至细,展转相推,唯识妙理,总摄一切。以闻、思、修所成妙慧而为观体,明了简择,非生得善。若欲界观,唯有闻思。色界观中,通闻修慧。无色界观,但修无余。无漏观修,义通前二。③

第一重空、有相对而观,遣除遍计所执性,暂时存在依他起和圆成实

---

① 窥基:《大乘法苑义林章》卷一,《大正藏》第45卷,第259页上。
②③ 窥基:《般若波罗蜜多心经幽赞》卷上,《大正藏》第33卷,第527页中。

性。第二重心、境相对而观,舍去相分,暂时存在见、自证和证自证分。第三重体、用相对而观,摄相、见二分归于自体分(即自证分和证自证分)。第四重王、所相对而观,隐灭心所彰显心王。第五重则是此宗所言"转依"的最终完成,是以事、理相对而观,遣去所有依他起的事相而证得圆成实的真如理体。

"五重唯识观"是从方法的角度对修行解脱之道的说明,而从主体所舍、断及所得、证的角度对修行法门的说明则称之为"修行五位"。

6. 五位

学佛、修行的最终目的就是获得解脱,达到最高的理想境界——成佛。以"唯识无境"为核心的"唯识观行"必然地要导向成就佛果。

佛教将菩萨自初发菩提心,累积修行之功德,以至达于佛果,其间所历经的阶位称之为"菩萨阶位"。关于菩萨阶位之位次、名义,诸经论所说不一,例如"发心住"、"治地心住"等之"十住"说,在古代原本涵盖菩萨修行之全部阶位,至后世则仅相当于"十地"以前"三贤位"之初位而已,可见菩萨阶位说也是随着佛教教理史的发展而发展的。在四十二位、五十一位、五十二位、五十七位等各种菩萨阶位说之中,自古以降,《菩萨璎珞本业经》所举之五十二位说——"十信位"、"十住位"、"十行位"、"十回向位"、"十地位"、"等觉"、"妙觉",以名义之整然,位次之无缺,而广为一般采用。

唯识学的菩萨阶位说也有自己的特色。唐代法相唯识宗是主"四十二位"说,但却把"等觉"摄入第十地中,实际上是主张"四十一位"说。此宗以为,只有同时具备先验本有和后天熏成的无漏种子两个条件的大乘种性,才可能悟入唯识性。其五个位次——"资粮位"、"加行位"、"通达位"、"修习位"和"究竟位"是按照悟入"唯识实性"来叙说的。以下分别依次作一解释说明。

(1) 资粮位

对唯识道理的深刻信仰和理解,能够资助菩提法身之"得",以资粮作为譬喻称呼而名"资粮位",又可称其为"顺解脱分"。"分"为"因"义,意为此种资粮皆随顺解脱而无违逆,因而名之为"顺解脱分"。

至于"资粮位"的"相状",《成唯识论》有一描述:从发深固大菩提心"乃至未起识,求住唯识性。于二取随眠,犹未能伏灭。"①这是说,"资粮位"是从发菩提心到"未起顺决择识,求住'唯识真实胜义性'。"在"资粮位",能取之"识"和所取之"境"还未消除,"二取"——即"我取"和"法取"的"种子"仍眠伏在第八"阿赖耶识"之中。此位包括"十住"、"十行"和"十回向",构成"三贤位"。既为"贤位",则仅达至贤者之境而非至圣者之境。而依照大乘佛教的规定,真正成为"圣者"要到"十地"才能够达到。

"十住"指悟入"唯识理"的十个阶次,具体如下:

第一,"发心住",是指修得善根之人以真方便发起十信之心,信奉三宝,常住八万四千般若波罗蜜,受习一切行、一切法门,常起信心,不作"邪见"、"十重"、"五逆"、"八倒",不生"难处",常值佛法,广闻多慧,多求方便,始入空界,即住于空性之位,于心生出一切功德。

第二,"治地住",在前述修行境界的基础上,修行者常随空心,净八万四千法门,其心明净,犹如琉璃之内显现出精金;因为初发之妙心,履治为地,故称之"治地住"。

第三,"修行住",在前述修行境界的基础上,修行者在前述"发心"、"治地"二住所得之智俱已明了,因而可游履十方而无任何障碍。

第四,"生贵住",是指在前述各个层次之妙行的基础上,冥契妙理,将生于佛家为法王子;即"行"与佛同,受佛之气分,如"中阴身",自求父母,阴信冥通,入如来种。

第五,"方便具足住",在前述修行境界的基础上,修行者习无量之善根,自利利他,方便具足,相貌无缺。

---

① 玄奘译:《成唯识论》卷一,《大正藏》第31卷,第50页下。

第六,"正心住",在前述修行境界的基础上,修行者并非仅仅相貌与佛相同,其心也与佛相同,因此名之为"正心住"。

第七,"不退住",在前述修行境界的基础上,修行者进入无生毕竟空界,心常行空无相愿,身心和合,日日增长。

第八,"童真住",菩萨自发心起,始终不倒退,不起邪魔破菩提之心,至此,佛之十身灵相乃一时具足。

第九,"法王子住",修行者自初"发心住"至第四"生贵住",称为"入圣胎";自第五"方便具足住"至第八"童真住",称为长养圣胎;而此"法王子住"则相形具足,于焉出胎;犹如从佛王之教中生解,乃绍隆佛位。

第十,"灌顶住",进入"灌顶住"的菩萨已可列名为佛子,堪行佛事,故佛以"智水"为之灌顶;犹如刹帝利王子之"受权灌顶"。

"十行"指菩萨集积利他功德的十个阶次,具体如下:

第一,"欢喜行",是指菩萨以无量如来的妙德,随顺十方。

第二,"绕益行",在前述"十住"修行的基础上,以无量如来之妙德,随顺十方,作大施主,能舍一切,三时无悔,使所有众生欢喜尊敬。

第三,"无违逆行",又称"无瞋恨行"、"无恚恨行",是指修"忍辱",远离瞋恨,谦卑恭敬,不害自己和他人,对怨能忍,以德报怨。

第四,"无屈挠行",又作"无尽行",是指虽然多劫受诸剧苦,仍勤修精进,发心度一切众生,广摄善法,令至大涅槃而毫不松懈。

第五,"离痴乱行",又名"无痴乱行",是在前述修行的基础上,常住于正念而不散乱,对于一切法都无痴乱。

第六,"善现行",是指知晓一切法并无所有,身、口、意"三业"寂灭,无缚无著,但却不舍弃而是教化一切众生。

第七,"无著行",是指历诸尘刹供佛求法,心无厌足,且以寂灭观诸法,因此对于一切无有所著。

第八,"尊重行",又名"难得行",是指尊重善根智慧等法,悉皆成就,由之更增修二利之行。

第九,"善法行",是指获得"四无碍陀罗尼门"等法,成就种种化他之善法,以守护正法,使佛种不绝。

第十,"真实行",是指修行至此境界已经成就第一义谛,如说能行,如行能说,语言与思维、外在行为完全相应,"色"、"心"都相顺协调。

"回向"指以悲心救护一切众生,是菩萨利他的十大功德,具体如下:

第一,"救护众生回向"即"救护一切众生离众生相回向",菩萨以行"六度"、"四摄"等救护一切众生,使其远离众生之相,怨、亲平等。

第二,"不坏回向",又名"不坏一切回向",将信仰佛、法、僧等三宝所获得的永远不会变化的信仰,回向此善根,使众生获得善利。

第三,"等一切佛回向",又名"等一切诸佛回向"、"平等一切佛回向"、"等诸佛回向",是指效法三世佛,不著生死、不离菩提,修习回向之位。

第四,"至一切处回向",又名"遍至一切处回向",经由回向力以所修善根供养一切三宝、利益一切众生。

第五,"无尽功德回向",又作"无尽藏回向",即随喜"一切无尽善根",回向此等功德,庄严诸佛刹,以得以获得"无尽善根"。

第六,"随顺平等善根回向",又名"随顺坚固一切善根回向"、"入一切平等善根回向",其内容是回向所修之善根,被佛所守护,能成一切坚固善根。

第七,"随顺等观一切众生回向",又名"等心随顺一切众生回向"、"等随顺一切众生回向",其内容是增长一切善根,回向利益一切众生。

第八,"如相回向",又名"真如相回向",是指随顺真如相而将所成种种善根回向给众生。

第九,"无缚无着解脱回向",又名"无缚无着解脱心回向"、"无缚解脱回向"、"无缚无着回向",是指对于一切法无所取执缚着,得解脱心,行普贤行,以无缚着解脱之心回向所习诸善,饶益群生。

第十,"法界无量回向",又名"入法界无量回向"、"法界无尽回向",

指修习一切无尽善根,以此回向,愿求法界差别无量功德。

(2) 加行位

"十回向"之后,持续向着悟证"理体"用功夫,称为"加行位"。"加行"就是为入见道后倍加修行的意思,此又称为"顺抉择分","抉择"意为坚定信仰,铲除疑惑;随顺真如境界,起抉择的智慧。"加行位"的菩萨相比于"资粮位"的偏于修福,是偏于修慧的,所以在此修"四寻思观"、"四如实智观",以伏断分别起的二障和俱生起的现行二障。此位的菩萨虽然较之"资粮位"的观智殊胜,但因为仍然未起"无漏智",在唯识"三性观",难免错观所变的"相分"为"圆成实性",因此仍无法住于无相真如的"唯识实性"。

"加行位"又分为四个等级,即"暖"、"顶"、"忍"、"世第一法"。"暖"、"顶"二位应修习四种"寻思观","忍"、"世"二位应修习四种"如实智"。

"四寻思"是指"名"、"义"、"自性"、"差别"。"寻"为寻求,"思"为思维、考虑。"名"指事相之名称或文字,"义"指"名"所蕴涵的意义。"名"有"自性"和"差别","义"也有"自性"和"差别",世人将二者的自性即内在规定与其外在事相相联系,并且执其为实有。唯识学以为,世人之所以沉沦三界,将语言及其意义世界执为实际之存在,也是重要原因之一。于"暖"、"顶"二位修习"四寻思观"就是要通过修习而体悟"名"、"义"、"自性"、"差别"四者均是"空"的。不过,此"四寻思"虽观"所取"四境(名、义、自性、差别)离开识本身就是不存在的,但仍未能观得"能观"此境的"识"也是非有的。

"四如实智"则在此基础上更进一步,也就是如实了知"四寻思"中"所取"、"能取"本身都是"空"的,因而"名"、"义"、"自性"、"差别"都是"空"而非有的。

"四如实智"具体含义如下:

(1) 名寻思所引如实智:菩萨如实了知诸法之名言,乃是随世间施设,这是为使世间起想、起见、起言说的缘故而立的假名。若不立此假名,则无有想,亦无有能起之执;若无有执,则无言说。能如是如实了知之智,称为"名寻思所引如实智"。

(2) 事寻思所引如实智:诸菩萨观见一切色等想事,乃离言说,寂灭不可得。能如是了知之智,称为"事寻思所引如实智"。

(3) 自性假立寻思所引如实智:诸菩萨如实通达诸法之自性为假而并非真实存在,其性不可得,如影、水中之月,诸法是相似显现而并非真实的自体。能如实了知最甚深义所行境界之智,称为"自性假立寻思所引如实智"。

(4) 差别假立寻思所引如实智:菩萨如实了知诸法差别之可言说性、离言说性。由胜义谛而言,无色等之诸法差别;由世俗谛而言,则有色等之诸法差别。故知真、俗乃相依不二。能如是如实了知此真俗相依不二之义,称为"差别假立寻思所引如实智"。

由于"四寻思"、"四如实智"观分为上、下二品的缘故,其行位次第亦分为"暖"、"顶"、"忍"、"世第一法"等四级,这叫做"四加行"或"四善根"。"暖"是下品的寻思观,"顶"是上品的寻思观,"忍"是下品的如实智观,"世第一法"是上品的如实智观。

此"四观"是由"明得"、"明增"、"印顺"、"无间"等四定发出的缘故,以此四定为体。

"明得定"是以智慧喻光明来说菩萨依此发"下品寻思观",观所取的四法(名、义、自性、差别)都为自识的所变,进而推求假有实无,以伏断所取境。由于光明为暖性故,因此称之为"暖位"。另外,因获得无漏慧的明相,犹如日出的渐渐光明故,叫做"明得定"。

"明增定"是智慧增长,可以引发"上品寻思观",重观所取空,达到最高的绝顶。由于此"定"的这一特点,又称之为"顶位"。

"印顺定"就是印前顺后之意。即发"下品如实智",印持前面"四寻思观"所观的外境都是空无,而其"能取的心识"也是空不可得的智慧。"忍位"本有下、中、上三种,但这里只取"下忍"。观能取空为"中忍",印可"能取"也是空为"上忍"。

"无间定"是至"见道位",中间不间断,因而称之为"无间定"。菩萨在此发一品如实智印可二取俱空,这为异生有漏法中最胜故,叫做"世第一法"。越过这一阶段,就为"出世"。

(3) 通达位

"通达位",也称为"见道位"。"通达"意为体会贯通,即以"无分别智"体会"真如理体"。《成唯识论》卷九说:"若时菩萨于所缘境、无分别智都无所得,不取种种戏论相故。尔时乃名实住唯识真胜义性,即证真如智,与真如平等平等智,俱离能取、所取相故。"[1]这是说,在"通达位"中,"所缘"之境和"能缘"之智皆无,这就是"唯识"。此位就是所谓的"见道"。菩萨在此体悟唯识的实性,使以前所修的观力奏效,而发生无漏真智。菩萨于此舍断以前在加行位时所泄漏的分别起的二障种子、习气,以及前六识相应的俱生起的烦恼障的现行位。

正智的发得,当然是本有的无漏种子,经长时间受熏的现行。真如本为甚深微妙之法,决无法借言语、思虑、分别等说明。此智与真如平等毫无增减故,叫做"无分别智"。此智又为诸智的根本故,一名"根本智"。若以分别的深智,先亲证法性,然后再以分别的浅智,了知依他如幻的俗事,即叫"后得智"。见道的菩萨就是以此二智缘真俗二境的。

"见道"之义有二说:

一是"真见道"得"根本智"。如《成唯识论》卷九所说:"一、真见道,谓即所说无分别智,实证二空所显真理,实断二障分别、随眠,虽多刹那事方究竟,而相等故,总说一心。"[2]即实证"我空"、"法空"所显示的真理,断除"烦恼障"和"所知障"的"分别"、"随眠"。虽经多念方才究竟悟现,但其每一念都契合理体,念念前后相等,故总说"一心"。

---

[1] 玄奘译:《成唯识论》卷九,《大正藏》第31册,第49页下。
[2] 同上书,第50页上。

二是"相见道",又可分为"观非安立谛"和"观安立谛"两种。"安立"即方便施设之义。

"观非安立谛"就是观无差别的绝对真理即"真如理体"。《成唯识论》卷九说:此"有三品心:一、内遣有情假缘智,能除软品分别随眠;二、内遣诸法假缘智,能除中品分别随眠;三、遍遣一切有情诸法假缘智,能除一切分别随眠。前二名'法智',各别缘故;第三名'类智',总合缘故。"①在此,"内遣有情假缘智"指能断"我执"的智慧,"内遣诸法假缘智"指能断"法执"的智慧,而第三"类智"则总合前二智之所证,既体认人空,又体认法空。

"观安立谛"是观有差别的相对真理即"四圣谛"。此含有"十六心",即"苦"、"集"、"灭"、"道"各有四心。唯识宗对"十六心"之开合遵循两个规则,先以"别相"与"总相"将"四谛"各分为二,即"法"与"类";再将所证分成"忍"与"智",心安住于"真理"而不动叫"忍",因"忍"而成就者为"智"。比如依"苦谛"来说,由观"苦谛真如"而成"苦法智忍",由"苦法智忍"而"证苦法智",再由"证苦法智"而成"苦类智忍",由"苦类智忍"而"证苦类智"。其他三谛,可依此类推。"通达位"中所谓"一心"指"无漏种子"以"真如"为"所缘"而起"现行"时所生成的无漏心,称"一"言其绝对无染,而所谓"十六心"则是无漏之"心体"的"随缘起用"即心之作用。

(4) 修习位

修习位,也称为"修道位"。《唯识三十颂》曰:"无得不思议,是出世间智。舍二粗重故,便证得转依。"②这是说,在修习位,菩萨已经成就无所得之"空",已经远离能取之识和所取之境,其证得的这种智慧妙用难测、不可思议,属于出世间智。这一阶位的菩萨已舍除了烦恼、所知二障,已转舍"依他起"上"遍计所执"及能转得"依他起"中"圆成实性"。由

---

① 玄奘译:《成唯识论》卷九,《大正藏》第31卷,第50页上。
② 同上书,第50页下。

转烦恼得大涅槃,转所知障证无上觉。修习位是指自初地的"住心"到十地的出心——"金刚心"无间断的修行。因为这里的菩萨,几涉及三阿僧祇劫的全部,在十地中的一一地上,各以一波罗蜜行为本,勤修自余的一切行故,必须断除一重障,证一真如。又每一地复有"所修"、"所断"、"所证"等三段。这就是所谓的十波罗蜜、十重障、十真如。

简要地说,此位要经"十地",修十胜行,断十重障,证十真如。

菩萨修行的"十地"如下:

第一,"欢喜地",即菩萨初地,又作"极喜地"。菩萨历十信、十住、十行、十回向等修行阶位,经一大阿僧祇劫之修行,初证真如平等圣性,全部证得人空、法空之理,能成就自利利他之行,心多生欢喜,故称"欢喜地"。

第二,"离垢地",又作"离垢"、"无垢地"、"净地"、"具戒地"。进入此地的菩萨,获得守清净戒行,远离烦恼垢染,故名"无垢"。又以此地具足三聚净戒故,亦称"具戒地"。

第三,"发光地",又作"明地"、"有光地"、"兴光地"。菩萨至此位成就胜定、大法、总持,开发极明净之慧光。

第四,"焰慧地",又作"焰地"、"增曜地"、"晖曜地"。菩萨至此位安住于最胜菩提分法,烧烦恼薪,增智慧焰,因此名之为"焰慧地"。

第五,"难胜地",又作"极难胜地"。菩萨至此位,能使行、相互违之真、俗二智互合相应,因此名为"难胜地"。

第六,"现前地",又作"现在地"、"目见地"、"目前地"。菩萨至此位,住缘起智,进而引发染净无分别的最胜智现前,故名"现前地"。

第七,"远行地",又作"深行地"、"深入地"、"深远地"、"玄妙地"。菩萨至此位,修行进入无相行,远离世间及二乘的有相功用,因此名为"远行地"。

第八,"不动位"。菩萨至此"不动"位,"无分别智"已经相续任运,不被相、用、烦恼等所动,因此名为"不动地"。

第九，"善慧地"，又作"善意地"、"善根地"。菩萨至此位，成就微妙四无碍辩，普遍十方，善说法门，因此名为"善慧地"。

第十，"法云地"，又作"法雨地"。菩萨至此位，大法智云含众德水，如虚空覆隐无边二障，使无量功德充满法身，故名"法云"。

"十地"依次修习的十种"胜行"：其一，"施波罗蜜多"，有"财施"、"法施"、"无畏施"三种。其二，"戒波罗蜜多"，持戒而常自省。其三，"忍波罗蜜多"，忍耐迫害。其四，"精进波罗蜜多"，精励进修而不懈怠。其五，"禅波罗蜜多"，摄持内意，使心安定。其六，"般若波罗蜜多"，开真实之智能，晓了诸法实相。其七，"方便波罗蜜多"，以种种间接方法，启发其智慧。其八，"愿波罗蜜多"，常持愿心，并付诸实现。其九，"力波罗蜜多"，培养实践善行，判别真伪之能力。其十，"智波罗蜜多"，能了知一切法之智能。

此阶位修行所断的重障：与第六识相应的烦恼障的现行是于"地前"渐伏，而至"见道"时顿伏。至于第七识相应的烦恼障的现行，就在七地前渐伏，而于七地时永伏。所知障中，第七识相应的现行是，只缘第八识的见分，而不障地地法故，是地地时生时伏，必须到了金刚无间道时始能永伏。第六识相应的所知障的现行是从地前的加行位渐伏，而到第八位始能永伏。因种子分有十障故，分担于十地渐伏，而直到金刚无间道时，才与其他俱生起的二障顿断。至于"习气"，就统通于佛果的解脱道时永舍。

十重障中，因每障各具二愚故，合计障佛果的二愚，共为"十障"并"二十二愚"。十障就是：异生性障、邪行障、暗钝障、微细烦恼现行障、下乘般涅槃障、粗相现行障、细相现行障、无相中作加行障、利他中不欲行障、诸法中未得自在障。此中，只有第一的异生性障从烦恼、所知二障分别而生，其余的九障则都为所知障中的俱生起的一分而生。十真如就是由对治此"十障"而生起的。

"十地"所证得的"十真如"罗列如下：

① 遍行真如，初地断异生性障所证我、法二空所显真如，遍于一切事物，故称之遍行真如。

② 最胜真如，二地断邪行障所证，由于严谨持戒而证无量功德，于诸法中最为殊胜，故称之为最胜真如。

③ 胜流真如，即大乘胜流教法所显真如，三地断"暗钝障"所证。

④ 无摄受真如，四地断"微细烦恼现行障"所证，非我执所依，无所系属。

⑤ 类无别真如，五地断下乘般涅槃障所证，了知真如类无差别。

⑥ 无染净真如，六地断"粗相现行障"所证，此真如之本性既无杂染又无清净。

⑦ 法无别真如，七地断"细相现行障"所证，此真如体于一切事物无二无别。

⑧ 不增减真如，八地断"无相中作加行障"所证，由于无分别智而得自在。

⑨ 智在所依真如，九地断"利他中不欲行障"所证。

⑩ 业自在等所依真如，十地断"诸法未得自在障"所证，由于神通、经咒等使其自在。

(5) 究竟位

菩萨于"修习位"之后即达"究竟位"，即证得佛果。此位为佛位，诸漏永净，清净圆明，因而名为"无漏"。诸佛"法身"，不可执"有"，不可说"无"，离诸分别戏论，非言可诠，是不可思议的绝对"理体"。其纯净无染，因而说其为"善"；恒无变易，因而说其为"常"；众相寂静，因而说其为"安乐"；永离缚障，因而说其为"解脱身"。至此，唯识宗所说之"转识成智"便告完成。

如前所叙述，"转依"所得的是涅槃和菩提。

涅槃，又作"泥洹"，为灭度、圆寂、不生、解脱的意思。即断除烦恼，度脱生死所得的证果。涅槃是真如的理体，其自性本来清净无垢，但受了客尘烦恼二障的覆蔽,致使无法显彰了。所以必以圣道的正智断尽二障,使其自性清净的理体皎皎显现。法相唯识宗所主的涅槃共有四种:

第一,"本来自性清净涅槃",简称"性净涅槃",为一切诸法本具的,实性真如的理体。它虽然有时为客尘烦恼所覆蔽,但其自性却是本来清净,具足无量微妙功德,不生不灭,凝然湛寂。

第二,有余依涅槃,简称"有余涅槃"。"有余"就是有残余的依身(指异熟苦果)的意思。这是断烦恼障所显现的真如。就是说,修行至此,虽然断除了烦恼障证此真如,但尚有异熟苦果的残余依身的缘故,叫做"有余涅槃"。

第三,无余依涅槃,简称"无余涅槃"。这与"有余涅槃"相同,是断烦恼障所显现的真如,但已无异熟苦果的依身(即已死)故,叫做"无余涅槃"。

第四,无住处涅槃,是断所知障所显现的真如。若证此涅槃,就常为大智与大悲辅翼了。即大智故不住生死,离迷界,大悲故不住涅槃,利乐有情。如此,不住生死、不住涅槃,体性恒寂,故叫做"无住处涅槃"。二乘因不断所知障,因此不得深智,致使不了知生死、涅槃不二,而急欲脱离生死住涅槃。对此,菩萨就不同了,既不怕生死,又不求涅槃,且能以大智、大悲利乐有情。四涅槃中,凡夫与二乘的有学,可得第一的涅槃,不定性的二乘无学,可得前之二种涅槃,定性的二乘无学,可得前之三种涅槃,顿悟的菩萨,可得第一和第四的涅槃,至于佛果的圣者,就具足四涅槃。

二乘的无学,虽断烦恼障,灭除招感有漏色心的业因,但因未断所知障故,第八识尚有有漏,无法变现无漏的五蕴。对此,菩萨是断烦恼、所知二障故,已变成无漏清净色心,而住生死、涅槃无二的大涅槃,以利乐有情。这叫做菩提。菩提是断所知障所得的,即从第八识本有的无漏种子开发而现行的,所以叫做所生得。

菩提是梵语 bodhi 的音译,为"觉"、"智"的意思。其体就是无漏的八识,而与五遍行、五别境、十一善心所相应。八识在有漏位,因智用脆弱,识分别力较强故,叫做"识"。对此,无漏位智用较强,识分别力较弱故,叫做"智"。唯识学所讲的转依所得的"智"全称"四智相应心品",即大圆镜智、平等性智、妙观察智、成所作智。从上述"五重唯识观"和"修行五位"说可以看出,唯识宗的成佛法门确实可以称之为"难行道"。这一解脱方法是与其五种性的佛性论、种子熏习说及转依之因缘说,诸如此类的理念相一致、相贯通的,其中所贯注的成佛之机须内因、外缘齐备的观念,与台、贤、禅及净土诸中国化色彩颇为浓厚的佛教宗派所公认的专注于"心解脱"而不论外缘的理念,构成了两种不同的向度。与中国化诸宗之"心解脱"所受的赞许相比,唯识宗更重主观、客观皆须变革的心性解脱观念几乎未受多少注意与赞同,这不能算作公允的做法。

五、判教

判教问题在隋唐佛教宗派中有特殊的意义,唯识宗也不例外。玄奘在印度曾经作《会宗论》,其内容可能与判教有关,可惜未曾流传下来,现存的文献中没有玄奘的相关说法。作为创宗的大师之一,窥基的判教思想自然属于唯识宗教义体系的重要组成部分。窥基有许多著作涉及判教问题,其中以《大乘法苑义林章》、《法华玄赞》和《说无垢称经疏》论述较为详细。《大乘法苑义林章·总辨诸教》以瑜伽行派教义为根据,对印度和中土主要判教说作了综合评述。《法华玄赞》、《说无垢称经疏》则在论说《法华经》和《维摩经》经义时,提及判教说。下文依据《大乘法苑义林章》、《法华玄赞》、《说无垢称经疏》的相关论述,吸收当代学者的研究成果[①],对窥基的判教思想作些分析叙述。

---

① 参见廖明活《窥基的判教思想》,载《台湾大学佛学研究中心学报》第3期,1998;黄国清《窥基判教思想的重新审视》,载《圆光学报》第8期。本节内容参照前者的论述较多。

1. 三时教

在论述摄论学派的时候已经叙述了真谛已经引入了印度瑜伽行派的"三法轮"(三时)判教说。作为对印度瑜伽行派学说较为忠实的引入者,玄奘、窥基所创立的法相唯识宗自然是以此为判教说的核心理念的。

窥基在《大乘法苑义林章》卷一"时利差别门",在评述前人的"一时教"、"顿渐二教"、"五时"等判教主张后,举出"三时"说法,为依时序分判佛法的正义。

"三时"观念出自《解深密经》。玄奘译《解深密经》卷二的原文如下:

世尊初于一时,在婆罗痆斯仙人堕处施鹿林中,惟为发趣声闻乘者,以四谛相,转正法轮。……而于彼时所转法轮,有上有容,是未了义,是诸诤论安足处所。世尊在昔第二时中,惟为发趣修大乘者,依一切法皆无自性,无生无灭,本来寂静,自性涅槃,以隐密相,转正法轮。……而于彼时所转法轮,亦是上有所容受,犹未了义,是诸诤论安足处所。世尊于今第三时中,普为发趣一切乘者,依一切法皆无自性,无生无灭,本来寂静,自性涅槃,无自性性,以显了相,转正法轮。……于今世尊所转法轮,无上无容,是真了义,非诸诤论安足处所。①

经文把佛陀说法过程划分为三个时段:第一时,佛陀首先在鹿野苑,特别向修小乘法者,讲解四谛的道理。第二时,佛陀继而以隐密相向修大乘法者宣讲一切法皆无自性、无生无灭、本来寂静、自性涅槃等等道理。第三时,佛陀以显了相为发趣一切乘者宣讲一切法皆无自性、无生无灭、本来寂静、自性涅槃、无自性性等等道理。

《大乘法苑义林章》在申述其"三时"说法前先引用了《解深密经》这一段经文作为依据之一,然后又举出《金光明经》的"转"、"照"、"持"三种法轮观念:"《金光明经》亦说三时,谓转、照、持。"引文简略,而他在《说无

---

① 玄奘译:《解深密经》卷二,《大正藏》第16卷,第697页上—中。

垢称经疏》中陈述"三时"分类经典依据时,有文说：

> 即是《金光明经》中说转、照、持三种法轮。世尊初说三乘同行四谛有教,名"转法轮"。以十二行相,独得"转"名。第二时说大乘独行空理之教。照破有故,名"照法轮"。第三时说遣所执空,存二性有。三乘之人,皆可修持,名"持法轮"。①

《金光明经》原经文也很简略,并无其后的解释说明。而唐法藏《一乘教义分齐章》卷一记述说,玄奘曾有"三法轮"的说法："依大唐三藏玄奘法师,依《解深密经》、《金光明经》及《瑜伽论》,立三种教,即三法轮是也。一转法轮,谓于初时鹿野园中,转四谛法轮,即小乘法。二名照法轮,谓中时,于大乘内密意说言诸法空等。三名持法轮,谓于后时,于大乘中显了意说三性及真如不空理等。"②有学者推测,窥基关于上述"三轮"的解释可能得之于玄奘,这是有可能的。

窥基在《成唯识论述记》中也有较长的文字论述"三轮说",其文如后：

> 如来设教,随机所宜;机有三品不同,教遂三时亦异。诸异生类无明所盲,起造惑业,迷执有我,于生死海沦没无依。故大悲尊初成佛已,仙人鹿苑转四谛轮,说《阿笈摩》,除我有执,令小根等渐登圣位。彼闻四谛,虽断我愚,而于诸法迷执实有。世尊为除彼法有执,次于鹫岭说诸法空,所谓《摩诃般若经》等,令中根品舍小趣大。彼闻世尊密义意趣,说无破有,便拨二谛,性相皆空为无上理。由斯二圣互执有、空,迷谬竞兴,未契中道。如来为除此空、有执,于第三时演了义教,《解深密》等会,说一切法唯有识等。心外法无,破初有执;非无内识,遣执皆空;离有、无边,正处中道。③

---

① 窥基:《说无垢称经疏》卷一,《大正藏》第38卷,第997页下。
② 法藏:《一乘教义分齐章》卷一,《大正藏》第45卷,第481页上。
③ 窥基:《成唯识论述记》卷一,《大正藏》第43卷,第229页下。

上文说，如来以"三时"设教，是由于众生根机有三品分别，佛陀针对如此根机，教以不同义理以教化众生。关于"三时"的具体内容和特点，归纳如下：第一时，佛陀于成道之始，见众生妄执有我，以至多造惑业，生死轮回不断，于是在鹿野苑，演说《阿含经》，以四谛教义，对治有我之执见。此一"时"针对的是下品根器众生。第二时，众生得闻四谛之说后，虽不再内执我为实有，但仍然执诸法为实有。佛陀于是在灵鹫山，演说《大般若经》等，以法空教义，对治其法有之执见。此"时"针对的是中品根器的终生，其实抛弃小乘法，趣入大乘道。第三时，众生得闻佛陀法空之说，却不理解佛陀说空破有的密意，以至执取法空之义为无上正理，未能契悟中道。佛陀有见及此，遂于第三时演说《解深密经》等，说示万法唯识的道理，指出心外之法皆为心识所变，非是实有，以破除初时之有执；又指出内识并非不存在，非是实无，以排遣后时的空执；而舍离有和空这两边，也便是处于中道。

上述窥基所说的"三时"，与前述《解深密经》所说的"三时"和玄奘所说的"三种法轮"，内容大致相同，但也有一些重要区别[①]：其一，《解深密经》所说"三时"和玄奘所说"三种法轮"的教学对象（前者为"修小乘法者"、"修大乘法者"、"修一切乘者"，后者为"三乘人"和"大乘人"）之间的关系并不明确；而窥基则称"三时"之教学对象为"三品根机"，其阐述又清楚显示其所谓"三品根机"，并非三组根机上、中、下不同的众生，而是相同众生在接受佛陀教化过程中其知解自下至中、自中至上的三重转变。又窥基的阐述把"三时"教学的前浅后深，说为是对应这知解自下至上的升进，这使"三时"分类在《解深密经》里原有的应机含义，更形突出。其二，《解深密经》所述的第二、第三时，在教学内容方面并没有不同（同是讲说"一切法皆无自性性，无生无灭，本来寂静，自性涅槃"），其不同在于教学方法上前者为"隐密"，后者为"显了"。玄奘和窥基分别以讲说法

---

① 参见廖明活《窥基的判教思想》，载《台湾大学佛学研究中心学报》第3期。

空和讲说瑜伽行学派所祖述的观念(玄奘举出三性观念,窥基举出唯识中道观念),为第二、第三时段教学的特点所在;其所述的第二、第三时的不同地方,主要是在教学内容。又玄奘和窥基高举瑜伽行教学最重视的"唯识"、"三性"等观念,为佛陀说法最后一时所开示的究极教说,比起《解深密经》的分析,更清楚表现出推尊瑜伽行思想的意图。其三,窥基"三时"说的宗派意识很明显。窥基在其著作中一再批评中观学者误解龙树之意,以至生起空见,并且屡屡强调能契会中道,为瑜伽行的唯识教义的优点。如窥基在《成唯识论述记》卷七阐述唯识教义时说:"无心外法,故除增益边;有虚妄心等,故离损减边……唯识义成,契会中道,无偏执故。"①此外,在论说"第三时"之时,窥基对玄奘论说第三"持法轮"时所标举的不偏取"有"和"空"的教旨,作出进一步铺陈,指出佛陀所以在第三时讲演唯识的道理,是鉴于有些众生不了解他所以在第二时提出法空之说,无非是要破斥法有之见,以至执著法空之教,视之为至高无上真理;又表示唯识教理有叫人"离有、无边,正处中道"的作用,显然以"三时"判教确立瑜伽行派的最高地位。

此外,窥基在《成唯识论述记》概括论说"三时"之后,还举出了一系列经论,来说明唯识等教义为佛陀在第三时所阐发的中道意旨。其文如下:

> 又今此《论》爱引六经,所谓《华严经》、《深密》、《如来出现功德庄严》、《阿毗达磨》、《楞伽》、《厚严》,十一部论:《瑜伽》、《显扬》、《庄严》、《集量》、《摄论》、《十地》、《分别瑜伽》、《观所缘缘》、《二十唯识》、《辩中边》、《集论》等为证,理明唯识、三性、十地因果行位了相大乘,故知第三时中道之教也。②

这里所列举的六种经(《华严经》、《解深密经》、《如来出现功德庄严

---

① 窥基:《成唯识论述记》卷七,《大正藏》第43卷,第488页上。
② 窥基:《成唯识论述记》卷一,《大正藏》第43卷,第229页下—230页上。

经》、《大乘阿毗达磨经》、《楞伽经》、《厚严经》)和十一种论(《瑜伽师地论》、《显扬圣教论》、《大乘庄严经论》、《集量论》、《摄大乘论》、《十地经论》、《分别瑜伽论》、《观所缘缘论》、《唯识二十论》、《辩中边论》、《阿毗达磨集论》),都是瑜伽行学统最重视的典籍。而窥基判定,这些经典要发明的,即是第三时教最究极的中道主旨,其目的显然是要强调它们的重要性和正统性。

2. 渐、顿二教

窥基"三时"判教还有一项重要内容,就是将其与"渐、顿"二教结合起来。尽管"渐、顿"二教的判教说,从刘宋时期的慧观起,承袭论述者不断,但窥基对此说也有独特的解释,并且对于此前的各家学说作了分析批评。

窥基首先征引"古来大德"的"顿渐五时判":"又古来大德立有顿渐二教:为诸菩萨大根大茎说《花严》、《楞伽》、《大云》、《法鼓》、《胜鬘》等经,一会之中,说二谛理尽,名之为顿。大不由小起,故名为顿。始从佛树终至双林,从浅至深渐次说法,因果、三归、五戒、十善等法;三乘有教《阿含》等经;《维摩》、《思益》、《大品》空教;《法华》一乘;《涅槃》等说常住佛性,皆是渐教,会通三乘。大由小起,名为渐也。"①根据净影慧远《大乘义章》的记载,引文中的说法应该是"晋武都山隐士刘虬"的主张。对于这种"顿渐教判",窥基接受了"大不由小起"为"顿教","大由小起"为"渐教"的基本定义,但不赞成将一部经论的全体义理一定判入"顿教"或"渐教"的说法。他说:

> 古德说有顿渐,理虽可然,定判诸经为顿渐者,义即难解。只如《华严经》中《入法界品》,五百声闻在于会坐,列名叹德。又舍利弗将六千弟子从自房出,文殊师利为说十法,即发无上正等觉心。《楞伽经》中亦列声闻在于会坐。《法鼓经》中说穷子喻与《法华经·信

---

① 窥基:《大乘法苑义林章》卷一,《大正藏》第45卷,第247页上—中。

解品》同。《胜鬘经》说三种意生身一乘之义,《摄大乘》云:"引摄一类不定性故。"非为顿教。《华严》等经未必从首至末皆是为彼大根行说,并名为顿。定说五时所说之经为渐教者,后当叙非。①

被古来大德判为顿教的经典,也有引导渐教根机者之处;同样的,被判为渐教的经典,也含有顿教的成分。《华严经》与《楞伽经》中的声闻弟子就是渐教根机。《法华经》"穷子喻"述说渐次引导声闻弟子使修学一乘之事,《法鼓经》也引到这个譬喻。《胜鬘经·一乘章》说有阿罗汉、辟支佛、大力菩萨三种意生身,即是三乘,所谓的"三乘即是一乘",意思是说"声闻、缘觉乘皆入大乘",窥基引《摄大乘论》说明这是引导不定性根机,属于渐教。所以这些经典不是自始至终完全属于顿教的内容。此外,被判入渐教五时的经典,也不是全无顿教的内容。

除上述那种较为共通的顿渐分判观点外,窥基也不同意菩提流支依据《楞伽经》所立的二时教:"菩提流支法师亦立二时教。《楞伽经》说渐、顿者,莫问声闻、菩萨,皆渐次修行,从浅至深,名为渐也;顿者,如来能一时顿说一切法,名之为顿。"②这是以如来说法的方式而言,是顿时而非渐次。佛陀一时顿说诸法,在如来的法音中,具足一切教义。渐教是就众生的实践历程而论,不管是菩萨道还是声闻道,都是渐修,没有顿悟。

窥基在《大乘法苑义林章》又罗列了菩提流支的"一时教"如下:"后魏有菩提流支法师,此名觉爱,唯立一时教。佛得自在,都不起心有说不说,但众生有感,于一切时,谓说一切法。譬如天乐随众生念出种种声,亦如末尼随意所求雨种种宝。……故无一教定顿定渐。又《无量义经》言:我得道来四十余年,常说诸法不生不灭、不去不来、无此无彼、无得无失,一相无相,但由众生悟解不同,得诸果异。……故知诸教但总一时,

---

① 窥基:《大乘法苑义林章》卷一,《大正藏》第45卷,第247页下—248页上。
② 同上书,第247页中。

无二、三等。"①如来一时说法的内容事实上包含大小乘的全部教义,不能就顿渐、浅深来加以区别,就此种意义而说其为"顿"。而自听法者这边来说,有顿受或渐入的不同,他们各就所闻而集结的经律也因此在内容上有"顿"、"渐"的差别。窥基不能同意这样的见解,他在《大乘法苑义林章》批评一时教说:

> 菩提流支法师唯立一时教者,若废事谈理,及在一会有大小机,可如所说。若唯被大如《胜鬘经》;或但被小如《遗教经》;或初有大无小,如《华严经》至《入法界品》方有声闻;初有小无大,虽未见文,理必应尔,如斯等教义类甚多。或有诸经全分、多分大小教异,言唯一时,深为猛浪。岂无一会顿发三乘之心,及无渐入大乘者也?②

窥基认为一时教成立的条件有二:第一,只谈理上的平等而不论事上的差别;第二,一处法会上同时具有大小根机的听法者。窥基考察经典的内容,虽见许多经典的听法大众同时包含声闻弟子与菩萨众,但也发现部分经典有一定根机的听法者,如《胜鬘经》只针对上品根机,除佛陀侍者阿难外,全经不见声闻弟子;《佛遗教经》针对下品根机,全经仅见声闻弟子;或一部经典大部分内容只引导某特定根机的听法者,如《华严经》于《入法界品》前未见声闻行者。因此,顿、渐的区别是不可否定的,判教不能刻意忽略这种事相上的差异。

此外,窥基对菩提流支的顿渐教判也提出另一种批评:"菩提流支法师依《楞伽经》立顿渐二教者,此亦不然。彼经以佛能顿说法,以说为顿;以三乘人渐次修学名之为渐,以行为渐,非约教时,亦不可取。"③窥基指出菩提流支用"说"和"行"两种不同标准来区分顿与渐,是一种混淆。此处也引出窥基自己对于渐教的判教标准,判教必须考虑到"教理"和"时序"。

---

① 窥基:《大乘法苑义林章》卷一,《大正藏》第45卷,第247页上。
② 同上书,第247页下。
③ 同上书,第248页上。

窥基所持的"顿教"和"渐教"的定义，在《法华玄赞》中有更清楚的说明。《胜鬘经》和《法华经》说的都是最高的法义，也同样述及一乘，但窥基以两部经分别作为顿教和渐教的代表：

> 诸佛设教略有二种：一、顿；二、渐。顿即被彼大机，顿从凡夫以求佛果，如《胜鬘经》所说一乘，一乘是权，四乘实故。渐即被彼从小至大机，如此经中所说一乘，一乘是实，二乘权故。①

渐教的主要意义是必须经由小乘再转向大乘，《法华玄赞》中又提到两种渐悟的意义，一种较为严格，必须证到小乘果；另一种较宽松，只要发过二乘心，修过二乘行者都包含其中："菩萨亦二：一者，顿悟；二者，渐悟。渐悟有二义：一者，若从得小乘果发心向大，名为渐悟。……若从二凡而归于大，即顿悟摄。未曾悟证二乘果故。……二者，但从曾发二心，曾修二行来归大者，皆名渐悟。具彼姓故，修彼行故。闻思悟解，亦名为悟，何必证悟？"②窥基将悟分成"证悟"和"解悟"两种，对于小乘法曾有过证悟或解悟，再转向大乘的实践，都属渐悟。前者就"退菩提心声闻"而言，后者指一般的"渐悟菩萨"，《法华玄赞》引《摄大乘论》说："《摄论》十义解一乘云：'为引摄一类，及任持所余。由不定种性，诸佛说一乘。'所引摄一类，即退菩提心声闻；及任持所余，即渐悟菩萨。"③退菩提心声闻与渐悟菩萨都属不定种性。渐悟菩萨转向大乘的意义尚容易了解，为何已证小乘果位的退菩提心声闻也能转向大乘呢？窥基将声闻分为"决定种性"及"退已还发大菩提心"二种，前者无法再发起菩提心，必然证入无余涅槃；后者属不定种性，过去已发过菩提心行大乘道，中途因实践艰苦而退回小乘行，后来值遇佛陀而重新唤起菩提心。

总体言之，窥基对于"渐顿"的理解并不拘泥于一个标准和角度，如

---

① 窥基：《妙法莲花经玄赞》卷一，《大正藏》第33卷，第655页上。
② 同上书，第653页上。
③ 同上书，第653页中。

把自己宗派的"宗经"《解深密经》判作渐教,将《华严经》判为顿教;将《胜鬘经》说一乘判归顿教,《法华经》说一乘判入渐教。

对于"渐"、"顿"二教的分判,窥基的特别之处在于认为同一佛经可以同时判属"顿教"和"渐教"。他不是只依一部经的教理来判顿渐,还要结合经中所述的众生入道历程共同来判释。而且所谓一部经典是顿是渐,是就其大部分内容而论,《大乘法苑义林章》说:"多分顿渐,无别教门,随一会中所应益故。"①一部偏于顿教的经典中通常只是大部分的内容是顿教,而非全经皆是顿教;反之,偏于渐教的经典亦然。因此,顿教的《华严经》中也教化渐悟的人,渐教的《法华经》中也引导顿悟的众生。"约其多分即初成道,《华严》等中说唯心是。多分顿、渐无别教门,随一会中所应益故。《华严》说有声闻在会,《深密》亦有声闻发心,《胜鬘经》中亦说一乘意生身等,《摄大乘》说为不定人说一乘故。《法华经》中《分别功德品》言佛说《如来寿量品》时,有八世界微尘数众生发菩提心。如是等文,上下非一。故知《法华》亦被顿悟,《华严》亦有渐悟之人。若依觉爱定唯一时,无渐次者,即违《深密》说有三时。"②《法华经》中有部分众生不经小乘法的学习而发菩提心,是顿悟的历程;《华严经》中亦出现声闻行者,他们是渐悟的根机。所谓的"无别教门",是说不论顿教还是渐教第三时的教理,所说的都是最高法义,这点是无差异的,差别是在众生因根机不同而显现的入道历程。窥基所讲"顿"、"渐"的区别,一再强调其应机方面的意义。他说,"渐教"三时的分立,乃为了对应那些根机次等、需要从小乘教渐次进入大乘教的众生,这就是他所说的"若据众生机器及理,可有顿、渐之教"的含义。然而,在教授那些根机上等,不用渐次入道的众生时,佛陀的教说并没有前小乘、后大乘的阶次。

3."自立"、"异宗"及其八宗判教

窥基在《大乘法苑义林章》的"诠宗各异门"中,又分"自立"和"异宗"

---

① ② 窥基:《大乘法苑义林章》卷一,《大正藏》第45卷,第249页中。

两方面对佛教内外各宗派所宣扬的教旨作出分判。所谓"自主"是指自身所主张的,"异宗"则指与自身所主张的殊异的宗义。而他又将"异宗"划分为"外道"和"小乘"两类。"外道"指佛教之外而在印度广泛流行且为佛教所反对的教说。于"小乘"一类,他一是以玄奘翻译的《异部宗轮论》为据,把传统所说的小乘佛教二十部派归纳为十一宗,并举出这些宗的一些独特教义。

对于"自主"方面,窥基的划分尤其应该引起注意。窥基说,"自主"有"边主"和"中主"之风。所谓"边主"是表示其"主"张偏向一"边",跟佛陀所发扬的中道精神不吻合。窥基这样界定"边主"的宗义:

> 列边主者,谓清辨等,朋辅龙猛、《般若经》意,说诸法空。……乃至有为、无为二法,约胜义谛体虽是空,世俗可有。……此由所说胜义谛中皆唯空,故名为"边主"。①

窥基这里举出清辨为"边主"的代表。清辨乃是中观学派的自立论宗一系的创立人。可见,窥基心目中的"边主"是指中观思想。根据窥基所说,清辨以《般若经》和龙树的教旨为根据,主张一切法,无论是有为或是无为,虽然依世俗层面看可以说是"有",就胜义层面观则原来是"空"。由于其教说"唯"以"空"为真实义,有所偏尚,故形容之为"边"。

至于"中主",窥基有以下一节话:

> 列中主者,谓天亲等辅从慈氏、《深密》等经,依真俗谛说一切法有空不空。……此即建立三性唯识,我法境空,真俗识有,非空非有中道义立。即以所明说一切法非空非有中道之义,以为宗也。②

窥基以世亲为"中主"的代表。可见,他所说的"中主"是指瑜伽行思想。窥基指出世亲依《解深密经》和弥勒的教旨,建立三性和唯识的教义,就

---

① 窥基:《大乘法苑义林章》卷一,《大正藏》第45卷,第249页下—250页上。
② 同上书,第251页上。

"我"和"法"两种境为心识活动所变现,是遍计我执的对象,说它们是"空";就"真"和"俗"两种识分别为依他起和圆成实的实然存在,说它们是"有"。由于其教说兼具"有"和"空"两面,既不偏取有的一边("非有"),亦不偏取空的一边("非空"),能体现佛说的中道精神,故名之为"中主"。

上述"异宗"和"自主"两门为总纲的判教体系,包括了对印度外道教派以及小乘各部派、大乘两大思想派别三大部分,涵盖广泛。此中最值得注意的是,他将小乘部派归入"异宗"一门,跟外道并列,显示出极其强烈的贬低小乘的意向;而在"自主"中将中观列入"边主",有些故意抑评中观学派的倾向,这都反映了窥基明确的宗派化意图。

窥基又有"八宗"的分类。他在《说无垢称经疏》中说,"以理据宗,宗乃有八"①。在《大乘百法明门论解》中,他又将此八宗归结为"唯小乘"、"通于大小乘"、"唯大乘"三组,"八宗"构成一自浅至深的佛教教义系统。下文依据这两种文献,对此说作一些分析说明。

"八宗"中的前四门纯粹是小乘性质,它们分别为:

一、我法俱有宗:谓犊子部等。彼说我、法二种俱有,立三聚法:一有为聚、二无为聚、三非二聚;前二聚法,第三聚我。又立五德藏:一过去,二未来,三现在,四无为,五不可说,此即是我,不可说是有为无为故。

二、有法无我宗:谓萨婆多等。彼说诸法二种所摄:一名,二色;或四所摄:谓去、来、今、及无为法;或五所摄:一心、二心所、三色、四不相应、五无为。故一切法皆悉实有。

三、法无去来宗:谓大众部等,说有现在及无为法,过去、未来体用无故。②

四、现通假实宗:谓说假部等。彼说无去(世)、来世。现在世中

---

① ② 窥基:《说无垢称经疏》卷一,《大正藏》第38卷,第999页上。

诸法，在蕴可实，在界、处假，随应诸法假实不定。《成实论》等、经部别师，亦即此类。①

依据上引《说无垢称经疏》的文字并参照《大乘百法明门论解》的说明，可知：第一，我法俱有宗：这主要是犊子部、法上部、贤胄部、正量部、密林山部这五小乘部派的立场。这些部派以"三聚法"和"五德藏"为实有；而"三聚法"中的"有为"、"无为"二聚及"五德藏"中的"过去"、"现在"、"未来"、"无为"四德藏，乃是外在的"法"；"三聚法"中的"非有为非无为"一聚法及"五德藏"中的"不可说"一德藏，乃是指内在的"我"；因此，犊子部等是以"我法俱有"为"宗"义。第二，有法无我宗：这主要是一切有部、雪山部、多闻部这三小乘部派的立场。这些部派主张一切"法"皆是实有，而它们把一切法或划分为名、色两类，或划分为过去、现今、未来、无为四类，或划分为心、心所、色、不相应行、无为五类，当中都没有"我"一类法。因此，一切有部等是以"有法无我"为"宗"义。第三，法无去来宗：这主要是大众部、鸡胤部、制多山部、西山住部、北山住部、法藏部、饮光部这七小乘部派的立场。这些部派主张在一切法中，唯现在法和无为法为实有，过"去"法和未"来"法的体和用均"无"有。因此，它们是以"法无去来"为"宗义"。第四，现通假实宗：这主要是说假部的立场。说假部主张不但过去法和未来法是无有，在现在法中，亦唯五蕴可说是真"实"，十二处和十八界都是虚"假"。因此，它是以"现通假实"为"宗"义。

第五、六两门宗义是兼通小乘和大乘，它们分别为："五、俗妄真实宗：谓说出世部等。世俗皆假，以虚妄故；出世法实，非虚妄故。六、诸法但名宗：谓一说部。一切我、法，唯有假名，都无体故。"②此中，"俗妄真实宗"是说出世部的立场。说出世部主张所有世"俗"法，包括五蕴在内，都

---

① 窥基：《说无垢称经疏》卷一，《大正藏》第38卷，第999页上—中。
② 同上书，第999页中。

是虚"妄"的假有,唯有出世间法是"真实",因此它是以"俗妄真实"为"宗"义。第六,诸法但名宗:这是一说部的立场。一说部主张一切存在,包括"我"和所有层面的"法",都是没有实体,"但"是假"名",因此它是以"诸法但名"为"宗"义。

　　第七、八两门宗义纯粹是大乘性质,它们是:"七、胜义皆空宗:谓清辨等,明说空经,以为了义。说一切法,世俗可有,胜义皆空。八、应理圆实宗:谓护法等,弘扬《华严》、《深密》等经。虽说二谛,随其所应,具有空理,圆妙无阙,实殊胜故。"①依据此说,第七,胜义俱空宗:这是清辨等中观论师的立场。这些论师以演说空义的佛典为据,主张一切法依世俗层面看可以说是有,就"胜义"层面观则皆是"空",因此他们是以"胜义俱空"为"宗"义。第八,应理圆实宗:这是护法等瑜伽行论师的立场。这些论师立说以《解深密经》、《华严经》等为根据,其相"应"的道"理"兼具备有和空两方面,"圆"妙无阙,真"实"殊胜,故称美其"宗"义为"应理圆实"。

　　总而言之,窥基对于佛教的分判是由"三时"、"渐顿"和"八宗"几个环节构成的。尽管从系统的整体性看,其与隋唐其他的佛教宗派有一些差别,但在全面总结佛教教义体系的基础上突出己宗的做法也是明显的。

第四节　唯识宗的兴盛及其传承

　　学术界和教界公认,法相唯识宗是玄奘和窥基共同创立的。玄奘圆寂于鳞德二年(665),窥基圆寂于永淳元年(682)。如第五章所论,玄奘弟子以及助译僧的佛学倾向很复杂,真正继承玄奘思想和弘法方向的唯有窥基而已。窥基圆寂之后,其大弟子慧沼忠实地继承了其师的事业,

---

① 窥基:《说无垢称经疏》卷一,《大正藏》第38卷,第999页中。

批驳不忠于玄奘一系的奘门弟子及其他助译僧对唯识学的诠释。与此同时,新罗圆测也在不懈地弘扬唯识学,并且建立了被后世称之为"西明唯识学"或者"新罗唯识学"的系统。历史上曾广泛传播窥基与圆测不合之事。而事实上,窥基系与圆测系确实在许多问题上有分歧。然而,正是这两大系统的并兴,才使得法相唯识宗渐趋兴盛。本著以为,此宗的兴盛是从《成唯识论》的翻译和流通开始的,而将其兴盛期末端界定至慧沼弟子智周弘法时期。

一、圆测与西明"别派"

新罗圆测在唐代唯识宗史上具有特殊地位。尽管他和窥基承传的唯识学有所不同,但无论是在当时还是在后世,圆测在中国唯识宗史上都应该占据重要位置。特别是,圆测的唯识著述传到新罗,奠定了新罗唯识学的基础,在其弟子及其后继者的大力弘扬下,形成了"新罗唯识宗"。本节从圆测的生平事迹、著述、思想等方面入手,叙述分析圆测在唯识宗史上的地位和贡献。

1. 圆测的生平事迹

关于圆测的传记资料,主要有赞宁《宋高僧传·圆测传》、新罗崔致远撰《故翻经证义大德圆测和尚传》、《三国遗事》卷十二以及宋复撰《大周西明寺故大德圆测舍利塔铭》等。在这些并不丰富的资料中,叠有分歧之处。现在依据上述文献,吸收学界的研究成果,对圆测的行历作些考辨叙述。

圆测(613—696),讳文雅,生于隋大业八年(612)、新罗真平王三十四年。3岁时出家,15岁时(贞观二年,628)离开新罗,到达长安。

关于他的籍贯,现存的文献中记载不一致。《宋高僧传·圆测传》说"未详氏族也"[1],宋代宋复所撰《大周西明寺故大德圆测法师舍利塔铭并

---

[1] 赞宁:《宋高僧传》卷四,《大正藏》第50卷,第272页中。

序》说:"法师讳文雅,字圆测,新罗国王之孙也。"①《三国遗事》卷二"孝昭王竹旨郎"条中说:"园测法师是海东高德,以牟梁里人故,不授僧职。"②《三国遗事》为高丽一然所撰的韩国资料。当代学者推测,牟梁里人在当时可能被视为贱民,因此无法授僧职。对于圆测的身世,当代学者杨白衣有一推断,可以参考:"依'塔铭并序'与崔致远所作的传记,圆测是'冯乡土族,为燕国王孙,而于三岁出家'。三岁而出家,这除非有特别的理由,到底是不可能的事情。若非孙儿,测为丧失父母,或为病弱儿、私生子之类,故对王族出身者而言是极为不相称的。如果允许笔者的假设,圆测可能与日本一休和尚同样,为国王之私生子。其母一定是身份较贱之人,故无法收留于王宫,必须年仅三岁,就让他出家。依佛教的戒律,若未足七岁,不能出家为沙弥。即使想让他出家,亦一定要有特殊的关系,不然绝不肯收养。也许为了隐匿身份,逐渐南迁,遂由不详氏族,而变为牟梁里人。可见圆测也为王孙,也为牟梁里人。崔致远写为'圆测是冯乡土族,燕国王孙',也许就是暗示此事。因为,燕为春秋战国时代之国名,为今河北、热河、辽宁、北韩一带,其王统存续六百四十三年之久,而于四十三代时被秦灭亡。故崔致远所说之'王孙',可能指王之后代之意。不然,北韩一带之人,哪有可能南迁至遥远的南韩呢?!又土族为读书人,未必是就官者。"③但是,此中的"园测"的"园"不同于通常的"圆测"的"圆",也有学者推测二人必非一僧。而且高丽方面资料说,圆测最后回国了,而中国方面的资料则显示,圆测圆寂于长安。尤其是《佛国寺古今历代记》记载,圆测曾于唐僖宗光启元年(885)、新罗真圣元年,真圣女王重建佛国寺时,受托讲述《华严经》,其文说:"真圣女王即位之初年……施谷于佛国寺,修荐席,请圆测和尚转讲《华严经》。"佛国寺创建于752年,重建于唐僖宗光启元年。这里记载的圆测于佛国寺宣讲

---

① 《续藏经》第88册,第384页中。
② 《大正藏》第49卷,第973页下。
③ 杨白衣:《圆测之研究——传记及其思想特色》,载《华冈佛教学报》第6期,1983。

《华严经》的时间,与唯识宗圆测的年代相差太大。综合考虑,笔者以为二者非一僧的可能性很大。

圆测15岁离开新罗,来到长安,时当贞观二年(628),玄奘正在长安作西行求法的准备。宋复《塔铭》记载:"初于常、辩二法师听论,天聪警越,虽数千万言,一历其耳,不忘于心。正(贞)观中,太宗文皇帝度为僧,住京元法寺,乃览《毗昙》、《成实》、《俱舍》、《婆沙》等论。"①可见,圆测早年受教于法常、僧辩师。而从文中的表述推测,跟从二师的时间似乎是在受具足戒之前。如20岁受戒,应为贞观七年,而将"贞观中"理解为"贞观中间",则受大戒时间为贞观十一二年。贞观五年,法常住于普光寺;贞观九年,兼知空观寺上座。"新罗王子金慈藏,轻忽贵位,弃俗出家,远闻虔仰,思睹言令,遂架山航海,远造京师。乃于船中梦瞩颜色,及睹形状,宛若梦中,悲涕交流,欣其会遇,因从受菩萨戒,尽礼事焉。"②慈藏来长安的时间是贞观十二年,此时圆测也在长安受学。法常圆寂于贞观十九年。贞观八年之后,僧辩住于弘福寺,直至贞观十六年(642)卒于此寺。法常、僧辩都是当时的摄论大师,传播的是真谛之学。

圆测受大戒后的住寺应该为长安玄法寺。上述文献写为元法寺,应该是清代避康熙的讳而改的。依据《长安志》以及圆仁《入唐求法巡礼记》来看,长安城中有玄法寺而无元法寺。

现存文献说,圆测天资聪明,不但精于《毗昙》、《成实》等诸论,又通梵语、西域语等六国语言。法常、僧辩精通古唯识学,而从圆测的思想来看,应该受二师的影响很大。玄奘贞观元年再至长安,曾跟从法常、僧辩二师学习《摄论》,就此推断,圆测法师与玄奘法师虽未同时参学于二师,但实有同门之谊。

玄奘贞观十九(645)年从印度归来,而在此之前,圆测应该是在长安

---

① 《续藏经》第88册,第384页中。
② 道宣:《续高僧传》卷一五,《大正藏》第50卷,第541页上。

城诸寺中学习,时年圆测33岁。但此年设置弘福寺译场,圆测并未被征召。《塔铭》说:"奘公一见,契合莫造,即命付《瑜伽》、《成唯识》等论,兼所翻大小乘经论,皎若生知。"①此记载大而化之,不能以其中提及的经典的翻译时间来确定玄奘与圆测相识的时间。但圆测入西明寺似乎暗示二师很大可能于此时此寺认识。显庆三年(658)西明寺落成,秋七月,高宗敕玄奘法师徙居西明寺,并选拔当世大德五十名入住西明,辅佐玄奘弘法。圆测也许于此时进入西明寺,但他并未充任玄奘译场职事,而是随玄奘学习的。有学者强调这一情节,以为这说明玄奘并未将圆测当弟子看待。但须注意,跟从玄奘的僧人有两类,一类是助译僧,一类是拜师学习的弟子。前者的名单见于所译经典的署名中,后者则不如此。从现存文献所叙述的圆测与玄奘及窥基之间交往的深度和广度揣度,圆测应该是跟从玄奘去了玉华寺。如果如此的话,圆测在寺籍隶属于西明寺的情形下,以什么名目去玉华寺呢?综合这些情况,圆测是严格意义上的玄奘弟子。现今学者强调圆测是"自学"成才的,缺乏证据支持。古代文献明确说,他跟从当时长安的两位真谛系统的摄论大师学习过,后来跟从玄奘学习。这些都是不易之论。至于圆测在思想方面忠实于古唯识学而与窥基不同,并不能说明是"自学"的结果。

玄奘大师圆寂之后,圆测从玉华寺回到长安,依照僧籍管理的惯例,应该归于西明寺。而宋复撰《塔铭并序》记载:

> 法师性乐山水,往依终南山云际寺,又去寺三十余里,阒居一所,静志八年。西明寺僧徒,邀屈还寺,讲《成唯识论》。时有中天竺三藏地婆诃罗,至京奉敕,简召大德五人,令与译《密严》等经,法师即居其首。②

关于圆测至云际寺的时间,依照《塔铭》等的叙述顺序看,应该是在参与

---

① 《续藏经》第88册,第384页中。
② 同上书,第384页中—下。

地婆诃罗译场之前。

根据《开元释教录》等记载,从仪凤四年(679)五月至垂拱末年(688),朝廷为地婆诃罗在长安西太原寺和洛阳东太原寺建立译场,圆测与嘉尚、道成、薄尘、灵辩、明恂、怀度等承担证义。从上文的表述看,圆测始终参与翻译,为时9年。此后,圆测又被"召入东都讲,译新《华严经》。卷轴未终,迁化于佛授记寺,实万岁通天元年七月二十二日也。春秋八十有四。"①在地婆诃罗译场结束之后,圆测受诏至东都洛阳宣讲经论。而翻译新《华严经》的事情是从证圣元年(695)开始的,如《开元释教录》卷九说:"天后明扬佛日,敬重大乘。以《华严》旧经处、会未备,远闻于阗有斯梵本,发使求访,并请译人。实叉与经同臻帝阙,以天后证圣元年乙未,于东都大内大遍空寺译《华严经》。天后亲临法座,焕发序文;自运仙毫,首题名品。南印度沙门菩提流志,沙门义净,同宣梵本。后付沙门复礼、法藏等,于佛授记寺译,至圣历二年己亥功毕。"②而圆测已于万岁通天元年(696)七月二十二日圆寂了。可见,圆测在未译完八十《华严经》,就先圆寂了。

圆测圆寂之后,当年七月二十五日火葬于龙门香山寺北谷,祀于白塔。唐代时期,圆测的灵塔初建于洛阳香山寺的北谷,后来迭有迁移。宋复《塔铭并序》说:

> 以其月二十五日,燔于龙门香山寺北谷,便立白塔。在京学徒,西明寺主慈善法师、大荐福寺大德胜庄法师等,当时已患礼奉无依,遂于香山葬所分骸一节,盛以宝函石椁,别葬于终南山丰德寺东岭上,法师尝昔往游之地。墓上起塔,塔基内安舍利四十九粒。今其路几不通矣。峭壁崭绝,茂林郁闭,险僻藏疾,人迹罕到,埋光蔽德,徒有岁年,孰知归仰?由是同州龙兴寺仁王院广越法师,勤成志愿。

---

① 《续藏经》第88册,第384页下。
② 《大正藏》第55卷,第566页上。

以大宋政和五年四月八日,乃就丰德分供养,并诸佛舍利,又葬于兴教寺奘公塔之左,创起新塔。规范基公之塔,一体无异。①

从这一记述看,圆测圆寂后,曾分葬于终南山丰德寺岭上,至宋徽宗政和五年(1115)四月八日,又在玄奘灵塔的左边修建圆测法师灵塔。

圆测在中土传法多年,颇得高宗、武则天崇信,弟子众多,只是现今所知者不多,有慈善、胜庄、道证,其中胜庄、道证是新罗僧人。慈善未见于其他文献记载,但从《塔铭并序》所说的"西明寺主"的头衔看,应该是很有地位的僧人。胜庄,生平不详,仅知其参与过菩提流支、义净译场,任证义,有《成唯识论决》、《杂集论疏》、《梵网戒本述记》等著述。

圆测的弟子道证,新罗国人,武周如意元年(692)归新罗,著有《成唯识论要集》十四卷、《般若理趣分疏》一卷、《大般若经笺目》二卷、《辩中边论疏》三卷、《因明正理门论疏》二卷、《因明入正理论疏》二卷、《圣教略述章》一卷,均佚失。

道证的弟子太贤,自号青丘沙门,也是新罗国人。他的著述现存有《起信论内义略探记》一卷、《成唯识论学记》八卷、《菩萨戒本宗要》一卷、《梵网经古迹记》二卷,佚失的著作还有三十余种。《三国遗事》卷四说他是"海东瑜伽之祖",曾应请为景德王讲《金光明最胜王经》,以南山茸长寺为中心修行与讲授唯识教义,为时人所重。

2. 圆测著述

圆测的著述很多,当代学者依据现存的各种目录得出不同归纳,少者十四部,多者共有二十三部一百零八卷。在此,依据韩国学者金煐泰《韩国佛教史概说》略作说明②。

现存著作三种:《解深密经疏》十卷,《仁王经疏》六卷,《佛说般若波罗蜜多心经赞》一卷。依现存的著作看,《解深密经疏》十卷是在《成唯识

---

① 《续藏经》第88册,第384页下。
② 柳雪峰译:《韩国佛教史概说》,第66—67页,北京,社会科学文献出版社,1993。

论疏》之后所写,而《解深密经疏》完成之后,再著《仁王经疏》。《成唯识论疏》为圆测之代表作,可惜已散佚不存。

圆测《解深密经疏》是玄奘译《解深密经》五卷的注释,本书为唐代诸家注释之中唯一现存的宝贵资料。与圆测其他著作相同,依四门分别总括经意,即"教兴题目"、"辨经宗体"、"显所依为"、"依文正释"。本书最大特色是引用了旧唯识学的资料,特别是对真谛的学说并不完全排斥。如强调"一性皆成"与"五十二位"修道论,都与新唯识派不同。在《成唯识论疏》佚亡的今日,《解深密经疏》确为理解圆测思想的最佳线索。

圆测《仁王经疏》是鸠摩罗什译《佛说仁王护国般若波罗蜜经》二卷的注释。《仁王经》共有四译,以罗什译最完善,圆测依此本作注释。本书也以四门——经意及释题、辨所诠宗及能诠教体、显教之所依及所为有情、翻译年代及依文正释来解释经文。此疏的特色在于以唯识学来解释,如对"无缘、无相、第三谛、无生、无二照",圆测作了下列的注释:"第三谛者,真实性空。解云:除遣三性,存三无性也。言无无者,是无分别性,以体无故。言无生者,依他性空,言无二照者,圆成实性空。然此照,言该通上二。"①

《佛说般若波罗蜜多心经赞》是对玄奘译《般若心经》的注释。本书与《仁王经疏》同样,仍以唯识的"三性"、"三无性"来解释经文,如他说:"今依三性,以释四句,于四句中,初之二句,标宗正说,后之二句,遣外疑情。"②圆测于《赞》中说"五蕴皆空"应译为"五蕴等皆空"。因为他懂梵文,认为原典二种之中,以有"等"字者为正。

圆测散逸著作很多,主要有十六种:《般若心经疏》一卷、《无量义经疏》三卷、《无量寿经疏》三卷、《阿弥陀经疏》一卷、《弥勒上生经略赞》二卷、《俱舍论释颂钞》三卷、《广百论疏》十卷、《成唯识论疏》二十卷或十

---

① 圆测:《仁王经疏》卷中,《大正藏》第33卷,第395页中。
② 圆测:《佛说般若波罗蜜多心经赞》,《大正藏》第33卷,第545页中。

卷、《成唯识论别章》三卷、《二十唯识论疏》二卷、《瑜伽论疏》、《百法论疏》一卷、《观所缘缘论疏》二卷、《大因明论疏》二卷、《因明正理门论疏》二卷、《六十二见章》一卷。

3. 圆测与窥基

各类史书中都记载圆测是玄奘的弟子,但今人有一些学者认为圆测与玄奘不是师徒关系,而在早期是"同学"关系,在后期是同道关系。这一说法,似乎有些理由:其一是,圆测与玄奘都曾经跟随法常、僧辩学习过。其二是,圆测并未完全接受玄奘的思想。但是,前一个理由并不能推出"同学"关系,因为圆测跟从法常、僧辩时,玄奘已经西行,而且当时圆测是沙弥,并未受大戒,身份不同,且玄奘跟从二僧学习,仅仅是一般的参学关系,不是严格的师徒关系。后一个理由同样不能推出圆测不是玄奘弟子的结论。许多文献证明,圆测在第一时点接触到玄奘所传译的经典和学说,因此他应该是跟随玄奘的僧人。玄奘到玉华寺时,京城僧人随意旁听的条件已经不具备,圆测到玉华寺的理由只有三个:一是成为玄奘弟子,二是隶属于玉华寺,三是成为助译僧。如前所述,现存文献中没有圆测任玄奘译场助译僧的记载,也没有被改僧籍至玉华寺的记载。综上所述,圆测是玄奘的高足,没有任何怀疑的余地和理由。如此,圆测与窥基便成为师兄弟关系。

现存文献中关于窥基与圆测有矛盾的记载很多,真伪难辨。一般以为,圆测与窥基的分歧,在圆测生前不很显著,证据就是现存的圆测著作中并没有驳难窥基的痕迹。但入唐日本僧人圆仁在《入唐求法巡礼行记》卷三中记载,窥基曾经在童子寺宣讲过"唯识"。其文说:"从石门寺向西上坂,行二里许,到童子寺。慈恩基法师避新罗僧玄测法师,从长安来,始讲唯识之处也。"从这一记载来看,至迟在唐开成年间(836—840),已经有窥基与圆测不合的传闻。而从圆仁的这一说法看,似乎是窥基还处于下风而离开长安。

《宋高僧传·窥基传》所载圆测盗听一事,是唯识宗史上一段有名的公案。其文说：

> 奘所译《唯识论》，初与昉、尚、光四人同受，润色执笔，检文纂义。数朝之后，基求退焉。奘问之，对曰："夕梦金容，晨趋白马，虽得法门之糟粕，然失玄源之醇粹。某不愿立功于参糅，若意成一本，受责则有所归。"奘遂许之。以理遣三贤，独委于基，此乃量材授任也。时随受撰录所闻，讲周疏毕。无何，西明寺测法师亦俊朗之器，于《唯识论》讲场，得计于阍者，赂之以金，潜隐厥形，听寻联缀，亦疏通论旨。犹数座方毕，测于西明寺鸣椎集僧，称讲此论。基闻之，惭居其后，不胜怅怏。奘勉之曰："测公虽造疏，未达因明。"遂为讲陈那之论。基大善三支，纵横立破，述义命章，前无与比。又云：请奘师唯为己讲《瑜伽论》，还被测公同前盗听先讲。奘曰："五性宗法唯汝流通，他人则否。"①

对于上述记载，汤用彤先生在《隋唐佛教史稿》中有明晰的论证："此自是附会。盖第一，因明二论，早均译讫。在永徽六年（即显庆四年之前五），吕才作《因明注解立破义》，张之通，论其长短。夫因明早已流行，即非佛之徒亦晓其义，何即得谓圆测不知因明？因明既非新行，又非窥基独得之秘，授此慰之，亦觉毫无意义。如有顺璟者，玄奘弟子，亦最善因明，即可知。第二，赂金潜听事，稚气可笑。况《枢要》所言，玄奘采用基言之后，'理遣三贤，独授庸拙'，显只谓仅以基为笔受，基亦未尝以此为其独得之秘也。《宋僧传》又谓玄奘为基讲《瑜伽论》，圆测亦听。夫瑜伽、唯识，奘师之所弘通，贞观二十一年玄奘曾为太宗讲瑜伽大意，固无由阴授何人也。第三，沈玄明《成唯识论后序》先叙述玄奘糅兹十释，四千五百颂，江聚群分，各遵其本，合成一部，勒成十卷。次述及基，谓'缩其纲领，甄其品第，兼撰义疏，传之后学'，亦无涉及圆

---

① 赞宁：《宋高僧传》卷四，《大正藏》第 50 卷，第 725 页下。

测之事。且似造疏以窥基为最早也。"①经过学者的不断补充，汤先生的结论已经成为定论。

如本著所叙述，在玄奘弟子中，窥基是很特殊的。在与圆测的关系上，窥基有两大不利要素会起作用：一是年龄和僧腊的劣势，窥基比圆测小18岁，永徽五年(654)窥基才受大戒，而此时圆测已经有二十一年或十几年的僧腊。与此相联系的，进入奘门时，佛学方面的"知解"，窥基与玄奘身边的弟子和助译僧无法相比。然而，窥基在玄奘门下之所以脱颖而出、后来居上，恰恰是这两种要素起了重大作用。

玄奘译场的助译僧有些接受了玄奘的思想，有些不但没有接受，还与奘门弟子发生争论。即便是玄奘弟子中的佼佼者，对于玄奘所传播的思想也并非全盘接受并继承。对比之下，窥基的特别和成功就在于完全接受了玄奘所着力弘传的护法系唯识学。圆测之所以与窥基不合且被慧沼等批评，原因就在于圆测所代表的正是以真谛所传唯识学来评判、融摄护法系唯识学的做法。这自然会被判属为"别派"。窥基圆寂较早，现存著作中未见直接批评圆测的文字，而其弟子慧沼则直接批评圆测。如慧沼在《成唯识论了义灯》卷一中说："亲承三藏执笔缀文糅唯识人传，定不谬。余非执笔，纵时谘问，多意定之。所有判文，论大纲纪非可为定。"②对此日本僧善珠《成唯识论了义灯增明记》卷三说："西明、慈恩共我一师，何决是非偏破西明？慈恩入室，糅论文人。西明不然，故今破耳。"窥基弟子慧沼撰《成唯识论了义灯》驳斥西明之说，圆测法师曾亲自答问，对此日本僧信叡在其所撰《成唯识论了义灯抄》卷三中曾提及："解云：此灯家难西明矣。西明法师自答灯主云。"从这个角度看，宋代文献中所记载的有关窥基和圆测在玄奘在世时就发生纠葛的事情，都应该是二僧圆寂之后的传闻。尽管属于空穴来风，但却是事出有因的。

---

① 汤用彤：《隋唐佛教史稿》，第151页，北京，中华书局，1982。
② 《大正藏》第43卷，第666页下。

二、三祖慧沼及其传承

从唯识宗发展史而言,窥基的嗣法弟子慧沼应该是一位承前启后的人物。窥基圆寂之后,慧沼继承了窥基的事业。但他的处境是艰难的。在唯识学内部,他要面对奘门弟子的"离心"倾向。对外,唯识宗也面临其他宗派的强有力的挑战和冲击。从唐代佛教发展的大势可知,在武周时期,武则天重视的不再是玄奘所传的唯识学,而是转向崇信法藏及其《华严经》,而此时的禅学,则有北宗神秀被征为"国师"以及惠能禅法在南方的崛起等等事件。以此背景反观唯识宗,则可明显看出,慧沼的地位和受重视程度,根本不能与正在创宗的法藏及其弟子澄观相比,与北宗禅的神秀也不能并肩。一言以蔽之,在如此激烈的宗派竞争中,慧沼艰难地发扬光大玄奘、窥基所开创的事业,尽力完成了自己的使命。

1. 慧沼法师行历

释慧沼(650—714),讳玄①,俗姓刘氏,其法号又作"惠沼"或"惠照"。关于慧沼的行历,所知有限,仅有唐代李邕所撰《唐故白马寺主翻译惠沼神塔碑》和《宋高僧传》卷四《唐淄州慧沼传》,前者大概在北宋时期就已经失传,赞宁并没有看到此碑文,如赞宁说"释慧沼,不知何许人也",而李邕碑则明确地记载了慧沼的籍贯。

李邕《神塔碑》记载,慧沼祖籍彭城(即属江苏省徐州市),"曾祖秦随音州北海县宰,因家住淄川"。② 依据《神塔碑》记载,慧沼的曾祖至北海县(今山东潍坊西南)任县宰,后家住淄川(今山东省淄博市淄川区)。唐武德四年(621),置淄州,领淄川、长白、莱芜三县。可见,笼统地说,慧沼籍贯为淄州也是可以的。在现存文献中,慧沼被称为"淄州沼"、"沼阇梨"、"山东一遍照"、"淄州大师",都与其祖居住于淄州有关。

---

① 日本有传闻说,慧沼本讳惠玄,为忌玄奘三藏改为惠沼。
②《续藏经》第88册,第383页下。

依据《神塔碑》记载:"五岁,执继亲丧,悲恸过礼,识者以为至性所致。"文中说,在他5岁时,父母接连去世。12岁,"即求出俗。十有五,属睿宗降诞,有制度"僧,遂入道。唐睿宗李旦生于龙朔二年(662)六月,而此时慧沼是十二三岁,并非15岁。因此,上述记载应理解为在睿宗3周岁的诞日,高宗下诏全国度僧,而慧沼承蒙得度,为沙弥。慧沼"尝读《金光明经》,双见王子救虎,尸毗代鸽,悦然有舍身之志,遂赴山岩",应众人请求才放弃。"季廿,下问要言,博通经藏"。依照常理,此时即可受具足戒成为比丘。《神塔铭》应该是暗示此事。此年应是咸亨元年(670),"寻讲《法华》、《般若》、《涅槃》等经,皆智发宿报,缘通前佛。"在受大戒之后,慧沼开始宣讲经论,计有《法华经》、《般若经》和《涅槃经》等。《神塔碑》记载说:"廿□□,图华草系之时,人我俱去。浮囊之际,□□两忘。梦吐地身,便登山顶,智者谓云:'去五欲之毒,处万法之高。'"①此是暗示慧沼在20余岁时已经达到了很高的修行境界。

慧沼剃度、受大戒的地点都不详,而赞宁《宋高僧传·慧沼传》说:"自奘三藏到京,恒窥壸奥。"②从上述事实推断,慧沼亲自拜见过玄奘的可能性不大。玄奘圆寂于麟德元年(664)二月,慧沼时为十四五岁,尚未剃度为沙弥,而其家远在淄州,而玄奘在坊州。依照当时的惯例,慧沼12岁,发心出家而为"童行",除非他是在长安寺院作童行,否则是无缘拜见玄奘的。而参照《宋高僧传·义忠传》的记载则可知,师徒二人是一同进长安入窥基之门的。

《神塔碑》记载:慧沼于"咸亨三年,服膺长安基、光二师"。③ 如本著前文所论,窥基于咸亨四年(673)之后数年曾经离开长安至太原、五台山、博陵等地弘法,后来又应召回慈恩寺。从慧沼忠实于窥基的思想看,他应该是跟随窥基出长安至外地弘法的。否则推算,跟随窥基学习时间

---

① 《续藏经》第88册,第383页下。
② 赞宁:《宋高僧传》卷四,《大正藏》第50卷,第728页下。
③ 《续藏经》第88册,第383页下。

太短,想必不会有后来如此巨大的成就。

关于慧沼在窥基门下所学,《神塔碑》记载:

> 因号山东一遍照。又瑳切《法花》、《无垢称》、《金刚般若》、《上》、《下》等,《瑜伽》、《杂集》、《唯识》、《因明》、《俱舍》,大小幽旨,因见道义,交激累日,述作万言,因见道章。二师叹曰:"法门后进,此一人也。何□□而云惠照耶?"①

此碑记载,慧沼同时跟随窥基和普光学习,且精通《法华经》、《无垢经》、《金刚般若》、《弥勒上生经》、《弥勒下生经》等,也精通《瑜伽师地论》、《杂集论》、《成唯识论》、《因明论》、《俱舍论》。这些经论,都是窥基所重视的,且窥基大多有著述行世。从所引文表述看,慧沼是在其师的直接指导下,撰写很多著述。慧沼的表现,令窥基和普光刮目相看,大为赞赏,由此奠定了他在玄奘所创唯识宗中的祖师地位。

大概在窥基圆寂之后,慧沼行化各地。如《神塔碑》记载:"后行化诸郡,敷演群经。冰释而蛰户启明,雷作而为芽花出。栴檀园绕,咨禀萌奔者,不可胜计,谚曰:'河南照天下。'少自此传授,廿余年。"②窥基圆寂于682年,慧沼在各地行化20余年,宣讲经论,弘扬唯识学说,成就非凡。如《神塔碑》所说:"始自下国,终闻上京"③,意思是慧沼在外地弘法,终于被朝廷注意到,被征召到京师。

《宋高僧传·慧沼》记载:"及菩提流志于崇福寺译《大宝积经》,沼预其选,充证义。新罗胜庄法师执笔,沙门大愿、尘外皆一时英秀、当代象龙,于时武平一充使,卢藏用、陆景初总预斯场。中书侍郎崔湜因行香至翻经院,叹曰:'清流尽在此矣!岂应见隔?'因奏请,乞同润色新经。"④这一叙述是说,慧沼进入菩提流志译场是中书侍郎崔湜举荐的结果。根据

---

①②《续藏经》第88册,第383页下。
③ 同上书,第384页上。
④ 赞宁:《宋高僧传》卷四,《大正藏》第50卷,第728页下。

《大宝积经》的译后可知，此经从神龙二年（706）于长安崇福寺开始翻译，以先天二年（713）六月八日完成，而现存的详细署名中并没有慧沼的法号。而查考当时译场的设置可知，与菩提流志同时进行的还有其他译场。现存文献显示，慧沼参与义净译场的时间很长。因此，赞宁这一记载相当可疑。智升在《续古今译经图纪》卷一中对于菩提流志、义净翻译的参与者记录颇详细，但文中并无慧沼法号。其实，菩提流志翻译《大宝集经》时，慧沼正在义净三藏译场。

义净三藏建立译场翻译经典之事，《续古今译经图纪》卷一记载："天后久视元年庚子，至睿宗景云二年辛亥，都译五十六部总二百三十卷。北印度沙门阿儞真那、吐火罗沙门达磨末磨等证梵义，罽宾沙门达摩难陀居士、东印度首领伊舍罗等证梵文，沙门曷利末底乌帝提婆居士、中印度李释迦度颇多等读梵本，居士东印度瞿昙金刚、迦湿弥罗国王子阿顺等证译，沙门波仑、复礼、慧表、玄伞等笔受，沙门法宝、胜庄、神英、仁亮、慧沼、法藏等证义。"①这是从整体上对译经译场翻译人员的记录。

智昇在《开元释教录》卷九则分阶段作了记录："久视已后方自翻译。即以久视元年庚子至长安三年癸卯，于东都福先寺及西京西明寺，译《金光明最胜王》、《能断金刚般若》……已上二十部一百一十五卷，北印度沙门阿儞真那证梵文义，沙门波仑、复礼、慧表、智积等笔受证文，沙门法宝、法藏、德感、成庄、神英、仁亮、大仪、慈训等证义。"②此中未出现慧沼的法号。《开元释教录》卷九载："神龙元年乙巳，于东都内道场译《孔雀王经》，又于大福先寺译《胜光天子》、《香王菩萨咒》、《一切功德庄严王》等经，上四部六卷，沙门槃度读梵文，沙门玄伞笔受，沙门大仪证文，沙门胜庄、利贞等证义，兵部侍郎崔湜、给事卢粲等润文正字，秘书大监驸马都尉观国公杨慎交监护。……"③此中也未出现慧沼的法号，但《佛说一

---
① 《大正藏》第55卷，第370页下。
② 同上书，第568页中一下。
③ 同上书，第568页下。

切功德庄严王经》卷一所附的名录中却有慧沼:"大唐神龙元年七月十五日,三藏法师义净奉制于洛州大福先寺新译并缀文正字,翻经沙门婆罗门大德槃度读梵文,翻经沙门荆州大唐龙兴寺大德弘景证文,翻经沙门大总持寺上座大宜证文,翻经沙门大荐福寺大德胜庄证义,翻经沙门相州禅河寺大德玄伞笔受,翻经沙门淄州大云寺大德慧沼证义,翻经沙门大唐龙兴寺大德智积证义,中大夫检校兵部侍郎臣崔湜润文,大中大夫行给事中上柱国臣卢灿润文正字。"①将上述资料联系起来考虑,如果慧沼不是从义净译场一成立就加入的话,至少从神龙元年(705)起就正式成为"翻经沙门"。而《神塔碑》所说,窥基圆寂之后,在外地行化20余年来看,慧沼于神龙元年前后至长安成为翻经沙门是可信的。

神龙二年(706),义净随驾至长安,中宗敕于大荐福寺为义净三藏别置翻经院。神龙三年,中宗召义净进入皇宫,"并同翻经沙门九旬坐夏","因命法徒,更令翻译,于大佛光殿译成二卷,名《药师瑠璃光七佛本愿功德经》。帝御法筵,手自笔受。"②慧沼法师作为证义僧,应该跟随参与。至景龙四年(710),义净三藏在大荐福寺译出《浴像功德》、《数珠功德》等经以及《根本说一切有部苾刍尼毗奈耶》等律,并《唯识宝生》、《观所缘释》等论。以上二十部八十八卷,沙门文纲、惠沼、利贞、胜庄、爱同、思恒等证义,沙门玄伞、智积等笔受。此书卷九说:"又至睿宗景云二年辛亥,于大荐福寺复译《称赞如来功德神咒》、《佛为龙王说法印》、《略教诫》等经、《能断般若论颂》及《释因明理门》、《观总相颂》、《止观门颂》、《手杖》等论,及《法华》、《集量百五十赞》,合一十二部二十一卷,沙门曷利末底乌帝提婆等读梵本,沙门玄伞、智积等笔受,沙门慧沼等证义,太常卿卫国公薛崇胤监护。"③

根据上述记载,义净三藏共翻译出经典五十六部二百三十卷,慧沼

---

① 《大正藏》第21卷,第894页下。
② 《大正藏》第55卷,第568页下。
③ 同上书,第569页上。

至少从神龙元年(705)起至景云二年(711)为止,协助义净三藏翻译出三十六部一百一十五卷经典。

义净三藏着力翻译的经典在戒律方面,但主译的《成唯识宝生论》五卷是护法解释《二十唯识论》的书,算是接续了玄奘未竟之业。慧沼所作著述大多以玄奘译本为底本,但他疏《金光明最胜王经》即采用了义净的新译本。

对于慧沼与朝廷的关系,《神塔碑》有一总结:"首上四朝,绵旷一纪,且驿征者三,谒诏讲者两,开恩补纲维大德者六员,敕翻积经论者四。至结坛降雨者,一日入内,坐夏也。如雾□□然飞,依人而表。"①此中,"首上四朝"是指慧沼历经四代皇帝,生平曾被驿征三次,诏讲二次,补纲维大德六次,敕译经论四次,并且被召结坛降雨。这些事迹,大多不可考,被征召翻译经论四次现今可知一次或两次,而"补纲维大德"指被朝廷下诏任大寺"三纲","六员"也就是先后任过六所大寺的"三纲",然慧沼住过的寺院,见于文献记载的仅有淄州大云寺,而淄州当地从古相传普照寺为慧沼住寺。另外,《因明入正理论续疏》署名"正等寺沙门慧沼续",但此寺不悉所在,而慧沼弟子中有正等寺惠嵩,可证慧沼确实在正等寺驻锡过。

总之,作为玄奘、窥基的嫡传弟子,无论在发扬光大师说,还是在社会影响等方面,慧沼都是无愧于法相唯识宗三祖称号的。

2．慧沼的著述

关于慧沼的著述,《神塔碑》记载:"自此传授,廿余年。又撰《能断般若》、《金光明》、《盂兰盆》、《温室》等经疏,《惠日论》、《了义灯》等凡六十卷,所翻经律论等三百余轴,盛行于代。"②根据文献著录统计,共计20余种。

---

① 《续藏经》第88册,第384页上。
② 同上书,第383页下。

慧沼著作现存有10种,共40卷:

第一,《金光明最胜王经疏》十卷,以武周长安二年(702)义净所译为底本,疏文发挥了三乘五性的宗义,并订正以真如为三身正因的旧说。

第二,《十一面神咒心经义疏》一卷,以玄奘所译为底本,其主要内容为次第说明根本神咒、结界等咒、造十一面观音像法及供养念诵法等。

第三,《法华玄赞义决》一卷,解释窥基著《法华玄赞》中的疑难义。

第四,《成唯识论了义灯》十四卷,与窥基的《成唯识论枢要》、智周的《成唯识论演秘》总称唯识三疏。慧沼此著祖述窥基学说并加以阐明补充,对圆测、道证等诸家异说一一批判,以显扬法相之实义。此著以玄奘、窥基嫡传的"正统",将"五种姓说"推向了极点,竭力反对西明系唯识学。

第五,《因明入正理论续疏》二卷,今仅存下卷。慧沼自跋云:"于师曾获半珠,缘阙未蒙全宝"①,这是因窥基所著内容极为丰富的《因明入正理论疏》,书中几乎涉及因明的全部问题,被慈恩宗奉为圭臬,备受推崇,为唐代因明诸疏之冠,内容涉及似能立、比量、现量、似比量、似现量、能破、似能破七门,但到了喻过部分就绝笔,而由慧沼继窥基未竟之业,续成《大疏》下文的注解,所以称为《续疏》。

第六,《因明入正理论义断》一卷,又称《因明论义断》,偏重于断诤,主要以破斥他师之邪义为目的,被法相宗尊为祖书之一。在唐代因明著作中,地位仅次于窥基《因明入正理论疏》。

第七,《因明入正理论义纂要》一卷,主要在彰显窥基所传之正确义理,阐发法相教义,为显正之要籍,并进一步补充了因四相违过、自相与共相、缺支过、似能破十四过类的分析等内容。《义纂要》在内容上与《因明义断》互补,为显正破邪之二论,且同为分析玄奘、窥基等诸师因明理论之注解。

---

① 《续藏经》第53册,第797页上。

第八，《大乘法苑义林章补阙》八卷，现存卷四、卷七、卷八，是对窥基《大乘法苑义林章》的补充解释。现存卷四有"三科章"、"得非得章"、"空义章"、"十二支章"、"二种生死章"、"三求章"，卷七有"界处义林"、"五蕴义林"、"五境义林"，卷八有"见道章"、"二量章"、"十业道章"。

第九，《能显中边慧日论》四卷，略名《慧日论》。内容是从法相宗唯识学之观点，广成五种姓各别、三乘真实、一乘方便之宗义，以驳斥法宝《一乘佛性究竟论》之主张。

第十，《劝发菩提心集》三卷，又称《劝发菩提集》，为大乘佛教信仰之入门书，辑录诸经论中有关菩提心之要文，具体陈述修学大乘佛法之实践与修持等问题。慧沼此著中列有《大唐三藏法师传西域正法藏受菩萨戒法》，可以得知窥基的弟子辈们仍继续依《瑜伽戒本》受大乘菩萨戒。

此外，慧沼佚失的著作有《能断金刚般若经疏》二卷、《仁王般若经疏》一卷、《温室经疏》一卷、《盂兰盆经疏》一卷、《二十七贤圣章补阙章》三卷、《发菩提心论疏》三卷、《法华经纂要》一卷、《法华经略赞》五卷、《因明入正理论略纂》四卷(日本《东域录》认为可疑)等。

3. 慧沼对唯识宗佛性思想的维护

如前所论述，玄奘弟子众多但思想倾向复杂，其中窥基忠实地继承了其师着力弘传的印度护法系唯识之学。玄奘开创的唯识宗教义中，最难于被中土人士所接受的是"五种姓说"。窥基在玄奘圆寂之后，不懈地弘扬、会通这一学说。然而，同为奘门弟子的法宝却不接受玄奘所弘扬的佛性观，且专门撰写《一乘佛性究竟论》批驳窥基维护师说的立场。慧沼则专门撰写《能显中边慧日论》反击法宝的观点。①

《一乘佛性究竟论》六卷全本已不存，《续藏经》中仅收卷三，日本学者浅田正博根据日本石山寺藏经整理出四卷。日本学者吉津宜英曾据此将

---

① 关于慧沼与法宝的争论，参见张志强《初唐佛性诤辩研究——以窥基、慧沼与法宝之辩为中心》，载《中国哲学史》2002年第4期。本专题参照此文处甚多，限于体例，未一一注出。

现存各章内容概括如下①:"教时前后章第三"中,法宝提出了五时教判论,认为《法华》是在第三时《解深密经》后所说的第四时教法。在"权实义例章第四"中,法宝将前章所立"五时判教"中第一至第三时,作为三乘与五姓各别的权教。在第四、第五章中,法宝将作为一乘佛性说的"实教"与"权教"加以对比,扬实贬权。在"一乘显密章第六"中,法宝指出了《解深密经》"密意一乘"与《涅槃》、《法华》"究竟一乘"、"了义一乘"的分别。在"佛性同异章第七"中,法宝以四门分别析述了以《涅槃经》为根据的佛性说。在"破法尔五性章第八"中,法宝根据前文对佛性的分别评破,主张五性法尔各别实在之说。在"增寿变异章第九"中,法宝检讨了二乘实灭和回心的问题,以"实教"主张的定性二乘回心向大乘而入无余涅槃之说,来评破以二乘定性回心向大乘者必为不定性的权教唯识家说。在"对妄通经章第十"中,法宝批评权教从三乘立场出发对支持一乘之经论的会通。

　　法宝对窥基的一乘说和种姓说的评破,首先体现于他对"究竟一乘"与"密意一乘"的区分。他把窥基的一乘说判为"密意一乘",而将《法华》、《涅槃》中的一乘说判为"究竟一乘",并且对二者的不同处作九门分别。张志强先生将其归纳为②:第一,二者的不同是对待声闻缘觉二乘态度的不同,"究竟一乘"以二乘教法为方便,是可以最终会归于"究竟一乘"的;"密意一乘"则认为乘与乘之间的区别是实实在在、不可改变的,不以二乘为方便,只是就其同具法界的意义上,才谓之一乘,如同羊鹿牛车的关系,尽管不同是决定确实的,但不同的车却共同具有相同的车辕。第二,二种一乘还是如来说法时间上的差异:"密意一乘"是四十年前所说,"究竟一乘"则是四十年后所说。第三,"密意一乘"是就钝根人说的,"究竟一乘"则是就利根人说的。第四,"密意一乘"并非三乘中之大乘,"究竟一乘"之一乘则是三乘中的大乘;"密意一乘"是"合三乘谓一乘",

---

① 参见张志强《初唐佛性诤辩研究》,载《中国哲学史》2002年第4期。
② 此部分论述均见张志强《初唐佛性诤辩研究》,载《中国哲学史》2002年第4期。

就不定种姓而言,"究竟一乘"是"开一乘为三乘",主张一乘究竟真实,三乘仅是一乘的方便权说。通过法宝对窥基所谓"密意一乘"的评判和简别,我们更可以进一步理清两家一乘说的分歧。

此外,对窥基等唯识家从所谓权教立场出发对《法华》、《涅槃》等经中一乘义的判释会通,法宝亦准经意加以论究驳正,指出经中成立究竟一乘的四种意义。这四义分别是:"一者无上义,唯除如来一切智智,更无余事,如《经》欲开佛知见,令知得清净故,出现于世。准此论文,即是欲令一切声闻自知当证大菩提,非唯不定。"①明确了《法华》一乘的三乘五姓普被的性格,以别于专言不定姓;"二者同义,以声闻、辟支佛法身平等故,以说声闻乘当证法身也"。认为《法华》是主张三乘所证相同,共为法身的,因此三乘是一乘;"三者不知义,以此一切声闻辟支佛等,不知彼真实处故,不知真实处者,不知究竟唯一佛乘故。"②这说明二乘若最终知真实处后,便非二乘,可知三乘差别并非决定;"四者为证不退转地示现,欲为无量智业故"。这是讲二乘人可回向大乘,其间的界限并非不变。根据他对《法华》的判释,他认为以四义说一乘的《法华》与以八义说一乘的《摄论》"义即不同,如何是一","故知《摄论》不会《法华》"。③ 这样便又从窥基的《法华》会通努力中挽回了《法华》一乘义。

总而言之,法宝所总结的作为理性的佛性具有多种名义,他说:"第一义空,即是《解深密经》胜义谛,《胜鬘经》《楞伽经》等如来藏,《无上依经》如来界,《菩萨善戒经》本姓,《瑜伽论》真如所缘种子,《佛性论》应得因,《宝性论》自性清净,《起信论》内净熏习,唐《摄论》佛法界也。此等经论,名虽有异,义无别故。"④这段论述颇具说服力,将空性、如来藏、自性清净、真如内熏以及《摄论》佛法界与《瑜伽》真如所缘种子并举而言,说

---

① 法宝:《一乘佛性究竟论》卷三,《续藏经》第 55 册,第 492 页上。
② 同上书,第 492 页上—中。
③ 同上书,第 492 页中。
④ 同上书,第 493 页下。

明他所谓的理性实际是一种普具的觉性,即是真心之理。这正是南北朝时期流行的"古唯识学"的基本立场。

慧沼为了与"一切皆成"论者辩难,撰《能显中边慧日论》四卷,前三卷系反驳敌论,第四卷专树己说。

窥基将无性有情区分为三类,并提出"理佛性"、"行佛性"的观念来说明,而慧沼同样继承了窥基所提出的"三类阐提"和"理佛性"、"行佛性"的思想,并进一步针对这两个重要的概念作了区别与诠释。慧沼言:"依诸经论所明佛性不过三种:一、理性,二、行性,三、隐密性。言理性者,《佛性论》云:为除此执故佛说佛性。佛性者即是人、法二空所显真如……行性者,通有漏、无漏一切万行。若望三身,无漏为正生了,有漏为缘,疏名生了。无漏正名佛性,有漏假名非正佛性。"①至于"隐密性"从其下文看,是为会通天台、华严宗诸宗"烦恼即菩提"之说而言的,略同于《涅槃经》卷二十二的"一切无明烦恼等皆悉是佛性"的说法,此处不赘言。慧沼认定,所谓理佛性即是真如理体;行佛性即是有漏、无漏种子,亦即识体。其中,无漏种子为正因佛性,有漏种子为缘因佛性,了因佛性即为真如理体。

慧沼在同卷《有无差别二》中也说:"若论理性,无二不生,如《涅槃》第二十六,断善阐提,亦皆具故。彼经云:若菩提心是佛性者,一阐提辈则不得名一阐提也,菩提之心,亦不得名为无常,此意以菩提心非理佛性。若是理性,阐提不断,处处诚说,不劳广引。若论行性,复有二种:谓有漏、无漏。此二,种性有无不定。若有漏性,一切有情种子定有。现行之者,或成不成。若无漏者,据现行说,凡夫不成。若据种子,有成、不成。如《瑜伽论》五十七云:生那落迦,八根种子现行定成就,除余三。八根现行或成、或不成,种子定成。三根现行定不成,种子或成、不成。谓般涅槃法者成就,不般涅槃法者不成就。此据现有,若约当说,当亦现行。"②

---

① 慧沼:《能显中边慧日论》卷四,《大正藏》第 45 卷,第 439 页上。
② 同上书,第 440 页下。

从这一规定出发，慧沼认为，"若是理性，阐提不断；……若论行性，复有二种，谓有漏、无漏。此二，种性有无不定。若有漏性一切有情种子定有，现行之者或成不成。若无漏者据现行说，凡夫不成，若据种子，有成、不成。"①在此，慧沼沿用窥基关于三阐提的分类，认为前两种阐提虽有无漏种子而难起现行，而第三之阿颠底迦则无无漏种子。慧沼论佛性有两大特点：一是以理、行二层面言佛性，即将真如理体与识体剥离为二，一切众生皆有佛性变换成一切众生皆有理佛性；二是将有漏种子当做佛性之一，并且认为其具有遍在性。这样一来，"一分无性"变换成只缺少无漏种子，而其他——如理佛性、有漏行佛性，阿颠底迦阐提亦照样拥有。这表面上并不违反众生皆有佛性的规定，当然是一种更为圆滑的说法。

此外，关于行佛性，慧沼沿用唯识宗惯用的种子（功能）与现行二分互动的说法以分疏种姓论。在其所论述的"行佛性"中，他一贯的以瑜伽学派向来所主张的"种子"和"现行"的观点，加以说明"五性各别"的立场。慧沼进一步区分了"行性"的差别所在，他认为"行性者，通有漏、无漏一切万行。若望三身，无漏为正生了，有漏为缘，疏名生了。无漏正名佛性，有漏假名，非正佛性"②，如此一来成佛的关键不在有无"理佛性"，亦不在于有无"有漏"的"行佛性"（缘因），而是在于有无"无漏"的"行佛性"（正因）而已。"有漏"的"行佛性"在慧沼看来只是一种方便之说（假名安立）罢了，真正说来是不可以说是"佛性"的，这是他进一步所作的陈述。他也设问说："若云：恒河中七人不离佛性水，岂非行性者。不尔！此在理佛性水，若行性遍，悉皆得出。"③另外，慧沼虽然提出三种佛性，但真正主张"五性各别"的理由在于"行佛性"的有无，而不在于"理性"、"隐密性"的有无，这在该文中可清楚得知。

总之，慧沼所运用的"理佛性"和"行佛性"是基于唯识学派中"种子"的

---

① 慧沼：《能显中边慧日论》卷四，《大正藏》第45卷，第440页下。
② 同上书，第439页上。
③ 慧沼：《能显中边慧日论》卷一，《大正藏》第45卷，第417页中。

观点而进一步提出解说,在此一立场上是忠实于自宗的。慧沼的用心在于以"理佛性"的观念来融通"一切众生悉有佛性"的诤端,并将本宗一贯的"种、现"思想运用到"行佛性"的观念底下,进而企图巩固、坚持"五性各别"的立场,可说是唯识学派处理"种性论"所延伸出的一种新颖的诠释法。

4. 慧沼的弟子

关于慧沼的弟子,《神塔碑》有一概略说明:"弟子惠冲、微惠、胜说耶含胜,惠日福琳、无著、法山、惠融,龙兴寺上座惠祥,彼微寺惠光,大云寺惠灯、法通、徒藏、惠明,正等寺惠嵩,法济寺惠仙等,住持五部。"①此引文中,"弟子惠冲、微惠、胜说耶含胜"句殊难标点,恐有脱误。而"惠日"似为长安惠日寺,龙兴寺、大云寺于唐代较多,难于确指所在。此中所说"大云寺"应该是慧沼驻锡过的淄州大云寺,正等寺也是慧沼曾经住过的,唯不知所在。

不过,上述《神塔碑》漏列了慧沼最重要的弟子智周和义忠、道巘、道邑、如理。知周为唯识宗四祖,下节专论,在此将道巘、道邑、如理等略作叙述。

慧沼的弟子道巘、道邑、如理的事迹失传,仅从日本、高丽僧人编集的求法获得的中土撰述目录中得知一鳞半爪。道巘撰有《因明入正理门论义心》一卷,道邑撰有《因明入正理门论义范》三卷、《成唯识论疏义蕴》五卷。从日本的记载看,道邑属于密州开元寺僧人。如理撰有《成唯识论疏义演》十三卷、《唯识谈微钞》二十卷、《金刚经疏》一卷、《唯识枢要演秘释》五卷、《因明入正理论纂要记》一卷,常住于福寿寺。

三、四祖智周以及义忠对唯识宗的贡献

一般而言,慧沼的弟子智周是公认的唯识宗嫡传祖师,以其为四祖。然而,慧沼的另外一位弟子义忠在长安大慈恩寺几十年,对于唯识宗的

---

① 《续藏经》第88册,第384页上。

贡献应该是很大的。因而特将其与智周并列叙述。智周、义忠处于盛唐时期①。这一时期的佛教，华严宗仍然兴盛，而密宗更是如日中天，南宗禅在"安史之乱"后迅速崛起。在这种形势下，唯识宗能够保持良好的发展势头，已经是不错的成绩了。

1. 智周行历

佛教史称智周为大师，评价很高。后代以之为慈恩宗四祖。但遗憾的是，赞宁竟然在《宋高僧传》中未为其立传，且文字中也未曾提及。现在的资料来源是日本求法僧回国之后的一点传闻以及敦煌文献中的一点文字。

释智周(668—723)，俗姓徐，濮阳(今河南省濮阳市)人，19岁受戒，23岁入慧沼门下，得慈恩宗嫡传。学成后，行化诸郡。曾在濮阳报城寺、定水寺传播法相宗的教义，以恢弘师承，提携后学，史称"濮阳大师"。后世尊其为中国法相宗第四祖。

关于智周，西明寺僧人昙旷在《大乘入道次第开决》卷一中说：

> 大唐开元初，有朴阳大德身号智周，我大唐三藏曾孙弟子，慈恩大师之孙弟子，河南法师之亲弟子，即是青龙大师异方同学，内穷三藏，外达九流，为学者师宗，作词场雄伯，工手著述，妙手赞扬，所撰章钞，凡十数部，即《法花摄释》、《唯识諲秘》、《因明决择》，皆所造也。虽不至长安，而声闻遐被，关辅诸德，咸仰高风。然观其述作，文约义著，究其所志，既慈具悲实，谓间生英贤，传法菩萨者也。②

上文说智周23岁跟随慧沼学习，时为691年。而慧沼在窥基于682年圆

---

① 根据日本僧人凤潭《因明论疏瑞源记》记载，智周之后至唐末，传至日本的因明著作十余种：开元寺道邑《因明义范》三卷，道巘《因明义心》一卷，安国寺利涉和北川传量、恒州明量分别写成的《因明论疏》，新罗青丘太贤所集的《古迹记》一卷，天台清乾编的《因明注钞》二卷，章敬寺择邻撰的《因明论疏糅钞》三卷，智颖、慧首、福聚寺如理、安国寺清素的《纂要记》各一卷，金城俊清所集《义断记》一卷，北川茂林、天台崇俊、惟阳法清、总持寺从芳等各撰写的《因明疏记》，云俨的《因明疏钞》八卷。这些唯识师代表了唯识宗在盛唐之后的流传状况。
② 《大正藏》第85卷，第1206页下—1207页上。

寂之后，在各地行化20余年。可见，唐代西明寺昙旷说智周未曾至长安是可信的。如前文叙述，慧沼至迟在神龙元年(705)进入长安，受征召进入义净译场助译。从691年至神龙元年，也已经有十四五年，因而智周未跟随其师进京而选择独立传法也在情理之中。

上文所引是沙门昙旷为自己写作的著作作的序言。昙旷《大乘入道次第开决》是在智周相关著作的基础上作的发挥。此文中的"青龙大师"不详所指，依据文中的表述，此大师与智周是"异方同学"，即同为慧沼大师的弟子。"青龙"应该是指长安著名的寺院青龙寺。武周之后，青龙寺在长安佛寺中的地位骤然升高，寺中大师迭出。而现存史料中，找不出与此文所说对应的慧沼弟子。但可以肯定的是，这位青龙大师与慈恩寺义忠一起在长安弘扬玄奘、窥基一系所传法相唯识之学，与濮阳智周大师遥相呼应，共同推动着慈恩宗继续发展并且使其保持一定的繁荣景象。

2. 智周的著述

关于智周的著述，据《东域传灯目录》、《法相宗章疏》、《注进法相宗章疏》、《新编诸宗教藏总录》、《华严宗章疏并因明录》所载有十六种，现存十一种。

(1)《成唯识论演秘》十四卷，是对窥基所著《成唯识论述记》的随文释难，同时也是唐代有名的唯识三疏之一。此书与窥基的《成唯识论枢要》、慧沼的《成唯识论了义灯》，总称"唯识三疏"，又称为"唯识三大部"，为研究《述记》不可或缺之书。

(2)《大乘入道次第》一卷，又称为《大乘入道次第章》、《大乘入道章》、《入道次第》。此经扼要地说明法相宗修行次第的境行果。慧沼在《劝发菩提心集》中，辑录古代诸经律论中有关"发菩提心"之相关文献，而后加以纂述，具体陈述修学大乘佛法之实践与修持等内容。此书影响很大，唐西明寺昙旷的《大乘入道次第开决》以及日本叡尊《大乘入道次第科分》、秀翁科注《大乘入道次第章》都是对此的解释。

（3）《法华玄赞摄释》四卷，是解释窥基著《法华玄赞》中的细绎疏意和问答释难。

（4）《梵网经菩萨戒本疏》五卷。据《东域传灯目录》说："智周师依天台撰之，东征传出之"，①专门解释《梵网经卢舍那佛说菩萨心地戒品第十》的菩萨行地的内容。

（5）《成唯识论掌中枢要记》二卷（现存上卷），又名《成唯识论方志》或《枢要方志》，是阐释窥基《成唯识论枢要》之难义的著作。

（6）《成唯识论了义灯记》二卷，现存下卷，是智周对其师慧沼所著《成唯识论了义灯》的释难。

（7）《注成唯识论卷十七》，阐释《成唯识论》卷十七之内容。

（8）《因明入正理论疏前记》三卷，又名《因明疏前记》、《前记》、《因明纪衡》，是对窥基所著《因明入正理论疏》文义的释难。

（9）《因明入正理论疏后记》三卷亦名《后记》，补《前记》之缺。

（10）《因明入正理论疏抄略记》一卷，亦名《略记》，是对窥基《大疏》的简略补充解释，内容综合概括《前记》、《后记》，且文字比较简明扼要。

（11）《大乘法苑义林章决择记》四卷，是对窥基《大乘法苑义林章》的决择释难。

智周遗失的著作还有五种：《般若心经疏》一卷、《二十七贤圣章记》一卷、《瑜伽论疏》四十卷、《因明义断记》一卷、《因明入正理论义纂要记》一卷。

智周的著述虽多从慧沼禀受而来，但也包含一部分由玄奘传来而未经前人记述的印度学说。例如，《枢要记》中释"相见影质种子"的异解，又如《演秘》卷四释《述记》所引和《瑜伽》五十二说"出世间法由真如所缘缘种子生"一义有关的天竺三释。又如《枢要记》述《能断金刚般若》用杜行顗梵本的经过，都可见智周著述是另有亲闻依据的。

---

① 《大正藏》第85卷，第1155页上。

玄奘传授给窥基的,是以陈那、护法为主的唯识思想。窥基之后有慧沼力排众议,使法相宗盛极一时。智周继承慧沼的思想,努力从事唯识和因明的著述,继续阐扬窥基的学说,并继慧沼《劝发菩提心集》之后,阐论法相宗修行的境行果,成为《大乘入道次第》。此《大乘入道次第》为智周著作中,很受日本法相宗重视的著作。

3. 智周的弟子

智周中土弟子见于记载的不多,日本方面的有些文献说,如理是智周弟子,但也有文献说其是慧沼弟子。日本和新罗传说智周为中土法相唯识宗三祖或四祖。但在智周之后,再也没有文献指名智周在中土的嗣法弟子是何人了。相反,智周以及慈恩宗诸祖师的著述和学说在日本却绵延不绝。

智周最重要的贡献是对日本求法僧的培养。日本僧人随智周学习法相教义,将智周及其先师的著述和思想传入新罗和日本。这不仅加强了中国和日本的佛教文化交流,而且使奘门诸师的著述典籍得以保存并留传不绝,智周也就成为日本法相宗北寺传的祖师。

依照日本学者研究,法相宗先后四次传入日本。

第一次是由道昭传弘元兴寺,这称之为"南寺传"。在齐明天皇朝,道昭大僧都传入法相宗。道昭俗姓船连,河内丹比人,是百济王辰尔的后代,父名惠尺。他在白雉四年(653)五月,随遣唐使赴唐,受教于玄奘三藏,并且傍学禅宗。在唐七年,归国后住元兴寺,盛张法筵。他周游各地时,在路旁凿井,于渡口设船,做了许多有利于民众的事情。在文武天皇即位的第二年(698),72岁时,圆寂于元兴寺禅院。据他的遗言,举行火葬。这是日本举行火葬的开始。第二次,齐明天皇四年(658)七月,智通、智达二人又乘新罗船西航赴唐,跟玄奘或者窥基学法相教义,后回到日本弘传所学。

第一、第二两传,合称为"南寺传"或"元兴寺传"。尽管这两次初步将唯识学传入日本,但影响不大,因而达不到建立宗派的地步。真正建立宗派的是第三、第四次传播,而这两次都与智周有关。

第三次是指新罗僧智凤、智鸾、智雄三师从智周处学成后,到日本传播所学。根据日本僧人凝然《三国佛教传通缘起》等文献的记载,新罗僧智凤、智鸾、智雄于703年入唐求法,研习法相宗义。然而,《东大寺具书》记载此年智凤由新罗到了日本。此外,关于这三位僧人在中土的师承,《三国佛教传通缘起》认为是跟随智周学习的。从当时的背景分析,是可信的。因为慧沼大师虽仍健在,但在京城受朝廷征召,忙于协助义净翻译经典。鉴于此,新罗三僧选择跟随智周学习也是可能的。这也许反映了智周在慧沼门下已经具有特殊地位。

第四是玄昉入唐,跟随智周学习,回日本后于兴福寺弘传唯识之学,这一次被称为"北寺传"或"兴福寺传"。

玄昉(?—746),俗姓阿刀氏。他于716年跟随遣唐使到中土,735年回到日本。在中国期间,他跟随濮阳智周学习慈恩宗义,并承蒙唐朝廷赐紫衣。玄昉返日时,携回经论五千余卷。回日本后,住于兴福寺。日本天平九年(737),蒙天皇敕赐紫袈裟,此为日本赐紫衣之始。又获准出入内道场。此后,荣宠日盛,行为乖张,背离了沙门本旨,渐为时人所恶。天平十三年,遂遭藤原广嗣弹劾。十七年,被流放至筑紫观世音寺(位于现福冈县太宰府市)。翌年示寂于该寺,年寿不详。玄昉有弟子慈训、善珠(723—797)等,善珠影响很大。

综观以上史料,从道昭至玄昉一百年间,日僧之入唐学法相唯识学者先后四次,历事奘公、基师和智周,对日本佛教影响最大的是智周。

4. 义忠

关于义忠,《宋高僧传》卷四有《唐京兆大慈恩寺义忠传》,但记述略显混乱。特别是关于义忠与窥基、慧沼的关系方面颇多疑问。《义忠传》说:"闻长安基师新造疏章,门生填委,声振天下,乃师资相将,同就基之讲肆。"[1]

---

[1] 赞宁:《宋高僧传》卷四,《大正藏》第50卷,第729页下。

赞宁说,义忠为慧沼弟子,却与慧沼一起去投窥基。如前文所考证,慧沼是咸亨三年(673)投窥基为师的,而慧沼当时才24岁。传文说义忠年始9岁,"宿殖之性,志愿出家,得淄州沼阇梨为师"①,然后又与慧沼一起去礼拜窥基为师。赞宁没有记载义忠的生卒年,但从义忠9岁就皈依慧沼并称呼慧沼为"阇梨"来看,双方的年龄应该差距较大。何况,赞宁是在叙述完义忠的学习历程之后再叙述师徒同奔窥基法师的。可见,这一叙述,在年代上根本无法对接。从赞宁传文的整体考虑,义忠应该是慧沼独立传法时期的弟子,因为慧沼跟随窥基也只是十年有余。

义忠,姓尹氏,潞府襄垣(今属山西省)人。义忠9岁时,志愿出家,皈依淄州沼阇梨为师。"少秉奇操,慧解不伦。沼授与《大涅槃经》,时十三岁矣,相次诵彻四十卷,众皆惊骇,号空门奇童也。二十登戒,学《四分律》,义理淹通,旁习《十二门论》,二本即当讲演。"②从这一段文字可知,义忠跟随慧沼至少至二十二三岁,因为依照当时佛教界惯例,受具足戒之后,须学戒一两年。

赞宁《宋高僧传·义忠传》接续上文说:"沼师知是千里之骏,学恐失时。闻长安基师新造疏章,门生填委,声振天下,乃师资相将,同就基之讲肆。未极五年,又通二经五论,则《法华》、《无垢称》及《百法》、《因明》、《俱舍》、《成唯识》、《唯识道》等也。"③这一叙述,疑点很多。说他跟随窥基五年,学习了《法华经》、《百法明门论》、《俱舍论》和《成唯识论》等。此后,"由兹开奖,弟子繁多,讲树别茂于枝修,义门旁开于关窍。"从这里所叙述的内容推知,从外地到达长安5年之后,义忠就独立传法了。而从赞宁所写传文标为慈恩寺义忠看,他在长安是隶属于唯识宗祖庭的。

义忠"乃著《成唯识论纂要》、《成唯识论钞》三十卷,《法华经钞》二十卷,《无垢称经钞》二十卷,《百法论疏》最为要当,移解二无我归后,是以掩慈恩之繁,于今盛行勿过忠本"。在长安,"四方美誉,千里归心者,不

---

①②③ 赞宁:《宋高僧传》卷四,《大正藏》第50卷,第729页下。

可胜算矣。传持靡怠,仅五十余年,计讲诸教七十许遍。至年七十二,忽起怀土之心,归于昭义。"依据此说,义忠在长安等地弘扬唯识之学五十余年,在 72 岁时,回到故乡。从这一记载中也可推出,义忠跟随其师至长安时已经 22 岁。此再一次确认,义忠绝无可能与慧沼一起跟随窥基学习。

根据记载,义忠圆寂之后,上升弥勒内院。《宋高僧传·义忠传》记载说:他归于昭义后,"示同初夏,诵戒行道。每一坐时,面向西北,仰视兜率天宫,冥心内院,愿舍寿时,得见天主,永离凡浊,终得转依。一日,晨兴,澡洗讫,整肃容仪,望空礼拜,如有哀告之状。少顷,结加趺坐,嘱付流通教法之意毕,忽异香满室,彩云垂空,忠合掌仰视曰:'秽弱比丘,何烦大圣躬来引接?'言尽而化,乡人道俗,建塔供养,全身不坏,至今河东乡里高冈存焉。"①义忠和尚在当地影响巨大,传闻很多。赞宁这一传记的依据也许得之于当地的传闻。

根据当地传闻,义忠回到故乡后驻锡于建封寺,并且被当地人称之为"百法疏主"。现存于建封寺的明代弘治元年(1488)《重修建峰寺正殿记》说:"县之东南三里许,有寺曰建封,乃唐代百法上人超凡入圣之所。"弘治七年立《谨录百法和尚行状》竟然说,百法和尚圆寂于唐贞观九年(635)十月十一日。此寺现存的几块有关义忠的碑石及《百法疏主和尚灵塔》等等,大多来源于赞宁《宋高僧传》及当地的传闻,其中的卒年及师承均不可靠。

四、唐末五代的唯识师

遗憾的是,唯识宗在智周之后,作为宗派标志的朝代与朝代之间的封闭性、排他性传承已经湮没不闻。见于文献记载的唐代后期僧众,很难找到纯粹以唯识之学名世的僧人。会昌法难,唐代佛教遭到沉重打

---

① 赞宁:《宋高僧传》卷四,《大正藏》第 50 卷,第 729 页下—上。

击,隋唐佛教甚至整个中国佛教由此发生转折,而对于经典和师承都很倚重的唯识宗,其原本的发展线索由之中断。会昌法难之后的唐末五代时期,面对禅宗和净土宗的迅猛发展,唯识宗是否有一个完整的富有成效的恢复活动,都无从证实。而从赞宁《宋高僧传》中很少且很简要的传记中,已经很难找到如智周之前的唯识宗僧人般专心致志弘扬唯识经典的例子。下文所叙述的几位弘扬唯识经典的僧人,其活动的主要时段都在五代时期,而有几位僧人参学阶段是在唐末,这也就间接证明了唐末时期唯识宗僧人仍然在不懈地弘扬唯识经典。而从五代时期的唯识师看,不专弘唯识是一个特点,而对公认的对唯识之学在北宋的恢复贡献巨大的永明延寿的思想体系之分析中可知,如玄奘、窥基诸师所弘扬的纯正的护法系唯识学说已经让位于《大乘起信论》学。从"法系"以及佛教"教学"的纯粹性角度说,至此已经表明:唯识宗已经消失。延续于后世,不绝如缕的唯识经典的宣讲、弘扬,已经不再具有"宗派"意义,而仅仅是"唯识学",更明确地说,这种"唯识学"是《摄论》、《地论》、《起信论》传统的"唯识学"。

1. 彦晖、智佺、归屿

释彦晖和归屿、智佺是师徒关系,都以弘扬传播《百法明门论》为主。从赞宁的叙述看,智佺与彦晖是严格的师徒关系,而归屿则仅仅是一般的参学关系。鉴于此,先叙述智佺的事迹,后叙述归屿的事迹。

释彦晖(840—911),姓孙氏,东京阳武县(今属河南省原阳县)人。根据《宋高僧传》卷七《梁滑州明福寺彦晖传》记载:"佩觿之岁,闻父读《金刚般若》,瞪目凝听,澹然欢喜。又属家内斋僧,磬梵俱作,于帘幕之下,合掌欣然。登年十五,随师学法。往太原、京兆、洛阳听采忘劳。年满,于嵩山少室寺受大戒,隶习毗尼,颇通深趣。次寻经论,皆讨玄源。"[1]依据此中所说,彦晖出家为沙弥的时间是在唐大中五年(851),受具足戒

---

[1] 赞宁:《宋高僧传》卷七,《大正藏》第50卷,第746页中。

的时间是在咸通元年(860)。此后,研习数年戒律,然后至各地参学经论。文中未说明他是在何时何地跟从何人学习唯识经典,因此其师承无从判断。

关于彦晖的学问和修为,僧传说:"届洛都先达,无不推伏。至乎四部,悉仰柔明。"可见,早在洛阳参学时期,他就获得了僧俗的高度评价。"临鉴,则戚少欣多;执瓶,则荷轻持重。三衣之外,百一之资量足而供,更无余长。所行慈忍,匪事规求。不畜门徒,惟劳自己,勤勤化导,默默进修。是故南燕之人,号为佛子。"①他还以严整的修行,获得了"佛子"的赞誉。

关于彦晖宣讲经论的处所,僧传说:"初寄明福寺,讲《百法论》也,四海英髦,风趋波委。恒溢百余,且多俊迈,精研论席,钻仰经宗。"参照此传名称可知,彦晖所在的寺院是滑州(今河南省滑县东)明福寺。"晖《因明》、《百法》二论,各讲百许遍,出弟子一百五十余人。著钞曰《滑台》,盛行于世。"②彦晖以宣讲《因明》和《百法明门论》为主要任务,一生宣讲100余遍,有弟子150余人,可谓弟子遍满天下,其所著《百法明门论》的批注被称为"滑台钞",流通于世。

彦晖的著述今日不存,《宋高僧传·彦晖传》有一段文字论及其思想:"为善不同,同归乎治。治则戒、定、慧也。入圣机械,此三治性之极致也。"这是强调"三学"之间的融会修行。此外,彦晖对门下弟子分为"上下十恶",其文说:"其间硕学兼才,故有分为上、下十恶。十恶者,若八伯之号焉。上十恶,则洞闲性相,高建法幢,宗因喻三,立破无滞。下十恶,则学包内外,吟咏风骚,击论谈经,声清口捷。赞扬梵呗,表白导宣,盖因题目之分,乃极才能之际,云恶则倒背之言,乃是极善也。其门弟子为若此也。"③此中说的"八伯"是指晋代的郗鉴、阮放、卞壸、蔡谟、胡毋辅之、阮孚、刘绥、羊曼八人,时号"兖州八伯"。而滑台就是兖州的

---

①②③ 赞宁:《宋高僧传》卷七,《大正藏》第50卷,第746页中。

治所。彦晖以此来品评其门下弟子,显得很独特。

彦晖圆寂于乾化元年(911)秋八月三日,春秋七十二,法腊五十二。

关于彦晖的弟子智佺,《宋高僧传》卷七《周魏府观音院智佺传》略叙其事。

释智佺(876—958年),姓张氏,铜台永济人。9岁时,智佺依邺都临清王舍城寺僧出家为沙弥,受具足戒之后,"恒诵诸经,昼三夜三,礼佛无阙。本师知其法器,遣往滑台,抵明福寺,就晖师讲肆,期月顿见诸法体用,喜不自任。时晖之门生,炮勇烋干者数十员,皆出佺之下。"①从此叙述可知,智佺大致在896年之后从邺城到滑台礼拜彦晖为师,并且在不长的时间内,超越了师门前期弟子。

此后,"徇睢阳人请讲,未久又今东京,遇信士舍宅为万岁百法院。由此,洛京、陈许、徐宿、维青、琴台,咸乐请其敷演,自鸠聚檀嚫,前后饭僧三十万。天雄军戴、张、郭三家,同建观音院,命居之。"②此中所说"天雄军"指魏州(今河北省大名县)。根据此说,智佺最先受睢阳(今河南省商丘市睢阳县)信众之请,开始宣讲经论,其后又至东京开封住于居士舍宅修建的万岁百法院,此院的名称暗示他是以宣讲《百法明门论》名世的。此后,他就在今河南、山东、河北以及江苏北部一带弘扬《百法》。

关于智佺宣讲经论的风采,《宋高僧传·智佺传》记载:"佺敏利之性天资,初终讲《百法论》可百许遍,登法座多不临文,悬述辩给。后三过览《大藏经》,以辅见知,其诵讽经咒也,尝闻户外阒然有弹指声者,感鬼神赞叹欤?"③他除宣讲《百法》之外,还阅读当时《大藏经》三遍,全面地了解三藏,且诵咒也很在行。

智佺在当时具有很大的影响,"魏帅陈君思让,笃志归依,表荐紫衣师号曰'归政'。"④陈思让为武将,根据《宋史·陈思让传》记载,他在后

---

① 赞宁:《宋高僧传》卷七,《大正藏》第50卷,第750页中—下。
② 同上书,第750页中—下。
③④ 同上书,第750页下。

晋天福八年(943)曾经短期任磁州刺史;后周初立(951),曾任磁州刺史,领军住于此地,大概一年有余。① 经陈思让举荐,智佺获得紫衣和"归政"师号的时间必然在此两个时段中。"殆临八十一,而克意学欧王书体,仅入能妙。或问之,曰:'吾习来生字耳。'"② 显德五年(958),年八十三,"呼弟子奉晏等嘱累,令造木舆一所,敛送阇维。至其年十一月十一日奄终。"

智佺为彦晖弟子,智佺又有弟子奉晏等,可见这一法脉一直延续到北宋时期,且主要以讲习《因明》和《百法明门论》为主。

释归屿(862—936),姓湄氏,寿春(今属安徽省)人。《宋高僧传》卷七有《梁东京相国寺归屿传》叙述其事。

根据《宋高僧传·归屿传》记载:其"父元旭,知子敏利,授以诗书,诵览记忆,弥见过群。从诸子而窃愿出尘,父母允其频请。乃礼本郡开元寺道宗律师为力生焉。未及周星,念通《法华》、《仁王》二经。登于弱冠而全戒足,矜持三行,靡旷四仪,习听新章,寺通讲授。后闻洛京、三辅,经论盛行,结侣求师。仅于十载,疏通性、相,精大、小乘,名数一支,因明一学,《俱舍》、《唯识》、《维摩》、《上生》,皆深藏若虚也。"③ 根据这一记载,归屿于881年受具足戒之后,离开本郡前往洛阳和关中,在这些地域参学十年,精通了大小乘佛教的精义,《大乘阿毗达磨杂集论》、《因明》、《俱舍论》、《成唯识论》、《维摩诘经》、《弥勒上生经》等经论都很精通。"复往南燕就晖公重复所学,研朱益丹",此中所说的"晖公"就是彦晖。归屿跟从彦晖参学的时间,大概在891年后,略早于智佺。但与智佺不同,他的学问不完全来源于彦晖。如僧传所说:归屿"犹慨义章,未为尽善,乃之今东京相国寺,遂槱新钞,讲训克勤,门生领悟"。如前文所说,彦晖撰有《百法论滑台钞》,而归屿离开滑台,到开封大相国寺独立弘法之后另撰疏钞。

---

① 参见《宋史》卷二六一,第9038—9040页。
② 赞宁:《宋高僧传》卷七,《大正藏》第50卷,第750页下。
③ 同上书,第746页下。

僧传说,"时朱梁后主与屿卯角,同学庠序,狎密情浓,隔面年深。即位半载,下诏访之。屿虽知故旧,终岁不言。事不可逃,应召方入。帝见,悲喜交集,宣赉丰厚。时属嘉庆节,曾下敕止绝天下荐僧道恩命,其年独赐屿紫衣,仍号演法大师。两街威仪,迎导至寺,兼敕东塔御容院为长讲院。"①梁后主即末帝朱友贞,归屿获得紫衣和"演法大师"师号的时间应是乾化元年(911)。"然睹旧钞,有所不安,未极其理,遂搜抉精义,于三载,著成二十卷,号曰《会要》。草字写毕,进呈,帝览赏叹,敕令入藏。屿苦辞,乃止。如是十五年中,唱导无怠,学徒继荣赡公,相继传持。"依据这一叙述,归屿为了重新撰写《百法明门论》的注疏,多方搜集材料,并且用了三年的时间方才写成。这一方面,说明了其认真严谨的程度;另一方面,也暗示了经过法难之后,资料其实已经不完备了,搜求很困难。根据这些材料分析,归屿对于《滑台疏》不满意,也许因为其撰写时并未获得完备的资料,特别是如唐代义忠的《百法明门论》的注疏是否仍然在流通,也是一个问题。一般而言,如果《滑台疏》钞略于此疏,算是继之有统,归屿应该不会不满意,而归屿从911年着手准备,三年写成,然后十五年弘扬,而从后文可知他圆寂于936年。如果僧传的叙述没有间断的话,他从滑台彦晖门下时(893—?)有重新撰述的想法,到开始写作的918年,时间跨度是相当大的,可见当时搜集资料的艰难。由此可见,会昌法难之后唯识宗的恢复最大的难点就是相关注疏的派系传承的中断。

后唐清泰三年(936)十月十日,归屿对门人洪演说:"余气力愆然,无常将至。汝好住修进。"②初夜,圆寂,春秋七十五,僧腊五十五。

2. 可止

释可止(860—934),姓马氏,范阳大房山高丘(今北京市房山区内)

---

① 赞宁:《宋高僧传》卷七,《大正藏》第50卷,第746页下。
② 同上书,第747页上。

620

人。根据《宋高僧传》卷七《后唐洛京长寿寺可止传》的记载:"年甫十二,迥有出俗之心,依悯忠寺法贞律师,年十五为息慈。辞师往真定,习学经论。时大华严寺有仁楚法师讲《因明论》,止执卷服膺三遍,精义入神,众推俊迈。"①从这一记载可知,可止12岁出家为沙弥,15岁前往真定府(今河北省正定市)大华严寺听仁楚法师宣讲《因明论》,学习三遍后,已得精髓。"有老宿维摩和尚者,释门之奇士也。问楚师曰:'门人秀拔,孰者为先?'曰:'有幽州沙弥者,温故知新,厉精弗懈。'于是求见,遂质问胜军比量,随难应变,辞不可屈。维摩曰:'后生可畏。契经所谓虽小不可欺也。'遂率力请止,开讲恒阳,缁素无不钦羡焉。"②可止确实属于少年俊才,以沙弥身份至恒阳(今河北省行唐县)讲说经论。

19岁,可止"抵五台山求戒。于受前方便,感文殊灵光烛身已,而归宁父母及师,于寺敷演。"③受戒之后,可止回到范阳。23岁时,他又前往太原,学习《法华经》、《百法论》。在此地,可止度过了自己边学习边讲经论的阶段。

《宋高僧传·可止传》记载:"景福年(892—893)中,至河池,有请讲《因明》,后于长安大庄严寺,化徒数载。"景福为唐昭宗的年号,仅有两年,而此时,可止二十三四岁。可见,可止在太原停留的时间不长就去了当时的首都长安,住于大庄严寺。乾宁三年(896),"进诗昭宗,赐紫袈裟,应制内殿"。

在长安几年之后,有"本道刘仁恭者,据有北门,控扼蕃汉。闻止之名,移书召归故乡"。这位刘仁恭于896年起任卢龙节度使,后来于幽州(即北京市)割据。可止到达范阳,"其父与师,相次物故,母犹在堂,止持盂乞食,以供甘旨。"④从这些描述看,可止到范阳时,此地已经陷入战乱之中,可止只好以行乞方式赡养其母。僧传说他诵"青龙疏"三载,此后

---

① 赞宁:《宋高僧传》卷七,《大正藏》第50卷,第748页上一中。
②③④ 同上书,第748页中。

有"燕师家子曰制胜司徒,召申供养",可止的衣食才得到保证。"时庄宗遣兵出飞狐以围之,历乎年载,百谷勇贵。"此事发生于913年,战争结束于914年,刘氏父子俘归晋阳,可止于是避乱中山(今河北省定州市),"节度使王处直素钦名誉,请于开元寺安置,逐月供俸。"可止和尚到定州(今河北省定县一带)之后,获得义武节度使王处直的供养,安置于开元寺,这才算安定下来。他于此地著《顿渐教义钞》一卷,并且才有可能授徒。后梁龙德三年(923),王处直被其养子王都所杀,王都继承其职务。天成三年(928),后唐明宗攻陷定州,招讨使王晏休受瀛王冯道的委托,寻找可止和尚。冯道曾经在刘仁恭手下任职,昔日可能在幽州认识可止和尚,"既见,以车马送至洛京。河南尹秦王从荣,优礼待之,奏署大师号文智焉。于长寿净土院住持。"①此后,可止就在洛阳长寿寺驻锡弘法。此时,他已经68岁了。

应顺元年(934)正月二十二日,可止"忽微疾作,召弟子助吾往生,念弥陀佛,奄然而化,俗年七十五,僧腊五十六。闰正月二日荼毘收遗骨,至清泰二年四月八日建塔于龙门山广化寺之东南隅。"②

从可止的弘法历程可知,在唐末时期,即便是在当时较为边远的幽州,仍然有僧人宣讲《因明论》和《百法论》,说明唯识学在有唐一代的普及程度是超乎现今学术界的想象的。可止和尚身处战乱,颠沛流离,朝不保夕,仍然坚持弘法活动,对于唯识学的传播作了艰苦的努力。然而,可止所著《顿渐教义钞》已散失,不知是否为唯识学著作。而他"及在洛也,讲外,长诵《金刚经》,不知纪极。昔多居终南山崆峒山,故有《三山集》诗三百五十篇,盛行于时。"③可见,他所弘经论驳杂,尤其精通《金刚经》,精通青龙大师道氤《金刚经疏》。从赞宁所说"弟子修文、修智、修行,微见师之道焉"的叙述来看,其弟子在当时影响不大。

---

①② 赞宁:《宋高僧传》卷七,《大正藏》第50卷,第748页中—下。
③ 同上书,第748页下。

3. 息尘、巨岷、继伦

息尘、巨岷、继伦三位僧人弘法地点都在太原,而且息尘、巨岷之间又似乎有师承关系,但年龄相差不大。

释息尘(875?—938?),姓杨氏,并州(今山西省太原市)人。《宋高僧传》卷二十三有《晋太原永和三学院息尘传》叙述其事。

根据《宋高僧传·息尘传》记载:"年方十二,因梦金人瑰奇之状,引之入精庐。明旦告白二亲,恳求出家。未允之前,泣而不食。父母悯其天然,情何厌塞,遂曲顺之。即投草堂院从师诵《净名经》、《菩萨戒》,达宵不寐。将周一祀,舍本讽通。年当十七,便听习《维摩》讲席,粗知大义。及乎弱冠,乃圆上品,执持律范,曾无缺然。"①这一学习历程属于唐末时期。年二十三,"文义斡通,于崇福寺宗感法师胜集传授,复学《因明》、《唯识》。"此中所说的崇福寺是太原城中的佛寺,在当地很有影响,高僧辈出。息尘所跟随的宗感未见于其他文献,不知其师承,但宗感精通《因明论》和《成唯识论》是没有问题的。

根据《宋高僧传·息尘传》记载:息尘"不亏敷演,学徒颖脱者数人,崇福寺辩才大师从式最为高足"。这句话是接续上引文字的,如果所叙述的事在中间的间隔不算太长的话,息尘从宗感处出师,就开始宣讲经论,其中辩才大师从式是其最杰出的弟子。

天祐二年(905),李克用占据河东(今山西省一带)。"武皇帝请居大安寺净土院,四事供养。"此中的"武皇"是指李克用,大安寺即太原的大安国寺。息尘于此寺"专览藏教,修炼上生业,设无遮大斋,前后五会。尘尝以身饲狼虎,入山谷中,其兽近嗅而奔走。又于林薄裸体,以啖蚊虻。乃游仙岩岳寺,养道栖神。复看大藏经匣,设斋然一指,伸其报庆。彼寺有圣观音菩萨像,长烛七灯,香华供献。"②此中所叙,合于修行上生

---

① 赞宁:《宋高僧传》卷二三,《大正藏》第50卷,第857页下。
② 同上书,第857页下—858页上。

弥勒净土的"六事",所以文中以"修炼上生业"来概括。"后被诸生就请下山,城内传扬《大论》,四序无辍。"此中所说的《大论》一般是指《大智度论》,息尘于太原城中宣讲《大智度论》多遍。后唐长兴二年(931),"众请于大安国寺后,建三学院一所,供待四方听众。时又讲《华严新经》,传授于崇福寺继晖法师。由是三年不出院门,一字一礼《华严经》一遍,字字礼《大佛名经》,共一百二十卷。复炼一指,前后计然五指。"①此段话有两个要点:一是在大安国寺后建立"三学院"一所,这就是赞宁表明此传为"晋太原永和三学院息尘传"的缘由。

僧传又说:时晋高祖石敬瑭居晋阳,"最多钦重。洎乎龙飞,尘每入洛京朝觐,必延内殿从容,锡赉颇丰。帝赐紫服并懿号,固让方俞。"这一段文字时间跨度极大,石敬瑭在后唐明宗时期始任河东节度使,住晋阳,时间大概在926年后一段时间。天福元年(936)十一月,石敬瑭即位于柳林(今山西太原市东南)。同月,石敬瑭攻入洛阳,后唐亡。后晋天福二年,后晋迁都汴梁,翌年(938),升汴梁为东京开封府。如此疏解可知,石敬瑭至晋阳的时间要早于息尘建立三学院的时间。因此,此院的建立也可能得到石敬瑭的支持。石敬瑭做了皇帝后,息尘很快受诏至洛阳觐见晋高祖,并且被赐紫衣和师号。赞宁在传文中接着说:"尘闻凤翔府法门寺有佛中指骨节真身,乃辞帝,往岐阳瞻礼,睹其希奇。又然一指,尘之双手唯存二指耳。续于天柱寺,就楚伦法师学《俱舍论》。"②从赞宁的叙述看,息尘可能是在洛阳拜见晋高祖之后不久就西去凤翔府(治所在今陕西省凤翔县)的法门寺(位于今陕西省扶风县)礼拜佛骨的,然后去天柱寺跟随楚伦法师学习《俱舍论》。关于天柱寺,有证据表明是凤翔府的天柱寺。如唐末诗人李洞(唐昭宗时,不第,游蜀卒)有《宿凤翔天柱寺穷易玄上人房》的诗,而宋仁宗嘉祐六年(1061),苏轼任凤翔判官,写了《凤翔八观》的组诗,其中第四首是咏赞唐代著名雕塑家在凤翔天柱寺所

---

①② 赞宁:《宋高僧传》卷二三,《大正藏》第50卷,第858页上。

塑的维摩诘像。

息尘至天柱寺"方经数日,微有疾生。至七月二十七日辰时,枕肱而逝。俗年六十三,腊四十四。"息尘是当时一位很有影响的僧人,圆寂之后,"陇坻之间,闻其示灭,黑白二众具威仪送,焚之得舍利数百粒,弟子以灵骨,归于太原。晋祖敕葬于晋水之西山,小塔至今存焉。"①从上述叙述推知,息尘圆寂时间的上限为938年,下限在941年。

释巨岷(877—949),姓任氏,西河(今山西省汾阳市)人。《宋高僧传》卷七《汉太原崇福寺巨岷传》叙述其事。

根据《宋高僧传·巨岷传》记载:"年甫七岁,志气敦笃。暂见佛像,注仰欣然。父母知有宿因,或携入寺,意欲忘归。至本郡净心院,见宣远论师,志恋其房,泣求摄受。二亲知不能阻其愿,咸皆可之。"②这位宣远论师不知其所主弘经典。"年十岁,诵终《法华》、《维摩》二经,日持十卷,更无间隔。"20岁受具足戒,"便习尸罗,克通开制之科。恒照欣戚之鉴。"在学习了戒律之后,"自尔大乘理趣,经论精穷,得其师门,则并部永和三学也。"此中的关键词句是"并部永和三学",将此与前述"晋太原永和三学院息尘"相比照,则可知此处所说的一定是息尘法师。因此,可以确定,巨岷就是息尘的嫡传弟子。

巨岷在息尘门下,"俾夜作昼,窓案是临,不暇诸他,除研习义章,修六事二因也。于《大般涅槃经》兼《因明论》,末年逾切,又传输'金论',尽屏余缘,各讲十遍,仍求辅亮,博览群书,得义最精,又扬具美。"③由此可知,巨岷有两件大事:一是"研习义章",即《大般涅槃经》、《因明论》,"金论"可能是譬喻的说法。二是"修六事二因",即修习此法门以上生弥勒兜率天。由这些内容可知,在义学方面,兼弘"性"、"相"二宗,而信仰方面则是弥勒净土。

---

① 赞宁:《宋高僧传》卷二三,《大正藏》第50卷,第858页上。
② 赞宁:《宋高僧传》卷七,《大正藏》第50卷,第748页下—749页上。
③ 同上书,第749页上。

乾祐元年(948),汉高祖刘知远"以龙潜晋土之日,便仰岷名。特降庭臣,赐紫衣,号圆智大师。续有诏宣,住崇福寺讲堂院,仍充管内僧正。经年而变法于晋,检策僧徒如风偃草。"①从文中叙述的语句分析,刘知远在称帝之前就上报朝廷,给予巨岷紫衣、师号和僧正等。根据史籍记载,941年七月刘知远任北京留守兼河东节度使,944年任幽州道行营招讨使,封太原王,947年刘知远称帝。

乾祐二年(949)十一月五日,巨岷无疾而终。俗龄七十三②,法腊五十四。"汉主敕葬于西山天龙寺,凡事官供,起石塔,敕谥号曰达识焉。"③后汉高祖刘知远敕葬于西山天龙寺(即山西省太原市郊)。

巨岷所驻锡的太原崇福寺又有一位继伦,与息尘、巨岷所学所弘很相似。

释继伦(918—969年),姓曹氏,晋阳(即山西省太原市)人。《宋高僧传》卷七《宋并州崇福寺佛山院继伦传》记载:他"弱齿而壮其志,勇其心,决求出家。本师授《法华经》,日念三纸,时惊宿习,慧察过人。登戒之后,至年二十一,学通《法华经》,义理幽赜。《唯识》、《因明》二论,一览能讲。"④继伦21岁时,即939年,巨岷在晋阳,但不在崇福寺。而继伦出家寺院、参学寺院以及出师后住寺,此传都未提及。尤其是,继伦何时住于崇福寺也缺载。

《宋高僧传·继伦传》又记载:"由是著述其钞,至今河东盛行。三讲恒一,百五十余徒,从其道训。又撰《法华钞》三卷。其为人也,慈忍成性,戒范坚强,人望之而心服。以刘氏据有并汾,酷重其道,署号'法宝',录右街僧事。宽猛相参,无敢违拒。"⑤后汉或者"北汉"时期,继伦被赐以法宝的师号,且任"录右街僧事"。

---

① 赞宁:《宋高僧传》卷七,《大正藏》第50卷,第749页上。
② 《大正藏》正文写作"九",加注说宋、元本作"七"。参照僧腊五十四以及传文中的叙述,俗龄七十三是正确的。
③ 赞宁:《宋高僧传》卷七,《大正藏》第50卷,第749页上。
④⑤ 同上书,第751页上。

《宋高僧传·继伦传》记载:继伦"以伪汉乙巳岁冬十月示疾。心祈口述,愿生知足天,终后顶热,半日方冷,则开宝二年也。享年五十一,阇维毕淘,获舍利,远近取供养焉。"①这一记载对照其他历史记载,有些错误。"乙巳岁"为945年,即后晋开运二年,此年刘知远并未称帝。开运四年(947),契丹灭后晋。河东行军司马张彦威等人以中原无主为由,劝刘知远称帝,刘知远在推搪一番后便在太原称帝,沿用后晋高祖年号天福,称天福十二年(947),同年六月入汴京,改国号为"汉"。这是明显的错误。此外,继伦法师945年发病,至开宝二年(969年)圆寂,中间间隔很长。这是暗示他在945年生病之后,发愿修行上生兜率天(即文中的"知足天")。此文中的"开宝二年",也许是开运二年之误,如此则推知发病之年即圆寂。但考虑到此传的标题就是《宋并州崇福寺佛山院继伦传》,因此只能判定文中有脱漏。

从朝代更替角度说,后汉乾祐三年(950年)十一月,枢密使郭威于邺都(今河北大名东北)起兵,广顺元年(951)正月,郭威称帝,改国号为周,史称后周。刘知远的弟弟刘崇随即据河东十二州称帝,用后汉乾祐年号,史称"北汉"或"东汉"。北汉是十国中唯一在北方之国。北汉政权结辽为援,苟延到北宋太平兴国四年(979),才被宋太宗赵光义灭掉。如此则可知,赞宁所说"刘氏据有并汾,酷重其道,署号'法宝',录右街僧事"的真正含义。由这一背景可知,继伦法师晚年于后汉、北汉统治下的太原弘传《成唯识论》和《因明论》等。

综上所述,从唐末开始直到北宋初年,太原都有僧人前后相继传播唯识学,并且在当地很有影响。

4. 贞辩、恒超、智江

贞辩、恒超、智江这三位僧人有一个共同点,即都是弥勒净土的坚定信仰者,都以上生兜率天为修行目标,贞辩、智江还有有关《上生经》的著

---

① 赞宁:《宋高僧传》卷七,《大正藏》第50卷,第751页上。

述问世。

释贞辩,中山(今河北省定州市)人。《宋高僧传》卷七《后唐定州开元寺贞辩传》记载:少年时,"一志听寻,暇则刺血书经。又针血画,立观自在像、慈氏像等。"①后来,"辩负笈抵太原城听习。时中山王氏与后唐李氏,封境相接。虞其觇间者,并州城内不容外僧。辩由此驱出,遂于野外古冢间宿。会武皇帝畋游,冢在围场中。辩固不知方,将入城赴讲,见旌旗骑卒,缩身还入穴中。武皇疑令擒,见问其故,遂验冢中,敷草座案砚疏钞罗布,遂命入府供养。时曹太后深加仰重。辩诉于太后曰:'止以学法为怀。久在王宫,不乐如桎梏耳。'武皇纵其自由,乃成其业。"②此中的武皇即李克用。从这一记载可知,即便是在战乱之中,太原城中仍然有讲习宣讲经论的法会,贞辩就是在其地学习成长的。

《宋高僧传·贞辩传》又记载:"洎王处直平乃归中山,讲训、补故伽蓝,无不谐愿。"③此中所说的王处直就是义武军节度易定祁等州观察处置使,他于后梁龙德三年(923)被其养子王都所杀,王都继承了义武节度使。后唐天成四年(929)定州王都战败自焚,定州归顺于后唐。从这一背景看,贞辩离开太原回归故乡的时间一定是在923年或929年之后。此后,他便一直在定州弘法,其住寺主要是开元寺,他"讲训"即宣讲经论、训导僧徒,"补故伽蓝"即修葺塔寺,卓有成效,在当时很有影响,时人将其与息尘并称。

赞宁《宋高僧传·贞辩传》没有记载贞辩的生卒年,从赞宁将其称之为后唐僧人来推测,卒年不会晚于936年。而其生年,如后文将要叙述的,赞宁在叙述恒超事迹时,将贞辩称之为"言行俱臻,证修有位"的"硕德"。因此,贞辩的年龄至少要长恒超5岁以上。

---

① 赞宁:《宋高僧传》卷七,《大正藏》第50卷,第747页上。
② 同上书,第747页上—中。
③ 同上书,第747页中。

贞辩"撰《上生经钞》，为学者所贵，时号'辩钞'者是"。①此《上生经钞》在北宋时期仍然有僧人研习。

释恒超(877—949)，姓冯氏，范阳(今北京市)人。《宋高僧传》卷七《汉棣州开元寺恒超传》记载："祖父不仕，世修儒道，而家富巨万。"②恒超年15岁时，"忽一日，因阅佛经，洗然开悟，乃叹曰：'人生富贵，喻等幻泡，唯有真乘，可登运载。'遂投驻跸寺出俗，未周三祀，方议进修，昼夜不疲。而属师亡，亦遵释氏丧仪，守礼无怠。"③后梁乾化三年(913)，恒超"往五台山受木叉戒，由是陟遐自迩，切问近思"，④由此年成为正式比丘，赞宁传记中的僧腊也是如此计算的。

于五台山受戒之后，恒超"结契，远求名匠。阻两河间，兵未罢，路不通。南则梁祖，北则庄宗，抗衡于轻重之前，逐鹿在存亡之际。"当是时，"超止于本州岛魏博、并汾之间，学大小乘经律论计七本，讲通思于雍洛。"在战乱背景下，恒超仍然在洛阳以及关中地区访求名师，学通经论七种。"虽然巡历非远，宏畅殊精，瓶满见知，翼飞名字。是故并部息尘、中山贞辩，夫二人者，言行俱臻，证修有位。一见超，叹曰：'义龙之头角，悉完备矣。待飞奋而为霖雨焉。'其为硕德题目多此类也。"⑤可见，恒超所学所修，已经很精到了。

后梁龙德二年(922)，恒超挂锡于无棣(今山东省无棣县)。恒超说："此则全齐旧壤，邹鲁善邻。"于是在此地开元寺的东北隅，"置院，讲诸经论。二十余年宣导，各三十余遍。节操高迈，举措舒徐。缁素见之，无不怯惧。声无叱咤，语不夸奢，自然而然。"博得远近信众、权贵的崇信。"前后州牧、往来使臣，向誉钦风，修名执刺。相礼重者，止令童子，辞以讲贯，罕曾接对。初有所慊，终伏其高。齐鲁之间造秀，不远数百里，造

---

① 赞宁：《宋高僧传》卷七，《大正藏》第50卷，第747页中。
② 同上书，第749页上。
③ 同上书，第749页上—中。
④⑤ 同上书，第749页中。

其门以诘难。诸公一睹超容,傍听议论,参乎子史,证以教宗。或问'因明',超答以诗一首,辞新理妙,皆悉叹降。"①可见,其所弘扬的经典中,一定有唯识经典,否则不会有人上门来专以此主题诘问。

恒超居于无棣,有出世凌云之志,"时郡守李君素重高风,欲飞章举,赐紫衣。超闻惊愕,遂命笔为诗云:'虚著褐衣老。浮杯道不成。誓传经论死。不染利名生。厌树遮山色。怜窗向月明。他时随范蠡。一棹五湖清。'李君复令人劝勉,愿结因缘。超确乎不拔,且曰:'而其复尔,则吾在卢龙塞外矣。'郡将闻而止。又相国瀛王冯道,闻其名,知是乡关宗人,先遗其书,序以归向之意。超曰:'贫道闲人,早舍父母,克志修行,本期弥勒知名,不谓浪传于宰衡之耳也。于吾何益?'门人敦喻,不得已而答书,具陈出家之人,岂得以虚名薄利而留心乎?瀛王益加郑重,表闻汉祖,遂就赐紫衣。自此忽忽不乐。"②恒超以乾祐二年(949)仲春三日微疾,数辰而圆寂于本院。

恒超以上生弥勒兜率天宫为愿,乾祐二年(949)二月三日,圆寂之时,"院众咸闻,天乐沸空,乃升兜率之明证也。春秋七十三,僧腊三十五。门人洞征,与学徒百余人持心丧,倾城士庶僧尼,会送城外。"③学徒百人,弘传其学者,应当不在少数。

释智江(885—958),俗姓单,幽州三河南管(今河北省三河市)人。根据《宋高僧传》卷二十八《周宋州广寿院智江传》记载:他本来是富族游侠之子,"略闻竺乾之教,必淡虑凝情,若潇湘之逢故人也。唐乾宁四载,始年十五,诣磐山感化寺,遂成息慈,息慈业备。"④乾宁四年(897),时年智江不足15岁,到磐山(今位于天津蓟州区境内)出家为沙弥。天复三年(903),"往五台山梨园寺纳木叉法。自此担簦请业,择木依师。《净

---

① 赞宁:《宋高僧传》卷七,《大正藏》第50卷,第749页中。
② 同上书,第749页中—下。
③ 同上书,第749页下。
④ 赞宁:《宋高僧传》卷二八,《大正藏》第50卷,第885页中。

名》《上生》二典，精练涣然冰释，心未属厌。"

梁龙德元年(921)，他于商丘开元寺，"请名数一支，所谓精义入神，散则繁衍。因著《瑞应钞》八卷，达者传之。生徒影附，缮写伙多。"①此中的"名数"，或指《大乘阿毗达磨杂集论》，或指《百法论》，是唯识宗重要宗论。《瑞应钞》八卷是对《弥勒上生经》的诠释。

后唐同光元年(923)，他在微子之墟住院(位于商丘市)"缔构堂宇，轮奂可观，复塑慈氏、释迦二尊、十六罗汉像，咸加缋彩，克肖圣仪"。周显德五年(958)孟秋，智江圆寂，享龄七十四。"当属纩时，满院天人杂沓，若迎导之状，畴昔誓生睹史之昭应也。"②

5. 令諲、从隐、梦江

令諲、隐传、梦江三位僧人都与洛阳长水县(今河南省洛宁县长水乡)的佛寺有关。

释令諲(865—935)，姓杨氏，陕府阌乡(今属河南省灵宝市)人。《宋高僧传》卷七《后唐洛阳长水令諲传》记载："幼而履操，回求出俗。得本邑之师，授《净名经》。年既应法，乃纳戒津。大小乘教，兼而学之。于《名数》法门，染成淳粹。《弥陀》《中观》斡及膏腴，声光振发，莫之与京。因游洛南长水，遇归心檀信，构伽蓝。"③从这里可知，令諲受居士的赞助，在长水县修建一所寺院，但传记中并未记载寺额。令諲在此寺中"讲贯，一论一经，三十载中宣化计各五十余遍。日别诵《维摩》、《上生》以为恒课，执行持心，而绝瑕类。远近宗承，若望梅者得饮焉。"④

令諲以清泰二年(935)圆寂于长水县住寺，春秋七十一，法腊五十一。令諲以《百法论》、《维摩诘经》、《弥陀经》和《弥勒上生经》为弘扬核心，其弟子从隐继承其修为，从其弟子所弘《百法》逆推，令諲应对唯识学有所了解，至少长水寺中另有高僧弘讲《百法》。

---

① ② 赞宁：《宋高僧传》卷二八，《大正藏》第50卷，第885页中。
③ ④ 赞宁：《宋高僧传》卷七，《大正藏》第50卷，第747页上。

释从隐(897—949),姓刘氏,洛阳三乡(今河南省洛阳市宜阳县三乡乡)人。《宋高僧传》卷七《汉洛阳天宫寺从隐传》记载:"卯年敏慧,誓欲出尘。二亲既听,乃投本邑竹阁院,依师诵习,陶练灵府。寻于嵩阳受戒毕,就长水听采,才历数年,克通《百法》、《中观》、弥陀三经论焉。而諲师年老,深许隐之博达性、相。"①此中明确记载,从隐在长水县某寺学习了《百法明门论》等经典,而且年老的"諲师"非常赞成从隐博通"性宗"和"相宗"发展方向。从这些表述看,有理由认为二者具有师徒关系。

后来,从隐"于洛布金院,赴请敷演。至后唐清泰中,諲付讲座日,为众三登法席。夏中长晷,览藏经一袱,精进苦节,人无与比。"②从隐后来至洛阳布金院宣讲经论。此院不知所指。然在清泰年,諲法师讲座的时候,从隐三次升席宣讲。可见,从隐与諲师关系不同一般。

关于从隐的住寺,僧传中未曾交代,而且从隐与天宫寺的关系,传文中也未提及。天宫寺是贞观六年以太宗舍昔日洛阳旧宅修建的,唐代时期很著名。综合这些资料,或者布金院是天宫寺的分院,或者从隐后来长期住于天宫寺。

乾祐二年(949)正月,从隐示疾而终,俗寿五十三,僧腊三十二。

释梦江(?—956),姓杨氏,长水县人。《宋高僧传》卷七《从隐传附传》记载:梦江"神彩洒落,超拔凡态。遂愿出家,恒诵《仁王般若》。进具后,讲《百法论》。"③关于其宣讲《百法论》的寺院,传文未明说,仅有起首一句"有长水县县(悬)泉院释梦江",但从行文习惯看,此僧的初始寺籍应该在长水县某寺。

清泰年(934—936)中,梦江受邀至龙门广化寺为众开演经论,"遇帝幸其寺宣问,妙辩天逸,悦可上心。时于御前赐紫袈裟,确乎不受。"梦江"训导二十余年,讲罢行道礼佛,日唯一食,慈忍于物,罕逢愠色"。④周显

---

①②③ 赞宁:《宋高僧传》卷七,《大正藏》第50卷,第750页上。
④ 同上书,第750页上—中。

德三年(956)圆寂。

从上述三位僧人的经历可知,五代时期的洛阳也有僧人宣讲《百法明门论》和《上生经》,其特点已是"性"、"相"二宗混融。

6.无作、鸿楚、虚受、宗季

无作、虚受、鸿楚、宗季,都是在吴越境内弘扬唯识学的僧人。

释无作(853? —909?),字不用,姓司马氏,姑苏(今江苏省苏州市)人。根据《宋高僧传》卷三十《梁四明山无作传》记载:少年时,其母说服其父,送他入流水寺中。"年二十,受具足法。相次讲通,删补律钞。《法华》、《上生》等经,《百法论》,一性、五性宗教,励精寻究;孔老书篇,无不猎涉。后参其玄学,于雪峰存禅师,深入堂奥。"①从此简要的叙述中可知,其修学的历程,先律后经论,而以《法华经》、《上生经》和《百法论》为重点,后来又参学于著名的禅宗大师雪峰义存。由此可见,无作法师并不归向于一宗一派,也自然不属于唯识宗僧人,只能说是唯识学的研习者而已。

无作"至庐陵三顾山,檀越造云亭院,豫章创南平院,请作住持,皆拂衣而去"。无作"居洪井十载,且未识洪帅②锺氏之面"③,唐末江西由南平郡王锺传统治。无作崇尚佛教的出世精神,拒绝与政界人士打交道。在庐山及周边居十年之后,无作"乃游会稽四明,因有终焉之志。吴越武肃王钱氏仰重,召略出四明,因便归山,盖谢病也。有诗杼意呈王,王亦不留"。④于是隐居四明山(今浙江省余姚市)。以梁开平(907—911)中,卒于四明山,春秋五十六。

与无作法师相近,鸿楚法师也注重《法华经》和《上生经》的弘扬。

释鸿楚(858—932),字方外,姓唐氏,永嘉人。根据《宋高僧传》卷二十五《梁温州大云寺鸿楚传》记载:"及甫髫龄,器度宏旷。楚之外昆弟,

---

①③ 赞宁:《宋高僧传》卷三〇,《大正藏》第50卷,第896页下。
② 《大正藏》本文作"师",批注说宋本作"帅",应该作"帅"。
④ 赞宁:《宋高僧传》卷二五,《大正藏》第50卷,第870页上。

皆出俗越之龙宫伽蓝,遂祈二亲,亦愿随往,网疏鱼脱,笼揭鹤飞。"①少年时期其就征求父母同意,跟随其外昆弟至越州龙宫寺出家为沙弥,"互相切直,诵习弥通"。此中的"龙宫伽蓝"即龙宫寺,唐末时,有"释鸿莒,姓唐氏,永嘉人也。早出家于越州龙宫寺,始则诵《法华经》全部。"②龙宫寺遗址尚在,位于今浙江嵊州市北部三界镇的崿山北麓,是太和七年前后由修真法师发起建成的,唐代诗人李绅撰有《龙宫寺碑》专叙其事。鸿楚法师在龙宫寺度过了沙弥阶段的修行研习生活,"年二十三,方升上品无作"。③对此中的"无作"如何理解,很关键。从下文赞宁说鸿楚僧腊五十二来看,此句是说受具足戒,成为比丘的事情。

鸿楚"回本郡时,州将朱褒,知其名节,钦揖愈勤"。学成之后,他回到故乡永嘉。以唐代大顺(890—891)中,"以城南有废大云寺荒塘,表闻昭宗,欲重缔构,帝俞其请。于是百工俱作,楚躬主之。施利程功,不愆于素。而讲经、礼像,无相夺伦。"大云寺修造完成,鸿楚就在此寺宣讲经论,弘法利生。

武肃王钱氏,乾化初年(911),"于杭州龙兴寺开度戒坛,召楚足临坛员数,因奏荐梁太祖赐紫衣并号,固让弗听,终不披著。"④

长兴三年(932)六月五日,鸿楚无疾而圆寂,俗龄七十五,法腊五十二。他一生宣讲《法华经》计50余遍,撰有《上生经钞》,刺血写《法华经》一部,在当地影响很大。

释虚受(?—925),嘉禾御儿(今浙江省嘉兴)人。根据《宋高僧传》卷七《后唐会稽郡大善寺虚受传》记载:虚受在"纳戒后,于上都习学,内外博通,传讲数本大经论,不惮倡导。"⑤从这一记载可知,虚受在当地出家受具足戒之后,前往当时国都长安学习经论。咸通(860—873)中,"累应奉圣节,充左街鉴义,辈流孰不弭伏。"这说明,他在京城已经成长为学

---

①③④ 赞宁:《宋高僧传》卷二五,《大正藏》第50卷,第870页上。
② 赞宁《宋高僧传》卷二五《后唐温州小松山鸿莒传》,《大正藏》第50卷,第870页中。
⑤ 赞宁:《宋高僧传》卷七,《大正藏》第50卷,第747页中。

识渊博的僧人，颇得时人注意，并进入僧官队伍。及广明元年(880)，"京阙盗据，逃难逦迤，抵越大善寺。"此中的大善寺为位于今浙江省绍兴市内的著名寺院。

虚受法师驻锡于大善寺，"同好者命讲《涅槃》、《维摩》二经，即天祐年中也。因愤谦雅等师释《崇福疏》，繁略不中，其犹以水济水，终无必济焉，遂撰《义评钞》十四卷。同光中，方毕轴。"①对"谦雅等师释《崇福疏》"一句须略作考证。日本《新编诸宗教藏总录》的记载：《维摩经》"《注》十卷，什、肇、生三注……《疏》七卷，神楷述。《随崇福疏搜微钞》十卷，《科》二卷，慧涉述。"②《宋高僧传》卷四有《周京兆崇福寺神楷传》，而本著前文已经在窥基弟子项下对神楷法师的事迹略作考辨。将这些材料综合起来考虑，则得知《崇福疏》就是指神楷所撰写的《维摩诘经疏》七卷，而《随崇福疏搜微钞》十卷以及《科》二卷也即是对《崇福疏》的改作。而改作的慧涉与此处所说的"谦雅等师"的关系则缺考。如此则可知，出于对谦雅等师对《崇福疏》的不恰当改作的不满，虚受下决心自己以《崇福疏》为蓝本充作注疏。

天祐年(904—907)中，虚受开始宣讲《涅槃经》、《维摩经》，并开始作疏，至同光年(923—926)中完成《义评钞》十四卷。而在此传最后，赞宁说，虚受圆寂于同光三年(925)。可见，至其圆寂前不久，此著才完成。

《宋高僧传·虚受传》又记载："又因讲《俱舍论疏》，有贾曾侍郎序次僧圆晖序，皆著钞解之。其文富赡，昔尝染指知焉。受于《涅槃》，辩而非略，仍多驳议小远之疏，免为青蝇之玷。余则《法华》、《百法》、《唯识》，各有别行义章。"③由此可知，虚受撰著丰富，计有《维摩诘经义评钞》十四卷、《俱舍论疏钞》、《涅槃经疏》以及《法华经义章》、《百法明门论义章》、《唯识论义章》。此外，虚受还有《文集》数卷，《述义章》三十余卷于北宋

---

① 赞宁：《宋高僧传》卷七，《大正藏》第50卷，第747页中。
②③《大正藏》第55卷，第1170页上。

时期流通。

关于虚受的品行,赞宁也有叙述:"受性且狷急,与人不同,畜弟子无一可中。尝自执爨馔斋食,柴生火灭,复吹又燋,怒发汲水沃之,终日不食而讲焉。及晚年眼昏甚,登师子座,戴竹笠而讲,贵目不闪烁尔。或讥其慢众,受亦不介意。"这些记述,颇含些许贬义,由赞宁对于虚受对待当政者赐紫的态度的评论可体知,赞宁对虚受的做派颇有微词。

"属武肃王钱氏按部至越,遂出谒见。王素向风,乃加优礼,言劳再三。暨乾化中,于会稽开元寺度戒,命之充监坛选练。吴会间,行此职者,自受始也。"①赞宁此文所讲的两件事可能是相承发生的。乾化元年(911),吴越王于会稽开元寺设坛度僧,任命虚受充任监坛选练。中唐之后,唐朝廷在京城设立监坛大德,而吴越此前未曾设立,虚受是第一个。赞宁认为是一种恩宠。"王表于朝廷,荐其紫衣,庄宗制赐,行人赍至营丘,时受讲当《上生经疏序》,至若洪钟。而虚受受,舍麈柄言曰'某得名无典实,今后更为虚受。小子识之。'及状闻王,王曰:'此僧必无恩命分,何名虚受乎?'至同光乙酉岁受终,追海舰赍诰牒来。稽其终日,正到青社,果符武肃之言。"②

释宗季(?—948),俗姓俞,临安(今浙江省杭州市)人。《宋高僧传》卷七《汉杭州龙兴寺宗季传》记载:少年时,"尝天震邻家树,季随僵仆。有姊尼抱就膝,视之曰:'此非震死,且有生候。'至夜未央,苏而复作。遂劝令出家。事欣平寺僧。后往衢州,投巨信论师,学《名数论》,文义淹详,且难诎伏,锋芒如也。"③此中的《名数论》或指《百法明门论》或指《集论》,都属于唯识论典。宗季至衢州(今浙江省衢州市)学习此论,说明衢州此时尚有宣讲此唯识经典的高僧。

学成之后,宗季法师"追回杭龙兴寺召讲。时僧正蕴让给慧,纵横两

---

① 赞宁:《宋高僧传》卷七,《大正藏》第50卷,第747页中—下。
② 同上书,第747页下。
③ 同上书,第750页中。

面之敌也,与闾丘方远先生、江东罗隐为莫逆之交也。见而申问,季作二百语酬之,让正赏叹。遂请开讲四十余年,出弟子七、八百人。"宗季在龙兴寺开讲《对法论》四十余年,一生"孜孜,手不释卷,乐道向终。至今此宗越多,弟子讲导不泯焉。"①这是说,截止赞宁写此传时,在越地仍然有宗季弟子在弘扬唯识宗经典。

宗季法师圆寂于后汉乾祐元年(948),撰有《永新钞》释《般若心经》,《晖理钞》解《上生经》,《弥勒成佛经疏钞》、《补猷钞》、《阙诸别行义章》,可数十卷,并行于世。

吴越佛教在五代时期独树一帜,比北方佛教更兴盛。《宋高僧传》又是出生于吴越的赞宁所写,其涉及唯识学的也就是这四位。由此可见,"唯识宗"的确是濒临消亡了。

---

① 赞宁:《宋高僧传》卷七,《大正藏》第50卷,第750页中。

人名索引

不空 405

澄观 596

慈恩大师 609

存奖 633

道世 468

道宣 11,190,192—194,262,329—337,339—341,343—347,349,350,366,368,373,374,377,383,384,434,440,441,462,588

道昭 612,613

法藏 3,348,362,363,380,386,388,440,449,453,574,590,596,599

法琳 339,340

法融 180

法照 132

灌顶 3,5,11,33,60,66,87,115—117,120—122,124—131,133—136,175—177,443,449,562

惠能 64,596

慧能 13,14,364,391

慧思 3,5,11—13,15—21,23—49,51—60,63,64,80—83,89,104,122,180

慧文 3,5,11—16,34

慧远、净影慧远 185—187,189,193,369,577

慧沼 516—518,528,539,585,586,595—603,606—615

吉藏、嘉祥大师 183,184,188—195,200,201,203—296,298—326,374,440,476,480

鉴真 132,176,177

窥基 380—383,392,402,403,405,408,421,422,433,435—437,439,440,444,450—459,461—473,475—486,489,492,501,502,505,508,509,511—513,516—518,520—522,530,533,534,537—539,541,543,545,554,555,557—559,572—586,589,593—598,600—607,609—616,635

菩提流志 590

普光 444,464,500,501,598

普寂 132

神秀 14,24,132,596

圣德太子 176

实叉难陀 529,538

昙旷 609,610

文纲 600

武则天 64,375,385,386,389,591,596

信行 328—350,353—357,359—367,369—371,375—380,382—384,386—389,391

玄昉 613

玄朗 131—135,180

玄奘 94,180,392—394,396,397,399—410,413,414,418—430,432—436,438—453,455—466,468,469,472,473,475,476,480,486,487,489—491,501—522,525,528—531,533—537,539—549,551,554—556,558,561,566,567,572—576,582,585,586,588,589,591—598,601—603,610—612,616

一行 132

义净 439,448,549,590,591,599—602,610,613

义湘 180

元晓 181,182

圆测 439,446,447,454,455,467,586—595,602

圆仁 179,181,467,588,593

圆珍 179

湛然 11,12,83,127,130,133—173,175,176,189

章安大师 3,115,116,129,130,134

智昇 7

智威 5,131—134

智俨 380

智正 216

智周 552,586,602,608—613,615,616

最澄 5,177—179

智颛、智者大师 1,3,5,7,8,11,15,16,18,19,24—26,28,33,36,37,58—70,72,73,75—79,81—84,86—97,99—117,120—123,127,129—131,133—139,149,155—159,162—167,170—172,174,176,177,180,181,260,317